ZWISCHEN ANDACHT UND ANDENKEN

Kleinodien religiöser Kunst und Wallfahrtsandenken aus Trierer Sammlungen

ZWISCHEN ANDACHT UND ANDENKEN

KLEINODIEN RELIGIÖSER KUNST UND WALLFAHRTSANDENKEN
AUS TRIERER SAMMLUNGEN

EIN KATALOG ZUR GEMEINSCHAFTSAUSSTELLUNG
DES BISCHÖFLICHEN DOM- UND DIÖZESANMUSEUMS TRIER
UND DES STÄDTISCHEN MUSEUMS SIMEONSTIFT TRIER
VOM 16. OKTOBER 1992 BIS 17. JANUAR 1993

TRIER 1992

IMPRESSUM

Ausstellung und Katalog:
Elisabeth Dühr, Markus Groß-Morgen,
unter Mitarbeit von Burkhard Kaufmann

Kataloggestaltung, Plakat, Faltblatt:
Rudolf Schneider

Ausstellungsaufbau:
Werner Molitor, Elisabeth Schröder

Restaurierung:
Veronique Bacher, Wolfgang Kaiser, Hermann-Josef Laros

Reproduktionen:
Repro 55, Trier

Gesamtherstellung:
Paulinus-Druckerei GmbH, Trier

ISBN 3-9802385-3-9

INHALT

II. KATALOG

GRUSSWORT

Im letzten Quartal dieses Jahres werden gemeinsam vom Städtischen Museum Simeonstift und dem Bischöflichen Dom- und Diözesanmuseum Kleinodien religiöser Kunst und Wallfahrtsandenken aus Trierer Sammlungen unter dem Thema „Zwischen Andacht und Andenken" ausgestellt. Diese Gegenstände bezeugen das Selbstverständnis und den religiösen Ausdruck von Menschen in ihrer jeweiligen Zeit.

Ich freue mich über das Zustandekommen dieser Ausstellung, geht es doch bei jeder Wallfahrtspraxis wesentlich darum, den Trost der frohen Botschaft unseres Glaubens einmal neu lebendig zu erfahren. Paulus faßt das kurz zusammen in den Worten: „Christus ist unter euch, er ist die Hoffnung auf Herrlichkeit".

Mögen sich im Laufe der Geschichte Kunstgeschmack und religiöse Ausdrucksformen auch gewandelt haben, so beweisen die ausgestellten Arbeiten - unter ihnen zum Teil sehr kostbar gearbeitete „Kastenbilder" und „Klosterarbeiten" - welchen Stellenwert der Glaube und die Person Jesu Christi im Leben dieser Menschen eingenommen hat.

Ich wünsche allen Besucherinnen und Besuchern der Ausstellung des Städtischen Museums Simeonstift und des Bischöflichen Dom- und Diözesanmuseums etwas von der Zuversicht und Überzeugungskraft der Männer und Frauen, denen wir diese Zeugnisse eines lebendigen Glaubens verdanken. Ich möchte schließen mit dem Wunsch, daß der Zuruf des hl. Paulus auch in unseren Tagen wahr wird: „Christus ist unter uns, er ist die Hoffnung auf Herrlichkeit!"

Dr. Hermann Josef Spital
Bischof von Trier

GRUSSWORT

Diese Gemeinschaftsausstellung des Bischöflichen Dom- und Diözesanmuseums und des Städtischen Museums Simeonstift ist ein wichtiger Beitrag zum besseren Verständnis der Geschichte unserer Stadt.

Die große Anzahl der meist erstmalig ausgestellten Wallfahrtsandenken des 17. - 20. Jahrhunderts macht bewußt, daß die überregionale Stellung der Stadt Trier nicht zuletzt in ihren bedeutenden Wallfahrtsstätten gründete. Trier war über Jahrhunderte ein zentraler Ort des Wallfahrtswesens des linksrheinischen Raumes und gehörte zu dem Kreis erlesener „heiliger" Städte wie Köln und Aachen.

Die im Simeonstift ausgestellten ‚Kleinodien religiöser Kunst' vermitteln einen lebendigen Eindruck ihrer Bedeutung und Wertschätzung im täglichen Leben. Gleichgültig, ob es sich dabei um ein kunstvoll gefertigtes Einzelstück oder um ein maschinell hergestelltes Massenprodukt handelt, geben diese Zeugnisse privater Frömmigkeit eine Vorstellung der existentiellen Ängste und Hoffnungen der Menschen vergangener Zeiten.

Ganz besonders begrüße ich die Zusammenarbeit der beiden Museen. Möge das Gelingen dieser Ausstellung zu weiteren gemeinsamen Projekten Anlaß und Mut geben. Ich wünsche dieser Ausstellung den regen Zuspruch der Bürger und Bürgerinnen unserer Stadt.

Helmut Schröer
Oberbürgermeister der Stadt Trier

VORWORT

„Kleinodien religiöser Kunst und Wallfahrtsandenken aus Trierer Sammlungen" sind das Thema dieser Ausstellung. Anlaß dazu bot die Entdeckung eines seit Jahrzehnten unbeachteten ‚Schatzes' in den Magazinen und Depots des Städtischen Museums Simeonstift und des Bischöflichen Dom- und Diözesanmuseums: in meist desolatem Zustand fanden sich dort zahllose Andachtsbilder, kleinformatige Arbeiten der religiösen Volkskunst sowie Wallfahrtsandenken.

Der Wunsch, die bisher größtenteils der Öffentlichkeit noch nicht vorgestellten Andachtsgegenstände und Andenken zugänglich zu machen und erstmals wissenschaftlich zu bearbeiten, bildete den Ansporn zu dem Gemeinschaftsprojekt beider Museen. Ergänzend konnten wir auf Bestände der Bibliothek des Bischöflichen Priesterseminars Trier, der Stadtbibliothek Trier, des Bistumsarchivs Trier, des Domschatzes Trier, des Rheinischen Landesmuseums Trier, des Kreismuseums Bitburg sowie privater Sammlungen zurückgreifen.

Zwischen Andacht und Andenken - dieses Wortspiel beschreibt zwei wesentliche Aspekte der Ausstellungsstücke und verbindet zugleich die beiden Ausstellungsschwerpunkte. Eine klare Grenzziehung ist in den seltensten Fällen möglich; in erster Linie sind die Exponate als Zeugnisse privater Frömmigkeit zu verstehen. Sie sind zum individuellen Gebrauch bestimmt und Zeugnis einst praktizierter Lebensbewältigung. In ihrem Funktionszusammenhang reflektieren sie existentielle Ängste und Hoffnungen, kirchliche Heilslehre und magisches Denken gleichermaßen.

Das Spektrum der Produktionstechniken ist breit gefächert und reicht von der in minutiöser Kleinteiligkeit ausgeführten Einzelanfertigung bis zum maschinell hergestellten Massenprodukt. Doch die Spuren des Gebrauchs sichern auch letzterem noch einen Rest von Einzigartigkeit und Individualität. Die Fertigungstechniken umfassen das ganze Spektrum der bekannten künstlerischen Ausdrucksweisen vom 17. bis zum 20. Jahrhundert.

Die Herausgeber dieses Kataloges haben von Beginn an darauf Wert gelegt, daß sich die Beiträge so eng wie möglich an dem vorhandenen Ausstellungsmaterial orientieren. Die Zusammenstellung der Aufsätze zielt daher nicht auf eine erschöpfende Bearbeitung dieses Materials (hierzu wären vorrangig Volkskundler gefragt), sondern auf eine Auswahl möglicher Fragestellungen, die in der Kompetenz der jeweiligen Autoren lag.

Für den Ausstellungsteil, der unter dem Titel „Kleinodien religiöser Kunst" zusammengefaßt wurde, richtete sich das Interesse speziell auf Fragen des Verhältnisses einzelner Ausstellungsstücke zu Arbeiten der Hochkunst. Dabei werden Unterschiede erkennbar, aber auch Gemeinsamkeiten und gegenseitige Abhängigkeiten treten deutlich zu Tage. Es wird im Einzelfall sichtbar, in welcher spezifischen Bildsprache die Hochkunst zitiert wird, wie bildimmanente Veränderungsstrategien Vorlagen der Hochkunst umwandeln, aber auch, wie weit der Einfluß der popularen Kunst auf verschiedene Kunstrichtungen des 20. Jahrhunderts reicht. Ein sich daran anschließender interessanter Aspekt ist die Vorliebe der volksreligiösen Kunst - speziell des 19. Jahrhunderts - für ganz bestimmte Bildinhalte und Heiligenfiguren. Es wird die Frage aufgeworfen, warum etwa die Heilige Familie oder der hl. Joseph als Handlungsmodelle dienen und sozusagen schichtenspezifisch verehrt werden. Der Begriff der Volkskunst wurde in diesem Zusammenhang bewußt vermieden, da er die Gefahr einer Kategorisierung allein durch formale Kriterien der Kunstwissenschaft in Abgrenzung zur hochschichtlichen Kunst in sich birgt.

Große Schwierigkeiten ergaben sich für den oben genannten Ausstellungsbereich bei Fragen, die die Herkunft und die Datierung der Objekte betreffen. Eine klare Zuordnung ist hier sehr viel schwieriger als im Bereich der Wallfahrtsandenken. Für die Exponate, die aus dem Besitz des Städtischen Museums stammen, kann die Herkunft nur in wenigen Fällen genauer bestimmt werden. Zumeist ist sogar unklar, wie und wann sie in den Besitz des Hauses übergegangen sind. Eingangsvermerke an einigen Objekten legen die Vermutung nahe, daß ein Großteil der Exponate in den 20ern und zu Beginn der 30er Jahre in den Besitz der Stadt Trier gelangte, als man den Ausbau der Sammlung im Roten Haus zum Moselmuseum betrieb. Die Einrichtung einer Abteilung Volkskunde in Eifel und Hunsrück war ja ein Kernstück dieser Erweiterungspläne. Da, wo sich Anhaltspunkte finden, sind sie im Katalogteil zu jedem einzelnen Objekt vermerkt.

Die ausgestellten Wallfahrtsandenken umfassen ebenfalls einen Zeitraum von vier Jahrhunderten. Zum überwiegenden Teil handelt es sich dabei um Andenken an die seit 1512 meist in unregelmäßigen Abständen stattfindenden Zeigungen der Tunika Christi, des sog. „Heiligen Rockes", aus dem Trierer Dom. Daß die hierzu im Katalog präsentierten Objekte nicht den Anspruch auf Vollständigkeit erheben können und wollen, versteht sich bei der Fülle des Materials und der Beschränkung auf die oben genannten Trierer Sammlungen von selbst. Dennoch dürften die knapp 300 Katalognummern erstmals einen einigermaßen zuverlässigen Überblick über Art und Gestaltung dieser Andenken zulassen. Eine ähnliche, etwa 200 Objekte umfassende Zusammenschau von Hl.-Rock-Andenken, die Nikolaus Irsch anläßlich der Wallfahrt 1933 im damaligen Diözesanmuseum veranstaltet hatte, wurde leider nicht dokumentiert - sieht man von einzelnen Photographien ab.

Ein Blick auf die anderen Trierer Wallfahrten macht deutlich, wie wenig Andenken es davon im Vergleich zum hl. Rock gibt, bzw. wie wenige sich davon erhalten haben. Selbst im Falle einer so prominenten und bis heute vielbesuchten Stätte wie dem Apostelgrab in St. Matthias fällt der Vergleich nicht anders aus.

Andachtsgegenstände und Andenken erst in jüngster Vergangenheit entstandener Wallfahrtsziele, wie etwa die Grabstätten der inzwischen seliggesprochenen Blandine Merten und Peter Friedhofen, konnten in unserem Zusammenhang keine Berücksichtigung finden.

Beim Blick über die erhaltenen Andenken hinaus - beispielsweise auf den „Wirtschaftsfaktor Wallfahrt" oder auf den Einfluß der Wallfahrt auf die architektonische Gestaltung der Wallfahrtsstätten - wurde immer wieder deutlich, wie ungenügend die Geschichte der Trierer Wallfahrten wissenschaftlich aufgearbeitet ist. Dies gilt beispielsweise für die seit der Spätantike nachzuweisende Verehrung der Heiligen- und Bischofsgräber oder auch für die Hl.-Rock-Wallfahrt, zu der umfangreiches Archivmaterial existiert. Der vorliegende Katalog hat nicht den Anspruch, diese Lücken zu schließen; er leistet einen wichtigen Beitrag dazu und möchte Anregung zu weiteren Forschungen geben.

Danken möchten wir an dieser Stelle all denen, die uns in den vergangenen zwei Jahren mit Rat und Tat zur Seite gestanden haben - allen voran den Autoren dieses Bandes, die durch ihre Forschungsarbeit eine erste Präsentation der Sammlungsbestände ermöglicht haben. Für die Wiederherstellung der oft nur noch in Fragmenten erhaltenen Ausstellungsstücke haben sich unsere Restauratoren Véronique Bacher, Wolfgang Kaiser und Hermann-Josef Laros mit großem Engagement eingesetzt. Für die Gestaltung des Faltblattes, des Plakates, des Kataloges sowie der Ausstellungsdokumentation danken wir Rudolf Schneider. Elisabeth Schröder und Werner Molitor haben verantwortlich den Aufbau der Ausstellung in beiden Häusern geleitet. Das Schreiben der Manuskripte haben dankenswerterweise Monika Thelen und Helga Schaadt übernommen. Für die vielfältige Hilfe bei den wissenschaftlichen Vorarbeiten und der Katalogerstellung danken wir Burkhard Kaufmann, Annkathrin Knoth, Karin Maas sowie Dr. Hiltrud Merten. Für die großzügige Bereitstellung von Leihgaben sei den Leitern der Bibliothek des Bischöflichen Priesterseminars Trier, der Stadtbibliothek Trier, des Bistumsarchivs Trier, des Domschatzes Trier, des Rheinischen Landesmuseums Trier, des Kreismuseums Bitburg sowie allen privaten Leihgebern herzlich gedankt.

Elisabeth Dühr
Markus Groß-Morgen

I. BEITRÄGE

DEVOTIONALIEN, DEVOTIONEN

von Dieter Ahrens

I Urformen von Heidentum und Frömmigkeit [1]

„Man sieht nur mit dem Herzen gut. Das Wesentliche ist für die Augen unsichtbar" (Antoine de Saint-Exupéry, Der kleine Prinz)

Die Definition, was „sakral" sei, fällt zunächst leicht: alles, was sich von „profanen" Dingen abhebt, sie übersteigt und dadurch entwertet oder doch relativiert; was einer jenseits von ihnen angesiedelten Welt angehört, die ganz in sich gegründet ist. Zwei existentiell scheinbar scharf getrennte Bereiche also, deren Gegensatz in vielen miteinander gekoppelten Begriffspaaren immer wieder anklingt: heilig und unheilig, diesseitig und jenseitig; irdisch und überirdisch, fromm und heidnisch; verinnerlicht und veräußerlicht, orthodox und ketzerisch. Auf die Bildkunst bezogen könnte man noch hinzufügen: geformt und ungeformt, kunstvoll und kitschig, wahr und verlogen.

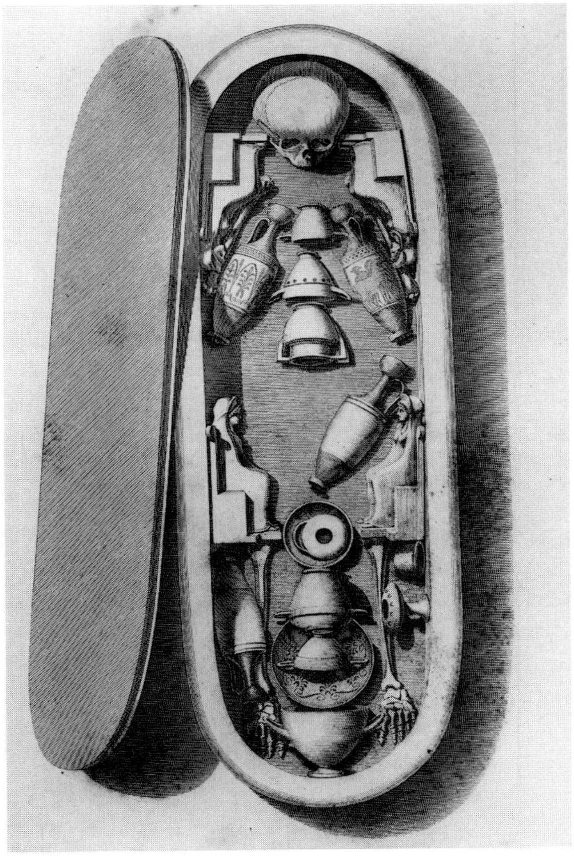

Abb. 1) Kindergrab, 1813 bei Athen ausgegraben. Stahlstich von G.B. Cipriani nach einer Zeichnung von O.M. von Stackelberg.

Doch die Schärfe der Antithese trügt, denn zu viele Fäden verbinden die Begriffspaare miteinander. Beispielsweise enthält ein attisches Kindergrab spätarchaischer Zeit Kultgefäße (Abb. 1), die auf pietätvollste Weise die fehlenden Gliedmaßen des verunglückten Kindes ersetzen, sowie „Heiligenfiguren" - Devotionalien also -, die die Umrisse des ehemaligen Körpers in seiner Ganzheit wieder herzustellen suchen. Hat aber die fromme Absicht nicht auch den Beigeschmack der Verniedlichung, die glaubt, durch Scheinordnung des Chaos Herr zu werden und mittels Requisiten die ideelle Unversehrtheit wiederzufinden? (Vgl. hierzu den Exkurs zu Abb. 1.)

Sogleich ein Gegenbild: aus dem Asklepieion von Korinth stammt ein ganzes Arsenal künstlicher Gliedmaßen, wohlsortiert und austauschbar, standardisiert und „abrufbar" wie im Musterkatalog einer Organbank; ein kühl-rationaler Vorgang also nicht erst musealer Präsentation, sondern bereits des antiken Devotionalienhändlers. Dabei steht hinter jeder dieser Votiv-

[1] Vorliegender Aufsatz stellt die überarbeitete und stark gekürzte Fassung eines Vortrages dar, der am 12. Februar 1975 in der Katholischen Akademie Trier gehalten wurde („Heidentum und Frömmigkeit - Widerspruch in sich? Zum Sakralbegriff in der Bildenden Kunst").

gaben, die als Bitte um Genesung oder als Dank für zuteilgewordene Heilung in ein Heiligtum gestiftet wurden, ein persönliches Lebensschicksal. Erschöpft sich aber nicht das Dankgebet in und mit der Opfergabe, im Glauben an die grundsätzliche „Machbarkeit" (Abb. 2)?

Die Extreme berühren sich demnach und können sogar stufenlos ineinander übergehen. Zwischen ihren Polen herrscht eine starke Spannung, in der sich Weltkräfte, soweit der Künstler der Frühzeit sie als übernatürlich empfindet, zu einem Welt-Bild konzentrieren: dem Kult-Bild.

Sinn der Bildwerke ist es, stellvertretend eine verkürzte Gesamtschau zu vermitteln, sich zu einem Welt-Theater zu verdichten. In Gestalt der großen Figurenzyklen an Tempeln und Kathedralen treten sie dem Betrachter handelnd gegenüber, und der Betrachter antwortet ihnen in Kultschau und Kultakt. Gemeinschaftlich aber treten beide vor die Gottheit, um ihr gleichsam - gut gemischt - Sakrales und Profanes zu Füßen zu legen. Eben dies ist der Kern des oben angedeuteten Spannungsfeldes.

Ein neuzeitliches Beispiel kann dies verdeutlichen. Gustav Gründgens soll einmal gesagt haben: „Nie weiß ich im Leben, wer zur Tür hereinkommen wird. Heute abend, auf der Bühne, wird zu bestimmter Minute durch eine bestimmte Tür eine bestimmte Dame in einem bestimmten Kostüm treten und ganz bestimmte Worte sprechen. Ist das nicht beruhigend?" In einem ebenso tiefen wie banalen Paradoxon

Abb. 2) Weihgaben aus dem Asklepieion von Korinth. Korinth, Korinth-Museum.

wird hier das gelebte Leben als beunruhigend, als beängstigend, als unverfügbar aufgefaßt; also auch als numinos, ja als sakral. Die Kunstwelt dagegen - Bühnenbild und Bildbühne, die ja beide sakrale Wurzeln haben - gelten hier als überschaubar, kalkulierbar und beruhigend; der Schauspieler - für wen, vor wem auch immer er spielt - erfreut sich ihrer bergenden Profanheit; ihrer Schein-Sicherheit, wohl ahnend, daß Bildbühne und Bühnenbild im Letzten einen Abgrund an Sakralität in sich bergen.

Dieser Dualismus von Sakral und Profan - damit auch derjenige von Devotio und Devotionalie - wurzelt in der Frühzeit Europas. In den festlichen Umzügen beispielsweise des Dionysoskultes stellten Schauspieler die Erscheinung des Göttlichen dar, das Bei-Sich-Sein und das Außer-Sich-Sein, Verinnerlichung und Ekstase, Maß und Unmaß, Heilig und Unheilig. Gerade der Maskengott ist daher von seinem Wesen her zwiespältig, und somit auch sein Kult. Feste Bühne und wechselnde Kulisse, Bewegung und Ruhe, Inneres und Äußeres, Profanes und Sakrales durchdringen sich gerade hier.

Dasselbe gilt vom Kunstwerk, wo es aus einer Haltung der Devotio kommt und dennoch so leicht zur Devotionalie gerinnt. Auf seiner Bildbühne spiegelt sich das wirkliche, unverfügbare Leben gerade in der Verfügbarkeit und Wiederholbarkeit des unwirklichen - da nur gespielten - Vorganges. Hier begegnen sich der fromme Heide (Abb. 1) und der auf heidnische Weise Fromme (Abb. 2). In der Stufenlosigkeit der Übergänge, in der Vielzahl der Möglichkeiten liegt die tiefe Lebenswirklichkeit. So stufenlos wie die Geschichte vom wissend-unwissenden Hans im Glück, der mit einem Goldklumpen anfängt - einem kostbaren Stück greifbarer Unendlichkeit -, um schließlich mit einem für ihn noch kostbareren Nichts in der Hand aufzuhören, dem Inbegriff wahrer Devotio.

*

Devotionalien können definiert werden als die greifbaren, daher analysierbaren Relikte - Kondensate, Gerinnungen - der Devotio; zugleich also ein Vorgang der Konkretisierung, Banalisierung des Sakralen. Hier liegt der Schlüssel zu großen Themen der Religions- wie Kunstgeschichte und der Volkskunde.

Gegen Ende der Altsteinzeit entwickelt sich die pomphafte Bestattung des Leichnams samt besonderer Präparierung des Schädels. Der Tote wird in Ocker, die Lebensfarbe, gebettet und durch Mumifizierung auf die erhoffte Wiederbelebung vorbereitet, wobei Amuletten und sonstigen Devotionalien eine besondere Rolle zukommt. Zusammen mit dem Totenkult stellen Zeugung und Erhaltung des Lebens die menschlichen Uranliegen dar; unter den widrigen Lebensbedingungen der Frühzeit gewinnen die geheimnisvollen Kräfte von Nahrung und Fortpflanzung eine geradezu sakrale Bedeutung. Von Ritus, Magie und Devotionalie als den äußeren Zeichen einer inneren Haltung wird erhofft, den Fortbestand dieser Kräfte zu gewährleisten

Alles dies steigert sich mit dem Eindringen jungsteinzeitlicher Kulturen von Osten nach Europa. Megalithbauten als Gemeinschaftsgräber kommen auf, in denen der Tote zu seinen Vätern „versammelt" wird; Denkmäler gewesenen Lebens, ewige Wohnstätten der Devotio und zugleich äußerst glanzvolle Devotionalien. Man muß damals sehr wohl gespürt haben, daß trotz allem das Eigentliche unsichtbar bleibt: denn die Bronzezeit kennt die Einäschungspraxis, bei der die Verbrennung des Leichnams einem Reinigungsritus gleichkommt. Dem Feuer wird hierbei offenbar eine vergeistigende Kraft zugetraut; dies setzt den Glauben an den Geist als eine selbständige Einheit voraus, die nur vorübergehend im Leib Wohnung genommen hat.

In der Frühzeit der Menschheit besteht somit - hier sehr verkürzt ausgedrückt - eine deutliche Neigung, die bedrohliche, lebensfeindliche, allzu profane Alltagswelt sakral zu überhöhen, um sie erträglicher zu gestalten und ihr „Lebensqualität" zu verleihen. Dieser Grundhaltung mag der Ewigkeitsbegriff späterer Zeiten noch fehlen; denn sie bleibt zunächst an das magische Ritual, die Zauberformel und das Fruchtbarkeitssymbol gebunden, wie an ein unveräußerlich Profanes mitten in einem dennoch wachsenden Sakralgefühl: Devotionalien als Fundament von Devotionen - sichtbare und oft sehr äußerliche Zeichen für etwas Unsichtbares.

*

Die frühen Hochkulturen denken diese - damals bereits uralten - Gedanken neu. Das altägyptische Totenritual sucht in magisch-mechanischen Formeln die Befähigung zur Fortsetzung, Verewigung menschlichen Lebens; nichts anderes wollte, wenn auch noch auf diffuse Weise, der steinzeitliche Mensch. Die Mumifizierung bedeutet daher einen sakralen Akt; für den Fall, daß die Mumie zerfällt, nehmen Porträtstatuen ihren Platz ein. Der ägyptische Bildhauer gilt als der, „der lebendig macht". Anders als die griechische Grabstatue sucht daher die ägyptische eine höchstmögliche Lebensähnlichkeit nicht nur in ewigem Material, sondern auch in ewiger - blockhaft-stereometrischer - Form, während die griechische Statue ebenfalls verewigen will, dies aber ohne Rücksicht auf Porträtähnlichkeit, dafür aber in organischer Lebensfülle tut.

Die klimatisch bedingte Möglichkeit, den Leichnam auszutrocknen, führt in Altägypten wie von selbst zum Glauben an ein physisches Fortleben, und dies seinerseits zur massenhaften Herstellung von Devotionalien als Grabbeigaben, damit es dem Toten in jeglicher Hinsicht an nichts fehlen möge. Die Pyramiden als riesige Sakralbauten bündeln in der Unerbittlichkeit ihrer Ewigkeitsform die kosmischen Kräfte wie in einem Brennglas. In diesem Abglanz des Gottkönigtums entwickelt aber auch der altägyptische Alltagsmensch ein tiefes Sakralgefühl, denn die Übermacht seiner natürlichen Umwelt, die völlige Abhängigkeit von Sonne, Wüste und Nilüberschwemmung lassen ihm - wie später dem Griechen Thales - „alles voll von Göttern" erscheinen. So ist ihm zugleich auch „alles voll von Devotionalien", und zwar in demselben Maße, als er den Schritt vom Symbol zum Sinn, vom Buchstaben zum Geist noch nicht in ganzer Tiefe vollzogen hat.

Thales' Wort trifft vor allem auf den griechischen Menschen und seine Denkweise zu, ohne daß Devotionalien sein Ein und Alles wären. Die olympischen Götter verkörpern ihm - mag es bei ihnen auch noch so frivol und profan zugehen - die Einheit des Göttlichen schlechthin, dessen Walten in Welt und Alltag er überall erkennt oder doch ahnt. In Griechenland wird bereits am Beginn des 1. vorchristlichen Jahrtausends versucht, die Welt auf letzte Prinzipien zurückzuführen, wie die großen Grabvasen des geometrischen Stils zeigen. In der Zerlegung in letzte, nicht mehr teilbare Elemente bahnt sich bei ihnen bereits an, was erst später formuliert wird: Atomistik, Buchstabenschrift, Baukunst. Sie enthalten alles, was auch später griechisches Denken ausmacht; nicht nur in Funktionalität, Ausgewogenheit und Rhythmisierung, sondern ausdrücklich auch im Menschenbild, das wohl mit Riten, aber ohne Magie vor die Gottheit hintritt. Wo sonst könnte Goethes Wort gelten, daß die Menschen nur so lange produktiv seien in Poesie und Kunst, als sie religiös sind?

*

Auf dem Weg zur Klassik des 5. vorchristlichen Jahrhunderts wird diese Gewißheit, im menschlichen Abbild das göttliche Urbild zu erblicken, mehrfach auf die Probe gestellt. Heraklit macht sich darüber lustig, tote Steine - Devotionalien - anzubeten; Xenophanes hält nichts von der vermeintlichen Menschengestalt der Götter. Devotio habe dem 'Unbekannten Gott' in seiner Gestaltlosigkeit zu gelten. Aber Protagoras sieht im Menschen das Maß aller Dinge, der in heidnischer Unbekümmertheit sein Leben genießt. Bald nach dem Alexanderzug setzt eine Vereinsamung des Menschen ein; die Welt ist scheinbar größer geworden, die Götter sind ferner gerückt. Die des Pergamonaltares werden zu Zitaten und blassen Abbildern einer ursprünglichen Devotio, zu Allegorien, die sich selber zelebrieren.

Damit ist eine wesentliche moderne Denkweise, die des Römischen Weltreiches erreicht, das man das „Amerikanertum der Antike" genannt hat. Für die Griechen war, jedenfalls zunächst, alles ein Stück göttlicher Schöpfung; also bot alles einen Anlaß zur Devotio. Dem Römer dagegen ist alles nur mehr ein Hinweis auf Überirdisches; seine Götter sind Funktionen und Formeln, keine Wesenheiten. So kann die römische Bildwelt sakrale und profane Inhalte in bisher ungeahnter Weise miteinander verquicken, in einer unverbindlich-lockeren Mischung, die überall im Römerreich Platz für die verschiedensten lokalen Bestandteile hat. Solche Kultbilder können nur noch Hinweise geben und auf Sachverhalte hindeuten, ohne aus eigener Kraft etwas zu verkörpern. Eben dies ist aber eine der möglichen Definitionen der Devotionalie, zu der wesentlich auch die massenhafte Herstellung und Verbreitung gehört. Die Technik erfährt ja deswegen zur Römerzeit einen so ungeheueren Aufschwung, weil die neuen Ideale der Massenkultur eine Serienproduktion von allen nur denkbaren Gütern, also auch von Devotionalien verlangen.

*

Diese modern anmutende Definition führt zum Versuch einer Zusammenfassung. So wie alles sakral aufgefaßt, alles profaniert werden kann, so sind auch die Übergänge zwischen Devotio und Devotionalie fließend, zu allen Zeiten und in allen Weltkulturen. Die Grenze vom Erhabenen zum Lächerlichen wird oftmals und leichtfertig überschritten; Kunst und Kitsch liegen nahe beisammen. Die Devotionalie gibt vor, Dinge meßbar zu machen, die sich - wie Gläubigkeit und Hingabe - von ihrem Wesen her nicht messen lassen. Wie die Gebetsmühle kann und wird sie daher eine Alibifunktion entwickeln und begibt sich leicht in die Gefahr, das Symbol mit dem Sinn, den Buchstaben mit dem Geist zu verwechseln. Eben hierin liegt aber in der Devotionalie ein hoher seismographischer Wert für die Erkenntnis vieler Lebensvorgänge, quer durch die Kulturgeschichte.

Exkurs zu Abb. 1

„Irdene, mit schwarzem Firniss bemalte und oben mit rothem Rande geschmückte Todtenkiste eines Kindes nebst beiliegendem Deckel und innen regelmäßig geordneten Gebeinen, bemalten Thongefäßen und Thonbildern, vor dem Acharnischen Thor an der Landstraße im Jahr 1813 von mir ausgegraben und bei der Eröffnung gezeichnet. Ihrer elliptischen Form nach gleicht sie einer Badewanne, daher eine solche meistens hölzerne Todtenkiste droite hiess; in ihrer Stellung zwischen Osten und Westen zeigte sich der den Athenern vorgeschriebene Gebrauch (s. Plutarch, Vit. Solon. 10), das Antlitz des Verstorbenen nach Morgen, der Gegend der Götter, zu wenden, wodurch sie sich von den umgekehrt verfahrenden Megarern und Phöniciern unterschieden, nicht beobachtet, wie denn mehrere Abweichungen von der Regel, auch südliche und nördliche Stellungen in attischen Gräbern vorkommen, das Antlitz der Todten blickte nach Abend, der Gegend der Seeligen. Alle in der Kiste enthaltene Gegenstände waren sorgfältig mit Erde verpackt, die den ganzen innern Raum bis an den eingesenkten Deckel erfüllte, weil die Berührung des Elements wesentlich zu des Todten vollkommener Bestattung und Ruhe im Grabe gehörte; aber es fehlten die meisten und selbst die dauerhaftesten Theile des Gerippes. Zu beiden Seiten des unvollständigen Schädels lagen über den Knochen der Oberarme zwei bemalte hieratische Thonbilder der thronenden, verschleierten Manenkönigin Gaea Olympia oder der himmlischen Erde mit herabgekehrten Häuptern und auf den Schenkelknochen zwei eben solche mit aufgerichteten Häuptern, so dass dieselbe Göttin hier nach der Zahl der Elemente und der Himmelsgegend viermal vorkommt. An der Stelle der Brust und des Unterleibes, wo sich keine Spur vom Rippenkasten, Rückgrat und Becken fand, waren zu beiden Seiten ein Schwarz auf gelbem Grund bemalter Lekythos mit der Mündung nach dem Haupte, und mitten in einer Reihenfolge zwei Kotylen und eine Diota mit der Mündung nach den Füßen hingelegt. Die Knochen der Unterarme und der Hände fehlten gleichfalls; aber an der Stelle der Linken, ihr mit dem Henkel zugewendet, befand sich ein schrägliegender Lekythos, vermuthlich das Trankopfer für die den Todten empfangenden Erdgottheiten enthaltend. Zwischen den Knieen stand eine Phiale oder ungehenkelte flache Schaale und darinnen eine Lampe; an diese stiess ein nach den Füssen zugekehrter Kotylos, bedeckt mit einer flachen Tasse und voll von einer dicken, klebrigen Masse, welche wohl der, als Sühnopfer der Manen und Erdgötter gebräuchliche, läuternde und besänftigende Honig seyn mochte; darauf folgte ebenso und in derselben Reihe zwischen den Schienbein- und Fussknochen geordnet, ein Kotyliskos in einer aufrechtstehenden, inwendig bemalten, grossen Schaale, vielleicht das Sphageion oder Gefäss mit Opferblut, das den Todten beigesetzt zu werden pflegte zur Labung seines durstenden Schattens, und zuletzt am untern Ende der Kiste dem Haupt zugewendet, ein grosser Kotylos. Ausser diesen Geräthen, von denen manche die übriggebliebenen Reste des Todtenmahls nach üblichem Bestattungsgebrauch enthalten mochten, befand sich noch neben den Schienbeinknochen rechts von denselben ein herabgekehrter Lekythos und links Kinderspielwerk, in zwei kleinen irdenen Vasen bestehend. - Bei der selten so vollkommenen Erhaltung der Todtenmitgabe und ihrer bisher nirgends anderswo bemerkten symmetrischen Anordnung muss die Unvollständigkeit der Gebeine auffallen, besonders da schwächere, wie an den Füssen, trotz der mangelnden starken Hüftknochen, Schulterblätter und Rückenwirbel geblieben sind, und zu der Vermuthung führen, dass dieselbe schon vor der Beerdigung stattfand und dass man hier zusammengelesenen Ueberresten eines Verunglückten die letzte fromme Pflicht erzeigt habe. Damit stimmt auch die östliche Lage des Hauptes und folglich die Richtung des Antlitzes nach Westen überein, als eine übliche Abweichung von der Regel der Athener, denn Aelian (Var. Hist. L. VII, c. 19 u. L.V.) erwähnt ausdrücklich dieser bei gewaltsam Umgekommenen beobachteten Lage. - (Länge 2 F. 11 Z., Breite 1 F. 1/4 Z., Höhe 5 1/4 Z.)"[2]

[2] O. M. v. Stackelberg: Die Gräber der Hellenen. Berlin 1837, S. 42 f. Taf. VIII.

II. Religiöse Kunst gestern und heute

„Meine verrückte Hoffnung: einen Turm zu bauen, in dem die Menschen all ihre Wut und Verzweiflung, all ihre arme Hoffnung, Freude und wilde Sehnsucht ausschreien können. Eine neue Kirche ... Vielleicht hilft mir die Zeit."
Max Beckmann, 1918

Religiöse Kunst stellt dem Betrachter eine Reihe von Fragen: Manche werden das Thema für unzeitgemäß, andere für aktueller denn je - im Sinne Max Beckmanns[3] - halten. Einige wenige Bemerkungen seien daher vorangestellt.

Einen Gedanken in Bilder und Formen zu kleiden heißt, ihn zu komprimieren und seine der direkten Aussage unzugänglichen Bestandteile in Symbole zu fassen. Wie etwa eine Versteinerung die Schichten und Perioden der Erdgeschichte bezeichnet, so legt ein bildgewordener Gedanke gerade in seiner Determiniertheit geistesgeschichtliche Strukturen bloß: Abgekürzt ist in ihm vieles aus der Gedankenwelt seiner Zeit enthalten. Seismographisch signalisiert er die Umschichtungen seines Lebenskreises.

Was vom Kunstwerk allgemein gilt, gilt besonders vom sakralen Kunstwerk. Denn Heilsgeschichte, nicht einfachhin Geschichte ist sein Gegenstand. Es spiegelt Glaubensinhalte und ihre Auslegung, steht damit also in permanenter Spannung zwischen Zeitlichem und Zeitlosem. Durch diese gleichbleibende Voraussetzung ist das sakrale Kunstwerk besonders geeignet, den Grad der Anverwandlung zu kennzeichnen, den sein Gegenstand durch die Jahrhunderte hin erfährt[4].

Abb. 3) Hand des Königs Echnaton beim Opfer (um 1360 v. Chr.). New York, Norbert Schimmel Collection.

Was darf als religiöse, was muß als profane Kunst aufgefaßt werden? Nachfolgend seien sechs Definitionen des Begriffs „Religio" skizziert, begleitet von je einem Bildbeispiel aus der Kunst der letzten drei Jahrtausende, begleitet ferner von einer Stellungnahme der großen Weltreligionen - dem Judentum, dem Katholizismus, dem Protestantismus, dem Islam, Hinduismus und Buddhismus.

*

Ein ägyptisches Relief aus einer amerikanischen Privatsammlung zeigt die Hand des Königs Echnaton um 1360 v. Chr.; Daumen und Zeigefinger lösen sich in diesem Augenblick voneinander, um einen Fettklumpen auf den Opferaltar fallen zu lassen (Abb. 3). „Religio" beginnt beim Gestus des Opferns, der Äußerlichkeit und Profanierung noch nicht völlig entronnen, doch bereits einen wesentlichen Schritt weg vom Bannkreis des Alltäglichen. Denn: „Zwischen Religion und Kunst besteht eine tiefe Verwandtschaft: Die Kunst verlangt die letzte Bindung und Ordnung der Religion, die Religion sucht für ihre heiligen Inhalte die große Gestaltung der Kunst. Die Kunst verliert mit der Religion ihren Halt, ihr Rückgrat; die Religion verliert mit der Kunst an Gestalt und Gesicht"[5].

Gehört nun eine Darstellung äußerlich, mechanisch oder gedankenleer vollzogener Akte an die Peripherie des Sakralen? Hier eine Stellungnahme des Katholizismus: „Gerade nach christlichem Weltverständnis (kann es) eine echte profane Kunst geben ..., d.h. eine Kunst, die in ihrer Thematik nicht unmittelbar religiös

[3] Zitiert nach: H. Schade, Gestaltloses Christentum? Perspektiven zum Thema Kirche und Kunst. Aschaffenburg 1971, S. 100.
[4] Verf., Gehört christliche Kunst der Vergangenheit an? Zur christlichen Ikonographie heute. In: Geist und Leben (1972), S. 62ff.
[5] Schade, 1971 (s. Anm. 3), S. 125.

ist, die das Heilige nicht direkt - 'gegenständlich' oder 'ungegenständlich' - 'abbildet', in der vielmehr der Mensch ausschließlich sich selbst in und an seiner Welt darstellt und die doch gerade so das Heilige indirekt nähert, indem sie die numinose Tiefe, die Unheimlichkeit des Humanum stets neu beschwört und fixiert."[6].

*

Ein spätgriechisches Relief in der Münchner Glyptothek stellt eine Familie dar, die opfernd an den Altar eines ländlichen Heiligtums getreten ist, nicht ahnend, daß die Gottheiten, denen ihre Verehrung gilt, hier leibhaftig anwesend sind (Abb. 4). „Religio" beginnt beim äußerlichen Opfer-Gestus, sie setzt sich fort im Bewußtwerden der eigenen Grenzen. Denn: „Daran wird etwas fühlbar, das weit jenseits des dargestellten Gegenstandes liegt, nämlich das Ganze des Daseins überhaupt. Dieses Ganze bekomme ich nie unmittelbar vor die Augen. Ich selbst bin ja doch nur ein winziger Teil eines unabsehlichen Zusammenhangs; jeder Gegenstand, auf den ich treffe, desgleichen; und mein Leben ist immer nur eine Beziehung von Fragment zu Fragment. Hier aber, im Vorgang der künstlerischen Formung, geschieht etwas Eigentümliches: jene Einheit, welche aus dem Ding, das da erfaßt wird, und dem Menschen, der es erfaßt, hervorgeht, hat eine aufrufende Macht. Um sie her wird das Ganze des Daseins gegenwärtig: das All der Dinge, die Natur, und das All des Menschenlebens, die Geschichte, beides lebendig in Einem... So entsteht in jedem Kunstwerk „Welt"... Kunstbereiche sind voneinander tief verschieden, im Letzten wollen sie aber das gleiche: der Einheit von Welt- und Menschenwesen einen Ausdruck geben, den sie in der Wirklichkeit nicht hat, und an ihm die Ganzheit des Daseins anklingen lassen"[7]. Kann aber Unaussprechliches in bildnerischer Form wenigstens angedeutet werden? Hier die Meinung des Judentums: „Bildende Kunst als Symbol für das Erhabene hat ihre große Bedeutung für religiöses Weltverständnis. Das Judentum ist weder bilderfeindlich noch kunstfeindlich, und der Tempel in Jerusalem und die antike Synagoge können es bezeugen. Doch in Zeiten, in denen das Judentum sich religiös gefährdet fühlte, wurde das Wort des Dekalogs „Du sollst dir kein Bild machen" allzu wörtlich genommen"[8].

Abb. 4) 'Münchner' Weihrelief aus Korinth (um 200 v. Chr.). München, Glyptothek.

*

Ein spätrömisches Fußbodenmosaik in der Münchner Glyptothek zeigt Mithras als Sonnengott im Tierkreis, flankiert von den Baumsymbolen des Frühlings und Herbstes; zu seinen Füßen die Erdgöttin mit den vier Jahreszeiten (Abb. 5: Zustand während der Restaurierung). „Religio" beginnt bereits bei Äußerlichkeiten und macht, fortschreitend, die eigenen Grenzen bewußt; sie lehrt ferner die eigenen Grenzen zu überschreiten. Denn: „Das ist das neue Dasein, wo alles offen ist; wo die Dinge im Herzraum des Menschen stehen und der Mensch sein Wesen in die Dinge einströmen läßt. Von diesem Neuen redet die Kunst - oft nicht wissend, was sie redet. Aus alledem kommt ihr religiöser Charakter. Wie wir ihn hier meinen, stammt er nicht aus unmittelbar religiösen Inhalten des einzelnen Werkes. Dies gibt es natürlich, und es wäre viel darüber zu sagen, was es bedeutet, wenn eine religiöse Botschaft nicht durch Worte, sondern durch die

[6] G. Szczesny, Die Antwort der Religionen. Reinbek 1971, S. 63.
[7] R. Guardini, Über das Wesen des Kunstwerks. Tübingen 1948, 5. Auflage 1954, S. 28f.
[8] Szczesny, 1971 (s. Anm. 6), S. 61.

Abb. 5) Römisches Fußbodenmosaik mit Mithras, Tellus und den Jahreszeiten (3. Jahrh. n. Chr.). München, Glyptothek.

künstlerische Gestalt kundgetan wird. Hier geht es aber um etwas anderes: um jenen religiösen Charakter, der in der Struktur des Kunstwerkes als solcher liegt; in seinem Hinweis auf die Zukunft, auf jene schlechthinnige „Zukunft", die nicht mehr von der Welt her begründet werden kann. Jedes echte Kunstwerk ist seinem Wesen nach „eschatologisch" und bezieht die Welt über sie hinaus auf ein Kommendes"[9].

Lassen sich die eigenen Grenzen auf diese Weise überspringen? Die Antwort des Protestantismus lautet: „Die Kunst wird zum Ausdruck eines Weltbildes, das sich mit der Grenzerfahrung der Wissenschaft, ihrem Vorstoßen an die Grenzen „unserer" Wirklichkeit, verbinden kann und nach der stofflosen, gestaltgebenden Form als Ausdruck einer schöpferischen Mächtigkeit erneut fragt... Die einseitig zugespitzte These z. B. der romantischen Erkenntnistheorie vom Erkenntniswert des künstlerischen Schaffens und der religiösen Deutung

[9] Guardini, 1954 (s. Anm. 7), S. 53f.

in bezug auf die Wirklichkeit entbehrt nicht eines beachtlichen Wahrheitsgehaltes, zumal sie als Bewegung zum Universum oder zum Unendlichen sich stets ihres nur approximativen Charakters bewußt bleibt"[10].

*

Das frühneuzeitliche Radfenster am Dom zu Orvieto nimmt manche Gedanken des zuvor erwähnten römischen Mosaiks auf, bündelt sie aber und zentriert sie auf eine personale kosmische Mitte (Abb. 6). „Religio", am äußerlichen Gestus eingeübt, wirkt fort in der Erkenntnis und Ausweitung der individuellen Grenzen: Auf neuer Reifungsstufe führt sie hin zu Kontemplation und allhaftem Kosmosgefühl.

Das Radfenster stellt daher ein abstraktes, dennoch sprechendes Symbol dar. Jedoch: „Der christliche Künstler steht vor nahezu unlösbaren Aufgaben: Er soll die Wahrheiten einer uralten Religion bewahren und sie zugleich mit den Wirklichkeiten der modernen Welt im Kunstwerk gestalten. Auf zwei Wegen vermag er sein hohes Ziel zu erreichen: Er kann traditionelle Formen benutzen und sie mit Erfahrungen der Gegenwart identifizieren. Er kann jedoch auch moderne Gestaltungsweisen mit überkommenen Motiven verbinden. Von Qualität sprechen wir dann, wenn diese Verbindung eine lebendige Einheit darstellt, die Künstler und Betrachter in gleicher Weise überzeugt"[11].

Abb. 6) Radfenster am Dom zu Orvieto.

Demnach wäre Qualität ein Zeichen für, eine Folge von Religiosität. Der Buddhismus sagt hierzu: „Die Tatsache, daß die größten Werke der bildenden Kunst und der Literatur aus dem religiösen Erleben flossen und daß viele der größten Weisen und Heiligen ihre Inspiration in inniger Naturverbundenheit fanden, beweist den hohen Wert, den Natur und Kunst, Dichtung und weltanschauungsbildende Literatur für das religiöse Leben haben. Kunst und Dichtung sind die Blüten der Religion. Eine Religion ohne Kunst ist tot"[12].

*

Käthe Kollwitz zieht mit ihrem Selbstportrait von 1934 eine Quersumme ihres Lebens, blickt voraus und zurück (Abb. 7). „Religio", wenn sie von außen nach innen fortschreitet, verkehrt Ziellosigkeit in Zielgerichtetheit. „So mündet auch das echte Verhältnis zum Kunstwerk in etwas Religiöses aus...Ich trete in den Raum ein, der hier entsteht, und lebe in der sich erhebenden reineren Welt. Indem ich sie schaue, werde ich von ihr erfaßt. In mir selbst wird „das Bessere" angerufen und aus der Bindung und dem Druck freigemacht, worin das tägliche Dasein es hält. Ebendarin aber ahne ich, was ich eigentlich bin, und fühle die Verheißung, einst werde ich dieses Eigentliche einholen dürfen. Richtiger gesagt: einst, in der letzten Zukunft, wenn das Eigentliche der Welt überhaupt auf sie zukommt, werde auch mein Eigentliches mir entgegentreten und mir zu eigen werden"[13].

[10] Szczesny, 1971 (s. Anm. 6), S. 63f.
[11] Schade, 1971 (s. Anm. 3), S. 158.
[12] Szczesny, 1971 (s. Anm. 6), S. 67f.
[13] Guardini, 1954 (s. Anm. 7), S. 54.

Abb. 7) Käthe Kollwitz (1867-1945). Selbstportrait. 1934.

Abb. 8) Hans Hartung (1904-1989). Abstrakte Komposition. 1981. Paris, Galerie Gervis.

Wird man also dem Kunstwerk gerecht, wenn man es nur „genießt"? Der Hinduismus sieht dies so: „Nichts ist ein echtes ästhetisches Objekt ohne dieses leuchtende und transzendentale Element. Und in diesem Sinne können wir von den Künsten als von einer Vorbereitung für die höhere Erfahrung des ganz Anderen sprechen, das Religion ihrem Wesen nach ist"[14].

*

Hans Hartung zeichnet Strukturen voll kodifizierender Kraft; man hat ihn mit einem Priester-König, seine Bilder mit Kraftfeldern menschlicher Seinsbehauptung verglichen[15] (Abb. 8). „Religio" vermag den Gegenstand loszulassen, abstrakte Kunst kann also religiöse Kunst sein. Mondrian sagt: „Wenn man nicht die Dinge darstellt, bleibt Raum für das Göttliche"[16]. Denn: „Niemand von uns wird ernstlich meinen, man könne das alte Welt- und Menschenbild mechanisch wieder herstellen. Die Betrachtung der frühmittelalterlichen Kunst zeigt aber, daß das Bild des „himmlischen Menschen" unzerstörbare Züge besitzt. Die unabdingbare Tatsache, daß der Geist des Menschen sich erst im Anblick der Welt zu definieren vermag, hat wohl die Alten zu diesen Vorstellungen gebracht. Die naturwissenschaftlich-technische Seite ihrer Weltauffassung können und wollen wir nicht mehr beibehalten. Ihre Bildwelt sollten wir jedoch auf ihre unvergängliche Struktur hin befragen. Selbst die moderne Malerei der Kubisten vom Rang eines Picasso und der abstrakte Maler von der Bedeutung eines Mondrian und Kandinsky benutzen die Würdeform der mittelalterlichen Mandorla. Sie geben ihren Gestalten einen Lichtgrund, der sie über das ephemere Dasein hinaushebt. Und noch in den Aluminiumfarben eines Jackson Pollock wird einmal sogar als Thema das Licht der Kathedralen lebendig. Paul Klee aber schreibt: ‚Diesseits bin ich gar nicht faßbar. Denn ich wohne grad so gut bei den Toten wie bei den Ungeborenen. Etwas näher am Herzen der Schöpfung als üblich. Aber noch lange nicht nahe genug'"[17].

Der Islam als eminent abstrakte Kunstrichtung sieht dies so: „Obwohl aber der Islam alle geistige Tätigkeit ermutigt und ihre Ausdrucksmöglichkeiten - wie etwa Wissenschaft, Kunst und Literatur - ständig zu fördern sucht, warnt er uns gleichzeitig vor jedem Versuch, die

[14] Szczesny, 1971 (s. Anm. 6), S. 66.
[15] Verf., Der Weg in die Abstraktion. Trier 1986, S. 25ff.
[16] Schade, 1971 (s. Anm. 3), S. 116.
[17] Schade, 1971 (s. Anm. 3), S. 43.

Kunst (einschließlich der Dichtung und der Musik) als eine Art melodramatisch-rührseliger „Stütze" in unserem Streben nach religiöser Erkenntnis zu benutzen: Denn um nicht trügerisch zu sein, muß Rührung sich aus der Erkenntnis ergeben und darf nicht ihr Ausgangspunkt sein"[18].

*

Über die Jahrhunderte hin haben Künstler immer wieder versucht, Themen und Inhalte ihres Glaubens zu verbildlichen. Gewiß gab es hierbei dichtere und kargere Zeiten; viele große Perioden der Kunst standen jedoch ganz im Zeichen des Numinosen, so am Übergang von der Archaik zur Klassik Griechenlands, oder am Übergang von der Romanik zur Gotik des ausgehenden Mittelalters. Stets wurde hier der Mensch von den selbstverständlich gewordenen Bindungen hingeführt zur neu und schmerzlich erfahrenen Freiheit.

So hat denn „Religio" mit Freiheit zu tun, gerade dort, wo sie die Dingwelt losläßt (Abb. 8); sie verwechselt nicht Ziel und Ziellosigkeit, wo sie zur Stufe recht verstandener Frömmigkeit gelangt ist (Abb. 7); sie findet Zugang zur Kontemplation, wo sie Glaubensinhalte verwirklicht (Abb. 6); sie überschreitet die Grenzen des Individuums, sobald sie Ehrfurcht kennt (Abb. 5); sie wird sich der eigenen Grenzen bewußt, sofern sie Gewissenhaftigkeit übt (Abb. 4); und schließlich kann sie selbst im äußerlichsten Akt und Gestus erweckt werden (Abb. 3).

Vielschichtig wie der Begriff „Religio" ist daher auch die religiöse Kunst, die gestrige und heutige. Ebenso aber, wie das Vorhandensein religiöser Symbole noch kein eigentlich religiöses Kunstwerk ausmachen muß, so bedeutet ihr Fehlen keineswegs, daß dem Kunstwerk der Geist der Religiosität fehle. Wenn irgendwo Freiheit herrscht, dann hier - ganz im Sinne des Neuen Testamentes: „Eine Zeit wird kommen, und sie hat schon begonnen, da werden der Geist und die Wahrheit die aufrichtigen Beter befähigen, den Vater an jedem beliebigen Ort anzubeten; von solchen Menschen möchte der Vater geehrt werden"[19].

[18] Szczesny, 1971 (s. Anm. 6), S. 65.
[19] Joh. 4, 1 - 42.

Zur allgemeinen Einführung in den Themenkreis vgl. besonders auch W. F. Otto, Theophania – Der Geist der altgriechischen Religion. Hamburg 1956 (Rowohlts Deutsche Enzyklopädie 15); K. Schefold, Griechische Kunst als religiöses Phänomen. Hamburg 1959 (Rowohlts Deutsche Enzyklopädie 98); K. Schefold, Römische Kunst als religiöses Phänomen. Hamburg 1964 (Rowohlts Deutsche Enzyklopädie 200).

GESEGNETE „ANDACHTSGEGENSTÄNDE" - DIE KIRCHLICHE BENEDIKTION UND DAS „ANRÜHREN" VON DEVOTIONALIEN

von Andreas Heinz

Gesegnete „Andachtsgegenstände" genießen in der katholischen Volksfrömmigkeit eine besondere Wertschätzung. Wer einen Rosenkranz aus Rom, Lourdes oder Fatima mitbringt, wer ein Kreuzchen oder einen Anhänger mit einem Marien-, Engel- oder Heiligenbild um den Hals trägt, wer eine Christophorusplakette in seinem Auto anbringt, möchte in der Regel eine solche Devotionalie vor Gebrauch gesegnet bekommen. Eine einfache Haushaltskerze, an Lichtmeß gesegnet, wird in brauchbewußten Familien höher geschätzt als eine nicht gesegnete noch so dekorative Tafelkerze. Gelegentlich kommt es auch heute noch vor, daß ältere Menschen den Priester bitten, eine Marien- oder sonstige Heiligenstatue zu segnen, bevor diese in der Wohnung ihren Platz bekommt.

1. Die Segnung von Devotionalien nach den liturgischen Büchern

a) Das „Deutsche Benediktionale" 1978

Für den Fall, daß Gläubige bestimmte Andachtsgegenstände gesegnet haben möchten (vorgeschrieben ist eine solche Segnung nicht), wird der Priester die entsprechenden Texte im Benediktionale, dem Buch der Segnungen, finden. Seit 1978 ist in den deutschsprachigen Bistümern Mitteleuropas das „Deutsche Benediktionale" für den liturgischen Gebrauch eingeführt[1]. Im Abschnitt „Segnung religiöser Zeichen" bietet es im einzelnen Formulare für die Segnung eines Kreuzes oder eines anderen Christusbildes, eines Marien- oder sonstigen Heiligenbildes, einer Christophorusplakette, des Rosenkranzes, religiöser Abzeichen und Insignien, einer Fahne, eines Sterbekreuzes und einer Sterbekerze und von Kerzen allgemein (unabhängig von der Lichtmeßfeier und der Segnung der Kerzen für die Erteilung des Blasiussegens)[2]. Den Abschluß dieses Benediktionaleteils bildet ein „Allgemeines Segensgebet für religiöse Zeichen", das immer dann gebraucht werden soll, wenn für die zu segnenden Devotionalien kein spezielles Segensgebet bereitsteht oder wenn verschiedenartige „Andachtsgegenstände" gleichzeitig zu segnen sind.

Alle Formulare enthalten die nach der Liturgiereform des Zweiten Vatikanums als bei jeder Segensfeier notwendig erachteten Stücke: Eine passende Schriftlesung oder wenigstens ein Schriftwort, ein Segensgebet, die Besprengung mit Weihwasser und ein von den Anwesenden gemeinsam verrichtetes Gebet (etwa das Vaterunser, dem in der Regel Fürbitten vorausgehen). Das sehr kurze Segensgebet des „Commune-Formulars"[3] läßt gerade in seiner prägnanten Kürze gut die Intention erkennen, die die kirchliche Segnungspraxis nunmehr konsequent prägt. Der Priester oder der Diakon, denen es zusteht, Devotionalien zu segnen, betet nicht etwa überirdische Heil- und Segenskräfte auf die zur Segnung bereitgehaltenen Dinge herab. Nicht die Gegenstände sollen sakralisiert werden; vielmehr hat sein Gebet die Menschen im Blick, die sich der Devotionalien bedienen. Er erbittet den Segen Gottes den Gläubigen, die das jeweilige religiöse Zeichen oder Bild aufbewahren oder bei sich tragen. Ein solcher gesegneter Gegenstand (Medaille, Kreuz, Anhänger, Plakette) wird also nicht etwa durch

[1] Benediktionale. Studienausgabe für die katholischen Bistümer des deutschen Sprachgebietes. Erarbeitet von der Internationalen Arbeitsgemeinschaft der Liturgischen Kommissionen im deutschen Sprachgebiet, hg. v. den Liturgischen Instituten Salzburg-Trier-Zürich, Einsiedeln u. a. 1978.

[2] Vgl. ebd. Nr. 40-49.

[3] Vgl. ebd. Nr. 50, S. 232.

die kirchliche Benediktion zum automatisch wirkenden Schutz- und Heilszeichen. Die Gläubigen sollen sich vielmehr durch das religiöse Zeichen anregen lassen, bei Gott selbst „Hilfe zu suchen" und ihm und den Menschen besser zu dienen. Devotionalien sind also Merk- und Mahnzeichen, die das Vertrauen auf Gottes Allmacht und den Fürbittdienst der Kirche, besonders ihrer schon vollendeten Glieder, der Heiligen, lebendig halten. Bei der Segnung von Andachtsgegenständen stellt sich die Kirche als solche hinter die Anliegen derer, die die Segnung erbitten; das persönliche Gebet wird so hineingenommen in das fürbittende Gebet der Kirche, dem Christus in besonderer Weise Erhörung verheißen hat (vgl. Mt 18, 19f.).

b) Der Teilband „De Benedictionibus" des Rituale Romanum 1984

Die gleichen Gestaltungsgrundsätze begegnen uns in dem 1984 in Rom erschienenen, erneuerten Ritualeteilband „De Benedictionibus"[4]. Er enthält besondere Formulare für die Segnung von Rosenkränzen (Kap. 38)[5] und Skapulieren (Kap. 39), sowie das Modell einer Feier zur Segnung von „Gegenständen, die zum Gebrauch bei Frömmigkeits- und Andachtsübungen bestimmt sind" (Kap. 37)[6]. Gemeint sind damit Medaillen, kleine Kreuze, Bilder und Statuen von Christus oder einzelnen Heiligen. Den von der Kirche intendierten Zweck einer solchen Segnung läßt das im römischen Buch der Segnungen beispielhaft angebotene Eröffnungswort klar erkennen[7]. Es weist die an der Segnung teilnehmenden Gläubigen darauf hin, daß die von ihnen mitgebrachten Gegenstände Ausdruck ihres Glaubens sind. Wer nämlich solche religiösen Zeichen aufbewahrt oder trägt, soll sich durch sie zur Gottesliebe und zum Vertrauen auf die fürbittende Hilfe Mariens und der anderen Heiligen mahnen und ermutigen lassen. Der Segen Gottes - das wird im Textangebot des römischen Buches noch deutlicher als im „Deutschen Benediktionale" - gilt denen, die solche Zeichen gebrauchen. Gesegnete Devotionalien sollen - im Sinn einer „sacralité pédagogique" (Y. Congar) - die Gläubigen anstiften, so zu leben, wie es Christen geziemt, die solche Abzeichen ihres Glaubens tragen, aufbewahren oder sonstwie benutzen. Um die Vorstellung einer „sakralen Aufladung" der „Andachtsgegenstände" gar nicht erst aufkommen zu lassen, sieht „De Benedictionibus" keine Besprengung der Devotionalien mit Weihwasser mehr vor. Das Segenskreuz mit der Hand zeichnet der Priester oder der Diakon nicht über die religiösen Zeichen, sondern über diejenigen, die deren Segnung erbitten.

c) Der Volkserwartung verpflichtet: Beispiele aus vorkonziliarer Zeit

Die hier nach dem Zweiten Vaticanum vorgenommene Korrektur mit dem Ziel, eine theologisch verantwortbare Segnungspraxis sicherzustellen, wird es schwer haben, sich auch im Volksbewußtsein durchzusetzen. Die volksfromme Erwartung geht dahin, dem gesegneten Gegenstand an sich besondere Heil- und Segenskraft zuzuschreiben. Es ist nicht zu leugnen, daß manche Benediktionsformulare der vorkonziliaren Zeit diese Erwartungshaltung in bedenklicher Weise gedeckt und gefördert haben. So erweckte etwa die Benediktion von „Benediktuspfennigen"[8] den Eindruck, als solle durch die Segnung in erster Linie das religiöse Zeichen geheiligt und zum Schutzzeichen gemacht werden, das dann seinem Träger Gesundheit des Leibes und das Heil der Seele erwirken würde. Die Segnung des Rosenkranzes im „Rituale Romanum" der Vorkonzilszeit verhieß denen, die den gesegneten Rosenkranz

[4] Rituale Romanum ex decreto sacrosancti oecumenici Concilii Vaticani II instauratum auctoritate Joannis Pauli II promulgatum. De benedictionibus. Editio typica. Typis polyglottis Vaticanis 1984.
[5] Vgl. zur erneuerten Gestalt dieser Benediktion: A. Heinz, Der gesegnete Rosenkranz. In: A. Heinz/ H. Rennings (Hgg.), Heute Segnen. Werkbuch zum Benediktionale, Freiburg-Basel-Wien 1987. S. 356-366.
[6] De Benedictionibus (s. Anm. 4) S. 446-452.
[7] Vgl. ebd. S. 447, Nr. 1168.
[8] Vgl. Rituale Romanum Pauli V Pont. Max. jussu editum...atque auctoritate SSmi D. N. Pii Papae XI ad norman Juris Canonici accomodatum. Editio prima juxta typicam. Ratisbonae 1925. Benedictiones propriae..., Nr. 31, S. 556f.: Benedictio numismatum S. benedicti. Das mittelalterliche Benediktionswesen kannte eine Fülle von Sachbenediktionen mit dem gleichen Tenor; vgl. A. Franz, Die kirchlichen Benediktionen im Mittelalter, 2 Bde. Freiburg 1909 (Nachdruck Graz 1980).

bei sich trugen oder in frommer Absicht daheim aufbewahrten, Befreiung von jedem sichtbaren und unsichtbaren Feind[9]. Auch die 1895 von der Ritenkongregation gutgeheißene Segnung der „Wundertätigen Medaille“ (Numisma immaculatae Virginis Mariae Conceptionis)[10] blieb stark auf das zu segnende Zeichen fixiert. So wird Gott etwa im Segensgebet gebeten: „...gieße gnädig deinen Segen aus über diese Medaille, auf daß diejenigen, die sie andächtig betrachten und in frommer Absicht tragen, auch ihre Schutzwirkung spüren und deine Barmherzigkeit erlangen“[11].

2. Das „Anrühren“ von Devotionalien

a) Biblische Vorbilder

Eine ausdrückliche kirchliche Segnung ist keineswegs die einzige Form, Devotionalien zu schutzverheißenden und segenbringenden Zeichen zu machen. Aus Wallfahrtsorten mitgebrachte Andenken sind in der Regel durch „Anrühren“ zu „geweihten“ Gegenständen geworden. Es gehört zu den allgemeinmenschlichen religiösen Grundvorstellungen, daß durch physischen Kontakt mit dem Heiligen heilende und segnende Kräfte vermittelt werden. Das Neue Testament selbst bezeugt solche Anschauungen, an die das kirchliche Benediktionswesen anknüpfen, und auf die die Volksfrömmigkeit sich berufen konnte. Hatte doch Jesus die Kranken, die ihn baten, nur den Saum seines Gewandes berühren zu dürfen, nicht getadelt, sondern geheilt (vgl. Mk 6, 56). Das Beispiel der blutflüssigen Frau, die sich sagte: Wenn ich auch nur sein Gewand berühre, werde ich geheilt (vgl. Mt 9, 21), lud zur Nachahmung ein. Zudem ist in der Apostelgeschichte zu lesen, daß man die Schweißtücher der Apostel Kranken auflegte und sie dadurch heilte (vgl. Apg 19,11f; auch ebd. 5,15).

b) Berührungsreliquien als Ersatz für Primärreliquien

In nachbiblischer Zeit beobachten wir Vergleichbares an den Märtyrergräbern. Als Ambrosius 386 die Gebeine der Märtyrer Gervasius und Protasius von ihrem Auffindungsort nach Mailand überführen ließ, brachten die hinzudrängenden Menschen immer wieder Tücher und Kleidungsstücke in Kontakt mit den Reliquien, von denen heilende Kraft in die angerührten Gegenstände überströmen sollte. Diese wurden so selbst heilkräftig (tactu ipso medicabilia[12]). In Tours waren die auf das Grab des heiligen Martin gelegten Tücher hochbegehrt. Nach der Vorstellung der Pilger nahmen sie die Heilkraft des Heiligen in sich auf, so daß man den Segen des verehrten Wundertäters gleichsam nach Hause mitnehmen konnte[13]. Solche textilen Berührungsreliquien, Brandea[14] genannt, pflegten auch die Päpste hochgestellten Persönlichkeiten zu senden, wenn sie um Reliquien von den in Rom bestatteten Aposteln oder berühmten Märtyrern gebeten wurden. Als Konstantina, die Gattin des oströmischen Kaisers Mauritius, Gregor den Großen (590-604) um die Übersendung des Hauptes oder eines anderen Körperteils des heiligen Paulus bat, lehnte der Papst ab. Er erklärte der Bittstellerin, es sei in Rom nicht üblich, die Körper der Heiligen anzutasten oder gar zu teilen. Man lege nur Tücher neben die Reliquien. Doch die so mit dem Leib des Heiligen in Kontakt gebrachten Tücher würden dadurch selbst zu Reliquien mit der gleichen Wirkkraft wie die Überreste der Heiligen selbst[15].

Höher noch als Berührungsreliquien von Heiligengräbern wurden Brandea von Herrenreliquien geschätzt. So berichtet Gregor von Tours (+ 594), ein Mann sei eines Tages zu ihm gekommen und habe ihm als kostbare Reliquie ein

[9] Vgl. Rituale Romanum (s. Anm. 8) Nr. 35, S. 560f.
[10] Vgl. ebd. Nr. 30, S. 554-556.
[11] Ebd. S. 555:„...super hoc numismatis signum tuam benedictionem benignus infunde, ut pie hoc recolentes ac devote gestantes et illius patrocinium sentiant et tuam misericordiam consequantur. Per Christum...“
[12] Vgl. Ambrosius, Ep. 22, 9 (PL 38, 1415f.); weitere Beispiele bei B. Kötting, Reliquienverehrung, ihre Entstehung und ihre Formen. In: TThZ 67 (1958) S. 321-334, bes. S. 227ff.
[13] Vgl. Gregor von Tours, De virtutibus S. Martini I, 11 (MGH SS rer. Merov.I, 595); dazu B. Kötting, Reliquienverehrung (s. Anm.12) S. 333. - Ders., Peregrinatio religiosa, Münster 1950, S. 269-274.
[14] Zum Begriff vgl. Art. Brandeum. In: RAC II, S. 522f.
[15] Vgl. Gregor d. Gr., Ep. 4, 30 (PL 77, 702; MG Ep. I, S. 264-266); zum Vorgang vgl. B. Kötting (s. Anm. 12) S. 332.

Tuch angeboten, das angeblich zur Verhüllung des heiligen Kreuzes in Jerusalem gedient hatte[16]. Als eine Berührungsreliquie aus konstantinischer Zeit hat der Kirchenhistoriker Erwin Iserloh die im Dom zu Trier verehrte Herrenreliquie der Tunica Christi zu deuten versucht. Erst das Mittelalter, dem die antik-platonische Anschauung, wonach das Abbild an der Kraft des Urbildes teilhat, fremd geworden war, habe die antiken Berührungsreliquien, auch die Trierer Christusreliquie, als historisch echte Primärreliquien ausgegeben[17].

3. „Angerührt" am Heiligen Rock

a) „Heilbringende Schau" der Trierer Herrenreliquie

Als der „Heilige Rock" am Ostermittwoch 1512 (3. Mai) erstmals dem damals zum Reichstag in Trier weilenden Kaiser Maximilian I. und zahlreichen Großen des Heiligen Römischen Reiches gezeigt wurde (Abb. 9), verehrten diese ihn als den ungenähten Leibrock Jesu, den die Soldaten unter dem Kreuz nicht zerteilt, sondern verlost hatten (vgl. Joh 19,24)[18]. Als solchen zeigte man ihn - dem ungestümen

Abb. 9) Kurfürst und Erzbischof Richard von Greiffenklau zeigt Kaiser Maximilian den hl. Rock. Holzschnitt von Hans Burgkmair. 1512.

Drängen des Volkes nachgebend - auseinandergefaltet 23 Tage hindurch den in Scharen herbeiströmenden Gläubigen. Die Menschen waren besonders bewegt durch die Blutflecken, die man am Heiligen Rock zu erkennen glaubte, und die ihn nach dem Glauben der Zeitgenossen unzweifelhaft als das blutgetränkte Kleid des Erlösers auswiesen[19]. Der Wunsch, es zu berühren, war groß. Doch ließ bei dieser und den folgenden Ausstellungen des 16. Jahrhunderts, wie auch bei der Heilig-Rock-Wallfahrt des Jahres 1655, die Art der Zeigung einen physischen Kontakt nicht zu. Nur Augenkontakt war möglich. Bei der von Erzbischof Karl Kaspar von der Leyen veranstalteten Ausstellung des Jahres 1655 wurde die Tunica Christi an insgesamt 30 Tagen (zwischen dem 1. Mai und dem 29. Juni) auf einer eigens vor dem Mittelfenster der Westfassade des Domes errichteten Bühne hoch über den Köpfen der Pilger gezeigt[20]. So konnte man das „ungenähte Heilandskleid" nur aus der Ferne anschauen. Unerfüllt blieb das gerade bei dieser Reliquie starke Bedürfnis, das Gewand anzurühren. Es waren jedoch jeweils zwei Kleriker bestimmt, um von den Pilgern mitgebrachte Erinnerungsstücke am Heiligen Rock anzurühren und sie wieder auszuhändigen. Bis heute ist jedoch kein Andenken von dieser Ausstellung bekannt geworden. Das älteste angerührte Erinnerungsbild, das zumindest auf einer Fotografie erhalten ist, stammt von der nicht öffentlichen Zeigung im Jahre 1713 (Kat. B 2).

[16] Gregor von Tours, In gloria Martyrum 5 (MGH SS rer. Merov. I, 491); vgl. B. Kötting (s. Anm. 12) S. 329.
[17] E. Iserloh, Der Heilige Rock und die Wallfahrt nach Trier. In: Geist und Leben 32 (1959) S. 271-279.
[18] Vgl. H. Ries, Trierer Ereignisse aus den Jahren 1512 bis 1517. In: Ekklesia (FS Bischof Matthias Wehr). Dargebracht von der Theol. Fakultät Trier (TThSt 15), Trier 1962, S. 181-211; S. Beissel, Geschichte der Trierer Kirchen, ihrer Reliquien und Kunstschätze, 2 Teile, Trier 1887-1889; der zweite, 1889 erschienene Teil trägt den Untertitel „Zur Geschichte des Heiligen Rockes"; zu den Ereignissen von 1512, ebd. S. 98-129.
[19] Vgl. Beissel, 1887-1889 (s. Anm. 18), S. 101.
[20] Vgl. ebd. S. 264f.; R. Laufner, Die Hl. Rock-Ausstellung im Jahre 1655. In: Trierisches Jahrbuch 10 (1959) S. 56-59; zu den Anrührungen vgl. S. 62.

b) An den Heiligen Rock angerührte Erinnerungszeichen aus dem Jahre 1765

1765 kehrte der Schrein des Heiligen Rockes aus Trier, wohin man ihn während des Siebenjährigen Krieges vorübergehend in Sicherheit gebracht hatte, an seinen damals üblichen Aufbewahrungsort auf der kurtrierischen Festung Ehrenbreitstein zurück[21]. Bei dieser Gelegenheit ließ Erzbischof Johann Philipp von Walderdorff (1756-1768) die seidenen Umhüllungen der Reliquie erneuern. Einige Tage lang blieb der Schrein geöffnet. Der Kurfürst erlaubte den Gläubigen aus Koblenz und den umliegenden Ortschaften, den ausgestellten Heiligen Rock zu verehren. Bei dieser am 4. Mai beginnenden, kurzfristigen Ausstellung von nur lokaler Bedeutung bestand die Möglichkeit, Gegenstände an den Heiligen Rock anzurühren oder anrühren zu lassen. Andenken, die diese Tatsache eigens erwähnen, sind in relativ großer Zahl erhalten[22] (Kat. B 6-21).

Ein einzigartiges Erinnerungsstück an die Ehrenbreitsteiner Ausstellung der Tunica inconsutilis des Jahres 1765 befindet sich heute in Privatbesitz. Es handelt sich um eine Abbildung des Heiligen Rockes aus roter Seide in Originalgröße (Kat. B 13). Das Material dürfte mit größter Wahrscheinlichkeit von der gleichen Seide sein, in die der Heilige Rock nach der kurzen Ausstellung in den ersten Maitagen 1765 eingehüllt wurde. Man wird den Stoff vorher auf die Reliquie gelegt haben, so daß wir es bei dieser Nachbildung mit einer Berührungsreliquie im Sinne der antiken Brandea zu tun haben. Es ist aber auch möglich, daß die rote Seide von der vorhergehenden Umhüllung stammt, die 1765 gegen eine neue ausgetauscht wurde. Dieses außergewöhnliche Heilig-Rock-Andenken gehörte zweifellos ursprünglich dem Erzbischof und Kurfürsten Johann Philipp von Walderdorff selbst, aus dessen Nachlaß es in den Besitz seiner Familie überging.

c) Zeugnisse aus der Zeit der Heilig-Rock-Ausstellung 1810

Anders als bei sonstigen Wallfahrten, bei denen die Pilger in den Pilgergottesdiensten am Wallfahrtsort ihre Devotionalien gesegnet bekommen oder einzeln deren Segnung erbitten, erfolgte bei den Heilig-Rock-Wallfahrten die Segnung von Devotionalien hauptsächlich durch „Anrühren“. Der Vorgang ist für die großen Ausstellungen des 19. und 20. Jahrhunderts bestens bezeugt. Als bei der Rückführung der Reliquie von Augsburg nach Trier die Delegation des Trierer Domkapitels vom 8. auf den 9. Juli 1810 in Merzig/Saar Zwischenstation machte, drängten die Gläubigen zu dem in der Kirche aufgestellten geschlossenen Heilig-Rock-Schrein, um daran Rosenkränze, Bilder, Gebetbücher und Kerzen anzurühren[23]. Die von Bischof Charles Mannay bald darauf veranstaltete Ausstellung fand vom 9. bis 27. September statt[24]. Auf zeitgenössischen Abbildungen sind die beiden ovalen Öffnungen in den Seitenwänden des Ausstellungsschreins deutlich zu erkennen, die es ermöglichten, an die hinter Glas gezeigte Reliquie „Andachtsgegenstände“ anzurühren. Weil die Ausstellung kurzfristig angekündigt worden war und weniger als drei Wochen dauerte, kam es zu keiner Medaillenproduktion größeren Umfangs. Bisher ist lediglich ein mit Sicherheit der Ausstellung von 1810 zuzuweisender kleiner „Wallfahrtsanhänger“ in Gold (17 x 18,5 mm) bekannt geworden, der Ende der 60er Jahre durch

---

[21] Vgl. Beissel, 1887-1889 (s. Anm. 18), S.269.

[22] Bei der Hl. Rock-Wallfahrt 1959 wurde in der Pfarrprozession von Leutesdorf/Rhein ein Schild mitgetragen, an dem eine Abbildung des Heiligen Rockes befestigt war, die anläßlich der Leutesdorfer Wallfahrt nach Koblenz am 4. Mai 1765 an die Herrenreliquie angerührt worden war; vgl. Wallfahrtsblatt Nr. 9 vom 13.9.59, S. 9. Im Besitz des Verfassers befindet sich ein 1765 aus Stoff und Papier gefertigtes Wallfahrtsandenken mit der Aufschrift: „Dieses Röcklein hat angerührt den H. Rock unseres H. Jesu Christi. Coblenz d. 4. Maj 1765.“ Zum Aufbewahrungsort Ehrenbreitstein vgl. J. Wagner, Der Heilige Rock von Trier auf Ehrenbreitstein. In: TThZ 44 (1933) S. 219-226.

[23] Vgl. E. Lichter, Die Rückkehr des Hl. Rockes aus Augsburg im Jahre 1810. 2. Teil. In: Kurtrierisches Jahrbuch 9 (1969) S. 160-176; A. Heinz, Der Heilige Rock im Saarland. In: Ders., Heilige im Saarland, Saarbrücken 1991, S. 42-46.

[24] Vgl. Beissel, 1887-1889 (s. Anm. 18), S. 271f.

Schenkung aus Privatbesitz in den Trierer Domschatz gelangte[25]. (Kat. C 5)

Die von den an der Reliquie vorbeiziehenden Pilgern zum Anrühren mitgebrachten Devotionalien werden in erster Linie Rosenkränze und Andachtsbildchen mit einer Darstellung des Heiligen Rocks gewesen sein. Auf serienmäßig hergestellten Seidendrucken zur Ausstellung 1810 war die Tatsache der Anrührung mit Datumsangabe eigens vermerkt[26]. Auch bei den auf Papier gedruckten oder selbstgemalten und kolorierten Heilig-Rock-Bildchen haben die Besitzer oft auf der freien Rückseite eingetragen, wann sie das betreffende Bild an der Reliquie hatten anrühren lassen[27]. Solche Bilder wurden als Phylakterien sorgfältig aufbewahrt. In einer anläßlich der Ausstellung von 1810 entstandenen und verbreiteten „Litaney vom heiligen Rock" heißt eine Bitte: „Daß du alle Häuser, in welchen das Bildnis deines heiligen Rocks aufbewahrt wird, vor sicht- und unsichtbaren Feinden beschützen wollest"[28].

d) Das „Anrühren" bei der Heilig-Rock-Wallfahrt 1844

Die von Bischof Wilhelm Arnoldi veranstaltete Heilig-Rock-Wallfahrt führte vom 18. August bis 6. Oktober 1844 ca. eine halbe Million Pilger nach Trier. Der Devotionalienhandel blühte. Ein Zeitgenosse, der Trierer Bistumshistoriker Jakob Marx d. Ä., weiß zu berichten, daß ein Metzer Lithograph Atlas im Wert von 20.000 Francs für Heilig-Rock-Drucke verarbeitet habe. Innerhalb von drei Wochen hätte ein Trierer Geschäft 80.000 Medaillen verkauft, ein anderes 52.000[29]. Zum ersten Mal wurden bei der Wallfahrt 1844 Heilig-Rock-Medaillen in großer Zahl an die Reliquie angerührt. Marx berichtet: „Neben dem Heiligen Rock standen Priester, welche die ihnen gegebenen Andachtsgegenstände an denselben anrührten. Fast jeder Pilger hatte einige Medaillen, Bilder oder Rosenkränze, die er hinreichte, um sie als liebes Andenken für sich und die Seinen nach Hause zurückzutragen"[30]. Bei den 1844 vorgekommenen Heilungen[31] spielten solche angerührten Andachtsgegenstände häufig eine besondere Rolle. So wurde die 37 jährige Anna Wagner aus Hontheim von ihrem Kieferleiden (Knochenfraß) geheilt, nachdem sie ein an den Heiligen Rock angerührtes Bild auf die eiternde Wunde gelegt hatte. Bei der Heilung zweier Kinder in Fraulautern half ein an der Reliquie angerührtes Tuch. Eine Frau aus Köln wurde von ihrem chronischen Hals- und Brustleiden befreit, nachdem sie ihren am Heiligen Rock angerührten Ring in den Mund genommen hatte.

e) 1891: Der Augenzeugenbericht eines englischen Jesuiten

Die von Bischof Michael Felix Korum 1891 veranstaltete Heilig-Rock-Wallfahrt veranlaßte die industrielle Massenfabrikation einer bis dahin nicht gekannten Fülle von Wallfahrtsandenken[32]. Wer für sich und die Daheimgebliebenen Pilgermedaillen kaufte, hielt darauf, sie am Heiligen Rock anrühren zu lassen. Den Vorgang, wie er während der Wallfahrtszeit 1891 zu beobachten war, hat in allen Einzelheiten der englische Jesuit Richard F. Clarke beschrieben, der sich damals mehrere Wochen

[25] Vgl. H.- J. Kann, Unedierte Heilig-Rock-Wallfahrtsmedaillen und -anhänger aus dem 16. bis 19. Jahrhundert. In: Kurtrierisches Jahrbuch 31 (1991) S. 109-119, hier S. 111.

[26] Vgl. H. Schiel, Zur Hl. Rock-Wallfahrt im Jahre 1810. In: Vierteljahrsblätter der Trierer Gesellschaft für nützliche Forschungen 5 (1959) S. 17-23, hier S. 20.

[27] Ein Druck mit folgendem handschriftlichen Eintrag auf der Rückseite im Besitz des Verfassers: "Cette gravure a touché la sainte robe de notre Seigneur aujourd'hui á Treves, 26 7bris 1810." (Kat. B 39)

[28] Bistumsarchiv Trier, Heilig-Rock-Andenken 1810.

[29] Vgl. J. Marx d. Ä., Die Ausstellung des h. Rockes in der Domkirche zu Trier im Herbste des Jahres 1844, Trier 1845. S. 60f. - Beissel, 1887-1889 (s. Anm. 18), S. 278.

[30] Ebd.

[31] Vgl. C. Willems, Der hl. Rock zu Trier. Eine archäologisch-historische Untersuchung, hg. im Auftrag des Hochw. Herrn Bischofs von Trier, Trier 1891, S. 105-109.

[32] Vgl. K. Köster, Wallfahrtsmedaillen und Pilgerandenken vom Heiligen Rock zu Trier. In: Trierisches Jahrbuch 10 (1959) S. 36-56, hier S. 52f.; U. Hagen konnte der Wallfahrt 1891 nicht weniger als 50 Typen und Varianten von Wallfahrtsmedaillen zuordnen; vgl. dies., Wallfahrtsmedaillen des Rheinlandes in Geschichte und Volksleben, Köln 1973; vgl. ferner H.- J. Kann, Unedierte Heilig-Rock-Wallfahrtsmedaillen und -anhänger aus dem 16. bis 19. Jahrhundert. In: Kurtrierisches Jahrbuch 31 (1991) S. 109-119, hier S. 111-114.

lang in Trier aufhielt. (vgl. Abb. 10) Sein begeisterter Augenzeugenbericht erschien 1892 als Buch in London und New York[33]. Wir entnehmen ihm die folgende Schilderung [34]:

„Während der ersten Woche der Ausstellung hat man noch jedem Priester erlaubt, mit der Hand die Reliquie zu berühren. Die Pfarrer durften, nachdem sie den diensttuenden Priester um Erlaubnis gebeten hatten, selbst die Gegenstände ihrer Pfarrangehörigen anrühren. Doch dann wurde ein auswärtiger Priester (gottlob kein Engländer) überrascht, wie er mit einem spitzen Gegenstand versuchte, eine Partikel von der Reliquie loszulösen, um sie mitzunehmen. Daraufhin verbot der Bischof das Berühren (durch Fremde); nur noch die neben dem Heiligen Rock sitzenden beiden Priester durften Gegenstände anrühren. Der große Holzschrein hat (auf beiden Seiten) eine ovale Öffnung, etwa ein Fuß breit und zwei Fuß hoch. Je zwei Seminaristen sind den beiden Priestern behilflich... Sobald die Pilger in der Nähe der Reliquie sind, händigen sie ihre mitgebrachten Gegenstände einem Seminaristen aus; dieser gibt sie an den auf der Epistel- oder Südseite des Schreins sitzenden Priester weiter; die in der Außenreihe gehenden Pilger gehen an der Reliquie vorbei und geben ihre Devotionalien einem auf der Evangelienseite diensttuenden Seminaristen, der sie an den Priester weiterreicht. Zwei Männer der Ehrengarde sorgen dafür, daß alles geordnet und reibungslos vor sich geht. Der Priester ... führt die Gegenstände durch die Öffnung im Schrein vorsichtig an die Reliquie heran und rührt sie an den unteren Teil des Heiligen Rockes an. Dann gibt er sie an den rechts von ihm stehenden Seminaristen weiter, der sie dem inzwischen etwas weitergegangenen Eigentümer aushändigt. Manchmal ist ein Ordensbruder aus dem Franziskaner- oder Dominikanerorden stolz, den Dienst eines Seminaristen eine Zeitlang zu übernehmen. Alles geschieht in einer bewundernswerten Ordnung. Aber für die Priester ist es sehr ermüdend; sie sind bereits nach einer Stunde ziemlich erschöpft. Ihnen werden auf einmal die verschiedensten Gegenstände gereicht: etwa ein großes Kruzifix, ein Gebetbuch, ein halbes Dutzend Rosenkränze, zwei oder drei Medaillen, einige Bildchen, alles durcheinander. Manchmal sind die Gegenstände so groß, daß sie kaum durch die Öffnung gehen. Ein ander Mal fallen trotz größter Sorgfalt Medaillen herunter und müssen mühsam wieder aus dem Schrein herausgenommen werden. Die Priester müssen ferner achtgeben, daß jeder einzelne Gegenstand auch tatsächlich den Heiligen Rock berührt. Durch das viele Anrühren ist die Reliquie an den betreffenden Stellen etwas abgenützt worden. Doch was tut das im Vergleich zu der großen Andacht der Gläubigen, die aus dem Bewußtsein erwächst, einen Gegenstand zu besitzen, der das Gewand Christi selbst berührt hat.“

Abb. 10) Anrührung von Rosenkränzen an den hl. Rock. Holzstich aus „Le patriote illustré“ vom 6. September 1891.

f) 1933 und 1959

Was unser Augenzeuge 1891 erlebte, war auch bei der Wallfahrt des Jahres 1933, bei der der gleiche Ausstellungsschrein benutzt wurde wie 1844 und 1891, zu beobachen: Die Pilger ließen ihre Andachtsgegenstände nach Möglichkeit durch Anrühren am Heiligen Rock segnen. Nach Hause mitgenommen, wurden sie als fromme Erinnerungszeichen an die Trierer Christuswallfahrt im Schicksalsjahr 1933 sorgfältig aufbewahrt.

[33] R. F. Clarke S. J., A Pilgrimage to the Holy coat of Treves. With an account of its history and authenticity, London - New York 1892.
[34] Ebd. S. 92-95.

Das geschah nicht mehr im gleichen Ausmaß 1959. Der inzwischen unübersehbare Rückgang traditioneller Ausdrucksformen katholischer Volksfrömmigkeit zeigte sich auch bezüglich der „angerührten" Andenken. Zwar wurden auch 1959 Devotionalien massenweise angeboten, aber nicht mehr mit allgemeiner Begeisterung gekauft. Die Wallfahrtsleitung warnte ihrerseits vor „religiösem Kitsch" und privilegierte Verkaufsstellen, die ausschließlich von ihr geprüfte und zu gelassene religiöse Gegenstände anboten, mit einem Güteschild[35]. Sie war bestrebt, der Segnung von Heilig-Rock-Andenken eine deutlichere gottesdienstliche Prägung zu geben: Die Segnung von Devotionalien wurde grundsätzlich in den die Pilger auf den Gang zum Dom vorbereitenden Stationsgottesdiensten vorgenommen. Das Anrührenlassen an die Reliquie blieb möglich, wurde aber nicht gefördert und auch nur noch vereinzelt verlangt. Nur noch selten bekamen die aus Trier mitgebrachten Wallfahrtsandenken einen Platz in der Wohnung. Doch werden die zahlreichen ehrenamtlichen Helferinnen und Helfer der Wallfahrt des Jahres 1959 die von Bischof und Domkapitel ausgestellte, stilvoll gestaltete Dankurkunde in Ehren halten. In ihrem linken unteren Teil sind drei schmale Streifen von hellblauer, weißer und roter Seide angebracht. Sie stammen von der dreifachen seidenen Umhüllung, in der der Heilige Rock von 1933 bis 1959 geborgen war (Kat. B 259). Das Erinnerungszeichen schließt so eine Berührungsreliquie besonderer Art ein, die es vor anderen Wallfahrtsandenken auszeichnet.

[35] Eine entsprechende Anzeige erschien regelmäßig in den Ausgaben des mit Billigung der Wallfahrtsleitung gedruckten „Wallfahrtsblattes zur Ausstellung des Heiligen Rockes - Trier 1959".

SOZIALE UND WIRTSCHAFTLICHE ASPEKTE DES PRIVATEN ANDACHTSBILDES

von Heike Wernz-Kaiser

Es ist sicherlich kein Zufall, daß um die Mitte des 19. Jahrhunderts nicht nur religionspädagogische Bemühungen seitens der katholischen und evangelischen Kirche zunahmen, sondern auch das Wallfahrtswesen wiederentdeckt wurde. Beides führte zu einer enormen Verbreitung von Andachts- und Erbauungsliteratur einerseits und visuellen, gemeinhin als sogenannte „Andachtsbilder" betitelte Medien andererseits. Die Ursachen für diesen nach den Bemühungen der Aufklärung überraschend anmutenden Bedarf an religiösem Literatur- und Bildmaterial sind derzeit noch nicht erforscht. Sicherlich haben die nicht unbegründeten Ängste der Kirchen hinsichtlich eines möglichen Funktionsverlustes nach 1848 wie die allgemeine Verunsicherung eines Großteils der Bevölkerung im Hinblick auf die ökonomischen Umwälzungen zu Beginn des 19. Jahrhunderts eine nicht unwesentliche Rolle gespielt. Denkbar wäre auch, daß bei der in dieser Zeit deutlich einsetzenden Bevölkerungsvermehrung speziell bei jenen Sozialschichten, die keinerlei Verfügungsgewalt über ihr zukünftiges Schicksal besaßen, das Bedürfnis nach Orientierungsfiguren - „nach jenen Identität stiftenden Versicherungsagenten subjektiver Wirklichkeit"[1] - wuchs. Während bezüglich der Andachts- und Erbauungsliteratur in der Regel Laien über ihre persönlichen himmlischen Offenbarungen und Erkenntnisse berichten und die Literatur quasi als Ergebnis einer erfolgreich verlaufenden Andacht angesehen werden kann, welches einem Dritten zum direkten Nachvollzug als Anleitung dienen soll, kann dem Bild eher die Funktion des Mediums zugewiesen werden, über das der Gläubige in direkten Kontakt zum Übermenschlichen, zum Heiligen, treten kann.

Mit dem Sammelbegriff „Andachtsbild" sind an dieser Stelle alle Objekte erfaßt, die der persönlichen Andacht des Gläubigen dienen. Auch in den Kirchenraum - meist in den Seitenschiffen oder in besonderen Kapellen - wurden seit der Gotik Andachtsbilder eingefügt[2]. Andachtsbilder sind aber vor allem bestimmt für die private Sphäre des Gläubigen, der aus ihnen in seinem Haus sein privates Heiligtum bildet, sei es in Form des „Herrgottswinkels" mit Kreuz und Heiligenbild oder als einfaches „Bildchen", das im wesentlichen zur Gebetshilfe im Gebetbuch aufbewahrt wird. Das Andachtsbild ist ein Kommunikationsmedium, mit dessen Hilfe der Gläubige in der Lage ist, eine Verbindung zu Gott herzustellen, das aber selbst nicht als heilig verehrt wird. Eine den Begriff des Andachtsbildes umfassende Definition wird erschwert durch deren ungeheure Form-, Motiv- und Materialvielfalt. Der Andacht dienen können sowohl Gemälde wie Skulpturen und Reliefs, Buchillustrationen und ortsgebundene Bilder an Bauwerken sowie klein- und großformatige Drucke und Fotografien, aber auch in mittäglicher oder abendlicher Handarbeit entstandene Stick-, Web- und Klebebilder (Kat. A 43, A 36). Oft verwandte Materialien sind Papiermaché, Gips, Wachs, Ton, Holz, Zinn, Papier, Textil, Kunststoffe u.v.m.

Diese Materialvielfalt und das breite Spektrum der Fertigungstechniken lassen es geraten erscheinen, in Anlehnung an die Ausführungen Horst Appuhns[3] das private Andachtsbild al-

[1] M. Scharfe, Die Religion des Volkes. Gütersloh 1980, S. 47.
[2] A. Rosenberg, Die Christliche Bildmeditation. München 1955, S. 26.
[3] H. Appuhn, Private Andachtsbilder. Einführung in die Ikonographie der mittelalterlichen Kunst in Deutschland. Darmstadt 1985, S. 87.

lein durch seine Zweckorientierung und religiöse Funktionalität zu bestimmen. Somit ist es unabhängig von einer spezifischen Materialverwendung und Herstellungstechnik. Private Andachtsbilder sind ohne Ausnahme Ausdruck tiefempfundener Frömmigkeit.

Der Ursprung des Andachtsbildes liegt in den südwestdeutschen Frauenklöstern des 14. Jahrhunderts und beruht auf der geistigen Bewegung der Mystik. Themen wie die Jugendgeschichte Christi, die Passionsgeschichte und das Marienleben stehen im Mittelpunkt. Die Andachtsbilder waren in diesem Fall entstanden, um im Bild die individuellen Erlebnisse und Erfahrungen einem größeren Personenkreis mitteilen zu können. Dieser den Andachtsbildern zugrunde liegende Mitteilungscharakter ist es wohl, der schließlich eine Belebung der Bildform im Sinne einer weltzugewandteren und vermenschlichteren Darstellungsweise bis hin zu bürgerlich-idyllischen Szenen begünstigte. Hersteller der anfangs auf Pergament oder Seide gemalten Bilder, die als Geschenke, als Zeichen des Dankes oder der Verehrung über die Klausuren hinaus vergeben wurden[4], waren in der Hauptsache Frauen. Durch die Verbreitung graphischer Techniken wuchs bereits seit dem 15. Jahrhundert die Produktion stark an. Das Aufleben eines schnell populär werdenden Wallfahrts- und Patronatswesen förderte die Verbreitung unter Laien und führte zu einer immer größer werdenden Volkstümlichkeit. So wurde das Andachtsbild im 17. Jahrhundert wichtiges Propagandamittel der Gegenreformation; Antwerpener Graphikverlage wie Galle und Collaert waren die wichtigsten Herstellungsstätten jener Zeit. Neue Materialien wie Horn und Glimmer, neue Verfahren wie die sogenannte Spickeltechnik, der Nadelstich oder das Ausschneiden und nicht zuletzt neue Motive wie die aufkommende Herz-Jesu-Verehrung, Memento mori und Blumensymbolik bereicherten das Angebot an Andachtsbildern. Im 18. Jahrhundert erreicht dieses Genre hinsichtlich der Vielfalt der Herstellungstechniken, des Umfangs und der Vielfalt des ikonographischen Programms seinen unbestrittenen Höhepunkt. Wichtigste Zentren für Herstellung und Vertrieb waren Antwerpen, Augsburg, Prag und Wien. Hier wurden die Vorlagen geschaffen, an denen sich insbesondere die kleineren häuslichen Betriebe orientierten. Während man zu den Abnehmern dieser Bilder im 18. Jahrhundert durchaus auch die bürgerlichen Kreise zählt, wurden die Bilder im 19. Jahrhundert vor allem von ländlichen Bevölkerungskreisen in vorwiegend katholischen Gegenden nachgefragt. Die Produktion stellte sich auf den neuen Geschmack ein; Augsburg verlor seine überragende Stellung als Produktions- und Handelsstätte. Vor allem in Westdeutschland fanden nun verstärkt Bilder aus Frankreich Eingang[5].

Leider entziehen sich die Umstände der Herstellung und des Vertriebs eines Großteils des Andachtsbildfundus unserer Kenntnis. Die Bilder und ihr ehemaliger Funktionszusammenhang verbleiben im Anonymen. Dies ist beispielsweise der Fall bei den insgesamt 14 auf kleinen Kupfertafeln aufgetragenen Gemälden aus dem Bestand des Städtischen Museum Simeonstift.

Kennzeichnend für die auf kleinen Kupfertafeln gemalten Ölgemälde (Kat. A 84, A 101) ist ihr offensichtlich an der Hochkunst orientierter Malstil und ihre vergleichsweise aufwendige Rahmung. Warum diese Gemälde auf Kupfertafeln gemalt wurden und nicht auf Leinwand oder Holz, ist bisher in der Kunstwissenschaft ungeklärt. Zu beobachten ist aber, daß der kupferne, harte Untergrund die Maloberfläche in einer perfekten Glätte erscheinen läßt, aus der die Farben herausstrahlen, als würden sie selbst von der Oberfläche reflektiert. Weniger dürfte der Kupferfarbton bei der Auswahl von Kupfer als Malgrundlage eine Rolle gespielt haben als vielmehr dieser Effekt der Reflektion der aufgebrachten Farben (Kat. A 78, A 94). Daß nicht der Kupferfarbton die entscheidende Rolle gespielt haben kann, läßt sich auch aus der Vorbereitung des Malgrundes erklären. In der Regel wurden die Kupfertafeln - wie die Holz-

[4] M. Scharfe, Evangelische Andachtsbilder. Stuttgart 1968, S. 685.

[5] L. Gierse, Das kleine Andachtsbild und der Verein zur Verbreitung religiöser Bilder in Düsseldorf. Katalog des Erzbischöflichen Diözesanmuseums Köln 2.10.1980 - 31.01.1981. Köln 1980, S. 23.

und Leinwandgemälde auch - grundiert und teilweise sogar mit Silber- oder Goldfolie belegt, wie das von Gemälden Rembrandts und Claude Lorrains bekannt ist. Um die Tafeln vor Korrosion zu schützen, wurden oft auch die Rückseiten mit Mennige bestrichen. Hinsichtlich Herstellung und Malstil erscheint es fraglich, inwieweit diese bemalten Kupfertafeln als Massenerzeugnisse zu betiteln sind. Der Begriff „Massenerzeugnis" verweist auf einen überdurchschnittlich hohen Abnehmerkreis und eine damit wie auch immer gestaltete hohe Produktion des in Massen nachgefragten Gutes. Der Terminus „Andachtsbildindustrie" ist streng genommen nur für die Produktion graphischer Produkte gültig. Nur diese Zeugnisse modernster graphischer Verfahren konnten eine so hohe Auflage erreichen, daß man in der Tat von Massenproduktion sprechen kann. Über eine Bemalung von Kupfertafeln in Form en masse produzierter Bilder wie sie von den niederländischen Leinwandgemälden des 17. Jahrhunderts bekannt ist, ließen sich bislang keine Belege oder auch nur Hinweise finden. Von Interesse wäre die Auswertung von Kupferpreisen im 18. und 19. Jahrhundert, denn ein in großer Auflage hergestelltes Produkt besitzt gewöhnlich kein kostenintensives Trägermaterial, und Kupfer gehört bis in die Gegenwart zu den teuren Gebrauchsmetallen. Bildqualität, Rahmung und Kostenfaktor lassen vermuten, daß die Kupferbilder vor allem in der bürgerlichen Stube als der Andacht dienendes Medium gewirkt haben.

Eine Form des populären Andachtsbildes, die sich wohl aufgrund ihrer frühen gewerblichen Herstellung am wenigsten in der Anonymität verliert, ist die Hinterglasmalerei der Jahre 1780 bis ca. 1850[6]. Bekannt ist die Technik des Hinter-dem-Glas-Malens bereits seit dem 15. Jahrhundert in Italien. Während sich jedoch die Hinterglasbilder bis in die Mitte des 18. Jahrhunderts hinein allein durch den Träger „Glas" bedingten und sich durch ihren vom herkömmlichen Malvorgang entgegengesetzten Arbeitsvorgang von der Stilkunst unterschieden, bedeutet Hinterglasmalerei als Teil der populären Kunst, deren Verbreitung ganz Mittel- und Osteuropa sowie den Mittelmeerraum umfaßte, eine völlige Veränderung ihrer Erscheinung und ihrer Struktur (Kat. A 107-109, A 119). Als Hersteller fungierten nun weniger einzelne Künstlerpersönlichkeiten, sondern mehr von Brauch, Sitte und Tradition geprägte Menschen. Die Motivation des Bildermalens war im wesentlichen von wirtschaftlichen Überlegungen bestimmt. In den Böhmerwaldgebieten, namentlich den Orten Buchers, Sandl und Raymundsreuth, entwickelte sich die Produktion von Hinterglasbildern in enger Beziehung zu den benachbarten Glashütten.

Die Schwarzwälder Bilderproduktion stand in enger Verbindung mit der Uhrschildermalerei, das Dorf Rötenbach bei Neustadt war Zentrum eines hervorragend organisierten Exporthandels. Die ökonomische und kommerzielle Stellung der Hinterglasmalerei muß entsprechend den verschiedenen Formen der Anfertigung und Veräußerung unterschieden werden. Ein großer Teil der Hinterglasbilder entstand in jener handwerklichen Schicht, die - zunftmäßig gebunden -, in ihrer Leistung von der Serienproduktion bestimmt und in ihrer künstlerischen Aussage stilorientiert war. Diese Art der Hinterglasbildherstellung hat ihr Zentrum im Augsburg und im Prag des 18. Jahrhunderts. Wirtschaftlich gesehen können solche in dieser Art hergestellten Bilder als „Mengenware - im Gegensatz zu Massenware[7] -" bezeichnet werden. Ritz empfiehlt, am besten von typisierten Serienstücken zu sprechen, da zwar in größerem Umfang serienmäßig produziert wurde, die relativ aufwendige Gestaltung dieser Arbeiten bei aller Rationalisierung des Produktionsvorgangs eine völlig mechanische Herstellung jedoch verhinderte. Die entsprechend höheren Herstellungskosten wirkten sich gegenüber der Massenware in einem entsprechend begrenzten Abnehmerkreis aus. Massenware dagegen bedingt eine Herstellungsweise, die die Anferti-

[6] R. Haller, Volkstümliche Hinterglasbilder in Verlassenschaftsinventaren des 18. Jahrhunderts. In: Verhandlungen des Historischen Vereins für Niederbayern 99 (1973) S. 54. Haller spricht von 302 Hinterglasbildern pro Inventar bzw. Haus in einem Zeitraum von 1730-1818.

[7] G. Ritz, Hinterglasmalerei. Geschichte, Erscheinung, Technik. München 1972, S. 49.

gung durch weitgehende Rationalisierung und Konzentration auf das Wesentliche in großem Stil ermöglicht, wie das in den hütten- und hausgewerblichen Betrieben in Schlesien, Böhmen, Oberösterreich, Nieder- und Oberbayern der Fall war. Arbeitsteilig wurde die Vorlage vom „Zeichner" auf das Glas über-, der Farbauftrag vom „Ausmaler" aufgetragen, der Rahmen vom „Rahmenmacher" angepaßt. In der Werkstatt des Johann Verderber (1793-1870) wurde diese Arbeitsteilung, so kann man es bei Ritz nachlesen, auf die Spitze getrieben. Jede einzelne Bildpartie wurde hier von unterschiedlichen Arbeitern ausgeführt.

Hält man sich diese Mitte des 19. Jahrhundert aufkommende, auf fortschreitender Technisierung beruhende fabrikmäßige Herstellungsweise vor Augen, erklärt sich die Typisierung und Formelhaftigkeit der Bilder vor allem des 19. Jahrhunderts - wie das bei Kat. A 105 und A 120 zu sehen ist - auch aus dem Herstellungsprozeß heraus und nicht a priori allein durch den Drang der einfachen Volksseele nach Vereinfachung und Expressivität. Was vor kurzem noch als „ursprünglich" und „archaisch" bewertet wurde, erweist sich als Routine bestimmter Produktionsvorgänge oder als bewußtes Billigangebot in Nachahmung von Vorbildern mit gesellschaftlichem Statuscharakter. „Die Gebrauchsfunktion von Kunst als Luxusgut des Alltags läßt sich im Lebensbereich breiter Bevölkerungsschichten besonders gut studieren. Das ist keine von der Erlebnisebene der Hochkunst grundsätzlich abgehobene Existenzweise, wie gerne angenommen wird."[8] Um ein jährliches Produktionsergebnis von 30000 bis 40000 Tafeln in den Hausbetrieben Raimundsreuts mit fünf Glasmalern um 1830 möglich zu machen, war daher die Normierung von Aussage und Formulierung des Dargestellten unumgänglich. In Sandl fertigte eine einzige Familienwerkstatt zwischen 1852 und 1864 allein 386 000 Stücke.[9]

Neben dem eher selteneren Direktverkauf vom Hersteller, regelte sich der Vertrieb der Bilder in Zentren des europäischen Kunstgewerbehandels wie beispielsweise in Augsburg, wo weitläufige Handelsverbindungen vorzufinden waren, im wesentlichen über den sogenannten Verlegerhandel. Der „Verleger", quasi ein Großhändler, regelte den internationalen Verkauf, nahm Bestellungen entgegen und erkundete die Marktlage. In Böhmen, Bayern und im Schwarzwald wurden die „Tafeln" dagegen durch den Hausierhandel vertrieben. Neben Einheimischen des jeweiligen Herstellungsgebietes übernahmen vor allem professionelle Wanderhändler/innen aus Tirol und Slowenien den Verkauf der Bilder. Der Hausierer verkaufte die Ware nicht nur, sondern er informierte den jeweiligen Betrieb auch über die jeweilige Nachfrage seitens der Abnehmer. So war es den zu Hause gebliebenen Malern möglich, innerhalb kürzester Zeit auf einen veränderten Markt zu reagieren und beispielsweise der verstärkten Nachfrage nach einem bestimmten Motiv nachzukommen. Durch ein breites Angebot im Hinblick auf Themenwahl, Bildgröße und Ausführung und entsprechende Preisvariabilität einerseits und Flexibilität andererseits, war es möglich, alle Käuferschichten anzusprechen und den verschiedensten Wünschen entgegenzukommen[10]. Neben den „gemalten Glastafeln" führten die Hausierer auch Kurzwaren, Heiliggeistkugeln, wächserne Jesuskindl und sogenannte „Bilder" mit sich[11]. Vermutlich handelt es sich bei letzteren um Produkte religiöser Druckgraphik.

Der „Bildermann" war nämlich durch vier Jahrhunderte hindurch bis ins 20. Jahrhundert eine feste Institution, auch für die modernen Bilderfabriken wie beispielsweise die von E.G.May in Frankfurt.

In den Jahren 1840 bis 1890 war eine derartige Explosion an Druckwaren erfolgt, die alles Vorausgegangene weit in den Schatten stellte. Nicht nur die neuen Druckverfahren wie Lithographie und Chromolithografie lösten Massenauflagen aus, auch die Bedürfnisse wuchsen,

[8] F. Knaipp, Hinterglas-Künste. Hg. v. W. Brückner. Linz 1988, S. 21.
[9] ebd., S. 146.
[10] Ritz, 1972 (s. Anm. 7), S. 53.
[11] R. Haller, Der Glasmaler Paulus Josephus Andreas Lohberger. In: Beilage zum Amtlichen Schul-Anzeiger für den Regierungsbezirk Niederbayern, Dez. 1965, Nr. 6, S. 16 ff.

wie der Aufschwung des Wallfahrtswesens und des Bilderkultes in ganz Europa bezeugt[12] (Kat. A 39). Vor allem aber war es die Lithographie, die eine so große Produktion möglich machte, daß die Preise für eine größere Käuferschicht erschwinglich wurden. Dabei verdrängten die billigen Öldrucke, die schablonenkolorierten Lithographien und die schwarzgrauen Stichimitationen aus Frankfurt, Berlin und Weißenburg nicht nur zunehmend die Hinterglasbilder aus den Wohnstuben, sie überlagerten sie geradezu, indem sie sich inhaltlich direkt an den geläufigen Motiven orientierten. Der „Ecce homo" nach Guido Reni (1575-1642) und die „Mater dolorosa" nach Carlo Dolci (1616-1686) sind für diese Zwecke in der zweiten Hälfte des 19. Jahrhunderts so wenig neu wie „Josef mit dem Christuskind" und dazu ein Mariengnadenbild. Nur „Herz-Jesu"- und „Herz-Mariä"- Darstellungen sind in der Mitte des 19. Jahrhunderts hinzugekommen[13]. Daneben erfuhren Kreuzigung, Verklärung, Auferstehung und Himmelfahrt Christi eine immer größere Beliebtheit (Kat. A 134).

Wie läßt sich die hohe Nachfrage nach Andachtsbildern erklären ?

Die hohe Nachfrage nach Andachtsbildern hängt mit dem Bedürfnis des religiösen Menschen nach sinnfälliger, symbolischer Darstellung des Abstrakt-Methaphysischen zusammen. Andachtsbildproduktion und Frömmigkeit sind unmittelbar verbunden. Das Heilige wird verdinglicht und in den menschlichen Bereich herabgeholt; damit alle Zeugnisse menschlicher Frömmigkeit in ihrer Funktion als Medium des Religiösen wirksam sein können, bedürfen sie jedoch der „Gnade"[14]. Sie unterscheiden sich dadurch wesentlich von den Zeugnissen des Bildzaubers, bei denen der Glaube an den innigen, bis zur Identifikation gehenden Zusammenhang von Bild und Dargestelltem den Gläubigen daran hindert, zwischen Medium und Heiligem per se zu trennen. Das Bedürfnis, das dem gestalterischen Prozeß zugrunde liegt, ist nach Friedrich Pfister[15] ein praktisches und logisches, nämlich der Wunsch nach Mitteilung. Frömmigkeit, die das Bedürfnis nach einem Sprachrohr zu Gott weckt, ist somit nichts anderes als eine Antwort Gottes - in Lob, Dank und Anrufung - in Wort und Tat[16]. Nicht das Bild ist die Hauptsache, sondern der Gegenstand, der durch das zu bestimmtem Zweck angefertigte Bild dargestellt wird. Dabei ist es vollkommen unwichtig, ob das Bild als reines kommunikatives Medium fungiert oder als eine Art Opfer, wie das bei Votiven und Weihegaben der Fall ist.

Das Verlangen nach Verdinglichung des Abstrakt-Heiligen findet in der Verbildlichung der christlichen Lehre seine Erfüllung. Das Bild hat eine bestimmte „sinnliche" Qualität, die ihm die Dignität der unmittelbaren Gegebenheit und Gewißheit verleiht, und es hat die Funktion, etwas widerzuspiegeln, ein Abbild zu sein. Der philosophischen Tradition gilt das Bild als Medium, durch dessen Vermittlungsleistung in der Erkenntnis die Distanz zwischen Subjekt und Objekt überbrückt wird. Ein Bild, das ich „habe", mag Täuschung sein, als Abbild unterliegt es dem Zweifel, während ich seiner als Bild jedoch gewiß bin[17].

Das Medium „Bild" entwickelte seine eigene anschauliche Sprache, welche, konzentriert und auf das wesentliche beschränkt, es einem Großteil der Bevölkerung - ob es sich hierbei nur um ländliche Bevölkerungsteile handelt, ist noch keineswegs geklärt - ermöglicht, die biblischen Vorgänge nachzuvollziehen und mit Hilfe dieses Mediums „Bild" an den Heilsvorgängen selbst teilzunehmen. In der wachsenden Verehrung des Christuskindes, von Heiligen und Reliquien, der Pflege von Herz-Jesu- und Herz-Mariä-Kult und im zunehmenden Gebrauch von Devotionalien, insbesondere

---

[12] C. Pieske, Heilige in Serien. In: Volkskunst 2 (1981) S. 84 ff.

[13] ebd., S. 66.

[14] H. Bausinger, Frömmigkeit im Bild. In: M. Scharfe/ R. Schenda/ H. Schwedt. Volksfrömmigkeit. Bildzeugnisse aus Vergangenheit und Gegenwart. Stuttgart 1962, S. 5.

[15] F. Pfister, Bild und Volksglaube. In: Bayerischer Heimatschutz 23 (1927) S. 29 ff.

[16] I. Röbbelen, Theologie und Frömmigkeit im deutschen evangelischen Gesangbuch des 17. und frühen 18. Jahrhunderts (= Forschungen zur Kirchen- und Dogmengeschichte) Göttingen 1957, S. 6.

[17] J. Blasius, Einleitung. In: Bildlichkeit. Hg. v. V. Bohn. Frankfurt a.M. 1990, S. 7 ff.

von Rosenkranz, Andachts- und Heiligenbildchen zeigt sich in visualisierter und dramatisierter Form der Wunsch nach Personifikation und Objektivierung des sonst abstrakt Heiligen[18]. Dieses in breiten Kreisen der Bevölkerung vorhandene Bedürfnis und das Potential an graphischen Techniken wurde von der Kirche zum Zweck der Stabilisierung und Revitalisierung des allgemeinen religiösen Bewußtseins als gezielt angeregte Bewegung genutzt und ikonographisch beeinflußt.

Gemeinhin wird der populären Kunst ein auf das rein Inhaltliche im Bild konzentriertes Wesen unterstellt. Der Begriff des Bildes aber, der hier in Beziehung mit dem Heiligenbild steht, besitzt durchaus auch ein ästhetisches Moment. Dieses scheint jedoch weniger bewußt und eher untergründig bzw. von anderen Kriterien zur Beurteilung von Ästhetik überlagert. Als bestimmendes Element der bildnerischen Gestaltung gilt die Reduktion der Mittel auf das Wesentliche, die systematische Konzentration auf das als bedeutungsvoll Empfundene in Gestalt oder Wesen des Dargestellten, was im allgemeinen gepaart ist mit der Neigung zu formaler Vereinfachung. Wesentlich dabei ist, daß der Empfänger diese Zeichensprache versteht und akzeptiert.

Wo wurden die Andachtsbilder aufbewahrt ?

Der zunehmenden Tendenz der mittel- und oberschichtlichen Wohngepflogenheiten, sich die Wohnungswände mit Bildern zu behängen, folgten - in einigem Zeitabstand - die Landbewohner und ärmeren städtischen Kreise, so daß die Nachfrage nach Bildern erheblich war. May nennt 1876 Genre- und Heiligenbilder als seine Spezialitäten, der Verleger Lohse verlegte sich ab 1898 ganz auf die Produktion von Genre-, Landschafts- und Heiligenbildchen[19].

Daß vor allem religiöse Motive im Bildschmuck des Privathauses dominierten, läßt sich aufgrund der schlechten Forschungslage zwar nicht in konkreten Zahlenangaben ausdrücken, darf aber als sicher angenommen werden. Wo im Haus sich die Bilder befunden haben, ist in der Regel ebenfalls unbekannt. Daß es aber speziell religiösen Bildern vorbehaltene Bereiche nicht nur in den ländlichen Häusern gegeben hat, scheint offensichtlich, wenn man davon ausgeht, daß sich die Hausfrömmigkeit zu allen Zeiten gerne einen Mittelpunkt, eine besondere „Ecke" im Haus geschaffen hat[20]. So kann man bei Josef Blau „Böhmerwälder Hausindustrie und Volkskunst", 1918 lesen, daß es in den alten Bauernstuben noch vor „30 Jahren längs der Wände, besonders in der Nähe des Tisches, unterhalb der niedrigen Decke waagrechte Holzleisten" gab, „welche zahlreichen Heiligenbildchen von fast durchaus gleicher Größe (etwa 30 bis höchstens 50 cm Höhe) als Unterlage dienten. Diese Bilder waren in grellen, einander unvermittelt folgenden Farben auf Glas gemalt[21]". Vor allem aber ist es der oberdeutsche Herrgottswinkel, der die Vorstellung, wie so eine „heilige Ecke" aussehen kann, wesentlich beeinflußt hat. Dieser „Herrgottswinkel" befindet sich in der Wohnstube des Bauernhauses über dem Tisch in der Ecke zwischen den Fenstern. Bezeichnend für die Bedeutung dieser Örtlichkeit ist die Tatsache, daß im Altbayerischen der Tisch wie der Ofen der Stube zum festen Bestand gehörten, im Falle des Verkaufs also im Haus verblieben. Bedeutung und Gestaltung des Herrgottswinkels unterscheiden sich je nach Region: In Bayern und Schwaben war er am aufwendigsten, in Franken wesentlich schlichter[22]. Neben dem Kreuz oder Kruzifixus gehören zur Ausstattung des Herrgottswinkels Bilder, meist Graphiken und Hinterglasbilder, die rechts und links vom Kreuz nicht selten als Pendants angeordnet sind (Kat. A 98, A 99).

[18] M.N. Ebertz, Die Organisation von Massenreligiosität im 19. Jahrhundert. In: Jahrbuch für Volkskunde 2 (1979) S. 63.
[19] Die Bilderfabrik. Hg. v. Institut f.Volkskunde der Universität Frankfurt u. d. Historischen Museum Frankfurt. Frankfurt a. Main 1973, S. 48/56.
[20] J.M. Ritz, Deutsche Volkskunst. III. Hauskunst (Der Herrgottswinkel). In: Volk und Volkstum. Jahrbuch für Volkskunde 3 (1938) S. 256.
[21] J. Blau, Böhmerwälder Hausindustrie und Volkskunst. Prag 1918, S. 274.
[22] Ritz, 1938 (s. Anm. 20), S. 257.

Was die Eifel betrifft, so ist man verführt, anzunehmen, daß sie trotz ihrer armen Bevölkerung zu den Hauptabsatzgebieten an devotionalem Bildmaterial gehört hat, obwohl sich laut Joseph Hess[23] keine örtlichen Herstellungszentren nachweisen lassen. In den Eifeler Museen läßt sich jedenfalls ein reicher Fundus an religiösen Bildern dieser Art nachweisen, und es fällt schwer, anzunehmen, daß all die kleinen Museen ihre Bestände den freigiebigen Schenkungen von Privatsammlern oder gar Ankäufen zu verdanken haben sollen. Leider gibt es nur wenige Berichte über die Innenraumgestaltung der Eifelhäuser, wie beispielsweise die Studie von Prothmann[24] über das Osteifeldorf Oeverich, in der er berichtet, daß sich dort in den Häusern in fast jedem Raum ein Wandkreuz befunden habe, in einigen Häusern im Wohnzimmer der „christliche Hausssegen" (Kat. A 44, A 45) und häufig auch ein billiger Druck. Hinterglasbilder oder gar Kupfertafelgemälde erwähnt Prothmann bezüglich Oeverich nicht. Daß diese Medien aber auch in der Eifel Verbreitung gefunden haben, beweisen die Inventare der Eifelhäuser des Freilichtmuseums Kommern. Hier finden sich Hinterglasbilder, Graphiken unhd Textilarbeiten vor allem in der „Stuff", der Stube, dem wichtigsten Raum im Eifler Bauernhaus, teilweise aber auch im Schlafraum. Da die Verlassenschaftsinventare aus Eifelhäusern noch ihrer wissenschaftlichen Auswertung harren, lassen sich derzeit leider weder nähere Angaben zum Umfang des Bilderbesitzes der Eifelbewohner machen, noch statistisches Material in einen komplexen Funktionszusammenhang einbetten. Hierzu wäre vor allem die Auswertung von Gerichts- und Briefprotokollen erforderlich. Denn allein über detaillierte Kenntnisse der ökonomischen Zusammenhänge von Produktionsweisen, Neuheitenartikel, Markterschliessung und sozialer Funktion der produzierten Bilder läßt sich die gegenseitige Abhängigkeit von industrieller Auswahl und volkstümlicher Aneignung erkennen und die Entstehung der Devotionalien- und Andachtsbilderindustrie aufzeigen.

[23] J. Hess, Die Hinterglasbilder im Luxemburger Staatsmuseum. In: M. Junod, Die Neutralität des Großherzogtums Luxemburg von 1867-1948. Bern 1951, S. 107.

[24] O. Prothmann, Landleben in der Voreifel. Oeverich um 1910. Köln 1982, S. 71.

ZUM SPANNUNGSVERHÄLTNIS VON HOCHKUNST UND VOLKSKUNST

von Brigitte Heublein

Eine Kunstproduktion für die gesellschaftliche Oberschicht und eine Kunstproduktion für die breite Bevölkerung hat es seit der Antike immer gegeben. Volkskunst ist kein Phänomen der Neuzeit, wenn auch erst seit der Renaissance eine stärkere Differenzierung zwischen den sozialen Schichtungen erfolgte und wenn auch erst seit dem 17. und vor allem seit dem 18. Jahrhundert Zeugnisse erhalten geblieben sind. Die Begriffsbestimmung dessen, was religiöse und profane Kunst im Volk, die Kunst der Vielen, der Nichtgebildeten, kennzeichnet, verlangt zugleich nach einer Abgrenzung zur Stil- und Hochkunst, der Kunst der Wenigen, der Gebildeten und der Elite.

Einige Unterscheidungskriterien, die als Orientierungshilfe und Standortklärung zu verstehen sind und die nicht alle immer auf ein Objekt zutreffen, sollen eingangs angeführt werden. Dabei deutet allein die Möglichkeit der Gegenüberstellung eine vielfältige Verschränkung der Volkskunst mit den Erscheinungen der Hoch- und Universalkunst an.

Typisch für die Kunst des Volkes im Vergleich zur Hochkunst ist:

- eine ausgeprägte Vorliebe für das Dekorative, die aufwendige Verzierung und Flächenfüllung mit Schmuckformen und Ornamentik,
- ein Horror Vacui,
- pathetische, veräußerlichte Gebärden,
- die Betonung von Mimik und Gestik,
- die Verwendung verschiedener Materialien wie Papier, Wachs oder Textilien für ein Objekt,
- ein beliebiger Stilpluralismus
- eine gewisse Zeitlosigkeit und Traditionsgebundenheit, was aus der Sicht der Hochkultur unmodern anmutet.

Daneben ist für die Kunst im Volk charakteristisch:

- die Tendenz zu einer Vereinfachung, Vergröberung und Verkürzung von Form und Inhalt, d.h. die Neigung zur
- Abstraktion, Stilisierung und Formelhaftigkeit,
- zur Symmetrie und zu einer gewissen Statik,
- zur Flächenhaftigkeit und zu kräftigen Konturierungen,
- zu starken übergangslosen Farbkontrasten und zur Polychromie.

Populare Kunst umfaßt letztlich alle Bereiche des alltäglichen Lebens, der Festtagskultur und der Glaubenspraxis. Dabei dominiert die religiöse Volkskunst, innerhalb derer die Andachtsbilder wiederum die größte Gattung vorstellen. So kann die Ausstellung, vornehmlich mit Devotionalien verschiedenster formaler und inhaltlicher Ausformung bestückt, einen Ausschnitt aus dem weitgefächerten Feld der religiösen Volkskunst präsentieren. Die Objekte können hier nur, wie in jeder Kunstschau, vorgestellt werden, ohne ihren räumlichen Kontext und ursprünglichen Funktionszusammenhang der privaten Frömmigkeitsübungen, wie Andacht, Besinnung und Gebet.

Ikonographie der volkstümlichen Andachtsbilder

Den Großteil der Ausstellung bestreiten die volksreligiösen Andachtsbilder. Thematik und Motivschatz dieser oft kleinformatigen Arbeiten entstammen der traditionellen Bildsprache der Hochkunst (Ikonographie), wenngleich deren oft mannigfaltigen Bedeutungsebenen der Bildinhalte nicht übernommen werden konnten. Die komplexen religiösen, sozialen und politischen Anspielungen, die zuweilen sehr esoterischen Subtilitäten der Hoch- und Stilkunst verlangen für ihre inhaltliche Entflechtung und Enträtselung einen vorwissenden und gebildeten Betrachter. Mythologische und historische Themen – auch sie setzen einen bestimmten Grad an Kennerschaft voraus – fehlen demzufolge ganz in der folkloristischen Bilderwelt. Indes ist den populären Andachtsbildern eine unproblematische Dechiffrierbarkeit zu eigen.

Die hochschichtliche Provenienz der nahezu gesamten volksreligiösen Ikonographie ist unverkennbar. Für beinahe jedes Motiv läßt sich letztlich eine hochschichtliche Vorlage, in der Regel aus dem Späten Mittelalter, aufzeigen. Aber auch innerhalb der Elitenkunst lassen sich ja unzählige Übernahmen, Kopien, Zitate, Anlehnungen und Variationen eines Motivs oder einer Bilderfindung belegen: Kunstwerke als Vorbilder für Kunstwerke, Voraussetzung für eine künstlerische Entwicklung überhaupt.

Mithin repräsentiert die im 18. und 19. Jahrhundert relativ weitverbreitete Darstellung der „Guten Hirtin" (Kat. A 28,2) eine der ganz seltenen Ausnahmen, die tatsächlich kein direktes Vorbild in der christlichen Ikonographie der Hochkunst besitzen. Das Thema entstammt der Freude an einer „Pendantfindung", die sich letztlich der volkskünstlerischen Vorliebe für die Symmetrie verdankt. Ihr Gegenstück indessen, der „Gute Hirte" (Kat. A 28,1; A 27) steht in einer sehr langen Darstellungstradition, die bis auf das frühe Christentum zurückreicht. Das pastor-bonus-Gleichnis des Johannes (Joh 10, 11-14) meint die Personifikation Christi, der über die Menschheit wacht und für diese sein Leben gibt. Erst im 18. Jahrhundert erscheint neben dem pastor bonus, der als Jesuskind oder Christus abgebildet sein kann, Maria als gute Hirtin. Auf dem aus dieser Zeit stammenden Spickelbild (Kat. A 28,2) trägt die pastora bona eine zeitgenössische modische Tracht. Gekleidet wie eine weltliche Rokokoschäferin, hat sie ihre Rechte zu einem Sprech- und Aufzeigegestus erhoben, während der jugendliche Jesus auf dem Gegenstück letztlich in der traditionellen Weltenherrscher-Ikonographie mit Weltkugel und Segensgestus abgebildet wird. Auf einer Reihe von früheren Darstellungen segnet die „Gute Hirtin" das Schaf zu ihrer Rechten und straft den Wolf zu ihrer Linken mit Blitzstrahlen, ein Zitat aus der Christusikonographie, bei dem wiederum die Vorliebe für Symmetrie und Pendantfindung anzutreffen ist. Ganz offensichtlich aber unterlag das Thema einem Säkularisierungsprozeß, und der christliche Sinngehalt des guten Hirten scheint letztlich der Rokokomode des (geistlichen) Schäferspiels anheimgefallen zu sein, die dann nach einem weiblichen Pendant verlangte.

Etwas anders verlief beispielsweise die Motivwanderung des „schlafenden Christuskindes auf dem Kreuz. Seit dem 17. Jahrhundert zählt das Thema zum festen Bestand der Kunst im Volk[1] und ist in vielen Variationen unzählige Male auf dörflichen und bürgerlichen Gebrauchsgegenständen sowie auf Andachtsdarstellungen jeglicher Art abgebildet worden. Das Vorbild des „Schmerzenskindes" auf dem Kreuz findet sich in dem spätmittelalterlichen Devotionsthema des gegeißelten Christus in der Rast, dem „Schmerzensmann". Ursprünglich dürfte es sich auch hier um eine „Pendantfindung" handeln, wenngleich diese von der Hochkunst vorgenommen wurde - mehrfach haben italienische und deutsche Renaissancemaler das auf dem Kreuz schlafende Jesuskind thematisiert. Beliebt bis ins 19. Jahrhundert war darüber hinaus eine dem auf dem Kreuz ruhenden Jesus verwandte spätmittelalterliche Devotionsdarstellung: das auf dem Schoß Marias, in ihren Armen oder auf einem Kissen eingeschlafene Kind (Kat. A 79; A 78). Alle Motivvarianten, die gleichermaßen auf den zukünftigen Opfertod Christi vorausweisen, rekurrieren auf den Topos Schlaf als todesähnlichem Zustand. Sie deuten damit letzlich auf das große Thema der christlichen Andacht seit dem frühen 13. Jahrhundert: die Pieta oder das Vesperbild (Kat. A 142; A 150), bei dem die trauernde Gottesmutter ihren toten Sohn auf dem Schoß hält.

Die Ausstellung kann neben den nur auf Jesus und/oder Maria konzentrierten Andachtsbil-

[1] F. Zoepfl, Das schlafende Jesuskind mit Totenkopf und Leidenswerkzeugen. In: Volk und Volkstum (1936) S. 147-163, hier S. 147.

dern weitere Darstellungen der Kindheitsgeschichte Christi präsentieren, die in der breiten Bevölkerung und in der Oberschicht gleichermaßen Anklang gefunden haben, etwa die „Anbetung des Kindes" (Kat. A 85) oder die „Heilige Familie" (Kat. A 83).

Eine geradezu schichtenspezifische Verehrung aber kommt dem heiligen Joseph in der Rolle des armen, aber fleißigen Handwerkers zu. Schon seit dem 16. Jahrhundert, besonders aber im Zeitalter der Industrialisierung dient der demütige und bescheidene Zimmermann als religiöses Vorbild für die arbeitende Bevölkerung. In seiner Rolle als Zieh- und Nährvater und Familienoberhaupt wird er bis ins 19. und 20. Jahrhundert verehrt. Aber bereits seit dem späten Mittelalter wird er in dieser Funktion mit dem kleinen Jesus im Arm abgebildet in sehr ähnlicher Weise wie die Gottesmutter mit dem Kind (Kat. A 25). Die als Einzelstücke sowie als Pendant zu denkenden Hinterglasbilder „Joseph mit dem Kind" und „Maria mit dem Kind" (Kat. A 109; A 108) machen das Motivzitat und die Analogisierung augenscheinlich. Eine weitere Darstellung aus diesem Themenkreis zeigt den „Tod des Joseph" (Kat. A 85; A 86), das Gegenstück zu dem heute viel bekannteren „Marientod" (Kat. A 82). Das Thema des sterbenden Nährvaters, dem Maria und Jesus zur Seite stehen, geht zurück bis auf frühchristliche Quellen. Die Andachtsbilder mit dem dahinscheidenden Joseph als populärem Schutzpatron zum guten Tod haben im Mittelalter und im Barock kaum Verbreitung gefunden, dementgegen aber häufen sich im 18. und 19. Jahrhundert die Darstellungsbeispiele in der Kunst im Volk.

Material - Gestaltung - Wirkung

Während die Inhalte der Andachtsbilder mit ihrer aus der Elitekultur stammenden Ikonographie festgelegt waren, boten Mal- und Fertigungstechnik der Kunst im Volk einen weiten Raum für freie Erfindung und eigenständige Entwicklung. Ihr sozial bedingter Herstellungsprozeß - weitverbreitete, relativ billige, oft industriell gefertigte Materialien, technisches Unvermögen bzw. weniger geschulte und nicht oder weniger gebildete Produzenten und Rezipienten - aber hat ihr Erscheinungsbild vorrangig geprägt[2]. Typisch für eine Eigenfindung der Kunst im Volk sind die aus verschiedenen Materialien, wie Papier, Metall, Holz, Wachs und Textilien, collageartig gearbeiteten Bilder, wie Miniaturaltärchen, Bildschreine, Kastenbilder und Klosterarbeiten[3], von denen die Ausstellung eine große Anzahl präsentiert. Beispielsweise können für die Stoffklebebilder, in der Regel mit einem Glas versehene gerahmte Kastenbilder, Wachs, Tüll, Glitzerfäden, Brokatimitationen, Glasperlen, Pailletten und dergleichen Verwendung finden, um dem Objekt einen kostbaren Anschein zu verleihen. Der ästhetische Reiz, die leuchtenden Farben und der Glanz, vermitteln den gewünschten Eindruck von Festlichkeit und Heiligkeit. Gold- und silberfarbene Folien vertreten mithin die mit Blattgold belegten Heiligenscheine spätmittelaterlicher Tafelmalereien. Bei den in sogenannter Spickeltechnik ausgeführten Devotionsbildern etwa werden textile und andere Materialien direkt auf den Bildträger appliziert, um die Gewandung der Heiligenfiguren in ihrer tatsächlichen Stofflichkeit zeigen zu können. Um auch bei Physiognomie und Händen einen (anderen) Realitätsgrad zu erreichen, bleiben diese Partien jedoch ausgespart. Eine Reihe von ausgestellten Spickelbildern zeigt eine Kombination von stofflichen Materialien mit Kupferstichen. Die gestochenen figürlichen, eben erwähnten Partien sowie landschaftliche und dekorative Elemente sind ausgeschnitten, teilweise koloriert und auf den Bildträger aufgeklebt (Kat. A 8; A 28).

Kennzeichnend für die populären Andachtsbilder wie für die Volkskunst generell ist der Hang zu einer ausgesprochen dekorativen Ausschmückung mit Rankenornamenten, Kartuschen, Girlanden oder floraler und vegetabiler Ornamentierung, die freie Flächen im Bildfeld vermeiden und verdrängen (Horror Vacui). Ein Blick auf die Epochen der Hochkunst macht

[2] W. Brückner, Kunst für alle - Bilder im Volk. In: Funkkolleg Kunst. Basel/Weinheim 1985. Studienbegleitbrief 5, S. 71.

[3] M. Brauneck, Religiöse Volkskunst. Köln 1978, S. 151.

deutlich, daß die barocke Formensprache hier das Orientierungsmoment für die Kunst im Volk bietet. Über die Vorliebe am Dekorativen mit seinem elementaren Reiz von Formfülle, Farbe und Glanz[4] hinaus, hält die Gebärdensprache des 17. und 18. Jahrhunderts einen reichen Fundus für die Heiligenfiguren bereit. Pathetische Gesten und theatralische Mimik, Affekt und Sinnlichkeit, wie Händeringen und der vertrauensvolle, leutseelige Blick gen Himmel, dominieren als leicht verständliche Elemente die barocke Bildsprache, die somit Eingang in die volksreligiösen Andachtsbilder gefunden haben und u. a. deren Charakteristik ausmachen (Kat. A 41; A 145; A 146). Dementgegen zeigen andere Beispiele, vor allem aus dem Bereich der Graphik und Hinterglasmalerei, daß die oft spannungsgeladene Dynamik der Vorbilder aus der Hochkunst in eine statische, bisweilen geradezu starre, spannungslose Bildsprache umgeformt wird, die dem einfachen und konkreten Denken nichtgebildeter Bevölkerungsschichten nahekommt. Häufig geht die stilisierte Bildsprache einher mit der ausschließlichen Profil- und Frontalstellung der Bildgegenstände, mit einer Rücknahme des Bildraumes und der Entkörperlichung des Dargestellten; die solcherart geschaffene Formelhaftigkeit kann zu einem geradezu expressiven Stil führen. Bedingt aber ist dieser Abschleifungsprozeß, der sich auch als Rationalisierung beschreiben läßt[5], in erster Linie durch die Motivübernahme durch weniger Geschulte sowie durch die schnelle, oft schlecht bezahlte Mengenproduktion. Beide Momente führten in der Regel zu einer inhaltlichen und formalen Reduktion, die späterhin wie gewollte Abstraktion erscheinen konnte[6] und die solcherart die Klassische Moderne faszinierte.

Neben der Anlehnung an die hochschichtliche Kultur kennzeichnet zugleich das Phänomen der Verspätung in der Übernahme oberschichtlicher Anregungen die Kunst im Volk. Eine Indifferenz gegenüber den (relativ raschen) Neuerungen und Moden der Hochkultur, die Tendenz zu einer Traditionsgebundenheit, läßt sich in der Volkskultur generell beobachten und dürfte mit den unterschiedlichen Mentalitäten, d.h. kollektiven Geisteshaltungen, Lebens- und Wertvorstellungen von breiter Bevölkerung und Elite zu erklären sein. Altbewährtes und Altehrwürdiges wurde als wertvoll erlebt. Das Festhalten am Althergebrachten bedeutet(e) Sicherheit in einem von Unsicherheit, Mangelerfahrung und Ängsten geprägten alltäglichen Leben der einfachen Leute aus dem ländlichen und handwerklichen Milieu. Es bedeutete aber auch, sich an der „besseren Vergangenheit" zu orientieren. Zudem dürfte der Traditionalismus mit der Tendenz zu einer Abgrenzung gegenüber der dominanten Kultur zu deuten sein, eine kollektive Haltung, die bewußt auf Sonderung zielte. Demgegenüber läßt sich für Zeiten wirtschaftlichen Aufschwungs bei breiten Bevölkerungsschichten die Voraussetzung und die Bereitschaft zu einer Erneuerung des Sachguts nachweisen, die sich in der Regel an der Kultur der oberen sozialen Schichten orientierte[7].

Objekte zwischen Volks- und Hochkunst

Natürlich existieren auch Objekte, die sich einer eindeutigen Zuordnung und einer Klassifizierung in Hoch- oder Volkskunst (zunächst) verweigern. Als Beleg sei hier der Trierer Märtyrerschrank von 1759 genannt (vgl. Abb. 15, 16 im Beitrag von B. Kaufmann). Das von einer Trierer Werkstatt im Auftrag von Abt Willibrord Scheffer gefertigte Unikat weist Züge auf, die es unzweifelhaft als Gegenstand der Hochkultur ausweisen. Etwa die qualitätvolle technische Ausführung oder die Verwendung teurer Materialien deuten darauf hin. Das hochkomplizierte Bildprogramm der auf und in das Möbel eingearbeiteten Wachsfigurenszenerie, das die Legende der Trierer Märtyrer in einen breiten christologischen Zusammenhang stellt, verrät unmittelbar einen gebildeten Auftraggeber - Scheffer hat in das bekrönende Rankenorna-

[4] G. Ritz, Eigengesetzlichkeit in der Volkskunst. In: Bayerisches Jahrbuch für Volkskunde (1969) S. 176-191, hier S. 177.
[5] W. Brückner, Expression und Formel in der Massenkunst. In: Anzeiger des Germanischen Nationalmuseums (1968) S. 122-139, hier S. 136.
[6] W. Brückner, Kunst für alle - Bilder im Volk (Anm.2), S. 70.
[7].B. Deneke, Europäische Volkskultur. Frankfurt 1980. S. 27.

ment des Schranks sein Familienwappen einfügen lassen. Typisch für eine hochschichtliche Provenienz des Möbelstückes ist nicht nur das Wissen um das Jahr der Entstehung und um den Namen des Auftraggebers, sondern auch um den des ausführenden Künstlers. Der Goldschmied Simon Joseph Hermann, ganz offensichtlich nicht nur ein Spezialist in der Bearbeitung von Edelmetallen, sondern ebenso in der Fertigung von Wachsbosserien und deren Arrangements, hat zweimal seine Signatur auf dem Möbel hinterlassen. Er scheint zum einen für die vergoldete Ornamentierung und zum anderen für die „Inszenierung" der Trierer Legende verantwortlich.

Dementgegen lassen sich Momente aufzeigen, die den außergewöhnlichen Schrank als Produkt der Volkskunst charakterisieren, wie seine Zweckentfremdung als Bühne für die vielteilige und übervolle Figurenszenerie. In das Möbelstück ist gewissermaßen ein überdimensionales Kastenbild (in Kombination mit mehreren kleineren) integriert. Volkskunstliche Bilder dieser Art sind ja in der Regel autonom. Charakteristisch für volksreligiöse Objekte der Zeit sind auch die verwendeten Materialien der Szenerie wie Wachs, Stoffe, Silberfäden und dergleichen.

Der Trierer Märtyrer-Schrank ist das Ergebnis von hochkunstlichen und volkskunstlichen Einflüssen. Hier wird deutlich, daß wir es mit Begrifflichkeiten zu tun haben, die rasch eine Grenze aufzeigen können. Bei der Unterscheidung von Hochkunst und Volkskunst handelt es sich eben auch um Konventionen, d.h. um Übereinkünfte und unterschiedliche Bewertungsmaßstäbe, um traditionelle Wertabsprachen, deren Trennlinie nicht immer ganz eindeutig verlaufen muß.

Leonardos Abendmahl - Beispiel einer Trivialisierung

Die Ausstellung zeigt eine Reihe von Lithographien, Malereien auf Kupfer, Holz und Leinwand aus dem gesamten 19. Jahrhundert, die meist mit aufwendigen Rahmungen versehen wurden. Es sind dies mehr oder weniger gelungene Nachahmungen von zuweilen hervorragenden Bildideen und Einzelformulierungen der Zeit und vergangener Epochen, die das Original inclusive ihrer rahmenden Fassung sowie der Form des Bildträgers (Tondo oder Diptychon) nachzuahmen oder gar vorzutäuschen suchen. Zwei Darstellungen (Kat. A 120, A 127) indes zitieren eine Vorlage mit außergewöhnlich großem Bekanntheitsgrad. Es handelt sich um die Wiedergabe von Leonardos „Abendmahl", sicher eines der berühmtesten europäischen Kunstwerke überhaupt. Seit seiner Fertigstellung 1498 wurde und wird es bis heute immer wieder abgebildet bzw. variiert und zählt vermutlich zu den am meisten reproduzierten Bildern. Die berühmte Freskomalerei, einstmals nur wenigen zugänglich, kann hier nicht Gegenstand der Analyse sein. Vielmehr soll sie als Beispiel für eine breit angelegte Popularisierung einer hervorragenden Einzelleistung dienen, die gewissermaßen die bildliche Inkarnation eines biblischen Themas geworden ist. Die Ausstellung zeigt eine gerahmte Chromolithographie aus der zweiten Hälfte des 19. Jahrhunderts (Kat. A 127), die dem Original in Mailand recht nahe kommt. Lediglich der sich extrem in die Tiefe erstreckende Innenraum ist in seiner Ausdehnung zurückgenommen, die Figuren der rechts und links des Tisches stehenden Jünger ganz an den Rand des Bildes gedrängt. Das ebenfalls in der zweiten Hälfte des 19. Jahrhunderts entstandene Hinterglasbild (Kat. A 120) stellt dementgegen keine mehr oder weniger genaue Kopie des berühmten Vorbilds dar; es zeigt dennoch die wesentlichen Momente von Leonardos Bildanlage: der bildparallele lange Tisch mit Tischtuch, Christus, der genau achsensymmetrisch plaziert ist, die Zusammenstellung der Jünger in dichtgedrängte Gruppen, einer wird zudem vom Bildrand überschnitten.

Im Gegensatz zum Original sind die räumlichen Zusammenhänge gänzlich reduziert. Auf die die Figurengruppe hinterfangende Tiefenräumlichkeit bei Leonardo und seinen Kopisten wurde vollkommen verzichtet. Stattdessen wurde die Tischgesellschaft mit einer Draperie versehen, die die beiden oberen Bildhälften ausfüllt; der ebenfalls neu eingefügte Kerzenleuchter erfüllt denselben Zweck. Überdies ist die subtile psychologische Atmosphäre Leonardos aufgegeben und anstelle dessen formelhafte Gesten und ein starrer Gesichtsausdruck gesetzt. Aus einer Beziehung der Figuren aufeinander und untereinander ist größtenteils ein simples, spannungsloses Nebeneinander entstanden, das der typischen Tendenz nach einer Reihung entstammt. Trotz dieser bildimmanenten Veränderungsstrategien ist der Gesamteindruck des (figürlichen) Bildaufbaus beibehalten, wesentliche inhaltliche und kompositionelle Züge sind erhalten geblieben. Zunächst verlief auch die Bildvermittlung von Leonardos berühmtem Werk mit Hilfe von Druckgraphik, selbst ein Medium der etablierten Kunst. Bis weit ins 19. Jahrhundert nahmen die Druckwerke, Kupferstich und Holzschnitt, späterhin Lithographie, Heliogravüre und Ölfarbendruck, einen besonderen Platz bei der vertikalen Vermittlung zwischen Volkskunst und Hochkunst ein. Nahezu der gesamte populäre Motivschatz läßt sich nicht ohne die graphischen Vorlagen, nicht ohne das „Musterbuch der Volkskunst" denken. Das Original selbst war selten das direkte Vorbild. Die Graphik stellte daneben die wichtigste Instanz für eine vertikale Vermittlung von Kunst dar: überragende Einzelleistungen ließen sich mit ihrer Hilfe aus der örtlichen und regionalen Gebundenheit lösen - sie wurde international. Nicht zuletzt haben sich viele namhafte Maler des Barock, wie etwa Rembrandt und Rubens, an Leonardos großem Vorbild orientiert. Das Mailänder Fresco wurde im Stich wiedergegeben bzw. kopiert, der dann seinerseits als Vorlage für volkstümliche Bilder genutzt wurde und damit schließlich einem breiten Publikum bereitgestellt werden konnte. Die sicherlich bekannteste Nachschöpfung des Originals von Leonardo und zugleich Vorbild zahlreicher Variationen und Kopien - beispielsweise der in der Ausstellung gezeigten Chromolithographie - ist der 1800 gefertigte Kupferstich von Raphael Morghen.

Mit Hilfe der Druckgraphik, vor allem der Lithographie und der preiswerten industriell gefertigten Öldruckbilder, die seit ca. 1870 weiteste Verbreitung gefunden haben, wurde auch das „Abendmahl" seiner exklusiven Betrachtung von wenigen entzogen. In Form eines einzelnen Blattes oder eines gerahmten Bildes war das Original bzw. die Vorstellung davon als persönlicher Wandschmuck verfügbar oder in öffentlichen (kirchlichen) Räumen zugänglich. Leonardos Fresko konnte nun in jedem beliebigen Zusammenhang von jedermann angesehen werden. Die Darstellung wurde nach dem Umformungsprozeß Jedermannskunst. Nicht zuletzt zierte sie im 19. Jahrhundert unzählige Konfirmationsscheine und Kommunionandenken oder wurde als passendes Motiv in Textilien, etwa in Tischtücher, eingearbeitet[8]. Und - Leonardos berühmtes Bild wird auch weiterhin zu jeder passenden Gelegenheit abgebildet.

Seriell produzierte Gegenstände, „Kunst für die Massen"[9] hat es bereits vorher gegeben, vor allem in dem Bereich der Andachtsgraphik, nicht jedoch in dem Ausmaß einer industriellen Produktion. Seit dem 15. Jahrhundert werden Drucke dieses Bildgenres für die breite Bevölkerung in großen Auflagen gefertigt und zu günstigen Preisen vertrieben. Die Blätter aber, die erhalten geblieben sind, zählen in der Regel zur (spät)mittelalterlichen und barocken Kunst. Die immense zeitliche Distanz indes hat diese einst massenhaft und billig hergestellte Bildware so wertvoll werden lassen. Und da das Wissen um ihre weite Verbreitung und um ihren alltäglichen Gebrauchszusammenhang nicht mehr präsent ist, ist die Frage der Klassifizierung hier zweitrangig geworden.

Durch die Häufigkeit der Wiederholung, durch die ständige optische Präsenz war nicht nur Leonardos „Abendmahl" einem Trivialisierungsprozeß ausgesetzt. Gleiches gilt für die unzähligen Abbildungen des Heiligen Rocks, wenn das Motiv auch immer wieder mit einem

[8] C. Pieske, Wandschmuck des 19. und 20. Jahrhunderts. In: Rheinisch-westfälische Zeitschrift für Volkskunde 23 (1977) S. 160-211, hier S. 173. - G. Angermann, Ars multiplicata. Wiedergabe bekannter Gemälde in Webtechnik (anhand von Beispielen des 19. und 20. Jahrhunderts). In: Westfalen 65 (1987) S. 51-84, hier S. 61ff.

[9] Die Massenproduktion von Graphik hat man in der Forschung „Massenkunst" genannt, weil sie für den Großteil der Bevölkerung bestimmt gewesen ist. Der Begriff der „Masse" war also nicht in einem abwertenden Sinne gemeint.

anderen oder ähnlichen Bildkontext kombiniert wurde. Einer Trivialisierung waren fraglos auch die Darstellungen des schlafenden Jesus auf dem Kreuz, des schlummernden Kindes auf dem Schoß Marias und zahlreiche weitere Bildmotive ausgesetzt, obgleich deren „Prototyp" zum einen nicht mehr auszumachen und dies zum anderen von geringer Bedeutung wäre. Die langweilige Nachahmung, die, längst allen bekannt, nichts Neues hervorbringt wird als banal und trivial empfunden. Werner Hofmann bemerkt dazu: „Trivialität ist sonach ein Relations- und Vereinbarungsbegriff."[10]

Im späteren 19. Jahrhundert wurden zunehmend industriell gefertigte Nachahmungen von Originalen aus der Stilkunst beliebt. Auch die große Anzahl der Andachtsbilder in Öldruckfabrikation etwa belegt dies sehr anschaulich. So kann die Ausstellung neben der „Leonardo-Rezeption" noch eine Reihe anderer Beispiele vorführen, die die bekannte Rückorientierung auf vergangene Stilepochen belegen. Anhand einiger wahrscheinlich seriell produzierter Arbeiten auf Kupfer, Holz und Leinwand mit Motiven beliebter Heiligenfiguren wird deutlich, daß neben der italienischen Renaissance und dem Barock auch die altdeutsche Malerei, deren religiöse Bilder mitunter recht lieblich und verspielt anmuten (Kat. A 77), auf den oberen Stufen der Beliebtheitsskala stand. Dieselbe Vorliebe spiegeln die religiösen Bilder im Bereich der Öldruckfertigung wieder, auch hier stellen Vorlagen dieser Kunstepochen den größten Anteil. Darüber hinaus konnte die Ikonenmalerei der Ostkirchen mit ihrem von Glanz dominierten Bildgrund, ihrer Statuarik und Frontalität der Gottesmutter (Kat. A 76) zuweilen auf die Vorliebe breiter Bevölkerungsschichten stoßen.

Volkskunst in der Hochkunst

In den zwanziger Jahren ist das Verhältnis von Hochkunst zur Kunst im Volk mit der letztlich diffamierenden „These vom herabsinkenden Kulturgut"[11] umschrieben worden. Die kreativen und dynamischen Momente wurden demzufolge zurecht bei der Elitenkultur angesiedelt. Dabei stand der Vorgang des Absinkens bzw. der Popularisierung und der Trivialisierung vormals exklusiver Errungenschaften der Hochkunst im Mittelpunkt des Forschungsinteresses. Eine Kulturdrift von oben nach unten läßt sich ja an unzähligen Beispielen belegen. Daß daneben auch eigenständige künstlerische Äußerungen existieren, wurde schon diskutiert. Darüberhinaus aber lassen sich in der Kunst des 20. Jahrhunderts auch punktuelle Einflüsse der populären Kunst auf die Hochkunst beschreiben, zumindest interessante Parallelen aufzeigen. Nur etwa 20 Jahre bevor die „These vom herabgesunkenen Kulturgut" formuliert wurde, hat sich die Künstlergruppe des „Blauen Reiter" von der - expressiven - Bildsprache populärer Kunst inspirieren lassen und mit ihrer Rezeption den „Aufstieg" der bayrischen Hinterglasmalerei in die Klassische Moderne eröffnet[12]. Münter, Jawlensky und Kandinsky waren fasziniert von der vermeintlichen Spontaneität und Unmittelbarkeit und machten sich Farbintensität, formale Stilisierung sowie Abstraktion der Hinterglasbilder zu eigen. Mit dem „Blauen Reiter" haben auch die anderen Expressionisten die Stil- und Ausdrucksmomente volkstümlicher Druckwerke für sich entdeckt; man sah in ihnen das Natürliche, Ursprüngliche, Echte[13]. Wenn Einfachheit und Reduktion vorher aus der Sicht der Hochkunst negativ besetzt waren, so werden diese formalen Charakteristika, das vermeintlich typische Ausdrucksverhalten der Volkskunst schlechthin, zu Beginn unseres Jahrhunderts einer neuen Wertschätzung unterzogen. 1912, im selben Jahr, in dem der programmatische Almanach des „Blauen Reiters" erschien, verlangten die italienischen Futuristen, allen voran Boccioni, ein Umdenken. Ihr Manifest zur Bildhauerkunst forderte, daß anstelle der traditionellen „vornehmen Werkstoffe" wie Bronze und Marmor

[10] W. Hofmann, Kitsch und Trivialkunst als Gebrauchskünste. In: Ders., Bruchlinien, Aufsätze zur Kunst des 19. Jahrhunderts. München 1979. S. 166-179, hier S. 174.

[11] H. Naumann, Grundzüge der deutschen Volkskunde. Leipzig 1922. - Teilweise identische Formulierungen bereits in: ders., Primitive Gemeinschaftskultur. Beiträge zur Volkskunde und Mythologie. Jena 1921.

[12] S. Metken, Volkskunst stimulierte den Blauen Reiter. In: Volkskunst 10 (1987) S. 25-29; siehe auch M. Brauneck, Religiöse Volkskunst. Köln 1978. S. 205f.

[13] Siehe dazu den programmatischen Almanach „Der Blaue Reiter", München 1912.

neue und „verschiedene Materialien in einem einzigen Werk zur Erreichung der bildnerischen Emotion verwendet werden können. ...: Glas, Holz, Pappe, .., Roßhaar, Leder, Stoff, Spiegel, elektrisches Licht usw."[14] Ähnliche Forderungen ließen sich von Picasso, Braque und Schwitters anführen. Im zweiten Jahrzehnt unseres Jahrhunderts war jeder Werkstoff kunstwürdig geworden, während die traditionelle Verwendung und Kombination verschiedenster Materialien von volkskundlichen Objekten ja aufgrund der industriellen Massenfertigung größtenteils wieder verdrängt wurde.

Und betrachtet man die Epochen der europäischen Stilgeschichte genau, finden gewisse volkstümliche Merkmale mithin ihre Entsprechung in der Hochkunst. Etwa die Betonung der Gestik und Mimik dominierte die christliche Kunst bis ins hohe Mittelalter, wenngleich ohne die typische Pathetik und Theatralik des Barock und der Volkskunst. Die angesprochene Enträumlichung und Entkörperlichung, die Vorliebe für Planimetrie, darüber hinaus die Prinzipien der Reihung und Wiederholung, galten bereits in der Frühphase der europäischen Kunst als Gestaltungsgrundsatz. Ganz offensichtlich erwächst die Verpflichtung zur dreidimensionalen perspektivischen Darstellung bzw. die Fähigkeit zum tiefenräumlichen Sehen „erst aus dem Eigenerlebnis, der Selbstwahrnehmung des Menschen im Rahmen seiner reflektierten Beziehung zu seiner Umwelt." - Erfahrungen, die der breiten Bevölkerungsschicht der Nicht-Elite offensichtlich nicht zu eigen waren[15]. Darüber hinaus läßt sich das Prinzip der mittelalterlichen Bedeutungsperspektive, auch sie wird erst mit dem Beginn der Renaissance vollständig aufgegeben, als interessante Parallele zwischen frühen Entwicklungsstadien der Hochkunst und der Kunst im Volk anführen. Die Größenverhältnisse des Dargestellten untereinander werden nicht realistisch, sondern nach dem Maßstab der Werteinschätzung wiedergegeben. Für die Kunst im Volk und für die christliche Kunst bis ins Hohe Mittelalter schlechthin ist die Bedeutung der Dinge wichtiger als das Abbild der Wirklichkeit.

Abb. 11) Ursula. Kastentriptychon. 1978.

Die populäre Bildsprache mit ihrer Vorliebe für eine zuweilen ausgesprochene Farbigkeit und für die Verwendung verschiedenster Materialien des alltäglichen Gebrauchs aber wurde nicht nur von den Künstlern der Klassischen Moderne genutzt. Auch für andere Kunstrichtungen des 20. Jahrhunderts lassen sich Parallelen zur formalen Gestaltungsart der Volkskunst aufzeigen. Die Pop-Art, die popular art, etwa schließt ganz bewußt an die Machart der Volkskunst an, um auf eine Erweiterung des (Hoch)Kunstbegriffes - zuweilen recht provokativ - aufmerksam zu machen. Die Auseinandersetzung mit der Welt der Massenproduktion wird zu einem zentralen künstlerischen The-

[14] U. Appolonio, Der Futurismus. Manifeste und Dokumente einer künstlerischen Revolution 1909-1918. Köln 1972. S. 73.

[15] G. Ritz, (Anm. 4), S. 181.

ma. Formale Verbindungen zur Materialcollage und Collagetechnik der Klassischen Moderne sind offensichtlich. Vor allem aber erinnert die Objektkunst der sechziger und siebziger Jahre an die traditionellen Kastenbilder, die allerdings mit Hilfe von vor-gefertigten Objekten und nicht mit vor-gefundenen Objekten - objects trouvés - arrangiert werden. Die Verbindung von Malerei mit Objekten, wie die Combined-Paintings Robert Rauschenbergs vorführen, war längst charakteristisch für Bilder aus dem volkskünstlerischen Bereich. Diese Technik der Materialmontage auf einer Fläche entwickelte sich weiter zur Dreidimensionalität in den sogenannten Assemblagen von Daniel Spoerri oder Robert Rauschenberg. Die Darstellung des Veronikaschweißtuches (Kat. A 61) als ein in einer Art Schrein eingebundenes Kastenbild und wie ein Altartisch mit „frischen" Blumen geschmückt, läßt sich trotz seines sakralen Themas mit den Raumobjekten Tom Wesselmanns formal vergleichen. Auch die Kölner Künstlerin Ursula spielt letztlich mit ihrem bunt bemalten Kastentriptychon (Abb. 11), in das sie Stoffe, Fell und andere Materialien integriert hat, auf eine Parallelisierung mit den Kastenbildern an.

MAGD, MUTTER ODER DULDERIN: DAS MARIENBILD DER VOLKSKUNST ALS SPIEGEL DER GESELLSCHAFTLICHEN WIRKLICHKEIT DER FRAU IM 18. UND 19. JAHRHUNDERT

von Winfried Wilhelmy

Die traditionellen Ausprägungen des Marienbildes, seien es die Pietà oder die Schutzmantelmadonna, die Maesta oder die Immaculata, werden im Mittelalter und im Barock entwickelt. Ikonographische Forschungen über Mariendarstellungen des 18. und 19. Jahrhunderts liefern hingegen wenig neue Ergebnisse. Das heißt nicht, daß es in dieser Zeit keine Mariendarstellungen zu verzeichnen gäbe; trotz aller Säkularisierungstendenzen erlebt vor allem das 19. Jahrhundert einen wahren Marienboom, nicht zuletzt bedingt durch die intensive Beschäftigung der katholischen Kirche mit Maria, die 1854 in dem neuen Mariendogma der Unbefleckten Empfängnis einen entsprechenden Höhepunkt findet.

In der katholischen Bevölkerung Deutschlands geht diese Entwicklung einher mit dem verstärkten Bedürfnis nach bildlichen Darstellungen der Gottesmutter. Diese volkstümlichen Arbeiten, zum Teil Produkte der industriellen Massenkunst, sind religiöse Verehrungsobjekte, aber auch Identifikationsmodell und Leitbild ihrer Betrachterinnen. Sie prägen weibliches Rollenverhalten und spiegeln die gesellschaftlichen Bedingungen wider, denen die Frau im späten 18. und 19. Jahrhundert unterworfen ist. Bereits Papst Paul VI. weist in seinem 1974 verfaßten Marienschreiben darauf hin „Maria als Vorbild anzuerkennen, das den Wünschen des modernen Menschen entspricht“[1]. Diese Vorbildfunktion Mariä gilt nicht nur im theologisch-sozialen Bereich und im 20. Jahrhundert; in diesen Grenzen wird sie lediglich in der Forschung seit längerem untersucht. Befragt man entsprechend aber auch die volkskundlichen Mariendarstellungen des 18. und 19. Jahrhunderts nicht nach ihrer ikonographischen Ableitung, sondern nach ihrer Funktion und ihrer prototypischen, zeitbedingten Weiblichkeit, so wird sehr schnell deutlich, daß bereits in dieser Zeit eine gesellschaftliche Vorbildlichkeit des Marienbildes vorliegt, die als einer der Schlüssel zum Verständnis des Bildthemas angesehen werden muß[2].

Kat. A 28,1 zeigt, durch Bildtypus und Inschrift eindeutig ausgewiesen, Christus als „Guten Hirten“, als Pastor Bonus. Dieses sogenannte 'Spickelbild', ein mit einem Scherenschnitt collagierter Kupferstich, ist in die zweite Hälfte des 18. Jahrhunderts zu datieren. Das Thema ist jedoch sehr viel älter. Es wird in der Zeit des frühen Christentums entwickelt und dort in Malerei und Sepulkralskulptur immer wieder dargestellt.[3]. Das vorliegende Blatt steht nicht allein. Zugehörig ist ein Pendant aus derselben Zeit (Kat. A 28,2), das im folgenden exempla-

[1] Zitiert nach B. Albrecht, Kleine Marienkunde. Meitingen/ Freising 1979. S. 108; vor allem in der feministischen Theologie wird diese Vorbildfunktion Mariä immer wieder thematisiert, ohne jedoch konkrete Rückschlüsse auf die historische und soziale Wirklichkeit der Frauen zu ziehen, so z. B. bei J. Burggraf, Die Mutter der Kirche und die Frau in der Kirche. Kevelaer 1986. S. 19ff oder W. Beinert, Unsere Liebe Frau und die Frauen. Freiburg/ Basel/ Wien 1989. S. 102ff, bes. S. 115.

[2] Während die Kunstgeschichte, auch in ihrer feministischen Ausrichtung, die hier postulierte Vorbildfunktion bislang wohl aufgrund der Materialfülle von Marienbildern nicht näher untersucht hat, hat die Soziologie hier bereits nennenswerte Forschungsergebnisse vorzuweisen. Auf ihnen baut der vorliegende Beitrag aus kunsthistorischer Sicht auf. Besonders zu nennen sind hier die Arbeiten von M. N. Ebertz, Maria in der Massenreligiösität. Zum Wandel des popularen Katholizismus in Deutschland. In: M. N. Ebertz/ F. Schultheis (Hg.), Volksfrömmigkeit in Europa. München 1986. S. 65-83 sowie G. Korff, Bemerkungen zum politischen Heiligenkult im 19. und 20. Jahrhundert In: G. Stephenson (Hg.), Der Religionswandel unserer Zeit im Spiegel der Religionswissenschaft. Darmstadt 1976. S. 216-230.

[3] J. Engemann, Die Christen und die Kunst. Die bukolischen Darstellungen. In: Ausst.-Kat. „Spätantike und frühes Christentum“. Frankfurt 1983. S. 257-259 mit weiterführender Lit.

risch vorgestellt werden soll. Es zeigt eine in einer hügeligen Landschaft stehende Frau in einem typischen Rokokogewand: ein weiter, mit einem Volant abgesetzter Rock, der mit Blumen bestickt ist, die Ärmel weit herabhängend und mit Spitzen besetzt. Die Frau trägt eine über die Schulter gelegte Hirtentasche; in ihrer linken Hand hält sie einen Kellenstab. Von rechts nähert sich ein Schaf, zwei andere laufen links im Hintergrund auf eine ähnlich gekleidete weibliche Person zu. Die Inschriftenleiste am unteren Bildrand gibt einen Hinweis auf die Identität der Frau: „Pastora Bona die gute Hirtin" ist dort zu lesen.

Ohne diese Beschriftung könnte man zunächst eine profane Darstellung vermuten. Es könnte eine Adelige der Rokokogesellschaft abgebildet sein, die sich wie einst Marie Antoinette von Frankreich in ihrem Hameau in Versailles der Schäferinnenidylle hingibt. Es könnte sich auch um eine der in dieser Zeit üblichen allegorischen Darstellungen, z. B. eine der Jahreszeiten, handeln, (Abb. 12) wie sie in der Allegorie des Sommers aus einem Vierjahreszeitenzyklus aus der Mitte des 18. Jahrhunderts vorliegt[4]. Auch in der dortigen Hinterglasmalerei findet sich der Kellenstab und eine ähnliche Kleidung wieder. Im hier vorliegenden Spickelbild wird jedoch durch die Flügelputten in der Girlande oberhalb der Hirtin sowie den Strahlennimbus, der ihr Haupt umgibt, ein eindeutig sakraler Kontext erzeugt. Es handelt sich um Maria, die als Pendant zum Guten Hirten nunmehr auch in diesem Thema bildwürdig wird.

Abb. 12) Allegorie des Sommers aus einem Vierjahreszeitenzyklus (Mitte 18. Jahrh.). Wien, Museum für Volkskunde.

Diese Darstellung Mariens als Gute Hirtin stellt eine der wenigen ikonographischen Neuerungen im Marienbild der nachtridentinischen Zeit dar. Die Entstehung dieses Themas lediglich aus einem barocken Sinn für Dialektik und Polarität zu erklären, greift zu kurz; ebenso der bereits angeführte Vorbildcharakter der Schäferidylle der Zeit oder eine ebenfalls immer wieder postulierte spezifisch „weiblich - empfindsame Religiösität"[5].

Ein Erklärungsversuch zur Entstehung und Bedeutung dieses Bildthemas soll im folgenden aus der Frage nach der Funktion dieser Arbeiten entwickelt werden. Auffallenderweise beschränkt sich die Darstellungswürdigkeit dieses Themas auf die zweite Hälfte des 18. Jahrhunderts. Meines Wissens liegen vorher keinerlei Beispiele von „Guten Hirtinnen" vor, und auch nur wenig später, ins frühe 19. Jahrhundert, wird ein Klebebildchen der Münchener Sammlung Lotte Roth-Wölfle datiert, das einzige bislang bekannte Beispiel des 19. Jahrhunderts[6]. Wie dieses nach Bayern lokalisierte Beispiel treten auch die übrigen Arbeiten besonders im süddeutschen und alpenländischen Raum auf. Eine weitere Auffälligkeit macht das Thema soziologisch greifbar: es findet sich lediglich in Werken der Volkskunst verbreitet, in Hinterglasbildern, Spickelbildern u.ä.; bereits in einfachen, geschnitzten Devotionalienfiguren ist es eher selten. Die sakrale Hochkunst

[4] L. Schmidt, Hinterglas. Zeugnisse einer alten Hauskunst. München 1979. Nr. 5.
[5] So Ausst.-Kat. „Vera Ikon. 1200 Jahre Christusbilder zwischen Alpen und Donau". München/Zürich 1987. S. 176; die profanen Schäferspiele zieht S. Metken, Geschnittenes Papier. München 1978, S. 89 als Erklärungsversuch heran.
[6] Metken, 1978 (s. Anm. 5), Nr. 176.

ignoriert es in ihren Medien und Ausstattungsprogrammen[7].

Im vorliegenden Blatt geht Maria als Gute Hirtin dem Schafehüten nach, einer Arbeit also, mit der sich viele Frauen des agrarisch orientierten Alpenraumes im 18. Jahrhundert identifizieren konnten. Das wichtigste Kennzeichen der „Guten Hirtin" ist neben den Schafen das Fehlen des Jesusknaben. Nicht die mütterliche Maria, die durch ihren Sohn und die ihn betreffende Fürsorge definiert ist, ist hier gemeint, sondern die selbständig tätige, eigenverantwortlich ihrer Arbeit nachgehende Frau in relativer Unabhängigkeit von Mann und Familie. Die Frau wird hier nicht, wie später im 19. Jahrhundert, ausschließlich über Mann und Kinder als Gattin oder Mutter definiert. Sie ist durch ihre Arbeit gleichberechtigte Partnerin, die zwar für das Wohl der Familie, jedoch nicht in deren Unterordnung arbeitet. Diese Autonomie der Hirtin durch eigenverantwortliche Arbeit entspricht der gesellschaftlichen Wirklichkeit der Frauen in der zweiten Hälfte des 18. Jahrhunderts. Im Rahmen der Großfamilie der damaligen Zeit leisten sie auf dem Lande vergleichbar selbständige Hof- und Feldarbeit wie der Mann, ohne direkt an Haus, Ehemann und Familie gebunden zu sein. Diesen praktischen Gegebenheiten entsprechen die gesellschaftstheoretischen Lehren der Zeit, die der Frau relative Gleichheit und damit letztendlich Unabhängigkeit zugestehen. Unter dem Einfluß der in Frankreich (vor allem durch Rousseau) entwickelten Naturrechtslehre halten zeitgenössische Enzyklopädien fest:

„daß die Autorität des Ehegatten der natürlichen Gleichheit der Menschen widerspreche" und „die Unterwerfung der Frau (...) nur auf dem Zivilrecht" beruhe[8].

Zeitweise wird die Frau dem Mann sogar rechtlich gleichgestellt, eine Entwicklung, die mit Mary Wollstonecrafts „A vindication of the rights of women" (1792; dt. 1793/94) einen Höhepunkt erreicht, unter dem Einfluß der in diesem Punkt aber eher reaktionären Französischen Revolution sowie den geänderten familiären Rahmenbedingungen (s.u.) jedoch schnell wieder abbricht[9].

Die unabhängig arbeitende, selbständige Frau, als deren Prototyp Maria als „Gute Hirtin" zu gelten hat, scheint nicht in allen Ländern, die das Thema verarbeiten, angenommen worden zu sein. So ist das in Italien entwickelte Pendant zur „Guten Hirtin", die „Madonna Pastorella"[10], zwar auch als Schäferin charakterisiert, jedoch auch - und nicht zuletzt! - durch die Hinzufügung des Jesusknaben als fürsorgliche Mutter gekennzeichnet. Die Autonomie der „Guten Hirtin" wird so in der „Madonna Pastorella" durch deren Bindung an die Familie von vorneherein ausgeschaltet.

Das trotz aller gesellschaftlichen Fortschrittlichkeit des Themas der Aspekt der 'spezifisch weiblichen' Fürsorge - wenn auch nicht unbedingt der mütterlichen - auch in Süddeutschland mit in die Darstellung einfließen kann, zeigt eine aus Oberammergau (?) stammende „Gute Hirtin" aus der Mitte des 18. Jahrhunderts (Abb. 13). Vor dem von rechts drohenden Wolf hat sich ein Lamm in den Schoß Mariä gerettet, während ein weiteres an ihrer Seite emporspringt. In dieser Position entsprechen die beiden Lämmer dem seit Raffael entwickelten Grundschema von Maria mit dem Jesusknaben (dem Lamm Gottes!) auf dem Schoß und dem herandrängenden Johannes, eine Darstellung, die auch in dieser Ausstellung durch ein Kachelrelief aus dem frühen 20. Jahrhundert vertreten ist (Kat. A 149). Trotz des formal identischen Grundschemas könnte die Differenz zwischen der erwerbswirtschaftlichen Schäferin auf der einen Seite und der fürsorglichen Mutter auf der anderen Seite nicht größer sein. Die Ursache hierfür liegt in der veränderten gesellschaftlichen Position, die der Frau im

[7] So wird z. B. der Statue des Guten Hirten an der Fassade von St. Ignaz in Mainz, die 1790 in Zweitverwendung dort aufgestellt wurde, nicht die Gute Hirtin, sondern eine ebenfalls aus der Mainzer Kartause stammende Immaculata gegenübergestellt, s. W. Benz, St. Ignaz in Mainz. Mainz 1986. S. 7f.

[8] W. Hofmann, Evas neue Kleider. In: Ausst.-Kat. „Eva und die Zukunft. Das Bild der Frau seit der Französischen Revolution". Hamburg 1986, S. 13-23, hier S. 14f.

[9] Hofmann, 1986 (s. Anm. 8), S. 16f.

[10] A. Lipinsky, Madonna Pastorella. Ein Beitrag zur Wandlung der Kostümgeschichte in der Marienikonographie. In: Das Münster 36 (1983) S. 149f.

Abb. 13) Gute Hirtin. Wien, Museum für Volkskunde.

19. Jahrhundert zugewiesen wird und deren Auswirkungen bis weit ins 20. Jahrhundert, zum Teil bis heute, reichen. An einer ganzen Reihe von Arbeiten des 19. Jahrhunderts soll diese Veränderung des weiblichen Rollenverhaltens im folgenden konkretisiert werden. Paradigma ist hier das 'klassische' Thema von Maria mit dem Jesusknaben, im 19. Jahrhundert oft ergänzt durch die Person des Hl. Joseph, dessen Verehrung in dieser Zeit einen großen Aufschwung erfährt. Maria wird als Mutter und fürsorgende Ehefrau an seiner Seite gezeigt; Darstellungen des häuslichen Lebens der Heiligen Familie oder deren einfaches Beisammensein verzeichnen eine deutlich steigende Konjunktur (Kat. A. 126; A 71). Maria ist stets die junge, liebevolle Mutter, die sich durch Hingabe und (Für-)Sorge für ihr Kind auszeichnet. Damit wird Maria zum Prototyp der Frau des 19. Jahrhunderts, deren „natürliches Wesen" sich nach den Ergebnissen einer zunehmend betriebenen neuen Wissenschaft, der Geschlechteranthropologie, allein in der Mutterschaft erfüllt. So definiert das Meyer'sche Große Conversationslexikon von 1848, ausgehend von der Polarität Mann-Frau, unter dem Stichwort „Geschlechtseigenthümlichkeiten" Wesen und 'Wert' der Frau durch eine Reihe von geschlechtsspezifischen Eigenschaften:

„Gemäß der Universalität ist beim Weibe die Sympathie, die Liebe vorherrschend, beim Manne hingegen, wegen vorwaltender Individualität, der Antagonismus, der Haß, - und so ist denn jenes mitleidiger, mildthätiger, es ist sittlicher und religiöser, als der mehr rauhe, oft hartherzige, Alles vorzugsweise nach seinem Ich zu bemessen geneigte Mann (...). Der Charakter des Weibes ist mehr wankend, der Entschluß jedoch oft rascher; in Leiden ist es in der Regel gefaßter, und duldet im Allgemeinen die alleräußersten Drangsale und Widerwärtigkeiten mit größerer Standhaftigkeit als der Mann. Alles, was das Gemüth hauptsächlich in Anspruch nimmt, wirkt vorzugsweise auf das Weib ein, und dadurch kann es zur größten Selbstverleugnung getrieben werden (...). Das Wesen des Weibes ist Liebe, aber weniger zum eigenen, als vielmehr zum anderen Geschlechte und zu den hülfsbedürftigsten und zartesten Kleinen. Seine Tugend ist Unschuld der Seele und Reinheit des Herzens; innige Theilnahme und Mitleid seine Zierde"[11].

Nach dieser Definition ist das „Weib" prädestiniert für Leiden, Selbstverleugnung, Mitleid, Unschuld, Reinheit und selbstlose Liebe. All dies sind Eigenschaften, die aber auch seit Jahrhunderten insbesondere Maria auszeichnen. So zeigt z. B. eine französische Emailplatte des frühen 16. Jahrhunderts Maria mit Kind, von einem Kranz von Tugenden umgeben[12]. Es handelt sich hierbei jedoch nur zu einem geringen Teil um die zu erwartenden theologischen bzw. Kardinaltugenden; stattdessen werden hier spezifisch mariologische, d. h. spezifisch weibliche Tugenden zitiert. Es handelt sich um Demut, Geduld, Gehorsam, Mitleid, Reinheit, Wahrhaftigkeit, Lobpreis, Armut so-

[11] Zitiert nach K. Hausen, Die Polarisierung der „Geschlechtscharaktere" - Eine Spiegelung der Dissoziation von Erwerbs- und Familienleben. In: W. Conze (Hg.), Sozialgeschichte der Familie in der Neuzeit Europas. Stuttgart 1976, S. 363-393, hier S. 367.

[12] M. Warner, Maria. Geburt, Triumpf, Niedergang - Rückkehr eines Mythos? München 1982, Abb. 24.

wie Liebe und Weisheit[13]. Ein Großteil dieser Tugenden wird im 19. Jahrhundert zum Lebensinhalt der Frau schlechthin erhoben und als hinführend zum hohen Ziel der Mutterschaft und Mutterliebe betrachtet. Die in den angeführten Darstellungen vollzogene Reduktion Mariä als Mutter-Gottes fügt sich in diesen gesellschaftlichen Zusammenhang ein.

Die der Enzyklopädie zu entnehmenden 'typisch weiblichen' Eigenschaften werden durch die Entwicklung von sogenannten „Geschlechtscharakteren" bestätigt. Im Gegensatz zum Wesen des Mannes, das sich durch Aktivität und Rationalität auszeichnet, ist die Natur der Frau durch Passivität und Emotionalität bestimmt. Hinzu kommen weitere Eigenschaften wie Bescheidenheit, Selbstverleugnung, Keuschheit oder Schicklichkeit, wie Karin Hausen in ihrer soziologischen Auswertung von Lexikon-Artikeln, medizinischen, pädagogischen und literarischen Schriften herausgearbeitet hat[14]. Geschlechtscharaktere sind 'objektiv' vorhandene Wesensmerkmale von Mann und Frau, die sich aus der Biologie und der „Naturbestimmung" ableiten lassen. Anhand dieser neuen Definition des Wesens der Frau läßt sich der tiefgreifende gesellschaftliche Wandel ablesen, der sich an der Wende vom 18. zum 19. Jahrhundert vollzog. Wird die Frau im 18. Jahrhundert noch durch ihre soziale Position und ihren Stand sowie den damit verbundenen Rechten und Pflichten definiert, so findet im 19. Jahrhundert mit dem Nachlassen der Erwerbswirtschaft und dem Übergang vom großfamiliären, gesindereichen Hausstand zur bürgerlichen (Klein-)Familie die völlige Ablehnung dieser Standesorientierung statt[15]. Hinzu kommen die Auswirkungen der staats- und gesellschaftstheoretischen Traktate der Aufklärung (s.o.), die durch ihre Infragestellung von staatlicher (absoluter) Herrschaft bei der traditionellen Strukturanalogie von Staat und Familie auch die Herrschaft des Mannes über die Frau im Ehevertrag erschütterten[16].

Zur Einschränkung dieser um 1800 (theoretisch?) neugewonnenen Aktionsfreiheit der Frau von Vater und Gatten galt es eine andere Legitimation zu finden. Die Lehre der 'natürlichen' Geschlechtscharaktere mit ihrer Mischung von Biologie, vergleichender Anthropologie und Naturlehre lieferte hierzu die entsprechenden (pseudo-)wissenschaftlichen Argumente. Durch diesen Wandel des Bezugssystems werden Standesdefinitionen durch Charakterdefinitionen ersetzt[17]. Propagiert wird jetzt die „natürliche Bestimmung des Weibes zur Gattin, Hausfrau und Mutter"[18], entsprechend der göttlichen Weltordnung, die für Mann und Frau verschiedene kontrastierende „Naturzwecke" vorsieht. Besonders deutlich werden die Folgen dieses Wertewandels in den apodiktischen Äußerungen Johann Gottlieb Fichtes zum Eherecht:

„Im Begriff der Ehe liegt die unbegrenzteste Unterwerfung der Frau unter den Willen des Mannes; nicht aus einem juridischen, sondern aus einem moralischen Grunde. Sie muß sich unterwerfen um ihrer eigenen Ehre willen. - Die Frau gehört nicht sich selbst, sondern dem Manne"[19].

Das Marienbild der Zeit spiegelt diesen Wandel wider: Signifikant abnehmend sind vor allem im ersten Drittel des 19. Jahrhunderts die „Standes"-Darstellungen von Maria als siegreiche und jungfräuliche Immaculata, als Himmelskönigin oder als vom Kind unabhängige, eigenständig wirkende Schutzmantelmadonna. Einen ungeheuren Aufschwung hingegen erleben Mariendarstellungen, die die oben angeführten Geschlechtscharaktere und die neue Rolle der Frau als Gattin, Mutter oder Hausfrau projizieren. Dies geht einher mit der Rezeption von Mariendarstellungen früherer Epochen; hier werden jedoch bezeichnenderweise nur diejenigen Bildtypen tradiert, die Maria als Prototyp der Frau schlechthin belegen, ausgestattet

[13] Warner, 1982 (s. Anm. 12), S. 220ff.
[14] Hausen, 1976 (s. Anm. 11), S. 365f.
[15] Hausen, 1976 (s. Anm. 11), S. 371ff.
[16] Zum Ehevertrag und einer hier vereinbarten „freiwilligen Unterwerfung" der Frau s. A. Lorenz, Das deutsche Familienbild in der Malerei des 19. Jahrhunderts. Darmstadt 1985, S. 8ff.
[17] Hausen, 1976 (s. Anm. 11), S. 370.
[18] So J. H. Campe 1789, s. Hausen, 1976 (s. Anm. 11), S. 373.
[19] Johann G. Fichte, Grundlagen des Naturrechts, § 9: Das Eherecht, zitiert nach Lorenz, 1985 (s. Anm. 16), S. 71.

mit den entsprechenden Geschlechtscharakteren. Hierzu zählt selbstverständlich auch die Fähigkeit des Erduldens und Leidens, wie im Meyer'schen Conversationslexikon von 1848 explizit angeführt. Entsprechend erlebt die Pietà eine neue Blüte, bezeichnenderweise jedoch nicht der ekstatische Typus der Barockzeit oder der idealschöne der Renaissance (Michelangelo). Bevorzugt wird vielmehr die spätgotische Variante, die die Mutter in all ihrem Leiden um den Sohn zeigt. So gibt eine Arbeit aus dem Städt. Museum Simeonstift den ausgemergelten Körper Christi in aller Deutlichkeit wider; die gramvolle, aber still leidende Maria vermag ihn kaum zu halten (Abb. 14). Durch ihre Handhaltung gibt auch die Maria der kleinen Tongruppe aus der gleichen Zeit ihrem Leid Ausdruck, das durch den blutbedeckten Körper Christi in ihrem Schoß hervorgerufen wird (Kat. A 150). Einen ähnlichen Leidensgestus vollzieht die Maria der Klausener Pietà (Kat. B 313) des frühen 20. Jahrhunderts, zu einer Zeit also, in der das weibliche Rollenverhalten, vor allem in den traditionsgebundenen ländlichen Gebieten, ohne größere Brüche tradiert wurde. Im vorliegenden Beispiel liegt Christus, einem Typus des späten 14. Jahrhunderts angenähert, steif und starr im Schoße seiner Mutter[20].

Abb. 14) Pietà. Trier, Städtisches Museum Simeonstift.

Die hier vorgestellten Beispiele dokumentieren nicht nur die der Frau allgemein zugeschriebene Leidensfähigkeit. Sie betonen in erster Linie das geforderte mütterliche Leiden im Dienste der Familie und der Kinder. Dieses passive Leidenspotential soll nicht als Selbstzweck entwickelt, sondern als natürliche Verhaltensweise angesichts der Unterordnung unter die männliche Dominanz verinnerlicht werden. Entsprechend findet das autonome Leiden der vom Schwert durchbohrten Mater Dolorosa (Kat. A 104), die nur inhaltlich-indirekt im männlichen (christologischen) Kontext steht, weniger Anklang als die Pietà, soweit sich dies durch Stichproben belegen läßt.

In den Kreis der typisch weiblichen Tugenden des 19. Jahrhunderts gehört auch die Demut. Dieser 'natürliche' weibliche Wesenszug läßt sich problemlos autonom, ohne männliche Bezugsperson ausdrücken, da sich hier in Jahrhunderten bereits ein bestimmtes Repertoire an Demutsgesten entwickelt hat. Diese Bildformeln sind in Mariendarstellungen auf die Anbetungshaltung zurückzuführen, die in Weihnachtsdarstellungen die Gottesmutter dem neugeborenen Christkind gegenüber einnimmt. Eine äußerst qualitätvolle, mit Öl auf Holz gemalte Arbeit des späten 18. Jahrhunderts (?) belegt dies (Kat. A 74). Die halbfigurig dargestellte Maria hat die Hände zum Gebet gefaltet; die niedergeschlagenen Lider, der nach unten gerichtete Blick, der dem am Boden liegenden Kind zu gelten hat, signalisieren die Demut der Magd Gottes.

Die Leitbildfunktion und die Wirkungsweise solcher volkstümlichen Mariendarstellungen, aber auch deren weite Verbreitung lassen sich anhand von zwei Lithografien ablesen, die in der zweiten Hälfte des 19. Jahrhunderts vom Berliner Verlag A. Felgner auf den Markt gebracht wurden. Die enge Verbindung von Religion, Erziehung und weiblichem Rollenverhalten wird hier besonders deutlich. Dargestellt

[20] Vgl. W. Krönig, Rheinische Vesperbilder. Mönchengladbach 1967, S. 9ff.

sind, gemäß den Inschriften, das „Fronleichnamsfest" (Kat. A 129) bzw. „Das Fest der Hl. Jungfrau Maria" (Kat. A 128). Mehrere junge Mädchen und Frauen schmücken jeweils ein Kruzifix bzw. eine Statue der Muttergottes mit Blumen. Die beiden Arbeiten sind spiegelsymmetrisch in ihrer Komposition angeordnet und bilden eine Einheit.

Das Sujet des Schmückens eines Kultbildes im Rahmen eines bukolischen Festes oder einer religiösen Feier besitzt eine lange, bis in die Renaissance zurückreichende Tradition, die in der Hochkunst im späten 18. Jahrhundert einen vorläufigen Höhe- und Abschlußpunkt findet. So zeigt z. B. der englische Maler Sir Joshua Reynolds in seinem um 1773 entstandenen Gemälde „Drei Frauen schmücken die Herme des Hymen" die drei Schwestern Montgomery, die eine Statue des antiken Hochzeitsgottes mit Blumengirlanden behängen[21]. Ist es hier, im späten 18. Jahrhundert, noch die standesgemäße Hochzeit, die am Ende der Jungmädchenzeit steht und das Ziel eines jeden Frauendaseins bildet, so ist es in der vorliegenden Marienlithografie die durch die Statue der Muttergottes sakralisierte Mutterschaft[22], die den Höhepunkt eines Frauenlebens darstellt. Die beiden jeweils pointiert im Vordergrund sitzenden, Zufriedenheit ausstrahlenden Frauen haben dieses Ziel bereits erreicht. Die drei halbwüchsigen Mädchen im Bild der Marienfeier schauen hingegen noch verklärt auf das erstrebenswerte und nachzuahmende Vorbild der Maria[23], während der Kruzifixus des Fronleichnamfestes bezeichnenderweise sehr viel weniger allgemeine Beachtung findet. Lediglich die Schmückende schaut ihn an. Die Betonung eines traditionellen Rollenverhaltens, das seine Vorbilder in der Religion und deren bildlicher Umsetzung findet, ist hier deutlich abzulesen.

Die dargestellten Tätigkeiten sind typisch weiblich: das Hüten und Erziehen der Kinder, der Umgang mit Putz und Blumenschmuck und, nicht zuletzt, die häusliche Frömmigkeit. Da es bis ins späte 19. Jahrhundert in vielen Schichten an alternativen Ausbildungsmöglichkeiten mangelte, blieb die wichtigste Erzieherin ihrer Töchter die eigene Mutter, die selbstverständlich zumeist, entsprechend den eigenen Rollenvorstellungen, die Töchter der 'natürlichen'Bestimmung einer jeden geachteten Frau zuführen wollte, was letztendlich nichts anderes als Unterordnung und Häuslichkeit bedeutete und in der ehelichen Mutterschaft gipfelte. Dies entspricht den Erkenntnissen der damaligen pädagogischen Lehre, die in ihrer konservativen Ausrichtung die allgemeine Schulbildung verdammte und betonte, daß:

„die für Mädchen einzig angemessene Ausbildungsstätte an der Seite der Mutter in der Familie sei",

so der konservative Pädagoge von Raumer in seiner Abhandlung „Die Erziehung der Mädchen" innerhalb seiner 1857 erschienenen pädagogischen Enzyklopädie[24]. Einer der zentralen Punkte dieser konservativen Pädagogik war die christliche Kindererziehung. Hier lag eine der wenigen Möglichkeiten der Frauen zu aktiv gestalteter Religiösität, da ihnen selbst in diesem Lebensbereich ansonsten Passivität auferlegt wurde. So betont Friedrich Schleiermacher bereits 1826 die Grenzen der religösen Tätigkeit der Frau:

„Im Staate tritt das weibliche Geschlecht ganz zurück, am religiösen Leben schreiben wir ihm einen großen Anteil zu, der aber doch nur auf der Seite der Rezeptivität liegt (...)"[25].

So blieb den Frauen häufig nur der Rückzug in die häusliche Religiösität mit ihren wenigen aktiven Gestaltungsmöglichkeiten, die aber oft genug wiederum ganz rollenkonform geblieben zu sein scheinen, wie die beiden hier vorgestellten Lithografien belegen.

---

[21] Ausst.-Kat. „Sir Joshua Reynolds 1723-1792". Paris 1985, S. 197f, Abb. 40.

[22] Zur Sakralisierung der Mutterschaft vgl. Ebertz, 1986 (s. Anm. 2), S. 72.

[23] Zur programmatischen Symbolik solcher in die Szene eingefügten Madonnendarstellungen vgl. Lorenz, 1985 (s. Anm. 16), S. 149.

[24] K. v. Raumer, Geschichte der Pädagogik vom Wiederaufblühen klassischer Studien bis auf unsere Zeit. 3.Aufl., Stuttgart 1857. Bd.III, S. 450-537.

[25] F. Schleiermacher, Vorlesungen aus dem Jahre 1826, zit. nach L. Fertig, Zeitgeist und Erziehungskunst. Darmstadt 1984, S. 173.

Selbst als im Deutschen Kaiserreich infolge der Kulturkampfbestimmungen die christliche Kindererziehung und die aktive Religiösität der Frauen und Mütter zunehmend an politischer Bedeutung gewinnt, ändert sich am Frauenleitbild nur wenig. Die seit den späten sechziger Jahren verstärkt gegründeten Bruderschaften (!) christlicher Mütter traten zunächst mit einer caritativen Zielsetzung an, die jedoch rasch zugunsten der Betonung des erzieherischen Elementes zurückging. Das Hauptaugenmerk galt dabei, gemäß dem von Papst Pius IX. 1871 erlassenen Breve der „besonderen Sorge um die christliche Erziehung der Nachkommenschaft“[26]. Der (katholische) Religionsunterricht nahm nur wenig oder gar keinen Raum im Schulunterricht, soweit überhaupt zugänglich, ein. Um hier eine Bedarfslücke zu schließen, gründeten sich zunehmend mehr Müttervereine, die als Vereinszwecke ausdrücklich die:

„Selbstheiligung der Mutter, die segensreiche Erziehung der Kinder und die Förderung des christlichen Familienlebens“[27]

nannten und damit letztendlich, bis zum Ersten Weltkrieg, das auf Herd und Familie gegründete restaurative Frauenbild mit retten halfen. In den Rahmen dieser erneuerten katholischen Erziehungslehre gehören auch die beiden hier vorgelegten Lithografien, die aufgrund ihres preiswerten Herstellungsverfahrens weiteste Verbreitung gefunden haben müssen. Insbesondere das der Maria gewidmete Blatt scheint sich großer Beliebtheit erfreut zu haben, denn es wurde breit variiert und von mehreren Verlagen auf den Markt gebracht.

Die angeführte Vorbildlichkeit Mariä, einem breiten Publikum nahegebracht durch die entsprechenden bildlichen Darstellungen, war im hier behandelten Zeitraum und darüber hinaus so gesellschaftlich wirksam, daß sie zum karikativen Widerstand reizte. So zeigt ein 1905 datierter, an Wallfahrtsgrafik orientierter Druck (Kat. A 125) eine auf den Knien liegende Maria, die, als lebendig gewordenes hölzernes Kultbild, mit Seife und Bürste ihre eigene Kapelle schrubbt, während das Jesuskind mit ihrer abgelegten Krone und der Weltkugel spielt. Im Hintergrund schaut ein altes Paar zur Tür herein; von der Decke hängt eine Kette mit Ex-Voto-Darstellungen. Die Szene, die laut Unterschrift in einem (fiktiven) Weiler Duft spielt, karikiert in erster Linie den volkstümlichen Glauben an wundertätige Kultbilder. Sie spiegelt aber auch in aller Deutlichkeit die Verfügbarkeit Mariä als Vorbild selbst der niedrigsten weiblichen Rollenzuweisung, als Magd im Dienste der (häuslichen) Sauberkeit wider. Die Magd Maria - Vorbild der Frau um 1900?

Das religiöse Vorbild Mariä war und ist für Mann und Frau unbestritten. Das historisch-soziologische „Vorbild“ Maria, greifbar in seinen bildlichen Quellen, gilt es hingegen in der Forschung noch zu entdecken.

[26] Zit. nach A. Kall, Katholische Frauenbewegung in Deutschland. Paderborn/München 1983, S. 85.
[27] Zit. nach Kall, 1983 (s. Anm. 26), S. 86.

ZWISCHEN BILD UND BÜHNE: KLOSTERARBEITEN - WACHSBOSSIERUNGEN - KASTENBILDER

von Burkhard Kaufmann

Zwischen Bild und Bühne möchte man sie einordnen: kleine Figuren, meist aus Wachs, geschmückt und in Szene gesetzt in einem Gehäuse, das man hing, aufstellte, oder auch als räumliches Bild in die Wand einließ. Sie stammen überwiegend aus dem 18. und 19. Jahrhundert. Dargestellt sind Heilige, Themen aus dem Alten und Neuen Testament u. a., besonders häufig aber das Jesuskind. Auch profane Motive kommen vor, doch liegen sie außerhalb des gestellten Themas. Oft tragen die Figuren Kleider aus kostbaren Stoffen und sind in ein Gespinst aus künstlichen Blumen, Golddraht, Glassteinen usw. eingebettet - keine wertvollen Materialien, aber doch mit viel Mühe und Liebe arrangiert, um prächtige Wirkung zu erzielen. Sie sprechen vor allem die Schaulust des Betrachters an. In der Literatur tauchen solche Objekte unter verschiedenen, teilweise auch sehr weit gefaßten Begriffen auf: Klosterarbeiten, Wachsbossierungen, Kastenbilder. Zeitgenössische Bezeichnungen sind „Schöne Arbeiten", „Eingerichte(tes)", oder „Taferl"[1].

Am häufigsten begegnet man dem vieldeutigen Ausdruck Klosterarbeiten, der auf die verschiedensten in Klöstern angefertigten kunstgewerblichen Arbeiten Anwendung findet. Doch blieben solche Arbeiten nicht allein auf die Werkstätten der Orden beschränkt, so daß manches heute als Klosterarbeit bezeichnete Stück sicher von Laienhand stammt.

Im engeren Sinn - und eher auf (Frauen-)Klöster als Herstellungsort beschränkt - steht der Begriff für eine spezielle Art der Fassung von Andachtsbildern, (Berührungs-)Reliquien und den genannten Wachsfigürchen. Dabei wurde aus Gold- und Silberdraht (d. h. vergoldetem bzw. versilbertem Draht), Perlen und geschliffenen Glasflüssen ein filigraner Rahmen aus Ranken, Blüten und Blättern gearbeitet, meist über einem Untergrund aus kostbarem Stoff. Verwendet wurden dabei u.a. auch Stickereien, Pailletten, Flinder sowie Lahn und Bouillon. In diesem Sinn deckt sich der Begriff der Klosterarbeit weitestgehend mit dem der Drahtarbeit. Die Technik findet sich bereits im ausgehenden Mittelalter an den sogenannten Paradiesgärtlein, wie z.B. jenen im Kloster Ebstdorf, einer Reihe von Wandbehängen mit eingearbeiteten Reliquien aus der Zeit um 1480. Sie waren bestimmt für eine Kapelle, in der die dortigen Klosterfrauen ihre Profeß ablegten[2].

Es liegt nahe, die Herstellung solcher Arbeiten vor allem mit den beschaulichen Orden in Verbindung zu bringen, doch läßt sie sich ebenso für viele Häuser der tätigen Orden nachweisen, z.B. die Benediktinerinnenklöster St. Walburga in Eichstätt, Nonnberg in Salzburg oder die Zisterzienserinnenabtei Mariastern-Gwiggen in der Schweiz. Andererseits sind es insgesamt eher die weiblichen Ordenszweige, die hierin ein Arbeitsfeld fanden[3], waren ihnen doch wesentliche Tätigkeiten der Ordensbrüder wie Seelsorge und Predigt versagt. Auch der „weibliche Charakter" vieler Handarbeiten wird diesen Weg gewiesen haben.

Im folgenden soll es jedoch, wie eingangs angedeutet, um die als Kastenbilder bezeichneten räumlichen Bilder mit meist aus Wachs gearbeiteten Figuren gehen.

---

[1] B. Rothemund, Barocke Klosterarbeiten. Autenried 1982, S. 10.
[2] Klosterfrauenarbeiten. Kunsthandwerk aus bayerischen Frauenklöstern, Ausst.-Kat. München, Regensburg, Eichstädt, 1987, hrsg. von der Ignaz-Günther-Gesellschaft. München 1987, S. 27.
[3] Ebd., S. 5.

Technik

So verletzlich die Werke aus Wachs auch sind - das Material bietet für die künstlerische Verarbeitung einige Vorteile. Es ist überall vorhanden, wo Kerzen in Gebrauch sind. Zudem war es ein gebräuchliches Material für Votivgaben, aber auch für die Erhebung von Steuern, nämlich des Wachszinses.

Es läßt sich leicht formen, gießen, löten und kalt bearbeiten, es kann mit Pigmenten gefärbt oder auch gefaßt werden. Vor allem aber kommt es mit seiner leichten Transparenz der Beschaffenheit des menschlichen Inkarnats besonders nahe.

Zedlers Universallexikon von 1747 beschreibt die Herstellung von Wachsarbeiten:

„... das Wachsposiren ist eine sehr ruehmliche und artige, sonderlich aber curioesen Liebhabern und geschickten Leuten wohlanständige Kunst. Es heißt aber Wachsposiren so viel, als aus Wachs allerley artige Figuren und Bilder, entweder aus freyer Hand, oder mit Huelfe der darzu gehörigen Formen, zu machen und an das Licht zu bringen. (...) Die andere Art erfordert nicht so viel Kunst und Wissenschaft, und hat hingegen den Bildschnitzer und allerley von Gips oder Holz gemachte Formen vonnoethen (...)."[4]

Die Wachsarbeiten der Ausstellung sind durchweg gegossen. Sie weisen meist eine Wandstärke von einigen Millimetern auf, d. h. daß man nur wenig Wachs in die Form goß und durch Schwenken gleichmäßig verteilte. Gußnähte (Kat. A 49) zeigen die Verwendung mehrteiliger Formen an. Die Figuren wurden erst in Teilen gegossen und dann zusammengelötet, wie z.B. die beiden Schächer auf Kat. A 60 zeigen. Hier wurden an einen Körpertyp verschiedene Kopftypen angefügt. Die Augen erhielten meist Pupillen aus Perlen, bisweilen auch kleine Glasaugen (vgl. Kat. A 66), und die Haartracht besteht - sofern nicht nur als Relief angedeutet - aus Textilfasern oder echten Haaren.

Bei den bekleideten Figuren bestehen meist nur Kopf und Gliedmaßen aus Wachs, den Körper bildet ein Gerüst aus Holz, Draht, Stoff u.ä. Die Kleider sind über Untergewändern aus Papier oder Stoff drapiert und entweder ganz gearbeitet oder auch nur an der Ansichtsseite aufgelegt.

Für die rechte Inszenierung der Kastenbilder kamen die verschiedensten Gegenstände und Materialien in Frage: Spiegel, Glassplitter, Glasstäbe, Messingfolie, Stoffe, Spitzen, Karton, Tapeten, Buntpapiere, Druckgraphik, Stoffblumen, getrocknete Blüten, Blätter, Gräser, Steine, Muscheln, Schnecken, Eierschalen, Farben sowie Drahtarbeiten verschiedener Art - die Auflistung ist gewiß nicht vollständig.

Ein rahmendes Gehäuse gab den empfindlichen Gebilden Schutz, grenzte sie aber auch, mehr als andere kleinplastische Werke, aus ihrer Umgebung aus. Bis etwa 1800 hatten diese Gehäuse den Charakter von Bilderrahmen oder kleinen Möbeln mit Gesimsen, Füßen usw. Auch die Seiten waren häufig verglast, etwa bei Kat. B 318. Im 19. Jahrhundert wurden zunehmend „unsichtbare" Lösungen bevorzugt, wie zylindrische Glasstürze oder gläserne Vitrinen mit geklebten Scheiben (vgl. Kat. A 50).

Produzenten

Bis jetzt war aus Trier nur der Goldschmied Simon Joseph Hermand (gest. 1783) als Hersteller solcher Arbeiten bekannt geworden, allerdings durch ein Stück, das man kaum mit dem Ausdruck „Kastenbild" versehen möchte. Es handelt sich um eine Aufsatzkommode, in der in mehreren vielfigurigen Szenen, die in das Möbel eingelassen sind, das Martyrium der Thebäischen Legion und der Trierer Bürger unter Diokletion dargestellt ist (Abb. 15 u. 16)[5]. Sowohl die Beschläge als auch die Hauptszene

---

[4] Zedlers Universallexikon, Stichwort „Wachsposiren", 1747.

[5] Heute in Nancy, Musée Lorrain. Vgl.: Curt Schweicher, Bemerkungen zum Goldschmied Simon Joseph Hermand, in: Trierischer Volksfreund vom 14./15.02. und 21./22.02.1976.– Ausst.-Kat. Les Cires habillées Nancéiennes, Nancy, Musée Lorrain 1989, bearb. von Claire Aptel, Abbé Jacques Choux und Brigitte Hochart. Nancy 1989, Nr. 117.

Abb. 15) Trierer Märtyrerschrank. 1759. Nancy, Musée Lorrain.

sind signiert, Auftraggeber des hervorragenden Stückes war nach dem Wappen der Maximiner Abt Willibrord Scheffer (1738 - 1762).

Das Kastenbild mit dem Hl. Bruno (Kat. A 47) stammt nach der ausführlichen Beschriftung von Albergatus Ehlen, Mönch und später letzter Prior der Karthause bei Trier.

Ein weiteres Stück, das dem großen Werk S.J. Hermands in der Qualität nicht nachsteht, mag ebenfalls in Trier entstanden sein: Es handelt sich um die Krippe, die Erzbischof Johann Philipp von Walderdorff (1756 - 1768) von einem Trierer Kloster erhielt (Kat. A 69). Sie darf mit guten Gründen als Geschenk des Trierer Welschnonnenkosters (eigentlich Congrégation Notre Dame) gelten (s. Kat. A 69).

Klosterarbeiten zu verschenken, war durchaus üblich (s. Kat. A 47). In Schweizer Frauenkon-

Abb. 16) Trierer Märtyrerschrank (Detail).

venten war es Brauch, geistigen Würdenträgern und anderen Wohltätern mit den Erzeugnissen klösterlichen Kunsthandwerks zu danken[6]. Die Frage ist nun, ob gerade dieses oder auch ähnliche Stücke von den Trierer Schwestern selbst hergestellt wurden.

Daß Mitglieder dieses Ordens mit solchen Dingen befaßt waren, darf immerhin vermutet werden: Eine klösterliche Wachsarbeit des 18. (?) Jahrhunderts im Musée Lorrain in Nancy zeigt die Gründer der Congrégation Notre-Dame, den Hl. Pierre Fourier und die Sel. Alix Leclerc[7].

Konkretere Hinweise enthält das Inventar des Trierer Klosters von 1753[8]. Die Herstellung von Paramenten und Kirchenschmuck war eine wesentliche Beschäftigung der Schwestern[9]. Im sogenannten „Ouvroir" befanden sich über 30 Webstühle verschiedener Größe, Spinnräder und ähnliches. „1 großer Schrank (...) für die Arbeiten des Kirchenschmucks" wird genannt, sowie ein weiterer „für die Arbeitsmaterialien

[6] Vgl. Sr. M. M. Kugler, Wachsarbeiten bei den Zisterzienserinnen im Thurgau und in Mariastern-Gwiggen. In: Klosterarbeiten aus dem Bodenseeraum, Ausst.-Kat., Sankt Gallen, Warth/TG, Reichenau-Mittelzell, Bregenz. Hrsg. vom Internationalen Arbeitskreis der Ausst. „Klosterarbeiten aus dem Bodenseeraum". Bregenz 1986, S. 97-99.
[7] Inv. V. 417, vgl.: Ausst.-Kat. Les Cires habillées Nancéiennes (wie Anm. 5), S. 65.
[8] Bistumsarchiv Trier, Abt. 63, 60, Nr. 2
[9] Hauptzweck des Ordens war der unentgeltliche Unterricht für die ärmere weibliche Jugend. Aus diesem Grund wurden die Welschnonnen als einzige klösterliche Gemeinschaft in Trier nicht 1802 von den Franzosen aufgehoben.

der bekleideten Bilder"[10]. Mit diesen „images habillées" werden jedoch weniger bekleidete Wachsfiguren, als vielmehr die collageartig mit Stoffstückchen beklebten Stiche, Applikationsbilder, gemeint sein, die heute ebenfalls als Klosterarbeiten bekannt sind. Und in eben dieser Technik sind die Hll. Walburga und Johann Nepomuk im Dach des Krippengehäuses gearbeitet. Schließlich erscheinen im Inventar „um die Wachsarbeiten in Formen zu gießen / die Formen und anderen notwendigen Dinge (...)"[11]. Leider werden sie nicht im einzelnen aufgeführt, so daß wir von daher nicht mit Sicherheit sagen können, ob sie für die Herstellung der hier besprochenen Figuren oder das Gießen von Wachsvotiven oder künstlichen Blumen und Früchten bestimmt waren.

Doch in der Ausstattung der Kirche stoßen wir auf einen so reichen Bestand von Figuren und Dekorationsstücken aus Wachs, daß eine Herstellung in dem Trierer Kloster sehr wahrscheinlich ist:

„Arbeiten und Figuren aus Wachs

1 Gemahl den man an den Tagen der Feierlichkeiten unserer Bräute auf den Hochaltar stellt
1 Madonna in Schmerzen
1 Hl. Jungfrau der Kirche
5 Paar große Engel
7 Paar kleine Engel
4 Paar Früchtegirlanden
2 Zitronenbäume
2 Orangenbäume
3 Paar Blumengirlanden
4 Paar große Federsträuße
3 Paar von mittlerer Größe
9 Paar kleine Blumensträuße
15 Paar weiße Rosensträuße„[12].

Für die Figur der Hl. Jungfrau war eine reiche Garderobe vorhanden: 9 Kleider, 6 Mäntel, 5 Schleier, 5 Gürtel, 2 Kronen, 2 Zepter, 3 von Edelsteinen eingefaßte Kugeln (boules enchassées pierries), 5 Spitzenmanschetten.[13]

Daß in dem Trierer Ordenshaus auch Kleider für Heiligenfiguren angefertigt wurden, geht aus den Rechnungen der Wallfahrtskirche von Weidingen in der Eifel hervor. Die Akten erwähnen für 1780 Ausgaben an die Klosterfrauen, die für die dortige Figur der Luxemburger Madonna einen kostbaren neuen Mantel aus Seide, Goldfäden, weißer Spitze und „guldenen blättger" angefertigt hatten[14] (vgl. auch Kat. A 68). Die kostbaren Stoffe hierfür und für die Paramentenherstellung stammten teilweise sicher von den weltlichen Kleidern der Ordensfrauen, die diese oft als Mitgift in das Kloster einbrachten.

Wenn auch somit ein eindeutiger Beweis noch aussteht, machen die angeführten Beobachtungen es doch sehr wahrscheinlich, daß die Krippe für Johann Philipp von Walderdorff und ähnliche Arbeiten im Trierer Welschnonnenkloster geschaffen wurden.

Unter den ausgestellten Stücken lassen sich weitere auf gemeinsame, vielleicht lokale Werkstätten zurückführen (Kat. A 52, A 55-60, A 64-66, Abb. 17), während andere aus größerer Entfernung (Kat. B 318, A 67) den Weg in die Trierer Museen gefunden haben.
Die Produktion dieser Bilder lag jedoch nicht nur in den Händen von Klöstern oder spezialisierten Handwerkern. Die Werkstätten boten auch einzelne Figuren oder Köpfe und Gliedmaßen aus Wachs an, die ein jeder selbst bekleiden und arrangieren konnte. So warb Francois Guillot, Nancy, aus dessen Werkstatt das Modell des Luxemburger Oktavaltars stammt (Kat. B 318), auf der Rückseite seiner Stücke auch für „Figuren (...) ganz aus Wachs; oder die Köpfe, Füße und Hände bekleidet oder fertig zum Bekleiden (...) mit den passenden Beigaben und Attributen die den Figuren gezie-

[10] BAT, (wie Anm. 8), S. 301: „1 grande armoire dans le cabinet à coté de l,ouvroir pour les ouvrages des ornemens d`Eglises", „pour des provisions de l'ouvrage des images habilées".
[11] BAT, (wie Anm. 8), S. 303: „Pour couler les ouvrages en cire / Les moules et autres choses necessaires se trouvent dans un coffre et armoire bien arrengées (...)".
[12] BAT, (wie Anm. 8), S. 251.
[13] BAT, (wie Anm. 8), S. 250.
[14] Bistumsarchiv Trier, Abt. 71, 74 Nr. 6, 60, vgl. A. Heinz, Die Verehrung der Trösterin der Betrübten in den altluxemburgischen Gebieten der Eifel und an der Obermosel. In: Hemecht 1978, Nr. 2, S. 252.

Abb. 17) Anbetung der Hirten (18. Jahrh.). Basel, Schweizerisches Museum für Volkskunde.

men und zur Verschönerung der Arbeiten, wie kleine Tiere, Häuser, Vögel, Edelsteine und Muscheln jeder Art. (...). Er verkauft auch Köpfe der Jungfrau von Luxemburg, mit dem Jesuskind, in allen Größen, zum Bekleiden, von denen die einfachsten drei livres de France kosten."[15]

Die Preise seiner fertigen „Tableaux" unterscheiden sich nach Größe und Rahmen: Große in vergoldetem Rahmen mit Eckzier (coins) 14 livres, ohne Eckzier 12 livres, und die kleinen in einfachem vergoldetem Rahmen (cadre doré ordinaire) 6 livres.[16]

Funktionen

Die ausgestellten Kastenbilder zeigen sowohl erzählende, meist mehrfigurige Darstellungen als auch solche, die die Figur eines/r Heiligen in frontaler Ansicht zeigen, d.h. vor allem die Gegenwart der Person symbolisieren sollen. Vor allem dieser präsentierende, zum Betrachter hin orientierte Darstellungstyp kommt der Praxis privater Frömmigkeit, der Verehrung und der Bitte um Fürsprache entgegen.

Besonders häufiges Thema ist dabei das Jesuskind, worauf auch andere Autoren schon hingewiesen haben.[17]

Seit dem 14. Jahrhundert entwickelte sich vor allem in Frauenklöstern eine vielfältige Vereh-

[15] „Figures (...) tous entiers de cire; ou les têtes, pieds et mains habillées ou prètes à habiller, (...) avec les assortiments et attributs qui conviennent aux Figures et à l,embellissement des ouvrages, comme sont des petits Animaux, des Maisons, des Oiseaux, brillans et coquillages de toutes espèces (...). Il vend aussi des Tètes de Vierge de Luxembourg, avec l',Enfant-Jésus, de toutes grosseurs, propres à habiller, dont les plus communes sont de trois livres de France."
Zit. nach: C. Aptel, Les cires habillées nancéiennes, tableaux de cire et d'étoffes. In: Ausst.-Kat. Les cires habillées nancéiennes (wie Anm. 5), S. 10.
[16] Ebd.
[17] Ute Pfistermeister, Wachs, Volkskunst und Brauch, Bd. 2. Nürnberg 1983, S. 210.– Kugler 1986 (s. Anm. 6), S. 98.

rung des Jesuskindes, und bis ins 19. Jahrhundert war sie ein wesentlicher Teil der Volksfrömmigkeit. Am Anfang stehen Visionen wie jene der Mystikerin Margarethe Ebner aus dem Kloster Maria Medingen an der Donau. Die Dominikanerin erhielt am 26. Dezember 1344 die Figur eines Jesuskindes in einer Wiege, das sie mit mütterlicher Liebe umsorgte, und das in ihren Visionen mit ihr sprach. Eine heute noch im Kloster vorhandene, 28 cm hohe Holzfigur des Kindes, nackt und zum Bekleiden vorgesehen, wird damit identifiziert[18].

In Liturgie und Brauchtum des Weihnachtsfestes ist seit dem 16. Jahrhundert das Wiegen einer Christkindfigur in einer Wiege bezeugt - sowohl in Kirchen als auch in bürgerlichen Wohnstuben.[19]

Mit dieser Übung sind die sogenannten Fatschenkinder verwandt, die, liegend und in Windeln gewickelt, ebenfalls in verglasten Kästchen aufbewahrt wurden[20].

Verbreiteter scheinen aber, wenigstens in unserem Raum, die stehenden und kostbar gekleideten Jesuskinder gewesen zu sein. An eine solche Figur läßt „ein aus alabaster kunstreich verfertighet Christkindlein" denken, das 1618 im Schenkungsverzeichnis der Marianischen Bürgersodalität in Trier aufgeführt wird. Ebenso hatte eine Elisabeth Bierdorff (Dierdorff?) „zwey silberne (?) cronen vor das Jesukind verehrt"[21].

Nachrichten über den Umgang mit diesen Jesuskindern stammen aber vor allem aus Frauenklöstern. Zu ihrer Einkleidung erhielt manche Nonne einen „himmlischen Bräutigam" oder ein „Seelentrösterlein" zum Geschenk, wie es der Kölner Ratsherr und Weinhändler Hermann von Weinsberg 1560 berichtet, dessen Tochter in den Konvent von Maria-Bethlehem eintrat: „Wir hatten alle einen Jesus gegeben, war kein schönerer im Kloster, mit einem schwarzen Sammetrock, darauf waren köstliche goldne Blumen aufgenäht, hatte ein Halsband mit einem goldenen Kreuz, darinnen war Heiltum vom Kreuz Christi, von der Erde, worauf er Wasser und Blut geschweißt, vom Grab Christi, von den elftausend Jungfern und anderes Heiltum, wie innen drin auf einem Zettelchen aufgeschrieben war. Der Jesus hat viel gekostet, meine Hausfrau hat's vorgelegt und noch nicht mit mir abgerechnet."[22]

Auch das Trierer Welschnonnenkloster besaß einen solchen aus Wachs gearbeiteten himmlischen Bräutigam. Das Inventar von 1753 nennt einen „Gemahl", der „an den Tagen der Feierlichkeiten unserer Bräute" auf den Hochaltar gestellt wurde.[23]

Das Bemühen um würdige und kostbare Zier der kleinen Figuren konzentriert sich - wenigstens in den Trierer Stücken - besonders auf jene des präsentierenden Typs, und hier wieder gerade auf die Darstellungen des Jesusknaben. Es sind kleine Prinzen mit Krone (leider oft verloren), Zepter und Kreuz, in kostbar bestickten Kleidern, die sich bisweilen auch Anleihen bei der zeitgenössischen Damenmode leisten (Kat. A 52). Nur bei diesen Stücken (Kat. A 53, A 52, A 54) findet sich die Technik der Drahtarbeit, wie sie zuerst für die Fassung von Reliquien, dann auch von geweihten Bildern u. a. angewendet wurde.

Hinzu kommen - auch bei den Arrangements anderer Einzelfiguren - Anklänge an Bau und Schmuck von Altären: Podest, Sockel, Baldachin sowie ein Paar Altarsträuße aus künstlichen oder getrockneten Blumen. Manches Kästchen wird demnach wohl auch als Hausaltärchen verwendet worden sein.

Bei den Stücken Kat. A 52 und Kat. A 54, deren Gehäuse ganz mit Blumenranken in Drahtarbeit ausgeschmückt sind, taucht damit auch

[18] Vgl. W. Pötzl: Gnadenreiche Christkindl und ihre Verehrung durch Wallfahrer und gläubiges Volk. In: Schönere Heimat Jg. 71, Heft 4 (1982) S. 463f.
[19] Vgl. Nina Gockerell, Andachtsmöbel, in: Kat. Ausst. Kleine Möbel, München, Bayerisches Nationalmuseum. Hrsg. von Georg Himmelheber. München 1979, S. 28 f.
[20] Ein Kästchen dieser Art - ohne Kind - im Städtischen Museum, Trier, Inv. Nr. X 1109.
[21] Archiv der Marianischen Bürgersodalität (im Bistumsarchiv Trier), Abt. 5 Nr. 1, fol 2.
[22] Buch Weinsberg. Publikation der Gesellschaft für rheinische Geschichtskunde XVI, Bd. II. Leipzig 1887, S. 112. (Zit. nach N. Gockerell, wie Anm. 19, S. 31.)
[23] Wie Anm. 12. („1 Epoux qu'on met sur le grand autel les jours des ceremonies de nos Mariées.")

ein altes Paradiesmotiv wieder auf, das an die anfangs erwähnten, wie Blumenteppiche gearbeiteten Paradiesgärtlein erinnert.

Die Darstellungen des reich gekleideten Jesuskindes stehen in engem Zusammenhang mit Figuren, die als Gnadenbilder verehrt wurden. Mit dem Prager Jesulein und dem Salzburger Loretokindl seien nur die bekanntesten unter ihnen genannt. Sie wurden vielfach kopiert und wirkten typbildend auf die Wachsdarstellungen (vgl. z.B. die Übernahme der rudolfinischen Kaiserkrone des Prager Kindes, Kreuz, Zepter, Sockel und Baldachin). So ist Kat. A 52 eine Nachbildung des Salzburger Loretokindls.

Die Kästchen mit Darstellungen des präsentierenden Typs, vor allem des Jesuskindes, weisen damit auffallende Parallelen zur ehrfürchtigen Präsentation von Reliquien, geweihten Gegenständen und Gnadenbildern auf. Das Schmükken einer Figur, ihre Aufstellung auf einem Sokkel oder Altar und unter einem Baldachin sowie die Fassung von Reliquien in der Technik der Klosterarbeit stehen aber in engstem Zusammenhang mit der Verehrung von Heiligen und geben ihr eine symbolische Form (vgl. Kat. A 128).

Demnach ist auch das Schmücken der kleinen Figuren in ihren Kästen als tätige Verehrung anzusehen.

Bisweilen versuchte man auch, die Bilder durch Beigabe von Reliquien oder reliquienähnlichen Partikeln aufzuwerten (vgl. Kat. A 57, A 70).

Tätige Verehrung durch den fürsorglichen Umgang oder das Schmücken des kindlichen Christus lieferten auch Motive für die zeitgenössische Andachtsliteratur: Bild und Text ergänzen sich hier in geradezu idealer Weise.

So empfiehlt der Kapuzinerpater Martin von Cochem in seinem viele Male aufgelegten Buch „Der goldene Himmels=Schlüssel" für den Hl. Christtag ein Gebet, in dem es heißt:
„O suesses Jesulein im Geist der Andacht nimm ich dich auf meine Armben / gib dir auf dein heilig Muendelein vil suesse Kueß / und trucke dich mit herzlicher Lieb an mein verliebtes Herz. Ich begehre dir alle Lieb und Freundlichkeit / so dir deine suesse Mutter erzeigt hat / zu erneueren / und dich mit solcher herzlicher Lieb / als sie dich geliebt hat / zu lieben."[24]

Ein „Grueßlein zu dem Christ=Kindlein" endet mit den Worten

„Dise herzliche Grueßlein / in ein zierliches Blumen=Bueschlein zusammen gebunden / und mit allen andaechtigen Gebetten / welche deiner Geburt zu Ehren geschehen seynd / vereiniget / praesentire ich dir o herzallerliebstes JEsulein zu deiner sonderlichen Belustigung: und mit disen Bluemlein begehre ich dein liebes Kripplein zu zieren / und den ganzen Stall zu Bethlehem zu bestreuen. Diese meine Wolmainung lasse dir gefallen / und seye demuetig gebetten / daß du auch das Kripplein meines Herzens mit Andacht und Liebe zierest / und dies zu einer lustbarlichen Wohnung bereiten wollest. Amen."[25]

Die hier gezeigten Kastenbilder und Wachsbossierungen verbindet die Tatsache, daß sie ganz besonders das Schaubedürfnis des Betrachters ansprechen. Zu ihrer Entstehungszeit gehörten sie sicherlich zu den aufregendsten optischen Ereignissen, wenigstens im privaten Bereich. Durch die räumlichen Arrangements machen sie einen entscheidenden Schritt in Richtung konkreter Erfahrung des Dargestellten. Ihre Schöpfer verließen sich eher auf die Überzeugungskraft einer neu geschaffenen Wirklichkeit als auf bloße Abbildung, die in der Fläche eines Tafelbildes oder einer freistehenden Figur allemal abstrakter wirkt.

Gleichwohl gab es auch Mittel, die einer allzu wirklichen, diesseitigen Erscheinung entgegenwirkten. In den Kreuzigungen Kat. A 59 und Kat. A 60 wird dies erreicht durch die reduzierte Farbigkeit und partielle Vergoldung der Figuren, den schwarzen Hintergrund und den

[24] M. v. Cochem, Der goldene Himmels=Schlüssel. Augsburg 1714 (3. Auflage), S. 398f.
[25] Ebd., S. 404.

Glanz der aufgestreuten Glassplitter. Die Erscheinung des Jesuskindes in Kat. A 51 wird durch die seitlichen, grün verglasten Fenster verfremdet.

Doch im Vordergrund steht das Streben nach einer überzeugenden Inszenierung. Man muß auch für das 18. Jahrhundert nicht lange nach parallelen Erscheinungen auf anderen Gebieten suchen: Die Trierer Kapuziner hatten im Garten neben ihrem Kloster (auf dem heutigen Viehmarktplatz) eine Vielzahl von Heiligenbildern aufgestellt. Dazu gehörte eine Grotte oder Einsiedelei, in der lebensgroße Statuen berühmter Einsiedler der Thebäischen Wüste standen. Sie waren aus Ton geformt, mit Tuch bekleidet und galten als echte Sehenswürdigkeit.[26] Noch theatralischer muß die Trierer Karfreitagsprozession gewirkt haben, die mit der Besetzung des Kurstaates durch die französischen Revolutionstruppen 1794 ihr Ende fand. Bei diesem wohl auf die Jesuiten zurückgehendem Schauspiel wurde von zahlreichen kostümierten Darstellern ein Querschnitt durch die Heilsgeschichte dargeboten, der sich beim Volk - aber auch bei der Trierer Geschäftswelt - größter Beliebtheit erfreute.[27]

Mit dem Siegeszug moderner Bildmedien kam (weitestgehend) das Ende der Kastenbilder, sie werden heute nur noch vereinzelt, mehr oder weniger nach alten Vorbildern, hergestellt.
Einen der letzten Modernisierungsversuche dieser Gattung stellt wohl Kat. A 71 dar: Material und Dekoration haben praktisch nichts mehr mit den früheren Stücken gemeinsam, überzeugend wirkte Anfang des Jahrhunderts vor allem aber die elektrische Beleuchtung, die besser als alles andere den hoffnungsvollen Ruf unterstreichen konnte: „Jesus, Maria & Josef / Erleuchtet, rettet, helfet uns.".

[26] Zweitausend Jahre Trier, Hrsg.: Universität Trier, Bd. 3: Trier in der Neuzeit. Von Kurt Düwell, Franz Irsiegler, Richard Laufner u.a., Trier 1988, S. 364

[27] Vgl. Die Gesellschaft Jesu und ihr Wirken im Erzbistum Trier (=Quellen und Abhandlungen zur mittelrheinischen Kirchengeschichte, 66). Mainz 1991, Kat. 94.

Für freundliche Hinweise danke ich den Herren Rudolf Molter, Konz, und Jean-Luc Mousset, Musée national d'histoire et d'art, Luxemburg.

CHRISTKINDWIEGEN

von Franz Keller

Eine Wiege ist keine Krippe. Eine Wiege ist ein (heute etwas aus der Mode gekommenes) Haushaltsgerät, sie hat in der Regel zwei Kufen, man kann ein Kind hineinlegen und, damit es einschläft, schaukeln. Eine Krippe dagegen steht im Stall oder höchstens im Wald. In der Krippe liegt Futter. [1]

Auf die besonderen Eigenschaften des Futtertrogs kam es dem Evangelisten an, als er die Geburt Christi im Stall zu Bethlehem beschrieb: Maria „gebar ihren Sohn, wickelte ihn in Windeln und legte ihn in eine Krippe." (Lk 2,7). Die notdürftige, behelfsmäßige Bettstatt des Kindes verdeutlichte die armseligen Begleitumstände seiner Geburt, „denn es war kein Platz in der Herberge" (Lk 2,7).

Nur im weiteren Sinne meint „Krippe" heutzutage auch die „Weihnachtskrippe". Ein Teil, der Futtertrog, bezeichnet das Ganze: die figürliche Nachbildung der Geburtsszene im Stall zu Bethlehem. „Weihnachtskrippen sind Darstellungen mit der Geburt Christi verbundener Ereignisse, bei denen im wirklichen dreidimensionalen Raum möglichst körperlich und lebendig wirkende Figuren so verteilt sind, daß im Betrachter das Gefühl entsteht, ihnen selbst beizuwohnen [...]"[2] Weihnachtskrippen gibt es erst seit der zweiten Hälfte des 16. Jahrhunderts. Ihre Entstehung verdanken sie vielleicht den Jesuiten, jedenfalls nicht, wie oft angenommen, den Franziskanern oder gar dem hl. Franziskus selbst.[3]

Die Christkindwiege ist einige hundert Jahre älter als die Weihnachtskrippe, ja es scheint gerade so zu sein, daß erst mit ihrem Niedergang im 16. Jahrhundert die Weihnachtskrippe größere Verbreitung fand. Ist jene ein typischer Gegenstand frommen Brauchs im Hochmittelalter, ist diese dasselbe in der Gegenreformation.

Die Christkindwiege der Margarethe Ebner

„An sant Stephans tag [26. Dez.] gab mir min herre ain minneklich gaube minen begirden, daz mir wart gesendet von Wiene ain minneklichez bilde, daz was ain Jhesus in ainer wiegen, und dem dienten vier guldin engel", erzählt Margaretha Ebner, Nonne im heutigen Maria - Medingen bei Dillingen, in ihrer Lebensbeschreibung 1344.[4] „und von dem kinde wart mir aines nahtez geben, daz ich ez sach in der wiegen spilen [...]." Das Jesuskind war lebendig geworden und verlangte von Margaretha, aufgenommen zu werden. Sie stellte es auf ihren Schoß und hieß es sie liebkosen: „von der gesiht enphieng ich grozze genade und süesseket."

Das zitierte „Gesicht" der Margaretha Ebner (* 1291,+ 1351) hat die Vorstellungen von Christkindwiegen geprägt. Hans Wentzel ging sogar so weit, mit der Vision eine Wiege des Bayerischen Nationalmuseums (Abb. 18) in Verbindung zu bringen, weil auf deren Seite Engel gemalt sind.[5] Georg Himmelheber wies jedoch 1984 nach, daß die Münchner Wiege

[1] Die Unterscheidung klingt banal, ist aber bedeutsam.
[2] R. Berliner, Die Weihnachtskrippe. München 1955, S. 14.
[3] Richtiggestellt von Berliner (ebd.) S. 13,33,62,69ff.
[4] P. Strauch (Hg.), Margaretha Ebner und Heinrich von Nördlingen. Freiburg/ Tübingen 1892. Nachdruck Amsterdam 1966, S. 90 Z. 22ff.
[5] Ohne sie jedoch eindeutig als solche zu identifizieren; H. Wentzel, Eine Wiener Christkindwiege in München und das Jesuskind der Margaretha Ebner. In: Pantheon 18 (1960) S. 276.

Abb. 18) Christkindwiege, Holz. München, Bayerisches Nationalmuseum.

eine „Fälschung" des frühen 19. Jahrhunderts ist[6], zusammengesetzt aus Teilen eines alten Altarbildes.

Jener romantische Geist, der die „gefälschte" Wiege als handelbares Kunstobjekt für den Liebhaber ermöglichte[7], nahm auch die Beschreibung in der Vita der Dominikanernonne wörtlich[8] Dabei handelt es sich eher um einen hagiographischen denn um einen mystischen Text.[9] Daß Margareta z.B. das Kind „uf min schosse" stellte, verwies den mittelalterlichen Leser auf Bilder der Madonna mit dem Kind. Sich auf literarischem Wege der Gottesmutter oder anderen Heiligen ähnlich zu machen, war ein in der Hagiographie üblicher Vorgang.[10] Die Lebensbeschreibung der Ebnerin steht in einer Tradition von Nonnenviten, aus denen sich zahllose weitere Beispiele anfügen ließen.[11] Ihre Überlieferung läßt sich auch mit der älteren Exempelliteratur in Verbindung bringen, denn was den Mönchen des 13. Jahrhunderts das Marienwunder[12], war den Nonnen des 14. Jahrhunderts die Jesuskindvision. Beide schufen eine Gruppenidentität innerhalb der Gemeinschaft ebenso wie nach außen.

Margarete Ebners Umgang mit der Christkindwiege ist also völlig untypisch. Die Wiege war nur zufälliges Requisit ihrer Jesuskindvision. Die Zweckbestimmung der Wiege ist eine andere: Sie will geschaukelt werden.

Joseph, lieber Joseph mein

Joseph, lieber nefe mein,
hilf mir wiegen mein kindelein
das got müeß dein loner sein,
in himmelreich, der meide kint, Maria.

Das durch die Laienspielbewegung der zwanziger Jahre wieder bekannt gemachte Lied[13] wird dem sog. Mönch von Salzburg zugeschrieben,

---

[6] G. Himmelheber, Die Münchner Christkindwiege. In: Zeitschrift für schweizerische Archäologie und Kunstgeschichte 41 (1984) S. 143-147.

[7] Vgl. die treffende Formulierung „das Bild vor dem Zeitalter der Kunst" im Untertitel von H. Belting, Bild und Kult. München 1990.

[8] Noch 1938 verarbeitete E. G. Kolbenheyer die Vita in seinem Roman „Das gottgelobte Herz" zu einem spätestromantischen historischen Rührstück. Für die „großartige und erschütternde Schlußszene" (L. Kretzenbacher, Weihnachtskrippen in Steiermark. Wien 1953, S. 12) benutzte er die angeführte Vision. Die 'völkische' Margaretha Ebner ist uns also nicht „erspart geblieben", vgl. S. Ringler, Die Rezeption mittelalterlicher Frauenmystik als wissenschaftliches Problem. - P. Dinzelbacher/ D. R. Bauer, Frauenmystik im Mittelalter. Ostfildern 1985, S. 180.

[9] Vgl. S. Ringler, Viten- und Offenbarungsliteratur in Frauenklöstern des Mittelalters. Quellen und Studien. München 1980, S. 9; dagegen die Rezension P. Dinzelbachers in: Anzeiger für dt. Altertum und dt. Literatur 93 (1982) S. 63-71; ders., Zur Interpretation erkenntnismystischer Texte des Mittelalters. In: Zeitschrift für dt. Altertum und dt. Literatur 117 (1988)S. 1-23.

[10] Vgl. K. Schreiner, Zum Wahrheitsverständnis im Heiligen- und Reliquienwesen des Mittelalters. In: Saeculum 17 (1969) S. 131-169 (für den Hinweis danke ich Harald Schlüter, Köln); Fälschungen im Mittelalter. 5. Frömmigkeit und Fälschung. MGH Schriften 33, V. Hannover 1988. Zu den Visionen: R. Rode, Studien zu den mittelalterlichen Kind - Jesu Visionen. Diss. Frankfurt a. M. 1975. - S. Roisin, L'hagiographie cistercienne dans le diocèse de Liège au XIIIe siècle. Löwen/ Brüssel 1947.

[11] Auch die Phrase von der „grozzen genade und süesseket" steht formelhaft am Ende vieler der beschriebenen Visionen; weitere Viten s. Rode, 1957 (s. Anm. 10).

[12] A. Mussafia, Studien zu den mittelalterlichen Marienlegenden. Wien 1887-1898. - C. Bremond/ J. LeGoff/ J. C. Schmitt, L'Exemplum. Turnhout 1982.

[13] Z.B. P. Girkon, Des ewgen Vaters einig Kind. Ein weihnachtliches Singspiel. Jena 1922. - L. Weber, Christgeburt. Kammerspiel mit Musik nach alten Liedern [...]. Wolfenbüttel 1925.

der im Kreis um den Salzburger Erzbischof Pilgrim (1365 - 1396) lebte.[14] Die Dupeltaktmelodie eignet sich hervorragend für ein Wiegenlied. Wie die Anweisungen in den Handschriften erkennen lassen, wurde die Wiege mit der Christusfigur im Rhythmus des Gesanges geschaukelt. Hierbei ist zu bedenken, daß es sich bei der Wiege um einen Haushaltsgegenstand handelt, der von außen in das weihnachtliche Geschehen hineingetragen und durch keine Bibelstelle gedeckt wurde. Wichtiger noch als das Objekt war die Handlung. Das Wiegen als Akt der Sorge für das Kind sollte auch dem kleinen Jesus zuteil werden. Christkindwiegen war jedoch nicht der fromme Brauch, um den sich nur Nonnen kümmerten, ebensowenig, wie Margaretha Ebner die „Durchschnittsbenutzerin" darstellt. Eine der Handschriften, in denen das „Joseph, lieber Joseph mein" überliefert ist, stammt aus dem Benediktinerkloster Tegernsee, und die deutsche Fassung des Liedtextes wird dem Salzburger Mönch zugeschrieben. Das Christkindwiegen war nicht Surrogat der Defizite weiblichen Klosterlebens[15], sondern fromme Handlung, unabhängig von dem Geschlecht des Ausübenden.

Tonwiegen

Zahlreiche Museen entlang des Rheins bewahren kleine Wiegen aus Ton auf, in denen, an Heiligenschein und Vögelchen erkennbar, das Christuskind liegt. Die wenigsten von ihnen sind genau datiert oder lokalisiert, Fundorte kaum bekannt.[16] Als Entstehungszeit wird gewöhnlich das 15. Jahrhundert angenommen. Rückschlüsse auf die Verwendung sind nur sehr selten möglich.[17] Eine Ausnahme macht ein Fundstück aus der Glockengrube des Kölner Doms, für das sich als terminus ante quem 1449 ergibt.[18] Der Platz läßt an eine magische Funktion im Zusammenhang mit der Entstehung der Glocke denken. In Brabant fand man Tonfiguren in Wände des 15. Jahrhunderts eingemauert[19] , als wären sie, wie in Köln die Wiege für den Glockenguß, für ein gutes Gelingen des Baus geopfert worden. „Einem über Jahrtausende und Erdteile verbreiten Glauben zufolge gilt jeder Bau als Sakrileg gegen die Gottheit, die durch ein Bauopfer versöhnt werden muß."[20] Zu Geburt, Taufe oder Hochzeit wurden die Wiegen nicht verschenkt, zumindest fehlen für einen solchen Brauch Belege. Ebensowenig wurden sie in Weihnachtskrippen aufgestellt, die es im 15. Jahrhundert noch gar nicht gab (s. o.). Wahrscheinlicher ist ihre Verwendung in Weihnachtsfeiern, wie sie aus Holland überliefert sind, zu denen jedes Kind seine Wiege mitbrachte und sie gemeinsam mit den anderen schaukelte.

Die Trierer Christkindwiege (Kat. A 159)

Wie die meisten erhaltenen gehört auch die Trierer Christkindwiege zu den sog. Gestellhängewiegen. Der Wiegenkasten steht nicht auf Kufen, sondern ist beweglich zwischen zwei Säulen aufgehangen. Da sie nicht sehr stabil sind, wurden solche Wiegen weniger im Alltag denn als Spielzeug- und eben Christkindwiegen benutzt.[21] Für Wiegenfeiern in größerem Rahmen eigneten sich die aufwendigen und recht kleinen Objekte kaum.

So ist die Trierer Wiege einschließlich Gestell bloß 24 cm hoch. Ihre beiden Säulen schmük-

[14] Die Zuschreibung umstritten, pro: F. V. Spechtler, Die geistlichen Lieder des Mönchs von Salzburg. Berlin/ New York 1972, S. 222-223; contra: H. Moser/ J. Müller - Blatten, Deutsche Lieder des Mittelalters. Stuttgart 1968, S. 185-186, die es unter „namenlose Gemeinschaftslieder" führen und dem Mönch nur die „Wiedergabe" zuschreiben.

[15] Von einem „Gefühlsstau" spricht Helga Sciurie in ihrem Aufsatz „Die Frauenfrage in Andachtsbild und Bauskulptur". In: C. Bischoff (Hg.), Frauen - Kunst - Geschichte. 1984, S. 178.

[16] P. Seewaldt, Bodenfunde spätmittelalterlicher und neuzeitlicher Tonstatuetten aus Trier. In: Kurtrierisches Jahrbuch 29 (1989) S. 35-39 (mit älterer Literatur). - Ders., Tonstatuetten aus Spätmittelalter und Neuzeit. In: Trierer Zeitschrift 53 (1990) S. 293-310.

[17] Ein Brennofen bzw. eine Werkstatt als Fundort sagen hierüber nichts aus, s. z.B. Seewaldt, 1989 (s. Anm. 16), S. 39.

[18] O. Doppelfeld, Der alte Dom. In: Kölner Domblatt 11 (1956) S. 16, Nr. 3 k.; letzter Glockenguß 1449 (für die Auskunft danke ich Martin Seidler, Köln).

[19] Ihre Verwendung als Bauopfer brachten schon Stübe, Handwörterbuch des deutschen Aberglaubens 1. 1927, S. 963, und Berliner, 1955 (s. Anm. 2), S. 156, Anm. 25 ins Spiel.

[20] Unter Hinweis auf den Turmbau zu Babel und ähnliche Legenden, E. Kris/ O. Kurz, Die Legende vom Künstler. Wien 1934. Nachdruck Frankfurt a. M. 1980, S. 114-115.

[21] K. K - Csillery, Typen der Kinderwiege in Europa. In: Ethnologia Europaea 8 (1975) S. 131-134.

ken Heiligen- und Engelsfiguren, eine der Längsseiten Johannes der Täufer (im Fellgewand) und die hl. Barbara (mit dem Turm). Am Kopfende des Wiegenkastens stehen, in Gebetshaltung dem Kind zugewandt, Maria (in der Mitte), Joseph (mit dem Stock) und eine Magd. Solche betenden Gestalten finden sich auch auf der Christkindwiege des Museums Mayer van den Bergh, Antwerpen.[22] Sie bieten Identifikationsfiguren für den Benutzer, „Modelle zur Verähnlichung" im Sinne Frank O. Büttners.[23] Sie sind Vorbilder für die Haltung, in welcher der Benutzer sich dem Christuskind nähern soll. Die Wiege selbst wurde nicht angebetet. Am Fußende des Wiegenkastens stehen Figuren der Hl. drei Könige, die ihre Gaben darbringen und an ein niederländisches Weihnachtslied des 16. Jahrhunderts erinnern:

„Het quamen drij Coningen wt verre landen,
Nv wiegen, nu wiegen wij,
Om gode te doen een offerande.
Des waren sij vro.
Alle mijnen troost, mijn toeuerlaet is Marien soon."[24]

Private Kindchenwiegen

Die Quellen zu privaten Kindchenwiegenfeiern sind spärlich, denn es war zu jener Zeit durchaus nicht üblich, daß eine Privatperson ihren Alltag schriftlich festhielt. Eine späte Ausnahme macht der Kölner Ratsherr Hermann Weinsberg (1518 - 1597). Er schreibt in seinen Lebenserinnerungen, er habe mit seiner Frau bei Bekannten und Verwandten „das Kintgin [...] gewieget".[25] Weihnachten war damals weniger ein Fest im engsten Familienkreis als heute. Den Tannenbaum gab es im Rheinland noch nicht, Bescherung war an Nikolaus[26], und am ersten Weihnachtstag ging Weinsberg zur Sitzung des Stadtrates.[27]

Renate Kroos hat bezweifelt[28], daß es sich bei der Feier, von der Weinsberg berichtet, wirklich um ein Kindchenwiegen und nicht doch bloß um das Singen von Liedern handelte, wie es in nachmittelalterlicher Zeit häufig war. Das Wiegenlied „Joseph, lieber Joseph mein" ist erst seit 1599 in Köln nachweislich bekannt. Daß der Brauch aber schon vorher geübt wurde, belegt die Wiege des 14. Jahrhunderts im Schnütgen - Museum (Abb. 19)[29].

Abb. 19) Christkindwiege (14. Jahrh.), Eiche und Pergament. Köln, Schnütgen-Museum.

Als Feiern im kleinen Kreis, nicht unbedingt in der Familie, mit einer Wiege, die zu Weihnachtsliedern geschaukelt wurde, hat man sich das private Kindchenwiegen vorzustellen. Mit Christkinderscheinungen hatte das wenig zu

[22] J. de Coon, Museum Mayer van den Bergh. Catalogus 2. Beeldhouwkunst, Plaketten, Antiek. Antwerpen 1969, S. 158-160. Kat.-Nr. 2152.
[23] F. O. Büttner, Imitatio Pietatis. Motive der christlichen Ikonographie als Modell zur Verähnlichung. Berlin 1983.
[24] J. A. N. Knuttel, Het Geestelijk Lied in de Nederlanden voor de Kerkhervorming. Rotterdam 1906. Nachdruck Amsterdam/ Groningen 1974, S. 106; der Text scheint mir kontaminiert
[25] K. Höhlbaum (Hg.), Das Buch Weinsberg 1. Leipzig 1886, S. 112 und öfter.
[26] A. Wrede, Rheinischer Volksbrauch im Kreislauf des Jahres. Düsseldorf 1934, S. 10-11.
[27] Höhlbaum, 1886 (s. Anm. 25), S. 135/142/290 u. ö.
[28] Für diesen und zahlreiche weitere mündliche Hinweise danke ich ihr herzlich.
[29] U. Bergmann, Schnütgen - Museum. Die Holzskulpturen des Mittelalters (1000 - 1400). Köln 1989, S. 301-305.

tun, und auch mit Andacht nur in einem sehr handfesten Sinne. Der moderne Begriff „Andachtsbild" führt, auf die Christkindwiegen angewandt, in die Irre, da er eine abstrakt- geistige Qualität vorspiegelt, die sie nicht besaßen.[30] Sie waren Gebrauchs- und nicht Betrachtungsgegenstand, ihren Sinn verlieh ihnen die ursprünglich häusliche Handlung des Schaukelns.

[30] Vgl. R. Suckale, Arma Christi. Überlegungen zur Zeichenhaftigkeit mittelalterlicher Andachtsbilder. Städel - Jahrbuch N. F. 6 (1977) S. 177; zuletzt die Christkindwiege unter „Andachtsbild" bei A. Reinle im Lexikon des Mittelalters 1. München/ Zürich 1980, S. 582-588; die präziseste Analyse des Begriffes bei B. Decker, Das Ende des mittelalterlichen Kultbildes und die Plastik Hans Leinbergers. Bamberg 1985, S. 92-98.

PROZESSIONEN UND WALLFAHRTEN NACH TRIER IM WIDERSTREIT GEISTIGER STRÖMUNGEN UND ÖKONOMISCHER INTERESSEN

von Guido Groß

Klemens Wenzeslaus aus dem Hause Sachsen, der letzte Kurfürst und Erzbischof im Kurstaat und Erzbistum Trier, erließ am 29. November 1784 ein Dekret, in welchem er alle Wallfahrten und Prozessionen von mehr als einer Stunde Wegstrecke untersagte. Nach nur wenig mehr als fünf Jahren, am 18. Januar 1790 wurde das Verbot aufgehoben, den frommen Pilgrimen blieb das Ziel ihrer Verehrung nicht länger verwehrt[1]. Diese verblüffende Kehrtwendung läßt nach den Ursachen der Ordination und nach den Beweggründen des bemerkenswerten Handelns des Kurfürsten fragen.

Das Verbot von 1784 kam durchaus nicht aus heiterem Himmel. Es gab Vorboten für diese Entwicklung, eine Anzahl deutlicher Vorentscheidungen, welche die Tendenz klar zutage treten ließen: die Verminderung der kirchlichen Feiertage, die Einschränkung häufigen Läutens der Kirchenglocken, insbesondere das Verbot des Mai- und Wetterläutens, nicht zuletzt das Verbot der theatralischen Darstellungen bei den Passionsprozessionen, etwa der Umzug mit dem Palmesel und die Figurationen bei der Karfreitagsprozession[2]. Der Kurfürst selbst begründete seine Maßnahme damit, es hätten sich vornehmlich bei den Wallfahrten aus unrichtigen Begriffen, aus Eigennutz mancher Leute und aus übertriebenem Eifer mancherlei Mißstände ergeben. Gesellschaftlich sei es länger nicht zu verantworten, daß Familienväter eine Woche oder länger ihre Haushaltungen ohne Vorstand ließen; hinzu komme der zu hohe Aufwand an Geld. Wenn die Pilger zudem, statt Erbauung zu suchen, „müßig und schwärmend herumwanderten", müsse man solchem „Unfug" steuern[3].

Klemens Wenzeslaus schwamm zu Beginn der achtziger Jahre in seiner Kirchenpolitik durchaus im Strom seiner Zeit, der katholischen Aufklärung der zweiten Hälfte des 18. Jahrhunderts. Während die extreme Aufklärung in den mannigfachen Äußerungen der Volksfrömmigkeit „tausend und abertausend Mummereien, Gaukelspiele, Vorurteile, Blendwerk, Religionsunsinn, Andächteleien" sah, in Bruderschaften, Prozessionen und Wallfahrten nichts weniger als die „Ausgeburt des finstersten Aberglaubens"[4], suchte die ebenfalls vom Rationalismus geprägte kirchliche Obrigkeit lediglich Ausartungen einzudämmen, Mißbräuche abzustellen, den Glauben von Äußerlichkeiten auf das sogenannte Wesentliche zu reduzieren.

[1] J. J. Blattau, Statuta synodalia, ordinationes et mandata archidiöcesis Trevirensis. Tom. V. Aug. Trev. 1846. Nr. 268 und VI. 1847. Nr. 123. - J. Marx, Geschichte des Erzstifts Trier. Bd. 5. Trier 1864. S. 162ff. - Hierzu auch das Kapitel „Prozessionen und Wallfahrten" von G. Franz. In: K. Düwell/ F. Irsigler (Hgg.), Trier in der Neuzeit. 2000 Jahre Trier. Bd. 3. Trier 1989, S. 325-332.

[2] Den Anfang hatte wohl Österreich gemacht, das noch unter der Regierung Maria Theresias 1772 die mehrtägigen Wallfahrten verbot. Vgl. C. Dipper, Volksreligiosität und Obrigkeit im 18. Jahrhundert. In: W. Schieder (Hg.), Volksreligiosität in der modernen Sozialgeschichte. Göttingen 1986, S. 86. - A. Heinz, Die Mitwirkung der Jesuiten in der Seelsorge. In: Die Gesellschaft Jesu und ihr Wirken im Erzbistum Trier. Katalog-Handbuch zur Ausstellung im Bischöflichen Dom- und Diözesanmuseum Trier vom 11. September bis 21. Oktober 1991. Quellen und Abhandlungen zur mittelrheinischen Kirchengeschichte, Bd. 66. Mainz 1991, S. 227-244, hier: Abschnitt „Prozessionen und Wallfahrten" S. 241-244. - Ders., Das Ende der figurierten Karfreitagsprozessionen im Kurfürstentum Trier unter Erzbischof Clemens Wenzeslaus (1768-1802). In: Kurtrierisches Jahrbuch (32) 1991. (im Druck)

[3] Blattau, Statuta, V. 1846. Nr. 268 (s. Anm. 1). - A. Heinz, Prozessionen und Wallfahrten im Gegenwind der Aufklärung. In: G. Franz (Hg.), Aufklärung und Tradition. Ausstellungskataloge Trierer Bibliotheken 16. Trier 1988, S. 211-217.

[4] G. Groß, Trierer Geistesleben unter dem Einfluß von Aufklärung und Romantik, Trier 1956, S. 34.

Aber selbst damit hatte man den Bogen überspannt, und dessen wurde sich der Landesherr bald schmerzlich bewußt: er sah sich genötigt, den wesentlichen Teil seiner Verbote zurückzunehmen. In der „Ordinatio processiones und peregrinationes concernens, in specie processiones ad S. Matthiam et ecclesiam cathedralem iterum conceduntur" vom 18. Januar 1790 erklärte er, daß er in seinem doch offenkundigen Eifer für jedes Gute weit entfernt gewesen sei, „je einer gottseligen Anstalt Abbruch zu thun oder wahre Andacht im mindesten zu stören", und er ließ „gnädigst erklären, daß die besagten Processionen zu den Reliquien des heiligen Landespatrons Apostels Matthias und zu der Mutterkirche des hohen Erzstiftes künftig wie ehedem vor sich gehen können"[5].

Worin hat diese Wendung, diese Abkehr von der modernistischen Strömung kirchlicher Aufklärung ihre Ursachen? Die Gesta Trevirorum weisen in diesem Zusammenhang deutlich auf die revolutionären Unruhen im benachbarten Frankreich und in den habsburgischen Niederlanden hin[6]. Diese Ereignisse haben in der Tat im Kurfürstentum Trier, und nicht nur in diesem Lande, eine weite Bereiche des geistigen, geistlichen und politisch-gesellschaftlichen Lebens umfassende Reaktion bewirkt. Und die Wallfahrtsfrage war dabei nur ein partielles Phänomen. Gleichwohl hat sie die Zeitgenossen heftig bewegt, und zwar aus unterschiedlichen Motiven.

Die Gesta Trevirorum, und die Herausgeber Wyttenbach und Müller waren für diese Epoche zugleich auch die Autoren, übergehen einen weiteren, viel näherliegenden Grund: das Prozessionsverbot fiel in die Zeit aufkeimender sozialer Unruhe in der Landeshauptstadt Trier, und es half diese weiter schüren, bis es im Herbst 1789 zum offenen Aufruhr kam. Ein Teil der Bürgerschaft schleuderte dem Kurfürsten harte Klagen entgegen, und eine der Forderungen war die Rücknahme des Prozessionsverbotes[7]. Daß sie bereits nach so kurzer Zeit erfolgte, darf als Beschwichtigungsversuch gegenüber den aufgebrachten Bürgern gesehen werden. Der Reform von oben setzte das oppositionelle Volk den Druck von unten entgegen, mit Erfolg.

Was war es, was die Trierer so sehr in Harnisch brachte? Unzweifelhaft fühlte sich ein Großteil des gläubigen Volkes tief getroffen, als es sich einer frommen Übung beraubt sah, empfand den schmerzlichen Verlust liebgewordenen religiösen Brauchtums. Dieses hatte in gewisser Weise immer auch eine willkommene Flucht aus dem Einerlei des harten Arbeitslebens bedeutet, zum mindesten brachte es Abwechslung und Farbe, Erbauung und Freude in den Alltag, entsprach nicht zuletzt dem Bedürfnis nach dem Gemeinschaftserlebnis von Prozession und Pilgerschaft. Diese Empfindungen dürften allerdings vorwiegend die bäuerlichen Menschen auf dem Lande gehabt haben; für sie, die in einen begrenzten Lebenskreis eingebunden waren und selten über den nächsten Marktflecken hinauskamen, bedeuteten diese Formen der Volksfrömmigkeit traditionell in den Jahresablauf eingefügte und geradezu festliche Ereignisse, welche sie weit über Land und in die Hauptstadt des Territoriums führte, in die religiöse Metropole mit ihren verehrungswürdigen Reliquien und Heiligengräbern, nicht zuletzt das des Apostels Matthias, des Landespatrons. Konnte das, was für die Quellorte der Prozessionen zutraf, auch für den Zielort Trier Geltung beanspruchen? Gewiß nur in partiellem Maße.

Der Protest der stadttrierischen Bürgerschaft hatte noch weitergehende Ursachen. Sie werden im Kontext der Gravamina über den Landesherrn deutlich, denn hier finden soziale Ängste und schwerwiegende wirtschaftlich-existenzielle Sorgen ihren Ausdruck[8]. Die Klagen richteten sich gegen die Vorrechte des Adels, der Geistlichkeit und der höheren Stände zum

[5] Blattau, Statuta. VI. 1847. Nr. 123 (s. Anm. 1).
[6] J. Wyttenbach/ M.F.J. Müller, Gesta Trevirorum. Tom. III. Aug. Trev. 1839, S. 304.
[7] J.C. Lager, Soziale Unruhen in Trier vor der französischen Revolution. In: Trierische Chronik 9 (1913) S. 54. - D. Klasen, Verfassungsstruktur und soziale Unruhen in Trier im Zeitalter der Französischen Revolution (Wissenschaftliche Prüfungsarbeit) Trier (1974) (Maschinenschrift).
[8] E. Zenz, Trier im 18. Jahrhundert. 1700-1794. Trier 1981.

Nachteil der zünftischen Gewerbetreibenden, gegen eine höhere Besteuerung infolge der zwangsweisen Einrichtung einer Brandversicherung und der Anlage eines neuen Friedhofes außerhalb der Stadt, den definitiven Verlust der Residenz- und Hauptstadtfunktion durch den Bau des neuen Schlosses in Koblenz; hinzu kam die Sorge vor einer angeblichen Verlegung der Universität an den Rhein, nicht zuletzt der Protest gegen das Verbot der Prozessionen und Wallfahrten. Es kam schließlich zum Aufruhr gegen den „Verderber der Stadt", wobei sogar ein Todesopfer zu beklagen war[9].

Den Trierer Bürgern war es also ernst beim Ringen um die Wiederzulassung der Prozessionen. Sie hatten ganz allgemein einen Bedeutungsverlust für ihre Stadt befürchten müssen, einen Verlust an Zentralität; und mit dieser war eine Verminderung des Ansehens verbunden, das man weit über den Diözesan-Sprengel hinaus im ganzen Erzstift genoß und das Trier aus der Zahl vergleichbarer Orte heraushob und dem erlesenen Kreis „heiliger" Städte wie Köln und Aachen zugesellte.

Ein derartiger ideeller Schaden war gewiß bitter, aber schmerzlicher empfand man ohne Zweifel die finanzielle Einbuße, den Verlust an barem Geld, das der periodisch pulsierende Strom der Pilger Jahr für Jahr in die Stadt brachte, und den der Magistrat mit 30000 Reichstaler bezifferte[10]. Diese bedeutende Summe - es sei dahingestellt, wie weit sie zutreffend sein kann - ist in Relation zu setzen mit der Einwohnerzahl der Stadt, die in den achtziger Jahren nur wenig mehr als 7000 Menschen betrug. Immerhin brachten die Pilgerscharen beachtlichen und mannigfachen Umsatz: Pilgeropfer und Andenkenkauf, Unterkunft, Essen und Trinken, nicht zuletzt auch Einkäufe in der Stadt über den Tagesbedarf hinaus.

Seit Jahrhunderten war das Darbringen von Opfergaben ein integrierender Bestandteil der Pelerinage; besonders bei den sogenannten Pflichtprozessionen nach Trier überbrachte man Naturalabgaben wie Getreide, Brot, Wein, Wachs oder Kerzen. Seit etwa 1150 kamen die Prozessionen bei der am frühesten bezeugten Domfahrt am Peterstag zur Mutterkirche des Bistums nicht mit leeren Händen, sondern „muneribus votisque"[11]. Beim Einzug in die Zielkirchen übergab man Kreuz und Fahne, und um sie wieder einzulösen reichte jeder Prozessionsteilnehmer einen Obolus. Beim Besuch der übrigen Kirchen in der Stadt fanden viele Denare, Albus oder Petermännchen den Weg in die Opferstöcke. Der reichliche Spendenfluß, insbesondere in den Dom, erregte schon früh den Neid des Stadtrates, und er suchte daran zu partizipieren, als er bei den im Gefolge der Bauernkriege 1525 in Trier ausgebrochenen sozialen Unruhen die Forderung erhob, das Domkapitel solle dem Rat einen Schlüssel zum Aufbewahrungsschrank des Hl. Rockes ausliefern, damit ein Teil der reichen Pilgerspenden der Stadt zugute kommen könne[12].

In den Frühjahr- und Sommermonaten entfaltete sich der Zulauf zu den Grabstätten der Martyrer und Heiligen der „Sancta Treveris", wie sie auf der Inschrift des Stadtsiegels mit nicht geringem Stolz bezeichnet wird. Denn es blühte der Handel, nicht zuletzt mit Devotionalien. In der Hochzeit der Volksfrömmigkeit bedeuteten sie für den Gläubigen mehr als nur ein Reiseandenken; es wollte Erinnerung sein zur immer erneuten Auffrischung des religiösen Erlebnisses, Heilsbringer für die Pilger selbst und ihre Verwandten und Freunde[13].

In diesem Zusammenhang mag eine bislang wenig beachtete, aber für die stadttrierische To-

[9] G. Kentenich, Geschichte der Stadt Trier. Trier 1915, S. 603.

[10] F. Rudolph/ G. Kentenich, Quellen zur Rechts- und Wirtschaftsgeschichte Rheinischer Städte. I. Trier. In: Publikationen der Gesellschaft für rheinische Geschichtskunde 29. Bonn 1915, S. 701. - G. Birtsch, Soziale Unruhen, ständische Gesellschaft und politische Repräsentation. 1781-1794. In: Mentalitäten und Lebensverhältnisse. Beispiele aus der Sozialgeschichte der Neuzeit. Festschrift Rudolf Vierhaus. Göttingen 1982, S. 153. - In einem Flugblatt wurde gefordert, „das die Stadt ruinierende Verbot aufzuheben", Rudolph/Kentenich, 1915 (s. o.), S. 709.

[11] N. Kyll, Pflichtprozessionen und Bannfahrten im westlichen Teil des alten Erzbistums Trier. In: Rheinisches Archiv. Veröffentlichungen des Instituts für Geschichtliche Landeskunde der Rheinlande an der Universität Bonn 57. Bonn 1962, S. 91/76.

[12] Rudolph/Kentenich, 1915 (s. Anm. 10), S. 81.

[13] K. Köster, Wallfahrtsmedaillen und Pilgerandenken vom Hl. Rock zu Trier. In: Trierer Zeitschrift 53 (1990) S. 293-310.

pographie bemerkenswerte Notiz aus der Mitte des vorigen Jahrhunderts aus der Feder des Beigeordneten und Stadtbibliothekars Schoemann angeführt werden. „In dieser Posterne oder Gang (Tor und später Torbogen, der die Grenze der Domfreiheit markierte, heute in der Sternstraße. Der Verf.), welcher vom Markt auf den Freihof führte, lagen nun zu beiden Seiten des Weges Verkaufsläden, zu deutsch „gadem", lateinisch „apothecae" genannt, die, weil sie auf dessen Grund und Boden standen, wohl vom Domstift vermietet wurden. Waren allerlei Art wurden darin verkauft; ursprünglich und mit Bedacht auf die nach dem Dome und der Liebfrauenkirche hier vorbeiströmende Volksmenge wohl nur solche, die in Beziehung zu den Bedürfnissen des Cultus standen, etwa Wachskerzen, Weihrauch, Rosenkränze, gemalte Heiligenbilder, später auch Gebetbücher, Breviarien usw."[14]. Nicht von ungefähr entwickelte sich hier, zwischen städtischem Markt und domkapitularischem Freihof, zum Festtag des Patrons der Bistumskirche die Petersmesse. Auch an diesem Trierer Beispiel bestätigt sich die Feststellung, die Verbindung kirchlicher Feiertage mit Jahrmärkten sei ein ganz allgemeines Phänomen[15].

Wer in die Stadt einzog, sei es in einer Prozession aus der Umgebung, sei es im Rahmen einer längeren Pilgerreise, wollte sich von der Anstrengung oder gar von den Strapazen der Reise erholen, bei reichlich Speise und vor allem Trank. Die Wallfahrer der St. Matthias-Bruderschaft aus Koblenz, um ein Beispiel anzuführen, brachen am Dienstag der Pfingstwoche auf, nach vier Tagen Fußmarsch kamen sie in Trier an und suchten zunächst die Stadtpfarrkirche St. Gangolf auf. Am folgenden Tag versammelten sie sich um Mittag zwölf Uhr in der Dominikanerkirche, besuchten in Prozession den Dom, die Liebfrauenkirche, die Jesuitenkirche und kamen schließlich zum ersehnten Ziel und Höhepunkt St. Matthias. Den Pfingsttag verbrachte man als Ruhetag, ehe der Rückweg angetreten wurde[16].

Drei Übernachtungen also waren erforderlich, was dem Beherbergungsgewerbe der Stadt höchst willkommen gewesen sein dürfte. Selbst die rein innerstädtische Karfreitagsprozession, in der phantasievolle Gestalten und Szenen aus dem Alten und Neuen Testament dargestellt wurden, übte noch kurz vor ihrem Verbot nach dem Zeugnis des Statthalters Freiherr von Kerpen eine große Anziehungskraft aus, indem eine Menge Fremder, besonders Luxemburger und Lothringer, in die Stadt gezogen würden, wo sie den Bürgern, da sie die folgenden Feiertage dort blieben, viel Geld zu lösen gäben[17]. Wenn die außerhalb des Klosterberinges liegende Ansiedlung St. Matthias bei etwa 30 Häusern allein 15 Gastwirtschaften zählte, so waren deren Geschäftsgrundlage neben der Akzisefreiheit (Akzise = Besteuerung des Weinzapfes. Der Verf.) vor allem die locker sitzenden Zehrpfennige der zahlreichen Pilger[18].

Solche Beispiele lassen die oben genannte Summe von 30000 Reichstalern nicht übertrieben erscheinen, lassen die Verbitterung der

[14] C. Schoemann, Huldigungseinzug des Kurfürsten Johann II. in Trier den 12. Mai 1460. In: Jahresbericht der Gesellschaft für nützliche Forschungen 1857, S. 13.

[15] E. Ennen, Stadt und Wallfahrt in Frankreich, Belgien, den Niederlanden und Deutschland. In: Festschrift Matthias Zender. Studien zur Volkskultur, Sprach- und Landesgeschichte. Hg. v. E. Ennen und G. Wiegelmann. 2. Bonn 1972, S. 1059. - A. Schüller, Das Prozessionswesen im Trierischen vor der französischen Revolution. In: Pastor bonus 50 (1939) S. 140.

[16] Nach: Coblentzer Wahlfahrt. Wozu alle Stationes von daraus nachher der Stadt Trier ordentlich bis zu S. Mathias angezeigt werden. Coblentz 1765.

[17] Schüller, 1939 (s. Anm. 15), S. 139. - Ähnlich berichtet ein unbekannter und sarkastischer Beobachter, daß die Prozession „eine unzählige Menge gaffenden Landvolks jährlich in die Stadt lockte", von denen bald viele „zur Freude der Bäcker, Wirte und Krämer" betrunken durch die Straße torkelten: Journal von und für Deutschland 1784, S. 608. - Während bei den Einzelreisenden zumeist angegeben wird, in welchem Gasthof sie abgestiegen sind, fehlen solche Mitteilungen über die Unterkunft bei den Pilgergruppen - mit einer Ausnahme: „Eine Prozession ad 30 Köpf stark logiert im goldenen Lämmgen" heißt es im Wochenblättchen Nr. 19 am 2.5.1775.

[18] Rudolph/ Kentenich, 1915 (s. Anm. 10), S. 641. - Vgl. K. Gerteis, Sozialgeschichte der Stadt Trier 1580-1794. In: K. Düwell/F. Irsigler (Hgg.), Trier in der Neuzeit. 2000 Jahre Trier. Bd. 3. Trier 1988, S. 96 - Daß die Wallfahrt als begünstigender Standortfaktor erkannt und genutzt wurde, erhellt aus folgender Verpachtungs-Anzeige aus Eberhardsklausen: „Das wegen derer im Sommer andauernden Walfahrten und wegen der Laage an der Landstraßen zur Gastwirthschaft, Bäckerey, Krämereyen bequem eingerichtete Wirthshaus zu Clausen wird nach St. Matheis Tag den 24. des Monats Februar frey und ledig werden". Trierisches Wochenblättchen Nr. 4 vom 21.1.1779.

Trierer Bürger über den Einnahmeverlust verstehen. Die kurfürstliche Regierung übrigens war vor den bedenklichen Folgen von Prozessionsverboten lange vorgewarnt worden. Weihbischof Nikolaus von Hontheim hatte in einer Stellungnahme bezüglich des Verbots der Springprozession in Echternach, an der im Jahre 1776 4000 Pilger aktiv mitgetanzt hätten, erklärt, man müsse Gewalt brauchen, wolle man die Prozession abschaffen; denn „eine merkliche Anzahl gewaffneter Mannschaft dörffte kaum imstande seyn, dem enthusiasmo zu widerstehen", und die gleichartige Prozession in Prüm zu unterbinden bedürfe es der Schließung der Kirche und gewaltsamer Mittel, denn das Volk halte so sehr an seinen Gebräuchen fest[19]. Was ein derart kompetenter Beobachter wie Hontheim bezüglich Echternach und Prüm feststellte, dürfte in nicht geringerem Maße auch für andere Wallfahrtsziele gegolten haben, etwa Beurig, Klausen, Bornhofen, St. Wendel, insonderheit für die kurtrierische „Nationalwallfahrt" in den Dom St. Peter und zum Apostelgrab St. Matthias. In Anbetracht der Zahl von 4000 Springenden in Echternach - von der Menge der Zuschauer war nicht die Rede - wären entsprechende zuverlässige Angaben für die Stadt Trier wünschenswert, auch als weitere Grundlage für das Verständnis des durch das Verbot verursachten Zornes und der daraus resultierenden Unruhen. Präzise Zahlen über die Menge von Trier-Pilgern sind in nennenswertem Umfang bisher nicht bekannt geworden, wenn man absieht von einer jüngst vom Verfasser vorgelegten Zusammenstellung[20].

Es handelt sich dabei um Angaben im Trierer Wochenblättchen, in einem Presseorgan, welches eher als Annoncenblatt mit Geschäftsmitteilungen zu bezeichnen ist denn als Zeitung im heutigen Sinne[21]. Die zunächst zwei, dann vier Seiten im Oktavformat sind in der Druckerei Eschermann ab 1757 erschienen. Von diesem Jahre an werden unter der Rubrik „Passanten" außer den mit Namen aufgeführten Einzelreisenden die durch die Stadttore hereinpassierenden Prozessionen notiert, häufig mit Angabe der Personenzahl und der Herkunftsorte. Eine Zusammenstellung der Zahlen für die Jahre 1757 bis 1784 ergibt folgendes Bild:

1757: 20030	1767: 22332	1777: 18039
1758: 21415	1768: 14636	1778: 13154
1759: 23412	1769: 11444	1779: 15863
1760: 17942	1770: 6390	1780: 30283
1761: 27782	1771: 8071	1781: 30227
1762: 18311	1772: 11290	1782: 25614
1764: 27861	1774: 16140	1784: 13843
1765: 9244	1775: 21693	1785: keine Angaben[22]
1766: 21296	1776: 18560	

Die Zahlen über die aus religiöser Motivation in die Stadt gekommenen Fremden sind offensichtlich keiner offiziellen Stelle des Magistrates entnommen. Es muß vielmehr angenommen werden, daß ein Bote der Druckerei Eschermann die Angaben bei den Bediensteten an den Stadttoren erfragt und in die Druckerei gegeben hat. In manchen Jahren sind die Notizen lückenhaft, entfallen nicht selten selbst in den Wochen lebhaften Pilgerverkehrs völlig, wenn wegen Platzmangel vermeintlich wichtigere Mitteilungen die Passantenlisten verdrängten.

So fallen - um ein krasses Beispiel zu nennen - in den Jahren 1765, 1770 und 1771 niedrige Pilgerzahlen mit jeweils weniger als 10000 aus dem Rahmen. 1765 finden sich im Gegensatz zu den sonst üblichen detaillierten Angaben nur fünf summarische Mitteilungen über Prozessionen, die letzte in der Nr. 23 vom 9. Juni. Es fehlen demnach die Zahlen der Prozessionen um den St. Peterstag. Im Jahre 1770 setzt erst am 29. Mai die Aufzählung ein und 1771 erst am 15. Mai. Somit wurden in diesen beiden Jahren die Bannfreitags-Prozessionen am dritten Freitag nach dem Osterfest übergangen. Zudem fehlen in manchen Jahrgangsbänden - sie sind nur einmal vorhanden und stammen

[19] Schüller, 1939 (s. Anm. 15), S. 137f.
[20] G. Groß, Trier als Pilgerziel in der 2. Hälfte des 18. Jahrhunderts. Ein Beitrag zur Wallfahrtsgeschichte des Trierer Raumes. In: Corona amicorum. Alois Thomas zur Vollendung des 90. Lebensjahres von Kollegen, Freunden und Schülern dargeboten. Trier 1986, S. 112-123.
[21] E. Zenz, Trierische Zeitungen. Ein Beitrag zur Trierer Zeitungsgeschichte. Trier o.J. (1952), S. 13ff.
[22] Der erste Jahrgang 1757 des Wochenblättchens ist in der Stadtbibliothek Trier z. Z. nicht greifbar. Die Zahl ist entnommen bei G. Kentenich, Triers Statthalter. (1580-1797). In: Trierische Heimat 2 (1925/26) S. 162.

sämtlich aus der Privatbibliothek Hermes[23] - einige Ausgaben des Wochenblättchens. Die Passantenlisten enthalten ferner nur Standespersonen, Geistliche und fremde Kaufleute, keine Angehörigen der niederen Stände, keine Einzelpilger[24]. Es darf dennoch als sicher gelten, daß für manche Jahre erheblich höhere als die oben angegebenen Zahlen anzusetzen sind.

In den Notizen im Wochenblättchen wird nicht zwischen den Bann- oder Pflichtprozessionen, den herkömmlichen freien Pfarrprozessionen sowie den St.-Matthias-Wallfahrten unterschieden. Die ersteren waren aus dem altchristlichen, frühmittelalterlichen Rechtsbrauch der visitatio religiosa zum Bischof an hohen Festtagen hervorgegangen, aus grundherrlichen Abhängigkeiten juristisch fixiert und auf den dritten Freitag nach Ostern terminiert. Zu diesen Bannprozessionen oder Bannwallfahrten kamen noch die althergebrachten Prozessionen vieler Pfarrgemeinden und Filialorte, die es in frommer Heilserwartung zur Kathedrale und zu den übrigen Kirchen in und um Trier mit den zahlreichen Reliquien und Erinnerungen an Heilige und Martyrer, an den Apostel Matthias oder an den Herrn selber zog.

Von einigen Vorläufern und Nachzüglern abgesehen - das früheste Datum betrifft den 20. Februar 1763, das späteste den 2. August desselben Jahres - ergoß sich der Hauptpilgerstrom mit drei Spitzenzeiten auf die Monate April bis Juni. Er setzte mit dem Bannfreitag der dritten Woche nach Ostern ein und erreichte damit zugleich den ersten Höhepunkt: 5885 Personen 1761, 5788 im Jahre 1763, 4960 im Jahre 1766 und 1782 werden „12189 Köpf" gemeldet.

In der Woche vor Pfingsten erhob sich der zweite Wellenberg. „Es seynd also in der Woch vor den Pfingstägen dieses Jahr mit Proceßiones herein passiert 10438 Personen. Voriges Jahr 4368. Also dieses Jahr mehr 6070, und seynd zu St. Matthias in nemlicher Wochen über 20000 Communicanten gewesen", liest man im Jahre 1759 [25]. Und das steigert sich zu: 1764 mit 11868 Pilgern in 112 Prozessionen, 1778 mit 12189 und in 1779 mit 11154 Pilgern in der Pfingstvorwoche[26].

Den dritten Höhepunkt im Trierer Pilgerjahr bildeten die Tage um das Fest des Kathedral- und Stadtpatrons am 29. Juni. Drei Beispieljahre mögen das verdeutlichen: 1758 wurden am 28. und 29. Juni 5801 Personen gezählt; allein am 29. Juni 1764 waren es 8876, und an den drei Tagen vom 27. bis 29. Juni 1780 kamen 14997 Pilger, also nahezu die Hälfte des gesamten Jahresaufkommens[27].

Aus den Beobachtungen über die drei Höhepunkte der Wallfahrtssaisson läßt sich weiterhin ermitteln, daß die Jahre 1765, 1770 und 1771 mit ihren auffallend geringen Pilgerzahlen keinen Einbruch in der Volksfrömmigkeit, keine Wallfahrtsmüdigkeit bedeuten oder aus vorwiegend politischen und ökonomischen Gegebenheiten zu erklären sind, sondern daß sie lediglich aus Mitteilungslücken herrühren. Denn für das ganze Jahr 1765 sind nur fünf summarische Angaben über Prozessionen auszumachen, die letzte datiert vom 9. Juni; es fehlen demnach völlig die Zahlen der großen Prozessionen um den Peterstag. 1770 setzen die Notizen erst mit dem 29. Mai ein, und im folgenden Jahr mit dem 15. Mai: somit sind in diesen beiden Jahren die aus alter Tradition herrührenden und volkreichen Bannfreitags-Prozessionen nicht aufgeführt. Zusammenfassend läßt sich sagen, daß in dem Berichtszeitraum von 28 Jahren das durchschnittliche Pilgeraufkommen erheblich über den angegebenen Zahlen von 15 000 bis 30 000 Personen gelegen haben muß - wohlgemerkt in formierten Orts- oder Pfarrprozessionen, ohne die wohl nicht geringe Anzahl von Individual-Pilgern.

[23] G. Groß, Johann Peter Job Hermes (1765-1833). Ein Trierer Sammler und Mäzen. In: Sammeln - Kulturtat oder Marotte? Trierer Beiträge. Aus Forschung und Lehre an der Universität Trier. Hg. v. N. Hinske und M. M. Müller, Heft 14. Trier 1984, S. 20-29.

[24] Eine Ausnahme ist der Vermerk: „Herr von Cranitz mit seinem Bedienten von Dresden, kommen als Pilgram von St. Jacob, passieren herein". Trierisches Wochenblättchen. Nr. 34. 1765.

[25] Trierisches Wochenblättchen Nr. 23. 1759. - Die Angabe über 60000 Kommunikanten in der Pfingstzeit in St. Matthias ist nicht überprüfbar. Vgl. J. C. Lager, Die Kirchen und klösterlichen Genossenschaften Triers vor der Säkularisation. Trier o. J., S. 188.

[26] Trierisches Wochenblättchen Nr. 23 und 24. 1764.

[27] Trierisches Wochenblättchen Nr. 27. 1758; Nr. 26. 1764; Nr. 27. 1780.

Trier nahm als zentraler Ort im Wallfahrtswesen des linksrheinischen Raumes eine herausragende Stellung ein. Das ergibt sich gewiß aus den genannten quantitativen Feststellungen, nicht weniger jedoch bei einem Blick auf die Herkunftsorte der Pilger. Aus ihnen den gesamten Pilger-Einzugsbereich der Stadt Trier in jenen Jahrzehnten zu rekonstruieren, dadurch ein wesentliches Kriterium ihrer religiösen Zentralität zu erfassen, wäre von hohem Interesse und ein willkommener Beitrag zur Wallfahrtsgeographie des Rhein-Maas-Raumes. Eine kartographische Erfassung allerdings wird vorerst verhindert, weil viele Ortsnamen nach dem Gehör in mundartlicher Form und orthographisch verballhornt wiedergegeben werden; auch das mehrfache Vorkommen von Orten gleichen Namens verhindert die Identifizierung.

In den ersten Berichtsjahren werden die meisten Ortsnamen aufgeführt, bald aber bleiben die Angaben nur noch summarisch und unterbleiben schließlich. Im Jahre 1758 schon werden 156 Herkunftsorte benannt; es folgen 1759 wiederum 185 Orte, darunter 108 neue Namen, während weitere 77 bereits zuvor erwähnt waren. In beiden Jahren zusammen kamen demnach Pilger aus 264 Orten nach Trier. Daß dann in den folgenden Jahren die Zahl der Erstnennungen abnimmt, ist verständlich: 1762 und 1769 beispielsweise sind es 40 bzw. 62 Namen. Insgesamt sind es 446 verschiedene Orte, aus denen Pilger-Gruppen in Prozessionen nach Trier gezogen kamen, eine erstaunlich hohe Anzahl. Manche dieser Orte werden nur einmal, doch nicht wenige fünf- bis zehnmal aufgeführt. Bei diesen Mehrfachnennungen überwiegen Orte im Raum Trier in einem Radius von etwa 50 Kilometern, und zwar vorwiegend im Westen, Norden und Nordosten der Stadt, während die Gegend der Saar und des Hunsrücks weitgehend ausgespart bleibt.

Als bemerkenswerte Gruppe dürfen die Pfarr- und Filialorte aus dem heutigen Großherzogtum Luxemburg besonders herausgestellt werden. Bis zur politischen und administrativen Neuordnung im Jahre 1798 durch den Anschluß an Frankreich war das Archidiakonat Longuyon als Teil des Erzstift mit der Bistumsstadt Trier verbunden[28]. Die Abtei St. Maximin hatte im Luxemburgischen seit dem 8. Jahrhundert (Karl Martell 723) reichen Grundbesitz, und viele Pfarreien waren mit ihren Filialorten zu Bannwallfahrten nach Trier verpflichtet[29]. Auch nachdem diese Verbindlichkeit aufgehoben worden war, zogen viele Pilger noch über lange Jahre hin aus freien Stücken weiter nach Trier, ein deutliches Zeichen des Beharrens bei jahrhundertealter religiöser Tradition.

Leo Senninger konnte zehn Pfarreien nachweisen, die seit alter Zeit in Prozession nach Trier zogen, für andere fehlten ihm die Belege. In unserer Quelle, dem Wochenblättchen, werden an Pfarreien und Filialorten 36 Namen als Quellorte für die Pilgerschaft nach Trier bezeichnet, nämlich Aspelt, Assel, Beaufort, Berburg, Bettendorf, Bigelbach, Burglinster, Consdorf, Dalheim (Dahlem?), Echternach, Ettelbrück, Feulen, Grevenmacher, Hassel, Hemsthal, Hollerich, Hostert, Junglinster, Kehlen, Lorensweiler, Luxemburg, Manternach, Marl, Mersch, Mompach, Niederdonven, Remig, Rollingen, Rosport, Schüttringen, Waldbillig, Walsdorf, Wasserbillig, Weimerskirch, Welscheid, Wormeldingen[30].

Die traditionsreiche Verbindung von Pfarrsprengeln in Luxemburg zum Hauptort des Bistums erweist sich zudem aus den beiden Hauptprozessionsterminen. Die Orte mit uralten grund- und pfarrherrlichen Verpflichtungen zur Abtei St. Maximin sind auf den 29. Mai fixiert, das Fest des Kirchen- und Namenspatrons. In diesem Zusammenhang fällt das Jahr 1763 besonders auf; zwischen dem 23. und 29. Mai pilgern auf den Spuren der alten Pflichtprozessionen 16 Ortschaften aus dem Luxemburgischen nach Trier. Um nur einige Beispiele zu nen-

[28] Kleinere Gebiete des Herzogtums Luxemburg gehörten auch zu den Archidiakonaten Tholey und Trier.
[29] L. Senninger, Bannwallfahrten nach Trier - St. Maximin. In: Kurtrierisches Jahrbuch 2 (1962) S. 21-26.
[30] Das ist erstaunlich wegen der ungebrochenen, sogar wachsenden Anziehungskraft der Wallfahrtsorte Echternach (Hl. Willibrord) und Luxemburg (Maria, Trösterin der Betrübten).

nen: am 28. Mai kamen 866 aus Luxemburg und Umgebung (Hassel, Merl, Schüttringen, Kehlen), am 29. Mai folgten 320 Pilger, und am 30. Mai schließlich 610 aus den Gemeinden Remich, Manternach und Wasserbillig.

Als zweiter Wallfahrtstermin erscheint der 29. Juni, der Festtag der Apostel Petrus und Paulus, woher neben anderen Orten auch Echternacher und Wormeldinger Pilger zum Dom nach Trier wallfahrteten[31].

Der Einzugsbereich von Trier-Pilgern erstreckt sich über den engeren Raum der Bischofsstadt bis in die Vulkan- und Nordeifel, an die Ahr und in das Maifeld, in das Neuwieder Becken und über den Rhein in den vorderen Westerwald, vor allem weit in die Niederrheinische Bucht. Diese Gebiete werden durch folgende Namen neben anderen repräsentiert: Aachen, Adenau, Ahrweiler, Alt-Wied, Andernach, Blankenheim, Bonn, Brauweiler, Brühl, Deutz, Düren, Düsseldorf, Grefrath, Gymnich, Jülich, Koblenz, Köln, Linz, Meckenheim, Monschau, Mühlheim, Münstereifel, Neuß, Niederkassel, Nideggen, Remagen, Siegburg, Solingen, Walberberg, Wehrendorf, Wormagen, Zons, Zülpich. Köln wird zwischen 1758 und 1772 neunmal genannt. Die Pfarreien aus geringer und mittlerer Distanz suchten am „Bannfreitag" oder am Fest der Apostelfürsten den Dom als Prozessionsziel auf, was eine zusätzliche St.-Matthias-Wallfahrt gelegentlich nicht ausschloß. Dagegen kamen die Wallfahrten aus den Bereichen großer Distanz zu Trier ausschließlich als reine Devotionspilger zum Apostelgrab nach St. Matthias. In all diesen Fällen war es ein volksfrommer Brauch, neben dem Dom oder St. Matthias auch andere Trierer Kirchen aufzusuchen. Die Ehranger Pflichtprozession zum Dom, um ein Beispiel zu nennen, zog anschließend (wie die sieben Stationskirchen in Rom) nach St. Matthias, St. Maria in Oeren, St. Martin, St. Maria ad Martyres, St. Paulin, St. Maximin und nach St. Simeon[32].

Bei der hohen Zahl von 446 Ortsnamen-Nennungen wäre es wünschenswert, die Orte zu lokalisieren und orthographisch zu erfassen. Dadurch wäre ein wichtiger Aspekt und ein wesentliches Kriterium religiöser Zentralität Triers visuell deutlich erfaßbar. Das ist insofern nicht möglich[33], als ein zu großer Teil der Ortsnamen nicht zu identifizieren ist, zumeist wegen mangelhafter Schreibweise, in mundartlicher, akustisch falsch aufgenommener und orthographisch unsinnig wiedergegebener Form. Wallfahrtsgeographie ist ein noch zu wenig erforschtes Studiengebiet. Trotz der Unvollständigkeit der Erfassung der Namen könnte die vorliegende Untersuchung ein Schritt vorwärts sein auf dem Weg zur Einsicht von Raumbezügen religiöser und allgemein kultureller Prägung. Alte, historisch gewachsene Kultlandschaften treten ins Blickfeld, die menschlichen und gefühlsmäßigen Bindungen zwischen Ausgangs- und Zielort, nicht zuletzt die verkehrsgeographische und ökonomische Wirkkraft solcher Beziehungen.

Die Pilger hielten auf ihren Wegen mit Beharrlichkeit an den alten Routen fest. Auf dem Weg aus dem niederrheinischen Raum durch die Eifel trat im Kreis Bitburg-Prüm an die Stelle der verlassenen Römerstraße später die „Pilgerstraße", die erstmals 1537 erwähnt wird und im Volksmund noch heute so bezeichnet wird[34]. Viele Bildstöcke an den Pilgerstraßen

[31] Im Zusammenhang mit der Domwallfahrt besuchten die Pilger auch die wichtigsten übrigen Kirchen der Stadt. - Als Aufmacher unmittelbar unter dem Titel meldet das Trierische Wochenblättchen in der Nr. 47 des Jahres 1783, die Hauptstadt Trier habe drei Tage zuvor „unserm gnädigsten Landesherrn das rührendste Vergnügen zu verdanken" gehabt, „Ihro K.K.H.H. Herrn Herzog von Sachsen - Teschen sammt dero Gemahlin Erzherzogin von Österreich, Gouverneurs in den Niederlanden, in ihren Ringmauern verehren zu können". Dabei hätte „das durchläuchtigste Paar in Gesellschaft unseres gnädigsten Herrn Kurfürsten und Dero Prinzeßin Schwester, der Fürst-Äbtissin zu Essen K.H. einige Ruhestätten der trierischen Heiligen besuchet". Trotz der Kürze der nur eintägigen Staatsvisite aus Brüssel via Luxemburg durfte die Huldigung an die Heiligen der Sancta Treveris im offiziellen Programm nicht fehlen - nur wenige Monate vor dem Prozessionsverbot.

[32] W. Schuhn, Prozessionen und Wallfahrten zwischen 1750 und 1832. In: Ehranger Heimat 32 (1986) S. 17.

[33] Demnach muß es vorerst dahingestellt bleiben, ob die Trennlinie Aachen - Köln zwischen den Wallfahrtsorten Kevelaer und Trier nur sporadisch oder doch in erheblichem Maße in nördliche Richtung überschritten wurde. Vgl. B. Heinzmann, Wallfahrtsorte im Rheinland. Werken und Wohnen. Volkskundliche Untersuchungen im Rheinland. Bd. 14. Köln 1981, S. 114.

[34] H. Frentzen, Landkreis Prüm. Die Landkreise in Rheinland-Pfalz. Bd. 4. Speyer 1959, S. 88f.

dienten als Wegmarkierungen, als Gebets- oder Raststationen. Die Mühsal des Weges zu Fuß gehörte als Bußübung zu einem nicht gering geachteten Bestandteil der Wallfahrt.

Wo es anging, wurde aber gerne auch der bequemere und schnellere Wasserweg benutzt, vor allem bei der Rückfahrt von der Fußwallfahrt[35]. Unsere Quelle läßt Pilgerschiffe aus Bernkastel und Koblenz als regelmäßige Einrichtung erkennen. Eine interessante Nachricht über den Pilgerverkehr auf dem Wasserweg der Mosel verdanken wir der Kindheitserinnerung eines Moselaners mit der Klage um die verschwundenen Prozessionen im Moseltal: „Und als in den ersten französischen Jahren keine Prozessionen und kein Glockenklang mehr seyn durfte, da fehlte uns so viel! ... Besonders vermißten wir die Schiffe mit laut singenden Pilgern, die von der Wallfahrt zurück und die Mosel hinunter fuhren und sich mit grünen Reisern geschmückt hatten“[36] (Abb. 20).

Der Verfasser spricht in seinem romantischen Erinnerungsbild an die Mittelmosel bei Neumagen von den frühen Jahren nach der französischen Besetzung Triers und des Mosellandes im Jahre 1794. Der erste Schock hatte sich aber rasch gelegt, und bald schon wagten es die Frommen, die altgewohnten Bekundungen des Glaubens wieder aufzunehmen und fortzuführen[37], nicht zuletzt im Trotz und in Opposition gegenüber der antikirchlichen Besatzungsmacht. Hatte die Militärverwaltung die Prozessionen noch geduldet, so wurde im Gefolge der administrativen Neuordnung zur Eingliederung in die Republik von 1798 die Ausübung jeglicher kirchlichen Zeremonien außerhalb der Kirchen verboten. Mehr noch als die französischen Behörden sahen die deutschen Republikaner in den Wallfahrten und Prozessionen Brutstätten politischer Opposition[38]. So mußte es zur Konfrontation kommen, wenn das Verbots-Dekret vom 1. Juni 1798 mißachtet wurde. Schon kurz vorher deuteten sich die Auseinandersetzungen an. „Am 29. April, auf Bannfreitag kamen wie gewöhnlich viele Bauernprozessionen mit ihren Pastoren in die Stadt, wurden aber gegen halb 10 überall gestört, es wurden die Stadtdiener und andere Leute geschickt, um den Pastoren zu bedeuten, die Prozessionen auseinandergehen zu lassen. Am Neutor wurde einem Geistlichen das Röckel vom Leibe gerissen“[39].

Abb. 20) Wallfahrer auf der Mosel bei Cochem. Holzstich nach einer Zeichnung von W. Wollschläger.

Demnach waren die alten „Pflichtprozessionen“ auch noch in französischer Zeit im Schwange. Selbst die „Devotionswallfahrt“ aus größerer Entfernung hatte sich nicht abhalten lassen, aber man suchte sie schließlich gewaltsam zu unterbinden. „Die aus der Umgegend nach Trier kommenden Prozessionen“, so wird berichtet, „wurden an den Toren polizeilich aufgelöst, ebenso die Prozessionen, die um Pfingsten aus dem Kölnischen nach St. Matthias zu pilgern pflegten“[40]. Es kam zu Rangeleien und ernsteren Zwischenfällen und zu

[35] „Reiss zu Wasser von Trier auff Cöllen“; vgl. W. K. Hambach, Rheinische Wallfahrtsbibliographie. Ein Beitrag zur Volksliedkunde 31 (1934) S. 83.

[36] A. Stork, Darstellungen aus dem Preußischen Rhein- und Moselland. Bd. 2. Essen und Duisburg 1818, S. 204.

[37] „In früheren Jahren wurde das Fest Mariä Geburt so feierlich begangen durch Prozessionen usw. In diesem Jahr sah man nur viele traurige Prozessionen, ein Dorf folgte dem anderen mit Kreuz und Fahnen wegen der Viehseuche“, so wird die Situation vom Jahre 1796 dargestellt bei J. C. Lager, Mitteilungen aus einem trierischen Tagebuch aus der Zeit der französischen Revolution. In: Trierische Chronik 11 (1914/15) S. 80f.

[38] Vgl. G. Groß, Der Trierer Prediger P. Ernst Kronenberger OESA. Ein Beitrag zum Kirchenkampf im Zeitalter der Französischen Revolution. In: Archiv für mittelrheinische Kirchengeschichte 11 (1959) S. 207-225, hier besonders S. 220.

[39] Lager, 1914/15 (s. Anm. 37), S. 116.

[40] A. Schüller, Religiöse Widerstände im Mosellande unter der französischen Revolution (1794-1799). In: Trierer Zeitschrift 2 (1927) S. 40.

Festnahmen. Ähnliche Tumulte ereigneten sich an der Mittelmosel und in Prüm; dort suchte man im Jahre 1799 die Karfreitagsprozession im Schutze der Nacht durchzuführen, bis die Gendarmerie die Menschenansammlung auflöste. Die Veranstalter der pseudoreligiösen republikanischen Feiern mit ihren Festzügen scheuten die Konkurrenz der Prozessionen.

Die religiösen Diffamierungen währten nur kurze Zeit. Nach dem Abschluß des Konkordates zwischen Napoleon und dem Papst 1801 und der Einsetzung des neuen Bischofs Charles Manney im Jahre darauf lebten in Trier die Prozessionen in der alten Form wieder auf. Einen ersten Höhepunkt bildete das Jahr 1810, als Manney nach der Rückführung des Hl. Rockes aus Augsburg eine Ausstellung dieser bedeutendsten Reliquie Triers veranlaßte, wobei mehr als 200000 Menschen die Stadt aufsuchten[41]. Der Teil der Bürgerschaft, welcher nach dem Verbot von 1784 die finanzielle Einbuße beklagt hatte, konnte mit der Wiederbelebung der peregrinatio zufrieden sein, wie ein in Trier lebender Hauslehrer in einem Brief des Jahres 1825 vermeldet: „Die Leute sind hier ... im Ganzen wohlhabend, da das Geld vom Lande alles nach Trier hereinkommt durch die Menge der Bauern, die zur Messe und in Prozessionen ... zur Stadt kommen“[42].

So schien sich das Wallfahrtswesen im 2. und 3. Jahrzehnt des 19. Jahrhunderts erholt zu haben, doch es sollte erneut bedrängt werden, und zwar durch den neuen Oberhirten selbst. Bischof Joseph von Hommer war sich zwar bewußt, wie sehr das gläubige Volk seine Prozessionen liebte, aber wenn er das zugleich als „Prozessionssucht“ bezeichnete, läßt er seine Abneigung dieser Art von Volksfrömmigkeit erkennen[43]. Hommer war der Auffassung, die katholische Religion sei überwuchert von Zeremonien und Übungen, die der Weckung wahrer Frömmigkeit entgegenstanden; vor allem das auflebende Prozessions- und Wallfahrtswesen sollte weitgehend eingeschränkt werden[44]. Der persönlich überaus fromme Bischof scheute nicht davor zurück, die Prozessionen nach Trier und nach St. Matthias zu verbieten[45]. Aber wie Klemens Wenzeslaus 1784 hatte er nur mäßigen und kurzzeitigen Erfolg. Nach seinem Tod 1836 blühte das Wallfahrtsleben in der Diözese wie im ganzen übrigen Rheinland erneut auf: die allgemeine religiöse Erneuerung und die Empfindungswelt der Romantik hatten daran wesentlichen Anteil. Eine Reiseschilderung aus dem Jahr 1843 fängt ein typisches Stimmungsbild der Zeit ein. Pilgerzüge, so heißt es da, „kommen vom ganzen Niederrhein, aus dem Kölner und Jülicher Lande; auch um Koblenz regt sich die Wanderlust. Durchs Moselthal und über die Höhen der Eifel ziehen diese Scharen der Armen und Geringen, und ihr gemeinsames Ziel ist die alte Trier mit ihren Grabkirchen, Capellen und Prozessionen: dort treffen aus allen Gebieten des Rheinlandes die Wallfahrer zusammen“. Dem Volk an Rhein und Mosel nämlich sei die Stadt noch immer heilig, und „zu ihrem Apostelgrab in St. Matthias wallfahrten noch heute zu Pfingsten zahllose Gläubige“. Von der Höhe des Markusberges, am Abend des zweiten Pfingsttages, geht der Blick des Reisenden hinunter in das Moseltal, dort „unten auf dem Strom stießen Kähne ab, voll von Pilgern, die nun, vom Ziel der mühsamen Wanderschaft, bequemer zu Schiff den Fluß hinab zurückkehrten“[46].

Das folgende Jahr 1844 brachte mit der Ausstellung des Hl. Rockes etwa eine halbe Million Pilger nach Trier, eine Aufsehen und Widerspruch erregende Manifestation des deutschen Katholizismus[47].

---

41 H. Schiel, Zur Hl. Rock-Wallfahrt im Jahre 1810. In: Vierteljahresblätter der Gesellschaft für nützliche Forschungen 5 (1959) S. 17-23.

42 J. Herles, Cholera, Armut und eine „Zwangssteuer“ 1830/32. In: Kurtrierisches Jahrbuch 30 (1990) S. 164.

43 A. Thomas, Joseph von Hommer 1760-1836. Meditationes in vitam meam peractam. Eine Selbstbiographie. Quellen und Abhandlungen zur mittelrheinischen Kirchengeschichte, Bd. 25. Mainz 1976. S. 263.

44 Joachim Schiffhauer, Das Wallfahrtswesen im Bistum Trier unter Bischof Joseph von Hommer (1824-1836). In: Festschrift für Alois Thomas. Trier 1967, S. 345-358.

45 Blattau, Statuta. VIII. Aug. Trev. 1849. S. 151-152 (s. Anm. 1).

46 Eine Pfingstreise auf der Mosel im Jahre 1843. In: Trierische Chronik 5 (1909) 10. S. 113f/125f.

47 W. Schieder, Kirche und Revolution. Sozialgeschichtliche Aspekte der Trierer Wallfahrt von 1844. In: Archiv für Sozialgeschichte 14 (1974) S. 419-454.

WALLFAHRTSHEILIGTÜMER IN TRIER. ZUR ARCHITEKTONISCHEN AUSGESTALTUNG DER WALLFAHRTSSTÄTTEN

von Winfried Weber

Als im Jahre 1514 die ,Medulla Gestorum Treverensium' des damaligen Trierer Dompredigers und späteren Weihbischofs Johannes Enen erschien, war im Vorwort der kleinen Schrift zu lesen, daß „einige ehrenwerthe Männer geistlichen und weltlichen Standes (den Verfasser gebeten haben,)...über die heilige Stadt Trier ein Büchlein zu schreiben, ...wie und welches Heiligthum man jetzt gezeigt habe, und in der Folge zeigen wolle".[1] Der Pilgerführer sollte von vielen gelesen werden können, denn Johannes Enen schrieb einleitend: „Da ich dasselbe (Büchlein) in der edelsten lateinischen Sprache zu verfassen meinte, so bin ich überredet worden, es sei nützlicher, anfänglich in deutscher Sprache zu schreiben, indem der mindere Theil Lateinisch liest oder versteht, und nicht jeglicher einen Interpreten nach seinem Gefallen jeder Zeit haben kann".[2]

In den ersten beiden Buchkapiteln stellt Enen die Geschichte der Stadt dar, um sich im dritten Teil den eigentlichen Heiligtümern der Stadt zuzuwenden. Beginnend mit dem „Hohen Domstift" werden in 23 Kapiteln alle Stifts- und Klosterkirchen aufgezählt, in denen bedeutende Reliquien und Heiligtümer aufbewahrt werden; zum Schluß werden auch noch die damaligen fünf Stadtpfarrkirchen genannt. Anlaß zur Abfassung der „Medulla" war die 1512 auf Betreiben Kaiser Maximilians, der sich damals zu einem Reichstag in Trier aufhielt, erfolgte erste öffentliche Zeigung des hl. Rockes im Trierer Dom (vgl. Beitrag Ronig).

Bei der Aufzählung der „würdigen Heiligthümer aller Kirchen zu Trier" nennt Enen sowohl die in den Kirchen liegenden Gräber der Heiligen und die in Altären aufbewahrten Reliquien als auch die in eigenen Gefäßen oder Reliquienschreinen gezeigten Heiligtümer. Ferner nennt er auch manchmal die Termine der Reliquienzeigungen. Man hat dabei den Eindruck, daß in Trier nach der ersten öffentlichen Zeigung des hl. Rockes alle Kirchen und Klöster bestrebt waren, die eigenen „Heiltümer" bekannt zu machen, um nunmehr ebenfalls Ziel der Pilger zu werden. Es wurden vielfach Reliquienverzeichnisse angefertigt und durch Drucke verbreitet, in denen alle möglichen Objekte genannt wurden, die „im Sinn der katholischen Kirche" als Reliquien gelten: Gebeine und andere leibliche Überreste von Märtyrern und Heiligen, aber auch Gegenstände, die Heilige getragen oder besessen haben oder gar Objekte von heiligen Orten, vor allem aus dem Heiligen Land.[3] Es dürfte sicher sein, daß auch Enen sich bei der Abfassung des „Pilgerführers" solcher Reliquienverzeichnisse bedient hat. Nun sollen in diesem Beitrag nicht die einzelnen Reliquien und ihre Behältnisse untersucht werden, sondern es geht um die Frage, wo solche kostbaren Objekte aufbewahrt wurden. Besonders soll der Frage nachgegangen werden, wie die Aufbewahrungsorte der „Heiltümer" ausgestaltet waren, um dem Pilgerbetrieb zu entsprechen.

---

[1] Johannes Enen, Medulla Gestorum Treverensium (Metz 1514); hochdeutsche Übertragung von Peter J. A. Schmitz, (Regensburg 1845), S. 1-2; den Zusammenhang der „Medulla" mit den anderen Trierer Heiltumsschriften erläuterte zuletzt: Franz-Josef Reichert, Trierer Heiltumsschriften. In: Schatzkunst Trier - Forschungen und Ergebnisse. Treveris sacra Bd. 4 (Trier 1991), S. 167-184 bes. S. 175-177.

[2] Enen (Anm. 1), S. 3.

[3] Vgl. dazu: Renate Kroos, Vom Umgang mit Reliquien. In: Kat. Ornamenta Ecclesiae Bd. 3 (Köln 1985), S. 25 ff. Zur Reliquienverehrung vgl. auch: Bernhard Kötting, Reliquienverehrung, ihre Entstehung und ihre Formen. In: Trier. theol. Zeitschr. 67, 1958, S. 321-334; Reichert (Anm. 1), S. 169-170.

Abb. 21) Trier, St. Matthias: Aufstellung der Reliquiare vor dem Matthias-Grab (vor 1925).

Über den Aufbewahrungsort der Reliquien sind dem Pilgerführer Enens verschiedene Angaben zu entnehmen. Da sind zunächst einmal diejenigen Reliquien zu nennen, die nur zu bestimmten Wallfahrtszeiten den Pilgern gezeigt wurden und die nicht in Altären oder Gräbern verborgen waren. Für diese Reliquien waren besondere Gefäße (Reliquiare, Ostensorien) gefertigt, die in der Frühzeit geschlossene Behältnisse waren, aber gelegentlich aufgrund ihrer Form Rückschlüsse auf die Art der Reliquie zuließen (z.B. Armreliquiar, Nagelreliquiar); später konnten es aber auch Schaugefäße sein (Ostensorien), die die Reliquien hinter einer Glasscheibe oder einem Bergkristall sichtbar werden ließen. Anläßlich der Reliquienzeigungen wurden die Reliquiare entweder auf den Altar gestellt, oder den Gläubigen vom Lettner aus gezeigt (Abb. 21).

Aufgrund der besonderen Bedeutung der Heiltümer war es nötig, den Reliquienschatz und andere für die Kirche bedeutende Kostbarkeiten, vor allem in unruhigen Zeiten, sicher aufzubewahren. Solche Räume sind sowohl im Trierer Dom als auch in St. Matthias erhalten. F. Ronig hat anläßlich der Ausstellung „Rhein und Maas" auf die architektonische Gestaltung dieser Schatzkammern aufmerksam gemacht.[4] Zunächst war wohl nur die Absicht vorherrschend, einen sicheren Aufbewahrungsraum zu schaffen. Die doppelgeschossige romanische Schatzkammer des Trierer Domes, die 1595 noch „Camera reliquiarum" genannt wird, ist ein eindrucksvolles Beispiel für diesen Typ. Sie wurde wohl um 1200 an der Nordseite des Chores zwischen dem nordöstlichen Vierungspfeiler und dem nordöstlichen Wandpfeiler der römischen Ostwand eingebaut. Das tresorartige Untergeschoß war ursprünglich aus Sicherheitsgründen nur durch einen Einstiegsschacht in seinem Tonnengewölbe zugänglich;

nur einige schmale Schlitze spendeten spärliches Licht (die heutigen, auf der Nordseite angebrachten vergitterten Fenster sind eine Zutat des 19. Jahrhunderts). Das Obergeschoß hatte ebenfalls ursprünglich nur schmale Lichtschlitze, von denen zwei auf der Nordseite später zu größeren Fenstern erweitert wurden. Eine dicke, eisenbeschlagene Tür verschloß den einzigen Zugang in der Nordostecke, erreichbar über die Pilgertreppe im nördlichen Seitenschiff.[5] Im Jahre 1898 fand man im Untergeschoß der Schatzkammer noch zwei große eisenbeschlagene Eichenholzkisten, die wohl zur Aufbewahrung der Schätze gedient haben.[6]

Eine ähnliche Kammer existiert in Trier, St. Matthias. Schon in romanischer Zeit hatte die im Winkel zwischen dem nördlichen Seitenchor und dem nördlichen Querhaus liegende Sakristei im Obergeschoß einen besonderen Raum, der wohl als Schatzkammer diente.In den Jahren 1512-1514 wurden hier spätgotische Gewölbe eingezogen und auf diese Weise im Obergeschoß eine zweijochige Kammer eingerichtet. Auf der Ostseite gewährt eine enge Wendeltreppe einen Zugang. In mehreren Wandschränken (Armarien) wurden die Reliquiare aufbewahrt; an der Südwand der Schatzkammer ist ein Altar „in honorem sanctae crucis et omnium sanctorum, quorum reliquiae hic habentur", errichtet, so daß aus dem Tresorraum, wie noch im Dom, nunmehr eine Reliquienkapelle wird.[7] Die kostbarste, hier aufbewahrte Reliquie ist das um 1220 gefertigte Kreuzreliquiar, welches einen Teil der von dem Ritter Heinrich von Ulmen 1207 aus Konstantinopel mitgebrachten Kreuzreliquie birgt. Zur Zeigung dieser Staurothek war eigens im 13. oder 14. Jahrhundert in der Westwand der Schatzkammer ein Fenster angelegt worden, so daß die Pilger im Innern der Kirche über dem nördlichen Nebenchor die Reliquien sehen konnten (Abb. 22). F. Ronig wies darauf hin, daß die Öffnung des Zeigefensters so groß bemessen ist, daß die Staurothek genau in das Mittelfeld des Fensters paßt.[8] Zusätzlich gab es bis zum 19. Jahrhundert an der Nordseite zum heutigen Friedhof hin eine Außenkanzel, die auch bei großem Pilgerandrang das Zeigen der Reliquien erlaubte.

Abb. 22) Trier, St. Matthias: Zeigefenster aus der Reliquienkapelle.

Ein besonderes Beispiel einer Reliquienkapelle ist die „Heiltumskammer" am Ostchor des

[4] Franz Ronig, Die Schatz- und Heiltumskammern. Zur ursprünglichen Aufbewahrung von Reliquien und Kostbarkeiten. In: Katalog Rhein und Maas, Kunst und Kultur 800-1400 Bd. 1 (Köln 1972), S. 134-141.

[5] Vgl. Kdm. Rh. XIII,1, S. 130-131; Ronig (Anm. 4), S. 134, 136.

[6] Die beiden Kisten befinden sich heute im Bischöflichen Museum (Inv. Nr. BM 528, BM 602); vgl. dazu Berichte Provinzialkommission IV, 1899, S. 44. Durch die dendrochronologische Untersuchung konnten beide Kisten in das 11. Jahrhundert datiert werden (Ernst Hollstein, Dendrochronologische Untersuchung an Bauhölzern des Trierer Domes. In: F. Ronig (Hrsg.) Der Trierer Dom. Jahrbuch Rhein. Verein f. Denkmalpflege und Landschaftsschutz 1978/79 (Neuss 1980), S. 134).

[7] Zur Schatzkammer in St. Matthias vgl. N. Irsch, Die Trierer Abteikirche St. Matthias und die Trierisch-Lothringische Bautengruppe (Augsburg, Köln, Wien 1927), S. 43-44, 254-258; Kdm. Rh. XIII,3, S. 220, 226-227; Ronig (Anm. 4), S. 135, 137.

[8] Ronig (Anm. 4), S. 135; dazu auch Ulrich Henze, Die Trierer Kreuztafeln des frühen 13. Jahrhunderts. In: Schatzkunst Trier - Forschungen und Ergebnisse. Treveris Sacra Bd. 4 (Trier 1991), S. 103-104.

Trierer Domes.[8a] Schon unter dem Kurfürsten Carl Caspar von der Leyen (1652-1676) hatte man im Ostchor mit dem Bau einer Heiltumskammer zur Aufbewahrung der Reliquien, insbesondere des Heiligen Rockes, begonnen. Doch unter Kurfürst Johann Hugo von Orsbeck (1676-1711) wurde ein neues Projekt in Angriff genommen, das allein der Aufbewahrung des Heiligen Rockes dienen sollte und zu welchem 1687 der Frankfurter Architekt und Bildhauer Johann Wolfgang Fröhlicher beauftragt wurde. Das Projekt besteht aus zwei Teilen: das sog. „Vordertheyl" im Inneren des romanischen Ostchores und die außen an denselben angebaute „Heiltumskammer". Zu dem „Vordertheyl" gehören eine auf Arkaden errichtete Tribüne mit seitlich hinaufführenden Marmortreppen sowie ein bis zum romanischen Chorgewölbe hinaufreichender retabelartiger Marmoraufbau. Inmitten dieses Aufbaues ist eine wolkenumsäumte Öffnung angelegt, die einen Einblick in die rückwärtige „Heiltumskammer" erlaubt; unterhalb dieses Durchblicks gewährt eine Gittertür Zugang zur Kapelle.

Bis zu Fröhlichers Tod (1700) war das „Vordertheyl" fertiggestellt; die „Heiltumskammer" wurde erst 1702-1710 unter Leitung des Architekten Philipp Ravenstein - allerdings nach den Plänen Fröhlichers - erbaut. Später wurde unter dem Kurfürsten Franz Ludwig von Pfalz-Neuburg (1716-1729) die Ausstattung der Kapelle ausgeführt, zu der auch, im Gegensatz zur ursprünglichen Planung, an der Ostseite der „Heiltumskammer" ein Altar zur Aufnahme des 1732 vollendeten Silberschreins mit dem Heiligen Rock gehört.

F. Ronig hat das Werk Fröhlichers und seiner Nachfolger ausführlich behandelt und die möglichen Vorbilder der Trierer „Heiltumskammer" benannt. Bemerkenswert ist, daß es im Dom gelang, für den Heiligen Rock, die bedeutendste Reliquie Triers, einen Aufbewahrungsort zu schaffen, der verschiedene Aufgaben erfüllen kann: er ist eine imposante Reliquienkapelle, gleichsam ein überdimensionales, kostbar gestaltetes Reliquiar für die Tunica Domini, mit dem Dominneren durch ein Wolkenfenster verbunden und so als „ikonologischer Zielpunkt" wirkend; zugleich ist dem Bedürfnis des Pilgers nach einem möglichst engen Kontakt zu dem „Heiltum" durch die Anlage der Pilgertreppen Rechnung getragen worden. Die am Fuße der Treppen aufgestellten Figuren der hl. Helena und des Kaisers Constantin weisen dem Pilger bedeutungsvoll den Weg (vgl. auch Beitrag F. Ronig).

Die ursprünglichen „Orte der Reliquien" sind die Gräber der Heiligen. Seit es in frühchristlicher Zeit üblich wurde, die Gräber der Märtyrer und Heiligen besonders zu verehren, begann man auch über dem Bestattungsort Altäre und Kirchen zu errichten. Es entstand der Wunsch, die Gräber der Heiligen aufzusuchen und sie im Gottesdienst als Fürsprecher anzurufen.[9] Nachdem durch das Edikt des Galerius von 311 und durch die Mailänder Vereinbarung zwischen Constantin I. und Licinius (313) der christlichen Kultausübung keine Beschränkungen mehr auferlegt waren, entstanden vor allem durch die Förderung Constantins und seiner Mutter Helena über den Apostelgräbern Roms und an den heiligen Stätten in Palästina neue Großbauten, die auch dem massenhaften Andrang der christlichen Pilger genügten. Hierzu wurden eigene architektonische Lösungen ausgedacht, die einen reibungslosen Besuch der verehrungswürdigen Stätte gestatteten.

Inwieweit die frühchristliche Kirchenanlage im Bereich des Trierer Domes und der Liebfrauenkirche ebenfalls Ziel von Pilgern gewesen ist, ist ungewiß. Der Annahme, daß die nach der mittelalterlichen Tradition von der hl. Helena nach Trier gebrachte Tunica Domini schon in constantinischer Zeit im sog. Quadratbau des Domes in einer „Memoria" verehrt worden sei,

[8a] Ausführlich dazu: Franz Ronig, Die Ausstattung des Trierer Doms. In: F. Ronig (Hrsg.), Der Trierer Dom. Jahrbuch Rhein. Verein f. Denkmalpflege und Landschaftsschutz 1978/79 (Neuss 1980), S. 285-196.

[9] Kötting (Anm. 3), S. 321-324; Friedrich Wilhelm Deichmann, Einführung in die christliche Archäologie (Darmstadt 1983), S. 54-67.

entspricht kein archäologischer Befund.[10] Zudem berichten erst die Gesta Treverorum zu Anfang des 12. Jahrhunderts vom Vorhandensein des hl. Rockes in Trier.[11]

Die Gräber der Bischöfe waren zunächst die bevorzugten Orte der Verehrung; so war es auch in der frühen Christengemeinde zu Trier. Gemäß antikem Brauch, der die Bestattungen innerhalb einer Stadt verbot, wurden auch in Trier die verstorbenen Bischöfe inmitten der Gräberfelder, die nördlich bzw. südlich vor der Stadtmauer gelegen waren, beigesetzt. Eine frühe Verehrung erfuhr das Grab des hl. Paulinus, der ab 347 Bischof von Trier war und der vom Kaiser Constantius II. wegen seiner Weigerung, den Athanasius zu verurteilen, mit der Verbannung bestraft wurde und deswegen, fernab von Trier, in Phrygien um das Jahr 358/359 gestorben war.[12] Der trierischen Überlieferung nach hat Bischof Felix (386-398) die Gebeine des hl. Paulinus aus Phrygien nach Trier überführen lassen und in einer auf dem nördlichen Gräberfeld neuerbauten Grabkirche beisetzen lassen.[13]

In diesem Zusammenhang ist die 1823 neben der Paulinuskirche aufgefundene und ins 6. Jahrhundert zu datierende Inschrift mit dem Grabgedicht für den Subdiakon Ursinianus zu erwähnen. Die Aussage, daß Ursinianus es verdient habe, „nahe den Gräbern der Heiligen zu ruhen" (Ursinianus..., qui meruit sanctorum sociari sepulcra), wird als ein frühes Zeugnis für den frühchristlichen Reliquienkult oder zumindest als Beleg für das Bestreben gewertet, in der Nähe von Heiligengräbern beigesetzt zu werden, um am Tage des Gerichts der besonderen Fürsprache der Heiligen teilhaftig zu werden.[14] Zusammen mit dem Grab des Bischofs Paulinus und anderer Trierer Bischöfe werden auch die Gräber der sog. trierischen Märtyrer in der Paulinuskirche verehrt, so daß hier, nach Meinung Enens, „großer Ablaß und Gnade zu verdienen (sei) für denjenigen, welcher in dieselbe (Kirche) um Beistand und Hülfe kommt".[15]

Über die Gestalt der Felix-Kirche und über die Art der Aufbewahrung der Gebeine des Bischofs Paulinus in dieser antiken Kirche gibt es bislang keine sicheren Anhaltspunkte. Zwar sind bei den verschiedenen Bauuntersuchungen im Bereich der heutigen barocken Paulinuskirche immer wieder antike Estrich- und Mauerreste aufgefunden worden, doch gestatten sie bislang keine gesicherte Rekonstruktion des spätrömischen Kirchenbaues. Die literarische Überlieferung berichtet, daß es eine über 120 m lange, der Muttergottes geweihte Basilika gewesen sei, die mehrfach renoviert wurde; sie wurde, wohl nach Bauarbeiten, im Jahr 1049 durch Papst Leo IX. zusätzlich zu Ehren des hl. Kreuzes und des hl. Paulinus neu geweiht.[16]

Genaueres über den Aufbewahrungsort des Paulinusgrabes erfahren wir erst aus der Paulinusvita und aus den Berichten über die im Jah-

[10] Durch seine Grabungen im Trierer Dom glaubte Theodor K. Kempf beweisen zu können, daß noch unter Constantin I. mit dem Umbau der Nordkirche und der Errichtung des sog. Quadratbaues begonnen worden sei, in dessen Zentrum ein zwölfeckiger Memorialbau mit einer „Reliquienkammer" errichtet worden sei, um dort eine „Herrenreliquie" aufzubewahren (vgl. dazu: Theodor K. Kempf, Das Haus der heiligen Helena. Neues Trierisches Jahrbuch 1978, Beiheft (Trier 1978). Die kritische Nachprüfung der Befunde zeigt indessen, daß der sog. Quadratbau erst in der zweiten Hälfte des 4. Jahrhunderts fertiggestellt wurde, wobei man offensichtlich auf den nur im Rohbau und wahrscheinlich nur in wenigen Steinlagen aufgeführten „Memorialbau" ganz verzichtete. Genaueres wird man zu diesem Problem erst sagen können, wenn alle Grabungsbefunde ausgewertet sind.

[11] Eine kritische Prüfung der Quellen unternahm Erwin Iserloh, Der Heilige Rock und die Wallfahrt nach Trier. In: Geist und Leben 32, 1959, S. 271-279.

[12] Zu Bischof Paulinus: vgl. Hans H. Anton, Trier im frühen Mittelalter. (Quellen und Forschungen aus dem Gebiet der Geschichte N. F. Heft 9) (Paderborn-München-Wien-Zürich 1987), S. 72-73, 78-79; zu den antiken und frühmittelalterlichen Grabstätten Trierer Bischöfe vgl. Ernst Gierlich, Die Grabstätten der rheinischen Bischöfe vor 1200. Quellen und Abhandlungen zur mittelrhein. Kirchengeschichte, Bd. 65 (Mainz 1990): zu Paulinus, S. 27-30.

[13] Zur Translation der Gebeine des Paulinus vgl. Anton (Anm.12), S. 74; Franz J. Heyen, Das Stift St. Paulin vor Trier. (Germania Sacra N. F. 6: Das Erzbistum Trier 1) (Berlin-New York 1972), S. 36, 266-273; vgl. auch L. Schwinden, in: Kat. Trier. Kaiserresidenz und Bischofssitz (Mainz 1984), S. 239-240 Nr. 127.

[14] Zur Inschrift des Ursinianus vgl. zuletzt: Lothar Schwinden, in: Kat. Trier. Kaiserresidenz und Bischofssitz (Mainz 1984), S. 231-232 Nr. 117.

[15] Enen (Anm. 1), S. 144.

[16] Zur Baugeschichte der Paulinuskirche vgl. Kdm. Rh. XIII,3, S. 325-349; Franz-Josef Heyen, Das Stift St. Paulin vor Trier (Berlin-New York 1972), S. 32-52.

re 1072 erfolgte Auffindung seines Grabes. Schon die in der zweiten Hälfte des 10. Jahrhunderts entstandene ältere Paulinusvita berichtet, daß der aus Phrygien nach Trier zurückgeführte Sarg nicht weit von einem Oratorium des hl. Maximinus in einer neu erbauten Krypta der Marienkirche beigesetzt worden sei, wobei man den Sarkophag in der Mitte der Krypta an eisernen Ketten aufgehängt habe (...in sarcophago cum catenis ferreis in cryptae medio pendere fecerunt).[17] Demnach müßte in der Felix-Basilika eine Krypta vorhanden gewesen sein, die irgendwann zwischen 882, dem Normannenüberfall auf Trier, und 1072, dem Jahr ihrer Wiederauffindung, verschlossen und verborgen worden sein muß. Über die Gestalt dieser spätantiken „Krypta" existieren keine genauen Angaben. Es heißt in der Trierer Märtyrerlegende lediglich, daß Bischof Felix den hl. Paulinus inmitten der 13 Särge mit den Gebeinen der trierischen Märtyrer habe beisetzen lassen. Mit diesen trierischen Märtyrern sind einmal die legendarischen Soldaten der sog. Thebäischen Legion unter ihrem Anführer Thyrsus sowie sieben Senatoren und vier Patrizier der Stadt mit dem Konsul Palmatius gemeint, die alle zusammen wegen ihres christlichen Glaubens im Jahre 286 unter dem Kaiser Maximinian in Trier das Martyrium erlitten haben sollen.[18] Die bei der Wiederentdeckung der Gruft aufgefundene Bleitafel nannte in ihrer Inschrift die in der Gruft Bestatteten und gab auch eine Lokalisierung ihrer Gräber: „In der Mitte ist der Körper des hl. Paulinus ... an eisernen Ketten aufgehängt ... Derjenige also, welcher auf der rechten Seite des hl. Paulinus bestattet ist, wurde Palmatius genannt, ... der aber, welcher auf der linken Seite liegt, heißt Thyrsus ..; am Haupte dieses hl. Paulinus liegen sieben hochedle Senatoren dieser Stadt: ... der in der Mitte von ihnen heißt Maxentius, der zunächst rechts Constantius, dann folgt Crescentius und nachher Justinus. Diejenigen aber, welche auf der linken Seite des Maxentius liegen, waren rechte Brüder, der ältere von ihnen, zunächst dem Maxentius, ist Leander, neben welchem Alexander liegt, dann Sother. Aber zu Füßen des hl. Paulinus ruhen auf beiden Seiten vier Männer ... Von den Zweien, welche gegen Süden liegen, heißt der Eine, der Innere, Hormisda, der Äußere aber Papirius; von denen aber, deren Seiten nach Norden gekehrt sind, wird der Eine, der Innere, Constans, der Äußere Jovianus genannt."[19] Aufgrund dieser Angaben wird eine möglicherweise zentralbauartige Grabgruft für den Paulinus angenommen, wobei unklar bleibt, ob dieses Monument früher als die Kirche dort gestanden hat, oder ob die Krypta später der Kirche hinzugefügt wurde, wie es die Paulinusvita berichtet. Vor 1072 hatte dieser Kryptenraum jedenfalls keinen Zugang mehr; über ihm befand sich der Hochaltar, der 1072 abgebrochen wurde, da man unter ihm das Grabgewölbe mit dem Paulinus und den Märtyrern zu finden hoffte. Nachdem sich diese Erwartungen erfüllt hatten, sind nach den Angaben der Historia martyrum offensichtlich sofort Bauarbeiten an der wiederentdeckten Grabgruft erfolgt, um sie der Allgemeinheit zugänglich zu machen. Man erweiterte den Bau nach Westen und schuf eine Verbindung zu der westlich gelegenen Stollenkrypta, die sich unterhalb des Clemens-Altares vor den Chorschranken befand. Es wird angenommen, daß diese Krypta mit ihrem Querstollen bei den Umgestaltungen der Paulinuskirche unter Bischof Eberhard (1047-1066) entstand, in die er die Gebeine der Bischöfe Bonosus, Abrunkulus und Modoald beisetzen ließ. Dazu benutzte man drei, in den Kirchen-

[17] Dazu vgl. Heyen (Anm. 16), S. 36-42. Die im 11. Jahrhundert entstandene Historia martyrum erzählt sogar eine ältere Geschichte, daß nämlich noch beim Überfall der Normannen im Jahre 882 der Sarg des Paulinus an Ketten gehangen habe und daß er, nachdem die Ungläubigen die Ketten durchtrennt hätten, auf wunderbare Weise schwebend frei im Raum verblieben sei. Die in den Jahren 1402 und 1883 erfolgten Öffnungen des Paulinussarges zeigten, daß die Gebeine in einem Zedernholzsarg bestattet sind, der außen mit zahlreichen Beschlägen geschmückt ist. Zudem sind auf der Unterseite zwei Eisenbänder befestigt, die auf die Längsseiten umgreifen und Halteringe aufweisen, die sowohl zum Transport als auch zum Aufhängen des Sarges dienen konnten (vgl. dazu Katalog Trier. Kaiserresidenz und Bischofssitz. (Mainz 1984), S. 239-240 Nr. 127. Damit erinnert der Paulinussarg an den sog. Andreastragaltar im Trierer Domschatz, an dessen Löwenfüssen ebenfalls Ringe befestigt sind und auch an eine Aufhängung des Reliquiars denken lassen (dazu vgl. Katalog Schatzkunst Trier, Bd. I (Trier 1984), S. 96-97 Nr. 23).

[18] Zur Märtyrerlegende vgl. Heyen (Anm. 16), S. 308-323.

[19] Übersetzung des Textes der Bleitafel vgl. Philipp Schmitt, Die Kirche des hl. Paulinus bei Trier, ihre Geschichte und ihre Heiligtümer (Trier 1853), S. 122-123; zur Bewertung der gefälschten Bleitafel vgl. Heyen (Anm. 16), S. 309.

boden eingelassene wiederverwendete antike Sarkophage, deren Vorderseiten in der Krypta sichtbar waren. Vor der Neubauweihe der Paulinuskirche im Jahre 1049 durch Papst Leo IX. muß diese Krypta fertig gewesen sein; von der „Paulinusgruft" hatte man damals wohl noch keine Ahnung.[20] Wenig später, nach Erweiterung der „Paulinusgruft" wurde im Jahre 1093 die alte Paulinuskirche durch Brand zerstört. Ein Neubau wurde sofort in Angriff genommen, so daß schon 1107 in der erneuerten Paulinuskrypta wieder der Chorgottesdienst gefeiert werden konnte; die neue Kirche ist jedoch erst 1148 durch Papst Eugen III. geweiht worden.

Die anläßlich der Renovierung der barocken Paulinus-Krypta 1979 durch das Bischöfliche Museum Trier durchgeführten Bauuntersuchungen erlaubten unter dem Plattenboden die Freilegung des Estriches der spätromanischen Krypta.[21] Ihr zweijochiger westlicher Teil war wie ihre barocke Nachfolgerin dreischiffig und besaß ebenfalls zwei Seitenaltäre, die aber erst später errichtet worden sind. Der östliche Teil der Krypta des 12. Jahrhunderts war indessen wie eine Umgangskrypta gestaltet mit einem sechseckigen Mittelteil; in oder auf ihm stand wohl der Sarg des Paulinus, flankiert von den Särgen des Palmatius und des Thyrsus. Ringsum waren die Särge der anderen trierischen Märtyrer angeordnet, so wie es der Text der Bleitafel von 1072 beschreibt (Abb. 23).

Der östliche Teil der spätromanischen Krypta lag gegenüber dem westlichen Teil um zwei Stufen höher; dabei zeigten die Kalksteinstufen an den Seiten starke Abnutzungsspuren, aus denen erkennbar war, daß ein reger Pilgerbesuch stattgefunden haben muß. Offenbar wurden die Pilger um das Paulinusgrab herumgeleitet. Die Untersuchung der Befunde unter dem Estrich der spätromanischen Krypta ergab Hinweise auf eine ältere Kryptenanlage, die wohl eine Ostapsis hatte und einen rechteckigen westlichen Teil besaß. Aufgefundene Architekturfragmente lassen vermuten, daß es sich um einen Bau des 11. Jahrhunderts handelt; zumindest wurde, wie es die Quellen auch berichten, an dem Vorgängerbau der spätromanischen Krypta im 11. Jahrhundert gebaut. Römische Mauerreste wurden hingegen nicht festgestellt.[22]

Nach der Zerstörung der spätromanischen Kirche durch die Sprengung der Franzosen (1674) errichtete man den heutigen barocken Neubau der Kirche (Weihe 1757). Die Paulinus-Krypta wurde nicht nur in denselben Ausmaßen angelegt, sondern man beließ auch die Sarkophage weitgehend an ihren angestammten Orten: Bemerkenswert ist indessen, daß man den äußeren Sandsteinsarkophag des Paulinus auf vier niedrige Stützen stellte, die später durch barocke Sockelplatten verkleidet wurden. Wollte man somit die Tradition des nicht auf der Erde stehenden „schwebenden" Paulinusgrabes wahren? Außen erhielt der Sandsteinsarkophag eine barocke Dekoration. Die Gebeine des Palmatius und des Thyrsus wurden in neuen Grabkisten bestattet. Die anderen Särge wurden beibehalten und mit barocken Sockelplatten umgeben; ferner wurden die Kryptaaltäre einschließlich des Paulinusaltares neu gestaltet (Abb. 24).

Über die Wallfahrt und die Verehrung des Paulinus, der trierischen Märtyrer und der anderen in St. Paulin bestatteten trierischen Bischöfe geben die Schriftquellen wenig her. F.-J. Heyen kommt in seiner ausführlichen Untersuchung über das religiöse und geistige Leben im Stift St. Paulin zu dem Ergebnis, daß es „organisierte und über Generationen hin beibehaltene Pilgerfahrten zu den in St. Paulin begrabenen Bischöfen oder den Trier-St. Pauliner Märtyrern nicht gegeben hat".[23] Dennoch scheint St. Paulin immer wieder besucht worden zu sein, vor allem in Zusammenhang mit den Pilgerfahrten zum Hl. Rock im Trierer Dom oder zum Grab des hl. Matthias. Es fehlte zwar nicht an Versuchen, den Reliquienschatz von St. Paulin den Pilgern attraktiver werden zu lassen, doch of-

[20] Vgl. dazu die Angaben bei Heyen (Anm. 16), S. 32-42.
[21] Die Grabungsergebnisse sind bislang noch nicht publiziert.
[22] Schon Schmitt (Anm. 19), S. 421, konnte bei seinen Untersuchungen in der Krypta keine „römische Bauart" feststellen.
[23] Heyen (Anm. 16), S. 349; vgl. auch S. 263-265; bei Enen (Anm. 1) heißt es S. 147 nur: „Außer diesen oben beschriebenen Heiligen ist noch viel Heiligthum in derselben Kirche, welches man zu einigen Zeiten des Jahres zu zeigen pflegt."

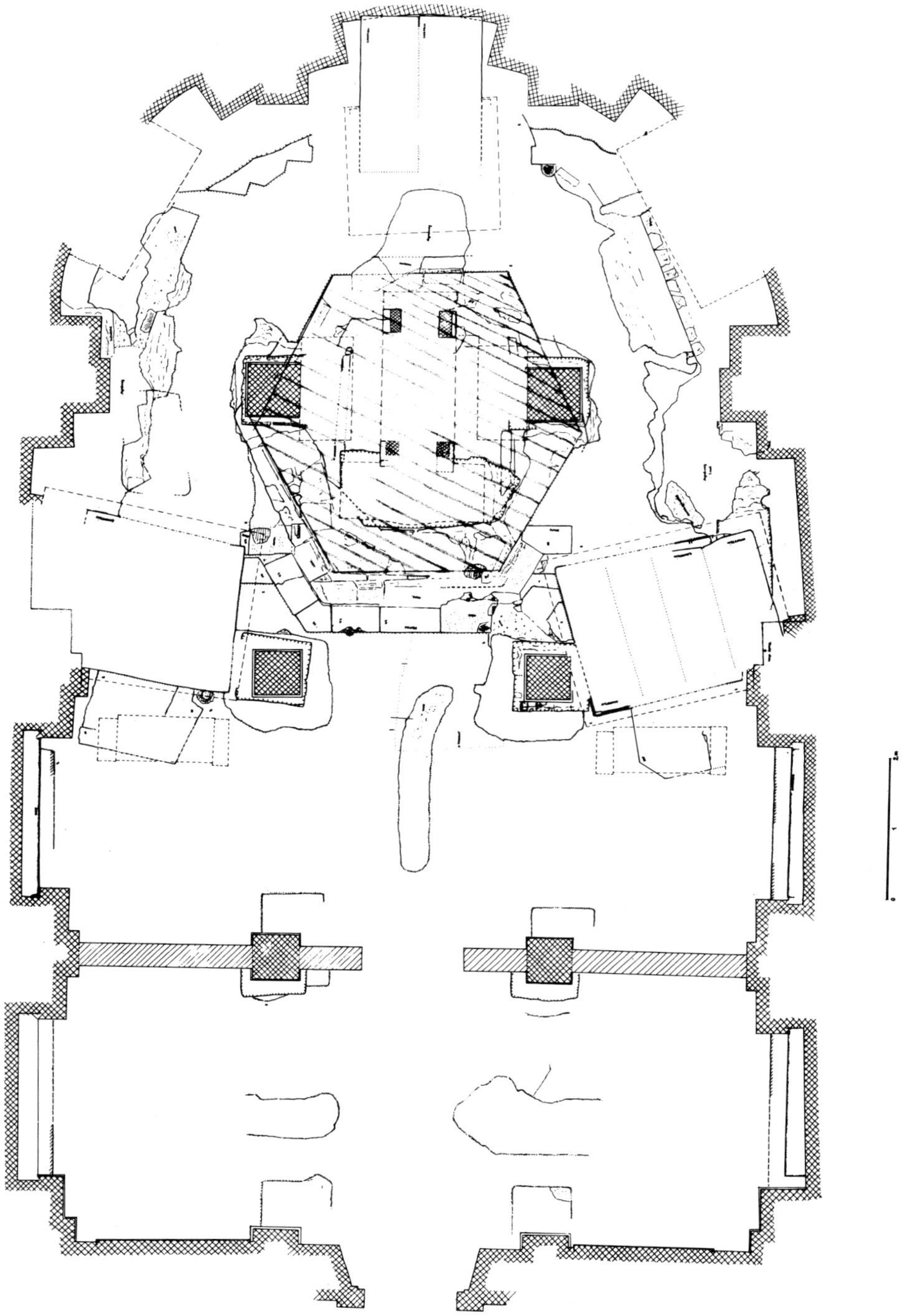

Abb. 23) Trier, St. Paulin: Paulinuskrypta. Schraffierte Fläche: Standort des Paulinussarges.

Abb. 24) Trier, St. Paulin: Paulinussarg nach der barocken Umgestaltung.

fensichtlich ohne großen Erfolg. Erst spät ist nach F.-J. Heyen der Besuch in St. Paulin anläßlich der sog. Märtyrertage (4.-6. Oktober) üblich geworden; einen ersten Nachweis erbringt die Präsenzrechnung für das Jahr 1611.[24] Dieser Brauch hat sich allerdings bis heute erhalten.

Nicht weniger bedeutsam wegen seiner Bischofsgräber war die ehemalige Abteikirche St. Maximin, ebenfalls auf dem nördlichen Gräberfeld der antiken Stadt gelegen und, wie St. Paulin, auf einen christlichen Coemeterialbau zurückgehend.[25] Hier lagen als Hauptwallfahrtsziel in einer Krypta unter dem Hochaltar die Gräber der trierischen Bischöfe Agritius, Maximinus und Nicetius.[26] Daneben besaß St. Maximin noch andere Bischofs- und Heiligengräber nebst zahllosen anderen Reliquien, ob es nun der „Kamm der Muttergottes" oder das „Abendmahlsmesser" war. Deswegen schreibt Enen: „Dieses Kloster ist mit vielem hochwürdigen Heiligthum begabet, geheiliget und gezieret, welches man zu etlichen Zeiten des Jahres zu zeigen pflegt, einen Theil auf unseres Herrn Auffahrtstag, und den anderen von sieben zu sieben Jahren auf Sanct Kilianstag."[27] Die im 6. Jahrhundert durch Gregor von Tours überlieferten Wunderberichte am Grabe des hl. Maximin belegen, daß schon früh auch sein Grab ein viel besuchtes Ziel der Pilger gewesen war. Einer der berühmtesten frühmittelalterlichen Besucher war Karl Martell, der von dem wundertätigen Ort hörte und sich nach Trier bringen ließ, wo er in der Krypta beim Grabe Maximins von seinem Fieber geheilt wurde; auch ein Enkel des Königs Pippin fand wunderbare Heilung, so daß sich das Kloster Maximin fortan umfangreicher königlicher Schenkungen erfreuen konnte: „Es ist ein gar herrliches Kloster, mit vielen Privilegien und Freiheiten durch die Römischen Kaiser und die Päpste begabt."[28]

Durch die archäologischen Untersuchungen der letzten Jahre wurde deutlich, daß der Ausgangspunkt des heiligen Ortes zwei nebeneinanderliegende römische Grabgewölbe (Kammern C und E) waren, die als „Zweikammerbau zentraler Bestandteil zugleich der spätantiken wie ottonischen Anlage darstellten".[29] Sie

[24] Heyen (Anm. 16) S. 350 Anm. 1.

[25] Die Grabungen der letzten Jahre haben einen Coemeterialbau des 4. Jahrhunderts ergeben, der vermutlich mit der in der trierischen Tradition überlieferten und von dem Trierer Bischof Agritius erbauten Johanneskirche zu verbinden ist. Dazu vgl. Heinz Cüppers, in: Kat. Trier. Kaiserresidenz und Bischofssitz (Mainz 1984), S. 232-234 Nr. 118; zuletzt Heinz Cüppers, Die Römer in Rheinland-Pfalz (Stuttgart 1990), S. 641-646; dazu auch Gierlich (Anm. 12), S. 24-26.

[26] Warum Enen (Anm. 1) das Grab des Agritius nicht erwähnt, obwohl es Johannes Scheckmann 1512 nennt, ist unklar. Da Enen den Agritius auch nicht unter den Bischofsgräbern in St. Matthias aufführt, wollte er sich wohl aus dem Streit über den wahren Begräbnisort des Agritius zwischen den Mönchen von St. Maximin und denen von St. Matthias heraushalten.

[27] Enen (Anm. 1), S. 165.

[28] Enen (Anm. 1), S. 165.

[29] Matthias Exner, Die Fresken der Krypta von St. Maximin in Trier und ihre Stellung in der spätkarolingischen Wandmalerei. Trier. Zeitschr., Beiheft 10 (Trier 1989), S. 38; die älteren Grabungsbefunde, vor allem in der Außenkrypta hat Warren Sanderson, Die frühmittelalterlichen Krypten von St. Maximin in Trier. In: Trier. Zeitschr. 31, 1968, S. 5-175, bekannt gemacht. Die neuen Untersuchungen, vor allem, was die ottonischen und jüngeren Bauphasen angeht, bearbeitet derzeit Adolf Neyses (vgl. dazu: Adolf Neyses, Die früh-ottonische Abteikirche St. Maximin in Trier. Vorbericht zu den jüngsten Grabungen und Bauforschungen des Rheinischen Landesmuseums Trier. In: Kunstchronik 42, 1989, S. 102-109). Herrn A. Neyses verdankt der Verf. zahlreiche Hinweise zu den Krypten von St. Maximin.

waren einst nur durch einen an der Nordseite gelegenen Korridor A zugänglich (Abb. 25). Diese Situation entspricht der Schilderung des Gregor von Tours: Danach stieg zur Zeit des Trierer Bischofs Nicetius (525/526-566) ein Diakon in die Krypta, um durch einen Eid am Grab des hl. Maximin den ihm gemachten Vorwurf des Ehebruchs zu entkräften. So gelangte der Diakon zunächst über Treppen in einen Vorraum hinunter, dann in eine zweite Vorkammer, um von dort aus die Hauptkammer mit dem Grab des Heiligen zu betreten.[30] Da durch die neuen archäologischen Untersuchungen sicher scheint, daß die Kammern C und E antiken Ursprungs sind, gibt es an der Identifizierung dieser Örtlichkeit mit den bei Gregor von Tours genannten Kammern keinen Zweifel. Die genaue Lage des Maximingrabes in der Kammer E ist nicht ganz sicher; in der Nähe müßte auch das Grab des Bischofs Agritius gewesen sein.[31] Nach Aussage der Schriftquellen wurden die Gebeine der Heiligen wegen eines Hochwassers von einem gewissen Bischof Hildulph an einen anderen, wohl höher und sicherer gelegenen Ort transferiert. Die Historiker meinen, daß möglicherweise der hl. Willibrord bei einem seiner Besuche in Trier (vielleicht im Jahre 698) an dieser Translation teilgenommen hat.[32] Es wird jedoch aus dem Bericht nicht deutlich, wo dieser höher gelegene neue Platz gewesen ist; manche nehmen an, daß es schon die Stelle gewesen sei, wo später die Innenkrypta errichtet worden ist, andere halten einen Platz hinter dem Hochaltar, vielleicht in Form von Erdgräbern mit „darüber errichteten Tumben" für möglich.[33] Vor dem Überfall der Normannen im Jahre 882, bei dem auch das Kloster und die Kirche des hl. Maximin eingeäschert worden waren, hatte man die Gebeine des hl. Bischofs Maximin so gut verborgen, daß man sie zunächst nicht mehr wiederfand; von Agritius und Nicetius ist nicht die Rede. Dies scheint in Trier vor dem Ansturm der Normannen eine allgemeine Vorsichtsmaßnahme gewesen zu sein, denn die Gesta Treverorum berichten, daß man alle Kostbarkeiten in unterirdischen Höhlen (in subterraneis specubus) verbarg: „Auch die Sarkophage der Heiligen verbargen sie tief in der Erde, damit ihre Gebeine nicht der Wut der Barbaren zum Spotte dienen würden".[34] Erst unter Bischof Radbod (883-915) wurden, wie der Mönch Sigehard berichtet, die Gebeine des Maximinus (die anderen Bischöfe werden wieder nicht genannt) in einer kleinen Krypta (‚crypta parvula') wiederentdeckt.[35] Welcher Ort genau mit dieser „kleinen Krypta" gemeint ist, ist unsicher. Nach Sigehard hat der Nachfolger Radbod's, Bischof Ruotger, die Gebeine wieder an dem Ort bestatten lassen, wo sie vor dem Normannensturm gewesen sind. Wenn dies westlich der alten Kryptakammer E gewesen ist, dann gewinnt auch die um 900 erfolgte Umgestaltung dieser Kammer eine zusätzliche Bedeutung: vor ihrer Westwand errichtete man eine Brüstung und in der Mitte davor einen Blockaltar; Brüstung, Westwand und Gewölbe der Kammer E wurden neu ausgemalt.

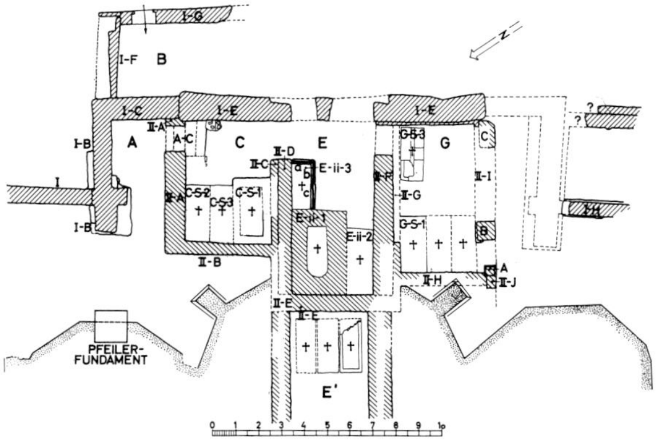

Abb. 25) Trier, St. Maximin: Rekonstruierter Grabungsplan der mittelalterlichen Krypta.

Bemerkenswert ist vor allem die Dekoration der Brüstungswand mit den Darstellungen der Märtyrer und Märtyrerinnen, die in besonderer

[30] Gregor v. Tours, Liber in gloria confessorum, cap. 91 (MGH SS rer. Mer. I, 2, 1885, S. 807).

[31] Die Ausgräber vermuten die beiden, mit Stuck oder Marmor verkleideten Ziegeleinbauten E-ii-1 und E-ii-2 als Grabstätten, wobei der erstgenannte Einbau mit Sicherheit einst eine Bestattung aufgenommen hat (vgl. Sanderson (Anm. 29), S. 31-32, 70; Exner (Anm. 29), S. 41). Sanderson (Anm. 29), S. 35-36 vermutet, daß auch der Bereich E-ii-3 ein Grab aufgenommen hat; vielleicht war es das des Nicetius?

[32] Sanderson (Anm. 29), S. 74-75.

[33] Exner (Anm. 29), S. 39-40.

[34] Gesta Trev. cap. 27; vgl. Übersetzung E. Zenz, Die Taten der Trierer Bd. I (Trier 1955), S. 55.

[35] Sigehard v. Maximin, Historia Miraculorum (AA SS Maii tom. VII, S. 27); zitiert bei Exner (Anm. 29), S. 215.

Weise an die Nachfolge Christi erinnern und somit den Besucher auch auf die möglicherweise hinter der Westwand liegenden Trierer Bischöfe und Glaubenszeugen hinwiesen.

Unter dem Abt Ogo wurde ab 934 der große Neubau der ottonischen Klosterkirche (erste Teilweihe 942, Weihe der Außenkrypten 952) errichtet, die unter dem Hochaltar, westlich der alten Mittelkammer E eine neue, höher gelegene Innenkrypta (Kammer E') erhielt; hierhin wurden 942 die Gebeine der hl. Bischöfe Agritius, Maximinus und Nicetius übertragen. In seinem Bericht teilt Johannes Scheckmann 1512 mit, daß das Grab des Maximin in der Mitte angeordnet gewesen sei, rechts von ihm das des Agritius; links habe man Nicetius bestattet (... preciosa corpora beatorum archipontificum trevirorum ... levata sunt et translata in novam ecclesiam repositaque sub summo altari in diversis sarcophagis ... Tres priores coniunctim; Maximinus quidem medius, Agricius a dextris, Nicetius a sinistris).[36] Aufgrund der älteren Beschreibungen müssen die drei Sarkophage als Grablegen der Bischöfe Agritius, Maximinus und Nicetius bezeichnet werden. Die östlich davorliegende doppelgeschossige Außenkrypta wird demgemäß nunmehr „crypta ad pedes Sanctorum confessorum Maximini, Agritii, Nicetii" genannt. Als F. Kutzbach 1936/37 im Bereich der heutigen, dem hl. Maximin geweihten Innenkrypta archäologische Untersuchungen vornahm, wurden unterhalb des Fußbodens vor der Ostwand zwei nebeneinander stehende Sarkophage und der Deckelrest eines dritten gefunden. Vom mittleren Kalksteinsarkophag war nur noch der Boden mit Resten der Seitenteile (etwa 38 cm hoch) erhalten, wobei eine Längsseite Spuren dreier frühchristlicher Reliefsszenen aufweist.[37]

Am Kopfende, also westlich vor den drei Sarkophagen, stand damals schon ein „zu Ehren der Trierer Bischöfe" geweihter Altar. Wohl bei einer der zahlreichen kriegerischen Unruhen wurden im Laufe des 16. Jahrhunderts die drei Sarkophage in der Innenkrypta zerstört; bei der folgenden Renovierung mußte der Fußboden der Krypta höher gelegt werden, so daß er die Sarkophagreste bedeckte. Ein Detailgrundriß der Krypta dieses Zustandes überliefert der Maximiner Mönch P. Claudius Antony, der in der 2. Hälfte des 17. Jahrhunderts mehrere Ansichten der 1674 zerstörten mittelalterlichen Kirche gezeichnet hat (Abb. 26). Der in einer Kartusche dargestellte Grundriß zeigt die tonnengewölbte Innenkrypta (Nr. 21: „Crypta S. Maximini, infra Aram Sepulchra SS. Maximini, Agritii et Nicetii Archiep(isco)porum"); in der Mitte lag, drei Stufen höher, der Altar mit den Gräbern der drei Bischöfe. Seitlich ermöglichten schmale Durchgänge ein Umschreiten des Altares und der Bischofsgräber. Ein Durchgang zur Außenkrypta war damals noch nicht gegeben, sondern man gelangte über die Seitenstollen (Nr. 26: „Ingressus in Cryptas subterraneas") in die Außenkrypta. Wie die Innenansicht der Kirche lehrt, war die Mittelkrypta vom Mittelschiff aus durch einen breiten Treppenabgang zu betreten. Bei der Sprengung der Kirche durch die französischen Soldaten (1674) blieb die Innenkrypta offensichtlich weitgehend erhalten.[38] Unter Abt Alexander Henn (1680-1698) begann man mit einem Wiederaufbau der Kirche, wobei die Innenkrypta mit Altar und Bischofsgräbern fast unverändert beibehalten wurde; im Scheitel der Ostapsis befand sich nunmehr ein Durchgang zur oberen Außenkrypta.[39]

Diese Situation ist in einer Plankopie dargestellt, die 1855 H. J. Grewelding gezeichnet hat (Abb. 27). A. Neyses fand im Stadtarchiv Trier die Originalvorlage, auf der hinter dem Kryptaaltar die Gräber der Bischöfe als „Tumb(ae) s(anctorum) Maximini, Agritii et Ni-

[36] Dazu vgl. Sanderson (Anm. 29), S. 95.
[37] Die Fundsituation verdeutlicht das in der Abb. 27 bei Sanderson (Anm. 29), Seite 146 abgebildete Foto. Der figürliche Sarkophag wurde in den 1960er Jahren im Rhein. Landesmuseum Trier ergänzt. F. Gerke sah in ihm die Grablege des Agritius, während die mittelalterliche Überlieferung den mittleren Sarkophag eindeutig als Grab des hl. Maximin anspricht. Zuletzt dazu L. Schwinden, in: Kat. Trier. Kaiserresidenz und Bischofssitz (Mainz 1984), S. 235-236, Nr. 121.
[38] Die vor der Zerstörung von Antony gezeichnete Innenansicht mit Blick nach Osten zeigt den Mittelabgang zur Maximinkrypta (vgl. Kdm. Rh. XIII,3, S. 298 Abb. 223; dort auch im Lageplan der Detailgrundriß mit der Krypta).
[39] Zum Wiederaufbau vgl. Kdm. Rh. XIII,3, S. 301-302.

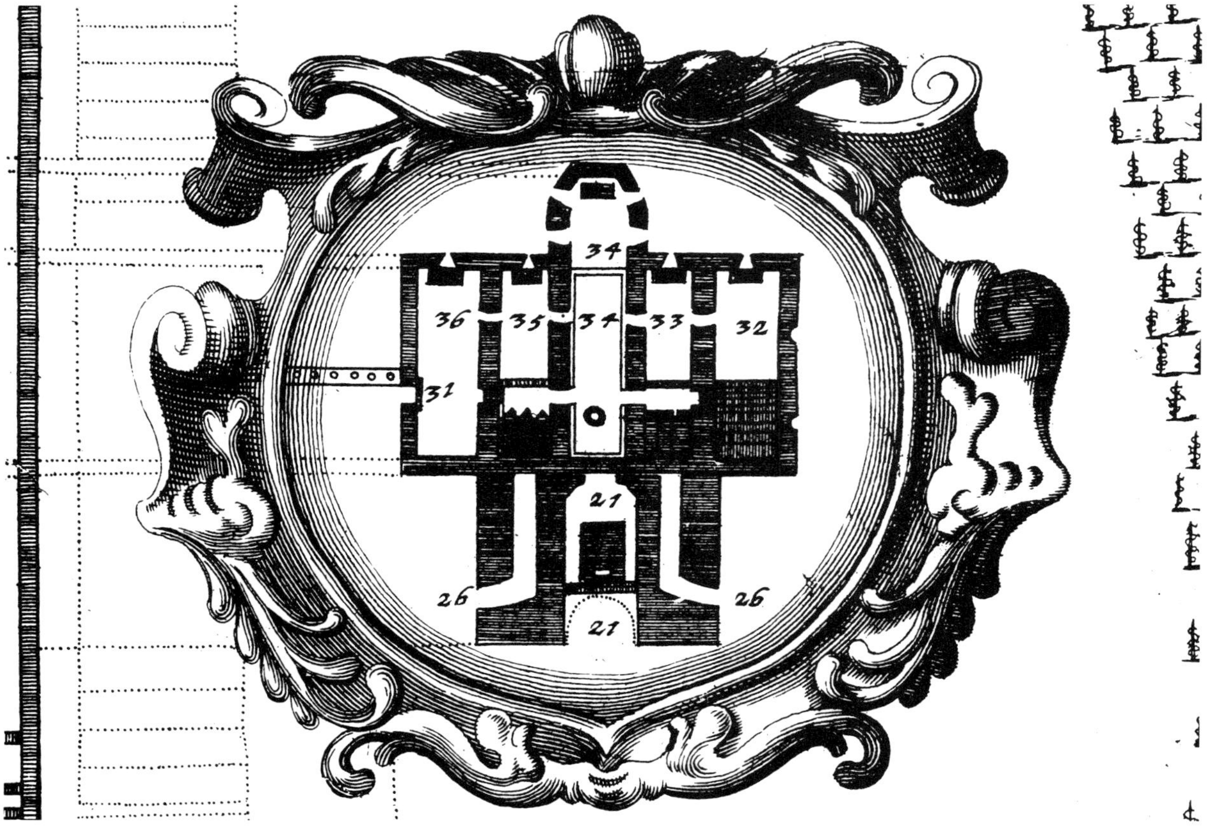

Abb. 26) Trier, St. Maximin: Innenkrypta. Detail aus dem Plan Anthonis.

cetii" bezeichnet sind.[40] Franz Tobias Müller, der die Situation noch selbst gesehen hat, beschreibt die Krypta folgendermaßen: „Mitten unter der Standfläche des Hauptaltares lag der Eingang zu der ersten Gruft mit dem Altare des hl. Maximinus, oder besser gesagt, der hhl. Trierischen Bischöfe, hinter welchem drei steinerne Särge mit kunstvoll verzierten hölzernen Deckeln standen, und welche die Aufschriften St. Agritius, St. Maximinus, St. Nicetius trugen".[41] Er berichtet ferner, daß nach 1794 durch Franzosen auch die Särge mit den sterblichen Resten der drei Bischöfe zerstört und die Eingänge zur Gruft vermauert worden seien.[42] Im Zuge der Säkularisation wurde die Maximinkirche profaniert und schließlich zu einer Kaserne umgebaut. Erst der preußische König Friedrich Wilhelm IV. ließ den östlichen Teil der Maximinkirche als katholische Garnisonskirche wiederherstellen (Weihe 1876). Dabei wurde nach den Plänen des Trierer Architekten Reinhold Wirtz sen. auch die Innenkrypta wieder hergerichtet und erhielt damals erst ihre beiden Seitenkammern, so daß sie nunmehr einen kreuzförmigen Grundriß bekam; an der Ostwand der Krypta wurde ein Altar aufgestellt und statt des ehemaligen Durchganges zur nicht wiederaufgebauten Außenkrypta ein maßwerkgeschmücktes Rundfenster angelegt. Auch der Mittelabgang vor den Chorstufen wurde in leicht veränderter Form wiederhergestellt. Ein Heiligengrab hat es offensichtlich damals nicht mehr in der Krypta gegeben (Abb. 28).

[40] Sanderson (Anm. 29), S. 130 Abb. 6, bildet die Plankopie Greweldings ab, die sich ebenfalls im Stadtarchiv befindet; das Original war ihm offenbar unbekannt.

[41] Chr. Lager hat das im Bistumsarchiv Trier befindliche Manuskript des Franz Tobias Müller teilweise veröffentlicht und durch zusätzliche Angaben ergänzt (Chr. Lager, Die Kirchen und klösterlichen Genossenschaften Triers vor der Säkularisation nach den Aufzeichnungen Fr. Tob. Müller und anderen Quellen (Trier o.J.), S. 163).

[42] Lager (Anm. 41) S. 159, 161.

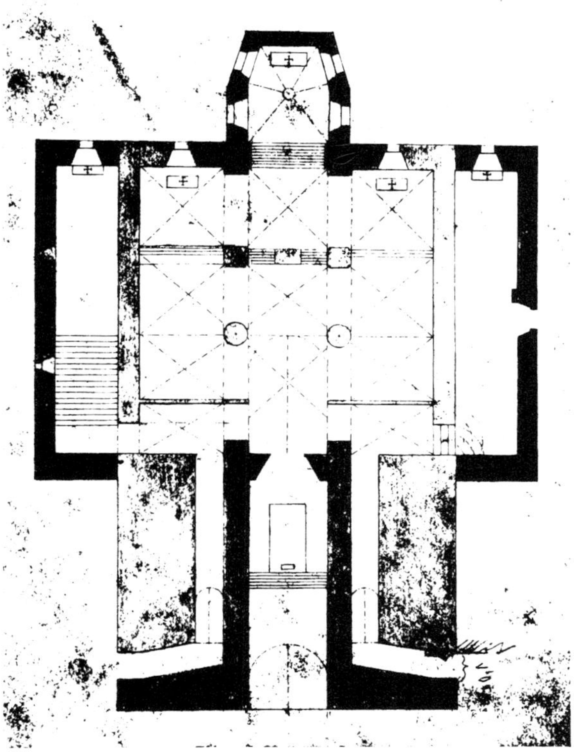

Abb. 27) Trier, St. Maximin: Innenkrypta nach der Zeichnung Greweldings.

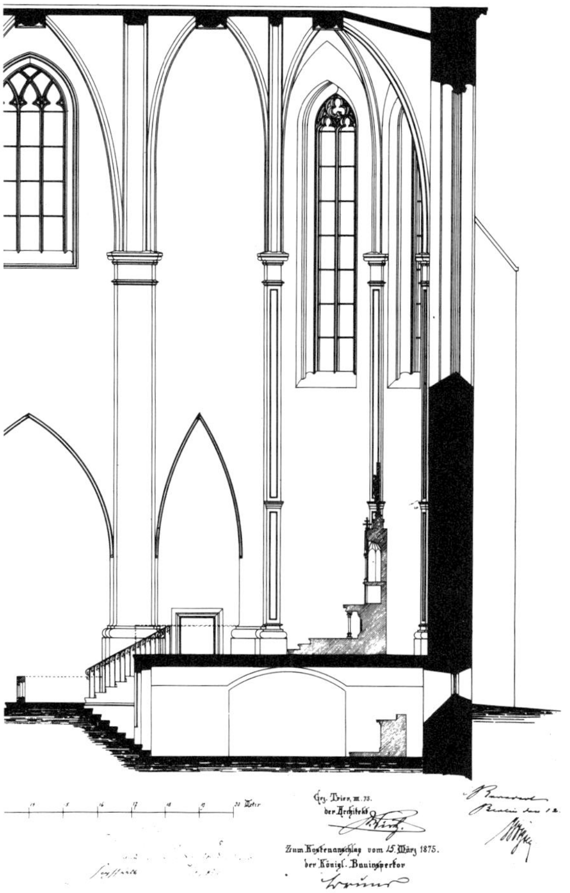

Abb. 28) Trier, St. Maximin: Entwurfszeichnungen von R. Marx, 1875.

Erst die Ausgrabungen von 1936 machten die Krypta als Gottesdienstraum unbrauchbar. Die nach Abschluß der wissenschaftlichen Untersuchungen im Jahre 1991 durchgeführte Konservierung des gesamten Ausgrabungsbereiches umfaßt auch die Innenkrypta, in der wieder der reliefgeschmückte Sarkophag des heiligen Maximin aufgestellt werden wird, um auf diese Weise den besonderen historischen Wert dieses Ortes zu betonen.

Schließlich muß auch die Grabstätte der beiden ersten Bischöfe Triers, des hl. Eucharius und des hl. Valerius, genannt werden, die auf dem südlichen Gräberfeld der antiken Stadt beerdigt worden waren. Nach dem Bericht der Gesta Treverorum hat Eucharius selbst vor der Porta Media eine Johanneskirche erbauen lassen, in der er auch beigesetzt worden ist.[43] Später habe nach den ‚Gesta' der Bischof Cyrillus die „cella" des hl. Eucharius, die nach einem Brand verödet war, wieder herstellen lassen. Nicht weit davon habe er zudem ein Kloster (monasterium) eingerichtet (constituit) und dorthin die Gebeine des hl. Eucharius und seiner Nachfolger überführen lassen; neben den Gebeinen der Heiligen habe auch er selbst dort seine letzte Ruhe gefunden.[44] Mit den Nachfolgern des hl. Eucharius meinen die Verfasser der Gesta Treverorum, die seit dem 12. Jahrhundert von Mönchen des Euchariusklosters geschrieben wurden, die heiligen Bischöfe Valerius und Maternus. Dabei ist jedoch bedeutsam, daß neben dem hl. Eucharius nur sein

[43] Gesta Trev. cap. 15; vgl. Zenz (Anm. 34), Bd. I, S. 35; zu Eucharius und Valerius vgl. auch Gierlich (Anm.12), S. 14-17.
[44] Gesta Trev. cap. 23; vgl. Zenz (Anm. 34), Bd. I, S. 47. Die Übersetzung ist hier ungenau, da von einer „Wiederherstellung" des Euchariusklosters durch Cyrillus die Rede ist, was dem lateinischen Text nicht entspricht.

Nachfolger Valerius beigesetzt worden war, so wie die Gräber noch heute in der Krypta von St. Matthias nebeneinander stehen, während der hl. Maternus nördlich der Kirche ursprünglich in einem eigenen Grabbau beerdigt war.[45] Eine Bestätigung für die Anlage der beiden Gräber des Eucharius und Valerius findet sich durch die nur in einer Abschrift bei Alexander Wiltheim und Christoph Brower überlieferte Inschrift:

„Wie schön vereint die göttliche Allmacht in Eintracht die Gebeine der beiden Priester, die dieses Grab schmückt.
Eucharius und Valerius werden zugleich genannt.
Froh, den zum Sieg bestimmten Gebeinen die Stätte zu bereiten, setzt den heiligen Mitbrüdern diesen Altar Cyrillus und schmückt als heiliger Erbauer ihres Leibes Herberge".[46]

Wenn man die Aussagen der Gesta Treverorum mit der Inschrift des Cyrillus, die das erste Zeugnis für die Verehrung des hl. Eucharius und des hl. Valerius darstellt, vergleicht, so ergeben sich gewisse Unterschiede. Nach den „Gesta" soll es schon vor der Zeit des Cyrillus (er war Trierer Bischof von etwa 450 bis 475) eine wie auch immer geartete „Cella" gegeben haben, die mit Eucharius in Zusammenhang gestanden habe. Wenn es seine erste Grablege war, dann müßte es die von den „Gesta" genannte Johanneskirche gewesen sein, die so ähnlich wie in St. Maximin als Grabkirche zu deuten wäre. Interessant ist, daß dann nach den „Gesta" Cyrillus unweit des alten Ortes ein Kloster (Monasterium...non longe a priori loco constituit) eingerichtet hat, in dessen Kirche, die zwar nicht genannt, aber doch anzunehmen ist, er die Heiligen neu bestatten ließ. Im Gegensatz zu der von den Mattheiser Mönchen in den „Gesta" überlieferten Tradition nennt die Inschrift des Cyrillus aus der 2. Hälfte des 5. Jahrhunderts keine ältere „Cella Sancti Eucharii" und berichtet auch nicht von einer Klostergründung durch Cyrillus; es ist lediglich anzunehmen, daß Cyrillus über den Gräbern der beiden Bischöfe eine Coemeterialkirche errichtet hat.

Die verschiedentlich in der Matthiaskirche vorgenommenen Grabungen zeigten, daß in der Folgezeit dieser Platz um die Gräber der heiligen Bischöfe bevorzugter Bestattungsort gewesen ist, ein Befund, der sich ebenso in St. Paulin und St. Maximin wiederfindet. Die Annahme, daß die sog. Albana-Gruft unter der Quirinuskapelle auf dem Friedhof nordöstlich der Matthiaskirche mit der ursprünglichen Grablege des Eucharius zu tun hat, ist rein hypothetisch; auch die Lokalisierung der durch die Trierer Tradition überlieferten sog. Villa der Albana an diesem Ort läßt sich noch nicht durch einen sicheren archäologischen Befund stützen.[47]

Über die Gräber des Eucharius und des Valerius erfahren wir wieder im Zusammenhang mit dem Normannensturm des Jahres 882. Wie in St. Paulin und St. Maximin haben auch die Mönche des Euchariusklosters nach dem Bericht der Gesta Treverorum versucht, ihre Heiltümer zu sichern. Es ist davon die Rede, daß sie „die Gebeine des hl. Eucharius und der übrigen dort Bestatteten noch tiefer in die Erde eingegraben" hätten.[48] Dies zeigt, daß in der Euchariuskirche damals wohl noch keine Krypta angelegt war, sondern daß es sich wohl um Erdgräber gehandelt hat, die man nunmehr einfach tiefer legte. Auch in der Euchariuskirche

[45] Die Maternuskapelle wurde bald nach dem Brand von 1783 abgebrochen; es war ursprünglich eine antike Grabkapelle, die später zu einem kreuzförmigen Bau erweitert wurde (vgl. Kdm. Rh. XIII,3, S. 261). Der größte Teil der Gebeine des hl. Maternus ließ 1037 Erzbischof Poppo in den Trierer Dom übertragen; der Sarg des Maternus verblieb zunächst offenbar in der Kapelle und ist später erst abhanden gekommen. Lager (Anm. 41), S. 182, berichtet: „Der Sarg, nicht von Marmor, wie Brower schreibt, sondern von einem geringeren Stein, ist jetzt verschwunden und wird vermutlich zu einem profanen Zweck genutzt. Die Arbeit war schön und von alter Art; er stand etwas erhöht vor dem Hochaltar"; zum Grab des Maternus vgl. auch Gierlich (Anm. 12), S. 18-20.

[46] Eine ausführliche Information zur Inschrift gibt: Nancy Gauthier, Recueil des Inscriptions Chrétiennes de la Gaule antérieures á la Renaissance carolingienne (Paris 1975), S. 146-149 Nr.I,19.

[47] H. Cüppers hat seine Untersuchungsergebnisse zuletzt 1990 zusammenfassend dargestellt in: Cüppers (Anm. 25), S. 637-641; eine ausführliche Publikation der Grabungsbefunde in St. Matthias steht leider noch aus. Eine kritische Stellungnahme zur Deutung der Befunde in St. Matthias äußert auch E. Gierlich (Anm. 12), S. 15-16.

[48] Gesta Trev., cap. 27; vgl. Zenz (Anm. 34), S. 55.

hatte man die Gräber so gut verborgen, daß man anschließend nicht mehr genau wußte, wo sie sich befanden. Als Erzbischof Egbert (977-993) einen Neubau der Euchariuskirche beginnen ließ, fand man bei Fundamentarbeiten einen Sarg, dessen Inschrift den hl. Celsus nennt; zwar wurden Gedächtnisgottesdienste zur Ehren der heiligen Bischöfe gefeiert, doch war aber von den Gräbern des hl. Eucharius und des Valerius noch keine Rede. Ihre Gräber sind wohl erst in der Zeit des Erzbischofs Eberhard (1047-1066) aufgefunden worden, da Kaiser Heinrich III. im Jahre 1053 durch eine Urkunde die Schenkung des Gutes Vilmar an das Euchariuskloster bestätigt, nachdem ihm für den Dom zu Goslar große Teile der Gebeine des hl. Valerius und andere Reliquien überlassen worden waren. Man nimmt an, daß die Egbertkirche - der Vorgängerbau der jetzigen Kirche - erst im 11. Jahrhundert vollendet worden ist und daß zu ihr noch der westliche Teil der heutigen Krypta gehört, die ursprünglich sechs Joche hatte. In der Ostwand waren die Schmalseiten der beiden Särge des hl. Eucharius und des hl. Valerius sichtbar; davor befand sich der Altar zu Ehren der Heiligen.

Der Neubau der heutigen Abteikirche wurde unter Abt Eberhard im Jahre 1127 begonnen; Papst Eugen III. weihte die Kirche 1148 im Beisein vieler Kardinäle, des hl. Bernhard von Clairvaux und des Trierer Erzbischofs Albero. Die Krypta mit den Gräbern der beiden Gründerbischöfe wurde in die neue romanische Kirche integriert und reichte nach Westen bis etwa zum dritten Pfeilerpaar des Langhauses (von Osten gezählt). Sie war vom Mittelschiff ursprünglich durch einen Mittelabgang zugänglich.[49] Erst ab 1512 wurde diese Krypta nach Osten bis zum spätgotischen Chor als dreischiffige Hallenkrypta erweitert, wobei man die beiden Sarkophage der Bischöfe ringsherum freigrub, so daß sie nunmehr mit dem westlich davorstehenden Altar frei im Raume standen, ähnlich wie dies in den Krypten von St. Paulin und St. Maximin der Fall war (Abb. 29). Noch heute ist diese Situation in der Krypta von St. Matthias erhalten. Enen erwähnt 1514 diese Neuerung: „Es ist ein gar herrliches Kloster mit einer schönen, großen, herrlichen, wohl gezier-

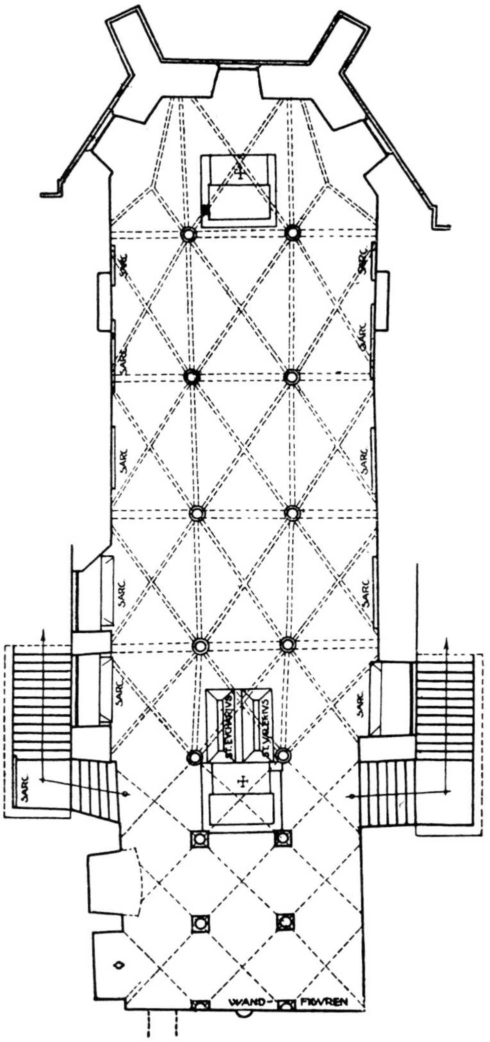

Abb. 29) Trier, St. Matthias: Grundriß der Krypta.

ten Kirche und sie hat jetzund neuerdings einen merklich großen, gut angelegten Anbau, was allesamt wohl sichtbarlich ist".[50] Vielleicht war dieser Kryptaausbau mit der „besseren" Präsentation der Bischofsgräber auch eine Folge der ersten Heilig-Rock-Zeigung im Trierer Dom; bemerkenswerterweise ist damals in St. Matthias auch die Schatzkammer neu hergerichtet worden.

[49] Zur Baugeschichte der Kirche und der Krypta vgl. Irsch (Anm. 7), S. 78-92, 249-254; Kdm. Rh. XIII,3, S. 214-223.
[50] Enen (Anm. 1), S. 170-171.

Das außerordentliche, und für das alte Euchariuskloster hoch bedeutsame Ereignis, war die Auffindung der Matthiasreliquien. Schon im 11. Jahrhundert wußte man offensichtlich von dem Vorhandensein der Matthiasreliquien, denn es wird berichtet, Erzbischof Eberhard habe in Rom ein Buch gefunden mit dem Hinweis auf das Matthias-Grab in Trier. Ob man damals aber schon die Gebeine des Matthias aufgefunden hatte oder nicht, ist unklar. Die eigentliche Auffindung der Gebeine des hl. Matthias berichten die Quellen für den 1. September 1127. Man hatte mit dem Bau der neuen Kirche begonnen und fand beim Abreißen des Muttergottes-Altares einen Reliquienschrein. Über die Auffindung dieser Reliquien existiert ein ausführlicher Bericht eines unbekannten Verfassers. Darauf basieren die Schriften des Lambertus de Legia über das Leben des hl. Matthias, der Übertragung der Gebeine nach Trier, ihre Auffindung und der am Grabe des Matthias geschehenen Wunder. Daß man es mit den Gebeinen des Matthias zu tun hatte, zeigte eine, zusammen mit dem Sarg aufgefundene Inschrift „Sanctus Mathias Apostolus". Später hat man die angeblich aufgefundene Inschrift noch erweitert, indem man schrieb „corpus S. Mathiae. Helena dante, ab Agritio Treverim translatum" (Körper des hl. Matthias, von Helena geschenkt, von Agritius nach Trier gebracht); auf der Rückseite soll gestanden haben „Anno Dominicae Incarnationis CCCLXVIII. (Im Jahre der Menschwerdung des Herrn 368).[51] In der Wiedergabe dieser Inschrift wird auf die Legende angespielt, nach der durch Helena eine große Reliquiensendung aus dem Heiligen Land nach Trier gebracht worden sei und daß dazu auch die Reliquien des hl. Matthias gehörten.

So wurde in der romanischen Kirche oberhalb des Kryptagewölbes ein Vorchor, der nunmehr Matthiaschor genannt wird, errichtet. Etwa in der Höhe des dritten Pfeilerpaares im Langhaus wurde auf dem Vorchor das Hochgrab mit den Gebeinen des Heiligen aufgebaut. An seiner Westseite stand der 1148 geweihte Matthiasaltar; man nannte ihn auch „Altar an der Tumba". Dementsprechend sah nun der Wallfahrer beim Eintritt in die Kirche zuerst das Grab des hl. Matthias und wurde so auf die besondere Bedeutung dieses Heiligen hingewiesen, während die alten Bischofsgräber weiterhin in der Krypta verblieben. So verwundert es nicht, daß schon bald der Name St. Eucharius als Titel der Kirche dem neuen Titel St. Matthias weichen mußte. Dies berichtet auch Enen in seinem Pilgerführer, wenn er schreibt: „Nachdem aber der hl. Apostel St. Matthias dahingelegt worden war, wurde sie St. Matthias-Kirche genannt und so heißt sie noch heutzutage".[52] Die Bedeutung des Matthiasgrabes wird auch aus der Reihenfolge der von Enen genannten Reliquien deutlich; dort heißt es: „Es ist auch in dieser Kirche viel köstliches Heiligthum, welches man zu etlichen Zeiten im Jahr, Mittwoche morgens in der Karwoche, und auf Pfingstabend morgens und nachmittags zeigt; nämlich: Zum ersten ist da der Leichnam des Heiligen Apostels St. Matthias mit Ausnahme des Hauptes, welches im Dom ist...zum anderen ist da der Leichnam des Heiligen Bischofs St. Eucharius...Item von dem Heiligen Bischof Valerius ein merkliches Stück...Item von St. Maternus Bischof ein Stück."[53]

Über die Art des mittelalterlichen Matthiasschreines und seiner späteren Veränderungen geben verschiedene Quellen Auskunft, die N. Irsch und H. Bunjes zusammengestellt haben.[54] So wird berichtet, daß die Gebeine zunächst „in einem mit verschiedenartigem Metall beschlagenen, durch Figuren verzierten Schrein" gelegen haben. Dies bestätigt auch Franz Tobias Müller: „Der erste und älteste Schrein, in welchem die Reliquien des hl. Matthias aufbewahrt wurden, war von Metall, verziert mit silbernen Platten, Bildern und Figuren. Als dieser später auf unbekannte Weise verschwunden war, wurden sie in einem Kästchen von Zedernholz beigesetzt, das in der Länge 1 1/2 Ellen und in der Breite 1/4 dieser Länge maß und

[51] Eine kritische Sichtung der Nachrichten über die Auffindung der Matthiasreliquien unternahm R. M. Kloos in seiner Vorlage der Schrift des Lambertus de Legia (Rudolf M. Kloos, Lambertus de Legia. De vita, translatione, inventione ac miraculis sancti Matthiae Apostoli libri quinque. Trier. theol. Studien Bd. 8 (Trier 1958), S. 17-28.
[52] Enen (Anm. 1), S. 170.
[53] Enen (Anm. 1), S. 171.
[54] Kdm. Rh. XIII,3, S. 244- 247.

später in einem Sarg hinter dem Altare des hl. Matthias verschlossen wurde. Dieser trug die lateinische Inschrift: in hac tumba conservatur corpus S. Matthiae apostoli".[55] Diese Aussagen erinnern an die berühmten Metallschreine des Mittelalters, wie sie heute noch in Köln und andernorts erhalten sind. War es ursprünglich vielleicht auch einmal ein solcher Schrein? Seine Aufstellung rekonstruiert Nikolaus Irsch als Hochgrab, da in den Wunderberichten oftmals davon die Rede ist, daß die Pilger unter dem Grabe des Matthias standen und den Schrein berührten. Aufgrund der literarischen Aussagen hat Nikolaus Irsch auch eine Rekonstruktionszeichnung des Inneren mit dem ursprünglichen Standort des Matthiasgrabes und seines Altares vorgelegt (Abb. 30). Demnach konnten die Pilger durch das südliche Seitenschiff bis zum zweiten Joch des Langhauses vorgehen, um von dort aus am Sarg des Heiligen vorbei quer durch das Mittelschiff in das nördliche Seitenschiff zu gelangen. Auf diese Weise war ein Rundgang um das Heiligengrab möglich.[56]

Dieser Schrein wurde offensichtlich 1552 bei dem Überfall des Albrecht Alcibiades von Brandenburg-Kulmbach zerstört. Für das Jahr 1468 wird noch berichtet, der Abt Johann Donnre habe „über dem Matthias-Altar einen steinernen, baldachinartigen Überbau, den auch Statuetten zierten", errichten lassen; zuvor waren 1452 zum Schutze der Tumba eiserne Gitterschranken (Cancelli ferrei circa tumbam) angebracht worden.1552 ließ der Abt Heinrich von Koblenz für den Matthias-Altar eine neue steinerne Tafel herstellen (fieri fecit tabulam lapideam ad altare Sti. Matthiae). Auch die 1563 von „Hans, Bildhauer von Trier" geschaffenen drei Steintafeln mit Reliefsszenen aus dem Leben des hl. Matthias gehören wohl zum Matthiasaltar und sind heute noch teilweise erhalten.[57] Zu welcher Ausgestaltung die heute auf dem Grab liegende spätgotische Liegefigur des hl. Matthias gehört, ist nicht ganz sicher.[58]

Zwischen den Jahren 1728 und 1749 ließ Abt Mannheim einen neuen Aufsatz für den Altar herrichten, wobei zugleich für die Matthias-Reliquien ein auf vier Säulen ruhender Holzsarg

Abb. 30) Trier, St. Matthias: Rekonstruierte Innenansicht der Abteikirche des 12. Jahrhunderts.

angefertigt wurde. Bei dem Brand von 1783 wird nämlich berichtet, daß der „überaus künstlich gearbeitete und kostbar eingelegte Altar" abgebaut und im Kapitelsaal deponiert worden sei. „Man hat auch den fein geschnitzten, hölzernen, auf vier Säulen ruhenden Sarg in aller Eile abgebrochen und in die Schatzkammer übertragen".[59] Nach dem Bericht des

[55] Lager (Anm. 39), S. 179-180.
[56] Dazu: Irsch (Anm. 7), S. 86-88.
[57] Kdm. Rh. XIII,3, S. 245 Abb. 189.
[58] Ihre voll ausgearbeiteten Fußsohlen zeigen ihre ursprüngliche Verwendung als Liegefigur.
[59] Philipp Diel, Die St.Matthias-Kirche bei Trier und ihre Heiligtümer (Trier 1881), S. 105.

Franz Tobias Müller hat sodann der Trierer Weihbischof d'Herbain 1784 dem Kurfürsten vorgeschlagen, das Matthiasgrab neu zu gestalten, was 1786 auch ausgeführt wurde. Müller schreibt dazu: „Es wurde auch anstatt des hölzernen ein neuer noch glänzenderer Sarg von achatartigem Marmor auf dieselbige Stelle hinter dem hohen Altar errichtet".[60] Es handelte sich um eine kastenförmige, an den 4 Ecken durch Pilaster verzierte Tumba, die auf vier 2,75 m hohen Pfeilern als Hochgrab aufgestellt war. Die Seiten der Tumba waren mit Lorbeergehängen und Wappenschilden geziert; auf dem unteren Rand war umlaufend eine Inschrift eingemeißelt, die das Aufstellungsdatum 1786 mit den Namen des Erzbischofs und des Weihbischofs nennt. Den Entwurf fertigte der Bildhauer J.A. Neurohr; der Marmor stammte aus den Brüchen in Vilmar. Während Irsch annimmt, daß zunächst die Tumba noch hinter dem Matthiasaltar aufgestellt worden sei und erst 1848 in den Ostchor übertragen wurde, könnte man aus der Angabe bei Franz Tobias Müller schon annehmen, daß die Änderung des Standortes bereits 1786 erfolgte.[61] Als man 1912 den neugotischen Hochaltar im Chor nahe der Vierung errichtete, war der hinter dem Altar befindliche restliche Chorraum stärker als je zuvor vom Kirchenraum abgetrennt und durch die Aufstellung der Matthias-Tumba zu einer Reliquienkapelle umgestaltet worden. Eine barocke Marmorbalustrade schrankte den Bereich ab. An den Wänden befand sich eine barocke Holzvertäfelung mit den Kerzenhaltern der Matthiaspilger; hinter der Tumba, an der Ostwand, stand ein barocker Altaraufbau, in dem auch das in St. Matthias verehrte Marienbild u.a. Reliquienschreine aufgestellt wurden (Abb. 31).

Eine Änderung dieser Situation wurde 1925 vorgenommen, als die nach St. Matthias zurückgekehrten Benediktiner den neugotischen Hochaltar in den Ostchor versetzten und das Matthiasgrab mit dem Matthiasaltar wieder vor die Vierung in das erste Joch des Langhauses zurückverlegten. Damit war wieder in etwa die alte Situation hergestellt. Statt des spätbarocken Hochgrabes aus Marmor ließ man 1927 einen neuen Metallschrein von dem Kölner

Abb. 31) Trier, St. Matthias: Matthiasgrab im Chor der Abteikirche (vor 1925).

Künstler E. Geistle anfertigen und stellte ihn auf einen neuen viersäuligen Marmorunterbau (Abb. 32). Auch dieses Hochgrab wurde nach der Renovierung der St. Matthiaskirche in den Jahren 1964-67 abgebaut. Stattdessen wurde eine Tumba aus schwarzem Marmor mit der aufliegenden spätgotischen Figur des hl. Matthias in der Mittelachse in die Chorstufen eingebaut. Man verzichtete hierbei leider auf die alte Tradition des Hochgrabes (Abb. 33).

Am Rande sei erwähnt, daß sich in St. Matthias auch eine Pilgerherberge benennen läßt, die zur Versorgung der Pilger eingerichtet worden war: Es ist das nördlich des Eingangstores stehende, heute als Pfarrhaus genutzte Gebäude. Es liegt direkt an der Straße im vorderen Bereich des Abteiplatzes und damit am Rande des Abteibezirkes. Abt Nikolaus Trinkler (1629-1649) hatte das Gebäude errichten las-

[60] Lager (Anm. 39), S. 180.
[61] Kdm. Rh. XIII,3, S. 246-247.

Abb. 32) Trier, St. Matthias: Matthiasgrab im Mittelschiff (vor 1964).

sen; auf ihn beziehen sich die Ankerbuchstaben an der Straßenseite N.T.A.S.M. (= Nikolaus Trinkler Abbas Sancti Matthiae).[62]

In St. Simeon erwartete die Pilger etwas Besonderes. Enen schreibt in seinem Pilgerführer zu dem Stift St. Simeon: „Diese Kirche ist ein wunderbar starkes Gebäude, und es ist das Thor,... das man Porta Nigra nennet; und jetzund ist es ein herrliches Stift."[63]. Bekanntlich ist die Porta Nigra, das Nordtor der antiken Stadt, im 11. Jahrhundert in eine Kirche umgebaut worden. F.T. Müller berichtet, daß „die fremden Pilger, welche alljährlich aus dem Kölnischen nach Trier wallfahrteten" und auch die Trierer selbst geglaubt hätten, der Teufel habe die Kirche des hl. Simeon erbaut.[64] Anlaß für den Umbau war der aus Syrakus stammende Mönch Simeon. Er war nach Trier gekommen und hatte sich mit Erzbischof Poppo (1016-1047) angefreundet und mit ihm in den Jahren 1025-1028 eine Pilgerfahrt ins Heilige Land unternommen.

Abb. 33) Trier, St. Matthias: Matthiasgrab (nach 1967).

Nach der Rückkehr ließ Simeon sich freiwillig am 30. November 1028 in den Ostturm der Porta Nigra als Einsiedler einschließen. Nur durch ein kleines Fenster bestand Verbindung zur Außenwelt. Zunächst waren die Trierer sehr skeptisch und glaubten in Simeon einen Zauberer vor sich zu sehen. Nachdem er im Jahre 1035 gestorben war, geschahen an seinem Grabe jedoch zahlreiche Wunder, so daß man sehr bald von der Heiligmäßigkeit des Simeon überzeugt war. Erzbischof Poppo ließ deswegen die Porta Nigra in eine Doppelkirche umbauen; das erste Fenstergeschoß wurde im Inneren zu einer dreischiffigen Pfarrkirche umgewandelt. Im zweiten Obergeschoß war die dem heiligen Simeon geweihte Stiftskirche gelegen.[65] In den beiden Untergeschossen der

[62] Kdm. Rh. XIII,3, S. 277.
[63] Enen (Anm. 1), S. 152.
[64] Lager (Anm. 39), S. 32.
[65] Zur nachantiken Geschichte der Porta Nigra vgl. Eberhard Zahn, Die Porta Nigra in nachrömischer Zeit, in: E. Gose, Die Porta Nigra in Trier. Trier. Grabungen und Forschungen Bd. IV (Berlin 1969), S. 107-151.

Türme wurden Krypten eingerichtet, von denen die im Ostturm die ehemalige Zelle des Einsiedlers mit einbezog. Beiderseits der Porta Nigra wurde bis in Höhe des ersten Fenstergeschosses das Gelände aufgeschüttet, so daß von der Stadt her eine große Freitreppe den Zugang zur Unterkirche ermöglichte, während auf der Nordseite auf der Anschüttung ein Friedhof angelegt wurde. Im 12.Jahrhundert wurde schließlich noch an das römische Gebäude eine spätromanische Ostapsis angefügt. Die Pilger, die nach St. Simeon kamen, konnten dort also nicht nur das Grab des Heiligen sehen, sondern man zeigte auch noch die ehemalige Zelle des Einsiedlers. Enen schreibt dazu:„Die Kirche ist geweiht zu Ehren des heiligen Erzengels Michael, wird aber gewöhnlich St. Simeons-Kirche genannt, von dem lieben Heiligen, St. Simeon also, welchen Bischof Poppo...in dieser Kirche vermauern ließ, nach des lieben Heiligen Begehren, um seiner großen Innigkeit und Liebe willen, die er zu Gott hatte; wie man denn das Loch noch heutzutage sieht. Er ist gestorben und daselbst begraben im Jahr unseres lieben Herrn 1035 zur dritten Stunde sonntags nachmittags".[66] Nach dem Tode des Heiligen stiftete Poppo an der Stelle der ehemaligen Zelle und dort wo Simeon ursprünglich begraben war, einen Altar zu Ehren aller Heiligen. Zugleich ersuchte Poppo den Papst um Heiligsprechung des Simeon, die offenbar um 1042 vorgenommen worden ist. In demselben Jahre ist wohl auch die Doppelkirche fertiggestellt und wurde vom Erzbischof geweiht. Der Zugang zur ehemaligen Einsiedlerzelle des Simeon war von der Oberkirche aus möglich. Bei Chr. Lager heißt es dazu:„Über der Tür innerhalb der zweiten Kirche, wo man auf der Epistelseite des Hochaltares zu diesem Grabe des Gerechten auf einer Treppe von 33 Stufen hinabstieg, las ich: Hac in turri S. Simeon 30. Nov. a. 1028 a Poppone arch. reclusus obiit 1. Junii a. 1035."[67] M.F.J. Müller, der die Inschrift mit kleinen Abweichungen überliefert, gibt an, daß sich die Tür mit dem Zugang zur Zelle des Simeon in der Unterkirche befunden habe.[68] Die Untersuchungen von Friedrich Kutzbach erbrachten an der Südseite des östlichen Turmrundes im Bereich der ehemaligen Krypta, die unter dem Vorchor der Unterkirche gelegen war, die Abdrücke eines Altares und die Spuren eines dort ehemals stehenden Sarkophages.[69] Es handelt sich hierbei wohl um das ursprüngliche Grab des Simeon mit dem davorstehenden von Poppo gestifteten Allerheiligenaltar. Das Ganze war also so ausgebaut, daß unter dem Vorchor der Unterkirche eine Krypta mit der ehemaligen Zelle des Simeon gelegen war. Heute führt im Turmrund weiter nach unten eine Wendeltreppe in das Untergeschoß der mittelalterlichen Krypta. Im Jahre 1400 und nochmals 1517 wurde das Grab des Simeon geöffnet. Wann es in das südliche Seitenschiff der Oberkirche transferiert wurde, ist unklar. Im 18. Jahrhundert jedenfalls befand sich im westlichen Teil des südlichen Seitenschiffes die Simeonskapelle, die man bei der Umgestaltung der Simeonskirche in den Jahren 1746-1750 ebenfalls neu ausschmückte. Die Bauakten nennen die Bildhauer Amlinger und Daniels, die feine Bildhauerarbeiten in der Simeonskapelle auszuführen hatten. Es wurde ein neuer Simeonsaltar aufgebaut und man stellte dahinter 1748 auch einen neuen Marmorsarg mit der Liegefigur des Heiligen auf.[70] Nach Auflösung des Stiftes wurden 1803 die Gebeine des hl. Simeon und auch die in ihrer Nähe bestatteten Gebeine des Erzbischofs Poppo in die Gervasiuskirche verbracht. Nach der im Zweiten Weltkrieg erfolgten Zerstörung der Gervasiuskirche fanden die Gebeine des hl. Simeon in seinem Marmorsarkophag einen Platz

[66] Enen (Anm. 1) S. 152.
[67] Lager (Anm. 39) S. 34.
[68] Vgl. Zahn (Anm. 65), S. 133.
[69] Die Beobachtungen F. Kutzbachs hat E. Zahn im Detail ausgewertet und überzeugend interpretiert. Vgl. Zahn (Anm. 65) S. 132-136, Abb. 47, Taf. 185, 199.
[70] Zur Ausstattung der Simeonskapelle vgl. Zahn (Anm. 65), S. 113-115; der Marmorsarkophag mit der Liegefigur war eine Arbeit des „Marmorierers" Krell und des Bildhauers Amlinger. Die in den römischen Stein eingemeißelten Rokokoornamente sind heute noch zum Teil erhalten, vgl. Zahn (Anm. 65), Taf. 151. Für den Altar in der Simeonskapelle, der ursprünglich aus Holz gewesen war, schuf der Bildhauer Amlinger eine neue Simeonsfigur aus Alabaster. Im Bestand des Bischöflichen Museums befinden sich drei kleine Ölgemälde, die vielleicht zu der Serie der sechs „selbstgemachten Miracul-Bilder" des Trierer Malers Verotius gehören, und den Simeonsaltar im südlichen Seitenschiff der Oberkirche zeigen.

in der neu erbauten Pfarrkirche St. Simeon in Trier. [71]

Anhand der dargestellten Beispiele lassen sich zusammenfassend für Trier verschiedene Ausgestaltungen der Wallfahrtsheiligtümer darstellen. Die ältesten Objekte der Verehrung sind die Bischofsgräber, deren Sarkophage in Grabkammern stehen (Agritius, Maximinus, Paulinus, möglicherweise aber auch Eucharius und Valerius, vielleicht auch Maternus). In St. Maximin führen die antiken Grabkammern zum Ausbau der frühmittelalterlichen Außenkrypta, die architekturgeschichtlich eine große Bedeutung bekam und die Vorbild für andere Krypten wurde. Charakteristisch sind hier die nebeneinanderliegenden tonnengewölbten Kammern, in denen die Sarkophage mehr oder weniger frei aufgestellt waren. Die Abhängigkeit von den antiken Grabkammern, die in mehreren Beispielen in Trier erhalten sind, ist evident.

Davon zu unterscheiden sind die mittelalterlichen Stollen- oder Ringkrypten, die mit einem stollenartigen, unterirdischen Zugang den Zutritt zu den Heiligengräbern ermöglichen. Das Heiligengrab liegt zunächst im Fußboden der Kirche, zumeist unterhalb des Altares. Das Heiligengrab ist in der Regel nur teilweise sichtbar. Einen solchen Typ - allerdings durch den Querstollen schon etwas ‚geräumiger' gestaltet - vertritt die westliche Krypta von St. Paulin, die den Zutritt zu den Schmalseiten der drei Bischofsgräber erlaubt. Kleine Öffnungen in den Sarkophagwänden gewähren einen Einblick ins Innere. Ähnlich dürfte die Anlage der Gräber im 11. bzw. 12. Jahrhundert in der ersten Phase der Euchariuskrypta gewesen sein, wobei hier die Entwicklung schon zur Hallenkrypta fortgeschritten ist. Die Gräber des Eucharius und Valerius werden aber, vielleicht schon seit der Mitte des 5. Jahrhunderts, mit einem Altar in Zusammenhang gebracht, der in der mittelalterlichen Krypta sicher nachweisbar ist.

Altar und Grab, wobei das Grab immer hinter dem Altar gelegen ist, sind nicht nur in der Eucharius-Krypta, sondern auch in der Krypta des hl. Paulinus und in der Innenkrypta von St.Maximin belegt. In St. Maximin ist auf eine Besonderheit aufmerksam zu machen: Seit 942 liegen die Sarkophage nebeneinander, wobei der Titelheilige Maximin von zwei weiteren Heiligen - Agritius und Nicetius - flankiert wird. Es ist bemerkenswert, daß in der nicht weit davon entfernt gelegenen Paulinuskrypta 1072 eine ähnliche Situation angetroffen wurde!

Aus der Verbindung von Altar und Reliquiengrab entsteht sehr bald der allgemeine Brauch, in jedem Altar Reliquien zu deponieren. Die mittelalterlichen Kasten- oder Blockaltäre gestatteten die Anlage größerer Reliquienkammern, sog. sepulchra. Ein eindrucksvolles Beispiel für eine solche Reliquienkammer in einem Altar ist der 1196 geweihte Hochaltar des Domes im damals neu gebauten Ostchor. Den Inhalt des Sepulchrums schildern die Berichte anläßlich der Öffnung des Altares im Jahre 1512 zur Auffindung des hl. Rockes. Auch Enen gibt einen solchen Bericht, nach der der Kurfürst Richard von Greiffenklau den Hochaltar hat „aufbrechen und seiner Fürstlichen Gnaden Kaplan zuerst (hat) hinein schlüpfen lassen. Der Altar aber war ziemlich groß, und inwendig ganz hohl; und man hat darinnen gefunden drei Kisten. In der ersten Kiste auf der rechten Seite des Altares, welche von Holz und hübschem Elfenbein gemacht, und mit einem großen Siegel besiegelt und wohl versorgt war, wurde gefunden der Heilige Ungenähte Rock unseres Herrn Jesu..." [72] Die links stehende Kiste enthielt zahlreiche andere Reliquien, die mittlere Kiste war mit der Aufschrift „Sanctus Maternus" versehen und barg Reliquien dieses Heiligen.[73]

---

[71] Nach dem Zweiten Weltkrieg wurde leider die Liegefigur des hl. Simeon beschädigt und ihres Kopfes beraubt. Bei der Neuaufstellung ist der Kopf anhand alter Fotos rekonstruiert worden.

[72] Enen (Anm. 1), S. 107-110.

[73] Über die Lage des dem hl. Petrus geweihten Hochaltares im Trierer Dom scheint es keine Unklarheit zu geben; allgemein wird angenommen, daß der Altar von 1196 auch dort gestanden hat, wo sich bis 1972 der neoromanische Hochaltar befand, nämlich über dem zweiten Gewölbejoch der Ostkrypta (vgl. zu den verschiedenen Altären: Kdm. Rh. XIII,1, S. 238-245). Tatsächlich wurden auch beim Abbau des 1905 errichteten neoromanischen Altares Abdrücke eines älteren Altares gefunden, der eine 0,95 x

Eine besondere ‚Hervorhebung' des Heiligengrabes wurde für die Gebeine des hl. Matthias gewählt. Er wurde nicht mehr in einer Krypta verehrt, sondern im Kirchenraum vor dem Mönchschor aufgestellt. Sein Sarg stand nicht unmittelbar auf dem Boden, sondern war auf Säulen emporgehoben, so wie das auch für die kostbaren mittelalterlichen Reliquienschreine (Köln, Aachen u.a.) üblich ist. Ein vergleichbares Hochgrab hat sich heute noch in St. Wendel (Wendalinusgrab) erhalten. In gewisser Weise ist auch der einst an Ketten hängende Sarg des hl. Paulinus vergleichbar, und es ist sicher kein Zufall, daß auch noch heute der Steinsarkophag des Paulinus auf kleinen, allerdings durch die barocken Sockelplatten verdeckten Stützen steht.

Wie sehr die architektonische Gestaltung des Wallfahrtsheiligtums von den sich ändernden Bedürfnissen der Pilger abhängig ist, zeigen die Umgestaltungen in der alten Euchariuskrypta. Auch um die Bischofsgräber umschreiten zu können, wurden die Sarkophage freigegraben und die Krypta nach Osten erweitert. Ähnlich verfuhr man im 17. Jahrhundert auch in St. Maximin. Letztlich ist auf das neue Schaubedürfnis der Pilger auch die Herausnahme des hl. Rockes aus dem Hochaltar zurückzuführen, für den man schließlich um 1700 die große ‚Heiltumskammer' am Ostchor des Trierer Domes schuf.[74] Dies ist nocheinmal ein Höhepunkt in der architektonischen Ausgestaltung eines Wallfahrtsheiligtumes.

0,90 m große, flache Eintiefung im Estrich aufwies. Westlich davon waren 2 quadratische Abdrücke von Stützen erhalten, vielleicht Hinweise auf einen Baldachin. Die Spuren erlauben aber nicht die Rekonstruktion eines bisher angenommenen großen Kastenaltares. Deswegen sollte überlegt werden, ob der Altar von 1196 ursprünglich nicht etwas weiter westlich über der Ostwand des Quadratbaues gestanden haben könnte? Dort befindet sich nämlich eine kammerartige, etwa 1,25 m breite Öffnung, die heute nach oben durch eine moderne bildhauerisch gestaltete Steinplatte abgedeckt ist; die Kammer ist aber von der Ostkrypta aus unterhalb des Gewölbes sichtbar. Th. K. Kempf hat 1942 bei seinen Untersuchungen in der Ostkrypta erstmals auf diese „Kammer" aufmerksam gemacht und deutete sie als „Mittelluke" der Westwand; nach Ausweis des Mörtels nahm Kempf eine gleichzeitige Entstehung mit dem Ostchor an (Th. K. Kempf, Beobachtungen zur Baugeschichte des Domes anläßlich der Erneuerung der spätromanischen Ostkrypta Nov./Dez. 1942 (Manuskript Trier 1943), S. 7-9, dort auch Abb. S. 8). Deswegen könnte es sich hierbei sehr wohl um die ehemalige „Reliquienkammer" des romanischen Hochaltares gehandelt haben, in welche 1512 der Kaplan des Erzbischofs einstieg, um die drei Reliquienkisten zu bergen.

[74] Zur Heiltumskammer und Aufbewahrung des Hl. Rockes vgl. Beitrag Ronig.

GESCHICHTE UND ANDENKEN DER MATTHIAS-WALLFAHRT

von Birgit Bernard

Die Mattheiser Wallfahrt gehört zweifelsohne nach Alter, jahrhundertelanger Kontinuität, Einzugsbereich und Bedeutung für die Stadt Trier zu den wichtigsten Wallfahrten der Trierer Diözese, wenn nicht des ganzen Rheinlandes.[1]

Die Geburtsstunde der Wallfahrt zu der im Süden Triers gelegenen Benediktinerabtei St. Eucharius/St. Matthias liegt im Jahre 1127. Damals sollen in der altehrwürdigen Abtei die Gebeine des Apostels Matthias - mithin die einzigen Apostelreliquien nördlich der Alpen - entdeckt worden sein. Wie seit der quellenkritischen Untersuchung des Inventionsberichtes bekannt ist, handelt es sich hierbei jedoch um eine wohltätige Fiktion.[2]

Indes: Die Wallfahrt war geboren, und ihr Ruf verbreitete sich rasch. Einträge im ersten Mattheiser Verbrüderungsbuch, das von R. LAUFNER paläographisch auf Mitte/Ende des 12. Jahrhunderts datiert wurde[3], lassen nicht nur auf Pilger aus der Umgebung Triers, Luxemburg, der Eifel und dem Saartal schließen, sondern verweisen auf ein überregionales Einzugsgebiet. Das Elsaß und Lothringen sind vertreten, Flandern, der Niederrhein, Westerwald, Taunus, Rheingau, Odenwald, Schwaben und der Bodenseeraum. Selbst Pilger aus Norwegen, die sich auf dem Weg nach Rom befanden, machten einen „Abstecher" nach Trier. Der Name *St. Matthias* begann sich für die Euchariusabtei einzubürgern, die Mirakelliteratur blühte, und Vorläufer der uns heute vertrauten Matthiasbruderschaften entstanden. Die Abtei spielte nicht zuletzt eine bedeutende Rolle als Bestandteil der Rhein-Maasländischen Mehrortswallfahrt (Siebenkirchenfahrt)[4] mit den Stationen Düsseldorf - Köln - Düren - Aachen - Maastricht - Kornelimünster und Trier. St. Matthias verfügte demnach bereits im Mittelalter über ein florierendes Wallfahrtswesen, das zudem als „reine" Wallfahrt keinen kirchenrechtlichen Bestimmungen unterworfen war wie etwa die Echternacher Springprozession (die streng genommen als Bannfahrt anzusehen ist und nicht als Wallfahrt). [5]

Die Mattheiser Wallfahrt ist nicht allein älter als die Heilig-Rock-Fahrten, es handelt sich bei ihr auch um eine alljährlich stattfindende Wallfahrt. Erstaunlich ist auch die Kontinuität, die die Mattheiser Wallfahrt jahrhundertelang trotz aller Widrigkeiten bewahren konnte. Maßgeblichen Anteil an dieser Tatsache darf man den Matthiasbruderschaften zuschreiben, die sich seit dem Tridentinum bildeten und die die Wallfahrt als eine besondere Bruderschaftsintention pflegen. Mit den Bruderschaften bil-

---

[1] B. Bernard, Die Wallfahrten der St. Matthiasbruderschaften zur Abtei St. Matthias in Trier. Vom 17. Jahrhundert bis zum Ende des Zweiten Weltkrieges. Diss. phil., Trier 1989.<im Druck> Besonders S. 1-3 und 126ff. Dort auch grundlegende Sekundärliteratur.

[2] R. M. Kloos, Lambertus de Legia. Trier 1958.

[3] R. Laufner, Die Fragmente des ältesten Pilgerbruderschaftsbuches von St. Matthias, Trier, zwischen 1150 und 1230. Ein Beitrag zur Geschichte der St. Matthiasverehrung. In: Archiv für mittelrheinische Kirchengeschichte 7 (1955) S. 237-263. - Siehe auch J. Hau, Elsässische Pilger am Apostelgrab im 12. und 13./14. Jahrhundert. In: Archiv für elsässische Kirchengeschichte 11 (1936) S. 119-136 sowie ders., Die Sankt Matthiasverehrung im Rheingau während des 12. Jahrhunderts. Mainz 1958 (Sonderdruck aus dem Archiv für mittelrheinische Kirchengeschichte 7 (1955)). - L. Collings, A legend from Trier in the Old Norse Postola Sögur. In: Mediaeval Scandinavia 6 (1973) S. 100-121. (Freundlicher Hinweis von Pater Dr. Petrus Becker, Abtei St. Matthias/Trier.)

[4] E. Stephany, Der Zusammenhang der großen Wallfahrtsorte an Rhein - Maas - Mosel. In: Kölner Domblatt N.F. 23/24 (1964) S. 163-179; hier S. 179.

[5] N. Kyll, Pflichtprozessionen und Bannfahrten im westlichen Teil des alten Erzbistums Trier. Bonn 1962; hier S. 106.

dete sich auch ein stabiler Einzugsbereich der Mattheiser Wallfahrt heraus, der sich folgendermaßen umreißen läßt: Vertreten sind insbesondere der Trierer Raum, die Nordeifel und das gesamte linke Rheinufer bis zum Raum Kempen - Krefeld im Norden. Auf dem rechten Rheinufer sind lediglich die Regionen Westerwald, Wiedtal und Siebengebirge mit Bruderschaften vertreten.

Betrachtet man nun die überlieferten Daten zum Pilgeraufkommen, so wird nicht zuletzt die ökonomische Bedeutung klar ersichtlich, die die Mattheiser Wallfahrt für die Stadt Trier besaß - ich verweise in diesem Zusammenhang besonders auf den Beitrag von Guido GROSS im vorliegenden Band. Die Größe der einzelnen Bruderschaftswallfahrten konnte sich von 6-15 Personen bei kleineren Wallfahrten bis hin zu 300 Teilnehmern an den großen Eifelprozessionen belaufen.[6] Im Jahre 1757 gab es allein in der Pfingstwoche „über 20 000 Communicanten" in St. Matthias. Ganze 112 Prozessionen wurden gezählt. Zwischen 1757 und 1784 kamen nach G. GROSS jährlich 15.000-30.000 Pilger nach Trier.[7] Ein in den 1820er Jahren unter Bischof Hommer angelegtes Dossier beziffert die Zahl der Pilger, die im 18. Jahrhundert nach Trier gekommen sein sollen, auf bis zu 40.000 pro Jahr. Im Jahre 1816 sollen es noch 20.000 Pilger gewesen sein.[8] 1825 war St. Matthias nach Kevelaer, Nievenheim und Kornelimünster das viertbeliebteste Wallfahrtsziel des Regierungsbezirks Aachen.[9] Einige weitere Belege aus dem 20. Jahrhundert mögen die Beliebtheit der Mattheiser Wallfahrt weiter verdeutlichen: Laut Rheinischem Volkskundefragebogen war St. Matthias um 1930 der beliebteste Wallfahrtsort der Diözese Trier.[10] Zur Jubiläumswallfahrt im Jahre 1927 wurden 200.000 Pilger erwartet, und anläßlich der 1933 stattfindenden Heilig-Rock-Ausstellung besuchten 1.700.000 Menschen die Abtei.[11] In „normalen" Wallfahrtsjahren wurden noch bis zum Ende der 30er Jahre mehr als 50.000 Wallfahrer pro Jahr in St. Matthias erwartet. Im Jahre 1985 kamen allein 4.770 Fußpilger.[12]

Umso mehr muß es verwundern, daß bisher - in Relation zum Pilgeraufkommen - nur verhältnismäßig wenig *Andenken* an die Mattheiser Wallfahrt bekannt geworden sind.

Zum einen liegt dies sicher in der Natur der Sache - handelt es sich doch um Gegenstände, die leicht zerbrechen (Tonpfeifen, Tonstatuetten), verloren gehen (Medaillen), verblassen und zerreißen (Papierfähnchen, Matthiasbildchen) oder ihrem Besitzer ins Grab folgen wie Rosenkränze. Es sind Gegenstände, die sich keiner besonderen kunsthistorischen Aufmerksamkeit erfreuen - Massenware eben - und deren Erinnerungsgehalt lediglich für den Besitzer bedeutsam ist; für die Nachfahren sind diese „Kleinformen" volksfrömmigkeitlicher Realien durch die Generationen hindurch immer weniger mit Pietät und Erinnerungen behaftet, und so wandern die Andenken zu guter Letzt nicht ins Museum, sondern ... in den Müll. Auf der anderen Seite wird die Beschäftigung mit diesen volksfrömmigkeitlichen Zeugnissen vielfach noch an den Rand zur (milde belächelten?) Volkskunde gerückt, die Sammlertätigkeit (Kitsch?) an die Grenze zur Kauzigkeit. Inventare sind Mangelware, und Fragen nach der Provenienz der Objekte, ihren Herstellern und dem Vertrieb bleiben oftmals unbeantwortet.

Anders verhält es sich mit Realien aus dem Umfeld der Matthiasbruderschaften wie Brudermeisterstäben, Fahnen, Kerzenplaketten, die - zudem größerformatig - über Jahre hinweg benutzt, instandgesetzt und daher pfleglich behandelt werden. Aber auch hier fehlt ein Inventar.

[6] Bernard, 1989 (s. Anm. 1), S. 242ff.
[7] G. Groß, Trier als Pilgerziel in der 2. Hälfte des 18. Jahrhunderts. In: Corona amicorum. Festschrift für Alois Thomas. Trier 1986, S. 119f.
[8] BAT Abt. 95, Nr. 319 „Sammlung von Nachrichten <...>, S. 500.
[9] Landeshauptarchiv Koblenz Best. 403, Nr. 16003, 110-111.
[10] Rheinischer Volkskundefragebogen. Volkskundliches Seminar der Universität Bonn - und P. Dohms, Die Geschichte des Klosters und Wallfahrtsortes Eberhardsklausen an der Mosel. Bonn 1968; hier S. 171. St. Matthias hatte damit die Eberhardsklausener Marienwallfahrt überflügelt.
[11] St. Matthiasbote 1 (1927) S. 204. Archiv der Benediktinerabtei St. Matthias/Trier. SMB KA (Korrespondenz und Akten), St. Matthiasbote 7 (1933) S. 302ff.
[12] In Gottes Namen unterwegs. Wallfahrten im Bistum Trier. Herausgegeben vom Bischöflichen Generalvikariat Trier. Trier 1987, S. 38.

Drei Versuche, sich den Mattheiser Wallfahrtsandenken auf systematischem Weg zu nähern, scheiterten: Eine Aufforderung im „Mattheiser Brief", in Privatbesitz befindliche Objekte zu melden, blieb ohne Resonanz. Die Wallfahrtsfürer der Bruderschaften, die die Wallfahrt bis ins kleinste Detail beschreiben, schweigen sich in puncto Andenken aus. Ältere Photographien erwiesen sich desgleichen als untaugliche Quelle: Die Wallfahrer präsentieren sich hier mit Kreuzen, Fahnen, Stäben, ja sogar mit einem Fahrrad. Die Andenken jedoch fehlen, und über die an den Rosenkränzen angebrachten Medaillen kann man allenfalls sagen, daß sie existierten. Näher identifizierbar sind sie nicht.

Wenden wir uns nun dem Bestand der ermittelten Mattheiser Wallfahrtsandenken zu, so stellen wir, abgesehen von den nicht ortsspezifischen Rosenkränzen, fünf Gruppen an Realien fest: Tonfigürchen, Tonpfeifen, Wallfahrtsfähnchen, Matthiasbildchen und Gebetszettel sowie Wallfahrtsmedaillen und -Medaillons.

1. TONFIGUREN

In Trier - Süd wurde ein den Heiligen Matthias darstellendes Tonfigürchen aus dem 15. Jahrhundert (Rhein. Landesmuseum Trier, Inv. S.T. 3022)[13] gefunden. Die einfache, grobschlächtige Ausführung spricht für eine größere Produktion und einen günstigen Verkaufspreis. Eine Model oder weitere Exemplare fanden sich bisher nicht. Möglicherweise stammt das Figürchen aus den Töpfereien in Trier - Süd; die Nähe zur Abtei legt eine solche Produktion zumindest nahe.

2. TONPFEIFEN (Kat. B 305-306)

Tonpfeifen als Mitbringsel von einer Matthiaswallfahrt sind in der Literatur des öfteren bezeugt.[14] Leider konnte kein einziges intaktes Exemplar ermittelt werden. Das Städtische Museum Simeonstift ist im Besitz eines Fragmentes einer weißtönernen Tabakspfeife, bei der jedoch der Pfeifenkopf fehlt (Kat. B 305) . Sie wurde dem Museum Anfang der 20er Jahre zusammen mit einem zweiten Stück von Franz Kocks überlassen. Beide Pfeifen waren angeraucht. Der beigefügte Zeitungsartikel vom 3.5.1922 beinhaltet einige wertvolle Hinweise zur Herkunft der Pfeifen, den Herstellern sowie zum Verwendungszweck:
(handschriftlich:) 2 Pfeifen geschenkt von Franz Kocks/Trier 3. 5. 1922 (angeraucht)
(Zeitungstext:) „Die uralten Wallfahrtsprozessionen nach St. Matthias beginnen wieder und wer von uns Alten erinnert sich da nicht der „Muttergottespiefjen", die früher bei dieser Gelegenheit in großen Mengen hier feilgeboten und von Pilgern, besonders aus der Diözese Köln, mit nach Haus genommen wurden. Es waren weißirdene Pfeifen, deren Kopf meist ein Muttergottesbild aber auch andere Figuren darstellte. Die Pfeifen hatten 1, 2 und drei solcher oft schön polychromierten Köpfe an e i n e m Stiel. Es war eine Trierer Spezialität und wurde mehr als Kinderspielzeug denn als Tabakspfeife benutzt, obwohl auch diese einen (..) Ruf in weiten Landen genoß. Die irdene (Taba)kspfeife) war ja früher viel mehr in Gebrauch (als) heute. Die Kinder bliesen schillernde Seifen(blas)en damit in die Luft, oder füllten den Kopf (mit) Wasser und bliesen einen Wasserstrahl durchs (Roh)r. Die Pfeifenbäcker, die die Pfeifen aus Ton (form)ten und brannten, sind heute aus Trier ver(schw)unden. Einer wohnte in Löwenbrücken und (hieß) Wingender. Er hatte wohl das größte Ge(schä)ft in diesem Artikel. Eine zweite größere (Tö)pfe-

[13] Erstmals publiziert bei J. Hau, Die Heiligen von St. Matthias in ihrer Verehrung. Gebweiler 1938. - Siehe auch P. Seewaldt, Bodenfunde spätmittelalterlicher und neuzeitlicher Tonstatuetten aus Trier. In: Kurtrierisches Jahrbuch 29 (1989) S. 35-39.

[14] E. Dederichs, 300 Jahre Waldorfer Trierwallfahrt. Waldorf 1984, S. 71. - W. Haentjes, Die Matthiasbruderschaft in Mehlem und Lannesdorf. In: Godesberger Heimatblätter 2 (1964) S. 70-80; ohne nähere Angaben. - H. Joppen, Die St. Matthias - Verehrung im Kreise Jülich. In: Heimatkalender des Kreises Jülich 4 (1954) S. 109-114 und 6 (1956) S. 47-51. - Keine Hinweise fanden sich bei K. Freckmann (Hg.), Tönernes. Bonn 1987. - B. Kerkhoff-Hader, Lebens- und Arbeitsweise der Töpfer in der Südeifel. Bonn 1980; mit einem Hinweis auf die Verkaufsgewohnheiten um die Wende zum 20. Jahrhundert: „Die Orenhofener Starcks lieferten aus Anlaß der jährlichen Blankenheimer Prozession (Ende Mai) einen besonderen Pfeifentyp nach Trier. Dem ,Hans - Pittcher', einer Pfeife mit einer Kopfform, wurden zu diesem Zweck Punkte auf Stirn, Kinn und Wangen gemalt." Zitat S. 259. - Neuerdings siehe auch H. - J. Kann, Trierer Wallfahrtspfeifen (St. Matthias und Dom). In: Neues Trierisches Jahrbuch (1991), S. 69-78. Vorläufige Typologie S. 76.

rei, einem Manne namens Hoffmann gehö(r)end, befand sich ebenfalls in Löwenbrücken. Andere „Aulner", wie man die Bäcker irdener Geschirre nannte, befanden sich auf der Paulinstraße. Alle sind, wie so viele andere Handwerkszweige, verschwunden. Die Pilger nehmen statt der Muttergottespfeifen und der Papierfähnchen mit der St. Matthiaskirche auf der einen und Domkirche mit der hl. Helena auf der anderen Seite, nunmehr schönere und wertvollere Andenken von Trier nach Hause mit. Die Zeiten ändern sich eben."

Die Pfeifen wurden demnach von Trierer sowie in der nahen Eifel in Orenhofen und Zemmer angesiedelten Pfeifenbäckern nach Trier geliefert, im 20. Jahrhundert aber auch von Pfeifenbäckern aus dem Westerwald.[15]

Um eine solche Pfeife rankt sich ein Wallfahrtsbrauch der Bruderschaft Waldorf (bei Bonn gelegen). Im Jahre 1907 zerbrach die Pfeife eines Pilgers auf dem Rückweg von Trier beim Potsdamer Kreuz am Nürburgring. Er legte die Pfeife hinter das Kreuz, da er sie nicht wegwerfen wollte. Im folgenden Jahr war die Pfeife immer noch da. „Nun wurde natürlich jedes Jahr die Lage kontrolliert, und es wurde Brauch, daß die Erstpilger ihren Namenszug auf dem kostbaren Stück hinterließen." Schließlich schaffte man eine Schatulle an und trug die Namen der Neupilger auf ein Blatt Papier ein, als der Platz auf der Pfeife nicht mehr reichte. Der Brauch ist auch heute noch in Übung.[16]

3. WALLFAHRTSFÄHNCHEN (Kat. B 275, B 307)

Daß die dreieckigen, gelb-blauen Fähnchen ein beliebtes Mitbringsel waren, belegt die bereits zitierte Quelle. Bisher war lediglich ein Fähnchen aus dem frühen 19. Jahrhundert bekannt, das den Heiligen Rock und Helena auf der Vorderseite und Matthias samt Abteigebäude auf der Rückseite zeigt.[17] Dieser Typus wurde mindestens noch bis zur Wende zum 20. Jahrhundert vertrieben (Kat. B 307). Matthiasfähnchen ohne Darstellung des Hl. Rockes sind nicht überliefert.

4. MATTHIASBILDCHEN UND GEBETSZETTEL

In der Sammlung KANN fand sich ein farbiges Matthiasbildchen (Kat. B 308), das den Apostel mit Beil in einer umrahmenden gotischen Architektur auf goldenem Grund zeigt. Das Bildchen nach den Dürerschen Aposteln ist ein auswärtiges Erzeugnis der „Firma Carl Poellath, Schrobenhausen" mit einer rückseitigen Matthiasvita. Ein weiterer Gebetszettel der Sammlung KANN (Kat. B 309) hat das um 1700 entstandene Mattheiser Gnadenbild, *sedes sapientiae*, zum Gegenstand, darf also in weiterem Sinne ebenfalls als Andenken an St. Matthias gelten. Schließlich verfügt das Dom- und Diözesanmuseum Trier über zwei hölzerne Druckstöcke für kleinformatige Matthiasbildchen (Kat. B 303, B 304). Die Provenienz der beiden Druckstöcke ist unklar. Der erste Druckstock zeigt ein konventionelles Standbild des Apostels mit Beil und der Schrift „S. MATHIAS APOSTEL.", während der zweite Druckstock den Hl. Matthias vor einem Ausschnitt des Mattheiser Portalvorbaus zeigt. Positive sind in beiden Fällen bisher nicht ermittelt.

5. WALLFAHRTSMEDAILLEN UND -MEDAILLONS

Im Gegensatz zu den bereits genannten Realien ist die Dokumentationsbasis für die Mattheiser Wallfahrtsmedaillen als wesentlich besser anzusehen. Ich verweise in diesem Zusammenhang auf den Beitrag von H.-J. KANN und M. GROSS-MORGEN im vorliegenden Band, der sich mit der trierischen Wallfahrtsmedaillenproduktion beschäftigt.

Die von den Pilgern erworbenen Andenken wurden nach einer Notiz des St. Matthiasboten aus dem Jahr 1915 in der Basilika gesegnet und mit der Mattheiser Kreuzreliquie in Berührung gebracht. Den ersten Beleg für die Weihe von Medaillen enthält das Mattheiser Hausrituale von 1686.[18]

---

[15] Kann, 1991 (s. Anm. 14), S. 76.
[16] Dederichs, 1984 (s. Anm. 14), S. 71f.
[17] D. Pesch, Wallfahrtsfähnchen. Religiöse Druckgrafik. Köln 1983. -Köster 1959, S. 50f.
[18] „Benedictio Numismatum S. Matthiae Apostoli". Hausrituale <1686>. Bibliothek St. Matthias/Trier.

Als Herstellungsbetriebe für Tonfigürchen dürfen Töpfereien in Trier, vor allem in Trier - Süd, gelten. Indizien deuten auch auf Lieferungen aus der Speicherer Region (laut Aussage älterer Einwohner). Demgegenüber spricht bisher noch nichts für eine klostereigene Produktion von Wallfahrtsandenken.

Über die Verkaufspraxis geben Quellen aus den Jahren 1825, 1881 und 1915 Auskunft. Die Andenken wurden sowohl auf dem (Haupt-) Markt als auch auf dem Mattheiser Kirchenvorplatz - und hier offenbar in der typischen bunten Vermischung mit profanen Gegenständen - unters Volk gebracht. Der in Trier tätige protestantische Hauslehrer Dürre berichtet Pfingsten 1825 an seine Eltern in Berlin:

„Für Trier ist dies [die Wallfahrt] nun in mehrfacher Beziehung ein Erwerb. Auf dem Markte, wie dicht vor der Mattheiser Kirche sind Buden und Zelte aufgeschlagen, wo es Kaffee, Semmel(n) und gebratene Fische giebt, daneben allerlei Gebetbücher, Heiligenbilder, Schnürsenkel, Pfefferkuchen und Galanteriewaren von Messing, als da sind Kreuze und Rosenkränze usw. ... so daß Trier, welches über die Thorheit der Leute lacht, seine Rechnung dabei findet.“[19]

Am 12. Juni 1881 berichtet das „Paulinus - Blatt“ über die Wallfahrtszeit in St. Matthias:

„An den Hauptwallfahrtstagen entwickelt sich in dem Vorhof ein malerisches Durcheinander von Käufern und Verkäufern, von Groß und Klein, von Vornehm und Gering. Jeder Fremde kauft sich ein Andenken. Jeder versieht sich mit einem Erinnerungszeichen für sich und für die Daheimgebliebenen, und zwischen die frommen Wallfahrer ... hüpft und springt die liebe Jugend und hascht nach Bildchen und Fähnchen, nach Pfeifchen und Süßigkeiten.“[20]

Der St. Matthiasbote (1915) spricht von Buden auf dem Freihof, „wo Bilder und sonstige fromme Erinnerungszeichen feilgeboten werden.“[21] Nach Erinnerungen älterer Bewohner aus der Pfarrei St. Matthias wurden Wallfahrtsandenken aber auch auf dem „Gelände von der Moselgaß bis zur Medarder Grenze“, der sog. „Pfeif“, verkauft. Wie der Name schließen läßt, dürften hier in erster Linie Wallfahrtspfeifen feilgeboten worden sein.[22]

Darüber hinaus werden Kerzenplaketten in der Abtei aufbewahrt, die in der Regel von Matthiasbruderschaften gestiftet wurden. Die Plaketten (oder Schilde) werden an den Kerzenhaltern angebracht, die während der Wallfahrtszeit zu beiden Seiten der Tumba stehen. Die Abtei verfügt über 57 Plaketten aus Metall oder Ton mit zum Teil sehr schönen figürlichen Darstellungen aus dem 19. Jahrhundert sowie Vermerken über Jubiläumswallfahrten, Gründungsdaten der Bruderschaften oder deren Emblemen.

Abschließend sei noch auf Zeugnisse im Umfeld der Mattheiser Wallfahrt hingewiesen, bei denen es sich weder um Andenken noch um Votive handelt. Daß Votive als Dank für Heilungen dargebracht wurden, ist durch frühneuzeitliche Mirakelberichte bei MESENICH und HILLAR belegt. Die Votive selbst gingen vermutlich im Zuge der Säkularisation der Abtei verloren. Ein im Landesmuseum Trier befindlicher und vermutlich aus St. Matthias stammender Torso einer antiken Venusstatue ist das „Resultat“ eines Mattheiser Wallfahrtsbrauches, der nach Sanderad Müller noch bis zum ausgehenden 18. Jahrhundert von den Pilgern geübt wurde - sehr gründlich übrigens, denn die Statue ist heute bis zur Unkenntlichkeit verstümmelt. Müller schrieb im Jahre 1785:

„Ich ärgere mich jedesmal, so oft ich eine Statue in St. Mattheis ... betrachte, wie dieselbe von der heiligen Einfalt mit Steinen und Kot eingeschneit worden ist ... [und so] bleibt sie an ihrem Exekutionsort stehen und erwartet, nach vorübergezogenem Hagelwetter der steinharten Schußgebetlein, aufgeklärtere Zeiten ab.“[23]

[19] C. E. W. Dürre, Aufzeichnungen und Tagebücher aus einem deutschen Turner- und Lehrerleben. Leipzig, 1887, S. 435. Freundlicher Hinweis Dr. Jürgen Herres, Trier.
[20] Paulinus - Blatt v. 12. Juni 1881, S. 305.
[21] St. Matthiasbote 2 (1915).
[22] Kann, 1991 (s. Anm. 14), S. 73f.
[23] Zitiert nach G. Groß, P. Sanderad Müller OSB (1748-1819). In: Kurtrierisches Jahrbuch 16 (1976) S. 43-61; hier S. 59.

DER HEILIGE ROCK IM DOM ZU TRIER. EINE KURZE ZUSAMMENFASSUNG SEINER GESCHICHTE, SEINER BEDEUTUNG UND DER WALLFAHRTEN

von Franz Ronig

Wer immer sich mit der Geschichte und der Bedeutung des Heiligen Rockes - der Tunika Christi - im Trierer Dom befassen will, wird - auch jenseits aller Fragen nach der historischen Echtheit - zunächst einmal die textliche Quelle im Evangelium suchen. Bei Johannes ist Kap. 19, V. 23f im Zusammenhang der Kreuzigung Jesu zu lesen:„Nachdem die Soldaten Jesus gekreuzigt hatten, nahmen sie seine Kleider und teilten sie in vier Teile, für jeden Soldaten einen Teil; dazu kam noch der Leibrock. Der Leibrock war ohne Naht, von oben bis unten aus einem Stück gewebt. Da sagten sie zueinander: ‚Wir wollen ihn nicht zerschneiden, sondern darum losen, wem er gehören soll.'- So sollte sich das Schriftwort erfüllen: ‚Sie teilten meine Kleider unter sich und warfen über mein Gewand das Los.' (Ps 21,19). So taten die Soldaten."

Nach gängiger Auffassung handelt es sich bei dem „Chiton" genannten Kleid um das lange Untergewand, das unmittelbar auf dem Leib getragen wurde.[1] Bei der dem Johannes eigentümlichen, mit Symbolik getränkten Ausdrucksweise, möchte man auch in diesen Zeilen einen Sinn suchen, der über den wörtlichen Text hinausgeht, jedoch im historischen Kontext des Johannes möglich sein muß. Bultmann[2] - und auch Schnackenburg[3] - lehnen eine etwa schon bei Johannes vorzufindende symbolische Bedeutung ab, diskutieren aber die durchaus gegebenen Möglichkeiten. Beide ziehen die vielleicht schon damals akute Auseinandersetzung mit Spaltungen in der Urgemeinde und den dadurch nötigen Hinweis auf die Einheit der Kirche an dieser Stelle weniger oder nicht in Erwägung.

Ein Symbol und Zeichen für die Einheit der Kirche

Von der Zeit der Patristik an und bis in die Neuzeit hinein spielt die Symbolik der Tunika Christi als eines Zeichens der kirchlichen Einheit eine deutliche Rolle.[4] Im Jahr der Heilig-Rock-Wallfahrt 1959 hat der Trierer Theologe Wilhelm Bartz einen Aufsatz über „Die Tunika des Herrn, Zeichen der ungeteilten Christenheit" veröffentlicht.[5] Die Reihe der von ihm zitierten Autoren beginnt mit der Schrift „De catholicae ecclesiae unitate" des Cyprian von Karthago aus der Mitte des 3. Jahrhunderts. In ihr wird die Tunika Christi als Zeichen der kirchlichen Einheit wohl erstmals regelrecht thematisiert:

„Hoc unitatis sacramentum, hoc vinculum concordiae inseparabiliter cohaerentis ostenditur, quando in evangelio tunica Domini Jesu Christi non dividitur omnino nec scinditur ... unitatem ille portabat de superiore parte venientem, id est de caelo, et a patre venientem quae ab accipiente ac possidente scindi omnino non poterat, sed totam semel et solidam firmitatem inseparabiliter obtinebat."

„Dieses heilige Geheimnis der Einheit, dieses Band der untrennbar zusammenhängenden

[1] R. Schnackenburg, Das Johannesevangelium III. 2. A. Freiburg i. Br. 1976, S. 317.
[2] R. Bultmann, Das Evangelium des Johannes. 19. A. Göttingen 1968, S. 519f, Anm. 10.
[3] Schnackenburg (wie Anm. 1), S. 317f, Anm. 25-29.
[4] Beissel, S.166-168. - M. Aubineau, La tunique sans couture du Christ. Exégèse patristique de Joh 19,23. In: Festschrift für J. Quasten. Münster i.W. 1970, S. 100-127.
[5] W. Bartz, Die Tunika des Herrn, Zeichen der ungeteilten Christenheit. In: Catholica. Vierteljahresschrift für Kontroverstheologie, 13 , 1959, S. 304-311.

Eintracht ist gemeint, da im Evangelium die Tunika des Herrn Jesus Christus nicht geteilt und keineswegs zerrissen wird. ... (Diese Tunica) trug (zeichenhaft) die Einheit an sich, die von oben, das ist: vom Himmel und vom Vater her kommend, - von dem, der sie annimmt und der sie besitzt, keineswegs zerrissen werden konnte, sondern die ganze und solide Festigkeit enthielt."[6]

Für Trier nicht uninteressant ist der Osterfestbrief des Athanasius, den er wohl im Jahre 337 von Trier aus an seine ägyptischen Christen sandte, sie zur Bewahrung der kirchlichen Einheit aufforderte und den Häretikern - besonders den Arianern - vorwarf, sie hätten den ungenähten Leibrock Christi in Stücke gerissen.[7] Schon vor Athanasius hatte sein Vorgänger Alexander (+328) die durch Arius hervorgerufene Spaltung unter dem Bilde des Zerreißens der Tunika Christi beklagt. Eine spätere fromme Legende machte daraus den Traum, das Christuskind sei dem betenden Alexander erschienen, mit einem vom Hals bis zu den Füßen zerrissenen Gewand bekleidet. Alexander fragte das Jesuskind: „Herr, wer hat dir das Kleide zerrissen?" Jesus erwiderte ihm: „Arius hat mich in Stücke gerissen."[8]

Beda Venerabilis (+735) hat in seinen Schriften die Traditionen der Väter von der Bedeutung der Tunika Christi ins Mittelalter überliefert.[9] - In der Zeit Karls des Großen hat Alkuin von New York (ca. 730-804), Abt von Tours, eine interessante wie symbolisch bedeutsame Deutung aus der Tradition überliefert. In seinem Johanneskommentar (PL. 100, 982f) schreibt er über die geteilten Gewänder und das ungeteilte Gewand: „Die Soldaten nahmen seine Gewänder und machten daraus vier Teile, für jeden der Soldaten einen Teil; sie nahmen auch die Tunika... Die Tunika aber war ungenäht... Nun hat da einer gefragt, was es bedeute, daß die Kleider in vier Teile geteilt, die Tunika aber verlost wurde. – Das viergeteilte Kleid unseres Herrn Jesus Christus bedeutet die viergeteilte Kirche, insoweit sie über die vier Teile des Erdkreises verbreitet ist ... Die Tunika aber ... bedeutet die Einheit aller Teile, die durch das Band der Liebe zusammengehalten wird. (Dann im Hinblick auf das Petrusamt:) daher einer für alle, da ja die Einheit in allen ist... Von diesem Ganzen her wird, der griechischen Sprache gemäß, die Kirche eine katholische genannt." Von den mittelalterlichen Texten sollte hier noch der gelehrte Abt Rupert von Deutz (ca. 1075 - ca. 1129) zu Wort kommen. In seinen mystisch-allegorischen Erklärungen („Lesungen über Johannes") deutet er bei der Erklärung der Verteilung der Kleider Jesu die Tunika Christi in Richtung auf den einen und unzerstörbaren Glauben der Kirche. Es ist dies eine andere Zielrichtung der Deutung; daneben bleibt die von der Einheit der Kirche bei anderen Autoren im Gebrauch. Der Text lautet:

„Es ist angebracht, mit dieser Ausplünderung, wenn sie nämlich die Kleider des Herrn verteilen, seinen Leibrock aber nicht zerschneiden, die Vermessenheit der Irrlehrer zu vergleichen, die, wie sehr sie auch die Hl. Schrift in ihre verkehrten Ansichten zerteilt haben, doch den Glauben an Christus bzw. seine katholische Kirche nicht haben zerschneiden können. Die Mehrzahl der Kleider des Herrn versinnbildet nämlich die vielen Bücher der Schriften, mit denen das eine Wort Gottes umkleidet ist, der Leibrock aber, der ohne Naht und von oben bis unten aus einem Stück gewoben war - wie ihn vielleicht seine geliebte Mutter sorgfältig gewoben hatte - versinnbildet den einen und unzerstörbaren Glauben der katholischen Kirche."[10]

---

[6] Nach Bartz (wie Anm. 5) S.305f. - CSEL 3,1,215, vgl. BKV. Cyprian I, S.139f. - Aubineau (wie Anm. 4) S.107.

[7] Ch. Kannengießer, Athanasius von Alexandrien. Seine Beziehungen zu Trier und seine Rolle in der christlichen Theologie. In: TThZ 82, 1973, S.141-153, hier: S.150f. - Aubineau (wie Anm. 4) S. 107.

[8] G. Millet, La vision de Pierre de Alexandrie. In: Mélanges Charles Diehl II. Paris 1930. S. 99-105. - Bartz (wie Anm. 5) S. 308f. - Aubineau (wie Anm. 4) S.114-116.

[9] Bartz (wie Anm. 5) S. 305, Anm. 8 u. 9.

[10] Rupert von Deutz, Lesungen über Johannes. Der geistige Sinn seines Evangeliums (= Occidens, Horizonte des Westens, hg. von W. Nyssen, Bd.1 u. 2). Trier 1977, II, S. 863. Vgl. Bartz (wie Anm. 5) S. 306. - Außer dem mystischen Vergleich der Gewänder mit den Hl. Schriften verdient hier auch der Hinweis auf die Legende Aufmerksamkeit, Maria habe das Gewand gewebt. Vgl. dazu: Beissel, S. 152ff.

Im Zeitalter der Kirchenspaltung, des großen Schismas, als der Heilige Rock noch immer vermauert und unsichtbar im Hochaltar des Domes verschlossen war, „entdeckte" 1402 der gelehrte Propst Friedrich Schavard[11], der neben anderem auch Dompropst von Worms und Kanzler der Universität Heidelberg war, die Tunika Christi in ihrer geistigen Bedeutung wieder: er beschwor Erzbischof und Stadtrat, die Schatzkammer Triers zu öffnen, die Tunika hervorzuholen und als ein Zeichen der kirchlichen Einheit vorzuzeigen. Dafür diente ihm eine mystisch-allegorische Deutung des großen Trierer Stadtsiegels, das er zu diesem Zwecke in seiner Schrift auch abbildete.[12]

Dieser Gedanke an die kirchliche Einheit sollte im Reformationszeitalter wiederaufleben. Im Jahr der ersten öffentlichen Heilig-Rock-Zeigung 1512 dichtete der Trierer Weihbischof Johannes Enen für ein Meßformular zu Ehren des Heiligen Rockes eine Sequenz, die dann 1516 in einem in Speyer gedruckten Missale wiederkehrt:

(„Exultando sacras laudes...
Ipsa enim extat vestis...)
Per quam sancta conservetur
ecclesia et letetur
pace freta deo detur
deus honor et precetur
scismata ne irruant.„[13]

„Da existiert das Gewand ..., durch welches die heilige Kirche bewahrt wird und sich des Friedens erfreut. Gott gebe man die Ehre und bete, daß keine Spaltungen hereinbrechen."

Aktuell wurde die Einheitssymbolik der Tunika Christi dann in einem „mehrtägigen Nachspiel", das im Anschluß an die eigentlichen Verhandlungen auf dem Reichstag zu Worms 1521 stattfand.[14] Der Trierer Erzbischof und Kurfürst Richard von Greiffenklau und seine Räte trafen auf Bitten der Reichsstände nochmals mit Martin Luther und dessen Ratgebern zusammen. Greiffenklau sprach auch unter vier Augen mit Luther. In diesem Zusammenhang machte der Kurfürst verschiedene Angebote; am Anfang einer der Gespräche sagte einer der Redner, er sei zu einer brüderlichen Ermahnung Luthers und zu der Frage beauftragt, ob er bei dem ungenähten Rock Christi, der Einheit der christlichen Kirche, bleiben wolle.

Mit dieser kleinen Auswahl soll nur ein Hinweis auf eine an sich große Zahl symbolischer Texte über die Bedeutung der Tunika als Zeichen der kirchlichen Einheit gegeben werden.

Zur Geschichte der Tunika Christi

Die Geschichte der Tunika selbst ist in ihren Anfängen und bis in das hohe Mittelalter hinein durchaus dunkel. Stephan Beissel SJ hat die geschichtliche Überlieferung in ihren Pro und Contra, allerdings mit einem stark apologetischen Beigeschmack, ausführlich und mit vielen Textzitaten dargestellt.[15] Erwin Iserloh ging dann im Jahr der Heilig-Rock-Wallfahrt 1959 sehr kritisch mit der Trierer Tradition und mit Stephan Beissel um.[16] Er sieht die Tunika Christi in historischen Dokumenten erst im 12. Jahrhundert sicher bezeugt, möchte sogar in der älteren Tradition die Existenz einer Hl.-Rock-Reliquie als solcher ausschließen, was wohl etwas zu weit geht, und reduziert die Hl.-Rock-Tradition auf die Weitergabe von sogenannten Brandea, das sind Tücher, die ihre

[11] F. J. Heyen, Das Stift St. Paulin vor Trier (= Germania Sacra. Das Erzbistum Trier 1). Berlin 1972, S. 597-599.
[12] F. Ronig, Die älteste Abbildung des Trierer Stadtsiegels. In: Kurtrierisches Jahrbuch 21, 1981, S. 94-103.
[13] Bartz (wie Anm. 5) S. 307. - J. Flöck, Die Geschichte des Festes, der Messe und des Offiziums vom Heiligen Rock zu Trier (1512-1959). Trier 1961 (Masch. Dipl. Arbeit), S.23. - A. Heinz, Das Motiv „Christus in der Kelter" im ältesten Meßformular vom Heiligen Rock. In: Corona amicorum, Alois Thomas zur Vollendung des 90. Lebensjahres von Kollegen, Freunden und Schülern dargeboten. Trier 1986, S.134-144, hier: S.135.
[14] A. Schmidt, Der Trierer Kurfürst Erzbischof Richard von Greiffenklau und die Auswirkungen des Wormser Ediktes in Kurtrier. In: Der Reichstag zu Worms von 1521. Hg. von F. Reuter. Worms 1971, S. 271-296, hier: S. 278, 288.
[15] S. Beissel, Geschichte der Trierer Kirchen, ihrer Reliquien und ihrer Kunstschätze. II.Teil: Zur Geschichte des Hl. Rockes. Trier 1889.
[16] E. Iserloh, Der Heilige Rock und die Wallfahrt nach Trier. In: Geist und Leben 32 (1959) S. 271-279. Wiederabgedruckt in: E. Iserloh, Verwirklichung des Christlichen im Wandel der Geschichte. Hg. von K. Wittstadt. Würzburg 1975, S. 24-32.

Heiligkeit durch die Berührung mit anderen Heiligtümern erhalten haben.[17] Diese spätantike Praxis und ihre Bedeutung sollte man auch in unserem Zusammenhang nicht gering achten; sie wird bis auf den heutigen Tag an Wallfahrtsorten geübt, wie man leicht beobachten kann.

Die nach 1945 stattgehabten archäologischen Untersuchungen im Trierer Dom von Th. K. Kempf spielten in den Darlegungen Kempfs selbst, aber auch Iserlohs eine gewichtige Rolle.[18] Die Verbindung der Ergebnisse der Domgrabung mit der Helena-Vita des Altmann von Hautvillers (9. Jh.) wird in diesem Zusammenhang wichtig. Kempf sah den Zweck der unter dem Dom nach seinen Forschungen nachzuweisenden zwölfeckigen Anlage als den einer Memoria - eines Gedächtnisbaus, der seinen Sinn nur in einem Christusgedächtnis haben könne. Die Graffiti mit Christusanrufungen auf der unter der Liebfrauenkirche gefundenen Altarschranke verband er gedanklich mit der Dom-Memoria und der Helena-Tradition (der Dom = Haus der Helena). Obwohl diese Gedanken nicht ohne Bedeutung sind, fehlt ihnen die letzte Beweiskraft; denn die archäologischen Funde harren einerseits noch einer genauen Publikation und andererseits wünschte man der historischen Verknüpfung eine deutlichere Stringenz. Dennoch ist man in Trier sehr vorsichtig (geworden) im Umgang mit den Inhalten der Überlieferung, wie gerade die Helena-Tradition des Domes im Zusammenhang mit den Ausgrabungen nahelegt.

Eine schriftliche Nachricht über die Tunica Domini wird erst im 11. Jahrhundert greifbar. Sauerland faßt (1889) aus der Schrift „Leben des heiligen Agritius und der heiligen Helena" die Überlieferung kurz so zusammen: „Einst vernahm ein frommer Trierer Bischof, daß über den Inhalt des von Agritius überbrachten Reliquienschreines verschiedene Meinungen herrschen; daß nämlich die einen darin die „tunica domini inconsutilis", die anderen das Purpurgewand, womit der leidende Heiland bekleidet gewesen sei, andere hinwieder die Schuhe (Beinkleider) des Herrn vermuteten. Um die Frage zu entscheiden, ordnete der Bischof zunächst ein dreitägiges Fasten mit Gebet an und schritt dann feierlich zur Eröffnung des Schreins. Aber sobald der heiligmäßige Mann, der damit beauftragt war, die Reliquie aus dem Agritiusschrein zu erheben und dem Bischof zu zeigen, in die gemachte Öffnung hineinblickte, ward er blind. Und dies galt denn fortan als ein göttliches Zeichen, daß kein sündhaftes Menschenkind jemals die hochheilige Reliquie schauen solle."[19] Womöglich hat sich in dieser frommen Erzählung einer der Gründe niedergeschlagen, die dazu führten, daß die kostbare Reliquie bis 1512 nie gezeigt und zur Verehrung ausgestellt wurde. Die Scheu vor dem Heiligen und die Sorge, es den profanen Blicken preiszugeben, spielen hier genauso mit wie die Problematik einer auch damals nicht deutlich genug empfundenen und bezeugten Überlieferung.

Wenn nun in einem Überlieferungsstrang der Gesta Treverorum berichtet wird, daß die Tunica Domini vor ihrer Bergung 1196 im Hochaltar des neuen Ostchores im Westchor aufbewahrt gewesen sei, so fehlen dafür leider die schriftlichen wie auch die monumentalen Zeugnisse.[20] Der Westchor mit seinem Nikolausaltar war 1121 von Erzbischof Bruno geweiht worden. Die Texte berichten allerdings nichts von einer Bergung des Hl. Rockes im Altar des Westchores, obwohl die dort eingesetzten Reliquien aufgezählt werden. Auch Brower[21] weiß anläßlich der Weihenachricht

[17] F. Pfister, Brandeum. In: RAC 2 (1954), Sp. 522f.

[18] Iserloh (wie Anm. 16), S. 28f; hier auch der Hinweis auf Kempf. Auf die vielen Veröffentlichungen Kempfs kann hier aus Platzgründen im einzelnen nicht eingegangen werden. Zur Zeit finden weitere Untersuchungen durch Dr. W. Weber in diesem Bereich statt.

[19] Trierer Geschichtsquellen des XI. Jahrhunderts. Untersucht und herausgegeben von H. V. Sauerland. Trier 1889, S. 132; der lateinische Text auf S. 195f. Beissel hatte schon S. 63f den Text referiert und mehr apologetisch kommentiert.

[20] Die Gesta Treverorum (ed. J. H. Wyttenbach I, 1886, S. 304f) berichten nur in der Handschrift cod. 1216, daß die Tunika Christi gefunden wurde „arae S.Nicolai inclusa" im Altar des Hl. Nikolaus, also im Westchor, eingeschlossen. Ch. Brower (Antiquitatum et Annalium Trevirensium...II. Lüttich 1670, S. 91) geht etwas ausführlicher auf diese Nachricht ein, kann aber auch grundsätzlich auch nicht mehr beisteuern. - Beissel, S. 2, 11-16.

[21] Brower (wie Anm.20) II, S. 17.

nichts vom Hl. Rock zu berichten. Es bleibt also, historisch gesehen, im Dunkeln, wo und wie der Hl. Rock vor seiner Übertragung in den Ostchor aufbewahrt wurde. Nur wird man den Hinweis auf eine frühere Aufbewahrung im Westchor nicht vorschnell abtun können.

Von der Übertragung in den Ostchor berichten die Gesta Treverorum: „In die etiam dedicationis majoris ecclesiae, quae est in festo Philippi et Jacobi, summmum altare cum magna solemnitate et devotione consecravit, et tunicam Domini cum magna reverentia et veneratione bonorum virorum ipso die in altare beati Petri reposuit, anno videlicet ab incarnatione Domini millesimo centesimo nonagesimo sexto."

„Am Weihetage der Hauptkirche, der auf das Fest der heiligen Philippus und Jakobus fällt (= 1. Mai), konsekrierte er (Erzbischof Johann) den Hochaltar mit großer Feierlichkeit und Frömmigkeit. Die Tunica des Herrn legte er mit großer Reverenz und der Verehrung durch untadelige Männer an demselben Tage in den Altar des seligen Petrus - nämlich im elfhundertsechsundneunzigsten Jahre nach der Menschwerdung des Herrn."[22] Die bereits oben genannte zweite Lesart in den Gesta berichtet außerdem davon, daß in diesem Zusammenhang die Tunika „dem Volke" gezeigt worden sei. Diese Bemerkung muß sich - falls sie als glaubwürdig erkannt wird - aber nicht mit Notwendigkeit auf eine öffentliche Zeigung beziehen; „dem Volke" kann sich auch auf den Domklerus und andere Kleriker beziehen.

Von 1196 bis zur Öffnung des Hochaltares im Jahre 1512 ist nun keine Rede mehr von einer Beschäftigung mit der Reliquie; sie ruht im Hochaltar. Auch von Pilgerfahrten gibt es keine Nachrichten. Ist es ein zufälliges Schweigen? Sind die Zeugnisse verlorengegangen? Es ist kaum anzunehmen, daß eine so wichtige Pilgerfahrt wie etwa eine zum Heiligen Rock - wenn es sie denn in der Zwischenzeit gegeben hätte - verschwiegen worden wäre; es ist auch kaum denkbar, daß eine solche Nachricht sich nicht in anderen, auch auswärtigen Quellen, erhalten hätte. So bleibt also im wesentlichen das Schweigen bis auf die schon oben genannte und nicht gering zu bewertende Aufforderung zu einer Zeigung durch Friedrich Schavard.

Zur Anlage des neuen Ostchores im Dom, seiner Schrankenanlage und der Zugänglichkeiten gehören auch die sogenannten „Pilgertreppen" in den Nebenchören rechts und links, die heute noch, wenn auch in erneuerter Form, existieren.[23] Kapitelschor und Altarraum, die durch einen westlichen Hallenlettner mit mittlerem Durchgang abgeschlossen und zugleich erschlossen waren, hatten über die seitlichen Rampen und die zugehörigen Pilgertreppen mit den großen Portalöffnungen weitere Zugänge. Es wäre reizvoll, diese Treppen mit einem Pilgerweg in Verbindung bringen zu können. Selbst wenn sie so gedacht gewesen sein könnten, fehlen uns leider die Zeugnisse einer entsprechenden mittelalterlichen Benutzung. Auf alle Fälle war über diese Treppen und die Rampen ein Betreten des Altarraumes und ein Umschreiten des im Hochaltar verwahrten Heiligtums möglich.

Es muß wohl im Jahre 1423 (1427?) gewesen sein, als das Domkapitel versuchte, mit dem gesamten Domschatz und allen Reliquien des Domes aus der Stadt zu fliehen.[24] Ursache waren die Reformbestrebungen des Erzbischofs Otto von Ziegenhein (1418-1430), denen sich das Domkapitel mit Macht widersetzte.[25] Durch die Vermittlung hoher Geistlicher kam es zum Ausgleich. Ob von diesem Auszug auch der Heilige Rock betroffen war, ist nicht eigens erwähnt. Wenn es in dem Bericht heißt „mit allen Reliquien", so möchte man die Tu-

[22] Gesta (wie Anm. 20) I, S. 304f. - Beissel, S. 17.

[23] J. Zink, Die Baugeschichte des Trierer Domes von den Anfängen im 4. Jahrhundert bis zur letzten Restaurierung. In: Der Trierer Dom. (= Rhein. Verein für Denkmalpflege und Landschaftsschutz, Jahrbuch 1978/79). Neuss 1980, S. 17-111, hier: S. 46-50, Fig. 13 u. 14. - F. J. Ronig, Die Ausstattung. In: Dass., S. 231-362, hier: S. 238-242, Abb. 122. - F. Ronig, Der Dom zu Trier. Königstein 1982, Abb. S. 66 u. 67.

[24] Gesta (wie Anm. 20) II, S. 314. - Brower (wie Anm. 20) II, S. 271. - Beissel S. 95f.

[25] Dazu: F. Pauly, Aus der Geschichte des Bistums Trier. II. Die Bischöfe bis zum Ende des Mittelalters (= Veröffentlichungen des Bistumsarchivs Trier 18). Trier 1969, S. 122-124.

nika eingeschlossen sehen. Allerdings wird das Kapitel einen konsekrierten Altar aufzubrechen wohl doch gescheut haben.

Geschichte der Wallfahrten

Erst mit der Öffnung des Hochaltares von 1512 kommt wieder Bewegung in die Geschichte der Tunika Christi.[26] Anlaß war, daß Kaiser Maximilian (1493-1519) in der Karwoche 1512 wegen eines nach Trier einberufenen Reichstages in die Stadt gekommen war. Erzbischof Richard von Greiffenklau zu Vollrads (1511-1531)[27] war damals schon erwählt und vom Papst bestätigt, aber noch nicht zum Bischof geweiht. Der Kaiser verlangte, die Tunika Christi zu sehen, von der er schon vieles in Büchern gelesen hatte. Die Entscheidung zur Öffnung des Altares scheint dem Erzbischof nicht leicht gefallen zu sein; über 300 Jahre hatte die kostbare Reliquie unberührt im Hauptaltar des Domes geruht. Der Trierer Weihbischof Johannes Enen hat uns in seiner „Medulla" einen ausführlichen und konkreten Bericht über die ganzen Vorgänge hinterlassen.[28] Nach verschiedenen Beratungen mit den Prälaten und Äbten der Stadt und dem Gebet einer Novene (neun Tage) wurde dann am 14. April im Beisein des Kaisers und vieler Bischöfe und Prälaten der Hochaltar geöffnet. Ein Priester mußte in den großen romanischen Kastenaltar hineinkriechen. Im Inneren fand er drei Behältnisse: zwei mit vielen, im Bericht namentlich genannten Reliquien, dazu ein elfenbeinernes Reliquiar, das den Heiligen Rock enthielt. Zwei Holzschnitte halten das Geschehen fest: der eine aus der Ehrenpforte für Kaiser Maximilian von Albrecht Dürer[29] (Abb. 34), der andere von Hans Burgkmair[30] (Abb. 9 im Beitrag von A. Heinz in diesem Band). Beide Graphiken geben die Räumlichkeiten in Trier nicht realistisch wieder und sind daher - obwohl von hohem Kunstwert - doch nur von begrenztem Dokumentationswert.

Abb. 34) Albrecht Dürer, Erzbischof Richard von Greiffenklau zeigt Kaiser Maximilian den Heiligen Rock. Holzschnitt 1512/13.

Als dann etwa zwei Wochen später, am 3. Mai 1512, im Dom ein Gedächtnisgottesdienst für die 1510 verstorbene Gemahlin Maximilians, Bianca Sforza von Mailand, gefeiert wurde, war nach diesem Gottesdienst „kein Aufhören, sondern ohne Unterlaß der Gemeinde Rufen und Beten, daß man den Heiligen Rock zeigen möchte." Der Erzbischof schien darauf nicht vorbereitet gewesen zu sein und ließ die Reliquie zusammengefaltet - wohl auf der Lettnertreppe - zeigen. Aber das Volk rief noch lauter:

[26] Beissel, S. 98-105. - Brower (wie Anm. 20) II, S. 327-328. - Viele andere Literatur, die man der neuesten Bibliographie entnehmen mag: Tunica Domini. Eine Literaturdokumentation zur Geschichte der Trier Heilig-Rock-Verehrung. Bearb. von H. Krämer. Hg. von M. Embach. Trier 1991.

[27] Pauly (wie Anm. 25) III. Die Bischöfe von Richard von Greiffenklau bis Matthias Eberhard. Trier 1973, S. 11-14.

[28] J. Enen, Medulla Gestorum Treverensium. Claerlich Berichtung ... Metz 1514. - Ders., Kurzer Inbegriff der Geschichte von Trier und Beschreibung der dortigen Kirchen und Heiligthümer. Regensburg und Trier 1845.

[29] Albrecht Dürer, Das gesamte graphische Werk. Druckgraphik. Einleitung von W. Hütt. München 1970, Taf. 1661 (seitenverkehrt). - Maximilian's triumphal arch. Woodcuts by Albrecht Dürer and others. New York 1972, Pl. 6. - M. Mende, Albrecht Dürer. Sämtliche Holzschnitte. München 1976, Abb. 283.

[30] Hans Burgkmair. 1473-1531. Holzschnitte, Zeichnungen, Holzstöcke. Ausstellung Berlin 1974, Nr. 38, 61 (Exemplar aus den Kunstsammlungen Weimar).

man solle den Heiligen Rock ausbreiten und offen zeigen, wie Johannes Enen berichtet. Es ist natürlich fraglich, ob dieser Bericht auf diese Weise wörtlich zunehmen ist; vielleicht hat sich in die Formulierung Enens schon das Rituelle einer Zeigung eingeschlichen. Auch heute noch werden, etwa bei der Eröffnung der Aachener Heiltumsfahrt, die Tuchreliquien zuerst im gebündelten und zusammengeschnürten Zustand dem Volke gezeigt, dann erst offen. - Die Nachricht von der Zeigung des Hl. Rockes verbreitete sich rasend schnell, so daß schlagartig eine große Wallfahrt entstand - die erste in ihrer Art.

Bis zur Zerstörung durch die herabfallenden Gewölbetrümmer der Heilig-Rock-Kapelle im letzten Krieg - eine andere Tradition spricht vom Abhandenkommen - gab es in der Domschatzkammer einen hölzernen Schrein im spätgotischen Stil. Nur wenige Bilddokumente sind davon erhalten.[31] Der Schrein war in der Form eines einschiffigen Kirchengebäudes mit Querschiff gehalten und mit Bildern bemalt. Der Querschiffsflügel war mit zwei Türchen wie ein Triptychon zu öffnen. Im geschlossenen Zustand sah man auf der Tür Petrus und Helena, die den Hl. Rock halten; dazu die Wappen von Trier und von Greiffenklau. Auf den Feldern rechts und links waren Matthias und Barbara dargestellt (Abb. 35). Wurden die Türchen geöffnet, erschien im Mittelfeld der hl. Petrus mit dem Hl. Rock, rechts und links Petrus und Helena. Schon lange wurde die Vermutung geäußert, es könnte sich um ein Werk aus der Zeit des Richard von Greiffenklau gehandelt haben. Indessen wäre es dann unverständlich, daß dieses Kunstwerk, das - dem Vernehmen nach - während des Krieges auf der Altarmensa der Heilig-Rock-Kapelle stand, nicht gesichert und gerettet worden wäre. Der damalige Konservator, der sich intensiv für den Schutz des kirchlichen Kunstgutes einsetzte, scheint indessen nicht davon überzeugt gewesen zu sein, daß es sich um ein schützenswertes Denkmal handelte. Der Verlust ist unter verschiedenem Aspekt hoch zu bedauern.

Kommen wir auf einige ältere Abbildungen der Tunika zu sprechen. Der Heilige Rock sieht

Abb. 35) Heilig-Rock-Schrein (seit 1945 verloren).

heute etwas anders aus, als er bei Brower (1670) (Abb. bei Kat. B 285) dargestellt ist.[32] Dort fehlen die vom Hals nach unten ausgehenden Rüschen. Dasselbe gilt für die wohl älteste Abbildung, die noch aus dem Jahr der Zeigung 1512 stammt; sie findet sich in dem offiziösen lateinischen Bericht über die Reliquien des Domes, 1512 bei Kaspar Hochfeder in Metz gedruckt[33] (Abb. 36). Die Darstellung ist sehr einfach, nicht im Sinne einer Präsentation wie bei späteren Abbildungen; die Ärmel hängen schlaff herab. Der im Hochaltar mitaufgefundene Würfel ist ebenfalls abgebildet. In der zweiten Auflage von 1513 ist schon eine andere Abbildung anzutreffen: Nun hängt der Hl. Rock mit ausgebreiteten Ärmeln an einer Querstange, die von einer senkrechten Stange getragen wird. Der Fond ist wie ein Ornamentteppich gestaltet (auch hier ist der Würfel mitabgebildet). [34]

[31] Ende der 1960er Jahre erhielt das Trierer Konservatoramt aus dem Hause Greiffenklau-Matuschka ein älteres Photo dieses Schreins übereignet, das von dem Trierer Photographen Bätz angefertigt worden war. - Abbildungen des Schreines findet man auch in den Wallfahrtsausgaben der Trierer Kirchenzeitung Paulinus aus den Jahren 1933 und 1959: Wallfahrtsblatt. Trier 1959, Nr. 1, S. 13 zwei Abbildungen, im geschlossenen und im geöffneten Zustand. (C. Kammer: Der berühmte Greiffenklau-Schrein ging im Zweiten Weltkrieg verloren).

[32] Brower (wie Anm. 20) I, S. 583.

[33] E. van der Vekene, Kaspar Hochfeder. Ein europäischer Drucker des 15. und 16. Jahrhunderts. Eine druckgeschichtliche Untersuchung. Baden - Baden 1974, Nr. 114, 115 (Teilauflage), Abbildung unter Nr. 171.

[34] Bibliothek des Priesterseminars, Ci 102. Vgl. van der Vekene (wie Anm. 33) Nr. 174. - F. R. Reichert, Trierer Heiltumsschriften. In: Schatzkunst Trier. Forschungen und Ergebnisse. Hg. von F. J. Ronig. (= Treveris Sacra 4). Trier 1991, S. 167-184, hier Abb. 1.

Abb. 36) Kaspar Hochfeder, Heiliger Rock. Holzschnitt 1512. Trier, Bibliothek des Bischöflichen Priesterseminars.

Abb. 37) Hölzerner Erker an der Westapsis des Trierer Domes. Holzschnitt 1513.

In „Ein warhafftiger Tractat, wie man das hochwirdig heiligthum verkündt und geweist in der heiligen stadt Trier im thum", 1513 in Straßburg gedruckt, ist die Westapsis des Domes dargestellt, an welcher ein überdachter (hölzerner) Erker aufgehängt ist (Abb. 37). Zugänglich war dieser Erker vom Inneren der Westapsis her durch deren Mittelfenster. In diesem Erker sieht man sieben Kleriker, zwei mit Kerzen; der mittlere von ihnen hält eine Draperie über die Brüstung, auf welcher der Heilige Rock befestigt ist.[35]

In den dort vom Hals senkrecht nach unten verlaufenden Linien könnte man die Rüschen erkennen, die heute das Gewand Christi an seiner Vorderseite wesentlich bestimmen.[36] Zum Thema der älteren Abbildungen des Heiligen Rockes sei hier vor allem auf Franz Rudolf Reichert (Anm. 34) und die dort angegebene Literatur verwiesen. In die Reihe der frühen Abbildungen gehören auch die Wallfahrtsmedaillen und Pilgerandenken vom Hl. Rock. Wie an anderen Wallfahrtsorten hat man auch in Trier vom 16. Jahrhundert an bis in die Gegenwart solche Andenken hergestellt und verbreitet.[37]

Kehren wir zu der Geschichte der Ausstellungen und Wallfahrten zurück.[38] 1513 fand die nächste Zeigung mit einer Wallfahrt statt. Sie begann am Pfingstmontag und dauerte bis zum zweiten Sonntag nach Pfingsten. Mit der Wallfahrt 1514 verhielt es sich ebenso: vierzehn Tage, mit dem Pfingstmontag beginnend.

---

[35] Irsch, Fig. 7, S. 43 (Nr. 4, 6). - Reichert (wie Anm. 34), S. 175. Dasselbe Bild erscheint 1655 noch eimal.

[36] Zu diesem Sachverhalt hat sich Frau Prof. Dr. Mechthild Flury-Lemberg genauestens geäußert; ihr Manuskript liegt schon seit einiger Zeit vor. Der Druck hat sich bedauerlicherweise verzögert.

[37] K. Köster, Wallfahrtsmedaillen und Pilgerandenken vom Heiligen Rock zu Trier. In: Trierisches Jahrbuch 10 (1959) S. 36-56.

[38] Nach Beissel, S. 123ff.

Am 26. Januar 1515 verlieh Papst Leo X. für die Wallfahrer einen vollkommenen Ablaß. In der Urkunde werden die wichtigsten Trierer Reliquien genannt. Außerdem taucht hier der Sieben-Jahr-Zyklus auf: In Trier soll fortan zusammen mit Aachen die Wallfahrt alle sieben Jahre stattfinden. Auch ist die Rede hier von einer Bruderschaft. Die nächste Aachen-Fahrt fiel allerdings erst in das Jahr 1517; so nutzte man in Trier die Jahre 1515 und 1516 noch zu einer separaten Trierer Wallfahrt. Der Sieben-Jahr-Zyklus hat sich in Trier jedoch nicht sehr lange gehalten. Nach dem Wallfahrten 1517, 1524, 1531, 1538, 1545 fiel die nächste 1552 wegen der Kriegsereignisse aus. Danach war für Trier die Regel eines Sieben-Jahres-Zyklus vorbei.[39]

Die aus den frühen Wallfahrten erwachsenen Einkünfte dienten u. a. zur Anschaffung neuer Glocken. Zwei dieser damals gegossenen Glocken waren bis zum Dombrand am 14. August 1944 erhalten[40] (Abb. 38). Ebenfalls im Gefolge der Wallfahrten wurde der Südwest-Turm des Domes, der nach seinem Erbauer, dem Erzbischof Richard von Greiffenklau benannt ist, um das Glockengeschoß erhöht. Er dient heute noch als Glockenturm. Die großen gotischen Schwibbögen in seinem Inneren trugen jahrhundertelang - bis zum Dombrand von 1944 - den Glockenstuhl.

Die Zeigung des Heiligen Rockes im Jahr 1585 war eher privater Art. Am 6. und 7. Mai war das Heiligtum zugänglich aus Anlaß des Besuches durch den Päpstlichen Legaten, den Bischof von Vercelli.[41] Viele Menschen hatten davon gehört und kamen zum Dom. Ähnlich verhielt es sich beim Besuch des Österreichischen Erzherzogs Ernst, der 1594 zusammen mit dem Erzbischof Ernst von Köln und dem Markgrafen von Baden in Trier war. Auch dies war keine eigentliche Ausstellung. Solche „privaten Zeigungen" gab es auch in den Jahren 1688, 1713, 1714 und 1725.

1655 kündigte Kurfürst Carl Caspar von der Leyen eine Ausstellung an. Diese sollte zwar nur einige Tage (beginnend am 1. Mai, dem Domweihfest, dann: Christi Himmelfahrt, Pfingsten, Dreifaltigkeit, Johannes Baptist, Peter

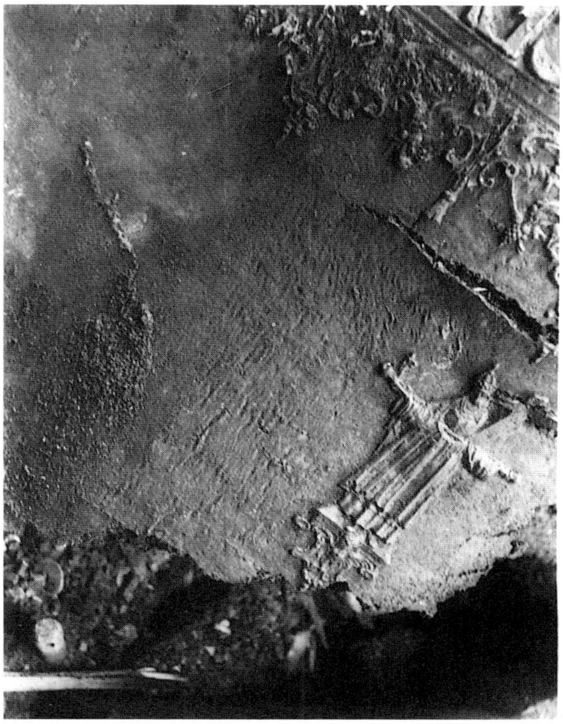

Abb. 38) Helenenglocke des Trierer Domes. Foto nach der Zerstörung am 14. August 1944.

und Paul) dauern, wurde aber wegen der überaus großen Menge des herbeiströmenden Volkes nach jedem der Tage ausgedehnt und insgesamt ein großer Erfolg.[42] Diese Wallfahrt hat uns jenen großen Kupferstich hinterlassen, dessen Mittelstück (wohl erstmals) von Nikolaus Irsch 1931 veröffentlicht wurde[43] (Kat. B 1): es ist die „Designatio" der wichtigsten Reliquien des Domes mitsamt dem Heiligen Rock in der Mitte über einem Bild der Stadt Trier schwebend, von Engeln getragen. Bis 1972 glaubte man in dem Exemplar des Bischöflichen Museums ein Einzelexemplar zu besitzen; damals wurde vom Verfasser ein zweites

[39] Beissel, S. 262.
[40] Beissel, S. 124f. - P. Schuh, Trierer Domglocken einst und jetzt. In: Der Trierer Dom (wie Anm. 23) S.422ff.
[41] Beissel, S. 262.
[42] R. Laufner, Die Hl.-Rock-Ausstellung im Jahre 1655. In: Trierisches Jahrbuch 1959, S. 56-67. - Th. Zimmer, Die Einladung des Kurfürsten Karl Kaspar v.d. Leyen zur Hl.-Rock-Ausstellung i. J. 1655. In: Ebd., S. 68 f.
[43] Irsch, Taf. XV, S. 45, 318. - F. R. Reichert, Trierer Heiltumsschriften. In: Schatzkunst II (wie Anm. 34) S. 169, Abb. 10. - H.-W. Stork, Anhang (zu Reichert), hat hier erstmals den deutschen Text in Transskription dargeboten (S. 184-186).

Exemplar in der Bibliothek des Trierer Priesterseminars entdeckt.[44] Inzwischen wurde anläßlich einer Seminarübung an der Universität Saarbrücken 1992 bewußt gemacht, daß die beiden Exemplare in einigen wichtigen Details voneinander unterschieden sind. Es muß sich um zwei verschiedene Auflagen mit verschiedener graphischer Behandlung handeln.

Von dieser Wallfahrt existiert ein ausführlicher und detaillierter Bericht, der viele konkrete Nachrichten enthält.[45] So erfahren wir, daß ein großes Gerüst wie eine Schaubühne vor dem Westchor des Domes errichtet wurde, auf das man vom Inneren des Nikolauschores aus (wohl durch eines der großen Fenster) über ein Treppe gelangen konnte (Abb. 39; Kat. B 284). Ein großer Teil des Klerus hatte auf der Bühne Platz (vgl. Abb. 37). Im Inneren des Nikolauschores stand ebenfalls eine Bühne und machte eine Zeigung für die im Dom Anwesenden möglich. Die Zeigung des Hl. Rockes, der in einem Kasten an einer Stange hing und den man wegen des Windes mit Seidenbändern befestigt hatte, war eingebettet in die Zeigung der anderen bedeutenden Reliquien des Domes, die in dem Bericht einzeln aufgezählt werden. Abends trug man die Reliquien in die „Heiligtumskammer" zurück. Leider sagt der Bericht nichts darüber aus, wo sich diese befand und welcher Art sie war. Es wird sich wohl um die romanische Schatzkammer auf der Nordseite des Kapitelschores gehandelt haben.

Neben den großen Weisungen auf der Bühne gab es noch kleinere auf dem „Doxal", der Sängertribüne auf der Nordseite des Kapitelchores (= auf der romanischen Schatzkammer). Auch die liturgischen Einzelheiten sind nicht ohne Interesse, wie etwa, daß das Eröffnungshochamt an dem St.-Annen-Altar stattfand; wo sich dieser damals befand, ist zu fragen (nach der Errichtung des Fröhlicher-Aufbaues 1687-1699 befand er sich auf der Balustrade vor dem Eingang der Heilig-Rock-Kapelle).[46] Eine feierliche Musik mit Trompeten und Heerpauken erklang von dem Doxal.

Abb. 39) Titelblatt zu: Christoph Brower/Jakob Masen, Antiquitatum et Annalium Trevirensium. Lüttich 1670.

Die Barockzeit brachte wieder Baumaßnahmen, die mit der Tunika Christi zusammenhängen.[47] Nachdem unter dem Kurfürsten Carl Caspar vor der Leyen (1652-1676) schon mit dem Neubau einer eigenen Heilig-Rock-Kapel-

[44] Der Trierer Domschatz mit seinen Heiligtümern. In: Rhein und Maas. Kunst und Kultur 800-1400. Ausstellungskatalog. Köln 1972, Nr. VIIIj (S.141). Als Photo diente jedoch die alte Vorlage aus dem Bischöflichen Museum. Verf. hat im Katalog: Schatzkunst Trier. Hg. vom Bischöflichen Generalvikariat Trier. (= Treveris Sacra 3). Trier 1984, unter Nr. 210 ein Photo veröffentlicht, welches das Blatt des Priesterseminars wiedergibt.

[45] Laufner (wie Anm. 42).

[46] Im Altarverzeichnis bei N. Irsch, Der Dom zu Trier (= Kunstdenkmäler der Rheinprovinz 13,1). Düsseldorf 1931, S. 256, Nr. 2 ist der alte Standort nicht angegeben. - Im „Liber Ordinarius" kommt der Annen-Altar nicht vor: A. Kurzeja, Der älteste Liber Ordinarius der Trierer Domkirche. Münster 1970.

[47] J. Zink, Die Baugeschichte des Trierer Domes von den Anfängen ... In: Der Trierer Dom (wie Anm. 23) hier: S. 54-56. - F. Ronig, Ausstattung. In: Der Trierer Dom (wie Anm. 23) S. 231-362, hier: S. 285-296. - H. Dziurla, Das Werk des Christophorus Tausch im Trierer Dom. In: Der Trierer Dom (wie Anm. 23) S. 363-375. - F. Ronig, Das wolkenumsäumte Engelsfenster im Trierer Dom. Ein Beitrag zum Weiterleben künstlerischer Ideen Berninis in Deutschland. In: Festschrift Kurt Rossacher. Salzburg 1983, S. 273-280.

le im Dom begonnen worden war,[48] setzte sein Nachfolger Johann Hugo von Orsbeck (1676-1711) das entscheidende Werk in Gang. Die große Rotunde am Scheitel des Ostchores, die sich im Inneren des Domes mit ihrer großen Schaufassade zeigt, ist sein Werk. Als Verwirklicher seiner Ideen diente ihm der Frankfurter Architekt und Bildhauer Johann Wolfgang Fröhlicher. 1687 wurde mit ihm der Akkord für die Errichtung des „Vordertheyls" der (damals noch nicht errichteten) Heiltumskapelle geschlossen. 1699 war das Werk vollendet (Abb. 40). Nach dem Tode Fröhlichers (1700) wurde die Kapelle nach dem von ihm „poussierten" Tonmodell durch den kurtrierischen Architekten Ravensteyn errichtet.

Architektur und Skulptur vereinigen sich hier zu einem bedeutenden Zusammenklang: die Treppen und die Tribüne vor dem Kapelleneingang in der Höhe des Ostchores fassen und leiten den Pilgerstrom. Das wolkenumsäumte Engelsfenster (à la Bernini) gibt aus der Mittelachse des Domes den Blick in die Kapelle frei auf jene Fläche im Retabel des Kapellenaltares, die einst das große Silberreliquiar enthielt, das der Augsburger Silberschmied Thaddäus Lang nach dem Entwurf des Breslauer Architekten Christoph Tausch geschaffen hatte[49] (Kat. B 286).

In den unsicheren Jahren der Franzosenkriege war die Tunika Christi häufiger auf dem Ehrenbreitstein in Sicherheit als in der Trierer Heilig-Rock-Kapelle: immer wieder nach Koblenz geflüchtet. Dort wollte sie auch Leopold Mozart sehen, als er sich mit seinem Sohn Wolfgang Amadeus 1763 am kurfürstlichen Hof zu Koblenz aufhielt, um dort vorzuspielen. Leopold schreibt darüber in seinen Reisenotizen vom 12. August bis zum 3. Oktober 1763: „In der Vestung soll auch ein Rock Xsti seyn, ich habe den Platz des Behältnisses und die Abbildung gesehen." Aus dieser kurzen Notiz darf man schließen, daß Leopold (auch Wolfgang Amadeus?) auf dem Ehrenbreitstein waren, die Kapelle wohl sahen, aber verschlossen, und statt des Heiligen Rockes ein Abbild desselben, vielleicht einen Kupferstich, der an der Tür angeschlagen war.[50]

Nachdem die Reliquie 1790 nochmals kurz in Trier war, wurde sie 1790 wegen der Kriegsgefahr nach Ehrenbreitstein verbracht und schließlich 1794 nach Würzburg geflüchtet. Nachdem Würzburg nicht mehr sicher genug war, floh man mit ihr nach Bamberg, nach Böhmen und schließlich wieder nach Bamberg zurück. Der Kurfürst Clemens Wenzeslaus hatte inzwischen 1802 auf sein Kurfürstentum und das Erzbistum verzichtet und sich zu seinem zweiten Bistum Augsburg begeben. Dorthin ließ er nun den Hl. Rock bringen.[51]

Dem von Napoleon 1802 eingesetzten Bischof Charles Mannay gelang es 1810 mit Napoleons Autorität, den Hl. Rock für Trier zurückzugewinnen.[52] Der mit der Rückführung beauftragte Trierer Generalvikar Anton Cordel hat von dieses Rückführung einen anschaulichen Bericht hinterlassen.[53] Der Transport konnte bis nach Saarbrücken geheimgehalten werden. Dort „hielt man sich still, obwohl der Ruf des Hl. Rockes zu Saarbrücken Sensation gemacht hatte." In Merzig strömte dann aber viel Volk zusammen. Der Kasten mit der Reliquie wurde in der Kirche vor dem Hochaltar aufgestellt und dekoriert. Tag und Nacht kamen die Leute herbei, um zu beten. Ein Wandgemälde im

[48] F. Ronig, Ausstattung. In: Der Trierer Dom (wie Anm. 23) S. 285. - M. Groß, Der Grabaltar des Trierer Kurfürsten und Erzbischofs Philipp Christoph von Soetern. In: Festschrift Franz Ronig. Trier 1987, S. 170-182, hier: S. 182.
[49] N. Jopek in: Schatzkunst Trier (wie Anm. 44) Nr. 212.
[50] Mozart, Briefe und Aufzeichnungen, Gesamtausgabe hg. von der internat. Stiftung Mozarteum, gesammelt und erläutert von W.A. Bauer und O.E. Deutsch, I: 1755-1776, Nr. 65: Leopold Mozarts Reisenotizen, S. 98, Zeile 69-76.
[51] Beissel, S. 269 f. - H. W. Kuhn, Zur Geschichte des Trierer und des Limburger Domschatzes. Die Pretiosenüberlieferung aus dem linksrheinischen Erzstift Trier seit 1792. In: Arch.f.Mittelrh. Kirchengeschichte 28, 1976, S. 155-207.
[52] Kuhn (wie Anm. 51), S. 183-187. - E. Lichter, Die Rückkehr des Hl. Rockes aus Augsburg im Jahre 1810. In: Kurtrierisches Jahrbuch 8, 1968, S. 241-255.
[53] Lichter (wie Anm. 52).
[54] A. Thomas, St. Peter in Merzig als Denkmal und Gotteshaus. In: Festschrift aus Anlaß der Restaurierung der Propstei und Pfarrkirche St.Peter in Merzig 1966. Merzig 1966, S. 27-33, hier: S. 33. - H.-B. Busse, Zur Wiederherstellung der historistischen Ausmalung der Pfarrkirche St.Peter in Merzig. In: Corona amicorum. Festschrift für Alois Thomas. Trier 1986, S. 56-61. - Ders., Die Re-Historisierung von Kirchenräumen im Bistum Trier. In: Arch.f.mittelrh. Kirchengeschichte 42, 1990, S. 357-376, hier: S. 368 ff.

Abb. 40) Westfassade der Heiltumskammer des Trierer Domes.

Abb. 41) Wandgemälde in der Kirche St. Peter in Merzig.

Querschiff berichtet von der Prozession mit dem Hl. Rock[54] (Abb. 41). Cordel ließ von Merzig aus ein Rundschreiben an die umliegenden Pfarreien gehen mit der Bitte, den Hl. Rock nach Trier zu geleiten, was dann auch unter großer Anteilnahme geschah.

Die Ankunft in Trier gestaltete sich triumphal. Der Bericht Cordels darüber und über die anschließende Wallfahrt gibt uns einen lebendigen Eindruck von den Feierlichkeiten und von der Menge des herbeiströmenden Volkes.[55] Auch über den Zustand der Reliquie berichtet Cordel detailliert. Damals schon konnte man schollenartige Abhebungen auf der Vorderseite beobachten.[56] Von dem damals angefertigten und bis 1933 benutzten Ausstellungsschrein ist die Rückwand im Bischöflichen Museum erhalten (Kat. B 289). Sie war 1933 durch eine neue Wand mit veränderter Inschrift ersetzt worden. Andenken an diese Wallfahrt waren bis jetzt noch selten. Bei der Vorbereitung der jetzt beginnenden Ausstellung wurden ca. 30 Objekte entdeckt (Kat. B 22-52). Schiel stellte 1959 ein gedrucktes Exemplar vor.[57] Cordel schreibt in seinem Bericht:„Auch druckte man auf Seide und Papier unzählige Herrgottsröck; Goldschmied und Gürtler machten derer in Gold und Silber, Kupfer und Zinn."[58] Anfang der 1970er Jahre erhielt der Verfasser von Fami-

[55] H. Schiel, Zur Hl.-Rock-Wallfahrt im Jahre 1810. In: Vierteljahresblätter d.Ges.f.nützl.Forschungen 5, 1959, S. 17-23 - E. Lichter, Die Rückkehr des Hl. Rockes aus Augsburg nach Trier im Jahre 1810. 2.Teil. In: Kurtr. Jahrb. 9, 1969, S. 160-176.

[56] Lichter (wie Anm. 55) S. 166; auch von den verschiedenfarbigen Hüllstoffen ist hier die Rede.

[57] Schiel (wie Anm. 55)

[58] Lichter (wie Anm. 55) S. 171. - Köster (wie Anm. 37) war 1959 (S. 49) der Auffassung:„Datierte, der Ausstellung von 1810 mit Sicherheit zuweisbare Pilgerandenken sind bisher nicht aufgetaucht."

lie Cnyrim (Trier; Frau Cnyrim, geb Tobias) einen kleinen massivgoldenen Heilig-Rock-Anhänger mit dem Stempel „1810", der sich heute im Domschatz befindet (Kat. C 5). Es ist dies gewiß ein sehr wertvolles Andenken aus einer Trierer Familie.

Der Aufbewahrungsort für den Hl. Rock war damals noch und wieder die Heilig-Rock-Kapelle am Scheitel des Ostchores, wie Cordel berichtet. Später im 19. Jahrhundert (wann, müßte noch ermittelt werden), vielleicht, nachdem für den Hl. Rock im Zusammenhang der 1891er Wallfahrt ein neuer, heute noch benutzter Holzschrein mit Messingbeschlägen von Schürmann (Frankfurt am Main) geschaffen worden war, wurde er im Nebenraum des ehemaligen Domarchivs (heute: Domschatzkammer im spätgotischen Badischen Bau) aufbewahrt. Dort stand der Holzschrein in einem unschönen stählernen Kasten, bis er - im Zusammenhang mit den Bauarbeiten der jüngsten Domrenovierung - in die Banthuskapelle auf dem Gelände des Generalvikariates verbracht wurde.[59]

Die nächste große Wallfahrt fand unter Bischof Arnoldi (1842-1864) in den politisch aufgeregten Zeiten von 1844 statt. Sie hat schon in ihrer Zeit heftige Kontroversen heraufbeschworen. Josef Görres' Buch „Athanasius" von 1842 hatte bereits das Vorfeld indirekt bearbeitet. Sein nächstes Buch „Die Wallfahrt nach Trier" (1844) widmete sich der Wallfahrt und war ebenfalls eine kämpferische Auseinandersetzung mit den kirchenfeindlichen Kräften. Bis in die Gegenwart hinein entzündet sich der Streit von Historikern an dieser Wallfahrt.[60] Über eine halbe Million Pilger waren nach Trier gekommen. Es war dies ein Ereignis, das einen politischen Wandel anzeigte - wie immer man ihn deuten will. Vor allem aber war die Wallfahrt von 1844 ein großes religiöses Ereignis. Die zeitgenössischen Berichte stellen das deutlich genug heraus.[61] Es steigerte sich damals die antikatholische Polemik, wie die einschlägigen Schriften dieser Jahre beweisen. Andererseits zeigte sich in dieser Wallfahrt die Anhänglichkeit des katholischen Volkes an seine Kirche. Einen bildkünstlerischen Niederschlag fand die Wallfahrt nach Trier in jenem großen Gemälde von August Lasinsky „Die Wallfahrt zum Hl. Rock nach Trier 1844", das im Rückblick auf dieses große Ereignis 1845 fertiggestellt wurde und im Städtischen Museum Simeonsstift aufbewahrt wird[62] (Abb. bei Kat. B 292).

Da man den Hl. Rock nach der Wallfahrt von 1810 wieder im Hochaltar eingemauert hatte, mußte dessen Rückwand 1844 aufgebrochen werden. Die Domvikare trugen den Schrein in den Kapitelsaal, wo die Reliquie inspiziert wurde, von dort in die Heilig-Rock-Kapelle. Am Sonntag, dem 18. August 1844, dem Tag der hl. Helena, wurde die Wallfahrt durch Bischof Arnoldi eröffnet. Wie die Pilger unter Benutzung der alten Pilgeranlage am Hl. Rock vorbeizogen, zeigt ein zeitgenössisches Bild[63] (Kat. B 291). Nach dem Abschluß der Wallfahrt muß die Reliquie wieder im Hochaltar vermauert worden sein, weil bei der Vorbereitung zur nächsten Wallfahrt 1891 davon die Rede ist, daß der Hochaltar wieder aufgebrochen wird.[64]

Die Wallfahrt von 1891 fand in der Zeit statt, da der Kulturkampf die Kirche, besonders in Preußen, schwer geprüft, aber nicht umgebracht hatte. Die Wunden waren zwar noch nicht alle verheilt, aber man befand sich auf dem Weg der Konsolidierung. Im Vorfeld der Wallfahrt hatte 1887 in Trier die Generalversammlung der Katholiken Deutschlands stattgefunden. Der damalige Bischof von Luxemburg Koppes regte in seiner Ansprache, sich an Bischof Michael Felix Korum wendend, eine

[59] Vgl. Akten der Dombaukommission.
[60] W. Schieder, Der Trierer Wallfahrtsstreit von 1844. In: Kurtr. Jahrb. 14, 1974. - Ders., Kirche und Revolution. Sozialgeschichtliche Aspekte der Trierer Wallfahrt von 1844. In: Archiv für Sozialgeschichte 14, 1974, S. 419-454. - Dazu in kritischer Auseinandersetzung: R. Lill, Kirche und Revolution. Zu den Anfängen der katholischen Bewegung im Jahrzehnt vor 1848. In: Dass. 18, 1978, S. 565-575.
[61] Beissel, S. 272-295. - Kammer, S. 72-87. - Siehe in diesem Ausstellungskatalog den Beitrag von Michael Embach über die literarischen Zeugnisse zur dieser Wallfahrt!
[62] Zuletzt: J. A. Ramboux, Ansichten von Trier. Katalog des Städt. Museums Simeonsstift Trier. Hg. von D. Ahrens. Trier 1991, Abb. S. 38/39. Darin: B. Simmich, Aspekte zu Geschehnissen in Trier z. Zt. J. A. Ramboux' (S. 28-46).
[63] Der Trierer Dom (wie Anm. 23), Abb. 22.
[64] Kammer, S. 92 und S. 120.

Wallfahrt an: „Die Stadt Trier besitzt außer vielen anderen hl. Reliquien ein erhabenes, einziges Kleinod, den ungenähten Leibrock unsres Herrn und Heilandes Jesu Christi. Bischöfliche Gnaden, denken Sie nicht, uns dieses Kleinod bald zeigen zu können?" Bischof Korum antwortete ausweichend; aber schon zwei Jahre später begann man mit den Vorüberlegungen, vor allem mit einer Untersuchung der Tunika; eine Publikation über das heilige Gewand folgte.[65] Die Wallfahrt fand in einer Zeit der religiösen und soziologischen Erneuerung der Kirche im Bistum Trier statt. Nach dem Kulturkampf sammelten sich die Kräfte. Das Priesterseminar wurde wieder geöffnet, das Konvikt in Prüm gegründet. Die Zahl der Priester wuchs. Katholische Vereine und Verbände breiteten sich aus. Die Ordensgenossenschaften für Krankenpflege und Schulwesen hatten großen Zulauf. Der Kirchbau und der Bau von katholischen Krankenhäusern und Schulen erlebten einen Höhepunkt wie selten. In dieser allgemeinen Atmosphäre des Aufbruchs gewann die Hl.-Rock-Wallfahrt einen besonderen Stellenwert: sie war Zeichen für diesen Fortschritt und neuer Impuls zugleich. Sechs Wochen dauerte die Ausstellung. Die Pilger kamen damals wegen der entschieden verbesserten Reisemöglichkeiten aus allen fünf Erdteilen.

Im Zusammenhang mit der Ausstellung von 1891 wurde für den Hl. Rock ein neues Behältnis angefertigt, in der die Reliquie heute noch aufbewahrt wird. Es ist ein Schrein aus (Eichen-?) Holz, außen mit einem dunklen Furnier versehen. Der Schrein ist so groß, daß die Reliquie darin Platz hat, ohne daß sie wie früher gefaltet werden müßte. Das war in der Geschichte ihrer Aufbewahrung gewiß eine Verbesserung in konservatorischer Hinsicht. Auf seinem Deckel erhielt der Schrein kostbare Messingbeschläge, die in der Gold- und Silberschmiedewerkstätte Schürmann (Frankfurt/Main) angefertigt wurden. Dieser große Schrein paßte nicht mehr in den Hochaltar. So blieben als Aufbewahrungsorte nur noch die Hl.-Rock-Kapelle am Ostchor oder das spätgotische Domarchiv im Badischen Bau des Kreuzganges übrig. Da nach der Domrenovierung, die 1891 in ihre entscheidende planerische Phase trat,[66] die barocke Hl.-Rock-Kapelle zum Tresor und Ausstellungsraum des Domschatzes hergerichtet wurde, kam der Hl. Rock in den westlichen Nebenraum des spätgotischen Domarchivs (Badischer Bau; seit 1974: Domschatzkammer).[67]

Unter Bischof Franz Rudolf Bornewasser (1922-1951) wurde wiederum eine Wallfahrt ausgerufen. Sie lief synchron mit der Feier des Heiligen Jahres 1933, das Papst Pius XI. als 19. Zentenarfeier des Todes Christi angesagt hatte. Alle dieser Wallfahrt nachgesagten politischen Motivationen, vor allem im Hinblick auf die 1933 (30. Januar) zur Macht gekommene nationalsozialistische Partei, sind damit ausgeschlossen; der Entschluß für die Wallfahrt stand schon früher fest: Feierlich angekündigt wurde sie am Feste der Bekehrung des Apostels Paulus (25. Januar 1933). Es folgte ein Hirtenbrief an die Gläubigen der Diözese Trier, worin der tiefe religiöse Sinn der Wallfahrt dargestellt wurde; gegeben war dieser Brief am 1. Mai (Domweihfest, Jahrestag der Bergung des Hl. Rockes im Hochaltar 1196) 1933.[68]

Die Wallfahrt dauerte vom 23. Juli bis zum 10. September. Zwei Tage vorher, am 20. Juli, war das Reichskonkordat zwischen der Reichsregierung und dem Heiligen Stuhl geschlossen worden; der Text klang gut. Aber schon während der Heilig-Rock-Wallfahrt kam in Trier eine große Besorgnis über die künftige Entwicklung auf, wie aus einem Brief P. Robert Leibers an Kardinalstaatssekretär Eugenio Pacelli hervorgeht: „Der Bischof war äußerst pessimistisch, sein Weihbischof (Antonius Mönch, nicht arisch) noch mehr."[69] Dennoch war die Wallfahrt, gerade im Hinblick auf die Beteiligung des katholischen Volkes, ein großer Erfolg, der im Rückblick auf die dann folgenden bösen Jahre für die Kirche unter der Gewaltherrschaft

[65] Kammer, S. 91 f.
[66] Zink in: Der Trierer Dom (wie Anm. 22), S. 63 f.
[67] Kammer, Abb. nach S. 122: Außenansicht des Badischen Baues. Der Aufbewahrungsraum des Hl. Rockes ist durch einen Pfeil gekennzeichnet. Kammer gibt keine weiteren Auskünfte.
[68] Kammer, S. 104, 108-115.
[69] A. Thomas, Kirche unter dem Hakenkreuz. Erinnerungen und Dokumente (= Veröffentlichungen des Bistumsarchivs Trier 27) Trier 1992, S. 155.

des Nationalsozialismus nicht hoch genug eingeschätzt werden kann. Viele Menschen haben damals eine entscheidende Stärkung ihres Glaubens und ihrer Treue zur Kirche erfahren.[70]

Im Krieg 1939-1945 kam mit der Stadt Trier auch der Hl. Rock in Gefahr. So hat man die Reliquie nach Ausbruch des Krieges (1.9.39) zunächst nach Limburg gebracht und von dort nach Fulda. Nach Abschluß des Frankreichfeldzuges 1940 holte man den Hl. Rock nach Trier zurück. Als aber dann 1944 Trier in unmittelbare Gefahr geriet, wurde der Hl. Rock nicht mehr geflüchtet, sondern in Trier selbst gesichert. Man packte ihn in einen Überseekoffer, der in eine Zinkkiste eingelötet wurde. Diese Kiste wurde im damaligen „Dombunker" heimlich von den Priestern Dr. Alois Thomas, Dr. Johannes Wagner, Dr. Theodor K. Kempf, Dr. Albert Heinz und Pater Wehmeier vergraben. Die Bodenplatten wurden wieder über die Grube gelegt, die Regale mit Archivalien daraufgerückt. So überstand die Reliquie die Bombardements und die Eroberung Triers.[71]

Wann genau Dompropst Kaspar Kranz ein großes Gemälde für das Retabel der Heilig-Rock-Kapelle herstellen ließ, müßte noch archivalisch eruiert werden. Auf alle Fälle befand sich dieses große Bild bis zur Restaurierung der Kapelle im dortigen Retabel. Es war ein Werk des aus Tarnau (Schlesien) stammenden Malers Alfred Gottwald (geb. 1893) und zeigte die hl. Helena, wie sie die Tunica Christi vorweist (Abb. 42).

Die bislang letzte Ausstellung und Wallfahrt fand im Jahre 1959 statt (Abb. 11). Auch hier gab es polemische Begleitmusik in solchen Publikationsorganen, die der Kirche nicht gerade freundlich gesonnen waren. Dennoch brachte diese Wallfahrt nochmals eine Steigerung der Teilnehmerzahlen. Hatte Bischof Franz Rudolf Bornewasser in seinem Hirtenbrief als religiöses Ziel der Wallfahrt genannt: „Wachset in der Liebe Christi!", so stand die Wallfahrt von 1959 vorzüglich unter dem Titel einer „Christuswallfahrt" und wollte in den Gebetsanliegen besonders die Annäherung und Verbindung der christlichen Konfessionen befördern. Dies kam darin

Abb. 42) Helenagemälde von Gottwald für den Altar der Heilig-Rock-Kapelle.

zum Ausdruck, daß die Symbolik des ungenähten Kleides im Hinblick auf die an sich unteilbare Kirche herausgestellt wurde - siehe oben in der Einleitung; dasselbe Anliegen kam dann auch im sogenannten Kleinen Pilgergebet zum Ausdruck: „Jesus Christus, Heiland und Erlöser, erbarme dich über uns und über die ganze Welt. Gedenke deiner Christenheit und führe zusammen, was getrennt ist!" Dieses Gebet wurde besonders vom damaligen Papst Johannes XXIII. gutgeheißen und befürwortet. Später fand es Eingang in die deutsche Ausgabe des neuen Meßbuches. Dort findet man es als Einleitung bei den allgemeinen Fürbitten.[72]

[70] Details über die Wallfahrt erfährt man in großer Fülle aus den Sondernummern des damaligen Jahrganges des Trierer Bistumsblattes „Paulinus": Wallfahrtszeitung.
[71] Mündliche Mitteilung von Prälat Prof. Dr. Alois Thomas, der diese Ereignisse niedergeschrieben hat; sie sollen im zweiten Band seiner Erinnerungen gedruckt werden.
[72] Die Feier der heiligen Messe. Messbuch. Herausgegeben im Auftrag der Bischofskonferenzen Deutschlands, Österreichs und der Schweiz sowie der Bischöfe von Luxemburg, Bozen-Brixen und Lüttich. 1975, S. 342.

Eine weitere Frucht von Dauer ist der mehrteilige Alleluja-Gesang aus der von Hans Sabel komponierten Musik zur Liturgie der Wallfahrtszeit. Er ist in das Gesang und Gebetbuch „Gotteslob" eingegangen und wird teilweise auch in anderen Bistümern gesungen.[73] - Diesmal war der Hl. Rock über dem Hochaltar des Ostchores ausgestellt, nicht auf der Balustrade der barocken Pilgertreppe. Die barocke Fassade der Heilig-Rock-Kapelle war durch eine riesige zeitgenössische Farbkomposition des Trierer Malers Reinhard Heß weitgehend verdeckt. Zuoberst befand sich in riesiger Vergrößerung das von Reinhard Heß gemalte Christusbild, das auch die Gebetshefte schmückte.

Im Anschluß an die Wallfahrt zeigten sich am Dom Bauschäden, zu deren Behebung eine Sicherung, Renovierung und Restaurierung eingeleitet wurde, die erst 1974/75 abgeschlossen werden konnte. In diesem Zusammenhang wurde auch diskutiert, wie der Hl. Rock besser und würdiger als im alten Domarchiv aufbewahrt werden könnte. So einigte man sich darauf, die kostbare Reliquie wieder in jenen Raum zu bringen, der eigens für sie erbaut worden war: die Heilig-Rock-Kapelle am Scheitel des Ostchores. Zu diesem Zwecke mußten das im 19. Jahrhundert zugemauerte Wolkenfenster geöffnet und die für den Domschatz bestimmten Panzerschränke entfernt werden. Der Domschatz mit seinen zahlreichen Objekten wurde in den Räumen des ehemaligen Domarchivs (Badischer Bau) neu aufgestellt, wo er seit 1974 wieder zugänglich ist. Die mit Rücksicht auf den Domschatz am Eingang der Heilig-Rock-Kapelle früher eingebauten Panzertüren wurden ausgebaut; von jetzt an verschließt wieder das transparente goldene Törchen die Kapelle.

Da das große barocke Silberreliquiar im Krieg gegen die französischen Revolutionstruppen 1792 eingeschmolzen worden war und der Hl. Rock aus konservatorischen Gründen nicht mehr hängend aufbewahrt werden darf, entschloß man sich, die Holztruhe von 1891 weiterzuverwenden und aus Gründen einer notwendig gewordenen Klimatisierung unter einem großen und luftdichten „Glaszelt" aufzustellen. Klaus Balke aus Köln entwarf die Glasschliffe mit Motiven aus Ölbaumzweigen und auch den Schmuck der Vitrine mit Edelsteinen, Halbedelsteinen und Mineralien (Versteinerungen). Über der Vitrine hängt ein von Balke geschaffenes vergoldetes Kruzifix zwischen einem Gehänge aus mehreren Pentagon-Dodekaedern aus Glas vor einem aus Bergkristallen zusammengesetzten Sternenhimmel, der wie ein Altarbild im Retabel der Kapelle angebracht ist[74] (Abb. 44).

Während der Bauzeit war der Hl. Rock mit seinem Stahltresor und dem Holz-Reliquiar ausgelagert und in der Banthuskapelle auf dem Gelände des Bischöflichen Generalvikariates sicher untergebracht. Damals bat der russische Metropolit Nikodim darum, die Reliquie sehen zu dürfen. Da eine Inspektion anstand, konnte der Bitte entsprochen werden. Nikodim und seine Begleiter verehrten die Tunika Christi mit mehrstimmigen Hymnen, mit Kniebeuge und mit Kuß.

1973/74 fanden auf Veranlassung des Bischofs und des Domkapitels verschiedene Inspektionen und Untersuchungen durch Frau Dr. Mechthild Flury-Lemberg (Riggisberg) und Frau Dr. Sigrid Müller-Christensen (München) statt. Wie schon 1890 mußte das Textil gegen Schimmel behandelt werden.[75] Die beiden Textilspezialistinnen gaben auch die Weisungen und Ratschläge für die konservatorische Aufbewahrung und Klimatisierung. Kurz vor der Wiedereröffnung des Domes am 1. Mai 1974 wurde der Hl. Rock feierlich in die neu hergerichtete Heilig-Rock-Kapelle zurückübertragen. Seit dieser Zeit wird die Reliquie in regelmäßigen Abständen von Frau Dr.Flury-Lemberg inspiziert. Nach dem Urteil der Expertinnen darf auch bei künftigen Ausstellungen und Wallfahrten der Hl. Rock nicht mehr für längere Zeit aus dem Bereich der Klimatisierung herausgenommen und vor allem nicht mehr gehängt werden.

---

[73] Gotteslob. Katholisches Gebet- und Gesangbuch. Ausgabe für das Bistum Trier. 19. verb. Aufl. Trier 1975, Nr. 825 (ohne jedoch den Namen des Komponisten zu nennen).
[74] F. Ronig in: Der Trierer Dom (wie Anm. 23), S. 330-331.
[75] Kammer, S. 120 f.

Abb. 43) Gestaltung des Trierer Domes zur Wallfahrt 1959 mit einem Gemälde von Reinhard Hess.

Abb. 44) Inneres der Heilig-Rock-Kapelle mit Glasschrein.

Die Geschichte des Hl. Rockes und seiner Verehrung ergibt ein bewegtes und facettenreiches historisches Bild. Viele Persönlichkeiten der Geschichte tauchen auf; der jeweilige Zeitgeist und auch die politischen Stömungen werden spürbar. Auch die Symbolik der Einheit der Kirche - in frühchristlicher Zeit so wichtig - wird bei der Wallfahrt von 1959 wieder lebendig.

Die Restaurierung und Wiedereinrichtung der Heilig-Rock-Kapelle ist in verschiedener Hinsicht bedeutend. Unter dem Aspekt der Denkmalpflege ist die Wiederherstellung und Wiederbenutzung zweifellos zu begrüßen. In geistiger und religiöser Betrachtung wurde dadurch für den Dom ein Heiligtum zurückgewonnen, das vorher in der Verborgenheit des Archivs schlummerte; nun ist es zugänglich. Die vielen hundert Menschen, Wallfahrer und Touristen, die täglich zu dieser Kapelle gehen, beweisen das. Die „Wallfahrtsarchitektur" ist wieder in ihr Recht und in ihre Bedeutung eingesetzt worden. Aber auch der Dom als Ganzes vornehmlich in seiner geistig-ikonologischen Wirklichkeit hat durch diese „Wiederbelebung" sein altes Haupt zurückgewonnen. Alle die vielen Altäre, Denkmäler und Bilder - das ganze Gebäude in seinem symbolischen Gehalt haben mit der in der Kapelle am Chorhaupt aufbewahrten Christusreliquie ihre geistige Orientierung und Zusammenfassung wiedererlangt.[76]

[76] Ausführlich zu diesem Aspekt: F.Ronig in: Der Trierer Dom (wie Anm. 23), S. 337-341.

DIE LITERARISCHE VERARBEITUNG DER TRIERER HEILIG-ROCK-WALLFAHRT VON 1844

von Michael Embach

Die Trierer Heilig-Rock-Wallfahrt von 1844 ist als die „... größte organisierte Massenbewegung des deutschen Vormärz überhaupt"[1] bezeichnet worden. Auch wenn man mit der neueren Forschung davon ausgeht, daß die Zahl der Pilger nicht, wie lange Zeit kolportiert, über eine Million betrug, sondern nur etwas mehr als 500.000 Gläubige umfaßte, so bedeutet dies schon rein quantitativ eine für die damalige Zeit ungeheure Teilnehmerresonanz.[2] Es kommt hinzu, daß die Trierer Wallfahrt durch verschiedene zeitgeschichtliche Begleitumstände sehr rasch eine Bedeutung erlangte, die sie über den Charakter eines rein innerkatholischen Ereignisses weit hinaushob. Diese zum Teil im allgemeinen politischen Umfeld, zum Teil aber auch in den spezifisch konfessionellen Auseinandersetzungen jener Epoche begründeten Umstände fanden einen deutlichen Niederschlag in der entsprechenden Wallfahrtspublizistik. Dabei kann es nicht verwundern, daß der publizistische Widerhall auf das Trierer Ereignis sich in einer Vielzahl von Beiträgen und Wortmeldungen äußerte, die ganz unterschiedlichen religiösen und weltanschaulichen Grundpositionen zuzuordnen sind[3]. Neben die apologetisch akzentuierte, offizielle kirchliche Wallfahrtspropaganda trat eine Fülle von Schriften, die der Reliquienverehrung grundsätzlich kritisch gegenüberstand und die Trierer Wallfahrt von einem polemisch-ablehnenden Standpunkt aus beurteilte. In ähnliche Richtung, wenn auch aus völlig anderen Motiven heraus entstanden, zielte die negative Reaktion verschiedener Schriftsteller des deutschen Vormärz. Gutzkow, Ruge, Glaßbrenner und andere Vertreter dieser Richtung beurteilten das Wallfahrtswesen vor allem unter einer sozialkritischen Akzentsetzung. Die scharfe Attacke des suspendierten katholischen Priesters Johannes Ronge (1813-1887) schließlich gegen den Trierer Bischof Wilhelm Arnoldi (1842-1864) und die Heilig-Rock-Wallfahrt bewirkte eine ganz eigene Auseinandersetzung, die die Reliquienverehrung lediglich zum Ausgangspunkt für eine viel weitergehende Kritik an der katholischen Kirche insgesamt benutzte[4].

Um den Befund abzurunden, ist ferner wenigstens kurz auf verschiedene Verteidigungsschriften hinzuweisen, die von restaurativen,

[1] W. Schieder, Kirche und Revolution. Sozialgeschichtliche Aspekte der Trierer Wallfahrt von 1844. In: Archiv für Sozialgeschichte 14 (1974) S. 419-454; hier: S. 421. Auf die Einseitigkeiten und Verkürzungen von Schieders Darstellung weist Rudolf Lill in einer ausführlichen Rezension hin: R. Lill, Kirche und Revolution. Zu den Anfängen der katholischen Bewegung im Jahrzehnt vor 1848. In: Archiv für Sozialgeschichte 18 (1978) S. 565-575. Einen repräsentativen Querschnitt durch die verschiedenen Verlautbarungen und Reaktionen auf die Wallfahrt von 1844 bietet das 'Heilig-Rock-Album. Eine Zusammenstellung der wichtigsten Aktenstücke, Briefe, Adressen, Berichte und Zeitungsartikel über die Ausstellung des heiligen Rockes in Trier'. Leipzig o. J. (um 1845).

[2] Schieder, 1974 (s. Anm. 1), S. 422 ermittelt den Wert von etwa 500 000 Pilger, eine Zahl, die aber immer noch fast so hoch wäre, wie die Gesamteinwohnerzahl aller Katholiken der damaligen Regierungsbezirke Trier und Koblenz.

[3] Wilhelm Große benennt folgende Einzelgattungen von publizistischen Reaktionen auf die Wallfahrt: „Bücher zu Andachtsübungen, kirchliche Erbauungsliteratur, Predigten, Beschreibungen und geschichtliche Darstellungen des heiligen Rockes, Dokumentationen von Statistiken, Aktenstücken und Briefen im Zusammenhang mit der Wallfahrt, Berichte und Zeitungsartikel, Flugschriften (Fliegende Blätter, fliegende Briefe), Sendschreiben, Zeugnisse, Ansichten, Betrachtungen, Reflexionen und Bemerkungen, Glückwünsche, Adressen, Friedensworte, Widerlegungen, Glossen und wissenschaftliche Abhandlungen". Siehe W. Große, Adolf Glaßbrenner 'Herrn Buffey's Wallfahrt nach dem heiligen Rocke'. Ein politisches Genrebild des deutschen Vormärz. In: Zeitschrift für Germanistik 2 (1981) S. 48-67; hier: S. 48.

[4] Ronges offener Brief an Bischof Arnoldi datiert vom 1. Oktober 1844 und erschien zuerst in der Nr. 164 der 'Sächsischen Vaterlandsblätter' vom 15. Oktober des gleichen Jahres.

orthodox katholisch gesinnten Laien ausgingen, zu denen u. a. die spätromantischen Schriftsteller Joseph Görres (1776-1848) und Joseph von Eichendorff (1788-1857) zählten. Nimmt man bei all dem hinzu, daß aus politischen Gründen auch die preußische Regierung den Aktivitäten der katholischen Kirche, insbesondere, wenn es sich dabei um Massenbewegungen handelte, äußerst mißtrauisch gegenüberstand, so wird deutlich, daß die latent vorhandenen geistigen, religiösen und politischen Strömungen der Zeit sich in den publizistischen Reaktionen auf das Trierer Ereignis sichtbar manifestierten und in ihrer spannungsgeladenen Polarität greifbar wurden. Um dieses vorweggenommene Ergebnis unserer Studie zu belegen, soll im folgenden zunächst der konkrete politische und religiöse Kontext der Wallfahrt von 1844 knapp skizziert werden. Im Anschluß daran werden die verschiedenen Gruppierungen der Wallfahrtsgegner bzw. -befürworter anhand typischer literarischer Wortmeldungen vorgestellt.

Der zeitgeschichtliche Hintergrund der Wallfahrt

Will man die politische Bedeutung der Trierer Heilig-Rock-Wallfahrt von 1844 in ihrer ganzen Tragweite ermessen, so ist es notwendig, einen kurzen Blick auf die allgemeinen historischen Zustände und politischen Veränderungen der linksrheinischen Gebiete des Trierer Erzbistums nach 1814 zu werfen.[5]

Durch den ersten Pariser Frieden vom 30. Mai 1814 war Frankreich nach den Okkupationen und Annexionen der Koalitions- und der napoleonischen Kriege im wesentlichen wieder in die alten Grenzen von 1792 zurückgedrängt worden. Auf dem von November 1814 bis Juni 1815 tagenden Wiener Kongreß kam es dann zu einer abschließenden Neuregelung der anhängigen Territorialfragen. Obwohl der preußische König zugunsten des Erwerbs von Sachsen lieber auf die Besitzungen am Rhein verzichtet hätte, gelangten die 1822 zur sogenannten Rheinprovinz vereinigten Gebiete auf Intervention Österreichs und Englands an Preußen, das damit ein starkes Bollwerk gegen zu befürchtende neue Expansionsgelüste Frankreichs bildete. Trier selbst wurde am 28. Mai 1815 offiziell preußisch, wobei die Bevölkerung der Stadt dem Wechsel der politischen Verhältnisse durchaus zwiespältig gegenüberstand. Am stärksten bedauert wurde wohl der Verlust des wesentlich unkomplizierteren französischen Verwaltungssystems zugunsten des preußischen Bürokratismus. Hinzu kamen große Mentalitätsunterschiede zwischen der rheinländischen Bevölkerung und den meist aus den preußischen Stammlanden zugezogenen Verwaltungsbeamten. Ein grundsätzliches Mißtrauen richtete sich auch gegen den militaristischen Grundhabitus des preußischen Staates. Zieht man in Erwägung, daß die Stadt Trier an der vom übrigen Staatsgebiet fast isolierten äußersten Westperipherie des Landes lag, und daß die preußische Regierung auch wirtschaftlich nichts gegen die zunehmende Verarmung der Rheinlande unternahm, so wird verständlich, daß die Entwicklung eines positiven preußischen Nationalgefühls in der Stadt Trier und ihren Umlanden auf große Schwierigkeiten stoßen mußte. Ein weiteres, für unseren Zusammenhang besonders wichtiges Kriterium kommt hinzu: der konfessionelle Gegensatz zwischen der zu 90 % katholischen Bevölkerung Triers und der vorwiegend protestantischen Ausrichtung des übrigen preußischen Staates mit einem König an der Spitze, der „als Vorkämpfer des Protestantismus" angesehen wurde, bildete ein beständiges Konfliktpotential, das konkrete Auseinandersetzungen befürchten ließ.[6] Infolge des konfessionellen Gegensatzes waren die Beziehungen zwischen dem preußischen Staat und der katholischen Kirche, wie die Streitigkeiten um die Nutzung der Trierer Dreifaltigkeitskirche als Simultankirche im Jahre 1818 bewiesen, in der Tat schweren Belastungen ausgesetzt. Immer wieder und mit sich verstärkender Heftigkeit traten in der Folgezeit Differenzen auf, die schließlich in manifeste Feindseligkeiten übergingen. Preu-

[5] Die folgenden Ausführungen greifen vor allem zurück auf: M. Heimers, Trier als preußische Bezirkshauptstadt im Vormärz (1814-1848). In: Trier in der Neuzeit. 2000 Jahre Trier. Hg. v. K. Düwell u. F. Irsigler. Trier 1988, Bd. 3, S. 399-419.

[6] Ebd., S. 401.

ßen erwartete von der katholischen ebenso wie von der protestantischen Kirche eine strikte Unterordnung unter die Interessen des Staates. Dieser Grundsatz erfuhr eine harte Erprobung im sogenannten Mischehenstreit und den sich daran anschließenden 'Kölner Wirren'. Um das preußische Recht auch in den neu hinzugewonnenen Territorien durchzusetzen sowie aus dem Bemühen heraus, eine liberalstaatlich geprägte Gleichbehandlung der Konfessionen vorzunehmen, versuchte der preußische König, die katholische, in den Rheinlanden seit alters geltende Praxis, konfessionelle Mischehen nur dann zu trauen, wenn die Erziehung der Kinder im katholischen Glauben zugesichert wurde, aufzuheben. Die daraus entstehenden Meinungsverschiedenheiten zwischen dem preußischen Staat auf der einen und dem rheinischen Episkopat auf der anderen Seite führten am 20. November 1837 schließlich zur Amtsenthebung und zwangsweisen Ausweisung des damaligen Kölner Erzbischofs Clemens August von Droste-Vischering (1773-1845). Durch diese radikale Maßnahme verstärkten sich auf katholischer Seite die Forderungen nach Freiheit der Kirche von staatlicher Bevormundung, während auf seiten Preußens das Mißtrauen gegen staatsfeindliche Tendenzen der katholischen Kirche neue Nahrung erhielt. Wie schon bei der Neubesetzung des Trierer Bischofstuhls im Jahre 1816 gestaltete sich auch die Ernennung eines Nachfolgers für den 1836 verstorbenen Bischof Joseph von Hommer (1760-1836) äußerst problematisch. Der vom Trierer Domkapitel am 1. Mai 1839 gewählte Domherr Wilhelm Arnoldi (1821-1864) wurde von der preußischen Regierung in Berlin zunächst abgelehnt, da Arnoldi vom König vor seiner Wahl nicht ausdrücklich als 'persona grata' bezeichnet worden war. Erst mit der Thronbesteigung Friedrich Wilhelms IV. im Jahr 1840 entspannten sich die konfessionellen Differenzen. Die beiden großen Konfessionen wurden aus der Zwangsjacke staatlicher Reglementierung weitgehend entlassen und gewannen nach und nach eine gewisse, wenn auch zunächst mißtrauisch beobachtete Selbständigkeit. Als Zeichen für die geänderte Haltung Preußens gegenüber der katholischen Kirche kann die im Jahr 1842 schließlich doch noch zustande gekommene Wahl Wilhelm Arnoldis auf den Trierer Bischofsstuhl gewertet werden. Auch das von Friedrich Wilhelm IV. nachhaltig unterstützte Kölner Dombaufest, das ebenfalls ins Jahr 1842 fiel, stellte eine beeindruckende Manifestation der Versöhnung von Staat und Kirche dar. In ihrer Vollendung sollte die Kathedrale sowohl ein Zeichen neuer nationaler Einheit und Größe, als auch ein Symbol für den Frieden zwischen Staat und Kirche darstellen. Ein vergleichbares Großprojekt wurde in Bayern mit der 1846 in Auftrag gegebenen Ausmalung des Speyrer Domes in Angriff genommen. Als drittes gewaltiges Zeichen für die zu neuem Leben erwachte katholische Kirche kann schließlich die Trierer Heilig-Rock-Wallfahrt von 1844 gelten. Bereits zwei Jahre nach seiner Inthronisation veranstaltete Arnoldi, anknüpfend an die alte, 1512 entstandene Trierer Ausstellungsstradition, eine groß angelegte Heilig-Rock-Wallfahrt, die auf eine ungeheure Besucherresonanz und ein enormes publizistisches Interesse stieß. Die heutige Forschung beurteilt diese Wallfahrt wohl zu Recht als machtvolle und sinnfällige Demonstration des wiedererstarkten Katholizismus. Zugleich könne sie verstanden werden als ein Signal für die staatskonforme, loyale Haltung der katholischen Kirche gegenüber Preußen, die nun ein konservatives Bündnis mit dem Staat angestrebt habe.[7] Schließlich sei die Wallfahrt Ausdruck einer bewußten Hinwendung zu einer gefühlsbetonten, romantischen Religiosität sowie Signal gegen ein sicherlich im Trend der damaligen Zeit liegendes rationalistisches Kirchenverständnis[8].

Vergessen werden darf bei diesen Charakterisierungen, die primär von der Wirkungs- und nicht von der Entstehungsgeschichte der Wallfahrt her getroffen werden, jedoch nicht, daß bei der überwiegenden Zahl der Wallfahrtsteilnehmer ganz sicher zunächst eine echte, tiefempfundene Religiosität den Ausschlag zum

[7] Schieder, 1974 (s. Anm. 1), S. 442.

[8] Vgl. hierzu neben den bereits mehrfach erwähnten Ausführungen Schieders vor allem den Beitrag W. Frühwalds, Die Wallfahrt nach Trier. Zur historischen Einordnung einer Streitschrift von Joseph Görres. In: Verführung zur Geschichte. Festschrift zum 500. Jahrestag der Eröffnung einer Universität in Trier 1473 - 1973. Trier 1973, S. 366-382.

Besuch des Trierer Domes gegeben hat. Diese Religiosität, deren Wurzeln in einer auf breiter Basis neu erwachten Volksfrömmigkeit zu suchen sind, wurde stimuliert und genährt von den jahrhundertealten Traditionen katholischer Reliquienverehrung. Besonders stark ausgeprägt war diese Tradition für den Bereich der sogenannten 'Salvatorreliquien', die einen unmittelbaren Bezug zur Person Jesu Christi und damit eine sinnliche Vergegenwärtigung der Heilsgeschichte eröffneten. Die Romantik nun hatte unter Rückgriff auf Anschauungsweisen des Mittelalters und des Barock die Volksfrömmigkeit, zu deren zentralen Bestandteilen ja das Wallfahrten gehörte, wiederentdeckt, nachdem die rationalistisch geprägte Aufklärung diesen religiösen Praktiken eher skeptisch gegenübergestanden hatte. Die zeitgenössische (Pastoral)theologie eines Johann Michael Sailer, Franz Vogl oder Joseph Anton Binterim, das offizielle kirchliche Wallfahrtsschrifttum eines Jakob Marx, aber auch die entsprechende 'profane' Literatur beispielsweise eines Adalbert Stifter, Clemens Brentano, Achim von Arnim oder Ludwig Uhland wandte sich bereitwillig dem Wallfahrtsmotiv zu.[9] Alle diese Wortmeldungen halfen mit, das lange Zeit unterdrückte Wallfahrtsthema wieder in den Bereich kirchlich-gesellschaftlicher Akzeptanz zu rücken. Es kommt hinzu, daß die katholische Kirche auch infolge ihrer weitreichenden sozialkaritativen Aktivitäten während jener Epoche einen neuen Aufschwung erlebte. „Initiativen von sozial motivierten Vereinen oder geistlichen Orden, die Gründung von kirchlichen Hospitälern und Obdachlosenasylen, Schulen und Waisenhäusern dokumentierten eindrucksdvoll, daß Religion mehr sein konnte als das 'Opium des Volkes'."[10] Stärker als durch die herkömmlichen Vertröstungen auf ein besseres Leben im Jenseits erwarb die Kirche sich durch solche Initiativen gerade bei den unteren Bevölkerungsschichten der ländlichen und kleinstädtischen Bereiche ein hohes Maß an Glaubwürdigkeit, das auch dem religiösen Gesamtklima der Trierer Heilig-Rock-Wallfahrt von 1844 zugute kam.

Soviel zum politischen und religiösen Hintergrund der Trierer Wallfahrt. Sehen wir nun, in welchen literarischen Publikationsformen sich die unterschiedlichen Einstellungen zur Wallfahrt Ausdruck verschafften.

Offizielle kirchliche Verlautbarungen und kirchliches Schrifttum

Noch der hermesianistisch orientierte, einer gemäßigten Aufklärung verpflichtete Trierer Bischof Joseph von Hommer (1760-1836) hatte dem Phänomen des Wallfahrens durchaus ablehnend gegenübergestanden.[11] Wenige Jahre nach seinem Tode erschien 1841 in der 'Trierischen Zeitung' ein Beitrag des Leiwener Pfarrers Peter Alois Licht (1781-1847), der später die katholische Kirche verließ und sich den Deutschkatholiken zuwandte; in diesem Beitrag erfuhr Hommers skeptische Haltung eine radikale Verschärfung. Licht, der sich bezeichnenderweise einen 'Enkel des Febronius' nannte, charakterisierte die Wallfahrt als religiösen Unsinn und Ironie auf den denkenden Katholiken. Jakob Marx (1803-1876), damals Professor der Kirchengeschichte und des Kirchenrechts am Trierer Priesterseminar, antwortete auf diese Invektive mit der apologetischen Abhandlung 'Das Wallfahrten in der Trier'schen Zeitung, eine abgedungene Entgegnung auf die früheren Artikel über diesen Gegenstand' (Trier 1841). Aufgrund dieses propagandistischen Engagements ist Marx als „ideologischer Inspirator und eigentlicher Stratege der Wallfahrt von 1844" bezeichnet worden.[12] Seine Schrift bereitete in der Tat einer möglichen Ausstellung des Heiligen Rockes den argumentativen Boden und bot einen konkreten Anknüpfungspunkt für eine geplante Wallfahrt. Im unmittelbaren Vorfeld der Ausstellung erschienen dann mit bischöflicher Billigung zwölf Andachtsbücher, die von ihrer Aufmachung und Funktion her

[9] Vgl. dazu: G. Schreiber (Hg.): Wallfahrt und Volkstum in Geschichte und Leben. Düsseldorf 1934, S. 90-125.

[10] T. Parent,„Der Heilige Rock zu Trier und die Lästerer desselben", zur Trier-Wallfahrt. In: 1844. Ein Jahr in seiner Zeit. Westfälisches Landesmuseum für Kunst und Kulturgeschichte Münster 1985, S. 83-92, hier: S. 87.

[11] Vgl. J. v. Hommer, Geschichte des h. Rockes unsers Heilandes verfaßt von dem Bischofe von Trier Joseph von Hommer bei Gelegenheit der Jubelfeier des Hrn. Weihbischofs Dr. Günther im Jahre 1834. Trier 1844.

[12] Schieder, 1974 (s. Anm. 1), S. 441.

als aktuelle Begleitpublikationen für die Wallfahrtsteilnehmer gedacht waren.[13] Neben Liedteilen enthielten diese Publikationen vor allem liturgische Anweisungen für die Verehrung der Reliquie, Gebetstexte sowie populärwissenschaftlich gehaltene Abhandlungen zur Geschichte des Heiligen Rockes. Es liegt auf der Hand, daß diese Schriften ein unkritisches bis affirmatives Verhältnis zur Heilig-Rock-Verehrung besaßen. Ihr Sinn und Zweck bestand zum einen darin, eine Anbindung an die vorhandene Kulttradition zu schaffen, zum anderen hatten sie eine erbauliche, frömmigkeitsstiftende Funktion. Meist waren sie geprägt von der festen Überzeugung der Echtheit der Reliquie, sie nährten den Glauben an die Wunderkraft des Heiligen Rockes und sie waren von ihrer Gesamtausrichtung her stark legendarisch geprägt.

Außer durch diese Wallfahrtsbücher hat der Trierer Bistumsklerus die Heilig-Rock-Ausstellung vor allem durch Hirtenbriefe, Predigten sowie entsprechende Berichterstattung in der lokalen und regionalen Tagespresse unterstützt. Die Situation der Presse im preußischen Staat des Vormärz darf infolge der scharfen Pressezensur dabei als äußerst schwierig bezeichnet werden. Auch wenn diese Zensur sich mit dem Regierungsantritt Friedrich Wilhelms IV. langsam lockerte, war es der katholischen Kirche in Preußen zur Zeit der Heilig-Rock-Wallfahrt von 1844 fast unmöglich, eine vorurteilsfreie, ausgewogene Berichterstattung über ihre Aktivitäten herbeizuführen. Die preußische Regierung in Berlin kann in diesem wie in anderen Bereichen als ausgesprochener Gegner einer 'ultramontanen' katholischen Publizistik gelten, so daß preußische Katholiken, wenn sie sich zu religiösen Fragen der Zeit äußern wollten, häufig auf süddeutsche Blätter oder auf solche des Auslands angewiesen waren. Es kommt hinzu, daß das von 1814 bis 1851 erscheinende Trierer Lokalblatt, die 'Trierische Zeitung', ab 1842 einen radikal sozialistisch-liberalen Einschlag erhielt und sich einer Berichterstattung über Aktivitäten der katholischen Kirche fast vollständig verschloß.[14] Da Bischof Wilhelm Arnoldi auf der anderen Seite durchaus bemüht war, auch die Presse in den Dienst der Heilig-Rock-Wallfahrt zu stellen, waren Konfrontationen, Manipulationen und Auseinandersetzungen der unterschiedlichsten Erscheinungsformen geradezu vorprogrammiert. Zwar hatte die preußische Regierung sich hartnäckig geweigert, in Trier und Koblenz die Genehmigung für das Erscheinen einer eigenen katholischen Tageszeitung zu erteilen[15], aber zumindest in Koblenz gab die dortige 'Rhein-Mosel-Zeitung' durch Vermittlung des Laien August Reichensperger (1808-1895) ihren liberalen Tenor auf und entwickelte sich zum Sprachrohr der ka-

[13] Dabei handelt es sich um folgende Publikationen: 1.) P. Lichter, Geschichte des heil. ungenäheten Rockes unsers Herrn und Heilandes Jesu Christi, bis zu seiner feierlichen Erhebung am 28. Juni 1844. Trier 1844. 2.) P(eter) Chr(istoph) St(ernberg), Vollständige Beschreibung und Geschichte des heiligen Rockes Jesu Christi zu Trier. Trier 1844. 3.) Katechismus des heil. Rockes unseres H. J. Chr. zu Trier. Trier 1844. 4.) P. Lichter, Andachts-Büchlein zum Gebrauche bei der öffentlichen Verehrung des heiligen Rockes, Wittlich 1844. 5.) (Johann Anton Hansen), Kurze Beschreibung und Geschichte des in der Domkirche zu Trier aufbewahrten ungenähten Heiligen Rockes unseres Herrn Jesu Christi. Saarlouis 1844. 6.) Andachtsübungen bei der feierlichen Aussetzung des heiligen Rockes unseres Herrn und Heilandes Jesu Christi in der Domkirche zu Trier. Trier 1844 (Andachtsübungen I). 7.) Andachtsübungen bei der feierlichen Aussetzung des heil. Rockes unsers Herrn und Heilands Jesu Christi in der Domkirche zu Trier. Von einem Pfarrer der Stadt Trier. Trier 1844 (Andachtsübungen II). 8.) J. Caspari, Geschichte des heiligen Rockes unseres Herrn und Heilandes Jesu Christi in der Domkirche zu Trier, nebst Andachtsübungen bei der feierlichen Aussetzung desselben im Herbste des Jahres 1844. Koblenz 1844. 9.) Vollständiges Liederbüchlein vom Heiligen Rock. Trier 1844. 10.) Geschichte des heiligen Rockes unsers Herrn und Heilandes Jesu Christi in der Domkirche zu Trier, nebst vollständigen Andachtsübungen zum Gebrauche bei der feierlichen Aussetzung des heiligen Rockes vom 18. August bis Ende September 1844. Trier 1844. 11.) Vollständige Geschichte und Beschreibung des heiligen Rockes in der Domkirche zu Trier. Nebst Andachtsübungen bei der Verehrung der heiligen Reliquie. Zusammengestellt mit Genehmigung des Hochwürdigsten Herrn Bischofs zu Trier zum Gebrauche für Jedermann. Koblenz 1844. 12.) Ausführliche und getreue Lebensbeschreibung der heiligen Helena, Kaiserin und Wittwe, welche den heiligen ungenähten Rock unsres Heilandes Jesu Christi wieder aufgefunden und nach Trier geschickt hat. Saarlouis 1844.

[14] E. Zenz, 200 Jahre Trierer Zeitungen. Ein Beitrag zur Trierer Zeitungsgeschichte. Trier, o.J., S. 33-36; hier: S. 35. Schieder führt differenzierend aus, die Trierische Zeitung sei von Bischof Arnoldi durch den Boykott des Klerus und der katholischen Honoratioren unter Druck gesetzt und zu einer gemäßigteren Haltung gegenüber der Wallfwahrt bewogen worden.

[15] J. Schuth, Die Koblenzer 'Rhein-Moselzeitung' und ihr Kampf mit der preußischen Zensur. In: Trierer Theologische Zeitschrift 59 (1950) S. 228-231; hier: S. 228. - Ders.: Die Trierer Wallfahrt von 1844 und ihr Einfluß auf die Entstehung der katholischen Presse. In: Trierer Theologische Zeitschrift 59 (1950) S. 375-377.

tholischen Bevölkerungsschichten. Reichensperger, später Vizepräsident der katholischen Abgeordneten in der Frankfurter Nationalversammlung, wurde 1844 von Köln nach Trier versetzt und stellte sich auch dort ganz in den Dienst des wiedererstarkten Katholizismus. Bischof Wilhelm Arnoldi gewann ihn sehr bald für die im Wallfahrtsjahr entstandene 'Luxemburger Zeitung', die für die Berichterstattung über die Heilig-Rock-Wallfahrt von 1844 allergrößte Bedeutung erlangte. Durch das Erscheinen der 'Luxemburger Zeitung', die auf Initiative Bischof Arnoldis und des Luxemburgischen Apostolischen Vikars Johann Theodor Laurent[16] gegründet wurde, konnte die restriktive preußische Pressepolitik wenigstens teilweise unterlaufen werden, auch wenn der Versuch, die Redaktion dieses Blattes von Luxemburg nach Trier zu verlegen, scheiterte. Durch die ausführliche Berichterstattung über das Wallfahrtsereignis wurde die Luxemburger Zeitung jedoch „während der Rockausstellung das wichtigste publizistische Organ der Trierer Kirchenführung".[17] So bleibt, zumindest für den engeren Trierer Bistumsbereich, festzuhalten, daß die Heilig-Rock-Wallfahrt von 1844 - wenigstens mittelbar - wesentlich zur Entwicklung und Erstarkung einer selbständigen katholischen Tagespresse beigetragen hat. Blicken wir abschließend noch kurz auf die Berichterstattung der überdiözesanen Publizistik, so zeigt sich, daß auch hier ein erbitterter Schlagabtausch zwischen Wallfahrtsbefürwortern und Wallfahrtsgegnern stattfand. Die 'Posener Zeitung', vor allem aber der Mainzer 'Katholik', sprachen sich wohlwollend über das Wallfahrtsereignis aus, ermunterten ihre Leser zur Teilnahme, gaben ausführliche Beschreibungen des Geschehens, berichteten über Wunderheilungen und versuchten, auf ihre Weise die Begeisterung an der Wallfahrt zu wecken.[18] Die radikalen 'Sächsischen Vaterlandsblätter', die 'Elberfelder Zeitung', das 'Frankfurter Journal' und einige andere Blätter dagegen polemisierten in zum Teil scharfer Form gegen die Wallfahrt und ihre Begleitumstände. Vermittelnde oder die ganze Angelegenheit von einem allgemeineren Standpunkt behandelnde Artikel erschienen u. a. in der 'Mannheimer Abendzeitung' und in der 'Bremer Zeitung'.[19]

Die Wallfahrt im publizistischen Spannungsfeld von Polemik und Apologetik

Während die kirchliche Publizistik die Trierer Wallfahrt vor allem als Ausdruck einer Wiederbelebung traditioneller Frömmigkeitsformen, als Signal für den Aufbruch des neuerstarkten Katholizismus sowie als Feier eines alle politischen und sozialen Grenzen durchbrechenden Einheitserlebnisses darstellte, versuchten die Wallfahrtsgegner in sozialkritischer Absicht nachzuweisen, daß die Heilig-Rock-Ausstellung vorwiegend von Angehörigen der unteren sozialen Volksschichten besucht worden sei.[20] Die bedeutendsten Vertreter der katholischen Wallfahrtsapologetik, Jakob Marx und Joseph Goerres, beschrieben die Trierer Ausstellung als das „große Symbol der Einheit"[21], wobei sie den religiösen Symbolismus der Tunika Christi nun auch auf einen sozialen und politischen Gegenstandsbereich übertrugen. Das Wallfahrtserlebnis konnte so zu einem Modell für die gesellschaftliche Einheit aller Bevölkerungsschichten wie für die politische Einigung ganz

[16] Zur Person Laurents vgl.: K. Möller, Leben und Briefe von Jo. Theodor Laurent. 3 Bde, Trier 1887-1889. - J. Goedert, Joh. Laurent. Luxemburg 1957. Laurent kann als kämpferischer Gegner Preußens gelten, der sich stets um eine ultramontane, vom Staat unabhängige Kirche bemühte.

[17] Schieder, 1974 (s. Anm. 1), S. 438.

[18] Zur Stellung des Mainzer 'Katholik' zur Trierer Wallfahrt vgl.: H. Schwalbach, Der Mainzer 'Katholik' als Spiegel des neuerwachenden kirchlich religiösen Lebens in der ersten Hälfte des neunzehnten Jahrhunderts (1821-1850). Mainz 1966, S. 80-83.

[19] Vgl. die Zusammenstellung im Heilig-Rock-Album (s. Anm. 1). Die Elberfelder Zeitung beispielsweise berichtete über das Wallfahrtsgeschehen: „... viele Menschen sind erdrückt worden, und Niederkünfte haben auf der Landstraße in der Nähe und sogar auf dem Markte zu Trier am hellen, lichten Tage stattgefunden ...". Diese Berichterstattung wurde von den kirchlichen Behörden als „eine aus einer gehässigen Feder geflossene grobe Unwahrheit" zurückgewiesen. Zitate aus: Heilig-Rock-Album, o. J., S. 46f/58f.

[20] Im ersteren Sinne äußerte sich beispielsweise Jakob Marx in seiner Schrift 'Die Ausstellung des h. Rockes in der Domkirche zu Trier im Herbste des Jahres 1844' (Trier 1845). Marx spricht von einer „allgemeine(n), durch alle Schichten der Bevölkerung hindurchgehende(n) Teilnahme an der Festlichkeit" (ebd., S. 27). An anderer Stelle heißt es, daß sich „brüderliche Eintracht und Gleichheit der Menschen aller Stände" (ebd., S. 109) eingestellt habe. Im zweiten Sinne äußert sich u. a. Johannes Ronge, auf dessen Einstellung zur Trierer Heilig-Rock-Wallfahrt unten noch näher einzugehen sein wird.

[21] J. v. Goerres, Die Wallfahrt nach Trier. Regensburg 1845, S. 120.

Deutschlands hochstilisiert werden. Hinter diesen Stilisierungen, die gegenüber der Betonung des religiösen Gehaltes der Wallfahrt allerdings nicht überschätzt werden dürfen, mag das Bemühen gestanden haben, eine Synthese von nationalpatriotischem und katholischem Gedankengut herbeizuführen. Gleichzeitig ging es darum, den antirevolutionären Geist dieses Massenphänomens zum Ausdruck zu bringen und deutlich zu machen, daß die konservativ akzentuierte, 'ultramontan' ausgerichtete katholische Kirchenpolitik eine die sozialen und politischen Spannungen der Zeit ausgleichende, staatskonforme Rolle spielen wollte. Der bis dahin geltende immanente Gegensatz von preußischem Staat und katholischer Kirche schien sich zu Beginn der vierziger Jahre langsam aufzulösen, so daß auch die potentielle Brisanz der Wallfahrt, die infolge ihres Massencharakters zunächst unter dem Verdacht des Pöbelauflaufs stand, publizistisch entschärft werden konnte. Goerres' Schrift ist in diesem Verständniszusammenhang als „ein charakteristisches Beispiel konservativer Zweckliteratur"[22] bezeichnet worden. Eine solche Charakterisierung bedarf aber, will sie nicht zu kurz greifen, der Einbettung in die übergeordneten Anschauungen des Autors.[23] In seiner aus spätromantischem Denken erwachsenen Kirchen- und nationalpolitischen Streitschrift erhebt Goerres, der die Trierer Wallfahrt übrigens gar nicht persönlich miterlebt hat, die Forderung nach Freiheit der Kirche von der Omnipotenz des Staates; die Wallfahrt bildet für ihn eine monumentale demonstratio catholica. Darüber hinaus versucht er, den historischen Beitrag der Katholiken für die Genese eines großdeutschen Nationalstaates zu beschreiben, wobei die religiöse und die nationale Einheit Deutschlands visionär zusammengeschaut werden. Schließlich möchte er die Kirche als Organ der Versöhnung zwischen rivalisierenden Klassen und konkurrierenden Nationen darstellen. Was den Gesamtcharakter der auf Marx und Goerres zurückgehenden Publizistik anbetrifft, so markiert diese den Übergang von einer metapolitischen, universalistischen Literatur zu einem an bestimmten aktuellen Tagesereignissen orientierten, politischen Journalismus. Wolfgang Frühwald verwendet, um die Stilhaltung dieser Textsorte zu bezeichnen, den Begriff der „poetischen Publizistik".[24] Eine solche 'poetische' Publizistik ist auf der einen Seite noch sehr stark geprägt vom ganzheitlichen romantischen Lebensgefühl; Begriffe wie Ruhe und Ordnung, die von den Wallfahrtsbefürwortern ständig zur Kennzeichnung des Wallfahrtsgeschehens verwendet wurden, sind in ihrem romantischen Ideal der Einheit verwurzelt. Sie steht damit in diametralem Gegensatz beispielsweise zu den polemischen Äußerungen der beiden Bonner Professoren Johann Gustav Gildemeister (1812-1890) und Heinrich von Sybel (1817-1895), die zu den schärfsten Gegnern der Wallfahrt zählten und den spezialisierten, auf historisch-kritischer Forschung basierenden Wissenschaftsbegriff des Historismus gegen den universellen Ansatz der Romantik ins Felde führten.[25] Auf der anderen Seite tangiert diese Publizistik jedoch bereits die Sphäre politi-

[22] Frühwald, 1973 (s. Anm. 8), S. 367.

[23] Die antirevolutionäre, staatskonforme Haltung der katholischen Kirche ist übrigens auch von offizieller kirchlicher Seite aus betont worden. Dies beweist etwa eine Äußerung Bischof Arnoldis aus einem Hirtenbrief vom 6. Januar 1845: „... die heilige Autorität der Kirche ist das große Bollwerk um den Thron des Fürsten; und solange der Katholik ein treues Kind seiner Kirche ist, wird er auch ein treuer Untertan sein". Dr. J. Kraft (Hg.), Fastenpredigten des Bischofs Wilhelm Arnoldi von Trier. Zweiter Cyclus. Die Kirche. Trier 1867, S. 38f.

[24] Frühwald, 1973 (s. Anm. 8), S. 368.

[25] Gildemeister und Sybel veröffentlichten die polemische Abhandlung 'Der Heilige Rock zu Trier und die zwanzig andern Heiligen ungenähten Röcke. Eine historische Untersuchung.' Düsseldorf 1844-1845. Auf diese kritische Auseinandersetzung mit der Trierer Heilig-Rock-Tradition hin erschienen einige Gegenabhandlungen, die die Echtheit der Reliquie und die Berechtigung ihrer Verehrung nachzuweisen suchten, indem ihre Kritiker eines übertriebenen Rationalismus bezichtigt wurden: F. J. Clemens, Der Heilige Rock zu Trier und die protestantische Kritik. Zur Würdigung der Schrift: Der hl. Rock zu Trier und die zwanzig andern hl. ungenähten Röcke. Koblenz 1845. - (M. Schubach): Der Heilige Rock in Trier und kein anderer, oder: die kritischen Schneider in Bonn, das ist: Ungelehrte Widerlegung des gelehrten Buches: der heil. Rock zu Trier und die zwanzig andern heil. ungenähten Röcke. Koblenz 1845. - A. J. Binterim: Zeugnisse für die Aechtheit des h. Rockes zu Trier, oder: Widerlegung der Schrift: Die zwanzig heil. Röcke der Proff. D. D. Gildemeister und v. Sybel. Düsseldorf 1845. - P. Laven, Die kirchliche Tradition vom h. Rocke, mit Rücksicht auf die historische Untersuchung der HH. Dr. Gildemeister und Dr. v. Sybel durch noch lebende Volkssagen und durch das altdeutsche Gedicht vom Grauen Rock in Schutz genommen. Trier 1845. - J. B. H. Ney, Der ungenähte h. Rock Christi zu Trier, und außer diesem kein Anderer. Widerlegung der historischen Untersuchungen von Dr. J. Gildemeister und Dr. v. Sybel. Trier o. J.

scher Realität, wenn auch in einer noch stark metaphorisch-symbolischen Art und Weise. Die Ordnung der Pilger ist für Goerres immer zugleich auch Ausdruck ihrer Einheit im Glauben und Vorbild für die politische Einigung Deutschlands. Darüber hinaus gehört Goerres als „Exponent der konservativen Zeittendenzen“[26] zur Gruppe jener Schriftsteller, die das in den vierziger Jahren des 19. Jahrhunderts allenthalben virulent vorhandene, explizit revolutionäre Denken zu beschwichtigen und in eher gemäßigte religiös-politische Ordnungskategorien zu bannen vermochten. Damit jedoch geriet die romantische Kunstterminologie, zu deren metaphorischen Zentralbegriffen Wörter wie 'Pilger', 'Wallfahrt' und 'Einheit' gehörten, in der Tat an die Grenze zur politischen Wirklichkeit, auch wenn Jakob Marx sicherlich nicht zu Unrecht darauf hinweist, daß die Heilig-Rock-Ausstellung nicht von vorneherein oder gar in erster Linie politisch motiviert gewesen sei.[27] Als ebenso unbestritten kann aber gelten, daß sie im nachhinein politisch ausgewertet wurde. Vermutlich aufgrund der Tatsache, daß sich die Wallfahrtsteilnehmer - im Gegensatz zur Darstellung der apologetisch orientierten Wallfahrtspublizistik - in Wirklichkeit vor allem aus den unteren Bevölkerungsschichten rekrutierten, blieb diese politische Komponente allerdings ohne durchschlagende Wirkung. Viele Angehörige des Bürgertums, die einem zu befürchtenden Bündnis von 'ultramontaner' Geistlichkeit und preußischem Staatskonformismus skeptisch gegenüberstanden, schwenkten sogar auf die Seite der Wallfahrtskritiker über und sammelten sich um die Wortführer der Wallfahrtspolemik.[28] Kritik an der Trierer Heilig-Rock-Ausstellung wurde aber nicht ausschließlich von Laien oder von Protestanten geäußert. Der alemannische Volksschriftsteller Alban Stolz etwa vertrat die Meinung, die Trierer Wallfahrt sei ein Zeichen dafür, „daß das Volk noch nicht ganz geistig ist, sonst würde ihm der Christus in der Messe mehr sein als sein Kleid“.[29] Ähnlich zurückhaltend äußerten sich der spätere Breslauer Fürstbischof Melchior von Diepenbrock (1789-1853)[30] sowie der Mainzer Bischof Kaiser.

Die Wallfahrtspolemik nun empfing ihre stärksten Impulse durch den suspendierten katholischen Priester Johannes Ronge (1813-1887). Ronge zog in einem am 1. Oktober 1844 verfaßten und am 15. Oktober 1844 in den 'Sächsischen Vaterlandsblättern' veröffentlichen Brief an Bischof Wilhelm Arnoldi leidenschaftlich gegen das Trierer Wallfahrtsgeschehen zu Felde (Vgl. Kat. B 108, B 109). Die in Leipzig erscheinenden 'Sächsischen Vaterlandsblätter', die seinen Beitrag zuerst abdruckten, wurden von Robert Blum (1804-1848), dem späteren Führer der Demokraten in der Frankfurter Paulskirche, redigiert und können als Organ des bürgerlichen Linksliberalismus gelten. Ronges offener Brief wurde daraufhin in fast allen deutschen Tageszeitungen publiziert und brachte ihm sehr bald eine große Bekanntheit und eine nicht unerhebliche Gefolgschaft ein. Außer in den deutschen Tageszeitungen erschien diese gewiß krasseste Artikulation des Unmutes über die Trierer Wallfahrt auch in Form von Sonderdrucken (Abb. 45). So wurden allein in Wiesbaden 3000, in Frankfurt sogar 6000 Separatdrucke seines Textes vertrieben. Ronge wendet sich in seinem Schreiben

[26] Frühwald, 1973 (s. Anm. 8), S. 378.

[27] Marx, 1845 (s. Anm. 20), S. 190f wehrt sich ausdrücklich dagegen, die Ausstellung in einem politischen Kontext zu betrachten: „Wird Demonstration in diesem (politischen; Anm. v. Verf.) Sinne genommen, so protestiren wir entschieden gegen die Anwendung des Ausdrucks auf unsre Festlichkeit, auch wenn man statt politischer Parteien kirchliche setzen wollte. Denn die Kirche ist keine Partei ... die Kirche ist selbständig in ihrem Sein und in ihrem Wirken; daher handelt sie auch niemals als Partei, läßt sich in ihrem Thun und Lassen nirgendwo bestimmen. ... In dem Sinne also, wonach ein absichtliches, berechnetes Kundgeben einer bestimmten Gesinnung und Tendenz, gegenüber einer politischen oder kirchlichen Bewegung, vorausgesetzt würde, und zwar, um durch die eigene Macht zu imponiren und in Respekt zu setzen, in diesem Sinn kann von Demonstration hier nicht die Rede sein, und ist nie kirchlicherseits im Entferntesten daran gedacht worden“.

[28] Nach Schieder, 1974, S. 426 hätten an der Wallfahrt neben den Vertretern der unteren Bevölkerungsschichten vor allem Geistliche und katholische Adlige teilgenommen. Das Bildungs- und Besitzbürgertum, „also die Akademiker, Beamten und Angehörigen der rheinischen Bourgeoisie“ habe dagegen fast vollständig gefehlt.

[29] A. Stolz, zitiert nach: Parent, 1985 (s. Anm. 10), S. 88.

[30] „Ist's auch erfreulich, daß Hunderttausende ihren Glauben an Jesus Christus durch die Wallfahrt zu seinem angeblichen Rock kundgeben, zumal in unserer glaubenskalten Zeit, so wäre doch ein würdigerer, wesentlicherer Anlaß und Grund zu wünschen als diese Reliquie, deren Echtheit zweifelhaft, wenigstens nie historisch zu erweisen ist“. Zitiert nach: Parent, 1985 (s. Anm. 10), S. 88.

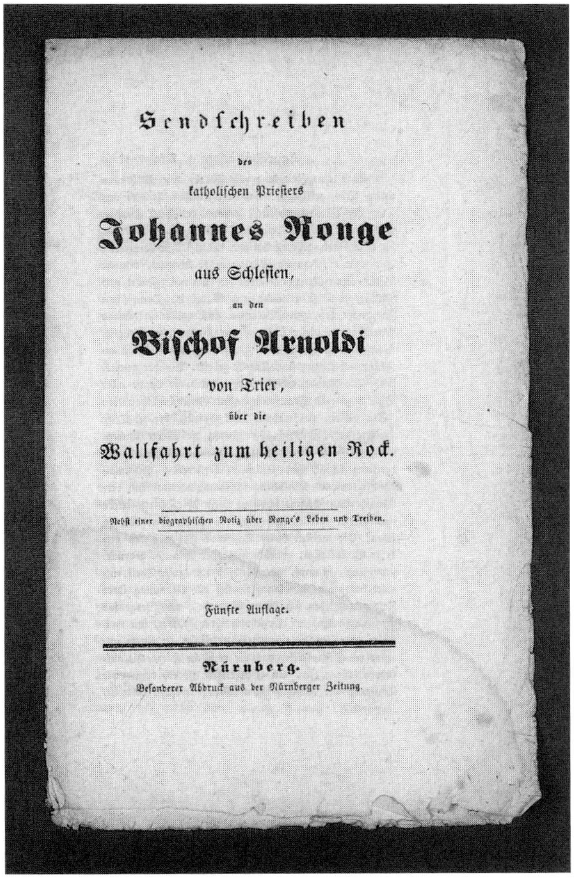

Sendschreiben
des
katholischen Priesters
Johannes Ronge
aus Schlesien,
an den
Bischof Arnoldi
von Trier,
über die
Wallfahrt zum heiligen Rock.

Nebst einer biographischen Notiz über Ronge's Leben und Treiben.

Fünfte Auflage.

Nürnberg.
Besonderer Abdruck aus der Nürnberger Zeitung.

Abb. 45) Johannes Ronge (1813-1867). Offener Brief an Bischof Arnoldi vom 1. Oktober 1844.

an alle „Christen des 19. Jahrhunderts", ferner an die „deutsche(n) Männer", und „deutsche(n) Volks- und Religionslehrer".[31] Er kritisiert den Wallfahrtsbesuch zunächst aus einer sozialkritischen Perspektive heraus: „Die meisten dieser Tausende (von Wallfahrtsteilnehmern; Zusatz) sind aus den niedern Volksklassen, ohnehin in großer Armuth, gedrückt, unwissend, stumpf, abergläubisch und zum Theil entartet, und nun entschlagen sie sich der Bebauung ihrer Felder, entziehen sich ihrem Gewerbe, der Sorge für ihr Hauswesen, der Erziehung ihrer Kinder, um nach Trier zu reisen zu einem Götzenfeste, zu einem unwürdigen Schauspiele, das die römische Hierarchie aufführen läßt."[32] Im Anschluß daran argumentiert er stärker theologisch und legt dar, es sei Götzendienst, einem Kleidungsstück diejenigen Gefühle zuzuwenden, die nur Gott geschuldet würden (vgl. Kat. B 110-116). Die sozialen, moralischen und religiösen Folgen der Wallfahrt beurteilt Ronge ausnahmslos negativ. Durch den Erwerbsausfall der Wallfahrtsteilnehmer befürchtet er deren Verelendung und sozialen Abstieg, durch die Verarmung sieht er die Gefahr einer moralischen Verwahrlosung gegeben und durch die Reliquienverehrung selbst würden Werkheiligkeit, Aberglauben und religiöser Fanatismus begünstigt. So fordert er Bischof Arnoldi auf, „das unchristliche Schauspiel" der Ausstellung des Heiligen Rockes zu beenden und „das Ärgernis" nicht noch größer zu machen als es ohnehin schon sei. Durch die Reliquienverehrung sei der „gesunde kräftige Geist der deutschen Völker" erniedrigt worden, sei „Deutschlands geistige und äußere Knechtschaft"[33] herbeigeführt worden. Nach einer mit außerordentlichem Pathos vorgetragenen Invektive auf Bischof Arnoldi ermuntert Ronge schließlich seine „deutschen Mitbürger", seine Amtsgenossen und schließlich alle Protestanten und Katholiken zum Kampf gegen diese „tyrannische(n) Macht der römischen Hierarchie". Seine Leser sollten nicht zulassen, daß durch die Trierer Wallfahrt „die Lorbeerkränze eines Huß, Hutten, Luther"[34] beschimpft würden. Ronge unterschreibt seinen Kampfesruf mit dem Zusatz 'katholischer Priester', obwohl er wegen sektiererischer Aktivitäten bereits am 30.1.1843 von seinem Amt suspendiert worden war. Seinen Anhängern, die sich vor allem aus dem katholischen und protestantischen Bürgertum rekrutierten, galt Ronge als der große Aufklärer, als „wackere(r) Kämpfer für die Wahrheit"[35], „Magnet" und „Ideenträger"[36], seine Gegner bezeichneten ihn spöttisch als „zweite(n) Weltheiland, . .. neueste(n) Luther"[37], als „Judas"[38]

[31] Johannes Ronge's offenes Sendschreiben an den Bischof Arnoldi zu Trier. Offenbach am Main 1845, S. 3.
[32] Ebd.
[33] Ebd., S. 4
[34] Ebd., S. 5.
[35] K. E. Stanjek in der Breslauer Zeitung vom 5. November 1844, zit. nach: Urtheil eines katholischen Priesters über den 'Heiligen Rock' zu Trier. Wesel 1844, S. 7.
[36] T. Bittkow, Dies gehört den Deutschkatholiken. Berlin 1845, S. 6.
[37] Lyser und Ronge und der Rationalismus in seinem Verhältnisse zu den neuesten Religionsfragen. Würzburg 1845, S. 14.
[38] A. Stolz, Amulet gegen die jungkatholische Sucht, zusammengesetzt vom Verfasser des Kalenders für Zeit und Ewigkeit. Freiburg 1845, S. 15.

oder gar als „Teufel“[39]. Die durch ihn vom Zaun gebrochene Kritik an der Trierer Wallfahrt zog sehr rasch weite Kreise und entwickelte sich bald zu einem Rundumschlag gegen die katholische Kirche insgesamt. Neben Ronge waren Johann Czerski (1813-1893), ein ebenfalls amtsenthobener katholischer Priester, und Robert Blum die Hauptwortführer der neuen Bewegung. Aber auch der liberal gesinnte Historiker Georg Gottfried Gervinus (1805-1871), der später zu den sogenannten 'Göttinger Sieben' zählte, machte sich in seinem 1845 erschienenen Werk 'Die Mission der Deutschkatholiken' zu einem leidenschaftlichen Anwalt von Ronges Sache. Gervinus sah in der konfessionellen Spaltung die Ursache für die nationale Spaltung des Vaterlandes. Der Deutschkatholizismus nun schien ihm den entscheidenden Impuls zur Vereinigung der Konfessionen und damit die Praefiguration der nationalen Einheit abzugeben; die Grundlage der von ihm ersehnten deutsch-christlichen Nationalkirche sollte dabei nicht der Glaube, sondern die Bildung sein. Gegen das Bündnis von Katholizismus und vorindustriellem Proletariat, das in der Trierer Wallfahrt in Erscheinung trete, setzte er das Programm einer „bürgerlichen Sammlungsbewegung auf überkonfessioneller religiöser Grundlage“[40]. Ganz ähnlich argumentierten der Junghegelianer Arnold Ruge (1803-1880) in seinen 'Drei Briefen über die deutsche religiös-politische Bewegung von 1845'[41], der durch seine radikale Bibelkritik bekannt gewordenen Rechtshegelianer Bruno Bauer (1809-1882) sowie der demokratische Publizist Karl August Varnhagen von Ense (1785-1858).[42] Ein höchst interessantes rezeptionsgeschichtliches Dokument aus dem Umfeld einer (sozial)kritisch akzentuierten Betrachtung der Wallfahrt stammt schließlich von Jenny Marx, der Ehefrau des im Sommer 1844 gerade in Paris weilenden Karl Marx. In einem nach dem 11. August 1844 geschriebenen Brief an letzteren erfolgt zunächst eine äußerst lebendige Schilderung des Wallfahrtstreibens. Im Anschluß daran heißt es dann: „Ist das ein gutes Zeichen der Zeit, daß alles bis zum Extrem gehn muß, oder sind wir noch so fern vom Ziel.“[43]

Die deutschkatholische Bewegung organisierte sich schließlich am 12.1.1845 in einer eigenen, romfreien Konfession, die sich zunächst 'Allgemeine christliche Kirche', bald darauf jedoch 'Deutschkatholische Kirche' (Vgl. Kat. B 112) nannte. Hauptkennzeichen der neuen Kirche waren u. a.: Leugnung des kirchlichen Lehramtes und des päpstlichen Primates, Abschaffung der Ohrenbeichte, der Heiligen- und Reliquienverehrung sowie des Zölibates, Anerkennung nur der Taufe und der Eucharistie als Sakramente. Zusammenfassend läßt sich die deutschkatholische Kirche als eine Bewegung charakterisieren, die auf einer rationalistischen und einer nationalistischen Grundlage ruhte, eine ausgeprägte antirömische Tendenz besaß und Anhänger in den bürgerlichen Lagern sowohl von Katholizismus als auch von Protestantismus fand.

Die publizistische Auseinandersetzung, die sich um das Phänomen des Deutschkatholizismus rankt, ist so intensiv und vielgestaltig, daß sie hier nur unter äußerster Beschränkung nachgezeichnet werden kann. Von Interesse ist dabei sicherlich, daß die Trierer Bistumsgeistlichkeit in einem von der 'Rhein-Moselzeitung' veröffentlichen Beschwerdebrief gegen den Angriff Ronges aus den 'Sächsischen Vaterlandsblättern' auch die preußische Pressezensur und die Intervention des Staates zum Schutz der katholischen Konfession anrief. Robert Blum, der

[39] G. Goerres, Die Gottesfahrt nach Trier und des Teufels Landsturm. Zwei Gedichte. Koblenz 1844, S. 9.
[40] Schieder, 1974 (s. Anm. 1), S. 429.
[41] In: Sämtliche Werke; Bd.IX. Mannheim 1848, S. 339/342.
[42] B. Bauer, Die bürgerliche Revolution in Deutschland seit dem Anfang der deutsch-katholischen Bewegung bis zur Gegenwart. Berlin 1849, S.11. Karl August Varnhagen von Ense notiert am 29.8.1844 in sein Tagebuch: „... Während in der Hauptstadt das Gewerbe (die Berliner Gewerbeausstellung; Anm. v. Verf.) jetzt alle Aufmerksamkeit anzieht, Sinn und Geist beschäftigt, ist auf einem andern Punkte des Staates der finsterste Aberglaube und roheste Götzendienst die Mitte ungeheurer Bewegung, zu Trier die Ausstellung des heiligen Rockes! Hundertausende strömen zu diesem verachtungswürdigen Possenspiel, zu welchem die hohe Geistlichkeit und selbst die Staatsregierung ihr Ansehen herleihen. Es ist eine Schmach, eine Niederlage, daß dergleichen begünstigt wird!“ In: K. A. Varnhagen von Ense, Tagebücher. Neudruck Bern 1972. Bd. 2, S. 350.
[43] Jenny Marx, Brief an Karl Marx, datiert: nach dem 11. August 1844. In: Karl Marx/ Friedrich Engels: Werke. Schriften, Manuskripte, Briefe bis 1844. 1. Teil. Ergänzungsband. Berlin 1968, S. 652-655; hier: S. 654.

auf dieses Schreiben öffentlich antwortete[44], und der in dem Konflikt zwischen Ronge und Arnoldi einen Kampf zwischen Licht und Finsternis erblickte, nahm diesen Appell der Trierer Bistumsgeistlichen zum Anlaß für einen erbitterten Gegenangriff. Entschieden vertrat er die Sache Ronges, der infolge eines intensiven agitatorischen Engagements zeitweise eine nicht unbeträchtliche Gemeinde um sich sammeln konnte. In seiner emotionalen, affektgeladenen und hyperbolischen Ausdrucksweise kann Blums Schrift als eine typische Form der Stellungnahme zum Gesamtphänomen des Deutschkatholizismus gelten, wobei es für den literarischen Stil der Publikationen gar keine Rolle spielte, ob es sich bei den Autoren um Parteigänger oder um Gegner Ronges handelte. Die ganze Auseinandersetzung wurde in einer durch und durch polemischen Art und Weise geführt und war von ständigen Verunglimpfungen, gegenseitigen Beschuldigungen und Verurteilungen gekennzeichnet. Um ein völlig beliebiges Beispiel zu zitieren, sei nur auf die Schrift 'Wunderthäter und Ablaßkrämer im 19. Jahrhundert' hingewiesen, in der es unter Bezugnahme auf die katholische Berichterstattung über Ronges Auftritt heißt: „Nur die von der Alleinseligmachungsmanie befallenen Blätter, die am künstlichen, ultramontanen Fanatismus leidenden Journale, die an der Vernunfthektik kränkelnden Zeitschriften, die an der hyperkatholischen Drehkrankheit hinsiechenden Zeitungen haben in unarticulirten Lauten mit rohem Schimpf, in fieberkranken Ausbrüchen mit unverständigem Wort, in blasirter, sich selbst nur schätzender Unfehlbarkeit mit mißachtender Rede sich mit gewissen gouvernementalen Blättern in Reih' und Glied gestellt, ihnen papageienartig nachgeschwatzt, und jedes Journal, das nicht wie das Geheul ihrer schafpelzverbrämten Wölfe mit einstimmt, ohne weiteres zur sogenannten 'schlechten Presse' gezählt, obwohl kein Blatt eher zu dieser Kategorie gehört, als sie, da kein deutscher Preßbengel seit Erfindung der Buchdruckerkunst schlechtere und pitoyablere Producte hervorgebracht hat, als sie sind."[45] Was die inhaltliche Seite der Streitschriftenliteratur anbetrifft, so versuchte die katholische Wallfahrtsapologetik, anknüpfend an Ronges sozialkritische Blickrichtung, nachzuweisen, daß die Trierer Heilig-Rock-Wallfahrt als Massenbewegung den Prinzipien von Ruhe und Ordnung verpflichtet gewesen sei. Damit geriet sie zu einem Gegenbild des von Ronge ausdrücklich zitierten, soziale Konflikte aufdeckenden schlesischen Weberaufstandes. Ferner versuchte man zu beweisen, daß die Wallfahrt nicht, wie von Ronge behauptet, vorwiegend von Angehörigen der unteren sozialen Volksschichten besucht worden sei. So schreibt etwa Jakob Marx: „Alle Stände, Alter, Geschlechter, verschiedene Völker haben gleichen Anteil an der festlichen Freude, an der jubelnden Lobpreisung Gottes".[46] Und J.A.J. Hansen weist darauf hin, daß auch „der katholische rheinische und westphälische Adel und viele andere Personen von Ansehen u. Reichthum aus dem In und Auslande"[47] nach Trier gekommen seien. Insgesamt betonte die katholische Kirchenpublizistik gegen Ronge die kirchliche und soziale Einheit der Wallfahrtsteilnehmer, als deren Symbol die Tunika Domini selbst angesehen wurde. Interessanterweise verwendeten auch die Wallfahrtsgegner um Ronge den Heiligen Rock in einer symbolischen Bedeutung. Er galt hier als Symbol für die Verhöhnung der Vernunft und die Außerkraftsetzung der zeitgenössischen Bildung[48] oder als „Symbol ... für die hunderttausend heiligen schwarzen Röcke, auf denen die Knechtung der Gewissen ... beruht."[49] Die katholische Wallfahrtsapologetik

[44] R. Blum, Der Kampf zwischen Licht und Finsternis. Offenbach 1845. Enthält auch den Text des Schreibens der Trierer Bistumsgeistlichkeit aus der Rhein-Mosel-Zeitung.

[45] Wunderthäter und Ablaßkrämer im neunzehnten Jahrhundert. Eine Parallele des 16. und 19. Jahrhunderts zur Charakteristik unserer Tage. Wesel 1845, S. 9.

[46] Marx, 1845 (s. Anm. 20), S. 123

[47] J. A. J. Hansen, Der Heilige Rock unseres Herrn und Heilandes Jesu Christi. Ein offenes Antwortschreiben an einen Freund zur Berichtigung und Ausgleichung der verschiedenen Ansichten über die Geschichte des im Dom zu Trier aufbewahrten h. Rockes. Saarlouis 1844, S. 58.

[48] So etwa die Schrift: Johannes Ronge und der h. Rock. Ein Beitrag zur Geschichte des 19. Jahrhunderts. 2. Aufl. Darmstadt 1845, S. 3. F. A. Teutscher sieht in der Trierer Heilig-Rock-Ausstellung gar den Versuch „Intelligenz und Wissenschaft stillschweigend zu beseitigen". (F. A. Teutscher, Ronge und der heilige Rock oder die Bewegung der katholischen Kirche vom 18. August 1844 bis heute. 2. Aufl. Leipzig 1845, S. 29).

[49] Der h. Rock in neuer und vermehrter Auflage. Eine Streitmacht gegen die neumodischen römisch-papistischen Eiferer, die Feinde des Lichts u. der Freiheit, von einem Katholiken. 2. Aufl. Leipzig 1868, S. VI.

reagierte auf diese von Ronge und seinen Mitstreitern erhobenen Vorwürfe mit dem Hinweis auf den Rationalismus, Materialismus und Egoismus der Gegner. Das „Irrlicht der Vernunft", der „rationale Egoismus" hätten die Macht an sich gerissen, die „empfindlose, aller Lebenswärme baare Herrschaft des Verstandes"[50] regiere die Zeit.

Legendarisch-satirische Bearbeitungen des Wallfahrtsmotivs

Eine derartig umstrittene öffentliche Veranstaltung wie die Trierer Heilig-Rock-Wallfahrt mußte sich natürlich bestens für eine entsprechende satirisch-literarische Gestaltung in Bild und Schrift anbieten. Solche satirischen Bearbeitungen bedienten sich dabei der unterschiedlichsten Stilformen und Gattungen. Neben dem (Spott)gedicht[51], dem Sonett,[52] , der Erzählung[53] und der Glosse[54] ist hier insbesondere das Genrebild zu nennen, das in Adolf Glaßbrenners Stück 'Herrn Buffey's Wallfahrt nach dem heiligen Rocke'[55] eine exemplarische Verwirklichung erfahren hat. Gemeinsam ist allen diesen literarischen Hervorbringungen der aktuelle Bezug zum Trierer Ereignis sowie der Versuch, in befürwortender oder ablehnender Weise dazu Stellung zu beziehen. Auch hier könnte man also von einer Art 'Zweckpoesie' sprechen, die in den Dienst einer ganz bestimmten Botschaft gestellt wird. Im Vorwort zu seinem Gedicht 'Die arme Pilgerin zum heil. Rock' beispielsweise legt Guido Goerres (1805-1852), der Sohn Joseph von Goerres` dar, er habe dieses Gedicht auch zur Widerlegung der von Gildemeister und Sybel aufgestellten Behauptung verfaßt, wonach die Trierer Sache lediglich als ein Ereignis von politischer Bedeutung zu betrachten sei. Noch direkteren Aktualitätsbezug weist das von Rudolf Löwenstein gedichtete Spottlied auf die wunderbare Heilung der Gräfin Johanna von Droste-Vischering aus Münster auf, das durch seine Verbindung mit einer berühmten Kindermelodie eine zusätzliche Popularität erlangte und noch im Jahre 1886 von Friedrich Engels als eines der „beiden besten politischen Volkslieder seit dem sechzehnten Jahrhundert"[56] bezeichnet wurde. Theodor Fontane berichtet, Löwenstein

[50] Sendschreiben an Johannes Ronge in Laurahütte. Von einem katholischen Laien. Würzburg 1844, S. 13.

[51] Z.B.: Der heilige Rock zu Trier. In zwei Gedichten (1. Der Irrende. 2. Der Prophet). Trier 1845. - G. Goerres, Die Gottesfahrt nach Trier und des Teufels Landsturm. Zwei Gedichte. Koblenz 1844. - Ders., Die arme Pilgerin zum heil. Rock und der kritische Katzenjammer. Zwei Gedichte. Koblenz 1845. - Der himmlische Traum vor Ende des Jahres 1844; erzählt in vier Gesängen von einem Propheten wider Willen und dabei in schöne Verse gebracht für Jedermann, der's lesen und verstehen kann. Leipzig 1845. - T. Bittkow, Dies gehört den Deutsch-Katholiken. Berlin 1845. - J. L. Pfaff, Den neuen deutsch-katholischen Gemeinden und ihren Führern Czerski und Ronge. Mainz 1845. - J. Müller, Erinnerungen der heiligen katholischen Kirche, der besten Mutter, an ihren verirrten Sohn Johannes Ronge. 4. Aufl. Striegau 1845. - P. J. Dewora, Die Pilgerfahrt zum heiligen Rock im Jahre 1844. Koblenz o. J. (um 1845). - S. C. P., Der heilige Rock zu Trier. Stimme der Sehnsucht. Trier 1844.

[52] Z. B.: F. M. Hessemer, Deutsch-christliche Sonette. Frankfurt am Main 1845.

[53] Z. B. F. G. Vecqueray, August oder die Wunderkraft des heiligen Rockes in der Domkirche zu Trier. Eine Erzählung als Festgeschenk für Jedermann, besonders für die Jugend. Koblenz 1845.

[54] Z. B.: Humoristische Glossen und intressante nachträgliche Notizen zu dem Rock von Trier und was daran und darum hängt. Annaberg 1845.

[55] Erschienen unter dem Titel: A. Brennglas, Herrn Buffey's Wallfahrt nach dem heiligen Rocke. Genrebild. Hamburg 1845. Vgl. dazu: R. Rodenhauser, Adolf Glaßbrenner. Ein Beitrag zur Geschichte des 'Jungen Deutschland' und der Berliner Lokaldichtung. Nikolassee 1912. - F. Diederich, Adolf Glaßbrenner. Ein Volksdichter aus der Zeit der Revolution. In: Unterm Brennglas. Hg. v. F. Diederich. Berlin 1912. - W. Große, Adolf Glaßbrenner 'Herrn Buffey's Wallfahrt nach dem heiligen Rocke'. Ein politisches Genrebild des deutschen Vormärz. In: Zeitschrift für Germanistik 2 (1981), S. 48-67.

[56] F. Engels, Gewalt und Ökonomie bei der Herstellung des neuen Deutschen Reichs. Kap. II: Preußens 'deutscher Beruf'. In: Die neue Zeit XIV (1896/97), Bd. I; vgl. hierzu: W. Steinitz, Deutsche Volkslieder demokratischen Charakters aus sechs Jahrhunderten, Berlin 1962. Bd. II, S. 146. Der Text des Liedes liegt auch vor bei: J. Hermand, Der deutsche Vormärz. Texte und Dokumente. Stuttgart 1969 (Reclams UB Nr. 8794-98), S. 157f. Im übrigen sind von kirchlicher Seite aus u. a. folgende offizielle Zusammenstellungen mit Berichten über angebliche Wunderheilungen während der Heilig-Rock-Wallfahrt publiziert worden: Bericht über die wunderbaren Heilungen, welche sich zur Zeit der öffentlichen Ausstellung des heiligen Rockes unseres Herrn und Heilandes Jesu Christi in dem hohen Dom zu Trier vom 18. August bis 6. October 1844, an elf frommen Pilgern ereignet. Mit Approbation der geistlichen Obrigkeit. Luxemburg 1844 (bringt auf S. 7f. den Bericht über die Heilung der Gräfin von Droste-Vischering). - V. Hansen, Aktenmäßige Darstellung wunderbarer Heilungen welche bei der Ausstellung des h. Rockes zu Trier im Jahre 1844 sich ereignet. Nach authentischen Urkunden, die von dem Verfasser theils selbst an Ort und Stelle aufgenommen, theils ihm direkt durch die H. Pfarrer, Aerzte, u.s.w. eingeschickt, großentheils aber dem Hochw. Bischofe Herrn Dr. Arnoldi eingereicht, und von diesem dem Verfasser zur Benutzung behufs der Herausgabe übergeben wurden ... Trier 1845 (Bericht über die Heilung der Gräfin von Droste-Vischering S. 47-67). Gegen Hansens Zusammenstellung polemisiert H. Zimmermann mit seiner Schrift: Worte eines Arztes gegen den Herrn Dr. V. Hansen;

habe „einen ungeheuren Jubel" provoziert, als als er sein „berühmt gewordenes Lied: 'Freifrau von Droste-Vischering'"[57] vor einer Runde Berliner Literaturfreunde rezitierte. Der Name der Gräfin von Droste-Vischering hatte übrigens für die rheinländischen Katholiken einen besonderen Klang, da sie eine direkte Verwandte des früheren Kölner Erzbischofs Clemens August von Droste-Vischering war, der seit seiner spektakulären Verhaftung während der 'Kölner Wirren' als Märtyrer der Kirchenfreiheit gefeiert wurde. Recht zurückhaltend reagierte Annette von Droste-Hülshoff (1797-1848) auf das Heilungswunder ihrer Verwandten: die fromme Frau sei offenbar kompromißlos von der „Kraft des Glaubens"[58] geprägt. Ähnlichen Aktualitätsbezug wie die hier genannten Beispiele besaßen die anderen Produkte dieser Wallfahrtspoesie, wobei die 'lyrischen' Stücke im ganzen wohl eine stärkere Beachtung fanden als die Prosapamphletistik.

Da Adolf Glaßbrenners Erzählung in mancherlei Hinsicht die politisch-sozialkritisch akzentuierte Rezeption der Trierer Heilig-Rock-Wallfahrt auf seiten des Jungen Deutschland besonders deutlich zum Ausdruck bringt, sei auf diese Dichtung im folgenden etwas ausführlicher eingegangen.

Glaßbrenner, der in Berlin Vorlesungen Hegels gehört, und der Schriftsteller wie Heinrich Heine und Ludwig Börne geschätzt hat, wird mit Gutzkow, Laube, Wienbarg, Freiligrath, Herwegh und anderen zur literarischen Richtung des 'Jungen Deutschland' gerechnet.[59] Sein Genrebild von Herrn Buffey's Wallfahrt gliedert sich in sechs szenische Einzelbilder, die in Form von Dialogen gestaltet sind. In diesen Bildern gibt es eine Fülle von Anspielungen auf zeitgenössische Personen und Institutionen. Das eigentliche Thema der Erzählung aber ist die Planung und Durchführung einer Reise nach Trier zum Heiligen Rock, die von einer Gruppe Berliner Kleinbürger unternommen wird. Dieses Ensemble fiktionaler Gestalten repräsentiert als „sozialtypologische Charakterstudie(n)"[60] zusammen die niederen Bevölkerungsschichten Berlins. In den verschiedenen Dialogen und szenischen Gestaltungen wird über das Mittel der satirischen Zuspitzung eine radikale Entmythologisierung und Demaskierung der Heilig-Rock-Wallfahrt angestrebt, wobei vielfach Argumente Ronges in die Gesprächsabfolgen eingeflochten und auch auf Äußerungen Robert Blums zurückgegriffen wird. Der Verfasser beschreibt sein eigenes literarisches Programm, wenn er einer der Figuren in den Mund legt, daß „die Ausbrüche der Dunkelsucht, des Aberglaubens, der egoistischen Nichtswürdigkeit ... mit jeder Waffe und also auch mit der schärfsten, mit dem Hohn der Satyre"[61], verfolgt werden müßten. Das spezielle Ziel von Glaßbrenners Attacke sind dabei die Jesuiten, die als Feinde der Vernunft schlechthin betrachtet werden. Unter dem Begriff 'Jesuitismus' werden sämtliche kirchlichen, sozialen und politischen Mißstände der Zeit subsumiert. Die Heilig-Rock-Ausstellung bildet hier also lediglich den aktuellen Anlaß für eine umfassende zeitgenössische Dekadenzkritik; der Spott auf sie soll deutlich machen, was an Mißständen in Deutschland allenthalben vorherrscht: „Werft Eure Blicke wohin Ihr wollt: seht Ihr nicht überall heilige

oder: Reflexionen und Bemerkungen zum Werke des Herrn Dr. V. Hansen, Königlich Preußischer Stadt-Kreis-Physikus zu Trier ... Saarbrücken 1845. - Drei und zwanzig wunderbare Heilungen die sich während der Ausstellung des h. Rockes in der Domkirche zu Trier vom 18. August bis 6. October 1844 ereignet. Ein Sendschreiben für Alle, welche Wahrheit lieben und suchen. Koblenz 1845. - Die oeffentliche Ausstellung und feierliche Verehrung des heiligen Rockes unseres Herrn und Heilandes Jesu Christi in der Domkirche zu Trier vom 18. August bis 6. Oktober 1844. Mit Angabe der dabei stattgehabten wunderbaren Heilungen. Wittlich 1845. - (Franz Gerhard Vecqueray), Der Triumph der Römisch-Katholischen Kirche! Eine Betrachtung über die öffentliche Ausstellung des heiligen Rockes ... nebst Bericht über die wunderbaren Heilungen, welche sich bei der kostbaren Reliquie ereignet haben. Koblenz 1844.

[57] T. Fontane, Von Zwanzig bis Dreissig. In: Ders., Sämtliche Werke, Bd. 4. Darmstadt 1973, S. 326.

[58] Annette von Droste-Hülshoff an Levin Schücking. Brief vom 29.9.1844. In: Die Briefe der Annette von Droste-Hülshoff. Hg. v. K. Schulte-Kemminghausen. Jena 1944. Bd. 2, S. 355f. Annette von Droste-Hülshoff hatte übrigens zeitweise erwogen, während einer Reise, die sie gemeinsam mit ihrer Mutter vom Bodensee nach Rüschhaus unternahm, einen Abstecher nach Trier zur Heilig-Rock-Wallfahrt zu machen. Aus finanziellen Gründen ist dieser Plan jedoch nicht zur Ausführung gelangt.

[59] Vgl. dazu die zeitgenössische Zuordnung des Verfassers der Schrift 'Lyser und Ronge' (s. Anm. 37), S. 12.

[60] Große, 1981 (s. Anm. 3), S. 64.

[61] Glaßbrenner, 1845 (s. Anm. 55), S. 13.

Röcke des Aberglaubens, des widersinnigsten Vorurtheils, der inhaltlosesten Sitte, der gemeinsten Menschenseelen-Verrenkung, der schuftigsten Kriecherei?"[62] Glaßbrenner verwendet den Heiligen Rock dabei im Sinne eines Symbols nicht für die Einheit der Kirche, sondern für die Einheit von Kirche und Staat sowie für die Allianz von Ultramontanismus und preußischer Reaktion. Die Titelgestalt des Buffey ist populär gehalten und sichert als der „bildungshungrige, materiell gesicherte Kleinbürger mit dem erwachenden politischen Urteilsbedürfnis und Widerspruchstrotz"[63] eine breite Identifikationsbasis.

Als inhaltliches Gegenbeispiel zu Glaßbrenners spöttischer Satire auf die Trierer Heilig-Rock-Wallfahrt kann die erbauliche Erzählung Franz Gerhard Vecquerays 'August oder die Wunderkraft des heiligen Rockes' gelten. Vecqueray schildert in sentimentalem Ton den gotteslästerlichen Lebenswandel eines gewissen August, der aus adligem Hause stammt und zum Leidwesen seiner frommen Mutter Monika, seines wohlerzogenen Bruders Julius und des beistehenden Paters Alexius auf die schiefe Bahn gerät. In Paris frönt der noch nicht volljährige August einem sündhaften Lebenswandel und verschwendet Geld und Gesundheit. Um den verlorenen Sohn zu retten und nach Hause zurückzuführen, machen sich Monika, Julius und Pater Alexius nach dorthin auf die Reise. Die Mission scheitert jedoch, Julius und Pater Alexius verlieren im Zwielicht der Stadt ihr Leben, während August sein frevelhaftes Treiben fortsetzt. Als ihn die Nachricht erreicht, in Trier werde der Heilige Rock ausgestellt, reagiert er darauf zunächst mit Spott und Verunglimpfung. Dann jedoch beschließt er, zusammen mit seinen Gesinnungsgenossen nach Trier zu reisen, um sich das Schauspiel anzusehen. Vecqueray flicht an dieser Stelle nun eine populär gehaltene, imaginative Apologie der Reliquienverehrung im allgemeinen und der Trierer Wallfahrt im besonderen ein, in der auch die historische Tradition der Trierer Ausstellung sowie die Frage von Wunderheilungen ausführlich zur Sprache gebracht wird. August, der in seiner Gestalt die Fraktion der Wallfahrtsgegner in typisierender Überspitzung repräsentiert, erfährt durch einen Jesuiten schließlich eine vollkommene Bekehrung und erlebt dadurch ein solches Heilig-Rock-Wunder am eigenen Leibe. Er tritt in das Jesuitenkolleg von Namur ein und stirbt endlich „in den Armen seiner glücklichen Mutter" (S. 216).

Vecquerays Erzählung steht auf einem poetisch niedrigen Niveau. Sie ist aber dennoch von einem gewissen Reiz, da sie die 'gängigen' Argumente für und gegen die Trierer Wallfahrtstradition nahezu komplett verarbeitet und in literarisch trivialisierter Form gestaltet. Wie Glaßbrenners Stück eine erbitterte Attacke gegen alles, was sich mit dem Namen der Jesuiten verband, darstellt, so ist Vecquerays didaktische Erzählung eine engagierte Wortmeldung für die Jesuiten, welche dazu berufen seien, „das Gleichgewicht herzustellen, welches durch den Protestantismus in der geistigen Welt gestört ward" (S. 208).

Ein weiteres, sehr interessantes literarisch-legendarisches Zeugnis für die Trierer Heilig-Rock-Tradition von 1844 stammt ursprünglich aus dem Ende des 12. Jahrhunderts. Es handelt sich dabei um das altdeutsche Gedicht vom 'Grauen Rock', auch 'Orendel' genannt, das die Entstehungs- sowie die Überlieferungsgeschichte des Heiligen Rockes nach Trier erzählt, und das sowohl anäßlich der Ausstellung von 1512 als auch anläßlich jener von 1844 neu entdeckt und popularisiert wurde. Man darf wohl davon ausgehen, daß das Gedicht vom 'Grauen Rock' in unmittelbarem Zusammenhang mit der Propagierung des Trierer Reliquienkultes im 12. Jahrhundert entstanden ist.[64] Wahrscheinlich wurde es von einem ein-

[62] Ebd., S. 46.
[63] Diederich, 1912 (s. Anm. 55), S. 62.
[64] Vgl. dazu: U. Meves, Studien zu König Rother, Herzog Ernst und Grauer Rock (Orendel). Frankfurt am Main (u. a.) 1976, S. 227-243. Meves stellt die These auf, die im 'Grauen Rock' sichtbar werdende Intensivierung des Reliquienkultes habe den Zweck verfolgt, die wirtschaftliche und politische Randstellung des Trierer Erzbistums zu kompensieren. Außerdem sei das Gedicht motiviert durch die „Örtliche(n) Reliquien-Konkurrenz-Situation", (S. 246) d. h., es habe den Bemühungen der Domkirche gedient, das Augenmerk der Gläubigen von den Klöstern St. Matthias und St. Maximin weg auf den Dom zu lenken.

fachen Spielmann im Hinblick auf ein akademisch nicht vorgebildetes Publikum geschrieben, um so die zugrundeliegende Reliquientradition leicht faßlich zu vermitteln. Nachdem Johann Enen - wenn auch kritisch - bereits 1514 in seiner 'Medulla Gestorum Treverensium' auf zwei zeitgenössische Ausgaben des 'Grauen Rockes' hingewiesen hatte, griff man auch im Wallfahrtsjahr 1844 wieder auf den Text zurück. Die erste wissenschaftliche Veröffentlichung wurde 1844 in Berlin von Friedrich Heinrich von der Hagen unter dem Titel 'Der ungenähte graue Rock Christi: wie König Orendel von Trier ihn erwirbt, darin Frau Breiden das heilige Grab gewinnt, und ihn nach Trier bringt. Altdeutsches Gedicht, aus der einzigen Handschrift, mit Vergleichung des alten Drucks' herausgegeben. Unmittelbar nach Erscheinen dieser Ausgabe wurde der Text von Gegnern wie von Anhängern der Trierer Wallfahrtstradition zur Abstützung der jeweiligen Position herangezogen. So wollte der Trierer Gymnasiallehrer und spätere Stadtbibliothekar Philipp Laven gegen Gildemeister und Sybel bewiesen haben, daß der 'Orendel' „die kirchliche Tradition vom h. Rocke siegreich in Schutz"[65] nehme. Diese beiden hatten das Gedicht beiläufig als Zeugnis gegen die Echtheit der Trierer Reliquie verwendet. Im Jahr 1845 brachte Philipp Laven dann in Trier eine eigene Übersetzung des 'Grauen Rockes' heraus, in deren Vorwort das apologetische Interesse an dem Gedicht noch einmal ausführlich belegt ist. Lavens Ausführungen wiederum wurden von F.J. Clemen, Privatdozent an der Universität Bonn und Hauptkontrahent von Gildemeister und Sybel, aufgegriffen,[66] wogegen letztere sich in einer eigenen Antwortschrift zur Wehr setzten.[67] Die von dem 'germanisch' orientierten L. Ettmüller herausgegebene Edition des 'Grauen Rockes' aus dem Jahr 1858 schließlich paßt sich in diese kritische Linie ein, da sie ausdrücklich nicht als Beitrag „zur Verherrlichung des Trierischen Grauen Rockes"[68] verstanden werden wollte.

Zusammenfassend kann festgehalten werden, daß die literarische Auseinandersetzung um die altdeutsche Dichtung vom 'Grauen Rock' im argumentativen Kontext der Wallfahrt von 1844 sowohl die Wallfahrtspolemik als auch die Wallfahrtsapologetik noch einmal ausführlich zur Sprache bringt.

Joseph von Eichendorff als Vertreter spätromantischer Wallfahrtsapologetik

Nach längerer Beamtentätigkeit in Danzig und Königsberg war Joseph von Eichendorff (1788-1857) nach Berlin gewechselt, getragen von der Hoffnung, in einem Ministerium der preußischen Hauptstadt eine feste Anstellung zu finden. Bis 1844 arbeitete er als einer der wenigen Katholiken in preußischen Staatsdiensten aushilfsweise u. a. im 'Ministerium für geistliche, Unterrichts- und Medizinalangelegenheiten'. Da seine Bemühungen um eine endgültige Übernahme in den Staatsdienst jedoch erfolglos blieben, ließ er sich auf eigenen Wunsch im Juli dieses Jahres von König Friedrich Wilhelm IV. in den Ruhestand versetzen. Während der Zeit seiner Tätigkeit in dem oben genannten Ministerium war Eichendorff zum Beispiel mit Korrespondenzen befaßt, die die Nachfolge des Westfalen Clemens August von Droste-Vischering auf den Stuhl des Kölner Erzbischofs betrafen; auch die Auseinandersetzun-

[65] P. Laven, Die kirchliche Tradition vom h. Rocke, mit Rücksicht auf die historische Untersuchung der HH Dr. Gildemeister und Dr. v. Sybel durch noch lebende Volkssagen und durch das altdeutsche Gedicht vom Grauen Rock in Schutz genommen. Trier 1845.

[66] F. J. Clemen, Der heilige Rock zu Trier und die protestantische Kritik. Zur Würdigung der Schrift: Der heilige Rock zu Trier und die zwanzig andern heiligen ungenähten Röcke. Eine historische Untersuchung von Dr. J. Gildemeister und Dr. H. v. Sybel. Koblenz 1845. Auf den S. 70-72 geht Clemen ausführlich auf den 'Grauen Rock' ein.

[67] J. Gildemeister und H. v. Sybel, Der Heilige Rock zu Trier und die zwanzig andern Heiligen Ungenähten Röcke. Zweiter Theil. Die Advocaten des Trierer Rockes. Drittes Heft. Düsseldorf 1845 (vor allem S. 34-54).

[68] L. Ettmüller (Hg.), Orendel und Bride eine Rune des Deutschen Heidentums, umgedichtet im zwölften Jahrhundert zu einem Befreiten Jerusalem. 1858, S. 6. Weitere Ausgaben des Gedichts: O. F. H. Schönhuth, König Orendel von Trier, oder der heilige Rock. Eine schöne und anmuthige Historie. Mit schönen Figuren geziert. Reutlingen 1874. - A. E. Berger (Hg.), Orendel. Ein deutsches Spielmanngedicht. Mit Einleitung und Anmerkungen. Bonn 1888. Nachdruck Berlin/ New York 1974. - H. Steinger (Hg.), Orendel. Halle 1935. ATB Nr.36. - L. Denneke (Hg.), Orendel (Der Graue Rock). Faksimileausgabe der Vers und Prosafassung nach den Drucken von 1512. Mit einem Vorwort von L. Denneke. Stuttgart 1972 (Sammlung Metzler, Bd. 111).

gen zwischen dem preußischen Staat und der katholischen Kirche im Zusammenhang der Amtsenthebung Droste-Vischerings erlebte er als Ministerialangestellter aus unmittelbarer Anschauung mit.

Was nun Eichendorffs Einstellung zum Wallfahrtswesen im ganzen anbetrifft, so hatte er bereits in seiner Hausarbeit für das zweite juristische Staatsexamen aus dem Jahr 1819[69] die Ansicht vertreten, daß Prozessionen, Wallfahrten und andere Formen der Manifestation gelebten Glaubens die öffentliche Ordnung nicht gefährdeten. Dieser politisch restaurative, die gesellschaftlichen Kräfte von Ruhe und Ordnung betonende Standpunkt verbindet ihn mit der offiziellen kirchlichen Wallfahrtspropaganda beispielsweise eines Bischof Arnoldi. Die organisierte Durchführung und das geistliche Interesse der Gläubigen würden Exzesse, wie sie bei manchen zeitgenössischen Volksbelustigungen aufträten, verhindern. Die preußische Administration hatte demgegenüber - vor allem wenn es sich um gemischtkonfessionelle Gebiete handelte - eine restriktivere Haltung zum Wallfahrtswesen eingenommen, bei der im übrigen auch die verbreitete Wallfahrts- und Prozessionskritik der Aufklärung eine gewisse Nachwirkung ausüben mochte.

Vermutlich für eine geplante Publizierung im Rahmen einer Gesamtausgabe seiner Werke wurde die Examensarbeit von Eichendorff in den Jahren 1844/45 noch einmal überarbeitet. Die seinerzeit in der Grundaussage bereits entwickelten Gedanken erfuhren dabei einige aktuelle Ergänzungen aus dem Zeitgeschehen der dreißiger und vierziger Jahre. Unter dem Eindruck der Trierer Heilig-Rock-Ausstellung beurteilt Eichendorff das steigende Interesse an Wallfahrten als Folge einer zunehmenden Erstarkung des Katholizismus. Nach einer Phase der Erschlaffung im 18. Jahrhundert durch die protestantisch geprägte Aufklärung und einer Schwächung der äußeren Macht durch die Säkularisation erlebe die katholische Kirche mit Beginn des 19. Jahrhunderts einen lebhaften Aufschwung. Wörtlich heißt es: „Endlich gehören hierher die ... Wallfahrten. Welch tiefe Bedeutung die letzteren noch bis auf den heutigen Tag im religiösen Volksgefühl behaupten, hat erst vor kurzem, gegen alles Räsonnement der modernen Unfehlbarkeit, über eine Million Deutscher bewiesen, welche dem unsichtbaren Heerbann nach Trier gefolgt."[70] Ganz im Sinne der Spätromantik mit ihrer Neigung zu metaphorisch-mythisierender Ausdrucksweise erklärt Eichendorff den Erfolg der Trierer Ausstellung mit dem Hinweis auf die 'magische' Gewalt eines 'unsichtbaren Heerbannes'. Man erkennt hier das auch für sein poetisches Werk so entscheidende Motiv des Wanderns oder Wallfahrens, das schließlich beschrieben wird als Pilgerreise in die ewige Heimat. Darüber hinaus kennzeichnet er das Wallfahrtsphänomen als 'Aufbruch' sowie als 'Massenbewegung', die im religiösen Volksgefühl der Wallfahrtsteilnehmer verankert sei. Die Formel vom 'Räsonnement der modernen Unfehlbarkeit' stellt eine polemische Umschreibung der modernen, auf naturwissenschaftliche Exaktheit und streng historisch-kritische Forschung ausgerichteten Wissenschaftsdisziplinen dar, aus deren geistigem Umfeld ja auch der Vorstoß Gildemeisters und Sybels stammte. Gegen diesen nach seiner Einschätzung positivistischen Rationalismus setzt Eichendorff den Begriff des Volksglaubens oder der Volksfrömmigkeit als 'wahre Frömmigkeit'; an einer Stelle spricht er sogar vom 'poetischen Volksglauben'.[71] Die affektbezogene Frömmigkeitsform des Wallfahrens sei, so Eichendorff, vor allem in den geistlichen Staaten des 'Ancien Regime' möglich gewesen: „Und wenn die geistlichen Staaten ... aus sehr natürlicher Neigung oder Nachsicht durch heilige Sagen, durch eigentliche Volksfeste, wie die Wallfahrten, und viele andere innere und äußere Anregungen unleugbar einem poetischen Volksglauben mehr sein angestammtes

[69] J. v. Eichendorff, Über die Folgen von der Aufhebung der Landeshoheit der Bischöfe und Klöster in Deutschland. In: Werke, hg. v. A. Hillach u. K.D. Krabiel. München 1988. Bd. 5, S. 7-65. Vgl. zum folgenden: J. Stinner, Wallfahrten in der Sicht Joseph von Eichendorffs. In: Joseph von Eichendorff und Westfalen. Oberschlesisches Landesmuseum. Ratingen 1990, S. 40-47. Für den entsprechenden Literaturhinweis sei Herrn Archivdirektor Dr. Martin Persch (Trier) sehr herzlich gedankt.
[70] Eichendorff, Über die Folgen von der Aufhebung (s. Anm. 69), S. 53.
[71] Ebd., S. 36f.

Recht ließen als andere Staaten ...: so werden wir schwerlich in Abrede stellen können, daß die geistliche Herrschaft ... vorzüglich geeignet war, ein wichtiges Element der Volksbildung, die Phantasie, lebendig zu erhalten und vor völliger Dienstbarkeit zu bewahren."[72] In seinem Bemühen, das Wallfahren zu legitimieren, legt Eichendorff auch dessen positive Funktion für das gesellschaftliche Leben der Gegenwart dar: „Aber selbst mit den Gegnern nur als bloße Volksfeste betrachtet, waren die Wallfahrten eine vortreffliche geistige Erfrischung des müdegearbeiteten Volks und gewiß weit eher imstande, einen brüderlichen Gemeinsinn entfernter und sonst geschiedener Bewohner zu wecken und zu erhalten, als manche künstliche Versuche dieser Art in der neuesten Zeit."[73] Damit polemisiert Eichendorf gegen bürgerliche Freiheitsfeste wie das Hambacher Fest aus dem Jahr 1832, in denen er künstliche Veranstaltungen erblickt, die im Gegensatz zu den Wallfahrten keiner gewachsenen Volkstradition entsprungen seien. Gegen den Patriotismus der Französischen Revolution stellt er das Prinzip der christlichen Brüderlichkeit, das allein einen tragfähigen staatspolitischen Gemeinsinn herbeiführen könne. Insofern widerspricht für ihn das Wallfahrten des Volkes keineswegs dem Interesse der Staatsräson, da es die Spaltung in politische Gruppen und soziale Schichten verhindern helfe und eine allgemeine patriotische Gesinnung auf christlicher Grundlage erzeugen könne.

Was letztendlich Eichendorffs Einstellung zum Phänomen des Deutschkatholizismus anbetrifft, so lehnt er diesen als Auswuchs eines wuchernden Rationalismus ab: „Und ihr (der katholischen Gesinnung; Zusatz) gegenüber hat sich in dämonischem Instinkt aller Ingrimm des alten Rationalismus, der, seinerseits konsequent, nun beim nackten Heidentum anlangt, trotzig gelagert; Leipziger Plauderkonzile gegen eine Million Wallfahrer; ... ."[74] Der von Ronge und seinen Anhängern angestrebte Vernunftglaube, der sich im Rahmen einer rationalen Religion dartun sollte, wird von Eichendorff unter polemischem Hinweis auf eine Versammlung der Deutschkatholiken Ostern 1845 in Leipzig abgetan.

So läßt sich zusammenfassend sagen, daß Eichendorff auf einer konservativen, politisch restaurativen und dem Geist der Spätromantik verpflichteten Haltung zu einer durch und durch positiven Bewertung des Wallfahrtswesens im allgemeinen und der Trierer Heilig-Rock-Wallfahrt im besonderen gelangt.

---

[72] Ebd.

[73] Ebd., S. 53f.

[74] J. v. Eichendorff, Zur Geschichte der romantischen Poesie in Deutschland. In: Werke (s. Anm. 69), Bd. 3, S. 9-50. Stinner, 1990 (s. Anm. 69), S. 44 nimmt an, daß Eichendorff diesen Gedanken vermutlich ebenfalls 1845/46 für eine Artikelserie in den 'Historisch-politischen Blättern' formuliert habe, zur gleichen Zeit also, als er seine Staatsexamensarbeit redigierte.

CHRONOGRAMME ZUR GESCHICHTE DES HEILIGEN ROCKES IN TRIER VON 327 BIS 1974

von Eduard Lichter

In jedem Chronogramm versteckt sich die Jahreszahl des im Text beschriebenen Ereignisses. Alle Buchstaben mit Zahlenwert im Lateinischen ergeben zusammengezählt die Jahreszahl, was eine bestimmte sprachliche Kunstfertigkeit erfordert. Doppelverse mit je einem Hexameter und Pentameter bilden die klassische Form der Chronogramme, welche man Chronodistichen nennt. Sie sind wegen ihres Versmaßes ziemlich schwierig zu fertigen und daher auch seltener, so daß wir unter den 54 nachstehend veröffentlichten Chronogrammen nur 14 derselben finden.

Aus den schon 1990 publizierten 123 Chronogrammen aus Trier wurden 10 in diesen Beitrag übernommen.[1] Zusätzlich zu einer Schmucktafel mit nur 3 Chronogrammen (Nr. 27, 28, 34)[2] können wir hier eine weitere Tafel mit sogar 10 Chronogrammen vorstellen (Nr. 27-36; Abb. 46).[3] Beide Tafeln stammen aus der Druckerei Lintz zu Trier und waren dem Trierer Bischof Wilhelm Arnoldi gewidmet.[4]

Man kann die Chronogramme in Antiqua-Schrift veröffentlichen und dabei die Zahlenwertbuchstaben fett oder in roter Farbe drucken oder, wie z. B. in einer Festschrift von 1711, erhöht aus der übrigens nur klein gedruckten Schriftreihe heraustreten lassen bzw. groß drucken.[5] In dieser von den Jesuiten zum Regierungsantritt des Kurfürsten und Erzbischofs von Trier Karl Josef von Lothringen herausgegebenen Festschrift finden wir rund 250 Chronogramme bzw. -distichen, die alle die Jahreszahl 1711 beinhalten.

Die Autoren der Chronogramme aus der Zeit vor 1933 sind meist unbekannt. Nr. 1 bis 12 fertigte 1713, d.h. Nr. 1-6 erst nachträglich für die früheren Jahre, Johann Matthias Billig, Kaplan zu Vallendar, dem wir insgesamt 77 Chronogramme verdanken.[6] Nr. 45 dürfen wir wohl entweder dem Religionslehrer am Friedrich-Wilhelm-Gymnasium zu Trier und Gründer des ‚Vereins Trierisch' Josef Ewen oder dem Professor der Exegese des Alten Testamentes am Priesterseminar zu Trier Jakob Ecker zuschreiben, während Nr. 49 bis 54 vom Verfasser dieses Beitrages stammen. Einen Beleg dafür, daß man früher auch Chronogramme nachträglich anfertigte, lieferte uns vor rund 50 Jahren auch der Wiederbeleber des Chronogrammewesens hierzulande, Pfarrer Johann

---

[1] E. Lichter, Chronogramme aus Trier seit dem 15. Jahrhundert. In: Neues Trierisches Jahrbuch (1990) S. 29-50, mit Abb. C 1 - C 21.

[2] Ebd., Abb. C 21.

[3] Vgl. hier Abb. Nr. 1 - Original im Bistumsarchiv Trier, Abt. 91, Nr. 223, S. 2f., 24 x 29,5 cm. Enthält den Vordruck: Tetigit sacram tunicam (angerührt an den Hl. Rock).

[4] Wilhelm Arnoldi 1842-64, Bischof von Trier, Handbuch des Bistums Trier. Bearb. vom Bistumsarchiv, hg. vom Bischöflichen Generalvikariat. Trier 1952, S. 47. Er war der Initiator der Wallfahrt von 1844.

[5] REGIA DOMUS LOTHARINGICA, in theatrum gloriae producta etc., vgl. Abb. C 5 in Neues Trier. Jb. (1990) (Original im Bistumsarchiv Trier, Abt. 24,2, Nr. 22, 48 S., gedruckt in Koblenz 1711), - Handbuch des Bistums Trier, 1952 (s. Anm. 4), S. 45.

[6] Bistumsarchiv Trier, Abt. 91 Nr. 211, Bl. 103 bis 104 v. Verfasser: Joh. Matthias Billig aus Trier, 1702 Baccalaureus an der Artistenfakultät in Trier, 1707 Kaplan in Vallendar, wo sein Onkel gleichen Namens 1679-1718 Pfarrer war, wurde 1718 dessen Nachfolger als Pfarrer und 1741 auch als Dechant. - Es konnten hier unmöglich alle 77 Chronogramme veröffentlicht werden, die meist nur reine Wortspielereien darstellen, wenn auch mühevoll aus der Bibel herausgesucht, als solche aber wenig oder nichts zur Geschichte des Hl. Rockes aussagen. Sie würden auch nur dann verständlich, wenn alle überleitenden Worte, deren Zahlenwertbuchstaben nicht berücksichtigt wurden, mitveröffentlicht würden. Insgesamt fehlen noch Chronogramme zu den Ausstellungen 1524, 1531, 1538 und 1545.

Philipp Hoffmann zu Piesport.[7] Das Chronogramm zum Baujahr der Kirche 1777 hat er verfaßt und anbringen lassen.

Unkorrektheiten stellen wir fest bei Chronogramm Nr. 4, wo das Wort MaXImILIanVs und in Nr. 25, wo das I in I VLII unterschlagen wurden, sowie in Nr. 27, wo reLIgIone mit zwei L geschrieben wurde, damit jeweils die gewünschte Jahreszahl herauskommt. Es ist weiter zu beanstanden, daß auf der Schmucktafel von 1844 auch Nichtzahlenwertbuchstaben am Anfang der Zeilen groß geschrieben wurden. Leider konnte kein Schriftvergleich betr. Ewen/Ecker (Nr. 45) vorgenommen werden, weil das Chronogramm nur in kalligraphischer Ausfertigung vorliegt.

Die Chronogramme in zeitlicher Folge

1. 327
hanC eX orIente treVeros ConstantInVs et heLena attVLerant.
Diesen (Hl. Rock) brachten Constantin und Helena aus dem Orient nach Trier.
(Johann Matthias Billig, Kaplan in Vallendar, 1713)

2. 593
post Ista e VIsV eVanVIt, at a brVnone et aLIIs In terrIs DenVo qVaesIta, reperta est.
Später aus den Blicken entschwunden, wurde er aber von Bruno[8] und anderen gesucht und, vergraben in der Erde, wiedergefunden.
(Johann Matthias Billig, Kaplan in Vallendar, 1713)

3. 1196
annIs seqVentIbVs thesaVrVs Iste erat In terra absConsVs, at a Ioanne prIMo repertVs popVLo ostensVs est.
In den folgenden Jahren war jener Schatz in der Erde verborgen, wurde aber von Erzbischof Johann I. (1189-1212) wiedergefunden und dem Volke gezeigt. - Vgl. auch Nr. 52.
(Johann Matthias Billig, Kaplan in Vallendar, 1713)

4. 1512
hVnC qVoqVe Caesar (maximilianvs) aspeXerat, qVanDo ab eo saepe rogatVs, rICharDVs a greIffenCLaV eXposVerat.
Kaiser Maximilian sah ihn dann wieder, als Erzbischof Richard von Greiffenklau (1511-31), von ihm öfters gebeten, ihn ausstellte.[9]
(Johann Matthias Billig, Kaplan in Vallendar, 1713)

5. 1585
at postVLantIbVs Legato apostoLICo et popVLo et pLebe tVnICaM eXponIt Ioannes a sChönenberg.
Auf Bitten des Päpstlichen Legaten (Franz, Bischof von Vercelli) und des Volkes stellte Erzbischof Johann von Schönenberg (1581-99) den Hl. Rock aus.[10]
(Johann Matthias Billig, Kaplan in Vallendar, 1713)

6. 1655
postreMo ostenDerat CaroLVs a petra.
Zuletzt zeigte ihn Erzbischof Karl Kaspar von der Leyen (1652-76).[11]
(Johann Matthias Billig, Kaplan in Vallendar, 1713)

7. 1713
perpetVVs fVLgor seV saCra IesV ChrIstI saLVatorIs tVniCa InConsVtILIs ConteXta per totVM.

---

[7] Vgl. Neues Trierisches Jahrbuch (1990) S. 29 und Die Kunstdenkmäler des Landkreises Wittlich, bearb. von E. Wackenroder. Düsseldorf 1934, S. 254, noch ohne Chronogramm.

[8] Die Jahreszahl 593 ist wohl auf die Vergrabung des Hl. Rockes zu beziehen, da Erzbischof Bruno (1102-1124) erst 1121 den Nikolausaltar im Westchor konsekrierte, von woher der Hl. Rock 1196 in den neuen Hochaltar im Ostchor kam. Vgl. S. Beissel, Geschichte der Trierer Kirchen, ihrer Reliquien und Kunstschätze, II.Theil: Geschichte des Hl. Rockes. Trier 1889, S. 30ff und K. Kammer, Der Hl. Rock in Trier. Geschichte und religiöse Bedeutung des hl. Gewandes Christi. Trier 1933, S. 40ff.

[9] Handbuch des Bistums Trier, 1952 (s. Anm. 4), S. 41. - E. Zenz, Chronik der Stadt Trier. 2000 Jahre in Daten, Berichten, Bildern. Trier 1985, S. 60, Abb. 39.

[10] Kammer, 1933 (s. Anm. 8), S. 54f. - Handbuch des Bistums Trier, 1952 (s. Anm. 4), S. 43.

[11] Kammer, 1933 (s. Anm. 8), S. 55. - Zenz, 1985 (s. Anm. 9), S. 84. - Handbuch des Bistums Trier, 1952 (s. Anm. 4), S. 44.

Ein ewiger Glanz, das heilige aus einem Stück gewebte Kleid des Erlösers Jesu Christi.
(Johann Matthias Billig, Kaplan in Vallendar, 1713)

8. 1713
anno DoMInI nostrI IesV ChrIstI InCarnatI.
Im Jahre unseres Fleisch gewordenen Herrn Jesu Christi.
(Johann Matthias Billig, Kaplan in Vallendar, 1713)

9. 1713
In arCe ehrenbreItsteInIana DIe I3. septeMbrIs patefaCta et VIsa.
In der Festung Ehrenbreitstein am 3. September ausgestellt und angeschaut.[12]
(Johann Matthias Billig, Kaplan in Vallendar, 1713)

10. 1713
annVntIate haeC DoMVI IaCob.
Verkündet es dem Hause Jakob (Jeremias 5,20).
(Johann Matthias Billig, Kaplan in Vallendar, 1713)

11. 1713
DeIn rogante MetropoLItano CapItVLo treVerense.
Weiter auch auf Bitten des Trierer Domkapitels.
(Johann Matthias Billig, Kaplan in Vallendar, 1713)

12. 1713
VenerabILes reLIqVIas saLVatorIs et tVnICaM eXposVIt fratrI CaroLVs a LotharIngIa arChIepIsCopVs treVIrensIs.
Stellte der Trierer Erzbischof Karl Josef von Lothringen (1711-15) die ehrwürdigen Reliquien des Erlösers und den Hl. Rock auch für seinen Bruder, den Herzog Franz von Lothringen, aus.[13]
(Johann Matthias Billig, Kaplan in Vallendar, 1713)

13. 1765
AngerVhret an DeM HeILIgen RoCk IesV ChrIstI (4ta maji).
Reliquiar mit Abbildung des Hl. Rockes im Bischöflichen Dom- und Diözesanmuseum Trier; Kat. B 6. (Vgl. Neues Trier. Jb. 1990, S. 39, Nr. 65.)

14. 1765
attaCta aD tVnICaM saLVatorIs In ehrenbreItsteIn (4ta maji).
Angerührt am Hl. Rock des Erlösers in Ehrenbreitstein.[14]
(Bistumsarchiv Trier Abt. 91, Nr. 223, S. 3)

15. 1765
tVnICa InConsVtILIs reDeMptorIs (attigit 4ta maji 1765).
Ungenähter Rock des Erlösers, angerührt am 4.5.1765.
(Bistumsarchiv Trier Abt. 91, Nr. 223, S. 3)

16. 1810
treVIr eXVLta pro reportata IesV toga IVLII DIe nona Vespere hora qVInta tVo sVb antIstIte pIo CaroLo Mannay.
Juble Trier, wegen der Rückkehr des Hl. Rockes am 9.7. abends um 5 Uhr, unter deinem frommen Bischof Karl Mannay.[15]
(Titelblatt eines Gebetbüchlein von 1810[16])

---

[12] Kammer, 1933 (s. Anm. 8), S. 55 nennt uns die Jahre der Aufbewahrung des Hl. Rockes in der Festung Ehrenbreitstein: 1618-28, 1632-40, 1657-61, 1667-1759, 1765-90 und 1792-94. - Öffentliche Ausstellungen waren 1713 und 1765 in Ehrenbreitstein. Kammer (ebd.) erwähnt außerdem noch private Einzelzeigungen von 1618, 1714 und 1725.

[13] Handbuch des Bistums Trier, 1952 (s. Anm. 4), S. 45.

[14] Über die Ausstellung 1765 vgl. Beissel, 1889 (s. Anm. 8), S. 290.

[15] Handbuch des Bistums Trier, 1952 (s. Anm. 4), S. 46: 1802-16 Bischof in Trier, + 5.12.1824 als Bischof von Rennes, Frankreich. - E. Lichter, Die Rückkehr des Hl. Rokkes aus Augsburg im Jahre 1810. In: Kurtrierisches Jahrbuch 1968, S. 241-255 (Teil I) und 1969, S. 160-176 (Teil II) mit je 1 Abb.

[16] Andachtsübungen bey der feyerlichen Aussetzung des heiligen Rockes unseres Herrn und Heilands Jesu Christi in der Domkirche zu Trier vom 9ten bis den 27ten September 1810. Sammt einer Beschreibung der Feyerlichkeiten, womit derselbe in die Domkirche eingebracht wurde. Verfaßt von einem Pfarrer der Stadt Trier, Trier 1810, Schröll, 2. rechtmässige Ausgabe, 48 S. Exemplare in der Seminarbibliothek Trier C i 114 (beschädigt, es fehlt Chronogramm Nr. 18) und DT 84 (war nicht einsehbar). Ein vollständiges Exemplar „mit Geschichte" liegt im Bistumsarchiv Trier Abt. 90 Nr. 514. Es wurde 1972 von einer USA-Auswandererfamilie dem Bistum Trier zurückgeschenkt!

17. 1810

eCCe toga IesV ChrIstI reDeMptorIs nostrI.
Siehe da, der Rock unseres Erlösers Jesu Christi. (Titelblatt eines Gebetbüchleins von 1810, über dem Titelbild).

18. 1810

nona MensIs IVLII CatheDraLI nostrae aLLata.
In unsere Domkirche zurückgebracht am 9.Juli. (Titelblatt eines Gebetbüchleins von 1810, unter dem Titelbild)

19. 1810

en aDVentante IesV saLVatorIs toga aVgVstae treVIrorVM VrbIs InsIgnIa VICInIaeqVe faCta.
Siehe da, bei der Ankunft des Hl. Rockes unseres Erlösers geschahen in Trier und Umgebung bedeutende Dinge.
(Gebetbüchlein von 1810, S. 36. - Auch: Bistumsarchiv Trier Abt. 91, Nr. 211, Bl. 107 v.)

20. 1810

eCCe treVIros reportata MIra ChrIstI toga, Deo gratIas.
Siehe da, der wundertätige Rock Christi kam nach Trier zurück.
(Gebetbüchlein von 1810, S. 48. - Vgl. auch Neues Trier. Jb. 1990, S. 42, Nr. 88. Hier Wortfolge geändert.)

21. 1810

aDesto pIa gens et tVnICaM ChrIstI aspICe.
Bleibe stehen, frommes Volk, und schau den Rock Christi an.
(Bistumsarchiv Trier, Abt. 91 Nr. 211, Bl. 101)

22. 1810

haeC est tVnICa ChrIstI reDeMptorIs nostrI.
Dies ist der Rock Christi, unseres Erlösers.
(Bistumsarchiv Trier, Abt. 91 Nr. 211, Bl. 101)

23. 1810

pIe ChrIste IesV DIgnare nos hanC togaM aspICere.
Gütiger Jesus Christus, würdige uns, diesen Rock anzuschauen.
(Bistumsarchiv Trier, Abt. 91 Nr. 211, Bl. 101)

24. 1810

te qVaeso Magne saLVator DeLe peCCata nostra.
Dich, großer Erlöser, bitte ich, tilge unsere Sünden.
(Bistumsarchiv Trier, Abt. 91 Nr. 211, Bl. 101)

25. 1810

VIII^{a} jVLII Vera tVnICa IesV ChrIstI saLVatorIs nostrI haC In eCCLesIa noCtVrno teMpore reqVIeVIt.
Am 8. Juli war der wahre Leibrock Jesu Christi, unseres Erlösers, nachts in dieser Kirche.
(Merzig, St. Peter; vgl. Abb. 41).[17]

26. 1844

ChrIstI heILIgen roCk hast DV Vns gÜtIg Ver-ehret, stets seI, heLena, geVVeIht DIr Vnser heIssester Dank.
Nr. 36 in Latein.
(Bistumsarchiv Trier 91, Nr. 223. - Vgl. Neues Trier. Jb. 1990, S. 43, Nr. 96.)

27. 1844

Non parVos treVIrIs popVLos ConCVrrere CernIs, QVI ChrIstI tVnICaM reLLIgIone CoLVnt.
Frommer Verehrung Tribut, des Erlösers Gewand zu weihen, strömt nach der Trevirerstadt zahllos ein wogendes Volk.[18]
(Abb. 46)

28. 1844

HaC tVnICa fVeras VestItVs, ChrIste reDeMptor, QVaerens Vt serVes, ter-pIe pastor oVes.
Dieses Kleid umkleidete Dich, Erlöser der Menschen, als Du, ein liebender Hirt, mühsam die Schafe gesucht.[19]
(Abb. 46)

29. 1844

VestIs Vt In thabor ter-praestans Ista refVLsIt, MoX CanDore nIVIs CLarIor Ipsa fVIt.
Einst auf Thabor erschien dies dürftige Kleid in

[17] Kammer, 1933 (s. Anm. 8), S. 67-69. Bild u. Urkunde in Merzig, angerührt am 25.9.1810.
[18] Das gleiche Chronogramm findet sich auch auf einem weiteren Druck, vgl. Anm. 2 bzw. Neues Trier. Jb. 1990, Abb. C 21.
[19] Wie Anm. 18.

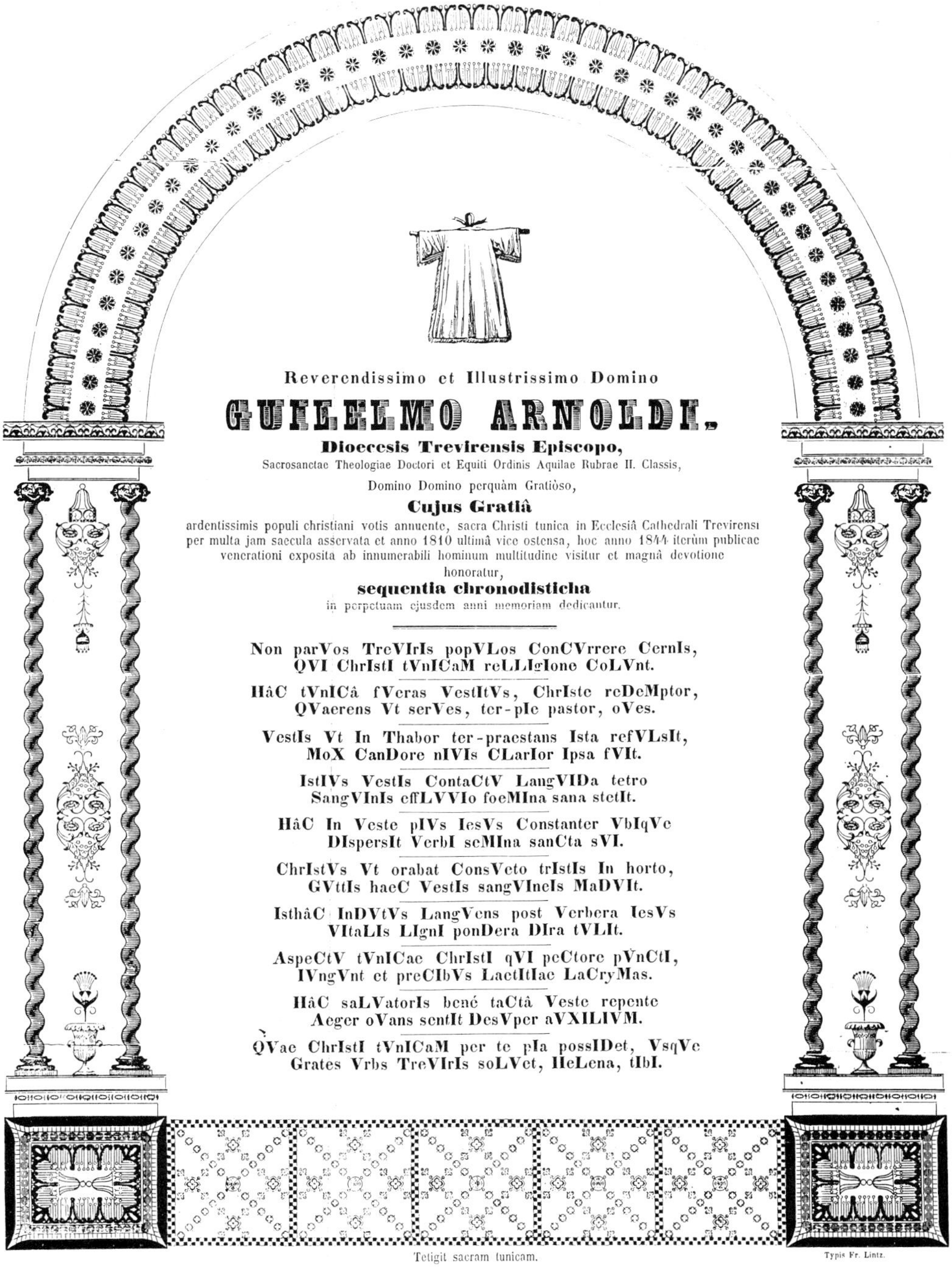

Reverendissimo et Illustrissimo Domino

GUILELMO ARNOLDI,

Dioecesis Trevirensis Episcopo,

Sacrosanctae Theologiae Doctori et Equiti Ordinis Aquilae Rubrae II. Classis,

Domino Domino perquàm Gratiòso,

Cujus Gratiâ

ardentissimis populi christiani votis annuente, sacra Christi tunica in Ecclesiâ Cathedrali Trevirensi per multa jam saecula asservata et anno 1810 ultimâ vice ostensa, hoc anno 1844 iterùm publicae venerationi exposita ab innumerabili hominum multitudine visitur et magnâ devotione honoratur,

sequentia chronodisticha

in perpetuam ejusdem anni memoriam dedicantur.

Non parVos TreVIrIs popVLos ConCVrrere CernIs,
QVI ChrIstI tVnICaM reLLIgIone CoLVnt.

HâC tVnICâ fVeras VestItVs, ChrIste reDeMptor,
QVaerens Vt serVes, ter-pIe pastor, oVes.

VestIs Vt In Thabor ter-praestans Ista refVLsIt,
MoX CanDore nIVIs CLarIor Ipsa fVIt.

IstIVs VestIs ContaCtV LangVIDa tetro
SangVInIs effLVVIo foeMIna sana stetIt.

HâC In Veste pIVs IesVs Constanter VbIqVe
DIspersIt VerbI seMIna sanCta sVI.

ChrIstVs Vt orabat ConsVeto trIstIs In horto,
GVttIs haeC VestIs sangVIneIs MaDVIt.

IsthâC InDVtVs LangVens post Verbera IesVs
VItaLIs LIgnI ponDera DIra tVLIt.

AspeCtV tVnICae ChrIstI qVI peCtore pVnCtI,
IVngVnt et preCIbVs LaetItIae LaCryMas.

HâC saLVatorIs bené taCtâ Veste repente
Aeger oVans sentIt DesVper aVXILIVM.

QVae ChrIstI tVnICaM per te pIa possIDet, VsqVe
Grates Vrbs TreVIrIs soLVet, HeLena, tIbI.

Tetigit sacram tunicam.

Typis Fr. Lintz.

Abb. 46) Zehn Chronogramme für den Trierer Bischof Arnoldi von 1844

Verklärung, da übertraf sein Glanz siegend die Weiße des Schnees.
(Abb. 46)

30. 1844
IstIVs VestIs ContaCtV LangVIDa tetro SangVInIs effLVVIo foeMIna sana stetIt.
Dich, heilbringendes Kleid, berührte das Weib mit Vertrauen, plötzlich vor Deiner Kraft weichet der Blutfluß von ihr.
(Abb. 46)

31. 1844
HaC In Veste pIVs IesVs Constanter VbIqVe DIspersIt VerbI seMIna sanCta sVI.
Rastlos von Land zu Land zog Jesus in diesem Gewande, seines göttlichen Wortes himmlischen Samen zu streun.
(Abb. 46)

32. 1844
ChrIstVs Vt orabat ConsVeto trIstIs In horto, GVttIs haeC VestIs sangVIneIs MaDVIt.
An dem gewohnten Ort in Betrübnis betet der Gottmensch, da durchdringet dies Kleid rinnend der blutige Schweiß.
(Abb. 46)

33. 1844
IsthaC InDVtVs LangVens post Verbera IesVs VItaLIs LIgnI ponDera DIra tVLIt.
Dies auch deckte des Matten grausam zergeißelte Glieder, als ihm die Kreuzeslast schmerzlich die Schulter durchschnitt.
(Abb. 46)

34. 1844
AspeCtV tVnICae ChrIstI qVI peCtore pVnCtI, IVngVnt et preCIbVs LaetItIae LaCryMas.
Hl. Kleid, wer immer Dich schauet mit zerknirschtem Gemüte, Freudentränen fürwahr krönen sein frommes Gebet.[20]
(Abb. 46)

35. 1844
HaC saLVatorIs bene taCta Veste repente Aeger oVans sentIt DesVper aVXILIVM.
Sieh, der Kranke berührt in gottgefälliger Weise dieses Gewand, und im Nu preist er die Hilfe des Herrn.
(Abb. 46)

36. 1844
QVae ChrIstI tVnICaM per te pIa possIDet, VsqVe Grates Vrbs treVIrIs soLVet, HeLena, tIbI.
Übersetzung, siehe oben Nr. 26.
(Abb. 46)

37. 1891
eCCe praeCLara saLVatorIs nostrI DeI IesV ChrIstI sVDore, sangVIne saCrata tVnICa InConsVtILIs.
Übersetzung, siehe Nr. 38.
(Die Trierer Heiligthumsfahrt, 1891, Nr. 14 vom 1.10.1891, S. 58.)[21]

38. 1891
DVrCh IesV sChVVeIs VnD bLVt geheILIgtes kLeID, seI gegrüßt.
Übersetzung von Nr. 37.
(Die Trierer Heiligthumsfahrt, 1891, Nr. 14 vom 1.10.1891, S. 58.)

39. 1891
DoMInVs IesVs Veste sVa InConsVtILI sVCCVrrat nobIs.
Der Herr komme uns zu Hilfe durch sein ungenähtes Kleid.
(Die Trierer Heiligthumsfahrt, 1891, Nr. 15 vom 3.10.1891, S. 63.)

40. 1891
In soLo sIgno CrVCIs IesV VInCItVr totVs MVnDVs.
Allein im Zeichen des Kreuzes Jesu wird die ganze Welt besiegt.
(Die Trierer Heiligthumsfahrt, 1891, Nr. 15 vom 3.10.1891, S. 63.)

41. 1891
ChrIste saLVator peCCatorIbVs sVbVenI, qVos tVo sangVIne reDeMIstI.

[20] Wie Anm. 18.
[21] Die Trierer Heiligthumsfahrt - Gratisbeilage zur Trierischen Landeszeitung 1891, Nr. 1 vom 2.9. bis Nr. 18 vom 10.10.1891.

Christe, Heiland, steh den Sündern bei, die Du mit Deinem Blute erlöst hast.
(Die Trierer Heiligthumsfahrt, 1891, Nr. 15 vom 3.10.1891, S. 63.)

42. 1891
abDItVr heV! tVnICae faCIes reVerenter herILIs, nosCe, sVperstes aDest Vera beansqVe fIDes.
Wieder entzieht sich das heil'ge Gewand dem ergreifenden Anblick, sei's, daß des Glaubens Gewinn leistet beglückend Ersatz.
(Die Trierer Heiligthumsfahrt, 1891, Nr. 15 vom 3.10.1891, S. 63.)

43. 1891
VaLe sanCta tVnICa, treVIrIs eXposIta, nVnC IterVM DeposIta.
Leb, wohl, Hl. Rock, zu Trier ausgestellt, jetzt wiederum in Verwahr gebracht.
(Die Trierer Heiligthumsfahrt, 1891, Nr. 16 vom 5.10.1891, S. 68.)

44. 1891
VLtIMa trIstIs saLVtatIo hoDIe heV! eVanesCIt tVnICae pII saLVatorIs nostrI.
Übersetzung siehe Nr. 45.
(Die Trierer Heiligthumsfahrt, 1891, Nr. 16 vom 5.10.1891, S. 68.)

45. 1891
Letzter traVrIger grVss DeM Von Vns Verehrten heILIgen roCke IesV ChrIstI, Vnseres erLösers. - gez. J. E.[22]
(Die Trierer Heiligthumsfahrt, 1891, Nr. 16 vom 5.10.1891, S. 68.)

46. 1891
eXposItIone sanCtae tVnICae treVIrIs fInIta, LaVs perennIs DoMIno IesV ChrIsto.
Übersetzung, siehe Nr. 47.
(Die Trierer Heiligthumsfahrt, 1891, Nr. 18 vom 10.10.1891, S. 76.)

47. 1891
DIe VVaLLfahrt naCh trIer Ist zV enDe. Dank, Lob, preIs seI Ietzt IesV ChrIsto In eVVIgkeIt.
(Die Trierer Heiligthumsfahrt, 1891, Nr. 18 vom 10.10.1891, S. 76.)

48. 1891
aVCtorI eXposItIonIs tVnICae DeI saLVatorIs benIgnI, espIsCopo korVM, gratIas!
Dem Veranstalter der Ausstellung des Hl. Rokkes Gottes, des gütigen Erlöseres, dem Bischof Korum[23], herzlichen Dank.
(Die Trierer Heiligthumsfahrt, 1891, Nr. 18 vom 10.10.1891, S. 76.)

49. 1933
gentes en treVerIs In aspeCtV tVnICae ChrIstI noVo Instante DIro gentIVM ergo beLLo.
Übersetzung siehe Nr. 50.
(E. Lichter, 1992)

50. 1933
VIeLe VöLker beteten zV trIer In frIeDen Vor IesV ChrIstI heILIg geVVanD, nVr VI Iahre, beVor eIn neVer, bLVt,ger VVeLtkrIeg entstanD.
(E. Lichter, 1992)

51. 1959
InConsVtILI tVnICa, ChrIste, tVere fIDeLes VIVaX VnanIMos patrI referqVe tVos.
Christe, Herr der Gläubigen Schar, durch Dein ungenähtes Kleid bewahr. Du Lebensquell, die Christenheit zum Vater führ zurück geeint.
(Zur Hl.-Rock-Wallfahrt 1959. - Vgl. Neues Trier. Jb. 1990, S. 45, Nr. 108).

52. 1196
hIC erat aLtare sanCtI petrI aC InIbI saCra tVnICa IesV ChrIstI, ConseCraVIt In noVo Choro Ioannes arChIepIsCopVs treVerensIs.
Hier stand der Altar des hl. Petrus mit dem Hl. Rocke darin, Erzbischof Johannes I. (1189-1212) von Trier konsekrierte ihn im neuen Chore.
(Gedenktafel von 1974 im Ostchor des Trierer Domes[24] - Vgl. Nr. 3 und Neues Trier. Jb. 1990, S. 45, Nr. 111.)

[22] J.E. = Abkürzung für Josef Ewen (1839-1911), Der Weltklerus der Diözese Trier seit 1800. Hg. vom Diözesanarchiv Trier. Trier 1941, S. 110 oder Jakob Ecker (1851-1912), ebd., S. 101.
[23]. Handbuch des Bistums Trier, 1952 (Anm. 4), S. 48; 1881-1921 Bischof von Trier.
[24] F. J. Ronig (Redaktion), Der Trierer Dom. Jahrbuch 1978/79 des Rheinischen Vereins für Denkmalpflege und Landschaftsschutz. Neuss 1980, S. 329.

53. 1906

seCVnDVM aLtare sIne s. tVnICa Vero abstVLIt aLta restaVratIo annIs seXagInta qVatVor post.

Den zweiten Altar, ohne den Hl. Rock, entfernte 64 Jahre später die große Domrestaurierung.[25]
(Gedenktafel von 1974 im Ostchor des Trierer Domes - Vgl. Neues Trier. Jb. 1990, S. 45, Nr. 112).

54. 1974

LaICo popVLo propIVs eXIn aLtare eXtra ChorVM posVere aC ConstItVtIonIbVs sIC LItVrgICIs VatICanI II sategere.

Näher zum Volk, außerhalb des Chores, errichtete man nun den Altar, um den liturgischen Bestimmungen des Zweiten Vatikanischen Konzils (1962-65) zu genügen.
(Gedenktafel von 1974 im Ostchor des Trierer Domes - Vgl. Neues Trier. Jb. 1990, S. 45, Nr. 113).

---

[25] Die Renovierung dauerte von 1960 bis 1975, ebd., S. 441-514.

Besonderen Dank schulde ich Herrn Markus Groß-Morgen, Bischöfliches Dom- und Diözesanmuseum, für wertvolle Hinweise, besonders auf das Gebetbüchlein von 1810.

II. KATALOG

A. KLEINODIEN RELIGIÖSER KUNST

Bearbeitet von Elisabeth Dühr, Burkhard Kaufmann, Karin Maas

Reliquiare
Applikationsbilder
Kastenbilder
Kupfertafeln
Hinterglasbilder
Graphiken
Verschiedenes

Reliquienkästchen mit Statuette des Guten Hirten

A 1

Holz mit Farbfassung, Glas, Bein, Draht, Klöppelspitze, Samt, Gaze, Papier
Cedula (handschriftl.): S. Fortunati M.
16,2 x 12 cm
18. Jahrh.
Slg. Hermes

Das rundbogige, gesockelte und sich rückwärtig verjüngende Kästchen auf Kugelfüßen ist teilweise mit goldenen Ranken bemalt. Es enthält in hohem Relief die Statuette des guten Hirten mit Lamm auf scharf profiliertem Sockel, darunter ein gazeumwickeltes Reliquienpäckchen. Die Figur sowie der ursprünglich rote Samtgrund werden von Klöppelspitze eingefaßt, dazwischen Blumenmotive in Drahtarbeit.

SM, Inv. Nr. X 1128

Reliquiar mit Schweißtuch der hl. Veronika

A 2

Holzgehäuse, Glas, Klöppelspitze aus Silberlahn, Bouillon, Lahn, Pailletten, lackierte Papierblüten, Papier, Leinen, gegossenes und koloriertes Wachs
Cedulae (handschriftlich): Pax-Bene-XIII, S. Incognite.
14,8 x 12,3 x 3,2 cm (m.R.)
1. Hälfte 18. Jahrh.

Das rundbogige Rahmengehäuse auf profilierter Sockelplatte faßt eine lockere Drahtarbeit, die das aus Wachs gegossene und kolorierte Schweißtuch der Veronika umgibt. Ober- und unterhalb des Schweißtuchs sind Reliquienpartikel in Herzformen eingearbeitet.

BM, Inv. Nr. P 928

A 3 **Reliquienbild mit Miniaturmalerei**

Bouillon, Lahn, Drahtbörtchen, Perlen, Pailletten, Krüll, kolorierter Kupferstich, Seide, Papier
Cedulae (gedruckt): S. Matthieu, S. Crespinian, S. Pontian (die übrigen unleserlich).
30 x 24 cm (o.R.)
1. Hälfte 19. Jahrh., Frankreich

Im Zentrum des Reliquienbildes befindet sich eine Miniatur der Maria mit dem Jesuskind. Den kolorierten Kupferstich rahmt ein Kranz aus Draht- und Krüllarbeit, in dessen äußeren zwölf Bögen ebenso viele Reliquienpartikel aufgeklebt waren (vier Stück erhalten). In einem äußeren Kreis werden weitere acht Reliquien von runden, goldfarbenen, zum Teil mit Perlen besetzten Fassungen umgeben. Zwischen ihnen liegen silberfarbene, mit Krüll gefüllte S-Formen, Bouillonkreise und Pailletten. Die Drahtarbeiten sind auf einem Seidengrund befestigt, der von hinten durch mehrere Lagen Papier verstärkt wird. Das untere wiederbenutzte Blatt ist in französischer Sprache beschrieben.

BM, Inv. Nr. G 318

A 4 **Reliquienbild**

Papier (zum Teil bedruckt und geprägt), Glas, Seidengrund, Bouillon, Flinder, Lahn.
Cedulae (handschriftlich): Agnus Dei, Innocentij XI.
7,6 x 9,4 x 1,3 cm (m.R.)
Ende 17. Jahrh.

In dem aus mehrlagigem Papier gefertigten Gehäuse befindet sich ein Partikel eines von Papst Innozenz XI. geweihten Agnus Dei, das von verschiedenen Arten von Bouillon aus Gold- und Silberdrähten umgeben ist (Krausbouillon, gedrehte Drahtarbeiten, Frisé). Um diese dichte Anordnung in der Mitte liegt ein florales, symmetrisches Ornament, durch das der rote Seidengrund scheint.

BM, Inv. Nr. S 140

Zwei Reliquienkästchen **A5,1-2**

Holzkästchen mit Rahmen (geschnitzt, graviert, polimentvergoldet), Glas, Glaskugeln, Seide, Lamé
22,7 x 13,2 x 6,4 cm (1)
23,2 x 13,8 x 6,6 cm (2)
18. Jahrh.

Die beiden rocaillebekrönten Kästchen waren nach Befestigungsspuren und den abbrechenden Konsolen ursprünglich Teil eines größeren Zusammenhanges, am ehesten eines Altares. Auf den seidenen Fond sind symmetrisch und in gegenseitiger Entsprechung je elf in Papier und Lamé gewickelte Reliquienpäckchen geklebt. Hinzu kommen kleine Glaskugeln und weitere Laméstückchen, die auch die Seitenwände bedecken. Die relativ grobe Machart zielt eher auf effektvolle Fernwirkung.

SM, Inv. Nr. X 1078 (1), X 1079 (2)

Reliquienbild **A 6**

Holzrahmen, gefaßt, Glas, Glasflüsse, z.T. geschliffen, Seide, Gaze, Papier, kolorierter Stich, Aquarellminiaturen, Wachsmedaillon, Bouillon, Lahn
Cedulae (handschriftlich): Consorini M., S. Anton de B, S. Franc R ( ) s. M, S. Magdalena, S. Dionysij M, biculo S. Ignat. S., S. Innocentij XI, Magni M. S. Simplicilis M., S. Henricus M., Clara. V.S.M. S. Cresentini M, De Erem. S. Joan, S. Felicis M., S. Clementis XI, S. Auta M.
Durchmesser 17 cm
18. Jahrh.
Geschenk von Gabriele Gräfin von Westerholt (1991)

Das Reliquienbild wird von einem leichtprofilierten Rahmen mit aufgemalten Blumenmotiven umschlossen. Auf gelbem Seidengrund sind zwei Reliquienpäckchen und vier medaillonförmige Heiligenbilder kreuzförmig angeordnet: Hl. Zeno mit zwei Fischen, Wachsmedaillon mit einem männlichen Heiligen, Glas mit hinterlegtem Stich, eine Madonna mit Jesuskind darstellend (mit italienischer Umschrift: „S iesu e Maria indon ( ) uore e I anima mia"), sitzender Heiliger mit Mitra. In diese Symmetrie fügen sich weitere Reliquien, Drahtarbeit und Glasflüsse ein. Unter den „Reliquien" sind die der beiden nicht heiliggesprochenen Päpste Innozenz XI (+ 1689) und Clemens XI (1720-21) bemerkenswert. Lediglich Innozenz wurde, allerdings erst 1956, seliggesprochen. Wahrscheinlich handelt es sich nur um Partikel von ihnen geweihter Agnus-Dei.

BM, Inv. Nr. S 139

A 7 Reliquienbild mit Agnus Dei

Holzrahmen, Glas, Wachs, Seide, Drahtbörtchen, Bouillon, Lahn, Pailletten, Goldfaden
Cedulae (handschriftlich): ()gneta, S. Appolonie, C S. Agatha, S Christopher
ECCE AGN.DEI.QVI.TOL (...)
VNDI/INNOCEN.XI.P.M.A.I.
32 x 28,1 cm (m.R.)
18. Jahrh.(?)
Lt. Eingangsvermerk aus Klüsserath

Im breiten Holzrahmen mit Flammleisten ist das zerbrochene Agnus Dei nach älteren Befestigungsspuren neu auf ursprünglich rotem Seidengrund montiert. Ältere Befestigungsspuren weisen auf einen ehemals anderen Verwendungszusammenhang hin. Es wurde von Papst Innozenz XI. (1676-1689) im ersten Jahr (Anno I.) seines Pontifikats geweiht. Eingefaßt von Drahtbörtchen und Bouillon wird es von spitzovalen Reliquienpäckchen und Blumenmotiven in einfacher Drahtarbeit umgeben, dazwischen zahlreiche Pailletten.

SM, Inv. Nr. X 1030

Reliquienbild **A 8**

Holzrahmen, Glas, Papier, Wachsmedaillons z. T. gefaßt, Hausenblasenmedaillons, Seide, Textilfaden, Textilblumen, Papierblumen, Bouillon, Lahn, z. T. mit Seide umwickelt, Metallfolie, Draht, Pailletten
Cedulae (handschriftlich): S mm: Treviri, Reliquiarium, Soc.S. Ursula (?), S. Columbi m., (eine Cedula unleserlich)
(Medaillons): AVE DOMINA ANGELORUM / B.PIVS V.PON.M.
20,3 x 15 cm (m.R.)
18. Jahrh.

Medaillons, Reliquienpäckchen und die schmückende Drahtarbeit sind gleichmäßig und in strenger Symmetrie auf dem gelben Seidengrund angeordnet. Die Wachsmedaillons vor goldenem Kranz aus Messingfolie zeigen ein Herz Jesu mit Kreuz und Dornenkrone und ein Herz Mariae mit Schwert und Blumenkranz. Die Hausenblasenmedaillons stellen die Madonna mit dem Jesusknaben in Halbfigur und Papst Pius V. im Brustbild dar.

SM, Inv. Nr. X 1037

Reliquienkreuz mit hl. Franziskus **A 9**

Holz, bemalt, Messing, Drahtarbeit (Drahtbörtchen, Winden, Bouillon, Silberfaden, Perlen) Stoff, Gaze, Textilfaden, Wachs, Kupferstiche
Cedulae (handschriftlich): Cera Inno X, X Mariae (), S. Felix. m., Sagita ()ast: m, Cera qtra maleficia, x. qtra tempest:, de Terra S. Vdal: C:, mury domij lauret, Scheda () m: concept, dalma à papa Cons:
32,6 x 18,9 x 3,7 cm
17./18. Jahrh.

Die Vorderseite des Kreuzes zeigt zwischen Titulus und Schädel halbplastisch den Gekreuzigten mit kurzen, fast horizontal ausgestrekkten Armen und aneinandergepreßten Knien. Den rückseitigen Schiebedeckeln sind unter dem Titulus Leidenswerkzeuge (Stab und Lanze, Dornenkrone, Würfel, Schweißtuch, links von einem Engel gehalten, Hammer, Zange,

Schwert, Fackel, Lampe) sowie die Schmerzensmutter aufgemalt, der rechte Deckel des Querbalkens fehlt. Die Balkenenden sitzen in Messingfassungen mit Kugelaufsätzen, deren oberer eine Öse hält, während der untere, verlorene, das Kreuz verschloß. Innen befindet sich zentral die halbplastisch geschnitzte Figur des hl. Franziskus, auf seiner Brust sitzt ein metallenes Herz. Die Kreuzarme enthalten Reliquien und verschiedene Sakramentalien, die in Drahtarbeit über rotem Grund gefaßt sind, darunter eine schwarze, rechteckige Wachsplakette, bez. „IHS". Das rechte Fach ist leer, während unten zwei Reliquienpäckchen fehlen. Auf die Rückseite des Längsdeckels sind verschiedene Stiche geklebt:

Anbetung der Könige (auf gelber Seide, „SANCT TRES REGES CASPAR MELCHIOR BALTHASAR ORATE PRO NOBIS NUNC ET IN HORA MORTIS NOSTRAE. Ces Billets ont touché trois testes d(es) Saint(es) Roys a Cologne ils sont poin. les voijageurs contre les malheurs des chemins maux de teste mal caduque, fièvres, Sorcellerie toute sorte de malefice et mort subite."),

Christus am Kreuz, darunter ein Stück Stoff mit aufgemaltem Bild des Leichnams, ein Medaillon mit einer Pieta („Jesu mit Maria, der liebste Mutter dein last dir mein leib und seel befolen sein."),

Madonna Einsiedeln („SMaria Einsidlensis ora pro nobis"),

Darstellung einer von Pilgern angebeteten, bekleideten Marienstatue (?) („Petite ()").

BM, Inv. Nr. P 853

Reliquienkreuz

A 10

Holz, z. T. gefaßt, Stoff, Gaze, goldfarbener Draht, Bouillon, Eisen, Glasperlen
Cedulae: (handschriftlich in Gold) S: (U)rsula(e): M, S: Leontij: M, (S): Simplicia, S: Felicis: M, (S): Victor:, S: Gusti: M, S: Daciani: M, S: Claudij: M, S: Modestae:, S: Leontij: M, S: Tota()ni:, S: Lucidae: M, S: Claudij.
23,8 x 10 x 3,3 cm
Oberammergau, 18./1. Hälfte 19. Jahrh.

Das aus einem Stück geschnitzte, rückseitig ausgehöhlte Kreuz zeigt auf der Vorderseite, halbplastisch und überwiegend weiß gefaßt, Christus und die Schmerzensmutter, die auf einem dreiseitigen, profilierten Sockel steht. Unter dem Titulus schwebt die Taube des hl. Geistes. Die Schiebedeckel der Rückseite tragen flache Reliefs der Leidenswerkzeuge: Gewand, Geißel, Rutenbündel, Dornenkrone, Hammer, Zange, Lanze, Stab mit Essigschwamm, Würfel, Nägel und Geißelsäule.
Innen sind dreizehn rautenförmige Reliquienpäckchen (Gaze und grüner Stoffgrund) in goldfarbener Drahtarbeit über rotem Stoff montiert. Das Zentrum bildet ein kleiner eiserner Nagel. Das Stück gehört zur Gruppe der Oberammergauer Reliquienkreuze, die in großer Zahl in immer wiederkehrenden Formen hergestellt wurden. Häufig als Sterbekreuze bezeichnet, sollten sie ihren Besitzer jedoch nicht nur in der Todesstunde begleiten. Um sich vor einem unvorbereiteten Tod zu schützen, bewahrte man sie oft im Bett auf oder unter dem Kopfkissen auf. Sie sind somit Ausdruck des steten Bewußtseins der Menschen dieser Zeit um die Allgegenwart des Todes.

BM, Inv. Nr. P 909

A 11 **Reliquiar mit der hl. Maria Magdalena**

Holz (gefaßt, vergoldet, versilbert), Glas, Terrakotta, gefaßt
51,5 x 34,5 x 15,5 cm
1. Hälfte 18. Jahrh.

Der kraftvoll gegliederte Kasten auf Scheibenfüßen war für die Präsentation von Reliquien vorgesehen. Geschweifte, mit Akanthusblättern belegte Konsolen vermitteln an den abgeschrägten Vorderecken sowie rückwärts zwischen den verkröpften Gesimsen. Darauf eine am Kreuz kniende Maria Magdalena mit Salbgefäß (Kreuz und Figur beschädigt).

SM, Inv. Nr. X 1125

A 12 **Reliquienbild mit Stich der Ausgießung des hl. Geistes**

Holzrahmen (gefaßt und punziert), Glas, kolorierter Stich, Seide, z. T. bestickt, Papier, textile Blumen, Draht, Drahtbörtchen, Bouillon, Lahn
Cedulae (handschriftlich): je 2 mal „Agnus Dei“ und „Reliquia Sanctorum“.
27,6 x 21,4 cm (m.R.)
19. Jahrh.

Der Stich ist vertieft in einen kissenartigen Rahmen aus weißer Seide eingelassen. Darauf ordnen sich gestickte Blumenranken und vier spitzovale Reliquienpäckchen aus blauer Seide um das zentrale Bild herum. Ein Kranz bunter Stoffblumen leitet zu dem etwas größeren, mit bedrucktem Papier ausgeschlagenen Gehäuse über.

SM, Inv. Nr. X 1031

Die Erziehung Mariens
Applikationsbild mit Reliquien

A 13

Holzrahmen, Glas, Glaskugeln, Stich, Seide, Gaze, Brokat, Lamé, Bouillon, Pailletten, Drahtbörtchen, Webborte
Cedulae: Reliqui S. Barbara V. et. M., Agnus dei, Reliqui Trevires M.
21,6 x 16 cm (m.R.)
Inschrift: Ste. Anne/Naudet del. Lebeau sculp./Prière(...)
19. Jahrh.

Der ausgeschnittene, kolorierte und mit Lamé hinterlegte Stich (Lebeau,* 1748, nach Naudet, 1773-1810) stellt die Erziehung Mariens mit Anna, Maria und Joachim dar. Darunter ein Gebet in französischer Sprache (Prière. Vierge Sainte, qui nous faire aimer le recueillement ...). Das Bild wird von Börtchen und Blütenmotiven aus einfacher Drahtarbeit und Pailletten gerahmt, die gleichmäßig und symmetrisch das mit weißen Stoffen ausgeschlagene Innere des Kästchens bedecken. Die Reliquien befinden sich seitlich und oberhalb des Stiches unter spitzovalen Päckchen aus Brokat.

SM, Inv. Nr. X 1100

Hl. Petrus
Montage

A 14

Holzrahmen, Glas, geprägte Zinnfolie, Bouillon, Lahn, Drahtbörtchen, Pailletten z. T. lackiert, Winden, Webbörtchen, Seide
23,5 x 17,9 cm (m.R.)
Inschrift: S Petrus
19. Jahrh.

Das Zinnbild stellt den betenden Petrus im Brustbild vor dem krähenden Hahn dar. Eingefaßt von Drahtarbeit ist es auf einen braunseidenen Grund montiert, der äußerst dicht mit Winden, Webbörtchen und Pailletten unterschiedlichster Art besetzt ist.

SM, Inv. Nr. X 1083

A 15

Maria mit Jesuskind
Montage

Holz, Samt, Krüll, Glasperlen, Tempera auf Papier (obere Rahmenleiste fehlt)
25,5 x 19,5 cm (m.R.)
19. Jahrh.

Zentral eine hochovale, von Perlen gefaßte Miniatur mit Maria und dem auf der Weltkugel stehenden Jesuskind vor goldfarbenem Hintergrund; das übrige Bildfeld auf blauem Samtgrund mit Krüllarbeit und aufgeklebten Perlen bedeckt.

Bischöflicher Stuhl Trier, Inv. Nr. 55

A 16

Gnadenbild der Mutter vom geneigten Haupt bei den Ursulinen in Landshut
Applikationsbild

Baumwolle, Seide, verschiedenfarbiger bemalter Atlas, Flinder, Lahn, Bouillon, Glasperlen, Papier, mit Tempera bemalt und ausgeschnitten
17,5 x 12,2 cm (o.R.)
18. Jahrh.

Maria steht mit nach rechts geneigtem Haupt an einer Brüstung, ihr Kopf wird von einem Vorhang umgeben. Der Vorhang und ihr Gewand bestehen aus Teilen bemalten Atlasses und sind, ebenso wie das gemalte Bildnis, auf den Seidengrund aufgeklebt. Weiteres Dekor, wie Schmuckborten und Blüten des Gewandes, Troddeln am Vorhang, Nimbus und Brüstung bestehen aus Drahtarbeiten. Die Stikkereien befestigen den dünnen Seidenstoff auf einem festen Baumwollgewebe, das die Arbeit von hinten verstärkt.
Bei dem Gnadenbild der Mutter vom geneigten Haupt bei den Ursulinen in Landshut handelt es sich um eine Kopie des weniger populären Wiener Gnadenbildes. Die Nachbildungen des Landshuter Bildes fanden weite Verbreitung, vor allem im bayrischen Raum.

BM, Inv. Nr. G 323

Hl. Barbara
Spickelbild

A 17

Holzrahmen, Glas, Aquarell auf Papier, Satinschnitzel, Seidenfäden, Papier, goldfarbenes Papier
14,7 x 11 cm (m.R.)
17. Jahrh.
Aus dem Nachlaß von Pfr. Eisen

Die Aquarellminiatur in der Mitte des Bildes zeigt die hl. Barbara mit Turm und Palme. Sie wird von einem Kranz aus Blüten unterschiedlicher Größe, doch symmetrischer Anordnung umgeben, die aus feinsten Satinschnitzeln bestehen. Zwischen ihnen sind verstreut kleine, goldfarbene Papierrechtecke aufgeklebt. Am unteren Rand Inschrift: ...BARBARA.

BM, Inv. Nr. G 326

Reliquienbild mit Miniatur des hl. Paulinus(?)

A 18

Holzrahmen mit Polimentvergoldung, graviert und punziert, Glas, Bouillon, Perlen, textile Blüten und Blüten aus gelacktem Papier, Lahn, Seide, Stroh, Goldfaden, Aquarellminiatur
Cedulae (handschriftlich): S: Adelbrono, Cer: Pij:, S: Wunibaldo.
22,8 x 18,3 cm (m.R.)
18. Jahrh.
Lt. Eingangsvermerk Darstellung des hl. Paulinus, aus Trier

Die Miniatur des hl. Paulinus wird von Krausbouillon und einem Blätterkranz eingefaßt und sitzt inmitten einer monstranzartig stilisierten Blüte aus aufgeklebten Goldfäden auf weißem Grund. Dieses Mittelfeld wird gerahmt von einer Drahtarbeit auf roter Seide, die in den Hauptachsen die gazeumwickelten Reliquien enthält.
Eine in Motiv und Technik eng verwandte Klosterarbeit (um 1725/30) befindet sich im Germanischen Nationalmuseum in Nürnberg (K 684 S 287).

SM, Inv. Nr. X 1038

Lit: S. Metken, Geschnittenes Papier. München 1978, S. 95, Abb. 129.

A 19 **Der auferstandene Christus erscheint Maria Magdalena**
Applikationsbild

33 x 24,5 cm (m. R.)
18. Jahrh.
Geschnitzter Holzrahmen, abgeriebene Polimentvergoldung auf hellrotem Bolus und graviertem Kreidegrund, Glas, ausgeschnittener und kolorierter Kupferstich, Papier, Lamé, Satin, Klöppelspitze
Unterschrift: Le Brun Pinxit. Filleul Sculp. / APPARITION DE J.C. A LA MAGDELEINE/ Ne me touché pas, car je ne suis pas encore monté vers mon Pere, mais allez trouver mes frères, et dites / leur de ma part, je monte vers mon Pere et votre Pere, vers mon Dieu et votre Dieu. S. Jean chap. 20. V. 17, / Daumont

Der Stich stammt wohl von Pierre Filloeul (tätig in Paris um 1730–50) und geht zurück auf eine Arbeit Charles Le Bruns (1619-1690). Die Szene wird von einem segmentbogenförmigen Rahmen umgeben und von einer Bildunterschrift mit der entsprechenden Bibelstelle begleitet. Aus dem kolorierten Kupferstich wurden die Gewandpartien der knieenden Magdalena, Jesus und des über ihm schwebenden Engels ausgeschnitten, mit Stoffen hinterklebt und die Köpfe mit Nimben aus messingfarbenem Papier hinterlegt. Die Falten der Gewänder bilden Papierstege, Magdalenas Armausschnitte zieren zusätzlich Volants aus Klöppelspitze.

BM, Inv. Nr. G 319
Lit.: Thieme Becker 11 (1915) S. 568.

Tod des hl. Franz Xaver **A 20**
Applikationsbild

Paris, bei Gentot, rue St. Jaques
ausgeschnittene und kolorierte Kupferstiche, Papier, Satin, Damast, Glas, geschnitzter Holzrahmen mit durchgeriebener Polimentvergoldung und graviertem Kreidegrund
32 x 22,5 cm (m.R.)
18. Jahrh.

Das stoffbekleidete Klebebild zeigt den 1552 einsam auf der Insel Sancian vor der chinesischen Küste sterbenden Jesuitenmissionar Franz Xaver in schwarzer Soutane auf einer Matte liegend, in den Händen ein Kreuz und einen Rosenkranz. Im Bildvordergrund liegt ein aufgeschlagenes Buch. Hinter dem Sterbenden ist ein Verschlag aus einzelnen Brettern zu sehen, darüber Wolken mit drei geflügelten Puttoköpfen sowie eine goldene Sonne, die ihre Strahlen zu Franz Xaver sendet und in dessen Nimbus ihre Entsprechung hat. Am linken Bildrand öffnet sich der Blick auf das Meer mit einem Segelschiff. Diese Bildkomposition geht auf ein wundertätiges Bild des Laibacher Malers Johann Michael Reinwaldt (+ 1740) von 1715 in der Wallfahrtskirche in Oberburg (heute Gornjigrad in Slowenien) zurück. Zahlreiche graphische Reproduktionen verbreiteten dieses Gnadenbild des im 17. und 18. Jahrhundert sehr verehrten Heiligen fast in ganz Europa und bestimmten die Ikonographie des Themas. Die Bildidee des Oberburger Bildes dürfte jedoch bereits auf eine Kupferstichserie des französischen, in Rom tätigen Stechers Valérien Regnard zurückgehen, die dieser zur Heiligsprechung Franz Xavers 1622 herausgab.
Der vorliegende Kupferstich stammt aus dem Zentrum des imagerie-Handels des 18. Jahrhunderts, aus der rue St. Jaques in Paris, wo sich die Offizine der bedeutendsten Verleger von populärer Druckgraphik in Frankreich befanden.

BM, Inv. Nr. G 320
Lit.: A. Csatkai, Beiträge zu den mitteleuropäischen Darstellungen des Todes des Heiligen Franz Xaver im 17. und 18. Jahrhundert. In:

Acta historiae artium Academiae scientiarium hungaricae 15 (1969) S. 293-301.- G. Schurhammer, Der Silberschrein des Hl. Franz Xaver. Ein Meisterwerk christlicher indischer Kunst. In: Das Münster 7 (1954) S. 137-152, hier Abb. S. 151. - Für Gott und die Menschen. Die Gesellschaft Jesu und ihr Wirken im Erzbistum Trier (= Quellen u. Abhandlungen zur mittelrheinischen Kirchengeschichte 66). Mainz 1991, Kat. 19a, S. 434f.

A 21

Hl. Barbara
Applikationsbild

Ausgeschnittene und kolorierte Kupferstiche, Brokat, Lamé, bemalter Atlas, Samt, geklöppelte Gold- und Silberspitze, Papier
(am unteren Bildrand) S. BARBARA. / Pr. S.C. Maj., M. Engelbrecht exc. A.V.
29,9 x 20,8 cm (o.R.)
1. Hälfte 18. Jahrh.

Die hl. Barbara sitzt umgeben von ihren Attributen (Kelch mit Hostie, Turm, Schwert und Buch) auf einem Podest. Die Kupferstichvorlage des Martin Engelbrecht (1684-1756) aus Augsburg ist am linken Blattrand beschnitten und am rechten durch eine Handzeichnung im Bereich der Bodenfliesen ergänzt. Das Gewand und der Buchdeckel wurden aus dem Kupferstich ausgeschnitten, mit Textilien hinterklebt und die Schnittkanten mit Papierstegen gesäumt. Der Hintergrund der Komposition besteht aus schwarzem Papier.

BM, Inv. Nr. G 321
Lit.: Thieme-Becker 10 (1914) S. 534.

Johannes der Täufer **A 22**
Applikationsbild

Ausgeschnittene und kolorierte Kupferstiche, bestickte Textilien (Seide, Silberfäden), Papier
Inschrift (gedruckt): S. IOANNES BAPTISTA. /non Surrexit MAIOR. IONNA BAPTISTA. / Matth. XI. v. 11/ Cum Pr. S.C. Maj., 8, I. Andr. Pfeffel excud. A.V.
30,1 x 20,8 cm (o.R.)
18. Jahrh.

Die Darstellung Johannes des Täufers in einer Landschaft setzt sich aus verschiedenen Kupferstichen zusammen. Der Stich des Augsburgers Andreas Pfeffel (1715-1768) bildet die Grundlage der Komposition. Die Gewandpartien des Täufers wurden aus dem Blatt herausgeschnitten und mit verschiedenen Textilien hinterklebt, rundherum ergänzen die Landschaft weitere kolorierte und ausgeschnittene Kupferstiche. Auffällig sind oben rechts Rose und Käfer, die aus einem anderen Programm zu stammen scheinen; der Himmel dieser Darstellung ist schwarz.

BM, Inv. Nr. G 322

Hl. Petrus **A 23**
Applikationsbild

Holzrahmen, graviert, polimentvergoldet, kolorierter Kupferstich, Papier, Lamé, Brokat, Seide
29,1 x 21,6 cm (m.R.)
18. Jahrh.
Lt. Eingangsvermerk aus Trierweiler

In der Einöde ist der reuige Petrus mit Hahn und Buch nach der Verleugnung Christi dargestellt. Das aufgeschlagene Buch gibt Math. 26, 34 wieder, wo Christus ihm die Leugnung vorausgesagt hatte. Hinter ihm verweisen der Felsen, die Tiara und die Schlüssel jedoch schon auf das spätere Hirtenamt. Der zugrundeliegende Stich ist ausgeschnitten und neu vor schwarzem Hintergrund zusammengesetzt. Hinterlegte Stoffe geben das Gewand differenziert wieder, während ein papierner Strahlenkranz den Heiligenschein bildet.

SM, Inv. Nr. X 1041

A 24 **Sel. Maria Crescentia Höss**
Applikationsbild

Holzrahmen, gefaßt, Glas, kolorierter Kupferstich, Papier, Papierblumen, Seide, Seidenfäden, Wolle (?), Baumwolle, Brokat, goldfarbene Klöppelspitze, Webborte und Metallfolie
Inschrift: Vera Effigies Mariae Crescentiae Ord. S. Franc. zu Kaufbeurn gebohren den 20. Oct. áno 1682. gestorben den 5. apr. 1744.
25,2 x 20,1 x 2,9 cm (m.R.)
2. Hälfte 18. Jahrh.
Rückseitig beschriftet: Pet. Jos. Hastert

Die Franziskanerin ist als Halbfigur im ovalen Rahmen über einer Kartusche dargestellt. Verschiedene, dem ausgeschnittenen Stich hinterlegte Stoffe geben die Ordenstracht sehr differenziert wieder. Die übrige Ausstattung des Kästchens folgt bis auf den einfachen Papierfond und die Scheitelblüte des Medaillons weitestgehend Kat. A 25.

SM, Inv. Nr. X 1040

A 25 **Hl. Josef mit dem Jesuskind**
Applikationsbild

Holzrahmen, gefaßt, vergoldet, Glas, Kupferstich, z.T. koloriert, Papier, Papierblumen, Brokat,Lamé, Seide, Seidenfäden, Samt, Tüll, goldfarbene Klöppelspitze und Webborte, Messingfolie
Inschrift: S. Josephi Sponsi B.M.V.
24,2 x 19,7 x 3,4 cm (m.R.)
2. Hälfte 18. Jahrh.

Das Medaillon auf weißem Papier zeigt Josef mit dem Jesuskind in Halbfigur vor einem silberfarbenen Lamégrund. Den dünnen Stegen des ausgeschnittenen Kupferstiches sind Seide, Lamé, Webborte und Schleiergaze hinter- und vorgelegt; Messingfolie bildet die Heiligenscheine. Deutlich ragt das Figurenpaar über die Rocaillekonsole und den Rahmen aus gewebter Goldborte und Blumenkranz hinaus. Im Vordergund reihen sich Blumen und blühende Ranken auf einem angedeuteten Rasenhügel. Ein blumengeschmückter, mit goldfarbener Webborte und Klöppelspitze besetzter Brokatbaldachin überfängt das Bild.

SM, Inv. Nr. X 1029

Hl. Familie
Applikationsbild

A 26

Holzrahmen mit erkennbaren Spuren von Polimentvergoldung, graviert und punziert, Glas, Textil- und Papierblüten, Papier, Brokat, gewebte Borte, goldfarbene Klöppelspitze, Messingfolie, Kupferstich, Gaze, Lamé, Pailletten
37 x 24,1 x 3 cm (m.R.)
2. Hälfte 18. Jahrh.

Im Zentrum der Darstellung steht die hl. Familie. Die Figurengruppe ist in Applikationstechnik auf einen weißen Papieruntergrund geklebt. Bei Maria und Joseph sind Kopf und Hände mittels ausgeschnittener Kupferstichteile dargestellt. Gewänder und Kopfbedeckung Mariens setzen sich aus Seide, Brokat und Lamé zusammen, feine Gaze bildet die Windel des Kindes. Geschnittene und unterlegte Messingfolie dient der Darstellung der Heiligenscheine. Im oberen Bildteil wird die Figurengruppe von einem Baldachin aus Brokat, gewebter Borte und goldfarbener Klöppelspitze bekrönt. Darüber entfalten sich Blüten aus Papier und Textil. Unterhalb der Figurengruppe, eingebettet in florale Dekoration befindet sich ein Schriftband: „Tres sunt qui testimonium dant in terra".

SM, Inv. Nr. X 1073

A 27

Pastor Bonus
Applikationsbild

Holzrahmen, Glas, Stich, z. T. koloriert, Papier, Papierblumen, Brokat, Lamé, Webborte, Klöppelspitze, Metallfolie, Bouillon
Inschrift: Pastor Bonus
26,6 x 21 x 3,4 cm (m.R.)
2. Hälfte 18. Jahrh.
Lt. Eingangsvermerk aus Neumagen

Auf weißem Papiergrund stellt der ausgeschnittene, mit goldfarbenem Strahlenkranz, Lamé und Spitze hinterlegte und beklebte Kupferstich den guten Hirten dar. An einem seidenen Band führt er ein Lamm mit sich. Die Rasenfläche des Stiches setzt sich nach vorne in einer Reihe von Blumen und blumenumrankten Stäben als Garten fort. Darüber breitet sich unter Girlanden ein blumenge-schmückter Brokatbaldachin aus, dessen Säume mit goldfarbener Klöppelspitze und Webborte besetzt sind.

SM, Inv. Nr. X 1071

A 28,1-2

Guter Hirte (1) und Gute Hirtin (2)
Applikationsbilder

Holzrahmen, verglast, kolorierter Kupferstich, Lamé, gewebte Borte, Spitze, Papier
Inschrift: Ego sum PASTOR BONUS * Ich bin ein guter Hirt
PASTORA BONA * Die gute Hirtin
1: 29,2 x 18,8 cm (o.R.)
2: 28,3 x 18,5 cm (o.R.)
18. Jahrh.

In girlandengeschmückten Rahmen stehen die beiden Figuren in gegenseitiger Entsprechung. Im Hintergrund sind sie jeweils ein zweites Mal sitzend dargestellt. Den ausgeschnittenen Flächen sind vor einem neueren schwarzen Fond verschiedene Textilien hinter- bzw. vorgelegt, die Heiligenscheine bestehen aus bronziertem Papier.

SM, Inv. Nr. X 1120 (1), X 1119 (2)

Hl. Elisabeth, hl. Antonius von Padua und hl. Martha
Applikationsbild

A 29

Gefaßter Holzrahmen, Glas, Kupferstich, Papier, Papierblumen, Textilblumen, Seide, Gaze, Brokat, Textilfaden, Winden, Pailletten, z.T. farbig, Bouillon, Lahn, goldfarbene Klöppelspitze und Metallfolie
24,7 x 31,6 x 3,9 cm (m.R.)
2. Hälfte 18. Jahrh.

Die Heiligen stehen vor wechselnd schwarzem und weißem Papierfond unter drei Brokatbaldachinen, die mit Pailletten, Bouillon und Blumen besetzt sind. Die mit Spitzen, Schnüren, Bouillon und Winden besetzten Kleider, die in vielen Fältelungen um die Teile der ausgeschnittenen Stiche drapiert sind, sorgen für eine plastische Erscheinung. Ausgeschnittene Metallfolie bildet die Heiligenscheine. Elisabeth in fürstlicher Kleidung mit Krone und Zepter schüttet silberfarbene Münzen aus ihrer Börse, während Martha trotz der kostbaren Stoffe durch Schürze und dargereichte Mahlzeit als Hausfrau oder Magd gekennzeichnet ist. Zwischen ihnen wird Antonius durch den breiteren Baldachin hervorgehoben. Den Vordergrund bildet ein paradiesischer Garten aus Blumen und Rankengewächsen vor grünen Brokatstoffen.

SM, Inv. Nr. X 1072

Pastor Bonus
Schnittbild

A 30

Holzrahmen, Glas, Karton, Goldfolie, Aquarell
29 x 22 cm (o.R.)
18. Jahrh.

Das durch die Überschrift („Ego sum Pastor Bonus") als Guter Hirte bezeichnete Motiv stellt nach der ikonographischen Tradition (wasserschöpfender Jüngling mit härenem Gewand, Kreuz und Lamm) eigentlich Johannes den Täufer dar (vgl. Kat. A 93). Die Miniatur wird in einem bronzevergoldeten Rahmen von sechs Engeln gehalten und ist in ein mit goldfarbener Folie hinterlegtes Schnittbild eingebettet. In den Ranken finden sich Vögel und weitere Engel mit Krone, Füllhörnern und Schriftband. Am unteren Rand flankieren zwei Einhörner einen Brunnen mit einem Herzen als Wasserspeier.

SM, Inv. Nr. X 1032

A 31 **Hl. Barbara zwischen zwei Ordensfrauen**
Applikationsbild

Holzkasten, Glas, ausgeschnittene Kupferstiche, Atlas, Seide, Baumwollgewebe, Lamé, Klöppelspitze, Leinenblüten mit Chenilledolden, Papierranken, Lahn, Baumwollfäden, Glasperlen, Metallfolie, koloriertes Papier, 1991 auf neuen Karton montiert
26,7 x 34,8 x 3,6 cm (m. R.)
1. Hälfte 19. Jahrh.

Das insgesamt nur noch fragmentarisch erhaltene Bild enthält die Figuren der Hl. Barbara und zweier Klarissinnen. Die Gewänder bestehen aus verschiedenen Stoffen; bei den Köpfen handelt es sich um ausgeschnittene Kupferstiche. Die Frauen stehen in drei Bogenfeldern, die von Papierranken mit aufgesetzten Blüten aus Leinen und Chenille gebildet werden.

BM, Inv. Nr. P 794

A 32 **Hl. Judas Thaddaeus und hl. Dismas**
Applikationsbild

Holzrahmen, Glas, kolorierter Kupferstich, Brokat, Lamé, Spitze, Goldborte
26,6 x 32,5 cm (m.R.)
19. Jahrh.

Die Figuren der beiden Heiligen sind aus einem Kupferstich ausgeschnitten, koloriert und mit Textilien bekleidet. Zusammen mit dem trinitarischen Dreieck und den gedruckten Namenszetteln sind sie in einen ebenfalls kolorierten Stich eingefügt, der wohl zur Kombination mit verschiedenen Figuren vorgesehen war. Der Apostel Judas Thaddaeus erfuhr seit dem ausgehenden 18. Jahrhundert zunehmende Verehrung.

SM, Inv. Nr. X 1055

Hl. Nikolaus
Stickbild

A 33

Geprägte und kolorierte Papierborte, Papier, farbige Seidenfäden, Aquarellfarben, Silberstift(?), Tusche, Passepartout (1992 erneuert)
Inschrift Vs.: Von Weihbischof Nic. v. Hontheim.
Sur les traces de St nicolas vous marchez / etant comme lui la ressource des affligés
Rs. (oben) Von Weihbischof Nic. v. Hontheim (unten): St nicolas Evèque de myre / Réunissant En vous les vertus de votre St. patr... / du ciel et des gens de bien vous Etes l' admira..., handschriftlich auf dem Rahmen: „Dieses Bild ist gestickt von der Schwester v. Hontheims, Namens Justina Febronia, in der adeligen Damenabtei Juvigny, nach welcher er sich in dem bekannten Buche den fingierten Namen Justinus Febronius beigelegt hat."
Beschriftung auf dem alten Passepartout: Stickerei der Schwester (Klostervorsteherin) v. Hontheims.
12,1 x 8,4 (ohne Passepartout)
2. Hälfte 18. Jahrh.
Frankreich, ehem. Abtei Juvigny (westlich von Longuyon)

Das kleine Stickereibild ist so gearbeitet, daß es von beiden Seiten betrachtet werden kann. Zu seiner Anfertigung war eine große Geschicklichkeit erforderlich, da keine Knoten und Fadenenden sichtbar sein durften; aus diesem Grunde wurden solche Arbeiten besonders hoch geschätzt. Köpfe, Hände und Inschriften wurden mit Aquarellfarben bzw. Tusche und Feder ausgeführt. Nicht viele dieser kostbaren Arbeiten, die als Einlegezettel in Gebetbüchern verwendet wurden, sind heute noch erhalten.
Vertraut man den jüngeren Inschriften, so fertigte Justina Febronia dieses Bildchen für ihren Bruder, den Trierer Weihbischof Nikolaus von Hontheim (1749-1790) an. Die Stickerei

stellt dessen Namenspatron Nikolaus von Myra mit den drei Kindern im Pökelfaß dar.

BM, Inv. Nr. G 316

A 34 **Eucharistische Monstranz**
Stickbild

Pergament (?), Gold- und Silberlahn, farbige Seidenfäden
1811
18,3 x 12,2 cm (o.R.)
Inschrift: (handschriftlich) Marienberg / den 31ten October / 1811 / Ergebenste Freundin / M: Josevha Unnbihl Priorin / M: Magdalena Luib / Subpriorin.

Beidseitige Stickerei mit barocker Strahlenmonstranz auf kleinem Expositorium mit seitlichen Blütenranken; darüber kleiner Baldachin; in der Mitte der Monstranz Jesusmonogramm.

Trier, Domschatz

A 35 **Christus**
Stickbild

Gewebe, Samt, bestickt, z. T. übermalt, Nadelmalerei, Goldfaden, Bouillon, gewebte Borte
30 x 21 cm
18./19. Jahrh.

Das Brustbild Christi ist leicht unterfüttert auf einem schwarzen Samtgrund aufgenäht. Dabei steht die feine Nadelmalerei in deutlichem Gegensatz zu den grob mit Goldfaden aufgestickten Gewandfalten. Die linke Schulter ist übermalt. Angelegte Ranken aus Goldfaden und Bouillon auf einer blau bestickten Borte rahmen das Bild ein.

SM, Inv. Nr. X 1067

Madonna mit Kind
Stickbild

A 36

Vergoldeter Holzrahmen, Glas, Goldfadenstickerei in Anlegetechnik auf weißem Textilgrund
Inschrift: 1937 / MC
28 x 22,8 cm
Rückseitiger Vermerk: Maria Adamy, geb. Clemens 1937

SM, Inv. Nr. X 1065

Hl. Franziskus von Paula
Hinterlegter Kupferstich

A 37

Stich, ausgeschnitten und hinterlegt, Glas, Prägepapier
19 x 16 cm (m.R.)
Rahmung 19. Jahrh.

Das Bild folgt lt. seiner Unterschrift einem Original im Vatikan und wird von kurzen Angaben zum Leben des Heiligen eingefaßt. „Das wahre Contrafet des Hl. Francisci de Paula, welches von dem Original genomen, so in dem Römischen Vaticano aufbealten wird./VERA EFFIG.S.FRAN.A PAULA. EX PROTOTYPO QUOD ROMAE IN VATICANO SERVATUR MISSO A FRANCISCO I. REG. GAL.AD LEON.P.X.QUIEUM IN SS.NUM RETULIT Ao 1519 +/Geboren zu Paula Ao 1416/Fängt den Orden an Ao 1435/Komt in Frankreich Ao 1482/Stirbt zu Turon Ao 1507/CHARTAS/HUMILITAS." Auf der Brust handschriftlich „FIS A 1779" (?) Text weiter nicht lesbar.

SM, Inv. Nr. X 1000

A 38 **Jesusknabe**
Hinterlegter Kupferstich

Kupferstich, ausgeschnitten und mit goldfarbener Metallfolie hinterlegt
16 x 10 cm
um 1800, gestochen von Frehling
In der Kartusche unterhalb des Ovals „EMMANUEL" und „Frehling Sc."

SM, Inv. Nr. X 1056

A 39 **Jesuskind von Aratsriedt**
Applikationsbild

Geschnitzter Holzrahmen, gefaßt (roter Bolusgrund) kolorierter Stich, Papier, Lamé, Brokat
22,2 x 17,3 cm (m.R.)
19. Jahrh.
Lt. rückseitigem Vermerk aus Trier

Der ausgeschnittene, kolorierte und mit Textilien hinterlegte Stich zeigt ein von zwei Engeln verehrtes Gnadenbild, das in der Kartusche als „Jesu Hülff in Aratsriedt" bezeichnet ist. Mit der rudolfinischen Reichskrone, der Weltkugel und der Geste der rechten Hand folgt es jedoch dem berühmten Prager Jesulein, dessen oft ebenso als wundertätig geltenden Nachbildungen auch in vielen anderen Orten verehrt wurden.

SM, Inv. Nr. X 1127

A 40 **Maria mit Kind**
Applikationsbild

Holzrahmen, Glas, Karton, Papier, ausgeschnittene und kolorierte Kupferstiche, Metallfolie, Lamé, Atlas, Damast (?), Klöppelspitze
(1992 auf säurefreien Papierträger montiert)
35,6 x 25,4 cm (m.R.)

Maria steht mit dem Jesuskind auf dem Arm auf einem Altar und links und rechts von ihr befindet sich jeweils eine Vase mit Blumen. Sämtliche Bildelemente sind aus kolorierten, ausgeschnittenen Kupferstichen, bzw. Papier und Stoffstücken zusammengesetzt, die Schnittkanten des Stoffes säumen dünne, aufgeklebte Papierstege. Die Köpfe Mariens und des Kindes sind gekrönt und mit Nimben aus Metallfolie hinterlegt. Über ihnen befindet sich ein weiterer Strahlenkranz, der von zwei anbetenden Engeln flankiert wird. Auf ihm sind noch Spuren eines Dreiecks - dem Symbol der Dreifaltigkeit - erkennbar.

BM, Inv. Nr. G 317

Hl. Wilhelm
Applikationsbild

A 41

Holzrahmen, gefaßt, Kupferspäne, Glas, kolorierte Graphik, Wollstoff, Seide, Klöppelspitze, Papier, Metallfolie
18,3 x 12,5 cm (m.R.)
19. Jahrh.
Slg. Hermes

Der ausgeschnittene und in schlichter Manier mit Textilien, Papier und Folie hinterlegte Stich stellt wohl den Eremiten und Ordensgründer Wilhelm von Maleval dar, worauf die von Stricken umwundenen Handgelenke hinweisen.

SM, Inv. Nr. X 1069

Hl. Philomena
Applikationsbild

A 42

Holzrahmen, gefaßt, vergoldet, Glas, Stich, Papier, Goldprägepapier, Seide, Metallfaden, Webborte
26,9 x 23,7 cm (m.R.)
19. Jahrh.
Lt. Eingangsvermerk aus Trier

Kopf und Hände der Graphik sind mit den sorgfältig drapierten Textilien zu einem plastisch wirkenden Halbfigurenbild zusammengefügt. Blüten aus geprägtem Goldpapier umrahmen das Haupt und finden sich, neben kleinen papiernen Rauten, als Besatz des Gewandes wieder. Die handschriftliche Unterschrift „St.

Philomena" bezieht sich entweder auf Philomena von Sanseverino oder - wahrscheinlicher - auf die 1802 in der Priscillakatakombe entdeckte und bald weltweit verehrte Philomena von Rom.

SM, Inv. Nr. X 1027

A 43

Maria
Applikationsbild

Holzrahmen, gefaßt, vergoldet, Glas, kolorierte Lithographie, Papier, Seide, Blüten und Borten aus geprägtem Goldpapier, Stanzspitze, Holz, Papierblumen
46 x 39,4 cm (m.R.)
2. Hälfte 19. Jahrh.

Unter gerafften Vorhängen steht Maria vor einem neutralen Hintergrund, zu Seiten des Sockels zwei Blumenvasen. Kopf, Hände und Füße aus einer Lithographie sind mit Seide und geprägtem Goldpapier zu einem schlichten Bild zusammengesetzt. Für die Deutung als Maria spricht die Kombination von weißem Kleid und blauem Mantel.

SM, Inv. Nr. X 1036

A 44

Unsere liebe Frau von der immerwährenden Hülfe
Celluloidbild

Holzrahmen, gefaßt, vergoldet, Glas, Celluloid, gefaßt, vergoldet, Karton, Textilfaden, Bouillon, getrocknete Pflanzen
47,3 x 37,5 cm (m.R.)
1. Hälfte 20. Jahrh.

SM, Inv. Nr. X 1123

Prager Jesuskind
Celluloidbild

A 45

Holzrahmen, Glas, Celluloid, gefaßt, vergoldet, Karton, Textilfaden, Bouillon, Seide, Samt, getrocknete Pflanzen
54,7 x 44,6 cm (m.R.)
1. Hälfte 20. Jahrh.

SM, Inv. Nr. X 1124

Christus mit Dornenkrone
Montage

A 46

Holzrahmen, polimentvergoldet, Glas, Photographie, Karton, Goldfaden, Samt, Bouillon, Chenille
39 x 33 cm (m.R.)
1. Hälfte 20. Jahrh.

SM, Inv. Nr. X 1122

Hl. Bruno
Kastenbild

A 47

Holz, gefaßt, vergoldet, Karton, Glas, Wachs, z. T. gefaßt, goldfarbene Metallfolie, Drahtbörtchen, Bouillon, Pailletten, Brokat, Seide, Textilfaden, Papierblumen, Trockenblumen, Chenilleblumen, Textilblumen, Bims(?)-Steinchen, Glassplitter, Metallspäne
32,3 x 23,6 x 5,8 cm
Rückseitig beschriftet: „Fecit 1779 Fr. Albergatus Ehlen professus Cartusia Trevirensis"
Trier, 1779

Das flache Wachsrelief zeigt den Gründer des Kartäuserordens in Halbfigur. Vor ihm auf dem Betpult finden sich ein Lebensbaumkruzifix, ein Klostergrundriß und schräg darüber ein aufgeschlagenes Buch mit Ermahnungen Brunos an seine Mitbrüder („Sti. Brunonis tees salubres considerationes (...)"). Unten schließt das Bild mit einem gerahmten Schriftband ab („S. Bruno, Fundator Ord. Cartusiensis."). Neben dem baumartigen Gebilde am oberen Bildrand erscheint ein Kranz von sechs Sternen, einen siebten umkreisend, eine Anspielung auf die Gründungs-

legende (bez. „Sacramentum Septem Stellarum.“). Das Kastenbild stammt interessanterweise von Albergatus Ehlen (1739-1812), Mönch und ab 1781 letzter Prior der Kartause Merzlich bei Konz. Zwei ineinander gerollte Papierstreifen, die hinter dem Betpult eingesteckt sind, wiederholen die Signatur bzw. teilen uns mit, daß das Stück als Geschenk für den Mitbruder Bruno Klockner (1727 - 1793) gedacht war: „Venerabili suo Confratri P. Brunoni Klockner fecit 1779 Fr. Albergatus Ehlen ex Graach professus Cartusia supra Treviros.“ In den „Nomina conventualium“ des Klosters (Stadtarchiv Trier, HS 1665/354) wird dieser aus Mainz stammende Mitbruder als Sakristan geführt.
Auch der entrollte Klostergrundriß mit der Umschrift „Praeparavit Dominus ei Locum. 1084“ bezieht sich auf die Gründungsgeschichte der ersten Kartause in der Einöde von Chartreux. Darin heißt es ebenso, daß der Herr diesen Ort bereitet hatte. Interessant ist aber vor allem die Zeichnung auf dem Plan des Ordensgründers: Sie stellt nicht das französische Mutterkloster dar, sondern, leicht vereinfacht, den seit 1689 errichteten Neubau der Trierer Kartause. Man erkennt deutlich die charakteristischen Querbauten und Innenhöfe der Westseite, die Zahl der am Kreuzgang liegenden Wohnungen der jeweils allein lebenden Mönche ist jedoch verringert.
Indem Albergatus Ehlen die Trierer Kartause mit der Urgründung identifiziert, unterstreicht er den hohen Anspruch seines eigenen Klosters.

SM, Inv. Nr. X 1095

A 48 **Hl. Johannes Nepomuk**
Kastenbild

Holz, z. T. gefaßt und vergoldet, Glas, Wachs, Draht, Papier, Textilblumen, getrocknete Blumen, Muscheln, künstliche Früchte, Metallspäne, Glassplitter
46 x 33,5 x 14,9 cm
2. Hälfte 18. Jahrh.

Über flachem Podest steht die Figur in geschwungener Haltung auf einem polygonalen

Sockel. Sie wird von einer von Akanthusranken gefaßten Rückwand hinterfangen und von einem Lambrequinbaldachin beschirmt. In der rechten Hand hielt der Heilige wohl ursprünglich einen Kruzifix als Attribut. Zwei Blumengebinde, ähnlich Altarsträußen, über denen je ein Paar geflügelter Engelköpfe angebracht sind, flankieren die Aufstellung. Der Boden ist in Schachbrettmuster mit Metallspänen und Glassplittern bestreut. Ursprünglich wurde das profilierte Kästchen auf Scheibenfüßen von einem Aufsatz bekrönt, von dem nur noch ein breites Sockelprofil erhalten ist. Die vielen Anspielungen an den monumentalen Altarbau lassen an die Verwendung des Kästchens als Hausaltärchen denken.

SM, Inv. Nr. X 1074

Hl. Jungfrau
Kastenbild

A 49

Holz, Nußbaumfurnier, z. T. vergoldet, Glas, Wachs, Kopf hohl gegossen, z. T. gefaßt, Leinen, Papier, Seide, Tüll, Spitze, Glasperlen
65 x 67,5 x 18 cm
1. Hälfte 18. Jahrh.
Lt. Eingangsvermerk aus Euren

Die Figur, die durch den Schleier als heilige Jungfrau gekennzeichnet ist, trägt ein zweilagiges Kleid aus rosa Seide und weißem Tüll. Außer dem gleichartigen Schleier besitzt sie lediglich eine kurze Perlenkette, die Arme hängen mit geöffneten Händen herab. Nur Kopf, Hände und Füße bestehen aus Wachs, die Augen sind gemalt.
Der zugehörige Kasten ist mit einer segmentbogigen verglasten Tür versehen, so daß die Figur leicht herausgenommen werden kann. Seine Dekoration besteht aus profilierten Gesimsen, Lorbeerstab und Akanthusblättern, in den eingetieften Eckschrägen hängen Blütenketten. Die einfachen klaren Formen sind eher auf Fernwirkung angelegt, was für eine ursprüngliche Aufstellung in einer Kirche oder einem anderen größeren Raum spricht. Innen finden sich Reste einer Buntpapierauskleidung. Ob die Figur eine bestimmte Heilige oder etwa

eine der 11000 Jungfrauen der hl. Ursula darstellen soll, läßt sich nicht entscheiden. Es sei jedoch daran erinnert, daß die Jungfrauen in der Hierarchie der Kirche wie Märtyrer und Bekenner einen eigenen Stand bilden. In frühchristlicher Zeit entstand der Ritus der Jungfrauenweihe als Vermählung mit Christus. Diese ist vom Gelübde einer Ordensschwester zu unterscheiden, kann aber gemeinsam mit ihr erteilt werden. Jedenfalls spielt der Jungfrauenstand eine wichtige Rolle als weibliches Lebensideal im Kloster. Die Figur mit dem geziemenden schlichten Kleid, barfuß und mit geöffneten Händen verdeutlicht zugleich diese asketische Haltung wie auch fromme Hingabe und mag sich daher ursprünglich in einem Frauenkloster befunden haben.
Kopf z. T. ergänzt.

SM, Inv. Nr. X 1112

A 50 **Apokalyptische Madonna**
Kastenbild

Holz, gefaßt, Glas, Textilband, Wachs, z. T. gefaßt, Damast, silberne Klöppelspitze
30,5 x 16,2 x 12,2 cm
19. Jahrh.

Die barockisierende Figur der Madonna mit blumenbestreutem Gewand und windbewegtem Mantel ist aus ungefärbtem Wachs hohl gegossen. Zwei Glasperlen sind als Pupillen eingesetzt, die Hände sind ergänzt. Sie steht in einem Glaskästchen auf Scheibenfüßen, dessen Rücken und Boden mit blauem Damast ausgelegt und von silberner Klöppelspitze eingefaßt sind.

SM, Inv. Nr. X 1103

Jesuskind
Kastenbild

A 51

Holz, polimentvergoldet, gefaßt, Glas, Glassplitter, Papiermachée, Papier, Wachs, z.T. gefaßt, Gaze, Federn, Textilblumen, Früchte aus geblasenem Glas, Messingblech, Draht, Perlen
48 x 35 x 12,5 cm
18. Jahrh.

Das Kästchen mit dem reichen, durchbrochenen Rokokorahmen zeigt das Jesuskind in Windeln auf einem Felsen liegend. Über ihm hält ein Engel ein Schriftband mit dem Gloriaruf. Vor dem blauen, an den schrägen Seiten grün durchfensterten Hintergrund wachsen Blumenranken empor. Am Kopf der Figur sind die Strahlen des Heiligenscheines und kleine schwarze Kugeln als Pupillen eingesetzt.
Anders als in den geläufigen Darstellungen des reich gekleideten oder auf einer bequemen Bettstatt ruhenden Jesuskindes liegt der Knabe hier auf einem kahlen Felsengrund, der für den Felsen der Geburtskirche in Bethlehem steht. Im 18. Jahrhundert war es üblich, daß Figuren des Jesuskindes dort niedergelegt, d.h. an der geheiligten Stätte angerührt wurden.

Trier, Franz J. Ronig
Lit.: R. Berliner, Die Weihnachtskrippe. München 1955, Fußnote 182. - Klosterarbeiten aus dem Bodenseeraum. Ausst.-Kat. Histor-isches Museum St. Gallen u.a., 1986, Kat. Nr. 146.

Salzburger Loretokind
Kastenbild

A 52

Holz, Glas, Wachs, Papier, Brokat, Seide, Bouillon, Lahn, vergoldeter Draht, Perlen, facettierter Glasfluß, Pailletten, Textilblumen
44 x 32,5 x 13,8 cm
18. Jahrh.

Die kleine Wachsfigur trägt ein prächtiges Kleid, dessen Betonung der Hüftpartie von der Damenmode des 18. Jahrhunderts inspiriert ist. Stickereien mit eingearbeiteten Perlen, Gold- und Silberlahn überziehen den Brokatstoff fast vollständig. Ebenso ist der ganze Schrein bis auf die seitlichen Fenster mit Blumenranken in Drahtarbeit auf weißen Seidengrund ausgestattet. Baldachin, Podest und Sockel erinnern an die Präsentation von Gnadenbildern. Das prominente Vorbild der Figur stellt das in vielen Nachbildungen verbreitete, seit 1651 im Salzburger Loretokloster verehrte Jesuskind dar. Das Kreuz in der linken, das Zepter in der rechten Hand und die Neigung des Kopfes nach rechts stimmen mit ihm überein. Es fehlt nur die Krone, doch die Anordnung der Blumen, die den Kopf des Jesuskindes in weitem Bogen umgeben, läßt vermuten, daß eine solche ursprünglich vorhanden oder vorgesehen war. Der Schrein mit dem geschweiften Bogen als Abschluß ist - bis auf die gedrechselten Füße - von gleicher Art und Größe wie Kat. A 55.

BM, Inv. Nr. P 793

A 53 **Jesuskind**
Kastenbild

Holz, Glas, Wachs, z.T. gefaßt, Seide, Brokat, Seidendamast, Chenilleblüten, Spitze, Klöppelspitze, Lahn, Bouillon, Drahtbörtchen, Pailletten, Glaskugeln, Papier, (Rahmenleisten ergänzt)
30,7 x 22,7 x 5,3 (o.R.)
18. Jahrh.
Lt. rückseitigem Vermerk von Antiquar Hermesdorf/Trier 1937 gekauft, aus Kaisersesch

Umrahmt von Baldachin und gerafften Vorhängen steht das Jesuskind auf einem mit „IHS" bezeichneten Sockel. Es hält mit der erhobenen Linken einen schräg geführten Kreuzstab, während die verlorene rechte Hand das Zepter faßte. Das leicht geneigte und zur Seite gewendete Köpfchen trägt eine Bügelkrone, die Augen besitzen eingesetzte Pupillen. Haltung und Attribute folgen dem weitverbreiteten Typ des Salzburger Loretokindes.

Das weit ausschwingende Kleid ist der Figur z. T. nur in der Ansichtsseite vorgelegt. Drahtarbeit, Pailletten und Chenilleblumen schmükken die schräge Wandung.

BM, Inv. Nr. P 846

Jesuskind
Kastenbild

A 54

Holz, gefaßt, Glas, Wachs, z. T. gefaßt, Seide, Häkelspitze, Pailletten, z. T. farbig, Bouillon, Lahn, Goldfaden, Draht, gewebte Borte, Glasperlen, Glaskugel, Papier
21,5 x 14,4 x 12 cm
18. Jahrh.

Das dreiseitig verglaste, profilierte Kästchen steht auf Scheibenfüßen und zeigt unter Karniesbögen auf einem Sockel ein bekleidetes Jesuskind, ähnlich dem Salzburger Loretokind. Das ehemals rote Kleid ist wie Boden und Rückwand mit Drahtarbeit besetzt. Auch die Attribute bestehen aus Drahtarbeit, doch ist die Krone verlorengegangen.

SM, Inv. Nr. X 1110

Jesuskind (Salzburger Loretokind)
Kastenbild

A 55

Holz, Glas, Spiegel, Wachs, z. T. gefaßt, Seide, Lamé, gewebte Borte, Häkelspitze, Klöppelspitze, Glasperlen, Lahn, Bouillon, Metallfaden, Draht, Stecknadeln, Chenille, Papier, getrocknete Blumen, Textilblumen
39 x 29,6 x 9,9 cm
18. Jahrh.
Lt. rückseitigem Vermerk aus Bernkastel

Das verglaste Kästchen mit profilierten Leisten schließt mit einem flach geschwungenen Bogen ab und stand ehemals auf vier Füßen.
Vor einem roten Seidengrund und flankierenden Spiegeln erscheint das Jesuskind unter einem gerafften, spitzenbesetzten Vorhang. Die kleine Wachsfigur trägt ein von der Damenmode des Rokoko inspiriertes Kleid und folgt

mit Krone, Zepter, Kreuz und dem leicht geneigten Haupt dem berühmten Salzburger Vorbild. In der Höhe begleiten es zwei huldigende Engel, während Wachsspuren am Boden von weiteren Figuren zu Seiten des verlorenen Unterbaus stammen können.
Vgl. Kat. A 52 (Kastenform).

SM, Inv. Nr. X 1113

A 56 **Guter Hirte**
Kastenbild

Nußbaumholz, Glas, Wachs, z.T. gefaßt, Seide, Spitze, Webborte, Brokat, Textilfasern, Papier, Messingfolie, Metallsplitter, Lack
31,7 x 22,8 x 6,8 cm
19. Jahrh.

Die kindliche Figur mit dem Lamm auf dem linken Arm stellt wohl den guten Hirten dar. Die Blumensträuße und das Motiv des gerafften Vorhanges folgen zwar einem traditionellen Schema, doch die Ausführung ist wesentlich einfacher als bei den Kastenbildern des 18. Jahrhunderts. So ersetzt z.B. buntes Papier die schmückende Drahtarbeit. Hinter dem hohl gegossenen Kopf ist ein Strahlenkranz angefügt, die wächsernen (?) Pupillen sind eingesetzt. Das gegürtete Kleid und der Mantel sind nur vorderseitig aufgelegt. Das schlichte Kästchen wird oben und unten von Bogenfriesen eingefaßt.

BM, Inv. Nr. P 798

A 57 **Heiligenfigur mit Breverl**
Kastenbild

Nußbaumholz, Nadelholz, Glas, Wachs, z.T. gefaßt, Seide, Samt, Spitze, Webborte, Textilfasern, Papier, Metallsplitter, Lack, Breverl (Seide, Damast, Glas, Boullion, Lahn, Cedula: Agnus Dei)
30 x 21,9 x 6,8 cm
19. Jahrh.

Das Kastenbild folgt im wesentlichen dem vorstehenden Stück, statt des Lammes hält die Figur jedoch ein Buch unter dem Arm. Nach den Befestigungsspuren am Hinterkopf war auch hier ein Strahlenkranz vorhanden. Flickungen am Gewand und ein zweiter Gürtel sprechen für eine ältere Überarbeitung.
Aus einem anderen Zusammenhang wurde das herzförmige Breverl übernommen, das hinter einer Glasscheibe ein Agnus-Dei-Partikel enthält. Unter zwei (ehemals drei) aufgenähten Blättern aus grünem Damast sind, wie rechts oben zu erkennen, kleine Papierbriefchen befestigt.

BM, Inv. Nr. P 797

Kruzifixus
Kastenbild

A 58

Holz (Nußbaum, Nadelholz, u.a.), Glas, glasiertes Porzellan, bedrucktes Papier
Auf der Decke bez. „W (?) H"
36 x 27,5 x 9,8 cm
19. Jahrh.

Das Kästchen, das sich nur wenig von den beiden vorstehenden (Kat. A 56, 57) unterscheidet, enthält lediglich ein schwarzes Holzkreuz mit Titulus, Korpus und Schädel aus weißem Porzellan. Die bunten Blumenbordüren des hinterlegten Papiers bilden die einzige Dekoration. Da das Kreuz oben und unten gekürzt ist, und unten außerdem zwei Dübel aufweist, ist es wohl aus einem anderen Zusammenhang übernommen worden. Die standardisierte Ausführung der drei Kastenbilder läßt auf eine auf große Stückzahlen ausgerichtete Produktion schließen.

BM, Inv. Nr. P 861

A 59 **Kreuzigung mit Maria Magdalena**
Kastenbild

Holz, Glas, Wachs, z.T. gefaßt, Papier, Buntpapier, kupferfarbene Späne, Glassplitter, Messingfolie, Draht, Samen, Seide
35,1 x 25,4 x 8,3 cm
18. Jahrh.
Lt. rückseitigem Vermerk aus Biewer

Die Gruppe ist in einen grottenartig eingerichteten Kasten eingefügt, dessen schlichter Rahmen oben mit einem geschweiften Bogen abschließt. Neben dem Kreuz kniet Maria Magdalena mit dem Salbgefäß, auf dem Felsen der Kreuzigungsstätte liegt ein Totenschädel. Beide Figuren sind hohl gegossen. Die Figur der Heiligen stammt aus derselben Form, die auch für Kat. A 60 Verwendung fand, hier wurde jedoch der linke Unterarm etwas unorganisch angefügt. Da die beiden Kästen auch weitere Parallelen aufweisen, stammen sie möglicherweise aus der gleichen Werkstatt. Während die Augen Christi gemalt sind, besaß die Figur der Heiligen eingesetzte Pupillen. Der Hintergrund und die papiernen Felsen der Grotte sind mit glitzernden Glas- und Metallsplittern bestreut.

BM, Inv. Nr. P 847

A 60 **Kreuzigung**
Kastenbild

Holz, Rahmen polimentvergoldet, Glas, Papier, leimgetränktes Papier, Wachs, z.T. gefärbt, gefaßt und vergoldet, Wollgewebe, Textilfaden, Samenkörner, Pflanzenfasern, Glassplitter, kupferfarbene Metallspäne, Draht, Messingfolie
46,8 x 33 x 9,2 cm
18. Jahrh.

Der schwarz ausgeschlagene Kasten wird von einem profilierten Rahmen mit geschweiftem Bogen umfaßt. Darin erheben sich drei Kreuze über einem mit Silber- und grüner Bronze gefaßten Felsengrund. Das größere mit dem toten Christus wird von zwei Engeln mit unbestimmten Attributen begleitet. Die gleichartigen Figuren der Schächer wenden sich ihm zu bzw. von ihm ab. Sie bestehen aus braun gefärbtem Wachs. In der Maserung der Balken finden sich Spuren einer Vergoldung. Unter den Kreuzen kniet Maria Magdalena, außen stehen, in etwas kleinerem Maßstab, Maria und Johannes. Bis auf den guten Schächer waren alle Figuren mehr oder weniger beschädigt oder in früherer Zeit grob zusammengefügt.

BM, Inv. Nr. P 699

Schweißtuch der hl. Veronika
Kastenbild

A 61

Holzrahmen, gefaßt, vergoldet, Pappmaché (?), Papier, goldfarbene geprägte Bordüre, Trokkenblumen, Textilblumen, Federn, Gräser
38 x 31 x 8,4 cm (m.R.)
19. Jahrh.

Auf den Fond des sich nach hinten verjüngenden, türkisfarbenen Kastens ist das verehrte Tuch aufgemalt. Das auf wunderbare Weise entstandene, eigentlich flächige Antlitz Christi tritt jedoch, als Teil einer höheren Realität, plastisch hervor. Zwei Sträuße aus getrockneten und künstlichen Blumen, Altarsträußen ähnlich, flankieren das Bild.

SM, Inv. Nr. X 1101

Kastenbild mit Fußabdruck Christi

A 62

Holzrahmen, graviert, vergoldet, gefaßt, Karton, Papier, Glas, Seide, z.T. bestickt, Bouillon, Lahn, Pailletten, Klöppelspitze, Drahtbörtchen, Metallspäne, Textilfasern
Cedulae (handschriftlich): Aus dem Thal Josephat wo Jesus Blut geschwitzt
Wo die Unschuldige Kindlein umgebracht
Aus der Wüsten wo Jesus 40. taeg gefastet.
Maria Gebohr
Von der Osterkertz so im H. Grab gesegnet.
Wo Maria Gebohr zu Nazarath.
Mutter Gottes Milch
(Wo) Jesus die Acht Seelichkeiten eingesetzet.

Von dem Ord wo die Engeln den hirten das Gloria in Excelsis gesungen.
Aus dem Garten Gezemani wo jesus blut geschwitzet.
Aus der Wüsten wo Jesus 40. taeg gefastet
Aus dem Thal Josephat wo Jesus blut geschwitzt.
Vom Disch zu Nazarath worauf Jesus, Maria und Joseph gespeiset.
Wo Jesus die 8. seeligkeiten eingesetzt.
27,8 x 32,8 x 6 cm (m.R.)
1. Hälfte 19. Jahrh.

Partikel von verschiedenen Pilgerstätten des Heiligen Landes werden in diesem Kästchen wie echte Reliquien präsentiert. Das Zentrum bil-det, eingefaßt mit grüner Borte, ein in weiße Seide übertragener Fußabdruck Christi (bez: Vestigium D.N.J.C. in Monte Oliveti, darin ein Jerusalemkreuz, das Zeichen der Kreuzritter und Heilig-Land-Pilger). Er bezieht sich auf die Spuren im Felsen des Ölberges, die als Zeugnisse der Himmelfahrt Christi gelten. Längs sind sechs rautenförmige Reliquienpäckchen auf dem mit Metallspänen bestreuten Grund angeordnet. Die gewölbten Seitenwände tragen acht weitere Päckchen in spitzovaler Fassung, die von einfacher Drahtarbeit auf blauer Seide umrahmt werden.

SM, Inv. Nr. X 1054

A 63 **Taufe Jesu im Jordan**
Kastenbild

Gerahmter Holzkasten, stuckiert, graviert, gefaßt, Glas, Glassplitter, Spiegel, Wachs, Draht, Metallfolie, Lahn, Bouillon, Brokat, Seide, Samt, Tuffstein (?), Blätter aus Wachspapier, Eicheln, Erbsen, Schneckenhäuser, Muscheln, Gerste, Siegellack, Papier, leimgetränktes Papier
30,8 x 38,5 x 10,5 cm
18. Jahrh.

Am felsigen Ufer des Jordan kniet Christus mit gekreuzten Armen vor dem Täufer mit dem Lamm, über ihm schwebt die Taube des hl. Geistes. Links schließt sich ein Portalmotiv an, wodurch Christus in die Mitte der Komposition rückt. Mit kleinen Steinchen, Glassplittern, Wachsfäden, Muscheln und Schnecken ist die Landschaft effektvoll in Szene gesetzt. Hinzu kommen kleine fruchttragende Bäume und verschiedene Tiere. Die beiden Hauptfiguren sind, wie sich aus der Untersuchung des Johannes ergab, aus mehreren, hohl gegossenen Teilen von ca. 1-3 mm Wandstärke zusammengesetzt und sorgfältig nachgearbeitet. Ihre Augen bestehen aus eingesetzten Glasperlen mit gemalten Pupillen. Nach den erhaltenen Spuren an der rechten Hand goß der Täufer das Wasser ursprünglich aus einer Muschel, die Linke hält einen mit Seide und Lahn umwickelten Kreuzstab, bez: „ECCE AGNUS DEI".

Kreismuseum Bitburg, Inv.-Nr. 484

Geburt Christi
Kastenbild

A 64

Holzrahmen, polimentvergoldet, bronzevergoldet, Glas, Wachs, z.T. gefaßt, Draht, Papier
28,2 x 32,9 x 7,1 cm (m. R.)
18. Jahrh.

Während Maria an der Krippe mit dem Jesuskind kniet, kommen von beiden Seiten Hirten, Mann und Frau, jeweils mit Junge bzw. Mädchen, zur Anbetung hinzu. Josef sitzt lesend am rechten Bildrand, aus einer Wolke schwebt ein Engel mit Schriftband heran (handschriftlich bez. „Gloria in Excelsis Deo!"). Den Hintergrund bildet eine ruinöse Apsis mit verfallendem Strohdach, während rechts zwischen den Köpfen von Ochs und Esel ein Baum die offene Landschaft andeutet. Die ganze Szene ist aus Wachs gearbeitet, fast alle Figuren sind vollplastisch und hohl gegossen. Als Augäpfel sind meist kleine weiße Kugeln mit aufgemalten Pupillen eingesetzt. An den roten Gewandpartien Mariens und der Hirtin sind zwei verschiedene Fassungen zu erkennen, ebenso zeugen gelötete Bruchstellen von einer älteren Restaurierung des jüngst neu zusammengefügten Kästchens. Die Szene wird von einem auffallend schweren Rahmen eingefaßt, der

über Blattfries, breite Viertelkehle und Eierstab nach innen ansteigt.
Wiegand (1905) erwähnt dieses Stück(?) als „allerliebste Geburt Christi in Wachsfiguren, eine italienische Arbeit im Stile Coreggios."
Ein in Technik, Aufbau und Motiven eng verwandtes, um einige Figuren erweitertes Stück im Schweizerischen Museum für Volkskunde in Basel (Inv. Nr. VI 28117) stammt wohl aus derselben Werkstatt (Abb. 17). Hier tritt u.a. auch eine Hirtin auf, die einen Korb auf dem Kopf trägt, darüber hinaus besitzt es einen gleichartig aufgebauten Rahmen. Es wird als „venezianisch, um 1700" bestimmt.
Die Arbeiten lassen sich mit der Petrusszene (Kat. A 65) und der zugehörigen ländlichen Szene (Kat. A 66) zu einer Gruppe zusammenstellen. Die hauptsächliche Verarbeitung von Wachs, das kleine Format und die Modellierung von Oberflächenstrukturen verbindet sie ebenso wie einzelne, wiederkehrende Motive: Der links heraustretende Hirtenknabe z.B. treibt, mit geänderter Armhaltung in der ländlichen Szene zwei Ochsen an, in beiden Fällen folgt das Mauerwerk dem gleichen Schema. Die Sitzfiguren Petri und Josefs in den Weihnachtsdarstellungen zeigen alle einen freien linken und einen verdeckten rechten Fuß. Schließlich finden sich in den drei Trierer, und vielleicht auch dem Baseler Stück, eingesetzte weiße Augäpfel mit aufgemalten Pupillen. Da es keine sicheren Anhaltspunkte auf eine italienische Herkunft gibt, und die Trierer Kästchen auf verschiedenen Wegen ins Bischöfliche Museum gelangten, könnte die Gruppe auch einer lokalen Werkstatt zuzuschreiben sein.

BM, Inv. Nr. P 675
Lit.: Th. Gantner, Geformtes Wachs. Ausst.-Kat. Schweizerisches Museum für Volkskunde Basel. Basel 1980. Wiegand, Führer durch das Diözesanmuseum zu Trier, Trier 1905, S. 59.

Reuiger Petrus
Kastenbild

A 65

Holz, vergoldet, gefaßt, Glas, Wachs, z.T. gefärbt und gefaßt, Papier, Federn, Schnecken, Textilfasern, Draht
14,2 x 24 x 4,0 cm (m. R.)
18. Jahrh.
Aus dem Nachlaß von Domvikar Joseph Hulley

Das Kastenbild zeigt den reumütigen Petrus, nachdem er, wie prophezeit, Christus dreimal verleugnet hat. Neben einem schräg eingestellten, säulengeschmückten Portal (im Scheitelstein bez. „ML 1700" ?) sitzt er in seitlicher Wendung am Boden und erblickt in einem Baum den krähenden Hahn. Sträucher und ein vasengeschmücktes Tor deuten die Umgebung als Garten, dahinter erinnert ein goldumstrahlter Kirchenbau (beschädigt) auf einem Felsen auf die Begründung der Kirche und des Petrusamtes hin.
Die Szene ist fast vollständig aus Wachs gearbeitet, den Hintergrund bildet eine bemalte Glasplatte. Unter der Rasenpartie wurde bei der Restaurierung an der Innenseite des vielleicht früher schon überarbeiteten Kästchens die Bezeichnung „N.A. 1856" sichtbar.

BM, Inv. Nr. P 678

Ländliche Szene
Kastenbild

A 66

Holz, Glas, Wachs, Textilfaden
14,4 x 24,2 x 3,1 cm (o.R.)
18. Jahrh.
Aus dem Nachlaß von Domvikar Joseph Hulley

Das Kästchen gelangte gemeinsam mit der Petrusszene (Kat. A 65) in das Bischöfliche Museum. Während eine Frau an der Haustür Schafe füttert, treibt der Bauer zwei Ochsen zum Tor hinaus. Ein zweiter Mann trägt eine Hotte ins Haus.
Auch dieses Kastenbild gehört zur Gruppe um die Anbetung der Hirten (Kat. A 64) wie u.a. die Verwendung ein und derselben Form für

die Figuren des Hirtenknaben und des Bauern zeigt. Restauriert, Rahmen neu.

BM, Inv. Nr. P 679

A 67 **Beweinung Christi**
Kastenbild

Wachs, gefaßt, Leinen, Hanffasern, Schnur, Leder, Glasaugen, Draht, Papier, Kork, Holz
36 x 56 x 40,5 cm
18. Jahrh.

Die klagende Maria, die den Leichnam ihres Sohnes im Schoß hält, bildet zusammen mit den drei hinteren Figuren eine geschlossene Gruppe. Mimik und Gestik drücken heftigsten Schmerz, Trauer und Leiden aus, die extreme Plastizität der Gesichter und die Fassung des Leichnams mit Grün- und Rottönen unterstreichen die drastische Wirkung. Die Figuren der früher schon restaurierten Gruppe sind z.T. stark beschädigt, es fehlen zwei Köpfe, einige Nimben und Gliedmaßen sowie das Gehäuse. Die Zugehörigkeit der Rückwand mit einem aufgemalten Wolkenhimmel ist nicht gesichert. Nach einigen bedruckten Papierresten und Nägeln ist die Grundplatte mit der Korkauflage in diesem Jahrhundert zumindest überarbeitet worden.
Die Figuren sind aus mehreren, hohl gegossenen Teilen zusammengesetzt und bestehen aus wenigstens zwei verschiedenen Wachsarten.
Die sichtbaren Teile besitzen eine Temperafassung. An der klagenden Frau rechts finden sich eingesetzte Glasaugen. Die schlichte Kleidung ist z.T. roh bemalt und stellenweise mit einer filzartigen Auflage bedeckt.
Zu der ebenso ausdrucksstarken wie schmucklosen Gruppe haben sich im deutschen Raum noch keine verwandten Stücke finden lassen. Der Vergleich mit Arbeiten wie denen Giovanni Gaetano Zumbos (1656-1701) oder mit italienischen Krippen läßt eher an eine italienische Herkunft denken. Die Figuren dieser Krippen sind oft ebenso mit einfachen Textilien bekleidet und in lebensnahen Schilderungen zusammengestellt. Wie an der mitt-

leren stehenden Figur bilden Drahtringe die Nimben. Auch der Korkgrund kann - falls ursprünglich - auf eine südländische Herkunft hinweisen.

BM, Inv. Nr. P 908
Lit.: R. Berliner, Die Weihnachtskrippe. München 1955, S. 86. - E. J. Pyke, A bio-graphical dictionary of wax modellers. Oxford 1973, S. 162f.

Pietà in Glaskasten **A 68**

Holz, polychrom, vergoldet, Glas, Leinen, Seide, Brokat, Klöppelspitze, Häkelspitze
71,5 x 65,5 x 26 cm
Anfang 19. Jahrh.
Welschnonnenkloster Trier (lt. Vermerk an einem der Leuchter)

Christus liegt mit gestreckten Armen und Leib auf dem Schoß der Mutter, nur die Unterschenkel fallen herab. Sein Körper ist ganz aus Holz geschnitzt, während an der Marienfigur nur Kopf und Hände ausgearbeitet sind.
Mehrere Lagen von Leinenstoffen und ein seidenes Gewand verhüllen einen tragenden Unterbau, die Gruppe war also von Anfang an zur Bekleidung vorgesehen.
Zur Aufstellung gehört ein Sockel mit ausladender Boden- und Deckplatte (bezeichnet durch die verschlungenen Buchstaben TS) und ein gedrechseltes Leuchterpaar. Der dreiseitig verglaste Kasten ist oben kurvig eingezogen und schließt mit einem schmalen Gesims ab.
Die Herstellung von Paramenten aus kostbaren Textilien war eine wichtige Beschäftigung der Kongregation Beatae Mariae Virginis in Trier, genannt Welschnonnenkloster. Der für das Kleid verwendete gestreifte Seidenstoff kann frühestens in den 1760er Jahren entstanden sein.

SM, Inv. Nr. X 1144

A 69 **Geburt Christi/Anbetung der Könige**
Kastenbild

Holz, polimentvergoldet, Glas, Spiegel, Glassplitter, Wachs, gebleicht, z. T. gefaßt, Haare, Seide, Samt, Gaze, Klöppelspitze, Stickerei, Lahn, Metallfaden, Bouillon, Draht, Metallfolie, Dornen, Textilblumen, Lackblumen, Pa-

pier, Wachspapier, Stiche, z. T. koloriert, bez.:
S. Walburga, S. Joannes Nepom.
Auf den seitlichen Tafeln:
„O Grand Prince incomparable!
D'un merite inénarrable,
Dont la charmante douceur,
S'est captivé tous les coeurs,
Pierre Elu par préférence,
Recoit de Dieu la puissance,
Avec les clefs le troupeau,
De ses brebis et agneaux,
Doux et consolant domaine,
D'une équité plus qu'humain(e)

Le Ciel confirme ce choix,
Applaudi à haute voix,
De tout un peuple fidèle,
Auquel se joint avec zèle
Notre Congrégation,
En pleine jubilation,
Louant le Seigneur sans cesse,
D`avoir par sa sagesse,
Donné un Prince en nos jours
Digne de regner toujours.

Prosternées tres humblement,
Avec grand empressement,
Aux piés de votre clémence,
Haute supreme Eminence;
Digne benin Electeur,
C'est du profond de nos coeurs
Que nous vous rendons
Hom(mage)/Hom(m)age
Vous devouant sans parta/ge
Notre Congrégation,
En toute soumission.

Charitable Pelican:
On concoit en admirant,
Votre bonté Paternelle,
Digne d'eloge eternelle.
C'est ce coeur si bienfaisant,
Ce refuge consolant;
Qui notre confiance anime
De trouver dans cet abime,
La protection assurée
Pour notre communauté."

„Oh großer unvergleichlicher Prinz!
Von unsagbarem Verdienst,

dessen bezaubernde Lieblichkeit
alle Herzen für sich gewonnen hat.
Der mit Vorliebe erwählte Stein (Petrus)
empfängt von Gott die Herrschaft,
mit den Schlüsseln die Herde
seiner Schafe und Lämmer.
Süße und tröstliche Herrschaft
von übermenschlicher Gerechtigkeit.

Der Himmel bestätigt diese Wahl,
die mit lauter Stimme gelobt wird
von einem ganzen treuen Volk,
dem sich mit Eifer anschließt
unsere Kongregation,
in vollem Jubel
den Herrn ohne Ende rühmend,
durch seine Weisheit
einen Prinzen in unseren Tagen geschenkt
bekommen zu haben,
würdig für immer zu regieren.

Demütig niedergeworfen,
mit großem Eifer
zu Füßen Eurer Milde,
hoch erhabene Eminenz,
würdiger gütiger Kurfürst,
es ist vom Grunde unserer Herzen
da wir Ihnen ehrenvolle Huldigung erweisen,
Ihnen ungeteilt ergeben
unsere Kongregation
in aller Ergebenheit.

Barmherziger Pelikan:
wir empfangen bewundernd
Ihre väterliche Güte
würdig ewigen Lobgesangs.
Es ist dieses so wohltätige Herz,
diese trostreiche Zuflucht,
die unser Vertrauen fördert
in dieser Tiefe (?) zu finden
den sicheren Schutz
für unsere Gemeinschaft."

79 x 52 x 38 cm
Trier, Welschnonnenkloster, 1756 (?)

Nach der Überlieferung Geschenk eines Trierer Klosters an den Trierer Erzbischof Johann Philipp von Walderdorff (1756-1768).

Die beiden Szenen sind in einem Gehäuse mit zwei Ansichtsseiten vereinigt, das entsprechend den beiden Festtagen aufgestellt werden kann. Auf vier Klauenfüßen stehend, erhebt sich der verglaste Kasten über einem Grundriß aus zwei gestreckten parallelen Sechsecken.
Rocaillen betonen die Füße, Eckleisten und das obere Gesims, das Dach schließt mit einem Vasenmotiv ab.
Die Geburtsszene zeigt Maria und Josef zu Seiten der Wiege mit dem Jesuskind. Schafe und Standspuren auf der rechten Seite des grünsamtenen „Rasen"-grundes lassen zwei ursprünglich vorhandene Hirtenfiguren vermuten, die Szene war also einst als „Anbetung der Hirten" gedacht.
Aus der mit Blüten- und Blättergebinden geschmückten oberen Zone schweben sieben Engel mit Blumen herab. Unmittelbar unter dem Baldachin befindet sich ein nicht mehr vollständiges Vogelnest (Pelikan ?, vgl. Inschrift) in einer Dornenkrone. Die hinteren Wände sind verspiegelt bzw. im Sockelbereich mit Seide und Drahtarbeit verkleidet.
In der Anbetung der Könige ist Maria mit dem Jesusknaben auf dem Schoß in die Mitte gerückt. Der perspektivisch geschachte Fußboden, das Podest und der Thron deuten eine palastähnliche Situation an, während die Gestaltung der Rückwand und die sieben Engel dem Schema der Weihnachtsseite folgen. Ein goldbesticktes Dreieck unter dem Baldachin bildete wohl den Hintergrund für eine verlorengegangene Darstellung. Die Figuren besitzen - wohl gegossene - Gliedmaßen und Köpfe aus Wachs. Die Haartracht ist entweder aufgemalt oder besteht aus Textilfasern bzw. echten Haaren. Eingesetzte weiße Augäpfel mit schwarz aufgemalter Pupille bilden die Augen der größeren Figuren, bei den kleineren finden sich statt dessen schwarze Kügelchen, vielleicht Samenkörner. Die Köpfe sind sorgfältig und differenziert modelliert. In die Seite des Gehäuses sind je zwei gestickte Texttafeln eingefügt, die von Vasen mit verschiedenen Lilien (Drahtarbeit und kolorierte Kupferstiche)

bekrönt werden. Die Dachflächen darüber enthalten gestickte Herz-Jesu- bzw. Herz-Mariä-Darstellungen sowie Applikationsbilder der hl. Walburga und des hl. Johann Nepomuk.
Nach der Provenienz des Stückes und den letzten Sätzen des Lobgedichtes auf den geistlichen Hirten und Kurfürsten handelt es sich um ein Huldigungsgeschenk an Johann Philipp von Walderdorff (1701-1768). Nachdem er als Nachfolger Franz Georg von Schönborns am 26. Februar 1756 inthronisiert worden war, folgte am gleichen Tag die Huldigung durch Vertreter der Stadt, der Geistlichkeit, der Kurfürstlichen Regierung und anderer Institutionen. Der Text, voll des Lobes und in aller Ergebenheit an den „unvergleichlichen Prinzen“ gerichtet, zieht nicht nur den Oberhirten Petrus zum Vergleich heran, sondern bezeichnet den Bischof sogar mit einem bekannten Christussymbol, dem Pelikan, der seine Jungen mit dem eigenen Blut nährt.
Die „Congrégation“, die das Geschenk überreichte, ist mit einiger Sicherheit mit der „Congrégation de Notre Dame“ identisch, dem französischsprachigen Kloster der Augustinerschulschwestern, das auch als „Welchnonnenkloster“ bekannt ist. Für diese Herkunft sprechen auch die Darstellungen des hl. Johann Nepomuk und der hl. Walburga. Zwar gehören sie zu den populärsten Heiligen des 18. Jahrhunderts, doch beide genossen dort besondere Verehrung: Seit 1756 durften die Schwestern den Tag des hl. Johann Nepomuk (16. Mai) mit Genehmigung des Bischofs mit einem sog. officum proprium duplex 2. Klasse feiern, d. h. als einen Festtag höheren Ranges als im Brevier vorgesehen war (Bistumsarchiv Trier, Abt. 63/60, Nr. 7, Beschlußbuch des Kapitels, S. 98/139 und 129/309).
Die hl. Walburga erfuhr seit dem 27. März 1758 erhöhte Verehrung. An diesem Tag war die Schwester Marie Theres Reichert nach Anwendung von Walburgisöl von einer Krankheit geheilt worden. Noch am 14. November des gleichen Jahres erhielt das Kloster aus der Abtei St. Walburgis in Eichstätt eine Reliquie der Heiligen, für die wiederum ein „tableau et la boisserie avec la dorure de l'autel des Ste. Walburge“ gestiftet wurden, also ein Bild, das

Retabel und die Vergoldung des wohl neu errichteten Altares. (Beschlußbuch des Kapitels, Bistumsarchiv Trier, Abt. 63/60, Nr. 7, S. 117/295 und 119/297).
Wäre dies der Anlaß für die Darstellung der Heiligen im Gehäuse der Krippe gewesen, könnte sie frühestens 1758 entstanden sein, doch ist diese Annahme nicht zwingend.
Gleichwohl gibt es genügend Hinweise, die auf die Herstellung der Krippe in diesem Kloster verweisen. Eine wesentliche Betätigung der Schwestern war die Herstellung von Paramenten aus kostbaren Stoffen. Das Inventar von 1753 nennt die Utensilien zur Herstellung von Applikationsbildern (images habillées), außerdem Gießformen für Wachs und in der Kirche mehrere wächserne Bildwerke (Bistumsarchiv Trier, Abt. 63, 60, Nr. 2, S. 251 u. 301. Vgl. hierzu auch den Aufsatz von B. Kaufmann in diesem Band).

Leihgabe aus Privatbesitz
Lit.: E. Zenz, Die Inthronisation von Johann Philipp von Walderdorff als Erzbischof und Kurfürst in Trier 1756. In: Kurtrierisches Jahrbuch, 27 (1987) S. 109-123.

Lourdesgrotte
Kastenbild

A 70

Glas, Holz, Kitt, gefaßt, vergoldet, Karton, Porzellan, Papier, Goldprägepapier, Drucke, Textilblumen, Lahn, Metallfolie, Gräser, Ähre, Moos, Muscheln, Schnecken, Glasfluß, Federn, Glasplitter
Schriftband: „Maria ohne Sünde empfangen, bitte für uns“
Cedula: „Ein Steinchen aus der Grotte von Lourdes“
40,5 x 2,7 x 19 cm
Um 1900

Das dreiseitig verglaste Kästchen wird von einem Kittrahmen mit Schuppenmuster umgeben. Entsprechend den Visionen der Bernadette Soubirous (seit 1858) steht die weiß gekleidete, mit einem blauen Band gegürtete Figur der Maria in einer Grotte. Ein Spiegel deutet das Wasser der dort entspringenden

Quelle an. Das Abbild der von Vögeln, Blumen, Gräsern usw. bereicherten Wallfahrtsstätte erhielt durch „ein Steinchen aus der Grotte von Lourdes“ besondere Authentizität. Es war wie eine Reliquie in einer durchbrochenen Fassung aus Goldprägepapier enthalten.

Bischöfliches Konvikt Trier, Inv. Nr. 223

A 71 **Heilige Familie**
Kastenbild

Holz, Glas, farbiger Druck, Porzellan, Textilgewebe, Kunststoff, elektrische Beleuchtung, in stuckiertem Holzrahmen
56,6 x 47,8 x 10,5 cm
Anfang 20. Jahrh.

Die Porzellangruppe der hl. Familie ist in einer mit ursprünglich blauem Stoff ausgeschlagenen Nische aufgestellt. An der Konsole findet sich der Bittruf „Jesus, Maria & Josef / Erleuchtet, rettet, helfet uns.“ Zwei Glühlampen tauchen das Bild von oben und unten in gelbes und rotes Licht, verdeutlichen den Wunsch nach Erleuchtung damit auf eigenwillige Weise (1903 erhielt Trier ein städtisches Elektrizitätswerk). Der Verglasung ist ein farbiger Architekturrahmen in Renaissance- und Gotikformen hinterlegt. Zwei bärtige Heilige mit Buch, die in kleinen Nischen vor den Säulenschäften stehen, stellen lediglich schmückendes Beiwerk ohne weitere Bedeutung dar: sie sind sonst nicht weiter gekennzeichnet, gleichen sich jedoch spiegelbildlich fast bis in alle Einzelheiten.

BM, Inv. Nr. P 930

Johannes vor Herodes Antipas **A 72**

Öl/Kupfer
16,7 x 22,5 cm
um 1600

SM, Inv. Nr. X 1013

Das Haupt Johannes des Täufers wird der Menge gezeigt **A 73**

Öl/Kupfer
16,7 x 22,4 cm
um 1600

SM, Inv. Nr. X 1012

Anbetende Muttergottes **A 74**

Öl/Holz
22,5 x 15,8 cm
18. Jahrh.
Aus dem Nachlaß von Nikolaus Schild, Pfarrer in Treis 1868-92

Bischöflicher Stuhl Trier, Inv. Nr. 85

Maria mit Christuskind **A 75**

Öl/Stein
16,5 x 13,5 cm
Jacob de Gheyn III, 1596 - nach 1643
Slg. Hermes
rückseitig beschriftet: „Jacob van Ghein i" (mit unleserlicher Zahl: 91 ?) / Heberle 18. Juli 1825 / N 34 () a II Th. 17 ()

SM, Inv. Nr. X 1097

A 76 **Maria mit Kind**

Öl/Holz
23 x 17,5 cm
17. Jahrh. (?)
Slg. Hermes

SM, Inv. Nr. X 1070

A 77 **Maria mit Jesuskind**

Öl/Kupfer
16 x 13 cm
17. Jahrh.

SM, Inv. Nr. X 1003

A 78 **Maria an der Wiege Christi**

Öl/Kupfer
24 x 18,5 cm
2. Hälfte 17. Jahrh.

SM, Inv. Nr. X 1008

A 79 **Maria mit schlafendem Jesuskind**

Öl/Leinwand
38,5 x 30 cm
2. Hälfte 17. Jahrh. (?)
Lt. rückseitigem Vermerk aus einer Trierer Familie

SM, Inv. Nr. X 1023

Mondsichelmadonna **A 80**

Öl/Kupfer
35 x 30,5 cm
um 1600
Slg. Hermes

SM, Inv. Nr. X 1018

Jesusknabe mit Passionswerkzeugen **A 81**

Öl/Kupfer
22,5 x 17 cm
1. Hälfte 18. Jahrh.
Slg. Hermes

SM, Inv. Nr. X 1024

Marientod **A 82**

Gouache
13,5 x 11 cm, oval
um 1700
Pendant zu A87
Slg. Hermes Nr. 197

SM, Inv. Nr. X 1025

Hl. Familie **A 83**

Öl/Kupfer
23 x 17,5 cm
1. Hälfte 17. Jahrh.
Slg. Kraus

SM, Inv. Nr. X 1011

A 84 **Pietà**

Öl/Kupfer
22,5 x 17,3 cm
2. H. 18. Jahrh.
Slg. Kraus

SM, Inv. Nr. X 1016

A 85 **Anbetung der Könige**

Öl/Metall
17 x 11 cm
1. Hälfte 18. Jahrh.

SM, Inv. Nr. X 1021

A 86 **Josefstod**

Öl/Kupfer
14,5 x 10 cm
rückseitig bez. „Franco de Castro/F.M.V. 1701"

SM, Inv. Nr. X 1002

A 87 **Josefstod**

Gouache
13,5 x 11 cm, oval
um 1700
Pendant zu A 82
Slg. Hermes Nr. 196

SM, Inv. Nr. X 1025

Evangelist Markus **A 88**

Öl/Eichenholz
10,5 x 8,2 cm
1. Hälfte 17. Jahrh.
Slg. Hermes

Das ehemalige Medaillon ist rechteckig beschnitten und rückseitig mit Eichenholz verstärkt worden.

SM, Inv. Nr. X 1020

Evangelist Markus **A 89**

Öl/Leinwand/Eichenholz
17 x 12 cm
Mitte 18. Jahrh.
Slg. Kraus

SM, Inv. Nr. X 1019

Evangelist Matthäus **A 90**

Öl/Leinwand/Eichenholz
17 x 11,8 cm
Mitte 18. Jahrh.
Slg. Kraus

SM, Inv. Nr. X 1017

Hl. Katharina von Siena (?) **A 91**

Öl/Kupfer
16,5 x 13 cm
1. Hälfte 18. Jahrh.
Slg. Hermes

SM, Inv. Nr. X 1001

A 92 **Hl. Katharina von Siena (?)**

Öl/Kupfer
15,5 x 11,5 cm
1. Hälfte 18. Jahrh.

SM, Inv. Nr. x 1004

A 93 **Hl. Johannes d. Täufer**

Öl/Leinwand
27 x 21,5 cm
Ende 18. Jahrh.
Slg. Hermes

SM, Inv. Nr. X 1007

A 94 **Hl. Ursula**

Öl/Kupfer
18 x 14 cm
2. Hälfte 17. Jahrh.
Slg. Kraus

SM, Inv. Nr. X 1005

A 95 **Heiliger Bischof oder Abt**

Öl/Kupfer
16,5 x 13,5 cm
1. Hälfte 18. Jahrh.

SM, Inv. Nr. X 1009

Hl. Franz Xaver **A 96**

Öl/Leinwand
49,5 x 34,5 cm
19. Jahrh.
Lt. Eingangsvermerk aus Piesport

SM, Inv. Nr. X 1043

Hl. Geraldus **A 97**

Öl/Leinwand
49,5 x 36 cm
18./19. Jahrh.
Slg. Kraus

SM, Inv. Nr. X 1042

Maria **A 98**

Öl/Eichenholz
25,5 x 20 cm
16. Jahrh.
Slg. Hermes

SM, Inv. Nr. X 1022

Salvator Mundi **A 99**

Öl/Eichenholz
25,5 x 17 cm
16. Jahrh. (?)

Die Tafel folgt wie Kat. A 103 und A 107 einem vielleicht niederländischen Vorbild des 15. Jahrhunderts.
Slg. Hermes

SM, Inv. Nr. X 1064

A 100 **Kreuztragender Christus**

Öl/Kupfer
19 x 14,5 cm
Mitte 18. Jahrh.

SM, Inv. Nr. X 1010

A 101 **Christus trägt Kreuz und Marterwerkzeug**

Öl/Kupfer
20 x 15,5 cm
1. Hälfte 17. Jahrh.
Slg. Kraus

SM, Inv. Nr. X 1006

A 102 **Kreuztragender Christus**

Öl/Kupfer
10,5 x 9,5 cm
Mitte 18. Jahrh.
Slg. Kraus

SM, Inv. Nr. X 1015

A 103 **Salvator Mundi**

Öl/Kupfer
18,5 x 14,3 cm
2. Hälfte 16. Jahrh. mit späteren Übermalungen
Slg. Hermes

SM, Inv. Nr. X 1014

Schmerzensmaria **A 104**

Hinterglasbild
30 x 23,5 cm (m.R.)
19. Jahrh.

SM, Inv.-Nr. X 1047

Schmerzensmann **A 105**

Hinterglasbild
29,7 x 23,5 cm (m.R.)
19. Jahrh.
Lt. Eingangsvermerk aus Eitelsbach/Ruwer

SM, Inv. Nr. X 1045

Ecce Homo **A 106**

Hinterglasbild
21,7 x 15,5 cm (m.R.)
2. Hälfte 18./1. Hälfte 19. Jahrh.

SM, Inv. Nr. X 1046

Salvator Mundi **A 107**

Hinterglasbild
22,2 x 17,8 cm (m.R.)
19. Jahrh.
Lt. Eingangsvermerk von Nell, Trier

SM, Inv. Nr. X 1048

A 108 **Maria mit dem Jesuskind**

Hinterglasbild
24,6 x 20,6 cm (m.R.)
18. Jahrh.

SM, Inv. Nr. X 1050

A 109 **Hl. Josef mit dem Jesuskind**

Hinterglasbild
24,5 x 20,8 cm (m.R.)
18. Jahrh.

SM, Inv. Nr. X 1044

A 110 **Hl. Josef mit Kind**

Öl auf Glas, z.T. verspiegelt
27,2 x 21,2 cm (o.R.)
19. Jahrh.

BM, Inv. Nr. M 41

A 111 **Kreuzigung mit Maria Magdalena**

Hinterglasbild mit Metallauflage
18 x 12,4 cm (m.R.)
18. Jahrh.
Slg. Hermes

SM, Inv. Nr. X 1053

Kreuzigung mit Maria Magdalena **A 112**

Öl auf Glas
31,4 x 24,1 cm (m.R.)
20. Jahrh. (?)

BM, Inv. Nr. M 10

Kreuzigung Christi **A 113**

Öl auf Glas
35,2 x 26,4 cm (m.R.)
18. Jahrh.

BM, Inv. Nr. M 13

Hl. Petrus **A 114**

Hinterglasbild
28,8 x 21,6 cm (m.R.)
19. Jahrh.

SM, Inv. Nr. X 1051

Martyrium des hl. Paul Micki und Gefährten **A 115**

Öl auf Glas
Inschrift: (am unteren Rand) PAULUS.MICKI. IACOBUS.KISAI. IOHANNES.DE.GOTHO
15,1 x 22 cm (o.R.)
18. Jahrh. ?

BM, Inv. Nr. M 5
Lit.: Für Gott und die Menschen. Die Gesellschaft Jesu und ihr Wirken im Erzbistum Trier

(= Quellen u. Abhandlungen zur mittelrheinischen Kirchengeschichte 66). Mainz 1991, Kat. 20, S. 436-438.

A 116 **Hl. Benedikt**

Hinterglasbild
25,8 x 20,5 cm (m.R.)
Franziskus Welcken, 1783
Trier

Das Bild trägt die Unterschrift „p(ro) pia (m) Me(mo) ria(m) fr(ater) fran(ciscus) Welcken Cart(usianus) ft. 1783." Die 1689 beginnende Konventsliste der Trierer Kartause (Stadtarchiv Trier, HS 1665/354) nennt lediglich den 1753 verstorbenen Prior Michael Welcken sowie den als Sakristan tätigen Antonius Welcken. Ein Franz Welcken wäre, falls die Auflösung der Abkürzung zutrifft, in einem anderen Kartäuserkloster zu suchen. Hinzuweisen wäre auch auf die Trierer Goldschmiede Franz Friedrich und Johann Georg Welcken.

SM, Inv. Nr. X 1049

A 117 **Hl. Franz von Assisi**

Hinterglasbild
23,7 x 16,3 cm (m.R.)
1. Hälfte 19. Jahrh.

SM, Inv. Nr. X 1099

A 118 **Hl. Augustinus**

Öl auf Glas, die dunklen Farben Mischtechnik
28,2 x 22,2 cm (m.R.)
18. Jahrh.

BM, Inv. Nr. M 8

Erzengel Michael **A 119**

Mischtechnik mit Tempera auf Glas; Teilvergoldung
37,1 x 29,4 cm (m.R.)
19. Jahrh.

BM, Inv. Nr. M 7

Das letzte Abendmahl **A 120**

Hinterglasbild
24,8 x 38 cm (m.R.)
2. Hälfte 19. Jahrh.

SM, Inv. Nr. X 1052

Heilige Drei Könige **A 121**

Öl auf Glas
(am unteren Bildrand) CASPER. MELHIOR. BALDASER.
27,6 x 22,5 cm (m.R.)
19. Jahrh.
Lt. handschriftlichem Vermerk auf der Rückseite aus Pfalzel

BM, Inv. Nr. M 3

Heiligentafel
„Papier Nancéienne“ **A 122**

Kupferstich, koloriert
38,5 x 22,5 cm
19. Jahrh.
Inschrift: 7. Tableau des Saints (...)
Nancy, Fabrique de Desfenilles, et fils, Nancy

SM, Inv. Nr. X 1057

A 123 **Maria mit Kind**

Holzschnitt auf Leinen, auf Pappe aufgenäht
6,5 x 5,5 cm

Brustbild der Muttergottes mit Jesuskind in einfachem Rahmen.

BM, Inv. Nr. G 356

A 124 **Schweißtuch der Veronika**

Holzrahmen, Glas, Aquarell (?) auf Seide, Laméborte
18,8 x 15,3 cm (m.R.)
nach 1852 ? (mit einem Rechnungszettel vom 20. August 1852 hinterlegt)
Aus dem Nachlaß von Hubert Schiel

Das mit einer Laméborte umfaßte Seidenbild zeigt das Antlitz Christi mit halb geschlossenen Augen und Kreuznimbus.

BM, Inv. Nr. G 355

A 125 **Maria putzt die Kirche**

Druck auf Papier nach einem Bild von 1904
26,2 x 18,8 cm

In oben leicht gerundetem Rahmen zeigt das Bild Maria beim Schrubben des Kirchenbodens, während das Jesuskind auf einem Betstuhl sitzt und mit Krone und Zepter spielt. Durch die leicht geöffnete Kirchentür schauen zwei Personen herein. Rechts unten Signatur: R.M.Eichler Dez. 04. Unter dem Bild in einer Kartusche die Inschrift: Das geschnitzte wunderthätige / Muttergottesbild in der Kapelle des / Weilers Duft,/ So es eines Samstags sein heiliges /Haus den faulen Bauern selber /säuberte. Vgl. Beitrag von W. Wilhelmy in diesem Band.

BM, Inv. Nr. G 357

Hl. Familie **A 126**

Chromolithographie auf Papier, Oberfläche beschädigt
41 x 31,3 cm
2. Hälfte 19. Jahrh.

Jesus steht zwischen Maria und Joseph vor einem umstrahlten Kreuz mit Dornenkrone; darüber Heilig-Geist-Taube sowie Gottvater mit Engeln, unten links in der Ecke bez. „Seiber".

BM, Inv. Nr. G 358

Das letzte Abendmahl **A 127**

Chromolithographie auf Papier, in Holzrahmen
39,4 x 52,4 cm
2 Hälfte 19. Jahrh.

BM, Inv. Nr. G 354

Fest der Heiligen Jungfrau Maria
Tinselbild **A 128**

Kolorierte Lithographie, Prägepapierblumen und -borten
41 x 27,5 cm
2. Hälfte 19. Jahrh., Verlag A. Felgner, Berlin
Inschrift: Verlag von A. Felgner in Berlin/Fest der heiligen Jungfrau Maria/Fête de la Sainte Vierge/Feast of the saint Virgin.

SM, Inv. Nr. X 1058

A 129 **Das Fronleichnamsfest**
Tinselbild

Kolorierte Lithographie, Prägepapierblumen und -borten
39 x 28 cm
2. Hälfte 19. Jahrh., Verlag A. Felgner, Berlin
Inschrift:VerlagvonA.Felgner in Berlin/Das Fronleichnamsfest/La Fête Dieu/Corpus Christi Day.

SM, Inv. Nr. X 1059

A 130 **Christus im Grab**
Tinselbild

Kolorierte Lithographie, farbige Prägepapierblumen und -borten
25,1 x 35,1 cm
1867, Verlag A. Felgner, Berlin
Inschrift: Druck u. Verlag von A. Felgner in Berlin./ Erinnerung an die Pilgerfahrt zum heiligen Grabe Christi / nach Jerusalem im Jahre 1867.

BM, Inv. Nr, G 359

A 131 **Hausaltärchen**

Bein, Holz, Seide, Papier, z. T. geprägt, bemalt und goldbronziert, Stroh, Glassplitter
32,5 x 18 x 10,3 cm
18. Jahrh.
Slg. Hermes

Über einer dreiseitig ansteigenden Sockelplatte auf Scheibenfüßen erhebt sich ein Altar mit einem zweigeschossigen Retabel, die Bekrönung fehlt. Das untere Geschoß mit dem Altarbild der Dornenkrönung (bez. „Coronatia Christi") kann von hinten geöffnet und mit anderen Darstellungen versehen werden. Im oberen Geschoß stand unter einem Zwiebeldach ursprünglich eine Figur. Vasen, Arabesken und andere Zierglieder bestehen aus gedrechseltem und geschnitzten Bein, die Flächen sind außerdem mit Rosetten aus geschnittenem Stroh gefüllt.

Ein ähnlich gearbeiteter beinerner Kruzifix in einem Kastenbild (Berchtesgaden, Mitte 18. Jahrhundert) befindet sich in der Sammlung Louis Peters.

SM, Inv. Nr. X 1075
Lit.: Anton Legner (Hg.), Reliquien. Verehrung und Verklärung. Köln 1985, S. 236.

Hausaltar **A 132**

Holz, gefaßt, Glas
60,5 x 32,7 x 13,3 cm
Ende 18. Jahrh.
Lt. Eingangsvermerk Bernard Kreutz, Trier/Prüm, eingegangen 1935

Über einer gestuften Basis auf Klötzchenfüßen erhebt sich ein zweigeschossiger, grabmalartiger Aufbau mit einer weißen Fassung. Starke Pfeiler mit den Reliefs fackeltragender Knaben flankieren unten eine Darstellung der büßenden Maria Magdalena. Darüber birgt eine Adikula mit gedrehten Säulen ein Grablegungsrelief, während sich von den Seiten die Sitzfiguren der Apostel Petrus (mit dem charakteristischen Haarschopf) und vielleicht Paulus herüberwenden. Die Flächen sind mit Rosetten und Akanthusranken besetzt. Den oberen Abschluß bildet ein leerer, tiefer Tondo, auf dem in dynamischer Wendung eine nicht sicher zu identifizierende Gestalt sitzt. Sie hielt ursprünglich ein Kreuz, wie aus dem Totenschädel und der sich um den Schaft windenden Schlange zu schließen ist. Demnach könnte es sich - zumal an dieser Stelle über der Grablegung - um Christus handeln, während das unter der Brust gegürtete Gewand eher auf eine Frauengestalt hindeutet. Doch widersprechen Schädel und Schlange einer Deutung als Fides, Ecclesia oder Helena, die hier zudem ohne Krone dargestellt wäre. Unklar ist auch die Funktion des leeren Tondos. Beim Erwerb wurde das Stück als Uhrgehäuse angesprochen, was aber wegen der geschlossenen Rückseite und fehlender Halterungen wahrscheinlich nicht in Frage kommt. Figuren und Dekoration sind stark beschädigt.

SM, Inv. Nr. X 1136

A 133 **Hausaltar**

Holz, geprägtes Messingblech, Porzellan
87 x 40 x 16,5 cm
1909
Lt. Eingangsvermerk aus Trier

In Anlehnung an neugotische Altäre bildet die einfache Laubsägearbeit einen gestaffelten Aufbau aus verschieden großen Nischen. Die architektonische Gliederung wird durch aufgelegte Borten, Engel und Kronen aus geprägtem Messingblech ergänzt. Dazu gehört eine Sammlung von Porzellanfiguren: zwei Madonnen, ein Hl. Josef (jeweils mit Jesuskind) sowie sechs gleichartige, betende Engel verschiedener Größe. Die betont hierarchische Staffelung von Nischen und Tabernakeln stellt auch das Gliederungsprinzip der drei Altäre dar, die 1903 für die Kapelle der Barmherzigen Brüder geschaffen wurden.

SM, Inv. Nr. X 1134

A 134 **Kreuzigung**
Kerzenhalter

Farbdruck, Holz, Metall
13 x 8,5 x 4,5 cm
20. Jahrh.

SM, Inv. Nr. X 1121

A 135 **Kalvarienberg**

Lindenholz, polychrom
50,5 x 35,5 cm
um 1. H. 17. Jahrh.
Slg. Hermes Nr. 385

Die volkreiche Kreuzigung zeigt Christus an einem Balkenkreuz zwischen den Baumkreuzen der Schächer. Vor ihnen sind jeweils Johannes, Maria Magdalena und Maria mit den drei trauernden Frauen dargestellt. Die Plastizität reicht vom Flachrelief bis zur vollplastischen Figur. Die Gruppe der vier Frauen und manche Gewandbildungen stehen noch in spätgotischer Tradition, wie auch das Thema der volkreichen Kreuzigung in diese Zeit zurückweist. Die feingliedrige Figur Christi stammt aus dem 18. Jahrhundert. Nach dem Verzeichnis der Sammlung Hermes befand sich „das ganze hinter Glas" und maß damit 60 x 44 cm.

SM, Inv. Nr. I 29

Kreuzigung **A 136**

Papiermaché, gefaßt, Holz
21,5 x 18 cm
17. Jahrh.
Slg. Hermes

SM, Inv. Nr. X 1098

Kreuzigungsgruppe **A 137**

Lindenholz, gefaßt
66 x 31 x 13,5 cm
um 1750

Über einem ganz in Rocaillen aufgelösten Sockel erhebt sich die Kreuzigungsgruppe mit drei begleitenden Figuren: Maria und Johannes stehen betend und in gewundener Haltung auf kurvierten Gebälkstücken, während Maria Magdalena kniend den Kreuzesstamm umfaßt. Der Korpus fehlt. Der kraftvoll bewegte Sockel wird seitlich von Rocaillebögen eingefaßt, die ein zum Kreuz überleitendes Wogenmotiv tragen und unten in drei Standfüße übergehen. Hinter dem vierpaßähnlichen Fenster wird in Analogie zum Grab Adams auf Golgotha eine unbezeichnete Reliquie sichtbar, die auf Seidengrund von Klöppelspitze, Bouillon und Drahtborte eingefaßt wird.

SM, Inv. Nr. X 1152

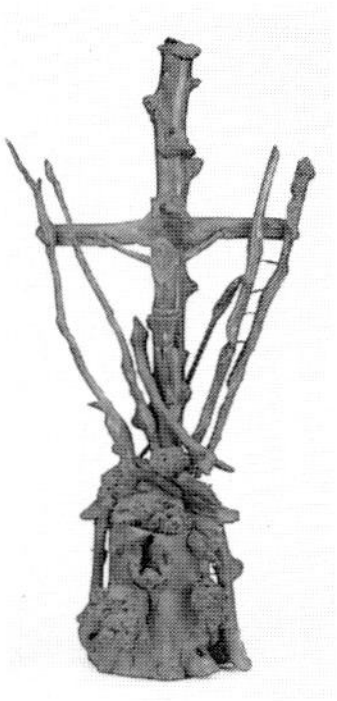

A 138 **Wurzelkruzifix**

Holz
84 x 39 x 17 cm
19. Jahrh.
Trier, 1922 von einem Antiquar erworben (lt. Eingangsvermerk)

Der Kruzifix ist aus Hainbuchenästen und anderen verwachsenen Stücken zusammengesetzt. Die bizarrsten Formen stellen den Felsen des Golgothaberges dar. Darüber erhebt sich das Kreuz aus zwei übereinandergelegten knorrigen Ästen. Der gestreckte Korpus ist nur mit wenigen kräftigen Schnitten ausgeführt, die Hände fehlen. Am Kreuz lehnen die Leiter der Kreuzabnahme sowie weitere Stäbe, die vielleicht als Lanze und Ysopzweig zu deuten sind.

SM, Inv. Nr. X 1153

A 139 **Hl. Brigitta**

Kalkstein, Fassungsreste
25 x 19,5 x 4,5 cm
17. Jahrh.

Auf dem ovalen, rahmenlosen Relief steht die hl. Brigitta von Schweden mit Buch, Äbtissinnenstab und Bügelkrone vor einer Kirche. Unter ihr fügt sich eine Banderole (bez.: S BRIGITA) in die Rundung des Reliefs ein. Die Rückseite trägt exzentrisch eine Inschriftentafel mit Kartuschenaufsatz, beides von Knorpelwerk gerahmt. In der Kartusche ein hausmarkenähnliches Initial „GR“, auf der Tafel die Inschrift: „Ao 44 HAT MICH CAPT: RENSINGH VON DER HESSENWACHT AN SICH BRACHT RENOV 1648“

SM, Inv. Nr. X 1076

Christus mit Dornenkrone **A 140**

Alabaster
21 x 15,5 cm, oval
17. Jahrh.
Slg. Hermes

SM, Inv. Nr. X 1102

Kreuztragung **A 141**

Silber, getrieben
12,5 x 8 cm
17. Jahrh.
Slg. Schunck, davor Kölner Kunsthandel

SM, Inv. Nr. X 1130

Pietà **A 142**

Holz, schwarz gefaßt
34,2 x 28 x 5 cm (m.R.)
rückseitig bezeichnet: „Clara Charlotta Runckin 1627“
Slg. Hermes

SM, Inv. Nr. X 1111

Hl. Hieronymus **A 143**

Biskuit-Porzellan, Holzrahmen, gefaßt und vergoldet
12,5 x 10 cm (o.R.)
18. Jahrh.
Lt. rückseitiger Bez. aus Abtei (...)

Das ovale, z. T. vollplastische Relief zeigt den Eremiten, von Alter und Askese gezeichnet, betend in seiner Höhle. Es ist in einen tiefen Holzrahmen eingelassen, dessen Stirnleiste fehlt.

SM, Inv. Nr. X 1068

A 144 **Das letzte Abendmahl**

Gußeisen
38,1 x 67,7 cm
Nach 1822, Sayner Hütte (?)
Modell von Leonhard Posch

Das Relief folgt dem 1800 entstandenen Stich von Raphael Morghen, der die Rezeption des prominenten Bildes im 19. Jahrhundert bestimmte. Leonhard Posch modellierte 1822 die Vorlage für die Königlich-Preußischen Eisenhütten in Berlin, Gleiwitz und Sayn. Hiervon unterscheidet sich das Stück lediglich durch das Fehlen der Bildunterschrift.
Nach der Privatisierung der Sayner Hütte 1865 wurde ein Teil der Formen noch bis ins 20. Jahrhundert hinein verwendet, allerdings ohne die übliche Kennzeichnung „SH". Danach wird es sich bei diesem Stück um einen der späten Nachgüsse handeln.

BM, Inv. Nr. L 134
Lit.: E. Hintze, Gleiweitzer Eisenkunstguß. Breslau 1928. - E. Schmidt, Der Preußische Eisenkunstguß. Berlin 1981.

A 145 **Christus setzt das Abendmahl ein**

Gußeisen, Holzrahmen
37,6 x 28,5 cm (o.R.)
Modell Leonhard Posch, 1820
Guß Königliche Eisengießerei Sayn
Slg. Hermes Nr. 1249

Das Relief aus der Blütezeit der Sayner Hütte (rückseitig bez. S.H.) geht, unter Benutzung eines Stiches von Ludwig Buchhorn, auf ein Gemälde von Carlo Dolci in der Dresdner Galerie zurück. Die Schriftleiste mit dem entsprechenden Lukaszitat und der Signatur „Posch" ist wegen eines Gußfehlers separat gegossen und angefügt, gehört aber zum Entwurf.

Leonhard Posch (1750-1831), Bildhauer, Wachsbossierer und Medailleur kam 1803, nach seiner Tätigkeit in Wien und Neapel, auf Vermittlung Schadows nach Berlin. Dort arbeitete er als führender Modelleur für die neugegründete Königliche Eisengießerei, die Kgl. Porzellanmanufaktur und die Münze. In einer Zeit, als gegossenes Eisen die Technik revolutionierte und in der Kunst anstelle edlerer Metalle trat, führte er die Entwicklung der Eisengußmedaille in Deutschland zu ihrem Höhepunkt. Er fertigte Medaillen der damals führenden Persönlichkeiten aus Politik, Wissenschaft und Kultur, porträtierte Mozart, Napoleon und Goethe. Die Berliner Berg- und Hüttenbehörde versorgte auch die Kgl. Eisengießereien in Gleiwitz, Lauchhammer und Sayn mit ihren Entwürfen. So findet sich auch im Sayner Modellverzeichnis von 1833 ein Zinnmodell für das hier gezeigte Relief.

SM, Inv. Nr. X 1104
Lit.: E. Hintze, Gleiwitzer Eisenkunstguß. Breslau 1928. - E. Schmidt, Der Preußische Eisenkunstguß. Berlin 1981.

Christus setzt das Abendmahl ein
Schlüsselkasten

A 146

Stickerei, Holz, Prägepapier, Glas, Spiegel
42 x 37 x 6 cm
19. Jahrh.
Lt. Eingangsvermerk aus Trier-Zurlauben

SM, Inv. Nr. X 1082

A 147 **Weihwasserspender mit hl. Maria Magdalena**

Weiß glasierte Fayence, Samt, Baumwolle, Goldfaden
27 x 16,8 x 5,2 cm
Septfontaines (Luxemburg), Anfang 19. Jahrh. (vor 1813)

Der Spender ist auf ein ursprünglich blaues Samtfeld montiert. Die Konsole mit dem geflügelten Puttenkopf trägt eine von Kassetten und Palmetten gegliederte Schale. Darüber befindet sich als Relief die büßende Heilige mit einem Totenkopf in den Händen, ihr Gewand fällt deutlich in das segenspendende Wasser hinab.

SM, Inv. Nr. X 1142
Lit.: Jean-Luc Mousset, Faiences fines de Septfontaines. Décors et styles de 1767 au début du XIXe siècle. Luxembourg 1991, S. 61-62.

A 148 **Ecce Homo**

Terrakotta, gefaßt
17 x 15 cm
19. Jahrh.

SM, Inv. Nr. X 1141

A 149 **Maria mit Christus und Johannes**

Steinzeug, salzglasiert
21,5 x 16,5 cm
20. Jahrh.

SM, Inv. Nr. X 1077

Pietà **A 150**

Terrakotta, in Model geformt, gefaßt
14,8 cm
Speicher (?) 19. Jahrh. rückseitig bez. „M"

SM, Inv. Nr. X 1094

Madonna mit Kind **A 151**

Eichenholz, gefaßt
43 x 16 x 11 cm
Lt. Eingangsvermerk aus Klüsserath

Die archaisch wirkende Figur ist grob aus einem rechteckigen Eichenbalken herausgearbeitet. Auffällig sind der übermäßig große Kopf und das sehr kleine Kind. Ähnlich derbe Arbeiten aus Steinzeug befinden sich im Landesmuseum Trier (um 1800) und im Töpfermuseum Speicher.

SM, Inv. Nr. I 145

Madonna mit Kind **A 152**

Terrakotta, gefaßt, vergoldet
46,5 x 27,5 x 11 cm
Ende 17. Jahrh.
Lt. Eingangsvermerk aus Trier, Krahnenufer

In leicht geschwungener Haltung, etwas nach rechts gewendet, steht die Madonna auf einem in der Mitte vorspringenden Sockel. Die rechte Hand, ein Teil der Krone und der Kopf des segnenden Jesusknaben fehlen. Krone, goldener Schmuck und Besatz des Kleides sowie der breit herabfallende Hermelinmantel weisen Maria als Himmelskönigin aus, in der Rechten wäre demnach ein Zepter zu ergänzen.

SM, Inv. Nr. X 1151

A 153 **Madonna**

Steinzeug, formgegossen, salzglasiert
49,7 cm
Bez. im Steinzeug „Balzar Kopp"; lt. Eingangsvermerk „(...) 1936 (...) Balzer Kopp Höhr-Grenzhausen (...)"

SM, Inv. Nr. X 1138

A 154 **„Maria Philippsdorf"**

Porzellan, glasiert, bemalt
13,2 cm
20. Jahrh.

SM, Inv. Nr. X 1146

A 155 **Traubenmadonna**

Porzellan, glasiert, bemalt
10,7 cm
20. Jahrh.

SM, Inv. Nr. X 1147

A 156 **Madonna**

Steinzeug, salzglasiert
15,7 cm
1. Hälfte 20. Jahrh.
Bez. rückseitig „E. Meseler 39" (?) innen „Plein Speicher E. (...)"

SM, Inv. Nr. X 1092

Fatima-Madonna **A 157**

Holz, Kunststoffguß, Messing, Glas, Schweizer Spieluhr
44,5 cm

Auf hölzernem Sockel mit eingesetzter Spieluhr und Inschrift „FATIMA" steht die gegossene Figur der gekrönten Muttergottes auf einer Wolkenbank mit drei Tauben.

BM, Inv. Nr. P 931

Zeigung des Grabtuchs Christi (Visitatio Sepulchri) **A 158**

Seide, bestickt
18,5 x 24,5 cm
18. Jahrh.
Lt. Eingangsvermerk (1932) aus Trier

Das von einem Kranz von Blumenmedaillons eingefaßte Bild stellt den Höhepunkt des liturgischen Osterspiels der „Visitatio Sepulchri" dar. Nach den Osterevangelien (vgl. Mk 16,1-8; Lk 24,1-12) besuchten am frühen Ostermorgen Frauen das Grab Jesu und fanden es leer. Durch Engel erfuhren sie, daß Jesus auferstanden sei. Sie eilten vom Grab, um es den Aposteln zu sagen. Nachweislich seit dem 10. Jahrhundert hat man begonnen, den Besuch der Frauen am Grab und ihre Osterverkündigung im Stundengebet der Osternacht szenisch darzustellen. Die im Trierer Dom bis Ende des 18. Jahrhundert im wesentlichen unverändert beibehaltene Ordnung ist erstmals beschrieben im ältesten Liber Ordinarius aus dem Anfang des 14. Jahrhunderts: Am Ende der Matutin besuchen drei, mit roten Chormänteln bekleidete Priester, die drei Marien darstellend, das Heilige Grab in der Domkrypta. Vom leeren Grab nehmen sie das Leinentuch, in das der Leichnam Jesu eingehüllt war (Mt 27, 59), als Beweis seiner Auferstehung mit. Auf der Kryptatreppe stimmen sie die Ostersequenz an. Während die Strophen des „Victimae paschali laudes" im Wechsel zwischen den Marien und dem Chor gesungen wurden, tragen diese das Grabtuch in den

Dom. An der Stelle, wo in der Sequenz die Leinenbinden und das Schweißtuch erwähnt werden (sudarium et vestes), zeigten die drei Marien das Grabtuch Christi. Die Stickerei gibt diese Szene wieder. Drei Kleriker in Chorkappen halten ausgespannt das Grablinnen, auf dem nach Art des Turiner Grabtuchs der Abdruck des Leichnams Jesu sichtbar ist. Der in der Mitte stehende Priester trägt auffallenderweise eine Mitra, ist also als Bischof oder Abt gekennzeichnet. Das aufragende Kreuz dürfte das bei der Elevatio crucis zuvor aus dem Heiligen Grab erhobene Osterkreuz abbilden. Die bühnenartige Einfassung gehört nicht zur Gestalt des liturgischen Osterspiels, wurde vielmehr vom Künstler als dekorativer Rahmen frei hinzugefügt. Die Zeigung des Grablinnens vor dem Te Deum der Ostermatutin war im ganzen mittelrheinischen Raum und darüber hinaus verbreitet. Im Erzbistum Trier sind entsprechende liturgische Ordnungen für den Dom, für die Abtei St. Maximin, für das Stift St. Simeon, für Karden St. Kastor und Koblenz St. Florin bekannt.

SM, Inv. Nr. X 1118

Lit.: W. Lipphardt (Hg.), Lateinische Osterfeiern und Osterspiele. Bd. 2. Berlin-New York 1976, S. 467-488. - A. Kurzeja, Der älteste Liber Ordinarius der Trierer Domkirche (= Liturgiewissenschaftl. Quellen und Forschungen 52). Münster 1970, S. 146-148. - P. Yong, The drama of the medieval church. Bd. 1. Oxford 1962, S. 239-450, 576-673.

A. Heinz

Christkindwiege **A 159**

Bein, Reste von roter Farbe und Vergoldung
24 x 18,5 x 9 cm (Gestell)
13 x 13,5 x 6 cm (Wiegenkasten)
Datiert: um 1600 (Berliner)
Lokalisiert: Rußland/Walachei (Hettner), Venedig (Zglinicki), Portugiesisch - Indien/ nördl. Rußland (Berliner)
Slg. Hermes, Trier, mit ihr 1877 in das Rheinische Landesmuseum gekommen

Die Wiege ist in gutem Zustand, nur eine Fiale und die Attribute einiger Figuren fehlen. Die einzelnen Brettchen sind zusammengesteckt und mit Nägeln verzapft. Reste roter Farbe liegen in den Vertiefungen der ornamentalen Muster und der Engelsflügel, wo eine neuere Vergoldung sie teilweise überdeckt. Vergoldung außerdem an den Figurensockeln, den Säulchen und Pfosten sowie an Gewändern und Haaren von Figuren. Die Münder sind rot nachgezogen. Innen auf dem Bodenbrett steht, in schwarzer Tusche, „B. T. H. s 1830.".
Die Trierer Wiege ist eine etwas derbe, aber originelle Arbeit, was den Autoren wohl die meisten Schwierigkeiten bezüglich der Lokalisierung bereitet hat (s. o.). Es handelt sich um eine sog. Gestellhängewiege, gedrehte Säulen tragen den mit Ringen aufgehangenen Wiegenkasten. Das Gestell hat, ähnlich dem der Wiege des Schnütgen - Museums (Inv. Nr. A 779), keinen massiven Sockel, sondern steht auf durch Längsstreben verbundenen Querdocken. Die Säulen sind mit Figuren besetzt, außen auf Konsolen männliche Heilige, obenauf Engel. Ehemals vorhandene Attribute in den Händen der männlichen Figuren verloren, die Bohrungen noch erkennbar.
Die Wiege ist mit geschnitzten Mustern aus Ringen, Punkten und Zickzack - Bändern verziert. Langseiten und Boden des Wiegenkastens bestehen nur aus schmalen Brettchen. Auf der einen Langseite stehen Johannes der Täufer (im Fellgewand) und die hl. Barbara (mit dem Turm), die Figuren auf der gegenüberliegenden Seite sind nicht zu identifizieren. Oben auf den Schmalseiten je drei Figuren, die mittlere etwas erhöht: am Fußende der Heiligen Drei Könige, gekrönt und mit Gefäßen in Händen,

am Kopfende, in Gebetshaltung, Maria (in der Mitte), Joseph (mit einem Stock) und eine Magd.

Trier, Rheinisches Landesmuseum, Inv. Nr. HS 39

Lit.: E. Niffle-Anciaux, Le Repos de Jésus et les Berceaux réliquiaires. 2. Aufl. Namur 1896, S. 45-46. - F. Hettner, Illustrierter Führer durch das Provinzial-Museum Trier. Trier 1903, S. 24. - R. Berliner, Denkmäler der Krippenkunst. Augsburg 1926-1930, Mappe XXI,1-2. - Ders., Die Weihnachtskrippe. München 1955, S. 156, Anm. 22. - F. v. Zglinicki, Die Wiege. Regensburg 1979, S. 394, Nr. 469, Abb. 469.

Franz Keller

B. WALLFAHRTSANDENKEN (mit Ausnahme der Medaillen)

Bearbeitet von Markus Groß-Morgen

Bereits 1933 war aus Anlaß der Hl.-Rock-Wallfahrt im Diözesanmuseum Trier - damals unter der Leitung von Nikolaus Irsch - eine Ausstellung von Hl.-Rock-Andenken zusammengetragen worden. Neben einigen wenigen Stücken, die das Museum damals schon besaß, bestand die Ausstellung wohl im wesentlichen aus Leihgaben bzw. Neuerwerbungen. Irsch konnte offensichtlich eine Reihe dieser Andenken erwerben, die bis heute den Grundstock der Sammlung von Wallfahrtsandenken im Bischöflichen Museum bilden.
Leider wurde die damalige Ausstellung nicht dokumentiert - sieht man von vereinzelten Artikeln und Abbildungen im Wallfahrtsblatt von 1933 ab. Irsch erwähnt (Wallfahrtsblatt 1933, S. 91), daß er etwa 200 Andenken zusammengetragen hatte. Durch einen glücklichen Zufall kam das Bischöfliche Museum im vergangenen Jahr in den Besitz von 77 Negativplatten (9 x 13 cm), die fast ausnahmslos Hl.-Rock-Andenken zeigen. Bei näherem Vergleich konnten verschiedene Negative mit Objekten des Museums (B 6; B 47,2; B 51), des Bistumsarchivs (B 3; B 15; B 30; B 46; B 67) und des Städtischen Museums (B 9) identifiziert werden. Ein anderes Objekt (B 93) befindet sich heute im Besitz von F. Ronig, der es aus dem Nachlaß von Prälat Karl Kammer erwarb. Es liegt daher die Vermutung nahe, daß es sich um Fotos handelt, die Irsch 1933 von einem Teil der ausgestellten Werke anfertigte. Sie sind für uns heute besonders wertvoll, weil sie zum einen die Ausstellung von 1933 teilweise dokumentieren und zum anderen 35 Andenken enthalten, die über die Bestände der Trierer Sammlungen, die für den Katalog ausgewertet wurden, hinausgehen. Die entsprechenden Fotos wurden mit dem Zusatz „(Foto)" in den Katalog aufgenommen. Sie wurden jeweils so weit beschrieben, wie es die fotografische Aufnahme zuließ.
Im Unterschied zum Katalogteil C „Wallfahrtsmedaillen" war bei den Andenken eine systematische Erfassung nach der Art der Hl.-Rock-Darstellung nicht immer möglich. Die Verschiedenartigkeit der Andenken ließ manches Mal eine Ordnung nach Material und Beschaffenheit der Andenken als sinnvoller erscheinen.

Die Ausstellung 1765

Überraschend groß war die Anzahl von Andenken, die von der Ausstellung des hl. Rockes 1765 auf der Festung Ehrenbreitstein erhalten bzw. nachgewiesen sind (B 4 - B 21). 1759 war der hl. Rock wegen des Siebenjährigen Krieges von Koblenz nach Trier gebracht worden und kam 1765 nach Ehrenbreitstein zurück, wo er am Vormittag des 4. Mai unter einem Baldachin auf einem vor dem Zeughaus errichteten Altar öffentlich gezeigt wurde. Er hing auf einem vergoldeten Stab, der durch die Ärmel gezogen und mit einem violettfarbenen Seidenband aufgehängt war. Mehrere Geistliche rührten von den Pilgern mitgebrachte Andenken an das Gewand an. Mehrere tausend Gläubige sollen an diesem Vormittag den hl. Rock gesehen und verehrt haben (Wallfahrtsblatt 1933, S. 86-88).
Bei den erhaltenen Andenken lassen sich grob zwei Arten unterscheiden. Zum einen handelt es sich um bemalte Seidentücher, die lediglich den hl. Rock zeigen, der auf einer Stange mit einem Band aufgehängt ist. Sie tragen ausnahmslos den Vermerk, daß die Seide am hl. Rock angerührt wurde, wodurch sie der heilenden Kraft und dem Segen der Reliquie teilhaftig wurden. Besonders kostbar ist das große Seidentuch (B 13), das den hl. Rock in Orignalgröße wiedergibt und das in Anwesenheit von Erzbischof Johann Philipp von Walderdorff (1756-1768) am hl. Rock angerührt wurde. Die Qualität der Malerei läßt einen der Ehrenbreitsteiner Hofkünstler als Urheber vermuten.
Die Darstellung des hl. Rockes, der auf einem durch die Ärmel geschobenen Stab hängt, begegnet ebenso auf den frühen Einblattdrucken des 16. Jahrhunderts wie auch auf dem großen Wallfahrtsblatt von 1655 (B 1). Diese Art der Aufhängung war bis 1933 üblich und ist deshalb auf Andenken aller Wallfahrten zu finden - selbst auf solchen von 1959.
Die Verbindung mit einem Stoffbaldachin scheint jedoch in der konkreten Ausstellungssituation von 1765 begründet zu liegen. Die in dieser Art gestalteten Andenken sind in der Technik der Klosterarbeiten als Applikationsbilder aus koloriertem Papier, verschiedenen

Textilien sowie kunstvoller Drahtarbeit gefertigt. Diese zweite Gruppe von Andenken unterscheidet sich somit in der Art der Darstellung wie in der verwendeten Technik von der ersten Gruppe. Auch hier gibt es ein besonders herausragendes Objekt (B 6), das den hl. Rock unter einem bekrönenden Baldachin mit einer als Chronogramm gestalteten deutschen (!) Inschrift (vgl. Beitrag von Eduard Lichter, Nr. 13 in diesem Band) sowie mit Reliquien der Trierischen Märtyrer in den rahmenden Feldern zeigt. Die übrigen sechs Applikationsbilder in dieser Art (B 7-12) sind kleineren Formats und weisen untereinander solche Ähnlichkeiten auf, daß die Vermutung naheliegt, daß sie aus derselben Werkstatt stammen. Lediglich bei einem dieser Andenken (B 7) läßt sich jedoch die Provenienz mit Sicherheit feststellen. Es stammt aus dem Besitz des kurfürstlichen Oberforstmeisters Johann Philipp Baptist Jäger, dessen Schwester Äbtissin im Trierer Klarissenkloster war (freundliche Mitteilung von Frau Hildegard Junk). Es wäre möglich, daß für die Zeigung des hl. Rockes 1765 diese Art von Bildern in einem Trierer Frauenkloster (Klarissen?) hergestellt wurden. Burkhard Kaufmann konnte beispielsweise für das Trierer Welschnonnenkloster die Herstellung von „Klosterarbeiten" nachweisen (vgl. den Beitrag von B. Kaufmann in diesem Band).

Der Baldachin über dem hl. Rock wird zu einem immer wieder aufgegriffenen Motiv bei Hl.-Rock-Andenken, das sich selbst noch 1933 nachweisen läßt (B 223-224). Auf den Wallfahrtsmedaillen ist es im Gegensatz dazu überraschend selten (C 41-43).

Aus dem Ende des 18. und dem Anfang des 19. Jahrhunderts gibt es eine Reihe von Holzschnitten, die sich keinem Wallfahrtsjahr eindeutig zuordnen lassen (B 271-274). Sie tragen weder einen Vermerk über eine Anrührung noch geben sie ein Wallfahrtsjahr an. Stilistisch gehören sie in das letzte Viertel des 18. Jahrhunderts; für die Wallfahrt 1810 wurden einige Motive wieder aufgenommen (C 271,5; C 44). In den gleichen Zeitraum fallen eine ganze Reihe von Andenkenblättern (Kupferstiche, Holzschnitte) mit der Abbildung des hl. Nagels aus dem Trierer Domschatz (B 296-301). Die Inschrift zählt jeweils die Reliquien des Domes auf, an die das Blatt neben dem hl. Nagel noch angerührt wurde. Auf dem Exemplar B 298 ist als Datum für die Anrührung der „4. Mai 17.." angegeben; das genaue Jahr ist offengelassen. Das Tagesdatum ist jedoch mit dem der Hl.-Rock-Zeigung 1765 identisch. Vielleicht wurden wie bei späteren Ausstellungen neben dem hl. Rock auch die anderen Reliquienschätze des Domes zur Verehrung ausgestellt?

Die Ausstellung 1810

Von der Ausstellung 1810 waren bisher noch weniger Andenken bekannt als von 1765. Hubert Schiel stellte 1959 ein Exemplar der Stadtbibliothek (B 35) vor, das den hl. Rock in der für die Ausstellung 1810 eigens angefertigten Vitrine (vgl. B 289) mitsamt der umgebenden Draperie wiedergibt. Bekannt ist auch der rockförmige Anhänger im Domschatz aus dem Besitz einer Trierer Familie (C 5), den H.-J. Kann im vergangenen Jahr vorstellte (Kann 1991, 1, Nr. 2). Im Bereich der Medaillen und Anhänger scheint dieses Stück auch tatsächlich singulär zu sein. Zu späteren Ausstellungen gab es dann unzählige Anhänger in Rockform. An das oben genannte Bild aus der Stadtbibliothek schließen sich eine ganze Reihe ähnlicher Darstellungen an (B 36-44), die jedoch in der Gestaltung der Vitrine bzw. des Altaraufbaus jeweils in Details voneinander abweichen. Dennoch vermitteln sie wohl ein recht anschauliches Bild von der Präsentation des hl. Rockes zu Anfang des 19. Jahrhunderts. Neben diesem neu hinzugekommenen Motiv der Ausstellungsvitrine leben die Applikationsbilder des 18. Jahrhunderts in einzelnen Exemplaren, in denen jedoch auf den Baldachin verzichtet wird, weiter (B 22-25). Dieser begegnet dagegen auf den für 1810 charakteristischen Stickbildern (B 26-32).

Eine letzte Gruppe bilden die Seidenbilder, bei denen der hl. Rock an einer farbigen Schlaufe hängt (B 46-51). Die Exemplare B 47,1-3 stammen offensichtlich aus einem Verlag („Gebrüder Schaack"): ihnen ist das Inschriftfeld mit den Maßangaben zum hl. Rock gemeinsam. Erstmals werden die genauen Ausmaße des hl. Rockes meines Wissens von Brower/Masen (B 285) festgehalten. Später gibt sie noch einmal der Kupferstich mit dem silbernen Hl.-Rock-Schrein in geöffnetem Zustand (B 286) wieder; im 19. Jahrhundert erscheinen sie noch zweimal (B 95-96).

Die Ausstellung 1844

Von der Ausstellung 1844 haben sich mehr als doppelt so viele Andenken erhalten wie von der vorangegangenen. Dies liegt sicher nicht nur daran, daß von der jüngeren Ausstellung naturgemäß mehr Andenken erhalten blieben. Man darf sicherlich auch - aufgrund anderer Drucktechniken (Lithographie)- von höheren Produktionszahlen ausgehen.

So soll beispielsweise ein Lithograph aus Metz - es kann sich nur um die Bilderbogenfabrik „Dembour & Gangel" handeln - Atlasstoffe im Werte von 20.000 Francs für Hl.-Rock-Andenken bedruckt haben (J. Marx, Die Ausstellung des hl. Rockes. Trier 1845, S. 60f: Von den dort erwähnten Mengen an verkauften Medaillen hat sich nur ein verschwindender Rest (C 6-12) erhalten, so daß man diese Angabe bezweifeln möchte). Immerhin 16 Andenken dieser Firma, die ansonsten Ausschneidebögen mit Hampelmännern, Soldaten, Drachen, Schatten- und Papiertheatern u. ä. herstellte (S. Metken, Geschnittenes Papier. München 1978), weist unser Katalog für 1844 nach. Sie sind sowohl auf Seide wie auch auf Papier gedruckt und des öfteren koloriert; in zwei Fällen wurde dasselbe Motiv auf beide Materialien gedruckt (B 56,1-2; B 72,1-2). Viele dieser Andenken zeichnen sich durch phantasievoll gestaltete Rahmenarchitekturen aus und verweisen in der Regel auf den 1514 von Papst Leo X. erteilten Ablaß für eine Wallfahrt zum hl. Rock.

Von den anderen großen Bilderbogenfabriken Elsaß-Lothringens ist bisher nur ein einziges Exemplar nachzuweisen: Kat. B 70 stammt von Fr. Wentzel in Weißenburg (Wissembourg). Es zeigt auffallende Ähnlichkeit mit einem Motiv der Metzer Konkurrenzfirma (B 68-69).

Vereinzelt sind Verlage aus Trier und Umgebung nachzuweisen: J. Steyreiff, Trier (B 54); J. B. H. Ney(u), Trier (B 57, B 105); Hochmuth, Trier (B 88, B 104); Dreyer, Trier (B 106); H. v. Dirke, Saarlouis (B 94, B 75?); J. Hildenbrandt, Koblenz (B 97). (Bisher fehlen sowohl Einzelabhandlungen als auch eine zusammenfassende Gesamtdarstellung des Verlags- und Druckereiwesens in Trier, so daß zu den einzelnen Verlagen keine detaillierteren Angaben gemacht werden können.)

Insgesamt ist die Bandbreite an Motiven und Darstellungsarten erheblich gewachsen. So gibt es zum ersten Mal eine Innenansicht des Domes mit den am ausgestellten hl. Rock vorbeiziehenden Pilgern (B 53); Christus erscheint mit dem hl. Rock bekleidet (B 78), wenn er in einem Fall auch erst im Gegenlicht zu erkennen ist (B 79); Stickerei- (B 89, 90) und Applikationsbilder (B 93) treten noch vereinzelt auf; die Hl.-Rock-Darstellung wird mit einer oder mehreren Stadtansichten kombiniert (B 71, 91, 94); schließlich stammt die einzige bekannte Takenplatte mit einem Hl.-Rock-Motiv von 1844 (B 103).

Die hl. Helena, die bisher nur zweimal auf Andenken erschienen war (B 20, 52), ist nun insgesamt elfmal mit dem hl. Rock zusammen dargestellt. Meist hält sie neben dem hl. Rock auch das Kreuz und die Nägel Christi. Bemerkenswert ist ihre Darstellung auf zwei Andenken zusammen mit ihrem Sohn, Kaiser Konstantin (B 76, 77). Helena ist bereits auf den Einblattdrucken des 16. Jahrhunderts im Zusammenhang mit dem hl. Rock dargestellt. Weiterhin ist sie auf der 1628 gegossenen und 1944 zerstörten Helenenglocke des Trierer Domes (Abb. 38), auf dem silbernen Hl.-Rock-Schrein (B 286,1) sowie auf dem Sedisvakanz-Taler des Trierer Domkapitels von 1729 zu finden.

Erstmals sind uns von 1844 Dankurkunden für die Mitglieder der Ehrenwache erhalten. Auffallend ist, daß es drei verschiedene Ausführungen (B 105-107) gab, die jedoch alle durch ein Stück Seide, das zur Umhüllung des hl. Rockes gedient und diesen folglich berührt hatte, ausgezeichnet sind. Bei Exemplar B 105 handelt es sich um drei verschieden farbige Streifen, wie wir sie auch auf den Urkunden von 1891 (B 190), 1933 (B 236) und 1959

(B 259) finden. Die Gestaltung der Urkunden von 1933 und 1959 ist betont zurückhaltend und rein typographisch; der Text betont den Dienst der Helfer an Christus. Ob die Urkunde für Mitglieder des Botendienstes (B 237) tatsächlich auch ausgestellt wurde, konnte bisher noch nicht nachgeprüft werden.

Eine weitere Neuerung, die dieses Ausstellungsjahr brachte, ist die massive Kritik an der öffentlichen Zeigung des hl. Rockes und der Reliquienverehrung allgemein, die ihren Ausdruck in zahlreichen Publikationen, aber auch in Karikaturen und anderen Werbemitteln fand. Der suspendierte Priester Johnnes Ronge (1813-1887) scheint besonders erfinderisch in der Wahl neuer Publikationsformen gewesen zu sein. So wurde sein am 15. Oktober 1844 erstmals veröffentlichtes „Sendschreiben" an den Trierer Bischof Wilhelm Arnoldi (Abb. 45 im Beitrag von M. Embach) beispielsweise auf einem Baumwolltuch zusammen mit seinem Porträt in die Öffentlichkeit gebracht (B 108). Sein Spottgedicht auf die Hl.- Rock-Wallfahrt ziert zusammen mit seinem Porträt eine kleine Lackdose aus Papiermaché (B 109). Die anonymen Lithographien B 110-115, die mit z.T. beißendem Spott die angebliche Borniertheit der Pilger (B 115), aber auch deren schamlose finanzielle Ausbeutung durch die von Rom gesteuerte Kirche geißeln wollen, dürften ebenso im engeren Umkreis Ronges entstanden sein, auch wenn Künstler, genauer Erscheinungsort sowie geistiger Urheber bisher unbekannt blieben. Vergleichbare Karikaturen sind von keiner anderen Wallfahrt erhalten oder belegt. Wie sehr diese Kritik am Empfinden weiter Bevölkerungskreise vorbeiging, wird an dem großen Wallfahrtsbild Lasinskys deutlich (B 292).

Die Ausstellung 1891

Die Ausstellung 1891 bringt noch einmal eine Ausweitung der Andenkenproduktion, was Quantität, Material sowie Motivreichtum angeht.

An neuen Materialien werden beispielsweise Wachsplättchen (B 138, B 139), Gips (B 149), Glas (B 155,2) und Leder (B 153,2; B 154) verwendet. Die Firma Villeroy & Boch gab einen großen Wandteller heraus; von einer unbekannten Firma stammt ein Weihwasserkesselchen aus Steingut (B 173).

Eine neue Art von Andenken stellen die sog. Stanzspitzenbilder dar (B121; B158,2; B176,2; B 180,1-2; B 181,1-3), die teilweise aufgeklappt werden können und erst im Innern den hl. Rock zeigen. Als Drucktechnik wird fast ausschließlich die Chromolithographie verwendet. Zwei Verlage stellten diese spezielle Art von Andenken für die Hl.-Rock-Wallfahrt 1891 her: Franz Schemm in Nürnberg (B 181,1-3), einer der bekanntesten deutschen Hersteller von Stanzspitzenbildern und E.(mmerich?) Herzig, Trier (B 120-125, B 127), der noch 1933 ein Hl.-Rock-Andenken druckte (B 216). Von dem größten Produzenten solcher Andenkenbilder in der zweiten Hälfte des 19. Jahrhunderts, der Pariser Firma Bouasse-Lebel, bringt der Katalog nur ein Exemplar, das ausgerechnet keine Stanzspitzen aufweist (B 134).

Noch ein dritter Verlag tritt mit einer größeren Anzahl von Andenken hervor, der Verlag B. Kühlen in Mönchengladbach (B 142; B 168,1-2; B 168,4; B 169; B 171). Dessen Andenkenbilder zeichnen sich durch eine starke Farbigkeit sowie die Verwendung neoromanischer Ornamentformen aus.

Bezüglich der verwendeten Motive auf den Hl.-Rock-Andenken läßt sich zum einen die Wiederaufnahme alter Motive beobachten (B 144-147), wobei Darstellungen mit der hl. Helena als legendärer Stifterin des hl. Rockes gegenüber 1844 noch an Bedeutung gewonnen haben. Zum anderen gibt es einige wichtige Neuerungen gegenüber 1844. Erstmals wird der Trierer Dom als Aufbewahrungsort der Herrenreliquie in großem Umfang auf den Andenken abgebildet (B 175-189). Meist wird er mit seiner Westfassade unter dem im Himmel erscheinenden hl. Rock dargestellt.

Sicherlich die aufwendigsten und künstlerisch anspruchvollsten Andenkenblätter stammen von den Trierer Malern Peter Thomas (1854-1935; B 164, B 166, B 170: in verschiedenen Verlagen erschienen), von H. Steffgen (B 165; vielleicht auch B 167?) sowie von J. Bruch (B 178). Sie sind durch eine detailreiche graphische Gestaltung mit eingefügten Schriftbändern (Bibelzitate u.a.), zahlreiche Verweise auf andere Heiligtümer Triers (Kirchen, Reliquien) sowie - mit einer Ausnahme - ein meist größeres Format gekennzeichnet.

Die Ausstellung 1933

Zahlenmäßig weniger umfangreich sind die Andenken an die Ausstellung 1933 im Katalog vertreten. Auffallend ist der Rückgang der Helena-Darstellungen (B 219-222) und die deutlich größere Zahl an Hl.-Rock-Darstellungen in Verbindung mit dem Kreuz Christi bzw. mit Christus selbst. Dies ist sicherlich das Ergebnis des unter Leitung von Nikolaus Irsch tätigen „Kunst-Ausschußes", der den Künstlern zur Gestaltung der Andenken die Verbindung mit Christus nahegelegt hatte. Die Verlage mußten ihre Andenken diesem Ausschuß vorlegen, wenn sie mit dem Vermerk „Vom Kunstausschuß der Wallfahrtsleitung gebilligt" versehen werden sollten. Rosenkränze und Medaillen waren von der Begutachtung ausgeschlossen. Dem Ausschuß gehörten an: Prof. Dieckmann und Prof. Thoma von der Kunstgewerbeschule, Studienassessor Hartmann vom Hindenburggymnasium, Domkapitular Karl Kammer, Prof. Dr. Joh. Lenz (Priesterseminar), Frau H. Neuerburg (Trier, Bernardstr.), Frau Bergenthal (Trier, Kurfürstenstr.), Kommerzienrat Rautenstrauch (Trier, Ostallee), Dombaumeister Wirtz und Bildhauer A. Nagel (Trier, Paulinstr.). Nach den erhaltenen Akten im Bistumsarchiv Trier (Abt. 90, Nr. 136) begutachtete der Ausschuß 124 eingereichte Andenken, von denen 69 nicht gebilligt wurden. Nicht gebilligte Andenken durften nicht am hl. Rock angerührt werden (BAT, Abt. 90, Nr. 136, p. 52). Einen Eindruck von der Arbeit des Ausschusses gewinnt man aus den ausnahmsweise schriftlichen Stellungnahmen der einzelnen Mitglieder zu einem kurzfristig eingereichten Andenken, das möglichst schnell begutachtet werden sollte. Nach den dort gemachten Angaben ließ sich das entsprechende Andenken identifizieren: es handelt sich um Kat. B 233. Der Entwurf stammt von dem Maler Alfred Gottwald (vgl. auch B 231 und Abb. 42). Ich zitiere die Stellungnahmen der Ausschußmitglieder im Wortlaut:

„Einverstanden!
aber: „Domkirche zu Trier 1933" nicht weiß auf schwarz sondern schwarz auf weiß. Schrift und Begleittext schließen sich dann mehr.
Thoma 8.V.
Dieckmann" (BAT, a.a.O., p. 178)

„Trier 8. Mai 33
Sehr verehrter Professor, da der Entwurf wohl mir zur Begutachtung für den Handel vorgelegt wird, genügt wohl die Feststellung, dass meiner Ansicht nach geschmacklich nichts einzuwenden wäre, im Gegenteil viel Gutes daran ist.
Ergebenst H. Hartmann" (BAT, a.a.O., p. 179)

„Einverstanden, wenn die verzeichnete Ostpartie von St. Matthias verbessert wird.
Kammer" (BAT, a.a.O., p. 180)

„Ich lehne ab, Faltenwurf unnatürlich u. auf Seide gedruckt nicht gut.
Fr. Neuerburg" (BAT, a.a.O., p. 181)

„Trier, d. 8. Mai 1933.
Sehr geehrter Herr Professor
Ich glaube, gegen die Sache ist nicht viel einzuwenden. Die Ruhe u. Erhabenheit des Ganzen wirkt wohltuend. Mich stört der Zusammenschluß der schwarzen u. weißen Unterschrift, die vielleicht gleich farbig werden kann, am besten vielleicht schwarz auf weiß. Dann ist, nach meiner Meinung, der Gangolfturm etwas unmotiviert neben Matthias gesetzt. Aber das sind ja nur kleine Einwände.
Mit besten Grüßen Ihre ergebene
M(arie) Th(eres) Bergenthal" (BAT, a.a.O., p. 182)

„Die untere Schrift, die einen zusammenhängenden Text darstellt, müßte einheitlich zusammen gesetzt werden. Sie wirkt leicht unruhig. Sonst habe ich nichts einzuwenden.
Julius Wirtz" (BAT, a.a.O., p. 183)

„Das Seidenbild ist im Ganzen gut. Besonders ist zu beanstanden die Schrift unterhalb

Christus, die feiner als die Umschrift sein soll und nicht so weit darunter reichen darf.
A. Nagel" (BAT, a.a.O., p. 184)

Daraufhin schreibt Irsch am 9. Mai 1933 an den Einsender:

„Herrn Kaufmann Küpper, Trier
Sehr geehrter Herr Küpper!
Wie zu erwarten war, hat der von Ihnen eingereichte Entwurf für ein Seidenbild: Christus mit dem Hl. Rock bekleidet, vor dem Kreuze stehend, im Kunst-Ausschuß herzlichen Beifall gefunden.
Nun glauben wir, folgende Abänderungsvorschläge machen zu müssen. Bei der Kirchengruppe rechts von Christus macht die Basilika den Eindruck, als sei sie zusammen mit dem daneben stehenden Turm von St. Matthias eine einzige von Nordosten gesehene Kirche. Dass auch gewiegte Beobachter auf diesen Irrtum kommen konnten, zeigt sich darin, dass zwei unserer Mitglieder ausdrücklich in ihre Abstimmung hineingeschrieben haben: „Die Chorpartie von St. Matthias sei ja ganz verzeichnet." Einem Künstler wie Gottwald wird es sehr leicht sein, diesem Mißverständnis vorzubeugen. Er kann ja den Turm von St. Matthias und die Basilika von einander räumlich absetzen, oder er kann statt der Basilika die Porta Nigra nehmen. In letzterem Falle wird die Porta Nigra, wenn sie von der Stadtseite aus dargestellt wird, einen wirksamen Gegenpart zu dem ebenfalls stumpfen Turm von St. Matthias darbieten. Auch wird dadurch eine gewisse Symetrie zu der turmreichen Kirchengruppe links vom Heiland hergestellt.
Ein weiterer Wunsch bezieht sich auf die Gestaltung der Schrift. Im vorliegenden Entwurf sind die Worte: „Domkirche zu Trier 1933" durch die Behandlung weiss auf schwarz in die Umschrift des ganzen Bildes hineingezogen, während sie sinngemäß die Fortsetzung der schwarz auf weiss gehaltenen Inschrift zu den Füßen des Heilandes bilden. Es wird wohl notwendig sein, sie in diese Behandlung schwarz auf weiss hineinzuziehen. Gerade Herrn Gottwald braucht man darüber absolut keine Ratschläge zu geben. Vielleicht läßt er die Worte „unseres Herrn Jesu" fort, und gewinnt dadurch Platz, um die Worte „Domkirche zu Trier" auch in den weissen Raum hineinzuziehen. Dann muß allerdings das Wort „Christi" auch wieder in die erste Zeile hineinkomponiert werden. Ferner muss dann eine andere vieleicht ornamentale Ausfüllung für den nunmehr leer gewordenen schwarzen unteren Rand gefunden werden. Vielleicht entschliesst sich Herr Gottwald bei der Kürze der Zeit dazu, einfach die Umschrift zu diesem Zwecke auseinander zu ziehen und statt des Imperfektums „Sie verteilten" zu schreiben: „Sie haben meine Kleider unter sich geteilt; und über mein Gewand haben sie das Los geworfen."
Meinem persönlichen Geschmacke nach, den ich aber nicht aufdrängen möchte, sollten die Buchstaben der unteren Reihe auf der weissen Tafel zu Christi Füssen nicht unmittelbar auf dem Rande stehen und daher mit ihm zu unklarer Wirkung zusammenschmelzen, sondern sie sollten, der Klarheit und Ruhe halber, von ihm durch ein weisses Rändchen getrennt sein.
Ich beeile mich sehr mit diesem Schreiben, damit das Gottwald'sche Blatt, von dem ich mir eine ausgezeichnete künstlerische und seelsorgliche Wirkung auf die Pilger verspreche, doch nur ja rechtzeitig hergestellt und an den Kleinhandel abgegeben werden kann. Unter Berücksichtigung der oben angegebenen geringfügigen Abänderungsvorschläge ist der Kunst-Ausschuss mit Freuden damit einverstanden, dass beim Verkauf des Blattes hinzugefügt werde: „Von der Wallfahrtsleitung gebilligt".
Hochachtungsvoll gez. Irsch
Vorsitzender des Kunst-Ausschusses." (BAT, a.a.O., p. 175-176)

Dieses Schreiben Irschs ist insofern typisch, als es anschaulich macht, wie stark der Ausschuß auf die Gestaltung der Andenken Einfluß nahm und wie sehr er von einem erzieherischen Impuls geleitet wurde. Bei der Durchsicht der ablehnenden Bescheide fällt aber auch ins Auge, wie subjektiv und zeitgebunden die Begutachtung oft ausfiel.
Eine Auswertung der erhaltenen Akten zu diesem Versuch, Einfluß auf die inhaltliche und künstlerische Gestaltung von Wallfahrts-

andenken zu nehmen, wäre wünschenswert und sicher sehr lohnend.
Eine weitere Aufgabe des Kunst-Ausschußes war es, erstmals ein offizielles Pilgerabzeichen für die Wallfahrt 1933 zu schaffen. An ihm sollte man den Pilger erkennen, es sollte ihm als Andenken dienen und zugleich wollte man damit den Gedanken der Christusverehrung stärker zum Ausdruck bringen. Einige der 227 Entwürfe haben sich erhalten (B 191-196), darunter der preisgekrönte Entwurf von Hans Adamy aus Pfalzel (B 191). Das ausgeführte Abzeichen (C 44) stellt jedoch eine vereinfachte Variante dieses Entwurfes dar. Zahlreiche Andenken von 1933 haben diese Motivkombination von Kreuz und hl. Rock – im Anschluß an diese Vorgabe (?) – aufgegriffen.

Die Ausstellung 1959

Bei der Wallfahrt 1959 gab es eine dem Kunstausschuß von 1933 vergleichbare Institution, die sich mit folgenden Anzeigen (z.B. im Wallfahrtsblatt 1959, S. 9) an die Pilger wandte:
„Schützen Sie sich vor religiösem Kitsch!
Kaufen Sie nur Gegenstände, die von der Gutachterstelle der Wallfahrtsleitung geprüft und zugelassen sind. Die Verkaufsstellen, die nur zugelassene religiöse Gegenstände anbieten, sind durch ein Güteschild ausgezeichnet mit folgendem Text:
Diese Verkaufsstelle führt nur religiöse Gegenstände, die von der Wallfahrtsleitung geprüft und zugelassen sind."
Der Erfolg war offensichtlich nicht so groß wie 1933, denn es kam zu manchen Absonderlichkeiten wie beispielsweise dem Schüttelglas mit dem hl. Rock im Schnee, dem als Vorlage offensichtlich eines der Gottwald-Andenken von 1933 (B 231) gedient hat. Vermutlich hatte das Urteil des Ausschußes nicht mehr den Einfluß und das Gewicht wie noch 1933.
Die Produktion dreidimensionaler Andenken sowie insbesondere von Anhängern, Medaillen u.ä. nahm 1959 stark zu - eine Beobachtung, die auch schon für 1933 gilt. Vielleicht haben die ansteckbaren offiziellen Pilgerabzeichen von 1933 und 1959 (Entwurf: Michael Trierweiler, Trier) diesen Trend gefördert.
Insgesamt ist eine Verflachung des künstlerischen oder besser gesagt gestalterischen Niveaus zu beobachten. Entsprechend gering war auch die Resonanz bei den Pilgern. Nach den Berichten von Trierer Bürgern, die 1959 an Straßenständen selbst Devotionalien angeboten haben, ist ein Großteil der immensen Andenkenproduktion nicht verkauft worden.

1. Trier, Dom: Der hl. Rock

1.1. Vor 1765

Wallfahrtsblatt von 1655

B 1

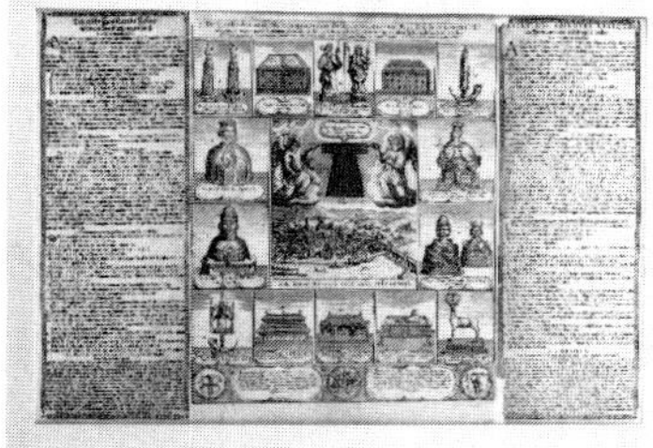

Designatio Sacratissimarum quarundam Reliquiarum, quae cum Toga Dn. IESV CHRISTI, cla=/ voq eius et magna parte S. crucis, Treviris in Ecclesia Metropolitana, uti et in aliis eiusdem urbis Ecclesiis aliae nobiles / SS. reliquiae pio populo spectandae exhibitae fureunt. Anno 1655 festis quinque 1. Ascensionis Domini 2. Pentecostes 3. SS.ae Trinitatis 4. S. Ioanis 5. SS. Apostolorum Petri et Pauli. ...
Köln, bei Gerhard Altzenbach, 1655
Kupferstich auf Papier
39,5 x 56,1 cm

Im Zentrum Stadtansicht von Westen, darüber halten zwei auf Wolken kniende Engel den hl. Rock auf einer Stange hängend; der linke Engel hält ausserdem ein Kreuzreliquiar, der rechte den Kreuznagel in der Hand. Um diese zentrale Darstellung weitere vierzehn Darstellungen mit den bedeutendsten Heiltümern des Trierer Domes.
Es existieren zwei verschiedene Ausgaben des Stiches: der hier gezeigte enthält keine Verlagsangabe in den unteren Inschriftkartuschen und zeigt in der rechten unteren Ecke ein Reliquiar in Form eines Hirsches; das Exemplar der Bibliothek des Bischöflichen Priesterseminars Trier (als Leihgabe in der Domschatzkammer) zeigt dort Axt, Senze, Morgenstern und Lanze (mit derselben Bildunterschrift) sowie in den genannten Inschriften den Zusatz: „Gerardus Altzenbach / Civis et Iconopola Coloniensis“. (Diesen Hinweis verdanke ich Gudrun Gleser, Merzig.)
Die beiden Ausgaben müssen von unterschiedlichen Platten stammen, da sie außer in den genannten in zahlreichen weiteren Punkten bzw. Details differieren. Diese Unterschiede beziehen sich auch auf die Typen der seitlichen, die Heiltümer erläuternden Texte in deutscher (links) und französischer (rechts)

Sprache. Vom Wortlaut her sind sie jedoch - einschließlich der Verlagsangabe - identisch.
BM, Inv. Nr. G 216
Lit.: N. Irsch, Der Dom zu Trier (= Die Kunstdenkmäler der Rheinprovinz 13,1). Düsseldorf 1931, S. 45, Nr. 13, Taf. XV, Fig. 217, 237 (Ex. BM). - Rhein und Maas. Köln 1972, S. 141, Nr. VIIIj. (Katalogtext und Inschrift beziehen sich auf das Exemplar in Bibl. PS, die Abbildung zeigt jedoch das Exemplar BM) - Schatzkunst Trier (= Treveris Sacra 3). Trier 1984, S. 246, Nr. 210. - F. R. Reichert, Trierer Heiltumsschriften. Mit einem Anhang v. H.-W. Storck. In: Schatzkunst Trier. Forschungen und Ergebnisse (= Treveris sacra 4). Trier 1991, S. 167-186, Abb. 10.

B 2 **Gesticktes Anrührbild 1713 (Foto)**

Auf Spannrahmen aufgezogener Stoff mit Stickerei
38,5 x 42,5 cm
1933 im Besitz von Fam. Winter, Maring
Inschrift: DIESES HAT AHNGERÜRT / DEN H. ROCK JESU CHRIS / TI ZU EHRENBREITSTEIN / DEN 13. SEP. Ao 1713.

Zentral das Jesusmonogramm mit floraler Stikkerei; in den seitlichen Feldern Herz Jesu und Herz Mariens mit je zwei Hl.-Rock-Darstellungen; im unteren Abschnitt (Altar-?) Tisch mit darüberliegender Fahne mit Inschrift.

Lit.: Wallfahrtsblatt 1933, S. 51 (Abb.).

B 3 **Anrührbild 1725**

Tempera auf Papier, in Pappmachérahmen
9,0 x 6,1 cm (o. R.)
Inschrift: DIESES HATT ANGERÜHRT / DEN H: ROCK JESU CHRISTI / ZU EHRENBREITSTEIN./ 1725.

Bekröntes Jesuskind (im Typus dem Salzburger Loretokind folgend) mit Strahlennimbus und bodenlangem Kleidchen; es hält in der Linken das Kreuz.

BAT

1.2. Ausstellung 1765

Applikationsbilder, Reliquiare

Reliquienkästchen mit Seidendruck **B 4**

Holz, Glas, Pappe, Seide, Samt, Drahtarbeit (Bouillon, Silberlahn), Papier, Chenille Rahmen z.T. ergänzt, in neuen Papprahmen gesetzt.
18,2 x 22,8 x 3,7 cm
Lt. handschriftlicher Notiz auf der Rückseite 1920 in Trier/St. Paulin von Küster Ghiesen gefunden
Inschrift: S. Toga Christi / (handschriftlich) 1765 4. may
Cedulae (handschriftlich): de S. Agneti mar, S. A... mar, S. Theo... mar, S. Irmundus, S. celestine, de S. bartholomeo apos., S. gregorii, S. caecilia v.

Reliquiar in verglastem Holzrahmen mit angesetztem Pappgehäuse. Innen auf schwarzer Seide zentral ein mit Silberlahnschlaufen gerahmter Hl.-Rock-Holzschnitt auf Seide, aufgesetzt auf sternförmiges, mit Bouillonbörtchen versehenes Seidenstück mit zwei seitlich aufgeklebten Reliquienpartikeln und Cedulae; die übrigen Reliquien und Cedulae auf diagonal dazu bzw. seitlich gesetzten, blattförmigen Samtstreifen mit umlaufenden Krauskantillen; dazwischen Silberbouillonblätter mit Chenilledolden.

BM, Inv. Nr. HR 31

Reliquienkapsel **B 5**

Messing, Seide, Silberdrahtarbeit, Pailletten, Leder, Papier, Glas
6,7 x 6,6 x 1,3 cm
Inschrift: 1765

Auf Papier geklebter Seidendruck mit hl. Rock, Jahreszahl sowie aufgeklebtem Stoffpartikel; mit Pailletten und Silberdrahtarbeit gerahmt, mit Lederstück hinterlegt und in runden Messingrahmen mit Strahlenkranz gefaßt.

BM, Inv. Nr. HR 49
Lit.: J. Wiegand, Führer durch das Diözesan-Museum zu Trier. Trier 1905, S. 43.

Abb. B 6 – rechte Seite

B 6 **Kastenreliquiar mit Anrührbild**

Eichenholz mit teilweise ergänzter Farbfassung und Polimentvergoldung, Glas, Papier, Pappe, Seide, Seidenbrokat, Pailletten, Porzellan, Gold- und Silberdrahtarbeit, silberne Klöppelspitze, Lamé, (Rückwand erneuert 1992)
88 x 62 x 15 cm
Inschrift: AngerVhret an DeM / HeILIgen Rock Ies[V ChrIstI] / 4ta Maji
Cedulae: Von vielen SS. Martyrer, von den SS. Martyren, von den H.H. Trierischen Martyren, von den H.H. Trierischen Martyren, von den Trierischen Martyren, von vielen H. Martyren (die anderen unleserlich)

Hölzerner Rahmen mit aufgesetzten Rocailleornamenten und eingetieften Reliquienfenstern; darin Reliquien in Drahtarbeit (Börtchen, Bouillon) gefaßt mit darüberlaufenden Cedulae; im rechten Fesnter ein gläsernes Kreuz mit einem kleinen Korpus aus Porzellan (Kopf abgebrochen). Im Zentrum auf ergänztem Seidengrund der auf Pappe gemalte hl. Rock unter bekröntem, seitlich gerafftem Baldachin aus mit Pailletten und Silberspitze besetzter Seide; darunter deutsche Inschrift mit Chronogramm auf das Jahr 1765 (vgl. Beitrag von E. Lichter, Chronogramme, Nr. 13 in diesem Band). Die Seitenflächen sind ebenfalls mit Reliquien auf besticktem Seidenbrokat besetzt.
Befestigungen an den Außenseiten lassen vermuten, daß dort ursprünglich Flügel (zum Verschließen ?) angebracht waren.
BM, Inv. Nr. P 509
Lit.: J. Wiegand, Führer durch das Diözesan-Museum zu Trier. Trier 1905, S. 62. - Wallfahrtsblatt 1933, S. 91 (Abb.).

B 7 **Applikationsbild**

Papier, Pappe, ausgeschnittene und kolorierte Kupferstiche, Seide, Seidenbrokat, Lahn (Silber- u. Messingdraht), Chenille, in Holzrahmen mit Polimentvergoldung
39,0 x 25,0 cm
Nach Familienüberlieferung vom kurfürstlichen Oberforstmeister Johann Philipp Baptist Jäger, dessen Schwester Clara Franziska (gest. 1802) Äbtissin des Trierer Klarissenklosters war; seither in Familienbesitz.
Inschrift: (handschriftlich) Dieses Röcklein / had angerührt den / H. Rock Jesu christi:/ 1765

Vergoldeter Holzrahmen mit Eckapplikationen und Aufsatz mit brennendem Herzen; darin der gemalte hl. Rock vor Strahlenkranz aus bronziertem Papier unter Baldachin aus Seide/ Seidenbrokat mit Klöppelspitze aus Silberlahn; darunter Inschrift, in den Ecken kolorierte Kupferstiche und bemaltes Papier.

Trier, Hildegard Junck
Lit.: Wallfahrtsblatt 1933, S. 158 (Abb.).

B 8 **Applikationsbild**

Papier, ausgeschnitten und bemalt, Seide, Leinen, Papierblumen, Metallfolie, Messing- und Silberdrahtarbeit, in Naturholzrahmen
40,8 x 32,7 cm
Lt. Zettel auf der Rückseite „am 10.4.1934 von der Fa. Lasthaus/Trier aus dem Besitz des Herrn v. Nell in Mariahof erworben."
Inschrift: (handschriftlich) Dieses: Röcklein:/ hat: angerührt: den: H./ Rock: Jesu: Christi:/ 4ten may 1764 <!>

Hl. Rock aus Papier ausgeschnitten vor Strahlenkranz aus Metallfolie unter Baldachin (rote und weiße Seide mit Klöppelspitze aus Messingdraht), seitlich und unten Kerzenleuchter aus Silberdraht sowie farbige Papierblumen.

BAT

Applikationsbild mit Reliquien **B 9**

Papier, ausgeschnitten und koloriert (Tempera), Metallfolie, Messing- und Silberdrahtarbeit, Textilblumen, gewebte Borte mit Metallstreifen, (Rahmen nach altem Foto ergänzt)
34,2 x 25,0 x 3,8 cm (m. R.)
Inschrift: Dises Rocklein / Hat Angerürt / Den Heil. Rock Jesu / Christi
Cedulae: De S. Cyriaco Mre / S. Margareth / De S: Iusto Mre / De S. reliquie
Lt. rückseitigem Vermerk vom 3.1.31 aus Ehrang

In Gestaltung und Fertigungstechnik große Ähnlichkeit mit Kat. B 8.

SM, Inv. Nr. X 1155

Applikationsbild (Foto) **B 10**

Inschrift: (handschriftlich) Dises Röcklein had Angerührt / den h. Rock: jesu christi 4. maj 1765
Ähnliches Applikationsbild wie Kat. B 8.

Im unteren Bildviertel wurden Teile (Sockel) des Kupferstiches von Jakob Andreas Friedrich mit dem silbernen Hl.-Rock-Reliquiar aus der Zeit um 1732 verwendet (vgl. Kat. B 286,1-2); auch die seitliche Anordnung der Medaillons mit „Ecce homo" und „Mater dolorosa" ist dem Stich mit den geöffneten Schreinflügeln entlehnt.

Applikationsbild **B 11**

Seide, Seidenbrokat, Tempera auf Papier, Papier, Pappe, in Holzrahmen
29,5 x 23,3 x 2,2 cm
Von Fam. Thiesen aus Kues/Mosel
Inschrift: (im Kartuschenfeld am unteren Rand) Dieses Röcklein / hat angerührt den H:/ Rock unseres H: Jesu Christi./ Coblenz d. 4. Maj 1765.

Der auf Stoff gemalte und ausgeschnittene hl. Rock in papiernem Strahlenkranz hängt vor einem Baldachinvorhang, der aus unterschiedlichen Textilien collagiert ist; darunter Inschriftkartusche mit seitlichem Pflanzenwerk; als Hintergrund auf Papier gemalter Himmel mit Wolken.

Auw, A. Heinz

B 12 **Applikationsbild (Foto)**

Inschrift: Hat angerührt / den H. Rock unseres / Herren Jesu Christi. / Anno 1765. den 4. maj:

Ähnliches Applikationsbild wie Kat. B 11.

B 13 **Seidenes Anrührbild in Größe des hl. Rockes**

Tempera auf rote Seide
215 x 180 cm
Inschrift: VERITABLE GRANDEUR DE LA TUNIQUE DE NOTRE SEIGNEUR, TOUCHEE / A LA SAINTE ROBE LE 4. DU MOIS DE MAY 1765 A EHRENBREITSTEIN / EN PRESENCE DE SON ALTESSE ELECTORALE DE TREVES.

Die qualitätvolle Malerei zeigt einen blaugewandeten Engel mit großen Flügeln, der den hl. Rock an einem roten Band auf einer Stange mit vergoldeten Kugelenden hält; darunter Inschrift.

Molsberg, Graf Emanuel von Walderdorff

Seidene und papierne Anrührbilder

Seidenes Anrührbild **B 14**

Tempera auf roter Seide, in teilvergoldetem Holzrahmen
43,4 x 36,3 cm
Geschenk v. H. Rolshausen, Saarbrücken (1970), aus dem Besitz der Großeltern Schönborn, Koblenz-Neuendorf
Inschrift: HATT ANGERÜHRT DEN H ROCK IESU / CHRISTI DEN 4 MAY 1765

Holzrahmen mit vergoldeten Eckverzierungen; hl. Rock an blauer Bandschleife hängend, darunter die Inschrift.

BAT

Seidenes Anrührbild **B 15**

Tempera auf roter Seide, auf Papier aufgeklebt
21,0 x 16,8 cm
Inschrift: HATT ANGERÜHRT DEN H. ROCK / IESU CHRISTI DEN 4. MAY 1765
Darstellung und Ausführung wie Kat. B 14.

BAT

Seidenes Anrührbild **B 16**

Kolorierter Holzschnitt auf Seide
6,4 x 5,5 cm
Geschenk aus Privatbesitz, Koblenz
Inschrift: (handschriftlich) 1765 / 4 maj / angerührt den h: Rock

Rosafarbener Seidenstoff mit hl. Rock an blauer Bandschleife hängend, seitlich und darunter Inschrift.

BM, Inv. Nr. HR 64

B 17 **Seidenes Anrührbild (Foto)**

Holzschnitt auf Seide ?
Inschrift: 1765 / 4. MAY / Angerürt den heiligen / Rock u: H: Jesu Christi / (handschriftlich) J. P. ....

B 18 **Seidenes Anrührbild**

Seide mit Farbe und Tinte
31,5 x 25,2 cm
Inschrift: DEN 4TEN MAII / ANNO 1765 / ANGERÜRT AN / HEILIGEN ROCK
(mit Tinte später hinzugefügt) 1891 / 1933 / 18.. / 18..
(handschriftlich auf der Rückseite) Angerührt an den Hl. Rock Jesu Christi zum zweitenmal in der Dom Kirche zu Trier d. 23ten September 1810
Nochmals zum Drittenmal den 19ten August 1844. gez: Jos. Tholey.
Zum 4ten Male angerührt im Sept. 1891. Andr. Jos. Tholey

BM, Inv. Nr. HR 1

B 19 **Anrührbild**

Brokat, Tinte, Papier, in schwarzem Holzrahmen
20 x 16 cm (m. R.)
Inschrift: (handschriftlich) A touchée la robe de notre Seigneur J. Ch. / le 4. Mai 1765.

Der hl. Rock ist aus Brokat ausgeschnitten, mit schwarzer Tusche bemalt und aufgeklebt.

StB/StA, Graphiksammlung

Seidenes Anrührbild **B 20**

Kupferstich auf weiße Seide
15,3 x 9,7 cm
Inschrift: ANGERVRT 1765

Helena mit drei Nägeln, Kreuz, Krone u. Nimbus hält den hl. Rock vor sich.

BAT

Papiernes Anrührbild **B 21**

Trier (?), N. Schütz
Holzschnitt auf Papier, (1992 mit Papier hinterlegt)
21,5 x 18,0 cm
Inschrift: Quotquot tangebant sa - nifiebant. Marc. 6.v.56. / Wahre abbildung des H. Rocks unsers / Herrn Jesu Christi, so zu Trier in der hohen / Dohm=Kirche aufbehalten wird. Hat die H. H. / Reliquien alle angerührt./ Joes Wimarus Becker p.t. Sacrista / (Signatur unleserlich, vgl. Kat. C 33,1-2)

Unter einem Vorhangbaldachin halten zwei Engel den hl. Rock auf einer Stange hängend zwischen sich; darüber drei Nägel das Jesusmonogramm; am oberen Rand Inschriftband mit lateinischer Inschrift, unten in Rocaillerahmen deutsche Inschrift.
Johannes Wimarus Becker (1745-1789) war Altarist und Subthesaurarius am Trierer Dom (freundliche Mitteilung von R.-M. Dehen, Bistumsarchiv Trier).
Vgl. Kat. B 33,1-2.

BM, Inv. Nr. HR 7

1.3. Ausstellung 1810

Applikations- und Stickbilder

B 22 Anrührbild mit Reliquien

Holz, Glas, Papier, Silberdrahtarbeit, Paillette, Seide, Wolle, schwarzer Holzrahmen mit angesetztem Pappgehäuse
23,2 x 18,1 x 4,2 cm
Inschrift: Attigit Togam Christi Treviris. / 1810.
Cedulae: S. Sebastiani M., S. Nicolai Ep., S. Huberti Ep., SS. Mart. Trevirensium, Reliquiae sacrae, S. .... M., S. Donati Mart.

Reliquiar in verglastem Holzrahmen mit angesetztem Pappgehäuse, das innen mit Glasblättchen beklebt ist; in der Mitte gestrickter hl. Rock an Silberdrahtschlaufe aufgehängt, darunter Zettel mit handschriftlicher Inschrift; um den hl. Rock herum sieben Reliquienpartikel auf mit Drahtarbeit gerahmter, roter Seidenunterlage mit Cedulae.

Bibl. PS, Lade 37,6
Lit.: Tunica Domini. S. 32, Nr. 173.

B 23 Anrührbild mit Reliquien (Foto)

Inschrift: Dieses ist an den H. Rock / JESU angerühret worden./ 1810.
Cedulae: S. M. De Rom, St. Mauritie, S. M. De Treves.

Kastenbild mit gestricktem hl. Rock, Reliquienpartikeln sowie zwei Engeln und einem Herz Jesu aus Wachs. Der Untergrund scheint wie bei Kat. B 22 mit Glasblättchen beklebt zu sein.

Applikationsbild **B 24**

Pappe, Seide, Leinen, gewebte Borte, Glasperlen, Pailletten, Drahtarbeit/-börtchen (Rahmen ergänzt)
21,5 x 17,0 x 2,8 (o. R.)

Der hl. Rock aus Leinenstoff mit Drahtbörtchen sitzt in einer Dekoration aus Pailleten, Glasperlen und Seidenblumen hinter zwei seitlichen Vorhängen; am oberen und unteren Rand Drahtarbeiten.

SM, Inv. Nr. X 1154

Applikationsbild (Foto) **B 25**

Inschrift: 26. S. 1810

Kastenbild mit gestricktem (?) hl. Rock in textiler Dekoration, Perlen, Drahtbörtchen u.ä.

Gesticktes Anrührbild **B 26**

Seide, Baumwollfäden, Lahn, Pappe, in schwarzem Holzrahmen
32,0 x 24,8 cm (o. R.)
Inschrift: Ang d 27 Sep 1810 / ..D H R J C d / (handschriftlich:) Angerührt den 5. September 44

In Seidengrund gestickter hl. Rock, darüber seitlich geraffte Vorhänge mit bekrönenden Blumenvasen und Blütenranken, unten von gestickten Blüten gerahmte Inschrift; Inschrift, Umrandung und Schleife des hl. Rockes sowie Teile des Baldachins aus Lahn.

Bibl. PS, Lade 37,9
Lit.: Tunica Domini. S. 32, Nr. 172.

B 27 **Gesticktes Anrührbild**

Seide mit Stickerei, Lahn, auf Pappe aufgeklebt
19,7 x 16 cm
Lt. Vermerk auf der Rückseite aus Saarbrücken
Inschrift: Ang. d. 27 Sep. / 1810

Hl. Rock auf einer Stange hängend, darunter Inschrift aus Silberlahn, umrahmt von Traubenranken.

BM, Inv. Nr. HR 3

B 28 **Gesticktes Anrührbild (Foto)**

Inschrift: IHS / R I / G H / Ang. d. 24 Sep. / 1810

Der hl. Rock umgeben von Inschrift (z.T. Initialen?) und Blattranken unter einem seitlich gerafften Baldachin mit bekrönendem Kurfürstenhut; am unteren Rand Korb mit Blütenranken.

B 29 **Gesticktes Anrührbild**

Seide mit Stickerei, auf Papier aufgeklebt
16,3 x 14 cm
Ankauf v. G. Jakobs, Trier (1935)
Inschrift: AGR / 1810

Der hl. Rock auf einer Stange an einem Band hängend, Inschrift am unteren Rand.

BM, Inv. Nr. HR 4

Gesticktes Seidenbild **B 30**

Graue Seide mit Stickerei
13,4 x 7,8 cm (o. R.)
Inschrift: R M / 1810

Der hl. Rock hängt an einer roten Schleife, seitlich Initialen (?) RM, darunter Jahreszahl.

BAT

Andenkenbild mit Stickerei **B 31**

Seide, Silberlahn, Seidenfäden
22,2 x 18,0 cm
Inschrift: 1810 / La Robe de / N.S.J.C.

Der hl. Rock an einer Schlaufe hängend, zusammen mit Inschrift in ovalem Rahmen.

StB/StA, Graphiksammlung

Anrührbild mit Applikationen und Stickerei **B 32**

Leinengewebe mit Stickerei, Seidenapplikation und aufgeklebtem Papierstreifen
24 x 18,4 cm (o. R.)
Inschrift: Wahre Abbildung des h. Rocks / Angerührt zu Trier den 20.ten 7.ber 1810

Der hl. Rock aus beiger Seide ausgeschnitten u. auf dünnes Leinengewebe aufgenäht, darunter Papierstreifen mit Inschrift, umgeben von gestickten Blütenzweigen, unten zwei gekreuzte Palmwedel.

BM, Inv. Nr. HR 5

Hl. Rock unter einem Baldachin bzw. von Engeln gehalten

B 33,1 **Andenkenbild**

Trier (?), N. Schütz
Holzschnitt auf Papier, mit Papier hinterklebt
19,9 x 14,2 cm
Inschrift: Quotquot tangebant sa - nifiebant. Marc. 6.v.56 / Wahre abbildung des H. Rocks unsers / Herrn Jesu Christi, so zu Trier in der hohen / Dohm=Kirche aufbehalten wird. A. 1810./ N. Schütz inv. et ...

Unter einem Vorhangbaldachin halten zwei Engeln den hl. Rock auf einer Stange hängend zwischen sich; darüber drei Nägel das Jesusmonogramm; am oberen Rand Inschriftband mit lateinischer Inschrift, unten in Rocaillerahmen deutsche Inschrift.
Es dürfte sich um denselben Druckstock handeln wie bei Kat. C 21, auch wenn die Qualität des Abzuges dort sehr viel schlechter ist als hier. Für die Neuauflage von 1810 wurden lediglich die letzten zwei Zeilen der Inschrift herausgeschnitten und durch „A. 1810." ersetzt.

BM, Inv. Nr. HR 6

B 33,2 **Seidenes Andenkenbild**

Holzschnitt auf blaue Seide
21,9 x 15,7 cm
Wie Kat. B 33,1.

BM, Inv. Nr. HR 71
Lit.: Hagen, S. 197, Taf. 23.

Angerührtes Wallfahrtsbild **B 34**

Kolorierter Holzschnitt, obere Ecken beschnitten, in Rahmen
14,6 x 11,1 cm (m. R.)
Inschrift: Ang. den 31./ Juli 1810./ Der H. Rock unsers Herrn / Jesu Christi, so im hohen dohm zu / Trier aufbehalten wird.

In einer Wolkenöffnung hält ein Engel den hl. Rock, darunter Inschriftkartusche.

SM, Inv. Nr. X 1090

Hl. Rock in altarähnlichem Aufbau oder Rahmen

Seidenes Anrührbild **B 35**

Tempera auf Seide, mit Schrifteindruck
27,9 x 17,2 cm
Inschrift: La robe de Notre Seigneur Jesu / Christ, telle qu,elle a été mon-/ rée au public, dans la Cathé-/ drale de la Ville de Trèves de-/ puis le 9 jusqu'au 27 Sept. 1810./ Touché le 26 du meme mois.
Abbildung des H. Rocks unsers / Herrn Jesu Christi, der zu Trier / in der Domkirche vom 9. bis den / 27. Sept. 1810 zur Verehrung ist ausgesetzt worden./ Angerührt den 26. Sept. 1810.
Cinq pieds de Trèves. - Fünf Trierische Schuh.

Der hl. Rock in der Ausstellungsvitrine von 1810 auf altarähnlichem Sockel mit Inschrift; über der Vitrine federgeschmückte Bekrönung und seitliche Vorhänge mit Troddeln.
Vgl. Kat. B 54.

StB/StA, Graphiksammlung.
Lit.: H. Schiel, Zur Hl. Rock-Wallfahrt im Jahre 1810. In: Vierteljahresblätter der Trierer Ges. f. nützl. Forschungen 5 (1959) S. 17-23, hier S. 20, Abb. S. 19.

B 36 **Erinnerungsblatt (Foto)**

Inschrift: Trier den 10 September 1810 / hat dieses Röcklein den h. Rock / unsers Erlösers angerührt.

Der hl. Rock in der Ausstellungsvitrine von 1810 (vgl. Kat. B 35) in portalartigem Aufbau mit seitlichen Pilastern und akanthusverziertem Gesims.

B 37,1 **Seidenes Andenkenbild**

27,3 x 21,0 cm (o. R.)
Holzschnitt auf Seide
Inschrift: La robe de Notre Seigneur Jesu Christ, telle qu,elle a été montrée au public, dans la Cathédrale / de la Ville de Trèves (Sarre) depuis le 9 jusqu'au 27 Sept. 1810./ Abbildung des H. Rocks unsers Herrn Jesus, der zu Trier in der Domkirche vom 9. bis den 27ten / September 1810 zur Verehrung wird ausgesetzt werden.
(Vgl. Inschrift Kat. B 35).

Der hl. Rock in der Ausstellungsvitrine von 1810 unter seitlich gerafftem Baldachin hinter Gitterbrüstung.

StB/StA, Graphiksammlung
Lit.: Wallfahrtsblatt 1933, Abb. S. 58.

B 37,2 **Andenkenbild (Foto)**

Holzschnitt auf Papier (?)
Wie Kat. B 37,1.

Andenkenbild **B 38**

Holzschnitt auf Seide in Holzrahmen mit Passepartout
29,8 x 24,2 x 2,1 cm (m. R.)
Inschrift: wie Kat. B 37,1

Blick durch Fensterrahmen mit Balusterbrüstung auf den hl. Rock in schräggestellter Ausstellungsvitrine zwischen zwei Kerzen auf einem Tisch, über dem Halsausschnitt drei Nägel und Jesusmonogramm; unter dem Rahmen die Inschrift.

Bibl. PS, Lade 37,7
Lit.: Tunica Domini. S. 32, Nr. 174

Andenkenbild **B 39**

Holzschnitt auf Papier, in modernem Rahmen
16,9 x 10,8 cm (o. R.)
Aus dem Nachlaß von Konviktsdirektor Joh. Poos, Diekirch (gest. 1959)
Inschrift: Wahre Abbildung des h: Rocks / unsers Herrn Jesu Christi, so im / hohen Dom Zu Trier aufbehalten wird./ (unter dem hl. Rock) a. den 1810 / (auf der Rückseite verschiedene handschriftliche Vermerke).

Der hl. Rock hängt in einem klassizistischen Rahmen mit bekrönender Vase und seitlichen Girlanden auf einer Stange; altarähnliches Sockelfeld mit Inschrift.

Auw, A. Heinz

Seidenes Andenkenbild **B 40**

Kupferstich auf Seide
8,3 x 5,9 cm
Inschrift: ROCK.IESV / P.LETAL 1810 / ...

Der hl. Rock in einem retabelähnlichen Aufbau mit bekrönender Vase und Girlanden.

BAT

B 41 **Gedrucktes Anrührbild**

Kupferstich auf Papier, in gemeinsamem Rahmen mit Kat. B 44,1
11 x 6,4 cm
Inschrift: Septembre / l,an 1810 / TOUCHE A LA SAINTE ROBE / D. H. ROCK IESV ANGERET / P. LETAR

Der Hl. Rock von einem Engel unter einem Vorhang gehalten; in der Mitte des hl. Rockes hochgeklappter Ausschnitt, der mit seidener Hl.-Rock-Darstellung (INRI über Halsausschnitt) hinterlegt ist.

StB/StA, Graphiksammlung

B 42,1 **Seidenbild**

Holzschnitt auf Seide
14,4 x 10,7 cm
Inschrift: ABRIS DES H. ROCK / CHRISTI IM DHOM / IN TRIER. - N.S.

Der hl. Rock in ovalem Bildfeld in ädikulaartigem Aufbau mit bekrönender Vase und seitlich herabhängenden Girlanden.
Zu „N.S." vgl. Kat. B 21; B 33,1; B 307.

StB/StA, Graphiksammlung

B 42,2 **Andenkenbild**

Radierung (?) auf Papier, koloriert, mit farbiger Metallfolie hinterlegt
13,7 x 8,6 cm
Ankauf aus dem Trierer Kunsthandel
Inschrift: DER H. ROCK UNSERES / HEILANDS / ist zur Öffentlichen Verehrung im Dom zu Trier / ausgesetzt vom 9. bis 27. September 1810.

In einem ädikulaartigen Rahmen mit bekrönender Vase und Girlanden hängt der hl. Rock in einem ovalem Feld auf einer Stange. Teile der Rahmenarchitektur sind ausge-schnitten und mit farbiger Metallfolie hinterlegt.

Vgl. Kat. B 52; B 301.

BM, Inv. Nr. HR 143

Andenkenbild (Foto) **B 43**

Holzschnitt
Inschrift: DER H. ROCK IESU / 1810

Der Hl. Rock in ovalem Bildfeld in ädikulaartigem Aufbau mit Jesusmonogramm.

Andenkenbild **B 44,1**

Holzschnitt auf Papier, in gemeinsamem Rahmen mit Kat. B 42
9,4 x 6 cm (o. R.)
Inschrift: DER H. ROCK IST 1810. DEN 9. JULIUS WIEDER HIER ANKOMMEN. M.G.S. DER H. ROCK CHRISTI / SO IM DOM IN TRI / ER AUFBEH. WIRD

Der hl. Rock auf einer Stange hängend, über dem Halsausschnitt drei Nägel und Jesusmonogramm, in ovalem Feld mit umlaufender Inschrift, weitere Inschrift im unteren Abschnitt.

StB/StA, Graphiksammlung

Seidendruck **B 44,2**

Holzschnitt auf Seide, in modernem Rahmen
ca. 9,5 x 7 cm (o. R.)
Inschrift: DER H. ROCK IST 1810 DEN 9. JULII WIEDER HIER ANKOMMEN M.G.S./ DER H. ROCK CHRISTI / SO IM DOM ZU TRIER / ...

StB/StA, Graphiksammlung

B 45 **Seide mit vier gleichen Aufdrucken**

Druck auf Seide
6,3 x 4,9 cm
Inschrift: 1810

Die Seide ist auf ein Andenken von 1891 aufgenäht.
Vgl. Kat. B 102

BAT

Hl. Rock an einer farbigen Schlaufe hängend

B 46 **Seidenes Anrührbild**

Holzschnitt auf weiße Seide
9,4 x 5,9 cm
Lt. handschriftlichem Vermerk von J. Brandenburg, Linz
Inschrift: H. Rock Jesu Christ 1810 / Angerührt, den 26 September 181..

Der hl. Rock hängt an einer roten Schleife an einem aus Rauten gebildeten Rahmen.

BAT

B 47,1 **Seidenes Andenkenbild**

Gebrüder Schaack
Kolorierter Druck auf Seide in modernem Glasrahmen
21,6 x 14,5 cm (o. R.)
Inschrift: Wahre Abbildung des H. Rocks unseres Herrn Jesu / Christi, so im hohen Dohm zu Trier aufbehalten / wird, 1810./ Hinter Theil, 5 Schuh hoch, vorder Theil 4 Schuh 9 Zoll / lang, Breite, 3 Schuh, 6 Zoll./ Von einem Arm Ende zum andern, 5 Schuh 5 Zoll,/ die Weite des Arms 1 Schuh./ Angerührt den 2_ September 1810./ (am unteren Bildrand) Gebrüder Schaack ... 56 Frères Scha ... N. 569.

Der hl. Rock braun koloriert, hängt an von zwei Engeln gehaltenem Kranz mit einbeschriebenem Jesusmonogramm, unten Texteindruck mit Maßangaben zum hl. Rock, gedruckter Rahmen (Zickzacklinie).

SM, Inv. Nr. X 1084

Seidenes Andenkenbild **B 47,2**

Druck und Gouache auf Seide in schwarzem Holzrahmen
21,5 x 15,0 cm (o. R.)
Geschenk v. K. Caster, Bitburg
Inschrift: wie Kat. B 48,1 ohne Zusatz über die Anrührung

Braun kolorierter hl. Rock hängt an rotem Band mit Schleife; bis auf die Schleife dieselbe Druckvorlage für hl. Rock und Inschrift wie bei Kat. B 47,1

BM, Inv. Nr. HR 30

Seidenes Andenkenbild **B 47,3**

Druck und Gouache auf Seide, etwas beschnitten, in vergoldetem Holzrahmen
21,8 x 14,0 cm (o. R.)
Geschenk von H. Scharntke, Trier (1943)
Inschrift: wie Kat. B 47,2

Darstellung wie Kat. B 47,2, aber andere Druckvorlage für hl. Rock.

BM, Inv. Nr. HR 29

Seidenes Andenkenbild **B 48**

Druck auf Seide, in modernem Holzrahmen
21,5 x 17,9 cm (m. R.)
Inschrift: H Rock JeSu./ 1810

Der hl. Rock hängt auf einer Stange an einer Schlaufe in einem aus aus Punkten und Rauten gebildeten Rahmen.

StB/StA, Graphiksammlung

B 49 **Seidenes Andenkenbild**

Bemalte und bedruckte Seide
22,4 x 16,7 cm
Ankauf von W. Zimmermann, Wetzlar (aus dem Besitz des Großvaters)
Inschrift: Wahre Abbildung des Hl. Rocks un=/ sers Herrn Jesu Christi, so im hohen / Dom zu Trier aufbehalten wird. 1810

Der hl. Rock hängt an einem blauen Band auf einer roten Stange.

BM, Inv. Nr. HR 109

B 50 **Andenkenbild**

Gouache auf Papier, in vergoldetem Holzrahmen
22,9 x 18,2 cm (m. R.)
Inschrift: Abbild: des H: Rock Christi / Gezeicht Ao 1810

Der hl. Rock hängt an einer roten Schlaufe, darunter Inschrift.

StB/StA, Graphiksammlung

B 51 **Seidenes Anrührbild**

Rote Seide mit Gouache und Schriftaufdruck
7,9 x 6,7 cm
1985 aus dem Kunsthandel erworben
Inschrift: Trier den 10 September 1810 / hat dieses Röcklein den h. Rock / unsers Erlösers angerührt.

Gemalter hl. Rock auf einer Stange an einem blauen Band hängend, darunter Inschrift.

BM, Inv. Nr. HR 2
Lit.: Venator & Hanstein Köln, Auktion 55, 19.-23.9.85, Nr. 2187.

Andenkenbild mit hl. Rock und hl. Nagel **B 52**

Kupferstich auf Papier
15,4 x 18,8 cm
Inschrift: DER / H. ROCK unseres HEILANDES./ Erster Schatz der Domkirche zu Trier / ist zur öffentlichen Verehrung ausgesetzt / worden 1196, 1512, 1585, 1655, 1713, 1765 und / vom 9. bis 27./ sep: 1810.
(Inschrift unter dem Bild des Nagels identisch mit Kat. B 301).

Gefaltetes Blatt: (links) Helena mit Krone und Hermelinmantel hält den hl. Rock vor sich; von dem Auge Gottes in der linken oberen Ecke fallen Strahlen auf Helena; unten Inschriftkartusche in Rocailleformen; (rechts) hl. Nagel wie Kat. B 301.
Vgl. auch Kat. B 42,2.

StB/StA, Graphiksammlung

1.4. Ausstellung 1844

Hl. Rock in Ausstellungsvitrine

Pilgerprozession im Trierer Dom **B 53**

Teilkolorierte Lithographie auf Karton
43,4 x 31,7 cm

Blick in den Ostchor des Trierer Domes mit hl. Rock in Ausstellungsvitrine von 1810; Pilger ziehen z.T. mit Fahnen am hl. Rock vorbei.
Vgl. Kat. B 117; B 291.

BM, Inv. Nr. HR 11

Kolorierter Seidendruck **B 54**

Abb. B 54 nächste Seite

Trier, J. Steyreiff
Bedruckte und kolorierte Seide
18,9 x 13,3 cm
Inschrift: Wahre Abbildung des H. Rockes, Jesu Christi,/ und Thron Himmels, worinn derselbe, vom 18. August / bis Ende September, im

Dom zu Trier ausgestellt,/ und verehret wird, im Jahr Christi, 1844./ Trier bei J. Steyreiff, Nagelgass, No. 511.

Auf einem mensaähnlichen Sockel mit Inschrift steht die flache Ausstellungsvitrine mit dem hl. Rock; akanthusverziertes Gesims als oberer Abschluß, dahinter ein blauer Vorhang.

BM, Inv. Nr. HR 46

B 55 **Seidenes Andenkenbild (Foto)**

Holzschnitt auf Seide ?
Inschrift: Abbild. des h. Rocks Christi,/ gezeigt in der Domkirche zu Trier 1844.

Der hl. Rock in der Ausstellungsvitrine wie in Kat. B 54; vereinfachte Darstellung.
Vgl. Kat. B 146.

Hl. Rock unter einem Baldachin

B 56,1 **Metzer Bilderbogen**

Metz, Dembour u. Gangel
Kolorierte Federlithographie auf Papier
66,2 x 41,7 cm
Inschrift: Der h. Rock Jesu Christi,/ zur Verehrung der Christen ausgestellt in der Domkirche zu Trier, im Jahre 1844, unter / dem Episcopat des Hochw. Hrn. Arnoldi./ (unter der Darstellung ausführliche „Beschreibung des h. Rockes" und „Geschichte des h. Rockes") / Typographie, Lithographie und Bilder-Fabrik von Dembour und Gangel in Metz.

Im Vordergrund stehende und betende Wallfahrer (Männer, Frauen, Kinder) verehren den hl. Rock, der über einer Mensa mit Kerzen und Votivgaben vor einem bekrönten Baldachin aufgehängt ist; über dem Halsausschnitt eine Dornenkrone; seitlich große Kandelaber; eine historisierende Dreipaßarchitektur bildet den Hintergrund.

BM, Inv. Nr. HR 8
Lit.: Kat. 1844, Nr. 70, S. 184f.

Metzer Bilderbogen **B 56,2**

Metz, Dembour u. Gangel
Kolorierte Federlithographie auf Seide
62,5 x 44,5 cm
Gleiche Darstellung wie Kat. B 56,1.

BM, Inv. Nr. HR 47

Seidenes Andenkenbild **B 57**

Trier, J.B.H. Ney
Lithographie auf weiße Seide, mit geprägtem Papier beklebter Rahmen
14,9 x 11,2 cm
Inschrift: Trier 1844. / Der h. Rock Christi / zur Verehrung der Christen ausgestellt. / Papst Leo X. (1514) ertheilte vollkommenen Ablaß Denjenigen, / welche zur Verehrung des h. Rockes die Domkirche besuchen. / Lith. v. J.B.H. Ney, Trier

Zwei Engel ziehen Vorhang zurück, unter dem der hl. Rock hängt; rechts und links je eine Flammenvase, darunter Inschriftkartusche.
Vgl. Kat. B 104,1 (Rahmengestaltung).

BAT

Papiernes Andenkenbild **B 58**

Metz, Dembour und Gangel
Lithographie auf Papier
10,9 x 7,3 cm
Geschenk v. F.R. Draeger, San Francisco, dessen Vorfahren um 1855 von Trier in die USA emigrierten
Inschrift: Trier 1844 / Der h. Rock Jesu Christi. / zur Verehrung der Christen ausgestellt./ Papst Leo X. (1514) ertheilte vollkommenen Ablaß Denjenigen, welche zur / Verehrung des h.

Rockes die Domkirche besuchen. / Lith. de Dembour et Gangel à Metz

Gleiches Motiv wie Kat. B 57 mit leichten Veränderungen: Strahlenkranz hinter dem hl. Rock.

BAT

B 59 **Seidenbild**

Metz, Dembour u. Gangel
Lithographie auf Seide, teilkoloriert
10,0 x 7,0 cm (o. R.)
Inschrift: Der h. Rock Jesu Christi,/ zur Verehrung der Christen ausgestellt./ Lith. de Dembour et Gangel à Metz / Papst Leo X. (1514) ertheilte vollkommenen Ablaß / Denjenigen, welche zur Verehrung des h. Rockes die / Domkirche besuchen.

Der hl. Rock ist vor einem seitlich gerafften und bekrönten Vorhangbaldachin aufgehängt; über dem Halsausschnitt Jesusmonogramm; rechts und links der Bekrönung je ein Engel; Inschrift am oberen und unteren Rand.

Trier, A. Hennen

B 60 **Andenkenbild**

Druck auf Papier, zwischen Glasscheibe und Karton mit umklebtem Band
10,2 x 6,8 cm
Aus dem Nachlaß von Hubert Schiel erworben
Inschrift: Der h. Rock Christi / zur Verehrung der Christen ausgestellt 1844./ Pabst Leo X. (1514) ertheilte vollkommenen Ablaß Den-/ jenigen, welche die Domkirche zu Trier besuchen.

Leicht verändertes Motiv zu Kat. B 59; Verlagsangabe fehlt.

BM, Inv. Nr. HR 126

Andenkenbild (Foto) **B 61**

Druck auf Seide ?
Inschrift: Und alle, die ihn berührten, wurden gesund./ Trier, 1844./ Der h. Rock Jesu Christi / zur Verehrung der Christen ausgestellt./ Pabst Leo X. (1514) ertheilte vollkommenen Ablaß Denjenigen, welche zur / Verehrung des h. Rockes die Domkirche zu Trier besuchen.

Leicht verändertes Motiv zu Kat. B 59; andere Inschrift.

Seidenes Andenkenbild **B 62**

Metz ?
Lithographie auf Seide in vergoldetem Nadelholzrahmen
44,4 x 32,7 x 4,0 cm (m. R.)
Geschenk von A. Hart, Kelsterbach
Inschrift: Und alle, die ihn berührten, wurden gesund./ Marc. C.6.V.56. / Vollkommener Ablaß / ertheilte Papst Leo X. durch eine Bulle vom 26. Januar 1514 denjenigen / frommen Christen, welche zur Verehrung des h. Rockes die Domkirche zu / Trier besuchen./ Indulgence Plénière / accordée par sa Ste. le Pape Leon X. à ceux qui visiteront la Cathédrale / de Treves, pour y honorer la Ste. Robe./
DER H. ROCK JESU CHRISTI. LA Ste. ROBE DE JESUS CHR.
Zur Verehrung der Christen / unter dem Episcopate des Hochw. Hrn. Dr. Arnoldi ausgestellt im Dome zu Trier vom 18. August / bis Ende September des Jahres 1844.

Vor einem seitlich von Engeln gerafften Vorhang halten zwei weitere Engel den hl. Rock an zwei Schnüren, seitlich dreiarmige Kerzenleuchter, darunter Inschriftkartusche und weitere Inschrift.

BM, Inv. Nr. HR 28

Hl. Rock mit der hl. Helena

B 63 **Andenkenbild**

Hochdruck auf Papier
12,5 x 8,1 cm
Inschrift: Der h. Rock im Dom zu Trier 1844.

Helena mit drei Nägeln und Kreuz hält den unten abgerundeten (!) hl. Rock auf einer Stange vor sich.

BM, Inv. Nr. HR 135

B 64 **Koloriertes Andenkenblatt**

Metz, Dembour u. Gangel
Handkolorierte Lithographie auf Papier in modernem Holzrahmen
40,5 x 30,0 cm (m. R.)
Von Fam. Thiesen, Kues/Mosel
Inschrift: „Und alle die ihn berührten wurden gesund."/ 1844 / Indulgence plénière./ Accordée par sa S.té le Pape Léon X. à ceux qui visiteront la Cathédrale / de Trèves pour y honorer la S.te Robe de Jésus./ Vollkommener Ablaß / ertheilte Leo X. durch eine Bulle, dd. den 26. Januar 1514,/ denjenigen frommen Christen, welche zur Verehrung des / h. Rockes die Domkirche zu Trier besuchen./ LA Ste. ROBE DE JESUS CHRIST / La S.te Robe de Jésus exposée à la vénération des / Chrétiens en la Cathédrale de Trèves dans l`année 1844,/ sous l'épiscopat de M.g Arnoldi./

DER H. ROCK JESU CHRISTI,/ zur Verehrung der Christen / ausgestellt in der Domkirche zu Trier, im Jahre 1844,/ unter dem Episcopat des Hochw. Hr. Arnoldi./ Lith. de Dembour et Gangel à Metz

Unter einem großen, seitlich gerafften und bekrönten Vorhangbaldachin hält die hl. Helena (mit Kreuz, 3 Nägeln, Krone) den hl. Rock vor sich, seitlich Flammenvasen; unten Kartusche mit Ablaß, darunter weitere Inschriften.

Auw, A. Heinz

Seidenes Andenkenbild **B 65**

Metz, Dembour u. Gangel
Teilkolorierte Lithographie auf Seide, in polimentversilbertem Holzrahmen
29,9 x 23,1 cm (m. R.)
Inschrift: Et tous ceux qui la touchent étaient guéris./ Marc. Ch.6.V.56./ „Und alle, die ihn berührten, wurden gesund."/ Marc. Cap. 6.V.56./ INDULGENCE PLENIERE / Accordée par sa Sté. le Pape Leon X. à ceux qui visiteront la Cathé-/ drale de Trèves pour honorer la ste Robe de Jésus./ Vollkommener Ablaß,/ ertheilte Pabst Leo X. durch eine Bulle, dd. den 26. Januar 1514, denjenigen / frommen Christen, welche zur Verehrung des h. Rockes die Domkirche zu Trier / besuchen./ LA Ste ROBE DE JESUS CHRIST / exposée à la vénération des Chrétiens en la Cathé-/ drale de Trèves dans l´année 1844 sous l'Episcopats de M. Arnoldi./ DER H. ROCK JESU CHRISTI / zur Verehrung der Christen / ausgestellt in der Domkirche zu Trier, im Jahre 1844, unter dem Episcopat / des Hochw. Hr. Arnoldi./ Lith. de Dembour et Gangel à Metz.

Die hl. Helena hält den hl. Rock vor sich; über ihr zwei bekleidete Engel, die schmale Vorhänge zur Seite ziehen; rechts und links neben dem hl. Rock Flammenvasen und nach außen kniende Engel; unter dem hl. Rock Inschriftkartusche mit Ablaßerteilung; ornamentaler Rahmen.

Trier, Domschatz

Andenkenbild (Foto) **B 66**

Inschrift: Der heil. Rock / im / Dom zu Trier. / Pabst Leo X. (1514) ertheilte vollkommenen / Ablas Denjenigen, welche zur Verehrung / des h. Rockes die Domkirche besuchen./ im August ...

Der hl. Rock von Helena gehalten, seitlich auf Postamenten Engel mit Palmzweigen.

B 67 **Seidenes Andenkenbild**

Metz, Dembour und Gangel
Kolorierte Lithographie auf Seide
45,5 x 30,5 cm
Inschrift: (wie Kat. B 65) / Freitag den 30. August 1844, um 9 Uhr Morgens, in der hohen Domkirche zu Trier und in Gegenwart einer großen Anzahl / frommer Verehrer, wurde die Fräulein Johanna Droste von Vischering, durch Berührung des h. Rockes Jesu Christi,/ von einer schweren Krankheit augenblicklich geheilt.

In einem Rahmen aus Rocaille- und Rollwerkformen thront die hl. Helena mit Kreuz und Nägeln über dem hl. Rock.

BAT

B 68 **Koloriertes Andenkenblatt**

Metz, Dembour und Gangel
Kolorierte Lithographie in schwarzem Lindenholzrahmen
29,0 x 22,5 cm (o. R.)
Inschrift: Vollkommener Ablaß,/ ertheilte Pabst Leo X. durch eine Bulle, dd. den 26. Januar 1514, denjenigen frommen Christen, welche zur Verehrung des / h. Rockes die Domkirche zu Trier besuchen./ Der h. Rock Jesu Christi,/ durch die h. Helena im Jahre 328 von Jerusalem überbracht,/ zur Verehrung der Christen ausgestellt in der Domkirche zu Trier unter dem Episcopate des hochwürdigen Herrn Arnoldi im Jahre 1844./ Lith. de Dembour et Gangel, Metz.

Helena steht im Bildvordergrund mit dem hl. Rock, links über ihr ein Engel mit Kranz aus Rosen; im Hintergrund Pilgerprozession von zwei Bischöfen angeführt.

BM, Inv. Nr. HR 111

Koloriertes Andenkenbild **B 69**

Metz, Dembour u. Gangel
Kolorierte Lithographie auf Papier in schwarzem Holzrahmen
34,4 x 26,3 cm (o. R.)
Inschrift: Ste. HELENE / rapporte de Jérusalem à Trèves / la Ste. Robe de Jésus Christ en 328. / Trèves, 328./ DIE H. HELENA / überbrachte den h. Rock Jesu Christi im / Jahre 328 von Jerusalem nach Trier./ Lith. de Dembour et Gangel à Metz.

Leicht verändertes Motiv zu Kat. B 68; andere Inschrift.

BM, Inv. Nr. HR 52

Koloriertes Andenkenbild **B 70**

Wissembourg, Fr. Wentzel
Kolorierte Lithographie auf Papier
35,3 x 26,7 cm
Inschrift: Der hl. Rock Christi./ La ste. Robe du Christ, apportée de Jérusalem par ste. Hélène en 328,/ exhiber au Dome de Trèves, sous l`épiscopat de Monseigneur Arnoldi,/ en 1844./ Durch die hl. Helena im Jahre 328 von Jerusalem mitgebracht, ausgestellt / in der Domkirche zu Trier, unter dem Episcopate des Hochw. Herrn Arnoldi / im Jahre 1844./ Indulgences pleinières / .....X. (1514) à tous les fidèles qui visitent le dome de Trèves / ...l'adoration de la sainte robe./ Vollkommener Ablaß. Pabst Leo X. (1514) ertheilte vollkommenen Ablass denjenigen, welche zur Verehrung des hl./ Rockes die Domkirche zu Trier besuchen./ Lith de Fr. Wentzel à Wissembourg.

Helena steht in der Bildmitte mit dem hl. Rock, über ihr zwei Engel mit Kranz aus Rosen; im Hintergrund Pilgerprozession von zwei Bischöfen angeführt.

StB/StA, Graphiksammlung

B 71 **Papiernes Anrührbild**

Holzschnitt bzw. -stich auf Papier
26,9 x 20,0 cm
Inschrift: Der h. Rock unseres Heilandes / JESU CHRISTI im Dom zu Trier./ Angerührt im August 1844./ (am unteren Bildrand:) ANSICHT VON TRIER,/ von der Höhe bei Pallien./ VUE DE TREVES,/ prise de la hauteur de Pallien.

In gemeinsamem Rahmen unten Trierer Stadtansicht vom linken Moselufer aus und darüber in eigenem Rahmen (mit Personifikationen von „Liebe" und „Hoffnung") der hl. Rock mit davorkniender hl. Helena mit Kreuz und Nägeln sowie links stehendem Räuchergefäß (entspricht Kat. B 98,4).
Vgl. ausserdem Kat. B 91; C 39, 40.

BM, Inv. Nr. HR 70

Hl. Rock in architektonischem Phantasierahmen

B 72,1 **Kolorierter Seidendruck**

Metz, Dembour u. Gangel
Teilkolorierte Lithographie auf Seide in Holzrahmen mit Einlegearbeit
15,5 x 10,9 cm (o. R.)
Inschrift: TRIER 1844 / Der h. Rock Jesu Christi,/zur Verehrung der Christen ausgestellt./ Pabst Leo X (1514) ertheilte vollkommenen Ablaß Denjenigen, welche zur / Verehrung des h. Rockes die Domkirche besuchen./ Lith. de Dembour et Gangel à Metz.

Braun kolorierter hl. Rock in ornamentalem Rahmen mit Jesus- und Marienmonogramm, seitlich Flammenvasen, am unteren Rand Inschriftkartusche.

BM, Inv. Nr. HR 32

Koloriertes Andenkenbild **B 72,2**

Metz, Dembour u. Gangel
Teilkolorierte Lithographie auf grünem Papier
16,0 x 9,0 cm
Geschenk von Pfr. H. Kretschmer, Rocherath
Darstellung und Inschrift wie Kat. B 72,1.

BM, Inv. Nr. HR 40

Kleiner Seidendruck **B 73**

Metz, Dembour u. Gangel
Lithographie auf blaue Seide, in Holzrahmen
12,4 x 8,9 cm (o. R.)
Inschrift: wie Kat. B 72,1.

Der hl. Rock von zwei gegenständigen Engeln mit Palmzweigen in den Händen gehalten, seitlich Flammenvasen, darunter Inschriftkartusche.

SM, Inv. Nr. X 1089,2

Koloriertes Andenkenbild **B 74**

Kolorierter Holzschnitt auf Papier
12,6 x 8,6 cm
Inschrift: wie Kat. B 72,1, jedoch ohne Verlagsangabe.

Der hl. Rock in einem historisierenden Rahmen mit Flammenvase und Ampeln rechts und links.

BAT

B 75 **Seidenes Andenkenbild (Foto)**

Saarlouis
Lithographie auf Seide?
Inschrift: Der h. Rock im Dom zu Trier/ ausgestellt im August u. September 1844 / Lith. ... Saarlouis / Pabst Leo X (1514) ertheilte vollkommenen Ablaß Denjenigen,/ welche zur Verehrung des h. Rockes die Domkirche / besuchen.

Ähnlicher Rahmen wie Kat. B 74, jedoch seitlich mit Engeln.

B 76 **Andenkenbild (Foto)**

Metz, Dembour u. Gangel
Inschrift: Der h. Rock Jesu Christi,/ zur Verehrung der Christen / ausgestellt in der Domkirche zu Trier, im Jahre 1844 unter dem Episcopat des Hochw. Hr. Arnoldi./ Lith. de Dembour et Gangel Metz./ Vollkommener Ablaß/ ...

Der hl. Rock in gotisierenden Formen (Maßwerk, Fischblasen, Kriechblumen) mit Kaiser Konstantin links und der hl. Helena rechts; unten eine Kreuzigungsgruppe.
Vgl. Kat. B 144: gleiches Motiv mit anderer Inschrift.

B 77 **Seidenes Andenkenbild (Foto)**

Metz, Dembour u. Gangel
Lithographie auf Seide ?
Inschrift: Der h. Rock Jesu Christi,/ zur Verehrung der Christen / ausgestellt in der Domkirche zu Trier, im Jahre 1844 unter dem Episcopat des Hochw. Hr. Arnoldi./ „Und alle, die ihn berührten, wurden gesund.“ Marc. Cap. 6, V. 56. / Lith. de Dembour et Gangel à Metz./ Vollkommener Ablaß,/ ertheilte Pabst Leo X durch eine Bulle, dd. den 26. Januar 1514, denjenigen frommen Christen, welche zur / Verehrung des h. Rockes die Domkirche zu Trier besuchen.

Der hl. Rock in Rahmenwerk mit Fischblasenornamentik; oben die hl. Helena mit Kreuz zwischen zwei Engeln, unten Kaiser Konstantin (?) ebenfalls zwischen zwei Engeln.

Andenkenbild (Foto) **B 78**

Metz, Dembour u. Gangel (?)
Inschrift: Und alle, die ihn berührten, wurden gesund./ Sie haben meine Kleider unter sich getheilt/ und über mein Gewand das Loos geworfen./ Ich habe mein Blut zum Heile aller vergossen.
Der h. Rock Jesu Christi,/ zur Verehrung der Christen ausgestellt in der Domkirche zu Trier, im Jahre / 1844 unter dem Episcopat des Hochw. Hr. Arnoldi./ Vollkommener Ablaß,/ ertheilte Pabst Leo X durch eine Bulle, dd. den 26. Januar 1514,/ denjenigen frommen Christen, welche zur Verehrung des h. Rockes / die Domkirche zu Trier besuchen./ Freitag den 30. August 1844, um 9 Uhr Morgens, in der hohen Domkirche zu Trier und in Gegenwart einer großen An-/ zahl frommer Verehrer, wurde die Fräulein Johanna Droste von Vischering, durch Berührung des h. Rockes Jesu Christi, von / einer schweren Krankheit augenblicklich geheilt.

Im Rahmenwerk steht Christus mit Dornenkrone und blutenden Wundmalen auf einer Kugel (?) und ist mit seinem gewand bekleidet; an den seitlichen Säulen je eine Krücke als Hinweis auf die Krankenheilungen.

Koloriertes Andenkenbild **B 79**

Entwurf: M. Wenk, Trier
Handkolorierte Lithographie auf Papier, mit zweitem, durchscheinendem Druck kaschiert
15,5 x 9,7 cm
Inschrift: Der heilige Rock unseres Herrn u. Heilandes Jesu Christi / aufbewahrt im Dome zu Trier der öffentlichen Vereh=/ rung ausgestellt im Jahre 1844./ entworfen v. M. Wenk in Trier / (im Gegenlicht:) ICH BIN DER WEG DIE WAHRHEIT U. DAS LEBEN

Retabelähnlicher Aufbau in neogotischen

Formen (Maßwerk koloriert) mit hl. Rock mit herunterhängenden Ärmeln, im Gegenlicht erscheint dahinter die kniende Gestalt Jesu mit erhobenen Händen vor Landschaft.

BAT

B 80 **Andenkenbild (Foto)**

Inschrift: Wahre Abbildung des h. Rocks / unsers H. Jesu Christi. Auf-/ bewahrt im Dom zu Trier./ Gezeigt 1844.

Der hl. Rock hängt in einem Rahmen in der Art eines Renaissance-Epitaphes, links Paulus, rechts Petrus, in den Giebelädikulen Christus mit zwei sitzenden Figuren.

Hl. Rock an einer Schlaufe hängend

B 81 **Seidenes Andenkenbild**

Metz, Dembour u. Gangel
Gouache und Druck auf helle Seide
44,2 x 28,8 cm
Inschrift: Und alle, die ihn berührten, wurden gesund. Marc. Cap. 6, Vers. 56./ DER H. ROCK JESU CHRISTI,/ zur Verehrung der Christen ausgestellt in der Domkirche zu Trier, im Jahre 1844, unter dem / Episcopat des Hochwürdigen Herrn Arnoldi./ Vollkommener Ablass / ertheilte Papst Leo X. durch eine Bulle, dd. den 26. Januar 1514, denjenigen frommen Christen,/ welche zur Verehrung des h. Rockes die Domkirche zu Trier besuchen./ Fabrique de DEMBOUR et GANGEL.

Der hl. Rock hängt auf einer Stange an einem roten Band mit Schleife vor hellgelbem Hintergrund zwischen zwei Bäumen, dahinter blauer Himmel.

BM, Inv. Nr. HR 120

Seidenes Andenkenbild **B 82**

Gouache und Druck auf gemusterte Seide, mit Urkunde hinterklebt
27,5 x 24 cm
Ankauf aus dem Kunsthandel
Inschrift: DER HEILIGE ROCK CHRISTI / im Dome zu Trier 1844.

Der hl. Rock an grünem Band aufgehängt; Kaschierung mit einer Urkunde König Friedrich Wilhelms von Preußen.

BM, Inv. Nr. HR 114
Lit.: Venator & Hanstein Köln. Auktion 64, Sept. 1991, Nr. 1513, S. 222.

Seidenes Andenkenbild **B 83**

Gouache und Druck auf gemusterte Seide
21,7 x 19,7 cm
Inschrift: wie Kat. B 82.

Der hl. Rock ist an einem blauem Band aufgehängt, darunter Inschrift.

SM, Inv. Nr. X 1116

Seidenes Anrührbild **B 84**

Gouache auf Seide, auf Papier aufgeklebt in schwarzem Holzrahmen
8,3 x 6,2 cm (o. R.)
Inschrift: Hat angerührt den h. Rock / unsers Erlösers./ Trier, 1844.

Seide mit geprägten Papierborten umklebt und in Bild- und Inschriftfeld unterteilt; hl. Rock an blauem Band hängend.

Korlingen, L. Marx

B 85 **Papiernes Anrührbild**

Lithographie auf Papier
7,8 x 6,8 cm
Inschrift: Der h. Rock Jesus Christus, / im Dom zu Trier. / Angerührt 1844.

Der hl. Rock mit Inschrift in Rahmenfeld; im Rahmen Heilig-Geist-Taube, Bücher und Pilgerstab, -hut mit Kreuz

BAT

B 86 **Seidendruck (Foto)**

Lithographie auf Seide ?
Inschrift: Der h. Rock Christi / im Dom zu Trier./ Angerührt 1844.

Der hl. Rock in einfachem Rahmen an einem Band hängend.

B 87 **Kleiner Seidendruck**

Lithographie auf Seide zwischen Glas und Pappe
10 x 7,1 cm (o. R.)
Inschrift: Der heilige Rock Christi / im Dom zu Trier 1844.

StB/StA, Graphiksammlung

B 88 **Andenkenbild (Foto)**

Trier, Hochmuth
Inschrift: Der heilige Rock./ Ausgestellt im Dom zu / Trier im Jahr 1844./ bei Hochmuth in Trier.

Gesticktes Andenken **B 89**

Wolle, Leinen, Glas, Holz in bronziertem Holzrahmen
30,3 x 21,9 x 2,2 cm (m. R.)
Geschenk von Regina Bausch, Schweich
Inschrift: Wahre Abbildung des heiligen / Rocks Christi im Dom zu Trier / gezeigt im Aug. u. Sept. 1844

In großmaschigen Leinenstoff ist der hl. Rock - an blauem, geknotetem Band hängend - eingestickt, darunter die ebenfalls gestickte Inschrift.

BM, Inv. Nr. HR 55

Gestichtes Andenkenbild (Foto) **B 90**

Inschrift: L.H. 1844

Über dem Halsausschnitt des hl. Rockes drei Nägel und Jesusmonogramm; über und unter dem hl. Rock florale Stickerei.

Andenkenbild mit Stadtansicht **B 91**

Lithographie auf Seide in Rahmen
21,3 x 16,8 cm (m. R.)
Inschrift: Abbildung / des heiligen Rockes unseres Heilandes JESU CHRISTI, welcher von der H. HELENA / durch AGRITIUM im Jahre 328 nach Trier gebracht, dort im Dome aufbewahrt / und im Monate August des Jahres 1844 gezeigt wurde. Angerührt.

Der hl. Rock wird an einer Schlaufe von zwei Engeln gehalten; darunter in einfachem Rahmen Stadtansicht von Trier von Südwesten.
Vgl. Kat. B 71 (Rahmen).

StB/StA, Graphiksammlung

B 92 **Andenkenbild (Foto)**

Lithographie ?
Inschrift: Der h. Rock Christi / im Dom zu Trier./ angerührt 1844
Über dem hl. Rock Blumenkranz, der von zwei Engeln gehalten wird; darunter zwei mit Blumen gefüllte Füllhörner.

Verschiedenes

B 93 **Kastenbild**

Holz, geprägtes und ausgestanztes Papier, Stoff- und Papierblumen, Seide, Silberlahn, Federn, Metallblech, in polimentvergoldetem Holzrahmen mit angesetztem Holzgehäuse
38,1 x 29,4 x 6 cm
Aus dem Nachlass von Domkapitular Carl Kammer (1881-1968), Trier
Inschrift: (im aufgeschlagenen Buch) Das Leiden / unseres / Herrn / Jesu Christi./ Und über / meinen / Rock haben / sie das Loos / geworfen.
Hat angerührt den heiligen Rock / im hohen Dom zu Trier 1844
Cedulae: de sarcophag: S: Othmar..., St: Othmari Abb., de veste S: Catharin.., ..Feliciani ..., S. Damiani: Mart:, S. Felicis M..., de cingulo S. Pirminii, S: Hilarii Episc., de sarcoph. S: Notkeri, ...Bufalo veste

Auf seidenem Untergrund in der Mitte hl. Rock aus Seide mit aufgesetztem Kruzifix aus geprägtem Papier, umgeben von Papier- und Textilblumenkranz, in den die Reliquienpäckchen mit den Cedulae eingesetzt sind. Unter dem hl. Rock Herz Jesu mit flankierenden, anbetenden Engeln aus geprägtem, ehemals vergoldetem Papier. In dem dunkleren äußeren Feld die Leidenswerkzeuge: Geißelsäule mit Hahn, Leiter, Geißeln, Lanze, Essigschwamm, Kreuz mit Dornenkrone und Titulus, Würfel, Hammer, Nägel, Zange, Laterne, Wasserkanne mit Schale und Tuch.

Trier, F. J. Ronig

Seidenes Andenkenblatt **B 94**

Saarlouis, Lith. Anstalt von H. v. Dirke
Teilkolorierte Lithographie auf Seide in vergoldetem Nadelholzrahmen
46,9 x 40,6 x 2,5 cm (m. R.)
Inschrift: Der h. Rock im Dom zu Trier / Ausgestellt im August u. September 1844. / Lith. Anstalt von H. v. Dirke in Saarlouis
(im Uhrzeigersinn links oben beginnend:) Die römischen Bäder in Trier / Maximin bei Trier (ehem. Abtei) / Ruine Ramstein an der Kyll bei Trier / Der Dom und die Liebfrauenkirche in Trier / St. Paulins-Kirche / Dianen Denkmal zu Bollendorf / Thiergarten bei Trier / Porta Nigra / Die Moselbrücke zu Trier / Churfürstlicher Pallast / Constantin. Pallast in Trier / Amphitheater bei Trier / Röm. Monument zu Igel / St. Mathias Kirche

Im Zentrum des Bildfeldes der braun kolorierte hl. Rock zwischen seitlich gerafften Vorhängen, über ihm die Heilig-Geist-Taube, darunter Inschriftkartusche; rundherum 14 jeweils quadratische Ansichten von Denkmälern aus Trier und Umgebung (vgl. Inschriften).

BM, Inv. Nr. HR 27

Seidenes Andenkenbild (Foto) **B 95**

Lithographie auf Seide ?
Inschrift: DER H. ROCK JESU CHRISTI./ zur Verehrung der Christen ausge-/ stellt in der Domkirche zu Trier, im / Jahre 1844, unter dem Episco-/ pat des Hochw. Hrn. Arnoldi./ Und alle die ihn berührten, wurden gesund. Marc. Cap. 6, Vers 56./ (Ablaßversprechen wie Kat. B 81)

Dreiachsiger, triumphbogenartiger Aufbau mit Himmelfahrt Christi links und Himmelfahrt Mariens rechts; in der Mitte der hl. Rock mit Ablaßversprechen und „Beschreibung des h. Rockes"; darunter neutestamentliche Szene mit predigendem Jesus (?); darüber Salvator mit Weltkugel. Am unteren Bildrand „Geschichte des h. Rockes".

B 96 **Seidenes Anrührbild**

Kupferstich und Lithographie auf Seide
ca. 37 x ca. 27 cm
Lt. Handschriftlichem Vermerk von M. Schmiddem, Linz
Inschrift: Der h. ungenähte Rock Christi ist oben / mit den Aermeln 55„ breit, unten / 3,6" lang, hinten 5' vorn 4, 6„./ Derselbe ist im Dom zu Trier auf-/ bewahrt, und daselbst vom 18./ August bis Ende September 1844 öffentlich / gezeigt worden./ Angerührt am 1844

In der Mitte der hl. Rock, darüber in einer Wolkenglorie der Auferstandene, seitlich und am unteren Rand ein spiegelsymmetrischer Rahmen mit Szenen aus dem Leben Jesu (Anbetung der Könige, der zwölfjährige Jesus im Tempel, Brotvermehrung; Abendmahl, Gefangennahme, Kreuzigung) und Inschrift.

BM, Inv. Nr. HR 48

B 97 **Seidenes Andenkenbild (Foto)**

Koblenz, J. Hildenbrandt
Lithographie auf Seide ?
Inschrift: Wahre Abbildung / des heil. Rockes unseres Herrn Jesu Christi,/ wie derselbe aufbewahrt wird in der Domkirche zu Trier./ Den Gläubigen gezeigt vom 18. August bis zum 29. September 1844./ Gedruckt und zu haben bei J. Hildenbrandt in Coblenz.

Der hl. Rock mit Dornenkrone und drei Nägeln in altarähnlichem Aufbau mit anbetenden Engeln.

Vier Andenkenbilder (Foto) **B 98,1-4**

Holzschnitte auf Papier ?

(1) Inschrift: Der h. Rock Jesus Christus,/ im Dom zu Trier. Angerührt 1844.
Der hl. Rock in rechteckigem Rahmen mit Personifikation der „Caritas" links, der „Spes" rechts und einem Kelch mit Eucharistie im oberen Teil.

(2) Inschrift: Der h. Rock Christi, im Dom zu Trier. Angerührt 1844.
Der hl. Rock in fassadenartigem Rahmenwerk.

(3) Inschrift: Der h. Rock Jesus Christus,/ im Dom zu Trier 1844.
In einem Rahmen, der einem spätgotischen Portal nachgebildet ist, wird der hl. Rock von einem Engel gehalten.

(4) Vgl. Kat. B 71.

Seidenes Andenkenbild **B 99**

Lithographie auf weiße Seide
27,5 x 21,8 cm
Ankauf aus Privatbesitz
Inschrift: Abbildung des heiligen Rocks / unsers Herrn und Heilandes Jesu Christi,/ gezeigt in der hohen Domkirche zu Trier im August und September 1844

Über altarähnlichem Sockel mit Inschrift Darstellung des hl. Rockes in klassizistischem Rahmen mit bekrönender Vase und Girlanden.

BM, Inv. Nr. HR 113

Seidenes Andenkenbild **B 100**

Holzschnitt (?) auf beige Seide (aufgenäht auf Andenken von 1891)
13,4 x 9,5 cm
Inschrift: Abbildung des h. Rocks / gezeigt im Dom zu Trier 1844.

Hochrechteckiger Rahmen mit Eckverzierungen und Inschriftfeld am unteren Rand; darin hl. Rock mit Jesusmonogramm, drei Nägeln in hochovalem Feld, darüber Vase mit seitlichem Blattwerk.

BAT

B 101 **Kleines Andenkenbild**

Druck auf Papier mit Gouache (März 92 auf neue Unterlage montiert)
9,3 x 6,9 cm
Inschrift: Der heil. Rock Jesu Christi,/ gezeigt im August u. September 1844.

Bild des hl. Rockes in einfachem Rahmen mit Inschrift; hl. Rock mit Gouache braun ausgemalt.

BM, Inv. Nr. HR 12

B 102 **Anhänger mit Seidenbild**

Rosafarbene und blaue Seide in versilbertem Messingrahmen mit Öse und doppeltem Glas
3,1 x 2,0 x 0,6 cm (m. R.)
Inschrift: 1844
Vgl. Kat. B 45.

BM, Inv. Nr. HR 91
Lit.: Wallfahrtsblatt 1933, S. 68 (Abb.).

B 103 **Takenplatte**

Weilerbach
Gußeisen
80 x 81,3 cm
Inschrift: WEILLERBACH / 1844

Der hl. Rock zwischen zwei Bäumchen, darunter Inschrift.

BM, Inv. Nr. L 370

Andenken mit Seide von der Umhüllung des hl. Rockes (Dankurkunden)

Andenken mit Seide von der Umhüllung des hl. Rockes **B 104,1**

Trier, Hochmuth
Lithographie auf Papier, Seide, in Holzrahmen mit geprägtem Goldpapier
14,8 x 12,1 x 2,1 cm
Lt. handschriftl. Vermerk von den Geschwistern Thonet, Trier
Inschrift: FIDES SPES ET CHARITAS / SEIDE / in welcher der hl. Rock Jesu Christi vom Jahre 1810 / bis 1844 gelegen hat./ Lith. b. Hochmuth in Trier

In mit geprägtem Papier beklebtem Rahmen Lithographie mit hl. Rock in Strahlenkranz, darunter Kreuz, Anker und Herz mit Inschriftband und Inschrift; hl. Rock, Kreuz, Herz und Anker ausgeschnitten und mit verschiedenfarbiger Seide (rot, gelb, grün) von der Umhüllung des hl. Rockes hinterlegt.
Vgl. Kat. B 57 (Rahmengestaltung).

BM, Inv. Nr. HR 38

Andenken mit Seide von der Umhüllung des hl. Rockes **B 104,2**

Trier, Hochmuth
Druck auf Papier, Prägestanzblumen, Seide
26,8 x 21,2 cm
Inschrift: wie Kat. B 104,1.

Gleiche Darstellung wie Kat. B 104,1, in ovalem Kranz aus aufgeklebten, geprägten und ausgestanzten Blumen; hinterlegte Seidenstücke z.T. rückseitig bedruckt mit Motiv wie Kat. B 102.

SM, Inv. Nr. X 1117

B 105 **Dankurkunde für Mitglied der Ehrenwache**

Trier, J.B.H. Neu
Siegellack, Seide, auf bedruckter Gelatinefolie
15,8 x 10,6 cm
Inschrift: Zum Andenken / für die Ehren-Wache beim h. Rock, wäh-/ rend der Ausstellung im Jahr 1844.
Die Porta Nigra / Der Dom / Lith. Anstalt v. J.B.H. Neu, Trier
(handschriftlich) Für den Ehrenwächter Hern / Stephan Luccas / Schiffer.

Textiles Andenkenbild mit Siegellack und drei schmalen Seidenstreifen (rot, weiß, blau) auf Blatt mit Ansicht von Porta Nigra und Dom aufgeklebt.

StB/StA, Graphiksammlung

B 106 **Dankurkunde für Mitglied der Ehrenwache**

Trier, Dreyer
Lithographie auf Papier in vergoldetem Holzrahmen
41,8 x 33,7 cm (m. R.)
Inschrift: Die hier angeheftete Seide auf welcher / der heilige Rock unsers Herrn u. Erlösers / gelegen hat, ist von dem Hochwürdigsten / Bischof v. Trier, Herrn Wilhelm Arnoldi / dem Herrn Franz Ströcker/ ZUR ERINNERUNG / an die öffentliche Ausstellung des hei-/ ligen Gewandes vom 18t. August bis 6ten / Oktober 1844, während welcher derselbe / als Mitglied der Ehrenwache fungirt / hat, überwiesen worden./ Trier, den 15ten November 1844 / Das Comitè der Ehrenwache
(Siegel mit Aufschrift) Das Comite der Ehrenwache 1844
(darunter) Lith. v. Dreyer in Trier
(auf Schrifttafel) 1844 v. 18. Aug. bis 6. Octob.

Zwischen Ast- und Laubwerkrahmen mit Mitgliedern der Ehrenwache sowie knienden Wallfahrern in der Mitte die Dankinschrift, oben zwischen zwei Engeln ein Stück Seide mit Hl.-Rock-Aufdruck eingeklebt, am unteren Rand Frauengestalt mit Attributen der verschiedenen

Künste (?) zwischen Fahnendekoration.

SM, Inv. Nr. X 106
Lit.: Kat. 1844. Nr. 74, Abb. S. 186.

Dankurkunde für Mitglied der Ehrenwache (Foto) **B 107**

Druck auf Papier ?, Seidendruck, Papiersiegel
Inschrift: Der hier besiegelte Damast, auf welchem / der h. Rock Jesu Christi im Jahr 1725 / gelegen hat, wird zum Andenken über-/ geben dem Mitgliede der EhrenWache./ (handschriftlich) Martin Doms.

In einem Rahmenwerk mit Kreuz und zwei gegenständigen Engeln als Bekrönung ist mit einem Papiersiegel ein Stück Seide von der Umhüllung des hl. Rockes von 1725 befestigt.

Kritik, Karikaturen

Baumwolltuch mit Porträt von J. Ronge **B 108**

Bedruckte Baumwolle
81,5 x 83,5 cm
Inschrift: Offenes Sendschreiben an den Herrn Wilhelm Arnoldi, Bischof zu Trier. Laurahütte, den 1. Oktober 1844. ... Johannes Ronge, katholischer Priester./ (unter dem Porträt) Johannes Ronge

Text auf den vier Randstreifen umlaufend, in der Mitte Ronge-Porträt (Lithographie ?); in den Ecken sowie im inneren Rahmenfeld Rosenzweige.
Der Text entspricht dem auch in gedruckter Form vorliegenden Sendschreiben Ronges an Bischof Arnoldi (vgl. Abb. 45 im Beitrag von M. Embach).

BM, Inv. Nr. HR 110
Lit.: Tunica Domini, Nr.335.

B 109 **Dose mit Porträt und Spottgedicht von Johannes Ronge**

Ankauf aus dem Kunsthandel
Papiermaché, Radierung, lackiert
8,4 x 2 cm
Inschrift: Vs. Johannes Ronge
Rs. GEDICHT / von / Johannes Ronge
I. Im deutschen Land, zu Trier,
Am heitern Moselstrom,
Da hängt ein alter Mantel
Im hohen Kirchen Dom.
II. Den hat die heilge Einfalt
Der Pfaffen Lug und Trug,
Gestempelt zu den Mantel,
Den einst der Heiland trug.
III. Und wer vor dem Gewande,
Andachtiglich will knien,
Den werden alle Sünden,
Die schwersten auch verziehn.
IV. Da fängt auf allen Wegen,
Die große Wallfahrt an,
Und Pilgerscharen drängen,
Zum Wunder sich hinan.
V. Und Deutsche Männer beten,
Dort emsig Tag und Nacht,
Und Deutsche Fürsten dulden,
So unerhörte Schmach.
VI. Hinweg mit euern Lügen,
Und euern Poßenspiel.
Der alte Rock des Herrn,
Schon längst zu Staub zerfiel.
VII. Doch den Verklärungs Mantel,
Das göttliche Gewand,
Das hat das Heer der Pfaffen,
Zur Asche längst verbran(n)t.
VIII. Laß ab von deinen Pilgern,
Du altes stolzes Rom,
Das heilge Kleid der Leiden,
Häng aus in deinen Dom.
IX. Dorthin laß deine Pilger,
Wallfahrt und beten gehn,
Das Sie im Glanz der Sonne,
Des Herrn Antlitz sehn.
X. Dort wird o,seltnes Wunder,
In Ihren Seelen Licht,
O kom(m) du Wundermutter,
Solch Wunder magst du nicht.

Auf der Vorderseite Halbfigurenporträt von Johannes Ronge (1813-1887), auf der Rückseite Gedicht.

SM, Inv. Nr. X 1133

Karikatur zur Wallfahrt 1844 **B 110**

Kreidelithographie auf Papier
26,7 x 33,1 cm
1987 aus dem Kunsthandel erworben
Inschrift: Religionsmissbräuche / Geschichte des heiligen Rockes in Trier / (am unteren Bildrand) Heran jedweder Sündenbock!/ Hier ist zu sehn der heilge Rock;/ Wer wacker zahlt, Mann oder Weib,/ Der wird gesund an Seel und Leib.

In rundbogigem Feld zweigeteilte Szene: rechts der an einem Kreuz aufgehängte hl. Rock mit predigendem Bischof und betenden Mönchen in dichten Weihrauchwolken, davor kniende und lamentierende Pilger, z.T. mit Krücken; auf der linken Seite scheffeln hinter einer Wand Mönche das von den Wallfahrern gespendete Geld; ein Mönch steht in Orantenhaltung hinter einer großen Schatztruhe mit Geldsäcken.
Ein im Stadtarchiv (Graphiksammlung) aufbewahrtes Blatt weicht von dem hier gezeigten in Einzelheiten ab und nennt außerdem einen Erscheinungsort: „Verlag v. E. Pönike in Leipzig".

BM, Inv. Nr. HR 59
Lit.: Venator & Hanstein. Auktion 57/12.-15.9.87, S. 220, Nr. 1666, Taf. 155.

Karikatur zur Wallfahrt 1844 **B 111**

Kreidelithographie auf Papier
34,1 x 35,3 cm
1962/63 aus dem Münchner Kunsthandel erworben

Eine große Schar von Wallfahrern - wie Menschen gekleidete Schafe, Schweine und Enten - pilgert zu einer Kirche, in deren Giebelfenster eine Fahne mit dem hl. Rock

hängt. Vor der Kirche steht ein großer Opferstock mit auf dem Kopf stehender Teufelsfratze, von dem aus Geldsäcke zu einem Storchennest auf dem Schornstein der Kirche hochgezogen werden. Die Störche sind durch Mitra und Pektorale als Bischöfe gekennzeichnet. Von dort gehen die Geldsäcke weiter zu einem links in den Wolken erscheinenden schweinsköpfigen Wesen mit einer Narrenkappe auf dem Kopf, einem Schlüssel um den Hals und der Kuppel der Peterskirche im Hintergrund (Spottbild des Papstes ?); hinter ihm weitere Bischöfe. Diese Darstellung ist durch eine zerbrochene Kette mit Johannes Ronge verbunden, der am linken Bildrand in den Wolken mit einer Posaune erscheint. Darunter ist eine Windmühle dargestellt, aus der ein Korn(?)strahl herausfließt, der von einer Schere abgeschnitten wird.
Ronge erscheint in Anlehnung an die Gerichtsengel der Apokalypse als derjenige, der sich von der Kirche losgesagt hat und der die Wallfahrts- und Spendenpraktiken der Kirche aus Anlaß der Rockwallfahrt 1844 anprangert.

StB/StA, Graphiksammlung

B 112 **Karikatur zur Wallfahrt 1844**

Kreidelithographie auf Papier
29,5 x 47,3 cm
1962/63 aus dem Münchner Kunsthandel erworben

Ronge - mit dem „Deutsch Katholische(n)s Glaubensbekenntnis" in Händen - vertreibt die Vertreter der Kirche: Papst, Bischof Arnoldi und Kleriker, die den hl. Rock mit sich führen, sowie König Ludwig I. von Bayern, der als einziger Widerstand zu leisten scheint. Er hält ein Buch in der Hand mit „Meine(n) Gedichte(n)". Im Bildhintergrund strömen zahlreiche Gläubige in die „Kirche der deutsch-Katholischen Gemeinde".
Die Gestaltung der Szene knüpft an die Vertreibung der Geldwechsler durch Jesus aus dem Tempel, bzw. - durch den Engel mit dem Flammenschwert - an die Vertreibung aus dem Paradies an.
StB/StA, Graphiksammlung

Lit.: Kat. 1844, Nr. 77, S. 187, Abb. S. 188.

B 113

Karikatur zur Wallfahrt 1844

Kreidelithographie auf Papier
29,7 x 36,8 cm
1962/63 aus dem Münchner Kunsthandel erworben

In der Bildmitte hängt eine Waage, in deren linker Schale ein Hammer, eine Zange, drei Nägel sowie ein Blatt mit der Aufschrift: „Loyola/Nepomuc/Bonifat/Maria/Borgia" geschrieben steht. Daneben liegt noch eine Schriftrolle „Excom(m)unication". Über der Schale hängt der hl. Rock am Waagebalken. Zusammen mit verschiedenen Klerikern versuchen einige Bischöfe die Waagschale mit Hilfe ihrer Bischofsstäbe sowie mit Rosenkränzen herunterzuziehen, da die hochschnellende Schale den Papstthron umstürzt und der Papst mit der „Bannbulle" in der Hand hinterrücks fällt. In der rechten, nach unten zeigenden Schale liegt das „Offene(s) Sendschreiben von Ronge. 1844. Breslau". Ronge selbst steht daneben. Am rechten Bildrand wird neben einem alten Baumstumpf von einem Kleriker und einem Laien ein junges Bäumchen gepflanzt - ebenso wie die im Hintergrund im Bau befindliche Kirche ein Sinnbild für die romunabhängige, ab 1845 sogenannte „deutschnationale Kirche".

StB/StA, Graphiksammlung

Karikatur zur Wallfahrt 1844

B 114

Kreidelithographie auf Papier
33,7 x 47,2 cm
1962/63 aus dem Münchner Kunsthandel erworben

Ein großer Karren, auf dem der Petersdom steht, wird von einer Reihe von Mönchen gezogen. Zwei Männer im Gehrock stürzen das Kirchengebäude auf dem Wagen um, so daß darunter Kisten mit den Aufschriften: „Reliqu... / Reliquien aller Art / Ablaß / Heil: Knochen

Nägel etc. / Splitter" zum Vorschein kommen. Von rechts kommt der Papst auf einem wiehernden Esel heran und führt den hl. Rock wie eine Fahne mit sich.

StB/StA, Graphiksammlung

B 115 **Karikatur zur Wallfahrt 1844**

Kreidelithographie auf Papier
32,5 x 37,5 cm
1962/63 aus dem Münchner Kunsthandel erworben

In einem Kirchenraum zeigt ein Priester mit einem umgehängten Leierkasten (in der Art eines Bänkelsängers) auf den an einer Stange aufgehängten hl. Rock. Von allen Seiten kommen Pilger, denen am rechten Bildrand von Priestern ein Brett vor den Kopf genagelt oder geschraubt wird, mit ihren Geldbeuteln, um ihr Geld in einen großen Opferstock vor dem hl. Rock zu werfen. Hinter dem Gewand füllen ein Bischof und verschiedene Kleriker das Geld in große Säcke ab und prosten sich gutgelaunt zu.

StB/StA, Graphiksammlung

B 116 **Karikatur zur Wallfahrt 1844**

Holzstich auf Papier
22,5 x 19,5 cm

Die mit „Ein Anhänger des heiligen Rockes" untertitelte Karikatur zeigt einen Mann mit gesenktem Kopf und in langem Gewand, das von einem zweiten Mann mit einem Stock hochgehoben wird, so daß darunter die Pferdefüße des Teufels sichtbar werden.
Die Karikatur stammt „Aus Oettinger,s CHARIVARI N.o. 112."

StB/StA, Graphiksammlung

1.5. Ausstellung 1891

Der hl. Rock im Ostchor des Domes ausgestellt

Pilgerprozession im Trierer Dom

B 117

H.H. (?)
Lithographie auf weiße Seide, mit Karton hinterklebt
38,0 x 26,0 cm
Ankauf aus dem Trierer Kunsthandel
Inschrift: Innere Ansicht des Doms zu Trier, während der / Ausstellung des Heiligen Rockes im Jahre 1891.
(links unten im Bildfeld) Deposé H. H.

Blick in den Ostchor des Trierer Domes mit Wallfahrern, die auf der rechten Seite die Pilgertreppe hochsteigen, am ausgestellten hl. Rock vorbeiziehen und auf der linken Seite wieder herunterkommen und in das nördliche Seitenschiff weggehen; im Vordergrund einzelne Personen im Gespräch.
Vgl. Kat. B 53; B 291.

BM, Inv. Nr. HR 78
Lit.: Wallfahrtsblatt 1933, S. 26 (Abb. u. Text).

Der heilige Rock im Ostchor des Trierer Domes

B 118

Trier, Lintz
Chromolithograhie auf Papier, auf Karton aufgeklebt
27,7 x 17,5 cm (m. R.)
Inschrift: Die Ausstellung des heil. Rockes in der Domkirche zu Trier 1891./ Chromo nach Original-Aufnahme./ Verlag der Fr. Lintz,schen Buchhandlung in Trier./ (Gesetzlich geschützt 1891)./ (datiert im Bild rechts unten) 21.8.91

Blick von der südlichen Ostchorempore (ehem. Orgel) des Domes auf die Fassade der Hl.-Rock-Kapelle mit ausgestelltem hl. Rock, in Brauntönen gehalten, Vorhang hinter dem hl. Rock rot.

BAT

B 119 **Der heilige Rock im Ostchor des Trierer Domes**

Trier, Paulinus-Druckerei
Flachdruck (Steindruck-Schnellpresse) auf Papier
23,8 x 15,7 cm
Inschrift: Zum Andenken an die Ausstellung des hl. Rockes / in Trier 1891./ Der Hochaltar des Trierer Domes mit dem hl. Rock./ (am unteren Rand) Verlag der Paulinus-Druckerei (Dasbach & Keil) / in Trier an der Mosel / Gesetzlich geschützt./ Photograph. Schnellpressendruck nach Naturaufnahme von Ch. Bernhoeft in Luxemburg.

Blick auf die Fassade der Hl.-Rock-Kapelle mit ausgestelltem hl. Rock; rechts im Bild Helena-Figur von J. W. Frölicher, links Teil der Hochaltarmensa; zusammen mit Inschrift von Rahmen umgeben.

BAT

Hl. Rock ohne Aufhängung (Stange, Schlaufe)

B 120 **Seidenes Andenkenbild**

Trier, E. Herzig
Tief- und Hochdruck auf Seide
9,5 x 6,4 cm
Inschrift: LA SAINTE ROBE / Eposée à la / Cathédrale de Trèves 1891./ E. Herzig, Trèves.

Der hl. Rock (Hochdruck) ohne Aufhängung in ädikulaartigem Rahmen (Tiefdruck); Jesus-Monogramm über dem Halsausschnitt.

StB/StA, Graphiksammlung

Stanzspitzenbild **B 121**

Trier, E. Herzig
Stahlstich mit teilweise geprägtem Stanzspitzenrahmen
9,2 x 6,3 cm
Inschrift: Der hl. Rock / im Dome zu Trier./ E. HERZIG, TRIER.

Stanzspitzenbild mit ein- und ausschwingendem Umriß; hl. Rock in hochovalem Bildfeld mit Jesus-Monogramm über dem Halsausschnitt.

StB/StA, Graphiksammlung

Seidenes Andenkenbild **B 122**

Trier, E. Herzig
Tief- und Hochdruck auf Seide
5,9 x 4,3 cm
Inschrift: LA SAINTE ROBE / Exposée à la / Cathédrale de Trèves 1891./ E. Herzig, Trèves.

StB/StA, Graphiksammlung

Andenkenbild **B 123**

Trier, E. Herzig
Tief- und Hochdruck auf Karton
9,9 x 6,9 cm
Inschrift: Der heilige Rock / im Dome zu Trier,/ ausgestellt im Jahre 1891./ E. HERZIG, TRIER

Der hl. Rock (Hochdruck) in einem rundbogigen Rahmen (Tiefdruck) hängend; um den Rahmen herum Engel mit den Leidenswerkzeugen; im Scheitel Engel mit Schweißtuch der Veronika.
Vgl. auch Kat. B 152.

StB/StA, Graphiksammlung

B 124 **Andenkenbild**

Trier, E. Herzig
Hochdruck (Holzstich ?) auf Seide
12,5 x 7,6 cm
Inschrift: Der heilige Rock / im Dome zu Trier,/ E. HERZIG, TRIER

Ähnlicher Rahmen wie bei Kat. B 123, hier ergänzt durch vier den Rahmen von unten stützende Engel; Hl.-Rock-Darstellung schmäler und mit anderem Halsausschnitt als dort.
Vgl. auch Kat. B 152.

StB/StA, Graphiksammlung

B 125 **Gefaltetes Andenkenbild**

Trier, E. Herzig
Hochdruck (Holzstich ?) auf Papier
11,2 x 7,1 cm
Inschrift: Der hl. Rock / unseres Erlösers im Dome zu Trier./ ... / Druck und Verlag von E. Herzig in Trier.

Gefaltetes Andenkenbild mit Hl.-Rock-Darstellung (wie Kat. B 120-123) sowie Geschichte des hl. Rockes und Gebete.

StB/StA, Graphiksammlung

B 126 **Seidenes Andenkenbild**

Stahlstich auf weißer Seide, Papier, Bordüre in Goldprägung
6,9 x 5,0 cm
Inschrift: Der heilige Rock / im Dome zu Trier,/ ausgestellt im Jahre 1891.

BAT

Erinnerungskarte **B 127**

Trier, E. Herzig
Chromolithographie auf Karton
7,4 x 11,7 cm
Inschrift: DER HL. ROCK / DER DOM / Erinnerung an Trier 1891./ E. HERZIG, TRIER

Postkarte mit Domansicht von Westen, kleiner Hl.-Rock-Darstellung sowie von Blumen umgebenes Kreuz.

StB/StA, Graphiksammlung

Andenken mit Seidenstück **B 128**

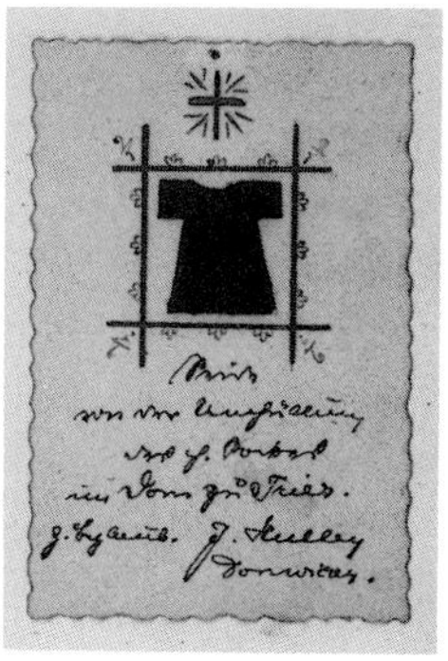

Karton mit Tinte und aufgeklebter Seide
9,9 x 6,3 cm
Inschrift: (handschriftlich) Seide / von der Umhüllung / des h. Rockes / im Dom zu Trier./ z. beglaub. J. Hulley / Domvicar.

Karte mit aufgeklebtem Seidenstück in Form des hl. Rockes und mit Tinte gezeichnetem Rahmen sowie Inschrift.

StB/StA, Graphiksammlung

Erinnerungsbild (Foto) **B 129**

Inschrift: Der hl. Rock / ausgestellt / im Dome zu Trier,/ im Jahre 1891.

Der hl. Rock mit verschiedenen Blättern (Farn) und zwei Edelweißblüten geschmückt; die Inschrift aus ausgeschnittenen und aufgestickten Buchstaben (?).

B 130 **Erinnerungsbild (Foto)**

Geprägte Borten, Papierblumen, in einfachem Glasrahmen
Inschrift: Ausstellung des hl. Rockes / vom / Jahre 1891./ Trier.

Mit geprägten Borten abgesetzter hl. Rock in vereinfachter Darstellung; zwischen den umrahmenden Papierblumen links ein Bischof, rechts eine weibliche Heilige (?).

Hl. Rock auf einer Stange hängend

B 131,1 **Seidendruck mit Applikationen**

Bedruckte Seide auf Karton geklebt, Samt, Pflanzenzweige
23,2 x 17,7 cm
Inschrift: Der heil. Rock Christi./ Ausgestellt / im / Dom zu Trier / 1891.

Auf helle Seide ist der aus braunem Samtstoff ausgeschnittene hl. Rock aufgeklebt; daneben gepreßte Blätter/Moos und Inschrift.

BM, Inv. Nr. HR 15

B 131,2 **Seidendruck mit Applikationen**

Bedruckte Seide, Samt, Pflanzenzweige
13,6 x 11,0 cm (Ränder umgenäht)
Inschrift: The holy Coat./ Exhibited / in the / Cathedral at Treves / 1891.
Gleiche Darstellung wie Kat. B 131,1.

Trier, A. Hennen

Seidendruck mit Applikationen **B 131,3**

Bedruckte Seide, Samt, Pflanzenzweige
16,6 x 11,3 cm
Inschrift: La Sainte Robe./ Exposée / à la / Cathédrale de Treves / 1891.
Gleiche Darstellung wie Kat. B 131,1.

Trier, A. Hennen

Seidendruck mit Applikation **B 132**

Bedruckte Seide, Samt, in mit rotem Samt bespanntem Holzrahmen
30,0 x 20,9 cm
Inschrift: SOUVENIR / de / L'EXPOSITION / de la / Sainte Robe / dans la / Cathédrale de Trèves / 1891.

Der aus Samt ausgeschnittene hl. Rock ist auf die mit der Inschrift bedruckte Seide aufgeklebt.

BM, Inv. Nr. HR 34

Gesticktes Anrührbild **B 133**

Karton, farbige Baumwollfäden, in Holzrahmen
32 x 27,5 cm
Geschenk von Th. Witte, Trier
Inschrift: Angerührt an den hl./ Rok. 18 – 91

Auf gelochtem Karton gestickter hl. Rock mit Jesus-Monogramm, Inschrift und einfachem Rahmen.

BM, Inv. Nr. HR 138

B 134 **Andenkenbild**

Paris, Bouasse-Lebel
Chromolithographie auf Papier
10,5 x 6,3 cm
Ankauf aus dem Kunsthandel
Inschrift: Der heilige Rock / unseres Herrn Jesu Christi / in der Domkirche zu Trier./ Andenken 1891./ (am unteren Bildrand) BOUASSE-LEBEL – 1048 – 29, R. St. SULPICE, PARIS

Der hl. Rock zwischen blauen Blütenranken, darüber umstrahltes Jesus-Monogramm, darunter Inschrift.

BM, Inv. Nr. HR 88
Lit.: Venator & Hanstein Köln. Auktion 62, Sept. 1990, Nr. 1369, S. 208.

B 135 **Seidenes Andenkenbild**

Tiefdruck auf Seide
15,9 x 11,8 cm
Inschrift: 1891 / Der heilige Rock / im Dome zu Trier./ Episcopat des hochw. Hrn. Bischofs / Dr. Michael Felix Korum.

BAT

B 136 **Seidenes Andenkenbild**

Kolorierter Tiefdruck auf Seide
21 x 15,7 cm
Inschrift: Der / heil. Rock Jesu Christi,/ ausgestellt im Dome zu Trier / unter dem Episcopate des Hochw. Herrn Dr. M. Felix Korum,/ im Jahre 1891.

BAT

Gewebtes Andenkenbild **B 137**

Seide mit eingewebten farbigen Seidenfäden
13,6 x 10,5 cm
Inschrift: Zum Andenken / an die Ausstellung des / heiligen Rockes / im Dome zu Trier. 1891./ unter dem Episkopat des / Hochw. Herrn Bischofs / Dr. Mich. Felix Korum./ (auf der Rs Stempel) Angerührt an den Hl. Rock im Jahre 1891.

Rahmen aus Blattranken, darin die Inschrift über und unter der Darstellung des hl. Rockes; Schrift und Rahmen in gleicher Farbe (Exemplare in rot, grün und blau erhalten), hl. Rock braun eingewebt.

BAT

Wächsernes Andenkenbild **B 138**

Bemaltes Wachs, in Holzrahmen
10,6 x 6,8 cm (o.R.)
Inschrift: Der heilige Rock / unseres Herrn Jesu Christi / in der Domkirche zu Trier / Andenken 1891

Unter Jesusmonogramm der hl. Rock vor Blütenzweigen, darunter Inschrift und weitere Blumen.

SM, Inv. Nr. X 1089,3

Wächsernes Andenkenbild **B 139**

Bedrucktes Wachs mit aufgeklebtem Foto
10,9 x 6,9 cm
Inschrift: Der heilige ROCK/ unseres Herrn JESU CHRISTI / in der Domkirche zu Trier / ANDENKEN 1891./ BOUASSE LEBEL & FILS & MASSIN – 8023 – 29, R. St. SULPICE, PARIS

An den Rändern gezackte Wachskarte mit aufgeklebtem Foto des hl. Rockes; darunter die Inschrift und rahmende Blütenranken.

StB/StA, Graphiksammlung

B 140 **Ovales Andenkenbild**

Gestanzte und geprägte Pappe (golden und silbern), Lamé, Silberdrahtarbeit, Pailletten, in Messingrahmen
19,8 x 15,1 x 1,1 cm
Inschrift: TRIER / DER HL. ROCK / 1891

Unter einem gewölbten Glas ist der hl. Rock in ein ovales Feld aus geprägtem Karton sowie Pailletten und Drahtarbeit gesetzt; darüber ein Inschriftband und umlaufend ein Rahmen aus geprägten Papierblüten.

StB/StA, Graphiksammlung

B 141 **Ovales Andenkenbild**

Samt, gestanzte und geprägte Pappe, Seide, Lamé, in Messingrahmen
9,5 x 7,6 x 1,2 cm
Ankauf von Fam. H. Ries, Wintersdorf

Unter einem gewölbten Glas ist auf einer Samtunterlage ein auf Karton geprägtes und ausgestanztes, mit Lamé überzogenes Kreuz mit den Leidenswerkzeugen (Hammer, Zange, Lanze, Essigschwamm, Schilfrohr) aufgesetzt, davor geprägter und mit Seide überzogener hl. Rock, als Kreuztitulus Jesusmonogramm.

BM, Inv. Nr. HR 50

B 142 **Auffaltbares Andenkenbild in Herzform**

Mönchengladbach, B. Kühlen
Chromolithographie auf Papier, Pappe
7,6 x 5,2 cm (zusammengefaltet)
Dm 14,6 cm (aufgefaltet)
Inschrift: (auf den herzförmigen Aussenseiten) Andenken / von der / Heiligthums-/ fahrt zu / Trier / Heiligthümer / aus dem / Dome / zu / Trier.
(auf dem Rand) B. KÜHLEN M.GLADBACH
(in aufgefaltetem Zustand:) Der hl. Rock Unseres Heilandes Jesu Christi welcher im Dome zu Trier aufbewahrt wird./ Der heilige Nagel im Dome zu Trier./ Grohse Partikel vom

hl. Kreuz./ Arm der Heil. Anna./ S. Anna-Schrein./ Sandale des hl. Andreas./ Die Häupter des hl. Matthias u. der hl. Helena./ Die Gebeine des hl. Maternus.

Herzförmiges Andenken, das fächerartig aufgefaltet eine runde Mehrpaßform ergibt; umlaufende Medaillons mit den wichtigsten Heiltümern des Domes; in sternenbesetztem Medaillon der hl. Rock.

BAT

Andenkenbild **B 143**

Flachdruck auf Gelatinefolie
7,4 x 6,3 cm
Inschrift: Der heil. Rock / Trier 1891.

StB/StA, Graphiksammlung

Seidenes Andenkenbild **B 144**

Kolorierte Lithographie auf Seide
28,3 x 21,3 cm
Inschrift: Der hl. Rock / ausgestellt im Dome zu Trier / im Jahre 1891 / unter dem Episkopat / des Hochwürdigsten Herrn Bischofs / Dr. Michael Felix Korum.

Darstellung wie Kat. B 76, jedoch andere Inschrift.

Trier, Domschatz

B 145 **Andenkenbild (Foto)**

Inschrift: ZUM ANDENKEN AN DIE AUSSTELLUNG des heil. ROCKES / zu TRIER im Jahre 1891.

Der hl. Rock hängt unter einem bekrönten Baldachin; am unteren Rand Inschriftband.
Zum Motiv vgl. Kat. B 59, 60.

B 146 **Andenkenbild**

Holzschnitt auf Karton
15,7 x 10,4 cm
Inschrift: Abbildung des hl. Rockes zu Trier./ Nach einem alten Originalholzschnitt a. d. Jahre 1844./ Zur Erinnerung an die Ausstellung im Jahre 1891.
Vgl. Vorlage von 1844: Kat. B 55.

StB/StA, Graphiksammlung

B 147 **Andenkenbild**

Holzschnitt auf Karton
12,6 x 7,5 cm
Inschrift: Abbildung des hl. Rockes zu Trier./ Nach einem alten Originalholzschnitte / aus dem Jahre 1844./ Zur Erinnerung an die Ausstellung im Jahre 1891.
Vgl. Vorlage von 1844: Kat. B 100.

StB/StA, Graphiksammlung

Hl. Rock auf einer Stange an einer Schlaufe hängend

Geprägtes Andenkenbild **B 148**

Silberne Prägung auf blauen Karton, in schwarzem Holzrahmen mit goldener Innenleiste
14,9 x 11,3 x 1,5 cm (m. R.)
Ankauf aus dem Kunsthandel
Inschrift: Zum Andenken / an den / Heil. Rock / Trier 1891
Auf blauen Karton ist die Hl.-Rock-Darstellung und die Inschrift mit Rahmen in Silber eingeprägt.

BM, Inv. Nr. HR 19

Gipsrelief **B 149**

Glas, bemalter Gips, Papier
9,5 x 7,5 x 1,7 cm
Inschrift: Erinnerung / an Trier 1891.

Hochrechteckiges Gipsrelief mit aufgeklebter Glasscheibe, dahinter ovale Vertiefung mit eingesetztem, plastischem hl. Rock und Inschriftzettel.

BM, Inv. Nr. HR 44

Andenkenbild **B 150,1**

Chromolithographie auf Papier
10,7 x 7,6 cm
Inschrift: Der heilige Rock / unseres lieben Heilandes / Jesus Christus / ausgestellt im Hohen Dome zu Trier 1891.

In ornamentalem Rahmen hängt der hl. Rock an roter Bandschlaufe, darunter die Inschrift sowie geflügelte Engelsköpfe in den Ecken.

BM, Inv. Nr. HR 83

B 150,2 **Seidenes Andenkenbild**

Chromolithographie auf Seide
10,3 x 7,6 cm
Inschrift: (wie Kat. B 150,1)

BM, Inv. Nr. HR 67

B 151 **Ovales Andenkenbild**

Foto, Karton, in Messingrahmen
15,4 x 12,1 x 0,8 cm
Inschrift: Andenken an Trier / 1891 / Der hl. Rock / unseres Erlösers / im Dom.

In hochovalem, verglastem Messingrahmen in schwarzem Feld der hl. Rock mit Inschrift.

Kelsen, E. Steffny

B 152 **Andenkenbild**

Benziger & Co., Einsiedeln
Chromolithographie auf Papier
10,2 x 6,7 cm
Inschrift: Der heilige Rock unseres Erlösers,/ im Dome zu Trier./ BENZIGER & CO. DEPOSE. EINSIEDELN, SCHWEIZ./ (auf der Rs:) Gruß an den heiligen Rock Jesu Christi./ Mit Druckbewilligung des Hochw. Bischofs von Chur.

Der hl. Rock an blauem Band vor goldenem Hintergrund in einem rundbogigen Rahmen hängend; um den Rahmen herum Engel mit den Leidenswerkzeugen, im Scheitel Engel mit Schweißtuch der Veronika, darunter Inschriftkartusche.
Vgl. Kat. B 123, B 124.

BAT

Andenkenbild **B 153,1**

Chromolithographie auf Papier, in bronzefarbenem, stuckiertem Rahmen
29,1 x 22,7 cm
Ankauf aus dem Trierer Kunsthandel
Inschrift: Der heilige Rock / unseres Heilandes / Jesus Christus ausgestellt im Hohen Dome zu Trier 1891./ Gesetzlich geschützt No. 528./ (auf der Rs handschriftliche Vermerke über die Teilnahme der Fam. Zeyen an den Hl.-Rock-Wallfahrten von 1844 bis 1959).

Der hl. Rock hängt an einem rosafarbenen Band, um ihn herum ein Kranz aus Ähren und Weinranken, in den Ecken geflügelte Engelsköpfe.
Vgl. Kat. B 150.

BM, Inv. Nr. HR 79

Andenkenbild **B 153,2**

Chromolithographie auf Papier, Leder, geprägte Borte, Textilband, in schwarzem Holzrahmen mit silberner Innenleiste
35,0 x 27,2 cm
Ankauf aus dem Kunsthandel
Inschrift: (wie Kat. B 150,1)
(auf der Rs Zettel mit Stempel) Hotel Burg Eltz Moselkern (Mosel)/ Geschw. Heidger

Derselbe Druck wie Kat. B 153,1, aber mit geprägten Borten gerahmt und der hl. Rock aus braunem Leder ausgeschnitten und mit einer Textilschleife am Halsausschnitt aufgeklebt.

BM, Inv. Nr. HR 116

B 154 **Andenkenbild**

Leder, Textilband, Druck auf Papier, in schwarzem Holzrahmen mit goldener Innenleiste
18,1 x 12,3 cm
Fam. Heinz, Auw a.d. Kyll
Inschrift: Der heilige Rock / ausgestellt im Dome zu Trier 1891 / unter dem Episcopat / des hochwürdigsten Herrn Bischofs / Dr. Michael Felix Korum./ (handschriftlich hinzugefügt) An hl. Rocke angerührt.

Der hl. Rock ist aus hellbraunem Leder ausgeschnitten und am Halsausschnitt mit einer Schleife auf das bedruckte Papier aufgeklebt.

Auw, A. Heinz

B 155,1 **Andenkenkarte mit Bischofsporträts**

bedruckter Karton mit aufgeklebtem Lichtdruck nach gemalter Vorlage
16,6 x 10,8 cm
Inschrift: 1844 / Bischof Arnoldi / 1891 / Bischof Korum / Der heilige Rock zu Trier 1891 / (am unteren Rand) Den lieben Gläubigen gewidmet./ The holy robe at Treves. Der heilige Rock zu Trier. Le saint habit à Trèves./ Gesetzlich geschützt./ (Stempel auf der Rs) Angerührt an / den hl. Rock / im Jahre 1891.

Dreipaßartiger Rahmen mit Dornenkrone und Nägeln sowie Kreuz und Geißel in den beiden Zwickelfeldern; darin der hl. Rock mit den ovalen Porträtmedaillons von Bischof Arnoldi und Bischof Korum; über dem hl. Rock die Heilig-Geist-Taube.

BAT

Gläserne Andenkenkarte **B 155,2**

Druck auf Glas
17,2 x 13,1 x 0,3 cm
Inschrift: 1844 / Bischof Arnoldi / 1891 / Bischof Korum / Der heilige Rock zu Trier 1891

Auf weißer, an den Kanten leicht abgeschrägter Glasplatte Aufdruck mit Hl.-Rock-Darstellung wie Kat. B 155,1.

BM, Inv. Nr. HR 39

Hl. Rock mit der hl. Helena

Kolorierter Seidendruck **B 156,1**

Kolorierte Lithographie auf Seide, geprägte Papierborte, auf Pappe geklebt
38,3 x 28,6 cm
Aus dem Nachlaß von Oberlandesgerichtsrat Frings, Köln
Inschrift: Und über mein Gewand haben sie das Loos geworfen./ Matth. 27:32./ Zur Erinnerung an die Ausstellung im Jahre 1891 in Trier./ Dom zu Trier./ (Stempel rechts unten) Angerührt / an den / hl. Rock / Trier 1891

In der Mitte Helena mit dem hl. Rock auf einer Wolke, links von ihr der Golgothahügel mit einem Kreuz, dahinter die Grabeskirche, rechts von Helena der Trierer Dom von Westen.

BM, Inv. Nr. HR 101

Seidendruck **B 156,2**

Lithographie auf Seide, in Passepartoutrahmen eingeklebt
39,5 x 30,0 cm
Inschrift: (wie Kat. B 156,1; Stempel fehlt).

BM, Inv. Nr. HR 16

B 156,3 **Seidendruck**

Lithographie auf Seide
39,0 x 28,0 cm
Ankauf aus Privatbesitz
Inschrift: (wie Kat. B 156,1; Stempel fehlt).

Gleiche Darstellung wie Kat. B 156,1; der Trierer Dom auf der rechten Seite jedoch in eigenen, quadratischen Rahmen gesetzt.

BM, Inv. Nr. HR 121

B 156,4 **Seidendruck**

Lithographie auf Seide
11,6 x 8,3 cm
Inschrift: (wie Kat. B 156,1; Stempel fehlt).

Gleiche Darstellung wie Kat. B 156,1; es fehlt jedoch die Domansicht auf der rechten Seite; Golgothahügel und Grabeskirche auf der linken Seite sind leicht verändert.

Kelsen, E. Steffny

B 157 **Andenkenbild**

Chromolithographie auf Papier
18,0 x 13,1 cm
Inschrift: Und über mein Gewand haben sie das Loos geworfen / Math. 27.35./ Dom zu Trier / Zur Erinnerung an die Ausstellung im Jahre 1891 in Trier

Leicht variierte Darstellung von Kat. B 156,1.

BAT

Andenkenbild **B 158,1**

Chromolithographie auf Papier
9,5 x 6,6 cm
Ankauf aus dem Kunsthandel
Inschrift: Zur Erinnerung an die Ausstellung des Heiligen / Rockes zu Trier im August 1891.

Helena mit Krone hält den hl. Rock auf einer Stange hängend vor sich; links neben ihr das Kreuz, rechts drei Nägel.

BM, Inv. Nr. HR 87
Lit.: Venator & Hanstein, Köln. Auktion 62, Sept. 1990, Nr. 1369, S. 208.

Stanzspitzenbild **B 158,2**

Chromolithographie mit Stanzspitzenrahmen
9,5 x 6,5 cm
Inschrift und Darstellung wie Kat. B 158,1.

BAT

Erinnerungsblatt **B 158,3**

Chromolithographie auf Papier, in schwarzem Holzrahmen mit vergoldeter Innenleiste
38,0 x 28,0 cm
Ankauf aus dem Trierer Kunsthandel
Inschrift: ZUR ERINNERUNG AN DIE AUSSTELLUNG DES HEILIGEN ROCKES ZU TRIER IM AUGUST 1891.

In den Wolken über einer Ansicht von Dom und Liebfrauen von Westen erscheint die hl. Helena wie bei Kat. B 158,1; hinter ihr ein von zwei Engeln gehaltener, goldener Rahmen.

BM, Inv. Nr. HR 62

B 158,4 **Andenkenbild**

Chromolithographie auf Papier, auf Druck aufgeklebt, in schwarzem Holzrahmen mit silberner Innenleiste
34,4 x 22,2 cm
Ankauf aus Privatbesitz
Inschrift: Zum / Andenken an die Ausstellung des / heiligen Rockes / im Dome zu Trier anno 1891

Auf ein Blatt mit aufgedrucktem Rahmen in neogotischen Formen (Krabben, Rankenwerk, Fialen), das im unteren Teil eine kleine Domansicht von Westen zeigt, ist ein weiteres Blatt geklebt. Dieses zeigt die hl. Helena wie in Kat. B 158,1.

BM, Inv. Nr. HR 119

B 159 **Relief (Teil eines Dioramas ?)**

Bemalter Kunststoff
14,5 x 10,2 cm
Ähnliches Motiv wie Kat. B 158,1.

Kelsen, E. Steffny

B 160 **Seidenes Andenkenbild**

Tiefdruckverfahren (Stahlstich?) auf Seide
14,8 x 11,0 cm
Inschrift: TRIER / Der hl. Rock / ausgestellt im Dome zu Trier / 1891./ unter dem Episkopat / des Hochwürdigsten Herrn / Bischofs / Dr. Michael Felix Korum.

Die hl. Helena hält den hl. Rock, flankiert von zwei auf gedrehten Postamenten stehenden Engeln mit Fackeln und Palmzweigen in den Händen; die Postamente wachsen aus der Inschriftkartusche aus Roll- und Beschlagwerk heraus.

StB/StA, Graphiksammlung

Seidenes Andenkenbild (Foto) **B 161**

Druck auf Seide (?)
Inschrift: Zum Andenken / an die Ausstellung / des heiligen Rockes / im Dome zu Trier / anno 1891./ UNTER DEM EPISCOPAT / des hochwürdigsten Herrn Bischof,s / Dr. Michael Felix Korum.

Am rechten Bildrand steht die hl. Helena mit dem hl. Rock, dem Kreuz und den Kreuznägeln; links daneben der Dom von Nordwesten.

Seidendruck **B 162**

Kolorierter Druck auf Seide
12,4 x 7,8 cm
Inschrift: TVNICA / SALVATO-/ RIS NOSTRI / DOMINI / IESV / CHRISTI./ (im Nimbus:) SANCTA HELENA ORA PRO NOBIS / Zur frommen Erinnerung an die / Ausstellung des heiligen Rockes / Unseres Herrn und Heilandes Jesu Christi / zu Trier im Jahre des Heiles 1891.

Die hl. Helena mit Krone und Nimbus hält den hl. Rock auf einer Stange vor sich, in den oberen Ecken Ansichten der Kirchen St. Paulin und St. Matthias.

BM, Inv. Nr. HR 68

Erinnerungsbild **B 163**

Chromolithographie auf Papier
12,5 x 8,5 cm
Inschrift: TVNICA / SALVATO-/ RIS NOSTRI / DOMINI / IESV / CHRISTI / Zur frommen Erinnerung an die / Ausstellung des heiligen Rokkes / Unseres Herrn und Heilandes Iesu Christi / zu Trier im Jahre des Heiles 1891.

Helena mit Krone und Sternenkranz erscheint in den Wolken über einer Ansicht von Dom und Liebfrauen von Nordwesten und hält den hl. Rock vor sich; links von ihr die Kirche St. Paulin, rechts St. Matthias.

BAT

B 164 **Andenkenblatt**

P. Thomas, Trier
Trier, J. W. Eichhorn
Chromolithographie auf Papier, aufgeklebter Lichtdruck, in schwarzem Holzrahmen mit Eckverzierungen und bekrönendem Kreuz
58,6 x 37,9 cm (m. R.)
38,5 x 27,5 cm (o. R.)
Geschenk v. Maria Klauck, Gusenburg
Inschrift: (auf Schriftbändern) St. Agritius / Bischof von Trier 313-332 / Das Gewand Christi, die Einheit der Kirche / wird nicht zertheilt werden. St. Bernhard./ Der Dom in Trier./
(über der Domansicht längerer Text) Der hl. Rock Jesu Christi.../ Dr. Michael Felix Korum / Bischof von Trier./
(am unteren Bildrand) P. Thomas, Trier / Druck-Erlaubnis für den Text mit Gutheissung der / Geistlichen Obern vom 19. Juni 1891./ Gedenkblatt an die Ausstellung des hl. Rockes zu Trier im Jahre 1891./ Nachdruck verboten./ In Kommission bei J.W. Eichhorn, Trier.

Kombination von verschiedenen Darstellungen in einem Rahmenwerk aus ornamentalen Ranken und Bordüren; links Helena auf einer Wolke mit Krone und Heiligenschein, hinterfangen von einer Strahlenmandorla, hält den hl. Rock in Händen; über ihr die Dornenkrone und die drei Kreuzesnägel, in den Zwickeln des Dreipaßbogens weitere Leidenswerkzeuge; rechts daneben in einem Medaillon Bischof Agritius mit einem Reliquiar, darunter Text über den hl. Rock mit Domkapitelswappen, darunter Domansicht von Westen, rechts unten Bildnismedaillon mit Porträt Michael Felix Korum.

BM, Inv. Nr. HR 117

Andenkenblatt **B 165**

H. Steffgen, Trier
Trier, J.B. Graachs Buchhandlung (Pet. Philippi)
Chromolithographie auf Papier, in schwarzem Holzrahmen mit Goldprofilen
46,6 x 36,7 x 1,9 cm (m. R.)
Aus dem Nachlaß von Oberlandesgerichtsrat Frings, Köln
Inschrift: (Inschriftbänder) Wir wollen dieses Gewand nicht zerschneiden, sondern das Loos darüber werfen, wessen es sein soll. Damit die Schrift erfüllet würde, welche sagt: Sie theilten meine Kleider unter sich, und über mein Gewand warfen sie das Loos./ Und die Soldaten thaten dieses. Joh. 19.24.25./ Dom-Schatz: Der ungenähte hl. Rock / der h. Nagel./ Reliq. h.h. Petrus / Matthias, Andreas,/ Helena, Anna,/ Maternus./ hl. Paulinus,/ hl. Palmatius,/ hl. Thyrsus / hl. Felix / u. vieler Martyrer./ Liebfrauen:/ Willibrordus-Altar / Stola des / hl. Bernardus,/ Leib des / hl. Theodulphus./ Hl. Kreuz=Partikel,/ die hh Matthias,/ Eucharius,/ Maternus, Valerius.
(am unteren Bildrand) H. Steffgen Trier pinx./ Der hl. Rock unseres Herrn Jesus Christi, ausgestellt in der Domkirche zu Trier 1891 (Abbildung ca. 14 1/2 mal kleiner./ Entworfen und gemalt von H. Steffgen, Trier./ Verlag und Eigenthum von J.B. Grach,s Buchhandlung (Pet. Philippi) Trier.

Die hl. Helena hält den hl. Rock auf einer Stange vor sich; im Hintergrund eine Lichtglorie und Sterne; sie ist umgeben von einem mandorlaförmigen Inschriftband (Joh. 19, 24-25) mit geflügelten Engelsköpfchen; gerahmt von Rankenwerk mit den Leidenswerkzeugen und Inschriftbändern, die sich auf die vier Kirchen in den Eckzwickeln (Dom, Liebfrauen, Matthias, Paulin) beziehen.

BM, Inv. Nr. HR 106

B 166 **Andenkenkarte**

P. Thomas
Verlag P. Görgen, Druck W. Ehrentraut
Farbiger Druck auf Karton
15,7 x 10,7 cm
Inschrift: Andenken / an die Ausstellung des hl. Rockes in Trier 1891./ S. Petrus / S. Agritus / Reliquarium St. Matthiae / Eigentum u. Verlag P. Görgen / gez. P. Thomas / Lith. u. Druck v. W. Ehrentraut / Mit Genehmigung der bischöfl. Behörde. Unbefug. Nachdruck verboten.
(Rs) Verehrungswürdige Reliquien unseres Herrn und Heilandes Jesu Christi und seiner hl. Mutter. ...

In einem rundbogigen Rahmenwerk steht Helena mit dem hl. Rock, hinter ihr das Kreuz Christi und ihr Kopfschleier, darüber der hl. Nagel; im Bildfeld darunter ein Schrein mit den Mattiasreliquien in einem Schiff; im Rahmenwerk links Petrus, rechts Bischof Agritius, oben in den Ecken Vorder- und Rückseite des Kammes von Maria, in der Mitte das Abendmahlsmesser (vgl. Kat. B 312); auf der Rückseite Text zu den gezeigten Reliquien.

Kelsen, E. Steffny

B 167 **Andenkenblatt**

Chromolithographie auf Papier
37,0 x 27,4 cm
Inschrift: (Inschriftband) Der Rock war ohne Naht, von oben an durchaus gewebt, da sprachen die Soldaten zu einander: „Wir wollen / diesen nicht zerschneiden, sondern das Loos darüber werfen, wessen er sein soll." Evgl. Joh. 19, 23. 24./
Der heil. Rock unseres Heilandes, durch die heilige Kaiserin Helena / c.325 der Trierischen Kirche geschenkt,/ feierlich ausgestellt in früheren Zeiten, zuletzt 1810, 1844 / 1891

Die hl. Helena steht in spitzovalem Feld mit dem hl. Rock in Händen vor einer Vorhangdekoration; in den Zwickelfeldern durch Rankenwerk verbunden Ansichten von Trierer Kirchen (Dom, Liebfrauen, Paulin, Matthias), verschiedene Wappen sowie Leidenswerkzeuge (Würfel, Dornenkrone, Geißel).

StB/StA, Graphiksammlung

Gefaltetes Andenkenbild **B 168,1**

Mönchengladbach, B. Kühlen
Chromolithographie auf Papier
10,6 x 7,1 cm
Inschrift: Der heilige Rock / Unseres Herrn und Heilandes Jesu Christi./ B. Kühlen, Typogr. Apost. M. Gladbach./
(innen Geschichte des hl. Rockes und Aufzählung der Trierer Reliquien) Verlag und Druck von B. Kühlen in M.Gladbach / Typo-graphus Apostolicus.
(Rs) SANCTUS SYLVESTER / SANCTUS AGRITIUS

In rundbogigem Rahmen mit floralen Zwikkelornamenten hält die hl. Helena mit Krone und Nimbus hinter einer Brüstung den hl. Rock auf einer Stange; auf der Rückseite des Faltblattes Darstellung der übrigen Reliquien des Domes (vgl. Kat. B 142) mit Medaillons von Papst Silvester und Bischof Agritius.

BAT

Erinnerungsblatt **B 168,2**

Mönchengladbach, B. Kühlen
Chromolithographie auf Papier
29,2 x 19,0 cm
Inschrift: SANCTA HELENA ORA PRO NOBIS / (rechts u. links davon) TVNICA / SALVATO-/ RIS NOSTRI / DOMINI / IESV / CHRISTI / Verlag von B. Kühlen, Typogr. Apost., M.Gladbach. / Zur frommen Erinnerung / an die / Ausstellung des heiligen Rockes / Unseres Herrn und Heilandes Jesu Christi / zu Trier im Jahre des Heiles 1891. / Kirchlich approbirt.

Helena-Darstellung wie Kat. B 168,1; der rechteckige Rahmen imitiert romanische Schmelzarbeiten mit Rankenornamentik und gegenständigem Drachenmotiv.

BAT

B 168,3 **Kleines Andenkenbild**

Chromolithographie auf Papier, in vergoldetem Holzrahmen
10,1 x 6,2 cm (m. R.)
Inschrift: TVNICA / SALVATO-/ RIS NOSTRI / DOMINI / IESV / CHRISTI / Der Heilige Rock / unseres Herrn u. Heilandes / Jesus Christus / Nr. 7

Helena-Darstellung wie Kat. B 168,1; jedoch mit Inschrift im Bildfeld und einfachem Rahmenwerk.

Trier, A. Hennen

B 168,4 **Kleines Andenkenbild**

Mönchengladbach, B. Kühlen
Foto ? in Holzrahmen
14,5 x 9,1 cm (m. R.)
Inschrift: TVNICA / SALVATO-/ RIS NOSTRI / DOMINI / IESV / CHRISTI / (am unteren Rand) BK 134
Darstellung wie Kat. B 168,3.

SM, Inv. Nr. X 1089,6

Hl. Rock von Engeln gehalten

B 169 **Andenkenbild**

Mönchengladbach, B. Kühlen
Chromolithographie auf Papier
10,6 x 7,2 cm
Inschrift: Der heilige Rock / Unseres Herrn und Heilandes Jesu Christi./ B. Kühlen, Typogr. Apost._ M.Gladbach./
(auf der Rs) Gebete / zur Verehrung des hl. Rockes. ...

besetztem, blauem Hintergrund zwei Engel, die den hl. Rock auf einer Stange halten; zwischen ihnen der hl. Nagel in Strahlenkranz.

BAT

Andenkenblatt

B 170

P. Thomas, Trier
Trier, Paulinus-Druckerei
Chromolithographie auf Papier, in Rahmen
43,0 x 33,7 (m. R.)
Inschrift: Die Tunica aber war ohne Nath, von oben an durchaus gewebt. Joh. 19,23./ S. Matthiaskirche / S. Paulinuskirche / Der Dom zu Trier / Der Dom im Innern / Die Liebfrauenkirche / S. Helena / S. Agritius / Zum Andenken an die Ausstellung des hl. Rockes zu Trier 1891./ P. Thomas. Trier./ Gesetzlich geschützt./ Verlag der Paulinus-Druckerei, Trier.

Unter reich geschmückter Rundbogenarkade halten zwei Engel den hl. Rock, über dem Halsausschnitt die Dornenkrone mit den Kreuznägeln, in den Eckzwickeln und am unteren Rand Ansichten von Trierer Kirchen und dem Dom bzw. Vierpaßformen mit der hl. Helena und Bischof Agritius.

Trier, M. Christoffer

Erinnerungsblatt

B 171

Mönchengladbach, B. Kühlen; Verlag v. Schafstein, Köln
Chromolithographie auf Papier
25,5 x 18,0 cm
Ankauf aus dem Trierer Kunsthandel
Inschrift: Zur frommen Erinnerung an die Ausstellung des heil. Rockes / in der Domkirche zu Trier./ B. Kühlen, M.Gladbach./ Verlag von Schafstein & Co. Köln.

Unter einem rahmenden Rundbogen in neoromanischen Formen Ansicht von Dom und Liebfrauen mit Wallfahrerprozession; darüber erscheint in den Wolken der hl. Rock mit

Jesusmonogramm in Strahlenglorie, gehalten von zwei Engeln.

BM, Inv. Nr. HR 74

B 172 **Andenkenkarte**

Geprägter Karton mit eingeklebtem Foto (?) nach lithographischer Vorlage
16,6 x 10,7 cm
Inschrift: Der heilige Rock Jesu Christi / im Dome zu Trier 1891 / DOM ZU TRIER / (Stempel auf der Rs) Angerührt an / den hl. Rock / im Jahre 1891.

Unter einem bekrönten Baldachin wird der hl. Rock von zwei hinter dem Vorhang befindlichen Engeln an einem Seil gehalten; seitlich des hl. Rockes Leuchter, darunter in Kartusche mit geflügeltem Engelskopf Ansicht von Dom und Liebfrauen von Nordwesten.

BAT

B 173 **Weihwasserkesselchen**

Salzglasiertes Steinzeug; oberer Abschluß abgebrochen
17,9 x 10,8 cm
Inschrift: Andenken an Trier 1891

Über halbrundem Weihwasserbehälter Inschriftband und Engel, der den hl. Rock vor sich hält; Form des oberen Abschlusses unklar.

SM, Inv. Nr. X 1087

B 174 **Seidenes Andenkenbild**

Tiefdruckverfahren (Stahlstich?) auf Seide
16,5 x 11,3 cm
Inschrift: Zur Erinnerung an die / Wallfahrt nach Trier / zur Ausstellung des hl. Rockes im jahre 1891./ Der hl. Rock wurde im jahre 330 von der Kaiserin Helena nach / Trier gebracht und wird daselbst im hohen Dome aufbewahrt.

Der hl. Rock auf einer Stange hängend wird von zwei Engeln an einer Schlaufe gehalten; Rahmen mit gedrehten Säulen und gesprengtem Giebel.

StB/StA, Graphiksammlung

Hl. Rock mit dem Trierer Dom

Ovales Andenkenbild **B 175,1**

J. Maschke
Foto (?), Karton, in Messingrahmen
15,4 x 12,2 x 0,6 cm
Aus dem Nachlaß v. Hubert Schiel
Inschrift: DER HL. ROCK / UNSERES HERRN / AUSGESTELLT IM DOM ZU TRIER 1891 / (über dem unteren Inschriftband:) J. Maschke 1891.

Hochovaler Metallrahmen mit Druck zwischen Glas und Karton mit Aufhänger; Domansicht von Westen mit Bäumen ohne Liebfrauen, am unteren Rand Inschriftband, über dem Dom erscheint der hl. Rock in den Wolken.

BM, Inv. Nr. HR 127

Ovales Andenkenbild **B 175,2**

J. Maschke
Foto (?), Karton, in Messingrahmen
6,6 x 4,8 x 0,5 cm
Inschrift und Darstellung wie Kat. B 175,1.

BM, Inv. Nr. HR 41

B 176,1 **Andenkenbild**

Chromolithographie auf Papier
12,8 x 8,7 cm
Inschrift: Der heilige Rock unseres Herrn und Heilandes / in der Domkirche zu Trier./ Ausgestellt 1891.

Der hl. Rock hängt an einem blauen Band über einer Ansicht von Dom und Liebfrauen von Nordwesten mit Pilgerprozession.

BAT

B 176,2 **Stanzspitzenbild**

Chromolithographie mit Stanzspitzenrahmen
9,2 x 5,8 cm
Inschrift: Der heilige Rock unseres Herrn und Heilandes / in der Domkirche zu Trier./ Ausgestellt 1891.

Andenkenbild mit geprägtem und gestanztem Rahmen; Darstellung wie Kat. B 176,1.

BAT

B 176,3 **Ovales Andenkenbild**

Chromolithographie auf Papier, Karton, in Messingrahmen
18,6 x 14,7 x 0,9 cm
Aus dem Nachlaß von Oberlandesgerichtsrat Frings, Köln
Inschrift: Der heilige Rock unseres Herrn und Heilandes / in der Domkirche zu Trier./ Ausgestellt 1891.

In ovalem Messingrahmen hinter Glas gleiche Darstellung wie Kat. B 176,1.

BM, Inv. Nr. HR 102

Großer Wandteller **B 177**

Mettlach, Villeroy & Boch
transparent glasiertes Steingut
Dm 26,5 cm
Ankauf aus dem Trierer Kunsthandel
Inschrift: DER HEILIGE ROCK / zu TRIER./ 18-/ DOM u:/ LIEBFRAUEN / KIRCHE z: TRIER./ -91./ (Rs) Villeroy & Boch Mettlach 1044 Hf 34

Wandteller mit Ansicht von Dom und Liebfrauen von Westen mit seitlich rahmenden Bäumen; Wallfahrerprozession vor dem Dom, darüber Inschrift und in der Mitte goldunterlegtes Medaillon mit dem hl. Rock.

BM, Inv. Nr. HR 42

Andenkenblatt **B 178**

Chromolithographie auf Papier
32,3 x 25,6 cm
Inschrift: Erinnerung an den hl. Rock unseres Heilandes. Ausgestellt in Trier 1891./ S. HELENA./ S. MATTHIAS./ Souvenir de la Ste Robe de notre Seigneur./ Exposée à Trèves en 1891.

Zwischen zwei Inschriftbändern der hl. Rock über einer Domansicht von Westen; rechts und links in umrankten Medaillons die hl. Helena und der hl. Matthias.

StB/StA, Graphiksammlung

Andenkenbild **B 179**

Chromolithographie auf Karton
10,8 x 6,8 cm
Inschrift: Der heilige Rock unseres Herrn und Heilandes / in der
Domkirche zu Trier. - Ausgestellt 1891 / (Rs Gebet)

Der hl. Rock in Wolkenkranz über einer Ansicht von Dom und Liebfrauen von Westen.

BAT

B 180,1 **Stanzspitzen-Klappbild**

Klappe und Rahmen gestanzt, geprägt und farbig bedruckt, mit eingeklebter Chromolithographie
7,2 x 5,6 cm
Inschrift: (Rs: Gebet mit Imprimatur von Generalvikar C. Henke)
Farbiges Stanzspitzenbild mit brennendem Herzen, Kreuz, Anker, Palmzweigen in rundbogigem Feld, das in der Mitte aufklappbar ist; dahinter der hl. Rock zwischen zwei adorierenden Engeln in Wolken, darunter der Dom von Westen.

BAT

B 180,2 **Stanzspitzen-Klappbild**

Mehrfach klappbare Chromolithographie auf Stanzspitzenrahmen
10,8 x 7,3 cm (geschlossen)
Ankauf aus dem Kunsthandel
Inschrift: (s.u. bei der Beschreibung)
(Rs: Gebet mit Imprimatur von Generalvikar C. Henke)

Nach beiden Seiten aufklappbares Andenkenbild:
Linker Flügel außen: Maria mit Kind (O reich auch mir / Dein Skapulier / Als Seelenzier!);
innen: Jesusknabe mit zwei Kindern (O Jesulein / Lass du uns Dein / Auf ewig sein!).
Rechter Flügel außen: Kreuzigung Christi (Der Liebe Macht / Hat dich gebracht / In Todesnacht!);
innen: Lamm mit Kelch und Eucharistie (Verborg'ner Gott,/ Du Himmelsbrot / Stärk uns im Tod!).
Zwischen beiden Flügeln nochmals in der Mitte auffaltbares Bild mit Rosenkranz, Herz Jesu, Herz Mariä und Kreuz; geöffnet zeigt es den hl. Rock in Wolken zwischen zwei Engeln über dem Trierer Dom wie Darstellung Kat. B 180,1.

BM, Inv. Nr. HR 89
Lit.: Venator & Hanstein Köln. Auktion 62, Sept. 1990, Nr. 1369, S. 208.

Stanzspitzen-Klappbild **B 181,1**

Franz Schemm, Nürnberg
Klappe und Rahmen gestanzt, geprägt und farbig bedruckt, mit eingeklebtem Stahlstich
8,1 x 6,0 cm
Inschrift: (Rs Gebet, darunter:) Andenken an den / heil. Rock zu Trier./ Franz Schemm, Nürnberg.

Klappbares Stanzspitzenbild mit Kreuz und brennendem Herz; in der Mitte: auf schwarzem Hintergrund mit goldenem Rahmen in zweigeteiltem Feld oben der hl. Rock mit Dornenkrone und drei Nägeln, darunter Dom und Liebfrauen von Westen.

BAT

Stanzspitzenbild **B 181,2**

Franz Schemm, Nürnberg
Stanzspitzenbild mit eingeklebtem Stahlstich
10,2 x 6,8 cm
Inschrift: (Rs mit Gebet, darunter:) Franz Schemm, Nürnberg.

Geprägter und gestanzter Rahmen mit hochovalem Bildfeld, in dessen Zwickeln geflügelte Engelsköpfe sitzen; eingeklebter Druck wie Kat. B 181,1.

BAT

Stanzspitzenbild **B 181,3**

Franz Schemm, Nürnberg
Stahlstich mit Stanzspitzenrahmen
8,4 x 5,8 cm
Inschrift: Abbildung des hl. Rockes und / die hl. Domkirche zu Trier./ (Rs mit Gebet, am unteren Rand:) Franz Schemm, Nürnberg.

Geprägter und gestanzter Rahmen, in den vorne die Hl.-Rock-Darstellung wie Kat. B 181,1 nach derselben Vorlage eingedruckt ist.

BAT

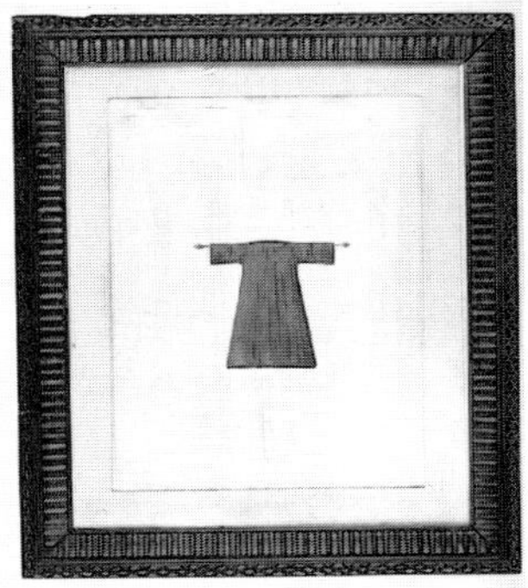

B 182 **Seidenes Andenkenbild**

Kolorierter Druck auf Seide (Druck stark verblaßt), in Holzrahmen
37 x 31,1 cm
Inschrift: Dom zu Trier / Der hl. Rock / ausgestellt im Dome zu Trier / im Jahre 1891 / unter dem Episkopat des Hochw. Herrn Bischofs / Dr. Michael Felix Korum.

In ädikulaartigem Rahmen mit Domansicht oben und Porta Nigra unten hängt der braun kolorierte hl. Rock auf einer blauen Stange.

StB/StA, Graphiksammlung

B 183 **Andenkenblatt**

Tief- und Hochdruck auf Karton
30 x 20 cm
Inschrift: Der hl. Rock im Dome zu Trier / ausgestellt 1891 / E. HERZIG'S Verlag in Trier.

In einem Rahmen (Tiefdruck) aus Maßwerkformen sowie einer Domansicht im unteren Rahmenteil hängt der hl. Rock (Hochdruck) an einer Schlaufe, in die drei Kreuznägel eingebunden sind.
Vgl. Kat. B 214, 215.

StB/StA, Graphiksammlung

B 184 **Seidenes Andenkenbild**

Tiefdruck auf Seide
12,0 x 6,6 cm
Inschrift: Zum Andenken an die Ausstellung des / heil. Rockes / im Dome zu Trier 1891.

In einem Rahmen der hl. Rock auf einer Stange hängend, darunter Ansicht von Dom und Liebfrauen von Nordwesten.

BAT

Seidenes Andenkenbild **B 185**

Tiefdruck auf Seide
16,5 x 13,0 cm
Inschrift: Zum Andenken an die Ausstellung des / heiligen Rockes / im Dome zu Trier anno 1891./ (Stempel) Angerührt an / den hl. Rock / im Jahre 1891.

Hochrechteckiger Rahmen mit unterschiedlichen Balusterelementen und bekrönendem Kreuz; in der Mitte der hl. Rock auf einer Stange hängend, darunter Ansicht von Dom und Liebfrauen von Westen.

BAT

Gewebtes Andenkenbild **B 186**

Seide mit eingewebten farbigen Seidenfäden
9,7 x 6,6 cm
Inschrift: Der heil. Rock / zu Trier / DER ROCK / ABER WAR / OHNE NAHT / VON / OBEN AN / DURCHAUS / GEWEBT / Joh. 49,23./ ANDENKEN / AN DIE / AUSSTELLUNG / IM DOME / 1891 / 1891

In schmalem, aus Pflanzenornamenten gebildeten Rahmen in der Mitte der hl. Rock, darunter unter Halbkreisbogen mit Jesus-Monogramm Ansicht von Dom und Liebfrauen von Nordwesten.

BM, Inv. Nr. HR 14

Seidendruck **B 187**

Kolorierte Lithographie auf Seide, in schwarzem Holzrahmen mit vergoldeter Innenleiste
32,4 x 23,6 x 1,7 cm
Inschrift: Erinnerung / an den hl. Rock im Dom zu Trier / 1891.

Der braun kolorierte hl. Rock hängt in einem aus Fischblasenmotiven gebildeten Rahmen; auf dem Rahmen aufgesetzt oben ein hochovaler Vierpaß mit Helena, unten Ansicht von

Dom und Liebfrauen, seitlich Domkapitelswappen und Wappen von Bischof Korum.

BM, Inv. Nr. HR 33

B 188 **Andenkenkarte**

Dresden, Römmler u. Jonas
Bedruckter Karton mit aufgeklebter Lichtdruckreproduktion
16,6 x 10,8 cm
Inschrift: Andenken an Trier / 1891./ Verlag v. Römmler & Jonas, K. S. Hof-Photogr., Dresden 1891 / (Stempel auf der Rs) Angerührt an / den hl. Rock / im Jahre 1891.

Links oben in rundem Bildausschnitt der hl. Rock mit Christusmonogramm darunter; rechts davon Innenansicht des Trierer Domes nach Osten; darunter Dom und Liebfrauen vom Turm der Gangolphskirche aus gesehen.

BAT

B 189 **Textiles Andenken (Foto)**

C. Ernstberger, Frankfurt a. Main
Druck auf Stoff (?)
Inschrift: Porta Nigra / Matthiaskirche / Der Dom / Der hl. Rock unsers Erlösers im Dom zu Trier / ausgestellt 1891./ Gez. C. ERNSTBERGER FRANKFURT a. MAIN / Nachahmung verboten

In der Mitte der hl. Rock in einem hochrechteckigen Bildfeld; daneben Ansichten von St. Matthias und dem Dom, in ovalem Feld darüber die Porta Nigra; hinter den Bildfeldern zwei sich kreuzende Bischofsstäbe; am unteren Rand Inschriftband.

Dankurkunden

Dankurkunde für Mitglied der Ehrenwache **B 190,1**

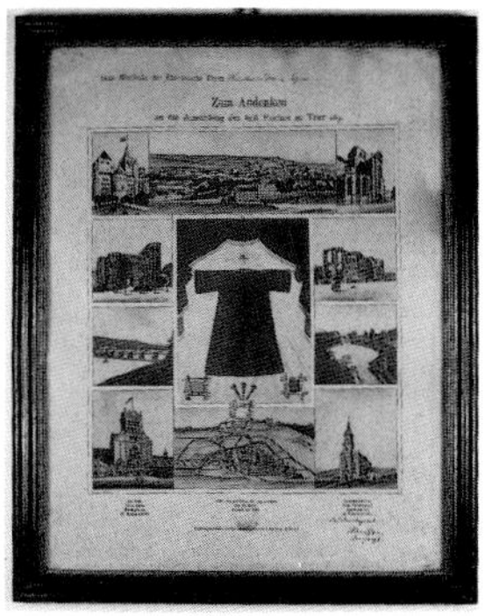

Trier, J. Weimer
Lichtdruck auf Karton, geprägte Borten, Seide, in schwarzem Holzrahmen mit vergoldeter Innenleiste
51,7 x 39,5 (m. R.)
Geschenk von M. Rau, Trier
Inschrift: Dem Mitglied der Ehrenwache Herrn (handschriftlich:) Nicolaus Rau in Feyen / Zum Andenken / an die Ausstellung des heil. Rokkes zu Trier 1891./ (am unteren Bildrand:) Der Dom./ Porta Nigra./ Moselbrücke./ St. Mathiaskirche./ Trier, von der Belle vue aus gesehen./ Der hl. Rock./ Pfalzel aus 1548./ Liebfrauenkirche./ Röm. Kaiserpalast./ Amphitheater./ St. Paulinuskirche./ Zeichnung und Verlag von Gymnasial-Zeichenlehrer J. Weimer in Trier./ (handschriftlich) Das Domkapitel:/ Scheuffgen,/ Dompropst. (Stempel des Domkapitels)

In der Mitte der hl. Rock umgeben von zehn verschiedenen Trier-Ansichten (s. Inschrift); unter dem hl. Rock drei Nägel sowie drei applizierte Seidenstücke (hellgrün, weiß, rot - wahrscheinlich von der Umhüllung des hl. Rockes), die mit geprägten Borten gerahmt sind.

BM, Inv. Nr. HR 61

Dankurkunde für Mitglied der Ehrenwache **B 190,2**

Trier, J. Weimer
Lichtdruck auf Karton, geprägte Borten, Seide
47,1 x 35,2 cm
Inschrift: Dem Mitgliede der Ehrenwache / (handschriftlich) Herrn Jacob Collignon / Zum Andenken an die Ausstellung des hl. Rockes zu Trier im Jahre 1891./ (weitere Inschrift wie Kat. B 190,1)
Darstellung wie Kat B 190,1.

BM, Inv. Nr. HR 17

1.6. Ausstellung 1933

Entwürfe für das offizielle Pilgerabzeichen

B 191 **Entwurf für das offizielle Pilgerabzeichen**

Hans Adamy, Pfalzel
Tusche und Gouache auf Karton
15,7 x 14,7 cm (o. R.)
Inschrift: HEILIGTUMSFAHRT TRIER 1933
(auf angeheftetem Streifen:) I. Preis Adamy-Pfalzel

Preisgekrönter Entwurf für runde, reliefierte Hl.-Rock-Medaille (Durchmesser 36 mm) mit Christusmonogramm und Hl.-Rock-Darstellung in der Mitte; mit genauen Maßangaben für Relieftiefe; ausgeführtes Abzeichen variiert den Entwurf. (Vgl. Kat. C 44).

BM, Inv. Nr. HR 23

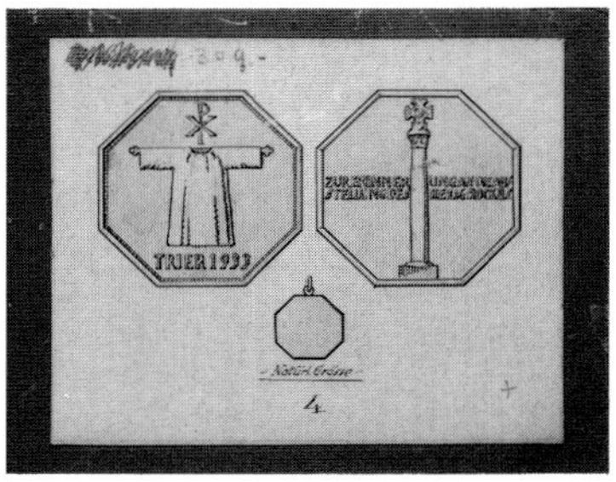

B 192 **Entwurf für das offizielle Pilgerabzeichen**

Aquarellierte Tuschezeichnng auf Karton, auf dunkle Pappe aufgeklebt
13,7 x 16,7 cm (Karton)
Inschrift: (Vs) TRIER 1933
(Rs) ZUR ERINNERUNG AN DIE AUS-/ STELLUNG DES HEILIG ROCKES/Natürl. Grösse /4.
(oben links z.T. durchgestrichen:) Rudolf (?): 309

Entwurf für achteckige Wallfahrtsmedaille:
Vs: Christogramm, hl. Rock auf einer Stange hängend und Inschrift.
Rs: Trierer Marktkreuz mit Inschrift.
Vs und Rs nebeneinandergestellt, in der Mitte darunter Umrißform in natürlicher Größe.

BM, Inv. Nr. HR 22

Entwurf für das offizielle Pilgerabzeichen **B 193**

P. Schwarzmann, Trier
Gouache auf Papier, auf Karton geklebt
22,0 x 14,0 cm
Inschrift: ZUM (!) HL. ROCK WALLFAHRT 1933 TRIER
(links unten) CHRISTUS-REX, 4.
(rechts unten Stempel) Entwurf von P. SCHWARZMANN, TRIER

Entwurf zu Medaille mit umlaufender Inschrift und blauem Innenfeld, in das die griechischen Buchstaben Alpha und Omega sowie ein Kreuz mit dem hl. Rock davor gesetzt sind; das Kreuz ragt unten und oben über den Medaillenrand hinaus.

BM, Inv. Nr. HR 21

Entwurf für das offizielle Pilgerabzeichen **B 194**

Aquarell auf Papier, auf Karton geklebt
19,1 x 17,2 cm (mit Karton)
Inschrift: TRIER 1933
(auf dem Trägerblatt mit Tinte:) Nat. Größe:/ 3,3 x 2,3 cm / Kennziffer: 712508.

Die hl. Helena steht mit dem hl. Rock vor einem großem Kreuz, im Hintergrund rechts schematische Domfassade; aufgrund des angedeuteten Schattens wohl als Reliefentwurf zu deuten.

BM, Inv. Nr. HR 20

Entwurf für das offizielle Pilgerabzeichen **B 195**

Silberbronze und Deckweiß auf schwarzem Karton
31,1 x 25,2 cm
Inschrift: (rechts oben) Kennziffer: 341885
HEILIGTUMSFAHRT ZUM HEILIGEN ROCK CHRISTI IM DOM ZU TRIER
Mst. 3fache Grösse./ Durchbrochene Plakette (Stanzarbeit) /Grund dafür: Auf weite Sicht als Heilig-Rock-Wallfahrtsabzeichen / erkennbar, da dunkle Kleidung der Wallfahrer vorherr-

schen / wird. Sinnfällige Verbindung des heiligen Rocks mit / Christuszeichen - Symbolik des Kreuzestods Christi./ Randschrift ist nur eingeprägt gedacht./ Material: Weißbronzeblech oder ähnliches./ Befestigung mit horizontaler Sicherheitsnadel hinter Rockärmel./ Entwurfsausführung ist auch als Vollplakette geprägt möglich.

Entwurf für hochovale durchbrochene Plakette mit hl. Rock und Christogramm in der Mitte sowie umlaufender Inschrift.

BM, Inv. Nr. HR 25

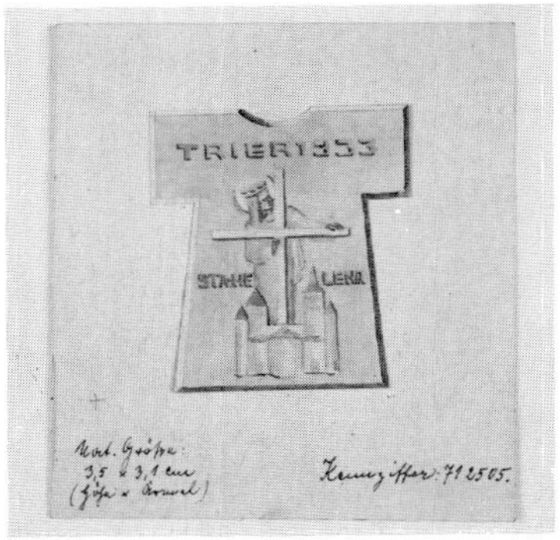

B 196 Entwurf für das offizielle Pilgerabzeichen

Aquarell auf Papier, auf Karton geklebt
19,2 x 17,1 cm (mit Karton)
Inschrift: TRIER 1933 / STA. HE / LENA
Nat. Größe:/ 3,5 x 3,1 cm / (Höhe x Ärmel) /
Kennziffer: 712505.

Entwurf für ein plastisches Andenken in Form des hl. Rockes: Helena steht mit dem Kreuz hinter der schematisiert dargestellten Westfassade des Trierer Domes.

BM, Inv. Nr. HR 24

Hl. Rock im Ostchor des Domes ausgestellt

B 197 Pilgerprozession im Ostchor des Trierer Domes

Theo Sternberg
Aquatinta und Radierung auf Karton
80,0 x 60,0 cm
Inschrift: TREVIRICAM PLEBEM DOMINUS BENEDICAT ET VRBEM / SANCTA TREVIRIS

Blick von Nordwesten in den Ostchor des Trierer Domes, wo eine große Pilgerprozession die südliche Pilgertreppe hochsteigt und am ausgestellten hl. Rock vorbeizieht; unter dem Bildfeld rechts in Anlehnung an das Neutorrelief Christus zwischen Petrus und Eucharius mit Inschrift.

BM, Inv. Nr. HR 76

Der heilige Rock im Ostchor des Trierer Domes

B 198

Farbig lasierter Gips
40,5 x 26,7 x 2,3 cm
Ankauf aus dem Antiquitätenhandel
Inschrift: Heilg(!) Rock / Trier 1933

Blick in den Ostchor des Trierer Domes mit dem ausgestellten hl. Rock.

BM, Inv. Nr. HR 75

Postkarte in geschnitztem Holzrahmen

B 199

Br. Maximin
Holz, Glas, Postkarte, Silberpapier, Goldbronze, in verglastem Holzrahmen
24,1 x 19,3 x 1,5 cm
Inschrift: Andenken: an die Ausstellung des / heiligen Rockes in der hohen / Domkirche zu Trier im heilgen / Jahre 1933./ (am linken Rand) Br. Maximin

Grob geschnitzter, verglaster Holzrahmen (oben Krone, seitlich Blumenmotive, unten Kreuz, Herz und Anker); Glas von der Rückseite mit schwarzer Farbe als Rahmen für Postkarte bemalt, Inschrift und Rahmenornamente aus der Farbe ausgekratzt u. mit Silberpapier bzw. Goldbronze hinterlegt; Postkarte zeigt den ausgestellten hl. Rock im Ostchor des Domes.

BM, Inv. Nr. HR 37

B 200 **Erinnerungsblatt**

Graph. Industrie Trier
Lichtdruck-Postkarte auf Karton
23,9 x 18,0 cm
Inschrift: Zur Erinnerung / an die Pilgerfahrt zum hl. Rock nach Trier / im heiligen Jahr 1933 / (linkes Wappen:) FIDES INTREPIDA / (rechtes Wappen:) IN FIDE FORTIS / (am unteren Rand:) 4 / GRAPH. INDUSTRIE TRIER

Aufgedruckter Rahmen mit Ansichten von Dom, Liebfrauen, St. Matthias, St. Paulin, Papst- und Bischofswappen sowie Christogramm und Inschrift; Postkarte mit Blick in Domostchor mit hl. Rock.
BAT

B 201 **Besticktes Lesezeichen**

Stoff mit Stickerei
16,8 x 6,4 cm
Ankauf aus Privatbesitz
Inschrift: Der hl. Rock Jesu Christi / ausgestellt im Dom zu Trier 1933

Der hl. Rock ausgestellt im Ostchor des Domes.

BM, Inv. Nr. HR 133

Hl. Rock ohne Aufhängung

B 202 **Andenkenbild**

Druck auf Papier, in Holzrahmen
14,9 x 9,5 cm
Inschrift: Der hl. Rock im Dom zu Trier

Hl. Rock vor umstrahltem Christogramm.

StB/StA, Graphiksammlung

Steinzeugteller **B 203**

Hein. Wagner, Speicher
Salzglasiertes Steinzeug
Dm 27,4 cm
Inschrift: 1933 HL./ ROCK / ZU / TRIER
(Rs) Speicher Eifel / Hein. Wagner

Hl. Rock mit brennendem Herzen umgeben von Dornenkrone; Motive eingeritzt und mit Smalte ausgemalt.

SM, Inv. Nr. VIII, 333

Bedrucktes Lesezeichen **B 204**

Druck auf Seidenimitat (?)
12,9 x 4,3 cm
Ankauf aus Privatbesitz
Inschrift: Zum / Andenken / an die / Ausstellung / des / heiligen Rockes / zu Trier / 1933

Über dem hl. Rock Christusmonogramm, darunter Inschrift.

BM, Inv. Nr. HR 132

Hl. Rock auf einer Stange hängend

Seidenes Andenkenbild **B 205**

Druck auf Seide, in Holzrahmen
23,7 x 18,9 cm
Inschrift: Andenken an die / Verehrung des hl. Rockes / im Dom zu / Trier XP 1933

Trier, A. Hennen

B 206 **Andenkenbild**

C. Nagel-Diek
Düsseldorf, A. W. Schulgen
Kolorierte Radierung auf Papier
12,0 x 8,1 cm
Geschenk aus dem Trierer Kunsthandel
Inschrift: DER HEILIGE ROCK IM DOM ZU TRIER / A.D. 1933 / (im Bildfeld) Nagel-Diek / (unter dem Bildfeld) A. W. Schulgen in Düsseldorf

Kolorierte Hl.-Rock-Darstellung vor einem Kreuz, das sich im Muster des Hintergrundes abzeichnet.

BM, Inv. Nr. HR 84

B 207 **Aufnäher**

Gazeartiger Stoff, mit Baumwollfäden bestickt
11,3 x 7,9 cm
Geschenk von M. Klauck, Gusenburg
Inschrift: 1933 / INRI / Der hl. Rock Jesu Christi

Hochovaler Aufnäher aus dünnem, großmaschigem Stoff; Rahmen, hl. Rock mit Kreuz und Inschrift aufgestickt.

BM, Inv. Nr. HR 124

B 208 **Stickbild mit Pilgerabzeichen**

Messing, gazeartiger Stoff, mit Baumwollfäden bestickt, bedruckter Papierzettel, in stuckiertem Holzrahmen
23,2 x 16,9 cm
Inschrift: 1933 / (Papierstreifen) Erinnerung an meine Wallfahrt / zum hl. Rock. Trier 1933
(Rs, Stempel) RM, 2.50 / Alleinvertrieb Pet. Schwarz Trier, Euchariustr. 6

In Glasrahmen auf schwarzem Trägerstoff zuoberst das offizielle Pilgerabzeichen, in der Mitte Aufnäher mit hl. Rock, Kreuz, Sonne; darunter bedruckter Papierstreifen.

Auw, A. Heinz

Stickbild mit Pilgerabzeichen

B 209

Messing, schwarzer Stoff, Stickerei mit Baumwollfäden, Silberplättchen (?), Pappe, in Messingrahmen
21,0 x 16,1 cm
Ankauf aus Privatbesitz
Inschrift: Erinnerung an meine Wallfahrt / Trier 1933.

In achteckigen Messingrahmen ist auf schwarzen Grund das Pilgerabzeichen von 1933 mit umrahmender Inschrift und darunter ein Stickbild des hl. Rockes gesetzt; Inschrift aus kleinen, aufgeklebten Silberplättchen.

BM, Inv. Nr. HR 58

Selbstgestaltetes Andenken mit Pilgerabzeichen

B 210

Glas, Pappe, Papier, Messing, Glasscheibe mit schwarzem Papierband an Papperahmen befestigt
10,4 x 10,3 x 1,0 cm
Ankauf aus dem Trierer Antiquitätenhandel
Inschrift: (auf dem Pilgerabzeichen) TRIER 1933

Auf Eck gestellter Papprahmen mit aufgeklebter Glasscheibe; in der oberen Ecke das Pilgerabzeichen vor aufgemalter Dornenkrone und eingeritzten Strahlen; unten der aus Stoff ausgeschnittene und aufgeklebte hl. Rock zwischen aufgemalten Leidenswerkzeugen; zwischen Abzeichen und hl. Rock ein aus Stoff aufgeklebtes Dreieck (Auge Gottes). Die Rückseite mit Marmorpapier beklebt, darauf ein Zettel mit verblaßter Schrift.

BM, Inv. Nr. HR 97

B 211 **Eisengußplakette**

J.K.
Eisenguß, teilweise kupferfarben gefaßt
12,3 x 9,0 x o,7 cm
Aus dem Nachlaß von Hubert Schiel
Inschrift: TRIER / 1933/ (rechts unten) J.K./ (Rs) Duchscher

Kupferfarbener hl. Rock in Rahmen aus geflügeltem Engelskopf und C-Bögen, am unteren Rand in Rollwerk übergehend, Inschrift und Hl.-Rock-Stange gold gefaßt; Loch am oberen Rand unter dem Engelskopf.

BM, Inv. Nr. HR 128

B 212 **Anrührbild**

Druck auf Papier, mit aufgeklebtem Foto
10,7 x 6,1 cm
Inschrift: (auf dem Foto) Der heilige Rock / unseres Herrn und Heilandes / in der Domkirche zu Trier / (unter dem Foto auf em Papier) Der heilige Rock / unseres Herrn und Heilandes / in der Dom-Kirche / zuTrier. / (Stempel auf der Rückseite) Angerührt an / den hl. Rock / im Jahre 1933

Foto mit hl. Rock in Wolken, Inschrift und Ansicht von Dom und Liebfrauen in aufgedrucktes, goldenes Rähmchen eingeklebt; darunter gleiche Inschrift nochmals, Stempel auf der Rückseite.

BAT

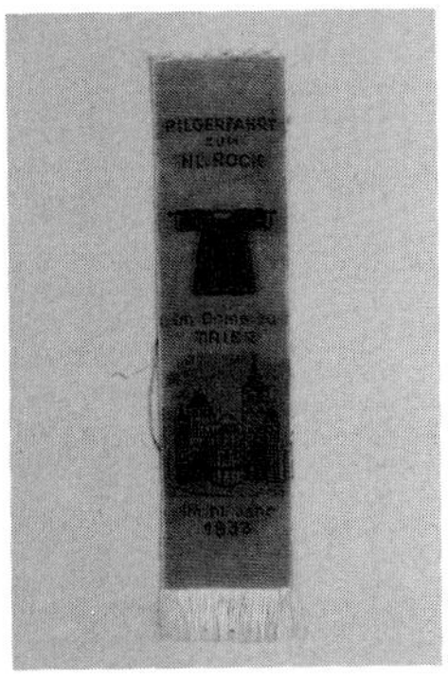

B 213 **Lesezeichen**

Hellblaue Seide mit Stickerei
14,5 x 3,2 cm
Inschrift: PILGERFAHRT / zum / HL. ROCK / im Dome zu / TRIER / im hl. Jahr / 1933

Hochrechteckiges Lesezeichen mit aufgesticktem hl. Rock (braun) und Westfassade des Trierer Domes (schwarz).

BAT

Hl. Rock auf einer Stange an einer Schlaufe hängend

Seidendruck **B 214**

Druck auf Seide, in schwarzem Holzrahmen
25,5 x 18,1 cm
Inschrift: Der Heilige Rock im Dome zu Trier / ausgestellt im heiligen Jahr / 1933 / (unter der Domansicht) DER DOM

Der hl. Rock hängt an einer Bandschlaufe, in die drei Kreuznägel eingebunden sind; in reich ornamentiertem Rahmen mit kleiner Domansicht in der unteren Rahmenleiste.
Vgl. Kat. B 183.

Kelsen, E. Steffny

Seidendruck **B 215**

Druck auf Seide, in ornamentiertem Holzrahmen
18,3 x 14,8 cm
Inschrift: Der Heilige Rock im Dome / zu Trier / ausgestellt im heiligen Jahr / 1933

Der hl. Rock hängt an einer Bandschlaufe, in die drei Kreuznägel eingebunden sind; Rahmen aus gotisierenden Maßwerkformen.
Vgl. Kat. B 183.

Kelsen, E. Steffny

Seidenes Andenkenbild **B 216**

Trier, Emmerich Herzig
Flachdruck auf weiße Seide
17,2 x 13,1 cm
Inschrift: Der heilige Rock im Dome / zu Trier / ausgestellt im heiligen Jahr / 1933 / (am unteren Rand) Emmerich Herzig, Trier

Der hl. Rock hängt an einem Band, in das drei Nägel eingebunden sind; zusammen mit der darunterstehenden Inschrift in einem Rahmen aus sich um einen Stab drehenden Ranken.

BAT

B 217 **Wandteller**

Schwach gebrannter Ton mit Farbfassung
Dm 20,7 cm
Geschenk von A. Peitz
Inschrift: Das heilige Jahr im Dom zu Trier 1933

Reliefierter Teller mit hl. Rock in der Mitte zwischen zwei Kerzenleuchter und umlaufender Inschrift, darüber Dornenkrone mit drei Nägeln, am Rand umlaufende Blumenranken.

BM, Inv. Nr. HR 51

B 218 **Plakette**

Weichmetall mit Weißmetallüberzug
Dm 12,5 cm, H 0,7 cm
Inschrift: HL./ ROCK / TRIER / 1933 / (Rs, Zettel) F.I.K. No. 307.

Der hl. Rock hängt an einem gedrehten Seil.

Trier, A. Hennen

Hl. Rock von der hl. Helena gehalten

B 219 **Seidendruck**

Kassel, R. Wintgens
Bedruckte Seide, in Holzrahmen
33,5 x 27,2 cm
Inschrift: ZUR ERINNERUNG AN DIE AUSSTELLUNG / DES HEILIG. ROCKES ANNO DOMINI 1933 / IN DER DOMKIRCHE ZU TRIER A.D. MOSEL / (unter der Golgothaszene) SIE TEILEN MEINE KLEIDER UNTER SICH / UND WERFEN ÜBER MEIN / GEWAND DAS LOS./ (unter der Domansicht) DAS OBERGEWAND ABER WAR OHNE NAHT / VON OBEN HER IN EINEM STÜCK GEWEBT./ (rechts unten) Wintgens / (am unteren Bildrand) Druck R. Wintgens, Kassel

In der Mitte steht die hl. Helena vor schematisch dargestelltem Kreuz und hält den hl. Rock vor sich, links davon die um das Gewand Christi würfelnden Soldaten, rechts eine Ansicht von Dom und Liebfrauen von Nordwesten; im unteren Rahmenfeld Inschrift und von zwei Engeln gehaltenes Petruswappen.

BM, Inv. Nr. HR 36

Andenkenblatt **B 220**

Druck auf Karton
19,9 x 28,2 cm
Inschrift: Herr, wir sind Pilger auf Erden / und pilgern zu Dir unserer einzigen / Sicherheit. Herr, laß die Pilgerfahrt / zum heiligen Rock nach Trier im + / heiligen Jahr 1933 uns zur Stärkung / gereichen - damit wir nicht erlahmen / auf dem Wege zu Dir

Am linken Bildrand die hl. Helena mit dem Kreuz und dem hl. Rock, rechts daneben die Inschrift und das Christogramm.

BM, Inv. Nr. HR 140

Andenkenbild **B 221**

Aquarellierter Druck auf Papier
32,0 x 24,6 cm
Geschenk von A. Knoth
Inschrift: Der heil. Rock Christi / Ausgestellt im Hohen Dom zu Trier 1933 / (handschriftliche Signatur) J. Scharding

Die hl. Helena hält den hl. Rock nach links gewandt auf einer Stange hängend vor sich.

BM, Inv. Nr. HR 139

B 222 **Andenkenbild**

Trier, Schaar u. Dathe, Ernst Klein A.G.
Farbdruck auf Papier
12,4 x 8,5 cm
Inschrift: Wallfahrt zum hl. Rock Trier 1933 / (in den Wappen) SANCT PETRUS / SANCTA HELENA / IN FIDE FORTIS / (am unteren Bildrand) Schaar & Dathe, Ernst Klein A.G. Trier

Vor der Westfassade des Trierer Domes in der Mitte ein Wappenschild mit der hl. Helena, die den hl. Rock hält, links Stadtwappen mit hl. Petrus, rechts Wappen von Bischof Bornewasser.

Kelsen, E. Steffny

Hl. Rock unter einem Baldachin

B 223 **Seidenbild**

Druck auf Seide
11,3 x 7,6 cm
Inschrift: Und alle, die ihn berührten, wurden gesund./ Trier 1933 / Der hl. Rock Jesu Christi / zur Verehrung der Christen ausgestellt.

Der hl. Rock hängt unter einem bekrönten Baldachin.
Vgl. Kat. B 61.

Trier, A. Hennen

B 224 **Gewebtes Andenkenbild (Foto)**

Inschrift: [HEI]LIGER ROCK IM DO[M] / ZU TRIER 1933

In ovalem Rahmen ein gewebtes Bild mit dem hl. Rock unter einem Baldachin.

Hl. Rock von Engeln gehalten

Seidendruck mit appliziertem Pilgerabzeichen **B 225**

Bedruckte Seide, Messing, Seidenbrokat, Pappe, in vergoldetem Holzrahmen
42,8 x 30,8 cm
Inschrift: Der hl. Rock / ausgestellt zu Trier im heiligen Jahr 1933 / unter dem Episkopat des Hochwürdigsten Herrn Bischofs / Dr. Franz Rudolf Bornewasser

In einem Passepartout Seidendruck mit hl. Rock von zwei Engeln gehalten, darunter Jesus-Monogramm mit seitlichen Kerzenleuchtern, in der Mitte Pilgerabzeichen von 1933 appliziert, am oberen und unteren Rand des Passepartouts Seidenbrokatstücke.

BM, Inv. Nr. HR 35

Andenkenblatt **B 226**

C. Nagel-Diek
Düsseldorf, A.W. Schulgen
Radierung auf Papier, auf Karton geklebt
28,0 x 20,0 cm (mit Karton)
Ankauf aus dem Trierer Kunsthandel
Inschrift: DER HEILIGE ROCK IM DOM ZU TRIER / A.D. 1933 / (in den Eckbildern) St. Paulinus / St. Matthias / U. Liebfrauen / Der Dom Orig. Radierung C. Nagel-Diek / (am unteren Bildrand) A.W. Schulgen, Düsseldorf / (handschriftlich) C. Nagel-Diek

In der Mitte vor ornamentalem Grund ein Engel mit dem hl. Rock; in den Ecken Ansichten von Trierer Kirchen (vgl. Inschrift), dazwischen Medaillons mit Leidenswerkzeugen (Dornenkrone, Geißel und Rutenbündel, drei Würfel, drei Nägel).

BM, Inv. Nr. HR 63

B 227 **Kleines Andenkenbild**

Einsiedeln, Eberle, Kaelin & Cie.
Druck auf Papier
10,5 x 6,9 cm
Geschenk von C. Bischof, Trier
Inschrift: 1933 / ANDENKEN AN TRIER / (Rs) Zur Erinnerung / an die / Ausstellung des Hl. Rockes / veranstaltet / vom hochwürdigsten Herrn Bischof / Dr. Franz Rudolf Bornewasser / im Jubeljahr 1933 / der 1900. Wiederkehr unserer Erlösung./ (es folgt Wallfahrtsgebet von J. Enen) / Vom Kunst-Ausschuß der Wallfahrtsleitung gebilligt./ Mit Bischöflicher Druckerlaubnis./ EBERLE, KAELIN & CIE., EINSIEDELN

Zwei Engel halten den hl. Rock auf einer Stange, zwischen ihnen über dem hl. Rock die Dornenkrone mit drei Nägeln, unten die Inschrift.

BM, Inv. Nr. HR 131

B 228 **Wallfahrtsfähnchen**

Trier, Paulinus-Druckerei
Druck auf Papier
34,7 x 50,0 cm
Inschrift: SANCTA TUNICA DOMINI NOSTRI / Wallfahrt zum Hl.Rock +Trier 1933+ / (Monogramm am linken Bildrand) WB / (am linken Rand) VON DER KUNSTKOMMISSION DER WALLFAHRTSLEITUNG GENEHMIGT. VERLAG DER PAULINUS-DRUCKEREI GMBH, TRIER

Dreieckiges Papierfähnchen: zwei Engel halten den hl. Rock, daneben Ansicht des Trierer Domes.
Vgl. Wallfahrtsfähnchen Kat. B 275; B 307.

BAT
Lit.: Wallfahrtsblatt 1933, S. 105 (Abb.: Das Foto zeigt Kinder am Straßenrand mit drei verschiedenen Arten von Fähnchen.) - D. Pesch, Wallfahrtsfähnchen. Religiöse Druckgrafik. Köln 1983, Nr. D 31-D 33, S. 361f. Dort noch drei weitere Fähnchen von 1933.

Tonplakette **B 229**

Speicher
Salzglasiertes Steinzeug
12,1 x 8,4 x 1 cm
Inschrift: 19 - 33 / WALLFAHT / ZVM HL. ROCK / TRIER / H H / (Rs) .... Speicher

Zwei Engel halten den hl. Rock, darüber Petruswappen, darunter Inschrift, Rad und zwei Krüge.
Vgl. Kat. B 256.

SM, Inv. Nr. X 1089

Gußeiserne Plakette **B 230**

A. Nagel, Trier
Trier, Eisenwerk Mariahütte
Gußeisen
14,4 x 10,4 cm
Ankauf aus Privatbesitz
Inschrift: DER HEILIGE ROCK ZU TRIER / ZUR VEREHRUNG GEZEIGT / IM HEILIGEN JAHRE 1933 / (auf der Abschnittleiste) ST. PAULIN, DOM, LIEBFRAUEN, ST. MATTHIAS / (links neben dem hl. Rock) A. NAGEL TRIER / (Rs) Mariahütte / Kr. Trier (Signum)

Über der Inschrift die Ansichten von St. Paulin, Dom, Liebfrauen, St. Matthias, darüber der hl. Rock; am oberen Rand zwei Engel mit Kreuz und Nagel (?).

BM, Inv. Nr. HR 141

Hl. Rock mit Christus

Seidenes Andenkenbild **B 231**

Alfred Gottwald
Druck auf Seide
10,4 x 5,5 cm
Geschenk aus Trierer Kunsthandel
Inschrift: Der heilige Rock unseres Herrn / und Heilandes Jesus Christus./ (unter dem Bildfeld) BK / D.R.P. / Gottwald
Westfassade des Trierer Dome mit Wallfahrern, dahinter Christus mit ausgebreiteten Armen

Westfassade des Trierer Dome mit Wallfahrern, dahinter Christus mit ausgebreiteten Armen und dem hl. Rock vor sich.

BM, Inv. Nr. HR 82

B 232 **Andenkenblatt**

Druck (Fotochromdruck?) auf Papier, Spritztechnik, in bronzefarbenem Holzrahmen
29,5 x 23,5 cm
Aus dem Nachlaß von Oberlandesgerichtsrat Frings, Köln
Inschrift: Alle die ihn anrührten wurden gesund. Mark. 6,56 / (unter der Domansicht) DER DOMZU TRIER / Der Unterrock war ungenäht und aus dem ganzen gewirkt. Joh. 19.22 / Sprachen sie (die Soldaten) untereinander: Lasset uns den nicht zerschneiden sondern / darüber das Loos werfen, wessen er sein soll, daß das Wort Joh. 19.21 erfüllet werde;/ die da sagen: Sie haben meine Kleider unter sich geteilt, und haben unter meinen Rock das Loos geworfen.

Zentral der hl. Rock, links der Golgothahügel mit dem leeren Kreuz, rechts Dom und Liebfrauen von Westen, am unteren Rand Inschriftband; mittels Schablone wurde mit weißer Farbe über den hl. Rock das Bild des Gekreuzigten gespritzt, ebenso der Lichtschein bei den seitlichen Szenen.

BM, Inv. Nr. HR 104

B 233 **Andenkenbild (Foto)**

Druck auf Stoff
Inschrift: SIE VERTEILTEN UNTER SICH MEINE / KLEIDER UND ÜBER MEIN / GEWAND WARFEN SIE DAS LOS + PS. 21 / DER HEILIGE ROCK / unseres Herrn Jesu Christi / ausgestellt in der hohen / Domkirche zu Trier 1933

Christus steht mit ausgebreiteten Armen und bekleidet mit dem hl. Rock vor dem Kreuz; im Hintergrund Silhouette der Stadt Trier (Türme von Dom, St. Gangolph, St. Matthias).

Eisengußplakette **B 234**

A. Nagel, Trier
Trier, Eisenwerk Mariahütte
Eisenguß
Dm 14,2 cm, T 1,0 cm
Geschenk von R. Greif, Kanzem
Inschrift: ZUM ANDENKEN DES KREUZTODES CHRISTI VOR 1900 JAHREN WURDE DER HL. ROCK ZU TRIER 1933+ / +ZUR VEREHRUNG GEZEIGT./ (Signatur auf linkem Querbalken des Kreuzes) A. NAGEL TRIER / (Rs) EISENWERK (Signum) MARIAHÜTTE KR. TRIER

In der Mitte Christus an einem gabelförmigen Kreuz, unten links der hl. Rock, rechts Domansicht; umlaufende Inschrift.

BM, Inv. Nr. HR 18

Andenken mit Seide von der Umhüllung des hl. Rockes (Dankurkunden)

Dankurkunde **B 235**

Hochdruck auf Papier, Seide (blau, weiß, rot)
19,0 x 10,2 cm
Inschrift: Von der Seide / in die der / HL. ROCK CHRISTI / vom Jahre / 1891 / bis zum Jahre / 1933 / eingehüllt war./ Trier-Ostern / 1934

Oben Umriß des Pilgerabzeichens, darunter aufgeklebte Seidenstücke sowie die Inschrift.

BAT

Dankurkunde **B 236**

Papier, Seide, umklebte Glasplatte
21,4 x 30,0 cm
Inschrift: Im heiligen Jahr 1933 wallfahrteten zum Hl./ Rock im Dom zu Trier mehr als zwei Millionen / Pilger. Bürger und Bürgerinnen der Stadt / Trier, die in den Pilgern CHRISTUS ehren wollten,/ leisteten ihnen treue Hilfe + Mögen Triers / Kinder den Vätern ähnlich wer-

den!/ An die frommen Helfer haben / Bischof Franz Rudolf und das Domkapitel / diese Seide verteilt, in der seit dem Jahre 1891 / CHRISTI Kleid geruht hatte + Der Helfer und / Helferinnen waren viertausendfünfhundert,/ unter ihnen auch Martin Grundheber Trier./+ Franz Rudolf / Bischof von Trier / Das Domkapitel:/ Mause / Dompropst / Die Wallfahrtsleitung:/ Fuchs / Domkapitular

Inschrift mit handschriftlichem Namenseintrag, darunter drei Seidestreifen mit Bischofs- und Domkapitelssiegel aufgeklebt.

Kelsen, E. Steffny

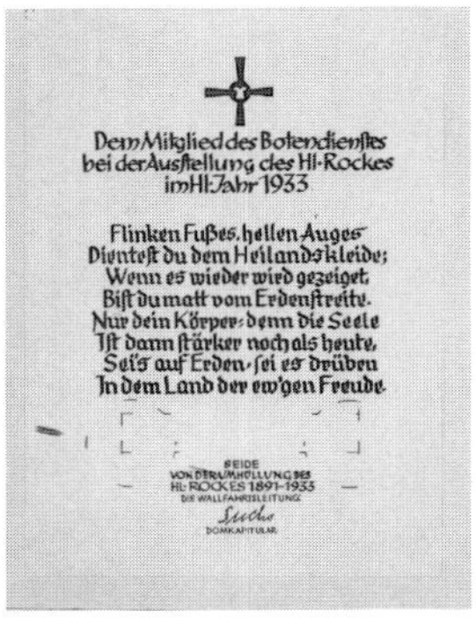
Dem Mitglied des Botendienstes
bei der Ausstellung des Hl·Rockes
im Hl. Jahr 1933
Flinken Fußes, hellen Auges
Dientest du dem Heilandskleide;
Wenn es wieder wird gezeiget,
Bist du matt vom Erdenstreite.
Nur dein Körper: denn die Seele
Ist dann stärker noch als heute,
Sei's auf Erden, sei es drüben
In dem Land der ew'gen Freude.

B 237 **Dankurkunde**

Druck auf Karton
21,0 x 15,0 cm
Inschrift: Dem Mitglied des Botendienstes / bei der Ausstellung des Hl. Rockes / im Hl. Jahr 1933 / Flinken Fußes, hellen Auges / Dientest du dem Heilandskleide;/ Wenn es wieder wird gezeiget,/ Bist du matt vom Erdenstreite./ Nur dein Körper= denn die Seele / Ist dann stärker noch als heute,/ Sei's auf Erden, sei es drüben / In dem Land der ew'gen Freude./ SEIDE / VON DER UMHÜLLUNG DES / HL. ROCKES 1891-1933 / DIE WALLFAHRTSLEITUNG:/ Fuchs / DOMKAPITULAR.

BM, Inv. Nr. HR 142

Verschiedenes

B 238 **Linolschnitt**

Karl G....
Linolschnitt auf rot gefärbtem Japanpapier
44,7 x 34,1 cm
Ankauf aus dem Trierer Kunsthandel
Inschrift: (im Bildfeld) SPQR / (Inschriftleiste) Acceperunt vestimenta eius et tunicam erat autem tunica inconsutilis desuper contexta per totum / (darunter) Trier 1933 / (handschriftlich) sculp. Karl Grewe (?) / Linolschnitt, Handabzug

Im Vordergrund drei Soldaten mit Helm und Rüstung, der mittlere hält den hl. Rock; der linke Soldat mit Schwert und Standarte, der rechte mit Lanze und Schild; im Hintergrund weitere Soldaten und Golgothahügel mit drei Kreuzen.

BM, Inv. Nr. HR 54

Auffaltbares Andenkenbild **B 239**

Trier, Ludwig Kieffer
Druck auf Karton, mit eingeklebtem Mittelteil
10,5 x 7,5 cm
Inschrift: (Vs) Trier 1933. Das heilige Jahr. / Pabst Leo X (1514) ertheilte volkommenen Ablaß Denjenigen, welche zur Verehrung des hl. Rockes die Domkirche besuchen./ (im Innern über dem hl. Rock) Der hl. Rock Jesu Christi zur Verehrung der Christen ausgestellt „Ante Romam Treviris stetit annis mille trecentis" (Vor Rom stand Trier dreizehnhundert Jahre) sagt die berühmte, die Gründung Triers betreffende Inschrift am Roten Hause./ (auf dem rechten Umschlag) Der hl. Rock (Geschichte) / Ludwig Kieffer, Trier Ges. gesch.

Zweimal von außen her eingefalteter Karton mit eingeklebtem Mittelteil, in das ein zweiflügeliges Türchen eingeschnitten ist; in geschlossenem Zustand: Vs Kreuz mit Strahlen, Rs Ansicht der St. Paulinskirche, Trier von W. einmal aufgefaltet: links Ansicht der St. Matthiaskirche, Trier, rechts Geschichte des hl. Rockes zweimal aufgefaltet: in der Mitte eingeklebter Karton mit Domportal, das sich aufklappen läßt, so daß man den hl. Rock dahinter sieht; links davon Domansicht, rechts die Liebfrauenkirche.

Trier, A. Hennen

B 240 **Wallfahrtspfeife**

Westerwald (Hilgert ?)
Weißer Pfeifenton
4,0 x 3,1 cm
Fundort: Hilgert Westerwald

Der Pfeifenkopf steht fast im rechten Winkel zu dem Pfeifenstielrest. Der Kopf wurde in eine dreiteilige Form gepreßt, die geglätteten Nahtstellen sind noch deutlich sichtbar. Vorn (2. Drittel) steht zwischen zwei gekreuzten und durch ein Band zusammengehaltenens Lorbeerzweigen (ein Motiv, das von Hl.-Rock-Medaillen aus dem Jahre 1844 her bekannt ist) Andenken (bogig) / an (gerade) / Trier (gerade). Links (1. Drittel) die Porta Nigra von Norden, darüber 1933, darunter PORTA NIGRA (bogig). Rechts (3. Drittel) erscheint ein Brustbild des hl. Petrus ohne Nimbus, der in jeder Hand einen Schlüssel hält; darunter steht HL. PETRUS (bogig).
Das Stück ist offenbar von J. Schilz-Müllenbach dadurch verändert worden, daß er das kontoverse, vom Kunstausschuß der Wallfahrtsleitung nicht gebilligte 2. Formdrittel mit dem hl. Rock durch das neutralere Andenken-Motiv ersetzte, um doch noch Wallfahrtspfeifen verkaufen zu können.

Trier, H.-J. Kann (Geschenk von Martin Kügler)
Lit.: Zu einzelnen Motiven vgl. Hagen 20, 21, 22, 28, 43, 44.
H.-J. Kann

1.7. Ausstellung 1959

Andenkenbilder

Seidenes Andenkenbild **B 241**

Farbdruck auf Seide, in Holzrahmen
27,1 x 20,9 cm
Ankauf aus dem Trierer Kunsthandel
Inschrift: 19 Trier 59

BM, Inv. Nr. HR 80

Seidenes Andenkenbild **B 242**

Farbdruck auf Seide
18,5 x 13,5 cm
Ankauf aus dem Trierer Kunsthandel
Inschrift: Der hl. Rock / Trier 1959

BM, Inv. Nr. HR 81

Andenkenbild auf Seidenimitat **B 243**

Gewebte Kunststoffaser mit Aufdruck
11,1 x 7,8 cm
Inschrift: Wallfahrt / zum hl. Rock / TRIER 1959

Trier, A. Hennen

B 244 **Seidenes Andenkenbildchen**

Druck auf Seide (?), in Holzrahmen
11,6 x 7,7 cm (o. R.)
Inschrift: Der Hlg. Rock / zu Trier / 1959

In Rahmen aus floralen Ornamenten die Inschrift sowie der hl. Rock über Golgothahügel mit drei Kreuzen.

SM, Inv. Nr. X 1089,4

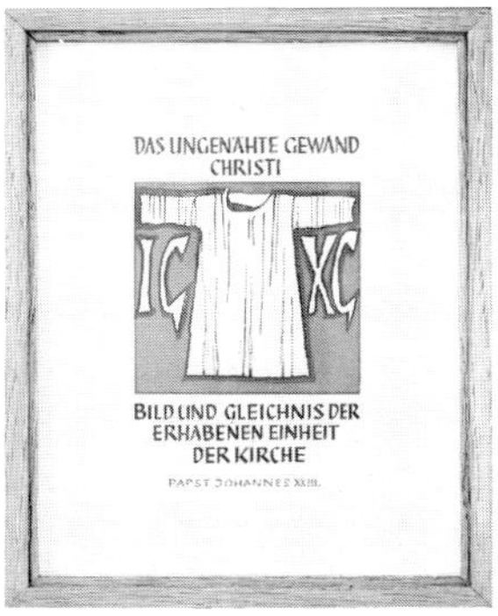

B 245 **Anrührbild**

Druck auf Papier
11,6 x 8,0 cm
Inschrift: (Vs) DAS UNGENÄHTE GEWAND / CHRISTI / BILD UND GLEICHNIS DER / ERHABENEN EINHEIT / DER KIRCHE / PAPST JOHANNES XXIII./ (neben dem hl. Rockes) IC / XC / (Rs: Gebet und:) Zum Andenken an die Wallfahrt 1959 / angerührt an den Heiligen Rock zu Trier

Der hl. Rock in rosafarbenem Feld zwischen den griechischen Anfangsbuchstaben für Jesus (IC) Christus (XC).

BAT

B 246 **Seidendruck**

Mailand, O. Grafiche Ricordi
Druck auf Seide, in Holzrahmen
9,9 x 7,6 cm (o. R.)
Inschrift: ALLE DIE IHN ANRÜHRTEN, WURDEN GESUND. MARC. 6. 56 / DDER LEIBROCK WAR UNGENÄHT UND AUS / DEM GAN-ZEN GEWIRKT. JOH. 19.23 / (am unteren Rand) O. GRAFICHE RICORDI S.P.A. MILANO / PRINTED IN ITALY–Le

Der hl. Rock umgeben von Dornenkrone, Speer und Essigschwamm, Kelch und Nägeln.

SM, Inv. Nr. X 1089,1

Andenkenkarte mit Fotomontage **B 247,1**

Fotopapier
9,4 x 5,5 cm
Inschrift: (Rs) Der Heilige Rock unseres Herrn / und Heilandes Jesus Christus / im Dom zu Trier, / ausgestellt 1959. / Sein Angesicht leuchtete / wie die Sonne und seine Kleider / wurden weiß wie Schnee. / Sie teilten seine Kleider unter sich / und über sein Gewand / warfen sie das Los.

Fotomontage der Domwestfassade mit dahinterstehendem Christus, der den hl. Rock auf einer Stange vor sich hält.

BAT

Andenkenkarte mit Fotomontage **B 247,2**

Fotopapier
9,5 x 5,4 cm
Inschrift: wie Kat. B 246,1.

Fotomontage der Domwestfassade mit dahinterstehender Helena, die den hl. Rock auf einer Stange vor sich hält.

BAT

Andenkenbild **B 248**

Karl Jansen KG., Buttenwiesen
Druck auf Papier
10,0 x 6,1 cm
Inschrift: Der heilige Rock unseres Herrn / und Heilands Jesus Christus / (Rs) Zum Andenken / an seine Ausstellung zu Trier / im Jahre 1959 / (Gebet) / Karl Jansen KG., Buttenwiesen / Nr. 1

Vor einem Sternenhimmel steht Christus in weißem Gewand in roter Mandorla, vor ihm halten zwei Engel den hl. Rock; darunter Ansichten von Dom u. Liebfrauen.

BAT

B 249 **Andenkenbild**

Karl Jansen KG., Buttenwiesen
Druck auf Papier
10,0 x 6,0 cm
Inschrift: Der heilige Rock unseres Herrn / und Heilandes Jesus Christus / (Rs) Zum Andenken / an seine Ausstellung zu Trier / im Jahre 1959 / (Gebet) / Karl Jansen KG., Buttenwiesen / Nr. 5

Der hl. Rock im Ausstellungsschrein von 1810-1933 von Engeln in den Wolken gehalten; darunter Ansicht von Dom und Liebfrauen.

BAT

Plaketten

B 250 **Eisengußplakette**

Trier, Eisenwerk Quint
Eisenguß
11,7 x 17,9 x 0,9 cm
Ankauf aus dem Trierer Kunsthandel
Inschrift: SANCTA / TREVIRIS / 1959 / (Signatur auf dem Kreuzstamm) / (Rs) Eisenwerk Quint / Trier

Im größeren linken Bildfeld Kreuzigung Christi mit Soldaten, die um Christi Gewand würfeln; im rechten Feld Hl.-Rock-Darstellung mit Domansicht und Inschrift.

BM, Inv. Nr. HR 73

B 251 **Gußeiserne Plakette**

Trier, Eisenwerk Quint
Gußeisen, kupfermetallisch überzogen
17,9 x 11,7 cm
Ankauf aus Privatbesitz
Inschrift: SANCTA / TREVIRIS / 1959 / (Rs) EISENWERK QUINT / TRIER

Kreuzförmige Plakette mit zentraler Kreuzigungsdarstellung, hl. Rock oben und Domfassade unten.

BM, Inv. Nr. HR 136

Plakette **B 252**

Weichmetallegierung, messingfarben überzogen
14,0 x 10,8 cm
Inschrift: Der heilige Rock / 19 - im - 59 / Dom zu Trier

Im Hochrelief auf grobnarbigem Untergrund der hl. Rock auf einer Stange hängend; darunter auf glattem Schild die Inschrift.

Trier, H.-J. Kann

Plakette **B 253**

Weichmetallegierung, messingfarben galvanisiert, Kunststoffkordel
9,5 x 9,2 x 1,5 cm
Inschrift: TRIER 1959

Eingetiefter, annähernd quadratischer Wandaufhänger mit abgerundeten Ecken; in Hochrelief der hl. Rock mit Kreuz über Halsausschnitt und Inschrift darunter.

Kelsen, E. Steffny

Blechrelief **B 254,1**

Monogramm: LD
Gepreßtes Messingblech, versilbert, lackiert
17,8 x 12,6 x 1,5 cm (m. R.)
12,3 x 7,8 cm (o. R.)
Inschrift: O TER BEATA TREVERIS LAETARE TANTO PIGNORE / (am Heiligenschein der Helena) SANCTA HELENA / (rechts unten) 1959 / LD

Im Bild rechts die hl. Helena mit einem Teil der Porta Nigra rechts im Hintergrund, links

das Kreuz und ein Nagel; unten links der hl. Rock; lateinische Inschrift umlaufend.
Vgl. Kat. C 110.

Kelsen, E. Steffny

B 254,2 **Wachsplakette**

Monogramm: LD
Rotes Wachs, auf der Rückseite eingegossener Aufhänger
12,3 x 7,7 x 1,2 cm
Inschrift und Darstellung wie Kat. B 254,1.

BM, Inv. Nr. HR 99

B 255 **Rundes Wachsrelief**

Monogramm: LD
Wachs mit Farbfassung (Imitation von patinierter Bronze)
Dm 12,0 cm, T 1,0 cm
Inschrift: DIVISERUNT / SIBI VESTIMENTA / MEA ET - SVPER / VESTEM - MEAM / MISE - RUNT / SORTEM / TRIER 1959 LD

Rundes Wachsrelief mit dem hl. Rock in der Mitte und umgebender Inschrift; Perlkreis als Umrandung.

BAT

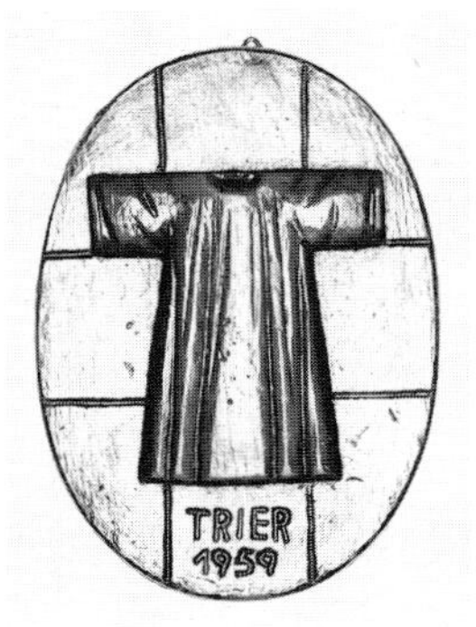

B 256 **Hochovales Wachsrelief**

Wachs mit brauner Lasur
13,0 x 9,5 x 1,0 cm
Inschrift: TRIER / 1959

Vor kreuzfömigem Relief der hl. Rock ohne Aufhängung; Inschrift am unteren Rand.

Trier, A. Hennen

Tonplakette **B 257**

Speicher
Salzglasiertes Steinzeug
12,3 x 8,6 x 1,3 cm
Inschrift: 19 - 59 / WALLFAHT / ZVM HL. ROCK / TRIER

Zwei Engel halten den hl. Rock, darüber Petruswappen, darunter Inschrift, Rad und zwei Krüge.
Vgl. Kat. B 229: Model von 1933 wurde für 1959 abgeändert.

BM, Inv. Nr. HR 43

Aufsteller mit Plakette **B 258,1**

Verchromtes oder vernickeltes Messingblech, Schildpattimitation, verzinntes Messingblech
10,0 x 7,2 cm
Plakette Dm 4,0 cm
Geschenk von M. Klauck, Gusenburg
Inschrift: (Plakette) DER HEILIGE ROCK IM DOM ZU TRIER / 1959
(Inschriftkartusche) ZUM ANDENKEN

Auf hochrechteckiger Metallplatte mit Schildpattimitation ist eine Hl.-Rock-Plakette mit Stiften befestigt; darunter schmale Inschriftkartusche; auf der Rückseite Aufsteller mit eingeprägtem Kreuz.

BM, Inv. Nr. HR 123

Aufsteller mit Plakette **B 258,2**

Verchromtes oder vernickeltes Messingblech, Schildpattimitation, verzinntes Messingblech
8,3 x 8,0 cm
Ankauf aus dem Kunsthandel
Inschrift: (Plakette) DER HEILIGE ROCK IM DOM ZU TRIER / 1959 / (Rs) Germany

Runde Metallscheibe mit Schildpattimitation, Plakette und Aufsteller wie Kat. B 258,1.

BM, Inv. Nr. HR 98

Dankurkunde

B 259 **Dankurkunde für Wallfahrtshelfer**

Papier mit aufgeklebten Seidestreifen, Papiersiegel, in Holzrahmen
22,2 x 31,1 cm
Inschrift: JESUS CHRISTUS IST DER HERR / PHIL. 2,11./ Jesus Christus, Heiland und Erlöser,/ erbarme Dich über uns und über die / ganze Welt. Gedenke Deiner Christenheit und / führe zusammen, was getrennt ist. Amen./ KLEINES PILGERGEBET / ANDREAS HEINZ / in Dankbarkeit für treue Mitarbeit bei der / WALLFAHRT ZUM HEILIEN ROCK IM JAHRE 1959 / + Matthias / BISCHOF VON TRIER / Seide, in die der Hl. Rock vom Jahre 1933 bis zum Jahre 1959 eingehüllt war.

Urkunde mit Inschrift, Wallfahrtszeichen u. eingesetztem Namen des Helfers; links unten ein hellblauer, weißer und roter Seidenstreifen mit zwei Papiersiegeln (Bischof, Domkapitel) aufgeklebt.

Auw, A. Heinz

Verschiedenes

B 260 **Kerzenleuchter**

Monogramm: S.T.
Speicher ?
Salzglasiertes Steinzeug
H 8,2 cm, Dm 5,8 cm
Inschrift: TRIER 1959 / (im Fuß eingraviert) S.T.

Kegelförmiger Fuß mit kleinem Wachsteller; auf dem Fuß eingeritzter Umriß des hl. Rock mit plastischem, blauglasiertem Kreuz; darunter Inschrift.

BM, Inv. Nr. HR 45

Weihwasserkesselchen

B 261

Roter Ton mit weißer Glasur
14,5 x 8,6 x 4,4 cm
Inschrift: TRIER / 1959 / (Preisschild Rs) 4,20

Weiß glasiertes Weihwasserkesselchen mit reliefiertem hl. Rock und Dornenkrone über dem Halsausschnitt.

BM, Inv. Nr. HR 100

Teller

B 262

Kunststoff, Vs: Schriftaufdruck, Rs: Lackierung
Dm 24,1 cm, H 2,2 cm
Ankauf aus Privatbesitz
Inschrift: (um den hl. Rock) ALLE DIE IHN ANRÜHRTEN WURDEN GESUND MARC. 6.56 / AUSSTELLUNG DES HL. ROCKES ZU TRIER / 19 - 59 / (zu den Kirchen am Tellerrand:) DER DOM ZU TRIER / ST. GANGOLF / ST. MAT-THIAS / MARKTKREUZ / LIEBFRAUEN / ST. PAULIN

Flacher, am Rand hochgewölbter Teller mit dem hl. Rock in der Mitte, umgeben von Darstellungen Trierer Kirchen sowie des Marktkreuzes.

BM, Inv. Nr. HR 108

Wandteller

B 263

Mettlach, Villeroy & Boch
Steingut
Dm 21,0 cm
Geschenk v. R. Weber, Eitelsbach
Inschrift: DER DOM UND DIE LIEBFRAUENKIRCHE / IN TRIER / (Rs) Villeroy & Boch Mettlach / Trier im Jahre 1959

Auf dem Tellerboden ist eine Ansicht von Dom und Liebfrauen von Nordwesten abgebildet, darunter Darstellung des hl. Rockes; zwischen beiden Darstellungen die Inschrift. Auf der Rückseite der Firmenstempel und zwei Ösen zum Aufhängen.

BM, Inv. Nr. HR 118

B 264 **Wandteller**

Weichmetallegierung, verkupfert
15,0 x 15,0 cm
Inschrift: DER HEILIGE ROCK / UNSERES / HERRN UND HEILANDES / JESUS CHRISTUS / IM DOM ZU / TRIER / 1959 (bei den vier Ansichten) DER DOM ZU TRIER / ST. PAULIN / TRIER / PORTA NIGRA / BASILIKA / ST. MATTHIAS

Teller mit kleiner Hl.-Rock-Darstellung in der eingetieften Mitte, in Kreuzform vier Ansichten von Trierer Bauwerken (Dom u. Liebfrauen, St. Paulin, Porta Nigra, St. Matthias) mit Weintrauben und -laub in den Zwickeln; Aufhängeröse auf der Rückseite.

Trier, A. Hennen

B 265 **Schüttelglas**

Plexiglas, Kunststoff, Wasser
8,5 x 5,4 x 3,7 cm
Ankauf aus Privatbesitz
Inschrift: DER HEILIGE ROCK v.TRIER

Schüttelglas mit Domfassade von Westen; dahinter Christus mit ausgebreiteten Armen und weißem Gewand - vor sich den hl. Rock.

BM, Inv. Nr. HR 137

B 266 **Holzkreuz**

Holz
13,0 x 12,9 x 1,7 cm
Inschrift: Herr / segne / dieses Haus und alle,/ die da gehen ein und aus./ 19 - 59 / TRIER

Gleichschenkliges Kreuz mit Inschrift und dem hl. Rock auf dem unterem Kreuzarm.

BM, Inv. Nr. HR 90

Dommodell **B 267**

Kunststoff, kupferfarben, Metallplatte, eingebaute Optik
3,7 x 2,0 x 3,8 cm
Inschrift: + TRIER + / HL. ROCK / + 1959 + / (innen) DER HEILIGE / ROCK / IM DOM ZU TRIER / 1959

Kleines Dommodell mit je einem Loch in der Ost- und der Westapsis, durch die man von West nach Osten blickend den hl. Rock mit einer Inschrift erkennt.

Leihgabe aus Privatbesitz

Lesezeichen **B 268**

Baumwollstoff mit Stickerei
18,8 x 5,1 cm
Inschrift: Der hl. Rock / JESU CHRISTI / TRIER /1959

Violettes Lesezeichen mit gelben Franzen: über dem hl. Rock ein Kreuz mit Strahlen, darunter die Inschrift mit drei Kreuzesnägeln.

Trier, A. Hennen

Aufnäher **B 269**

Schwarzer Stoff mit eingewebten silbernen Fäden, auf grünem Filz
6,7 x 5,9 cm
Inschrift: TRIER / DER HEILIGE ROCK / ALL DIE IHN BERÜHRTEN, WURDEN GESUND

Auf schwarzem Grund silberner hl. Rock mit umlaufender Inschrift.

Trier, A. Hennen

B 270,1 **Schallplatte**

Bedruckter Karton mit transparentem Kunststoffüberzug mit Rillenprägung
21,0 14,8 cm
Inschrift: (Vs) Chronik vom Heiligen Rock / Trier 1959 / (Rs) Chronik vom Heiligen Rock / Trier 1959 / nach Aufzeichnungen der GESTA TREVERORUM und des Agritius-Biographen / (Musik: F. Theisen) / Alle Rechte und Urheberrechte vorbehalten, Überspielen, öffentl. Aufführung / und Rundfunksendung verboten. Gesetzlich geschützt./ Laufgeschwindigkeit 33 U/min. Mit Mikrosaphir 500 mal zu spielen. BIEM / bildton Trier Ruf: (0651) 8697 / Briefporto

Rechteckiger Karton mit aufgedrucktem Foto des Domes von Westen sowie der transparenten, abspielbaren Kunststoffschicht. Auf der Rückseite Inschrift, Adressenfeld und Briefmarkenfeld; Karton mittig gelocht.

BM, Inv. Nr. HR 130

B 270,2 **Schallplatte**

Bedruckter Karton mit transparentem Kunststoffüberzug mit Rillenprägung
21,0 15,2 cm
Inschrift: (Rs) Einen herzlichen Gruß aus Deutschlands ältester Stadt, der Stadt des Mo-selweins und des Frohsinns. ... (Aufzählundg der römischen Denkmäler Triers) / Drei Herrenreliquien werden besonders in Trier verehrt: / ein Nagel, ein Stück vom Kreuz Christi und der Hl. Rock, die Tunica des Herrn. / So kann man von Trier sagen, daß hier die Steine von der Geschichte der Römer und der Trierer Kur-/ fürsten erzählen. Trier ein unvergeßliches Erlebnis, - ein Besuch dieser Stadt ist immer ein Gewinn./ Verlag:/ Hoppe-Junk, Trier / BIEM / Herstellung:/ Schall-plattenfabrik Pallas GmbH.,/ Diepholz/Hann.

Rechteckiger Karton mit aufgedrucktem Foto der Porta Nigra von Norden; auf der Rückseite die Inschrift sowie die transparente, abspielbare Kunststoffschicht; Karton mittig gelocht.

Trier, A. Hennen

1.8. Nicht datierbare Andenken

Blatt mit neun Hl.-Rock-Holzschnitten **B 271,1-9**

Holzschnitte auf Papier
46 x 37,7 cm
Der größte der neun Holzschnitte ist 1810 datiert, während bei den übrigen eine Jahresangabe fehlt. Es läßt sich daher nicht mit Sicherheit sagen, ob diese auch für die Ausstellung 1810 angefertigt wurden. Das verwendete Formenrepertoire legt - gerade im Vergleich mit dem datierten Holzschnitt - eine frühere Datierung nahe.
(Die Holzschnitte werden von links nach rechts und von oben nach unten gezählt.)

1.
17,2 x 12,3 cm
Inschrift: La robe de Notre Seigneur Jesus Christ, telle qu,elle a été montrée / au public, dans la Cathédrale de la ville de Trèves (Sarre) depuis le / 9 jusqu'au 27 Septembre 1810./ Abbildung des H. Rocks unseres Herrn Jesus, der zu Trier in der Dom=/ kirche vom 9ten bis den 27ten September 1810 zur Verehrung wird aus=/ gesetzt werden.
In klassizistischem Rahmen perspektivische Ansicht des hl. Rockes in flachem Ausstellungsschrein, Schrein steht auf Tisch zwischen zwei Kerzen, über ihm Kreuz, Jesusmonogramm, Nägel; Inschrift ohne Rahmen daruntergesetzt.
Identisch mit Kat. B 38.

2.
4,2 x 3,3 cm
Inschrift: D. H. ROCK CHRISTI
Hl. Rock mit Nägeln, Jesusmonogramm, Kreuz über dem Halsausschnitt.

3.
11 x 7 cm
Abris deß H. Rock unse / res Herrn Jesu Christi / welcher im hoen Dohm / in Trier aufbeh. wird.

Hl. Rock vor altarähnlichem Aufbau auf einer Stange hängend, darunter Inschriftkartusche; rechts und links auf dem Giebel je ein Putto, in der Mitte über dem Halsausschnitt Hl.-Geist-Taube und Gottvater in Strahlenglorie.

4.
12,2 x 7,4 cm
Inschrift: DER / H. ROCK IST VON / DER H. HELENA DURCH AGRITI-/ UM NACHER TRIER ÜBERERAGT (!) / IM JAHR 330. UND WIRDT IM / DHOM VERWAHRET.
Helena mit Krone und Mantel hält den hl.Rock vor sich; links oben in den Wolken ein Auge, von dem aus Strahlen zu Helena hin verlaufen; darunter Inschrift in Kartusche.

5.
11 x 6,7 cm
Inschrift: Der H. Rock Christi Jesu / wird in Trier in den hohe / Dhom Kirchen in hoer / acht aufbehalten
In ovalem Feld der hl. Rock auf einer Stange hängend, über ihm Kreuz, Jesusmonogramm und drei Nägel; zusammen mit Inschriftkartusche in hochrechteckigem Rahmen mit Eckverzierungen.

6.
7 x 4,3 cm
Inschrift: DER H.ROCK CHRISTI
Hl. Rock auf einer Stange hängend vor Wolkenhintergrund.

7.
5,2 x 3,8 cm
Inschrift: DER H. ROCK CHRIS
Hl. Rock auf einer Stange hängend, darüber in ovalem Feld Jesusmonogramm mit Kreuz und drei Nägeln.

8.
6,2 x 4,7 cm
Inschrift: DER H.ROCK JESU / CHRISTI IN TRIER
Hl. Rock auf einer Stange hängend vor Wolkenhintergrund.

9.
16,2 x 19,8 cm
(Bild: 8,4 x 5,8 cm)
Inschrift: Litaney vom heiligen Rock ... / Gebeth. ...
Litanei und Gebet zusammen mit Hl.-Rock-Bild in einfachem Rahmen; die hl. Helena mit Krone, Kreuz und Nägeln hält den hl. Rock vor sich.
Vgl. Kat. B 20.

BAT
Lit.: Zu Kat. C 271,3 vgl.: Wallfahrtsblatt 1933, S. 110 (Abb.); zu Kat. C 271,9 vgl.: Wallfahrtsblatt 1933, S. 88.

Kleines Andenkenbild **B 272**

Holzschnitt auf Papier
8,5 x 7,3 cm
Inschrift: ABRIS DES H. ROCK / CHRISTI IN TRIER.

Die hl. Helena mit Nimbus und Krone zeigt den hl. Rock, darunter Inschriftleiste.

BM, Inv. Nr. HR 65

Andenkenbild **B 273**

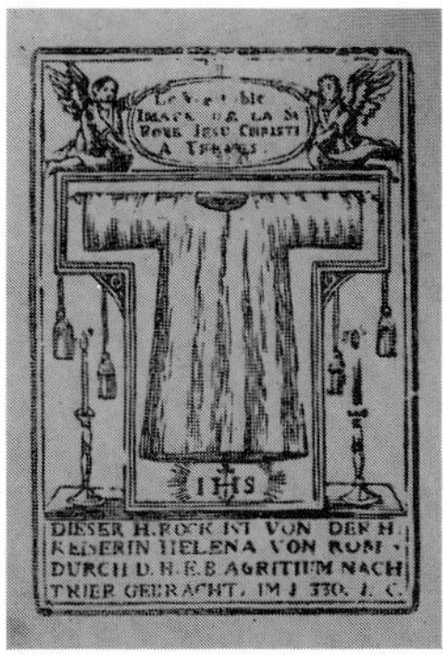

Holzschnitt auf Papier
17,3 x 11,5 cm
Inschrift: Le veritable / IMAGE de LA St / ROBE JESU CHRISTI / A TREVES./ DIESER H ROCK IST VON DER H./ KEISERIN HELENA VON ROM / DURCH D. H. E. B. AGRITIUM NACH / TRIER GEBRACHT, IM J 330. J. C.

Der hl. Rock hängt in der Ausstellungsvitrine von 1810; das Jesusmonogramm ist unterhalb des hl. Rockes angebracht, da über dem Halsausschnittt zwei Engel auf ovalem Schild die französische Inschrift halten.
Beissel gibt an, der Druck stamme von einem - heute nicht mehr erhaltenen - Holzstock des Trierer Dommuseums.

StB/StA, Graphiksammlung

Lit.: St. Beissel, Geschichte der Trierer Kirchen, ihrer Reliquien und Kunstschätze. II. Theil: Zur Geschichte des hl. Rockes Trier 1889, S. 261; vgl. außerdem S. 142, 241. - Wallfahrtsblatt 1933, S. 88.

B 274 **Seidenes Andenkenbild**

Holzschnitt auf Seide, Karton, hinter umklebter Glasplatte
10,3 x 8,4 cm (o. R.)
Inschrift: Der H. ROCK JESUS.

Umgeben von Wolken hängt der hl. Rock auf einer Stange; am oberen Bildrand umstrahltes Jesusmonogramm.

StB/StA, Graphiksammlung

B 275 **Wallfahrtsfähnchen (Foto)**

Holzschnitt auf Papier ?
1. Hälfte 19. Jahrh.
Inschrift: S./ HELENA / KAYSERIN./ Abriß der hohen Dom-Kirche allwo der ungenähte Heilige Rock unseres Heilands und Erlösers Jesu Christi .../ (handschriftlich in der linken Ecke) 1844

Domansicht von Westen mit nördlich angrenzenden Kurien und dem Wappen des Domkapitels. Am rechten Fähnchenrand Steht die hl. Helena auf beschriftetem Sockel mit hl. Rock, zwei Nägeln in der rechten und einem in der linken Hand (Hinweis auf den Trierer Nagel) sowie dem Kreuz. Auf der Rückseite entsprechende Darstellung des hl. Matthias vor der Matthiaskirche (Kat. B 307).
Vgl. auch Wallfahrtsfähnchen von 1933: Kat. B 228.

Lit.: Allgemein zu Wallfahrtsfähnchen: D. Pesch, Wallfahrtsfähnchen. Religiöse Druckgrafik. Köln 1983. Dort jedoch nur Beispiele für die Hl.-Rock-Wallfahrt 1933.

Geprägtes Andenkenbild **B 276**

Goldprägedruck
12,5 x 8,7 cm
Mitte 19. Jahrh. (?)
Inschrift: Wahre Abbildung / des h. Rocks unsers / Herrn Jesu Christi,/ so im hohen Dom zu / Trier aufbehalten wird

Der hl. Rock auf einer Stange hängend; zusammen mit der Inschrift umrahmt von goldgeprägten Dornenranken mit den Leidenswerkzeugen auf grünem Grund.

BAT

Henkelglas **B 277**

Rötliches Glas, geschnitten, teilweise vergoldet, Emailfarbe
H 8,6 cm; B 8,5 cm mit Henkel; Dm 5,7 cm ohne Henkel
19. Jahrh.
Ankauf aus dem Kunsthandel
Inschrift: Der hl. Rock zu Trier

Rötliches Becherglas mit farblosem, angesetztem Henkel; der ovale Rahmen sowie die Inschrift sind eingeschnitten und vergoldet (der obere Rand nur vergoldet); der hl. Rock mit brauner Farbe aufgebrannt.

BM, Inv. Nr. HR 115

Kleines Becherglas **B 278**

Glas, bemalt und geschnitten
H 7,0 cm; Dm 5,0 cm
Inschrift: Der hl. Rock zu Trier

Achtseitiges, rot gefaßtes Becherglas, in das ein Rahmen mit Inschrift und Hl.-Rock-Darstellung eingeschnitten ist.

SM, Inv. Nr. X 1091

B 279 **Eisengußplakette (Fragment)**

Eisenguß
16,1 x 7,6 x 0,7 cm
Inschrift: Erinnerung an Trier

Hochrechteckige Plakette mit oben abgerundetem Abschluß und Loch zum Aufhängen; unten Domansicht von Westen, darüber der hl. Rock und Inschriftband.

Trier, A. Hennen

B 280 **Weihwasserkesselchen**

Zinn-Zink-Legierung, Weichlot
18,6 x 7,8 x 3,7 cm
19. Jahrh. (?)
Inschrift: (Inschrift zu Füßen Helenas durch Oxidation des Metalls nicht mehr lesbar)

Wasserkesselchen und Hl.-Rock-Darstellung einzeln gegossen und durch Weichlotnaht verbunden; mehrseitiges Kesselchen mit abgesetztem Fuß; darüber Relief mit der hl. Helena, die den hl. Rock und das Kreuz zeigt; darunter Inschrift sowie seitlich kniende Engeln; unter den Engeln kleine Ösen.

BM, Inv. Nr. HR 72

B 281 **Plastische Domfassade**

Messingguß
10,6 x 7,4 x 2,1 cm
19. Jahrh.
Inschrift: (im Giebel der aufgeklappten Apsis) Heiliger Rock zu Trier

Reliefartige, gegossene Domfassade mit aufklappbarer Apsis, darin die Inschrift und in einer flachen Mulde ein Kreuz und von der leeren Mitte ausgehende Strahlen (Hl.-Rock-Darstellung fehlt); genieteter Aufsteller auf der Rückseite.

Tirer, A. Hennen

Plastische Domfassade mit hl. Rock **B 282**

Spritzguß, verzinnt, auf Holzplatte genagelt
18,0 x 10,9 x 4,8 cm (m. R.)
10,5 x 9,3 cm (o. R.)
Ankauf aus dem Antiquitätenhandel
Inschrift: (auf der vorderen Sockelkante) DOM ZU TRIER / (Rs mit Bleistift:) 2,50

Die Domfassade ist als Relief auf ein schwarz lackiertes Brett genagelt, das mit einem ausklappbaren Fuß auf der Rückseite aufgestellt bzw. mit einer Öse aufgehängt werden kann. Das Bodenniveau vor der Westfassade ist durch einen etwa 2 cm vorspringenden Sockel mit Inschrift wiedergegeben. An Stelle der Westapsis ist eine flache Mulde mit einer schematischen Darstellung des hl. Rockes zu sehen. Zwei versetzte Löcher in deren Rand und Spuren auf dem Sockel lassen vermuten, daß die halbrunde Apsis aufgesteckt war und geöffnet werden konnte.

BM, Inv. Nr. HR 96

Hl. Helena **B 283**

Monogrammiert: F.W.
Gipsguß
27,0 cm
Inschrift: (eingeritzte Signatur auf der Rs) F.W.

Auf einem quadratischen Sockel, auf dem Wolken angedeutet sind, steht Helena mit Krone und Schleier und hält den hl. Rock in beiden Händen schräg vor sich.

Kelsen, E. Steffny

1.9. Verschiedenes

B 284 Titelblatt der „Trierischen Annalen"

Kupfertitel aus: C. Brower / J. Masen, Antiquitatum et Annalium Trevirensium Libri XXV. Leodii: Ex officina typographica Jo. Mathiae Hovii 1670.
Philip Kilian (1628-1693)
33,0 x 19,9 cm
Inschrift: ANTIQUITATES et ANNALES Trevirensium / (Inschriftband) CAROLUS CASPARUS à Petra / Archiepiscopus et Elector Trevirensis./ (in den Medaillonumrandungen) Primus Apostolus Trevirorum Petri discipul - S. Eucharius Episc. 1./ Archiepiscopus 1 Trevirorum - S. Agritius / Elector 1 Trevirorum - Ludolphus / Imperator 1 Catholicus Trevirorum - Constantinus Mag./ Rex Francorum Ecclae Trev. amplificator - Dagobertus prim / Imperator Rom. Sub quo coepit Electorat - Otto tertius
(am unteren Bildrand) LEODII, APUD JOANNEM MATHIAM HOVIUM, M.DC.LXX - Philip Kilian s
(weitere Inschriften s. Beschreibung)

Das Titelblatt ist als eine Huldigung an den damals regierenden Trierer Kurfürsten Carl Caspar von der Leyen (1652-1676) gestaltet. In den seitlichen Medaillons mit Bildern Trierer Bischöfe (Eucharius, Agritius, Ludolph) sowie weltlicher Herrscher (Konstantin der Große, Dagobert I., Otto III.) wird die Rechtmäßigkeit seiner geistlichen und weltlichen Machtbefugnisse dargestellt. Unter Bezugnahme auf seinen Namen „von der Leyen" (lateinisch: a Petra - vom Stein) ist Carl Caspar in Parallele zu Petrus, dem am oberen Bildrand die Himmelsschlüssel übergeben werden („In petra exaltavit me - Psal: 26."), als der Fels dargestellt, auf dem die Trierische Kirche fest gegründet steht („Non cecidit: fundata n. erat Supra petram./ Matth:7."). Sinnbildlich für die Trierer Kirche ist der Trierer Dom abgebildet. Links ist der Blick in den West- oder Nikolauschor („Chorus primus S. Nicolai") mit dem „Monumentum Archiep. Caroli Caspari a Petra." dargestellt, während auf der rechten Seite der Ostchor

(„Chorus Summus") zu sehen ist, der als Aufbewahrungsort der Reliquien („Reconditorium s. reliquiarum") diente. In der Mitte ist die Westfassade des Domes („Summa aedes D. Petri") mit der Stelle im Scheitel der Westapsis wiedergegeben, an der der hl. Rock 1655 gezeigt wurde („Toga Christi / hoc loco exhibetur").

BM, Inv. Nr. G 204
Lit.: Zu den Trierischen Annalen vgl. zuletzt: Für Gott und die Menschen. Die Gesellschaft Jesu und ihr Wirken im Erzbistum Trier (= Quellen u. Abhandlungen zur mittelrheinischen Kirchengeschichte 66). Mainz 1991, S. 545-547, Kat. 124f. - Zur Ausstellung 1655 und zum Ort der Zeigung am und im Westchor des Domes vgl.: R. Laufner, Die Hl.Rock-Ausstellung im Jahre 1655. In: Trierisches Jahrbuch 1959, S. 56-67.

Kupferstich aus den „Trierischen Annalen" **B 285**

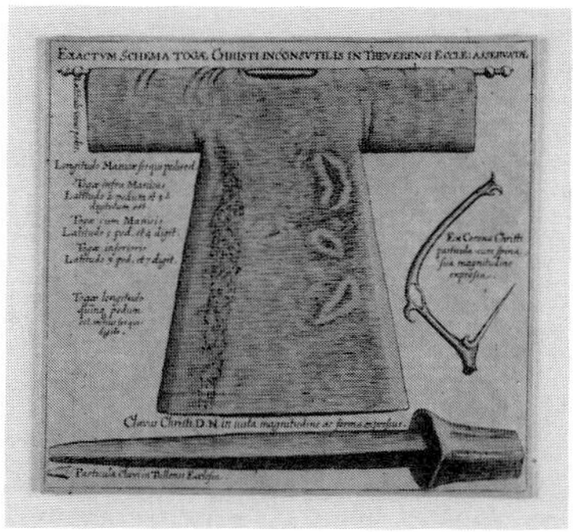

Kupferstich aus: C. Brower / J. Masen, Antiquitatum et Annalium Trevirensium Libri XXV. Leodii: Ex officina typographica Jo. Mathiae Hovii 1670, I, S. 583.
Philipp Kilian ?
17,3 x 17,8 cm
Ankauf aus dem Kunsthandel
Inschrift: EXACTVM SCHEMA TOGÆ CHRISTI INCONSVTILIS IN TREVERENSI ECCLE: ASSERVATÆ / Latitudo unius pedis./ Longitudo Manicæ ses qui pedis est./ Togæ infra Manicas / Latitudo 2. pedum et 3 1/ / digitorum est./ Togæ cum Manicis / Latitudo 5. ped. et 4. digit./ Togæ inferioris / Latitudo 3. ped. et 7 digit./ Togæ longitudo / quinq pedum / est, minus ses qui-/ digito./ Ex Corona Christi / particula cum spina / sua magnitudine / expressa./ Clavus Christi D. N. in iusta magnitudine ac forma expressus./ Particula clavi in Tullensi Ecclesia.

Der hl. Rock hängt auf einer Stange mit Doppelknaufenden; am linken Bildrand genaue Maßangaben, rechts daneben ein Teil der Dornenkrone, darunter der Nagel Christi.
Der Kupferstich ist den Anmerkungen und

Ergänzungen Jakob Masens zu Teil I der „Annales“ von Christoph Brower (vgl. Kat. B 284) beigefügt. Dort berichtet Masen zu den Ereignissen des Jahres 327, daß die hl. Helena die Tunika, einen Nagel und ein Stück der Dornenkrone Christi nach Trier geschickt habe. Die genauen Maßangaben zum hl. Rock bzw. die maßstäbliche Abbildung des Nagels und des Stückes aus der Dornenkrone bezeugen das archäologische Interesse Masens an historischen Denkmälern. Auch die übrigen Kupferstiche, die sich zum überwiegenden Teil bei den Ergänzungen Masens befinden, lassen dies erkennen.
Nur einzelne der Kupferstiche sind signiert; ob das Blatt mit dem hl. Rock von Philipp Kilian, dem Stecher des Titelblattes stammt, muß Vermutung bleiben.

BM, Inv. Nr. HR 77

B 286,1 Silbernes Hl.-Rock-Reliquiar (geschlossen)

Jakob Andreas Friedrich
Augsburg, um 1732
Kupferstich auf Seide, auf Karton aufgeklebt
44,9 x 32,7 cm
Entwurf: Christoph Tausch SJ
Ausführung: Franz Thaddäus Lang, Augsburg
Inschrift: Sacræ Tunicæ Inconsutilis Honori Perpetuo/FranciscusLudovicus,D.G.S.S.M.A.S.R. I. per G.A.C. et E.G.A.I.O.P.et S.M.E.W./ et W.P.P.P.P.Ell:C.P.Rh.B.I.C.M.D.C.V.P.M.S.M. et Rav.D. in R.F.E./ Facies exterior arcæ / Effigies arcæ, in qua Sacra Tunica inconsutilis Christi Domini asservatur Treviris, ex auro et argento / affabre elaboratæ, altitudine 14. latitudine 7 1/2. pedum./ Inventore Christophoro Tausch Societatis Iesu, artifice Francisco Thaddæo Lang Aurifabro Augustano./ Iacob Andreas Friderich Sculpsit, Aug: Vinde:

Christoph Tausch SJ entwarf für die Rückwand der Hl.-Rock-Kapelle einen Altar sowie ein silbernes Reliquiar zur Aufnahme des hl. Rockes, das in den Altar eingestellt wurde. Die beiden Kupferstiche zeigen diesen 1732 in Trier aufgestellten Schrein des Augsburger Goldschmieds Franz Thaddäus Lang im geschlos-

senen (1) und geöffneten (2) Zustand. Der Silberschrein wurde 1794 eingeschmolzen.
Vgl. auch Kat. B 10.

StA/StB, Graphiksammlung

Silbernes Hl.-Rock-Reliquiar (geöffnet) **B 286,2**

Jakob Andreas Friedrich
Augsburg, um 1732
Kupferstich auf Seide, auf Karton aufgeklebt
44,9 x 32,7 cm
Entwurf: Christoph Tausch SJ
Ausführung: Franz Thaddäus Lang, Augsburg
Inschrift: Quotquot tangebant, sani fiebant. Marc. 6.v.56./ Facies interior arcæ./ Effigies arcæ, in qua Sacra tunica inconsutilis Christi Domini asservatur Treviris, ex auro et / argento affabre elaboratæ, altitudine 14, latitudine 7 1/2. pedum,/ Inventore Christophoro Tausch Societatis Iesu, Artifice Francisco Thaddæo Lang Aurifabro Augustano./ Iacob Andreas Fridrich. sculp. A:V:

StA/StB, Graphiksammlung
Lit.: Schatzkunst Trier (=Treviris sacra 3). Trier 1984, S. 248f., Nr. 212.- Für Gott und die Menschen. Die Gesellschaft Jesu und ihr Wirken im Erzbistum Trier (= Quellen u. Abhandlungen zur mittelrheinischen Kirchengeschichte 66). Mainz 1991, S. 560f., Nr. 133.

Rock Christi und Rock Mariä **B 287**

Kupferstich auf Papier, in Rahmen
18,1 x 27,3 cm (o. R.)
Lt. rückseitigem Vermerk Geschenk von G. Heis, Trier
Inschrift: Der H. Rock Christi - Der H. Rock Mariae / so beyde zu Trier auffbehalten werden.

Zwischen seitlichen Palmen stehen zwei Engel, die beide ein Gewand auf einer Stange hängend vorzeigen; in der Mitte Maria als himmlische Erscheinung in Wolken; am unteren Rand Inschriftband.
Das Kleid Mariens wurde 1512 bei der

Öffnung des Willibrordus-Tragaltares aus dem Trierer Kloster St. Marien am Ufer gefunden. Es kam nach der Säkularistion in den Besitz der Pfarrei Liebfrauen/St. Laurentius und wurde vor wenigen Jahren restauriert.

SM, Inv. Nr. X 1061

Lit.: Schatzkunst Trier. Forschungen und Ergebnisse (= Treviris sacra 4). Trier 1991; S. 20, Nr. 40.

B 288 **Domansicht mit Helena und Matthias**

Jacobus (?) Harrewijn (um 1660-1732/40)
Kupferstich auf Papier
15,9 x 21,6 cm
Inschrift: L'Eglise Metropolitaine / de St. Pierre à Treves./ STE. HELENE. / ST. MATHIAS./ Harrewijn sculp:

Rechts und links der Westfassade des Trierer Domes die hll. Helena und Matthias auf beschrifteten Sockeln; Helena mit dem Kreuz, dem hl. Rock auf einer Stange, zwei Nägeln in ihrer rechten und einem in ihrer linken Hand; Matthias mit seinen Attributen Buch und Beil.

BM, Inv. Nr. G 236.
Lit.: Thieme-Becker 16 (1923) S. 55-57.

B 289 **Rückwand des Ausstellungsschreines von 1810**

Carl Ruben (+1843)
Öl auf Leinwand (1992 an den Rändern angestückt), auf Eichenholzplatte befestigt
184,5 x 188,5 cm
Inschrift: ALLE DIE IHN ANRÜHRTEN, WURDEN GESUND. MARC.6.56./ DER UNTERROCK WAR UNGENÆHT UND AUS / DEM GANZEN GEWIRKT. IOH. 19.23./ (unter den Ärmeln) 1844 - 1891 / (links und rechts auf der Stange) Carl Ruben - Fecit. 1810.

Zur Ausstellung des hl. Rockes 1810 hatte man eine Vitrine in der Form des hl. Rockes bauen lassen, die innen mit hellblauem Stoff ausge-

schlagen war und seitlich kleine ovale Türchen zum Anrühren von Gegenständen hatte. Die Vorderseite war mit einem Glas verschlossen, das man in der Glashütte Saarlouis bestellt hatte. Der hl. Rock wurde auf einen seidenbezogenen Holzstab gehängt, der an den Enden mit blauen Seidenbändern im Kasten befestigt wurde. Die Vitrine wurde vor dem Eingang in die Hl.-Rock-Kapelle auf einen Tisch gestellt und mit einem „schönen Thron ... mit Guirlanden" geschmückt (vgl. Kat. B 35, B 36). Unmittelbar nach der Ausstellung wurde der Trierer Maler Karl Ruben beauftragt, für die Rückwand der Vitrine ein Leinwandgemälde mit dem hl. Rock anzufertigen. Es wurde zusammen mit der Vitrine als Retabel eines neugeschaffenen Altares benutzt, der vor der Schatzkammertür errichtet wurde. Wie lange der Altar bestand, ist unbekannt.
Zu den Ausstellungen 1844, 1891 sowie 1933 benutzte man weiterhin die Vitrine von 1810, um den hl. Rock darin zu präsentieren. Zur Ausstellung 1933 entfernte man jedoch die Rückwand von Karl Ruben, die im Diözesanmuseum erhalten blieb, und ersetzte sie durch eine neue mit geänderter Inschrift. Das Wort „Unterrock" wurde durch „Leibrock" ersetzt. Der Verbleib der Vitrine mit der Rückwand von 1933 ist unbekannt.

BM, Inv. Nr. M 128
Lit.: E. Lichter, Die Rückkehr des Hl. Rockes aus Augsburg im Jahre 1810. 2. Teil. In: Kurtrierisches Jahrbuch 9 (1969) S. 160-176, hier 166f., 170, 173.

Buchillustration **B 290**

Holzstich auf Papier
14,0 x 11,0 cm (Größe der Darstellung)
Ankauf aus Trierer Kunsthandel
Inschrift: (unter der Darstellung) NICHOLLS a ALLANSON / Nr. 822. Der heilige Rock zu Trier./ (unter den seitlichen Heiligen) St. Helena / St. Petrus

In einem dreiteiligen Schrein hängt in der Mitte unter einem Spitzbogen mit Fünfpaß der hl. Rock, darüber bekrönende Kreuzblume mit

gegenständigen, anbetenden Engeln; auf den mit Fialenreihen verzierten Flügeln Darstellungen der hll. Helena und Petrus; unter dem hl. Rock die vier Evangelistensymbole; auf der Konsole, die den Schrein trägt, das Trierer Bistumswappen.
Es handelt sich um eine Illustration zu einem Lexikonartikel (Sp. 1031f.) über „A.(rnoldi), Wilhelm, Bischof von Trier, ... Bischof A. starb am 7. Januar 1864"; mit kurzem Abriß der Geschichte und Legende des hl. Rockes und ausführlicherer Darstellung der letzten Ausstellung 1844.

BM, Inv. Nr. HR 94
Lit.: Kat. 1844, Abb. S. 83. Dort als Darstellung aus der „Leipziger Illustrirten Zeitung" 1844, Nr. 71 zitiert.

B 291 **Buchillustration**

Aus: J. Marx, Die Ausstellung des hl. Rockes in der Domkirche zu Trier im Herbste des Jahres 1844. Trier 1845.
Johann Jakob Tanner (geb. 1807, nachweisbar bis 1862)
Aquatinta
17,9 x 11,5 cm
Inschrift: INNERE ANSICHT DES DOMS ZU TRIER / WÄHREND DER AUSSTELLUNG DES HEIL. ROCKES / IM IAHRE. 1844./ Verlag von Fr. Lintz./ I.I. Tanner. del. & sculpt.

Darstellung des Pilgerzuges bei der Ausstellung 1844 im Ostchor des Domes: die Pilger steigen an der rechten Seite die Treppe hoch, ziehen am hl. Rock vorbei und verlassen den Ostchor über die Treppe auf der linken Seite ins nördliche Seitenschiff.

Bibl. PS., Sign. Z 3992
Lit.: Thieme Becker 32 (1938) S. 432f. - N. Irsch, Der Dom zu Trier (= KD Rheinprovinz 13,1). Düsseldorf 1931, S. 49, Nr. 66.

Wallfahrt zum Heiligen Rock nach Trier 1844 **B 292**

August Gustav Lasinsky (1811-1870)
Öl auf Leinwand, Holzrahmen
91 x 132 cm
Inschrift: (signiert und datiert unten links) A.G.L./ Trier / 1847 / (auf dem Rahmen) Erat autem tunica inconsutilis, desuper contexta (Hl.-Rock-Darstellung mit Dornenkrone) Per totum Tunica inconsutilis: Tunica Unitas./ (Trierer Bistumswappen) Des Kleides Farbe braun u. grau, kein Mensch erken(n)et sie genau. (Luxemburger Wappen ?) O kom(m)et reich und arm und seht wie wurde Gott so arm. (Mainzer Bistumswappen)/ O Herr vergib unsre Schulden als auch (Wappen) wie wir vergeben unsern Schuldigern. (Trierer Bistumswappen)/ O Kleid das unzerschnitten ist, darüber Los geworfen ist. (Wappen) Du zündest Bus(s) zu Liebe an, das Herz nicht wiederstehen kann. (Wappen des Trierer Domkapitels)

Das ein Jahr nach der Wallfahrt im Atelier gemalte Bild Lasinskys zeigt im Bildvordergrund eine Gruppe von Wallfahrern, die sich mit ihrem Pfarrer auf dem Weg zum hl. Rock nach Trier befinden und auf einer Höhe über dem Moseltal (nahe Ruwer) kurze Rast machen. Die in Bauerntrachten der Zeit wiedergegebenen Pilger richten ihren Blick durch die Bäume ins Moseltal, wo man die Stadt Trier sowie weitere Pilgergruppen auf dem Weg dorthin erkennen kann.
Das von dem frommen Katholiken Lasinsky gemalte Bild spiegelt die ungebrochene Volksfrömmigkeit von weiten Teilen der Bevölkerung wider und läßt nichts von den heftigen Kontroversen, die diese Wallfahrt ausgelöst hatte, ahnen.

SM, Inv. Nr. III/244
Lit.: Zuletzt publiziert in: Johann Anton Ramboux. Ansichten von Trier. Katalog des Städtischen Museums Simeonstift Trier. Hrsg. v. D. Ahrens. Trier 1991, S. 35-40, Abb.35-38, S. 119, Kat. Nr. 50.

B 293 **T-Shirt mit Hl.-Rock-Motiv**

Ruth Clemens, Trier
100% weiße, bedruckte Baumwolle
75 x 91 cm
Ankauf bei T-Shirtladen
Inschrift: this is not the holy robe / Ruth Clemens 4/30 / ohne Titel (1990) / R. Clemens

BM, Inv. Nr. HR 112

2. Trier, Dom: Das Marianische Gnadenbild

Thronende Madonna mit Kind **B 294**

Grauer Sandstein mit Farbfassungen; Kopf und rechter Unterarm Marias sowie Oberkörper des Jesuskindes in gelblichem Kalkstein ergänzt; Teile des Gewandes weggeschlagen
H: 111 cm
Um 1250 ?, mit Ergänzungen Ende 17. Jahrh. ?

Die ursprünglich wohl spätromanische Muttergottesfigur stand ursprünglich in einer Nische der Stadtmauer, von wo sie kurz vor 1697 in den Trierer Dom übertragen und am Kosmas-und-Damian-Altar aufgestellt wurde. Anläßlich dieser Übertragung könnten die genannten Ergänzungen vorgenommen worden sein. Die Figur wurde schnell zu einem hochverehrten Gnadenbild, das mit Kleidern und Votivgaben reich beschenkt wurde. Von 1794 bis zur Wiederaufnahme des Gottesdienstes im Dom wurde es in der Liebfrauenkirche verehrt. 1905 hat man es durch ein aus dem Kunsthandel erworbenes Marienbild ersetzt.
Nach den erhaltenen Abbildungen (vgl. Lit.) muß es sich entgegen Irsch auch in bekleidetem Zustand um ein sitzendes Marienbild gehandelt haben.

BM, Inv. Nr. P 356
Lit.: Die Hand des Herrn. Das ist: Wunderwürkende Bild-Säulen sehr berühmter Andacht- und Wallfahrten, ... Mit Kupfern und Andachten vermehrt und verbesserte fünfzehende Auflage. ... Mainz, gedruckt in der Churfürstl. privil. Wailandtischen Buchdruckerey. 1770, o.S. („26ster Tag im Monat"), m. Abb. (=Kat. B 324). - A. A. P. Renatus, Marianischer Gnadenfluß, abgetheilt in ein und dreysig geistliche Bächlein. 12. Aufl. Mainz o.J. (um 1790), S. 61-63 (m. Abb.). - Fr.T. Müller/C. Lager, Die Kirchen und klösterlichen Genossenschaften vor der Säkularisation. Trier o.J., S. 5. - N. Irsch, Der Dom zu Trier (= Die Kunstdenkmäler der Rheinprovinz 13,1). Düsseldorf 1931, S. 252f.

3. Trier, Dom: Der heilige Nagel

B 295 Nachbildung des hl. Nagels

Gips mit Farbfassung, Papier, Glas, Leinen
36 x 27,2 x 4,2 cm
Aus der Pfarrei Heiligkreuz, Trier
Gipsnachbildung des hl. Nagels in spitzovalem Rahmen mit Inschrift: ABGUSS VOM HEILIGEN NAGEL / AUFBEWAHRT IM DOM ZU TRIER.

BM, Inv. Nr. P 929 dep.
Lit.: Vgl. E. u. E. Schleich, Frommer Sinn und Lieblichkeit. Passau 1982, S. 80-82.

B 296 Holzdruckstock mit hl. Nagel

Lindenholz
7,3 x 12,1 x 2,3 cm
Inschrift: Dieser Particul wird zu Toul in Frankreich verehret./ (im Inschriftfeld) Abbildung des H. Nagels unsers Herrn Jesu Christi,/ Hat alle H.H. Reliquien in der hohen Dohmkirchen / zu Trier angerührt. Diese Länge und Dicke zwey-/ mal gemessen, ist die rechte Maaß des H. Nagels / (auf dem schraffierten Rahmenteil zwischen Nagel und Inschrift) Bernard Dahm. Sacrista.

Der Name „Bernard Dahm" ist nachträglich in den Druckstock eingesetzt worden. Er war Ehrendomherr und lebte von 1736-1820.

BM, Inv. Nr. G 329

B 297 Holzdruckstock mit hl. Nagel

Lindenholz
5,1 x 8 x 0,8 cm
Inschrift: DIESER PARTICUL IST ZU / TOUL IN FRANK-REICH / (im Inschriftfeld) DER H. NAGEL IESU CHRISTI WELCH-/ ER ZU TRIER IM H. DOHM AUFBE-/ HALTEN WIRD. DIESER 3. MAHL / GEMESSEN IST D. WAHRE MAHSE.

BM, Inv. Nr. G 330

Kupferstichplatte mit hl. Nagel **B 298**

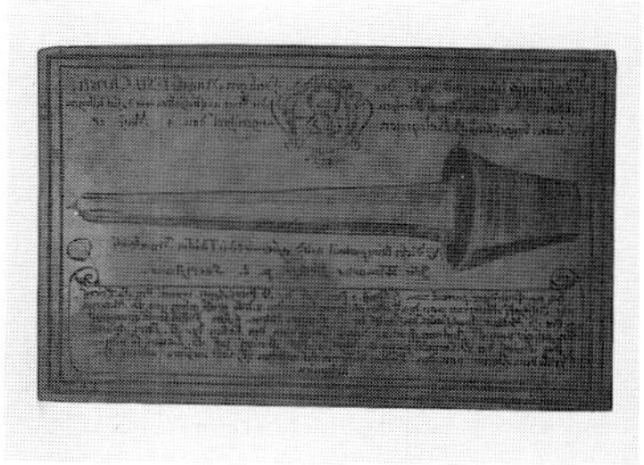

Kupfer
12,5 x 19,4 x 0,1 cm
Inschrift: Wahrhaffte länge und dicke des Heiligen Nagels IESU Christi,/ welcher in der hohen Thumbkirchen zu Trier aufbehalten wird; hat selbigen / mit unten beygesetzten H. Reliquien angerührt den 4. May 17 / NB Dieser kleine particul wird asservirt zu Thul in Franckreich / Joes Wimarus Becker p.t. Sacrista.
(auf dem Inschriftband) 1. Ein merckwürdiger particul vom H. Creutz. 2. Den Stab des H. Petri Apost. womit der H. Trieris / che Bischoff Maternus von den Todten aufferwecket worden. 3. ville grosse gebein vom H. Materno./ 4. Des H. Matthiae Apost. Haupt. das Haupt der H. Kayserin Helenae. 6. Ein Fußsoll sambt einem gros / sen gebein vom H. Andreae Apost. 7. Zwey Ring von den Ketten des H. Petri Apostel / 8. Das Haupt des H. Cornelii papae et Mart. 9. Das Haupt des H. Lazari so von / Christo dem Herrn von den Todten aufferwecket worden ist, und mehrere andere H./ Reliquien.
(im Rahmen rechts unten) I.K.T.S.

BM, Inv. Nr. G 250

Hl. Nagel **B 299**

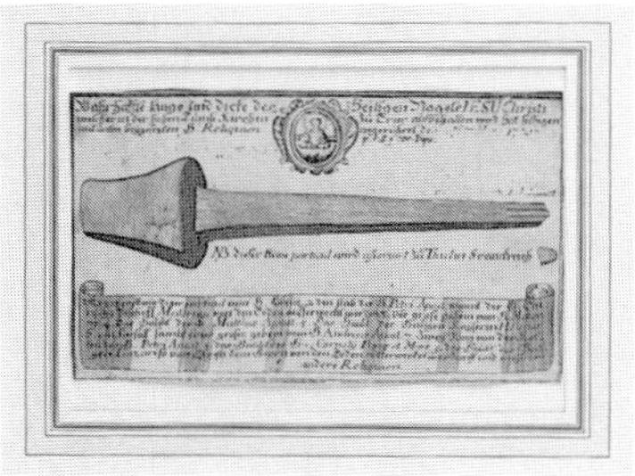

Kupferstich auf Papier
10,7 x 17,9 cm
Inschrift: Wahrhaffte länge und dicke des Heiligen Nagels IESU Christi,/ welcher in der hohen Thumbkirchen zu Trier aufbehalten wird; hat selbigen / mit unten beygesetzten H. Reliquien angerühret den May 17 / NB Dieser kleine particul wird asservirt zu Thul in Franckreich.
(auf dem Inschriftband) 1. Ein merckwürdiger particul vom H. Creutz. 2. Den Stab des H. Petri Apost. womit der H. Trieris / che Bischoff Maternus von den Todten aufferwecket worden. 3. ville grosse gebein vom H. Materno./ 4. Des H. Matthiae Apost. Haupt. das Haupt der H. Kayserin Helenae. 6. Ein Fußsoll sambt einem gros / sen gebein vom H. Andreae Apost. 7. Zwey Ring von den Ketten des H.

Petri Apostel / 8. Das Haupt des H. Cornelii papae et Mart. 9. Das Haupt des H. Lazari so von / Christo dem Herrn von den Todten aufferwecket worden ist, und mehrere andere H./ Reliquien./ p:t:s:p:W:Pipu:

SM, Inv. Nr. V 704

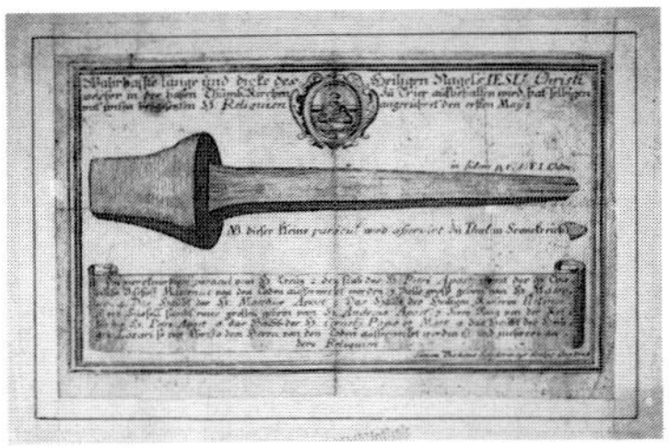

B 300 **Hl. Nagel**

Kupferstich auf Papier
Augsburg, Simon Thadaeus Sondermeyer (nachgewiesen im 2. Viertel des 18. Jahrhunderts)
12,7 x 20 cm
Inschrift: Wahrhaffte länge und dicke des Heiligen Nagels IESU Christi / welcher in der hohen Thumb=kirchen zu Trier aufbehalten wird; hat selbigen / mit unten beygesetzten H. Reliquien angerühret den ersten May 1 / in fidem p.t. S.F.I Ehlen / NB dieser kleine particul wird asservirt zu Thul in Franckreich
(auf dem Inschriftband) 1. Ein merckwürdiger particul vom H. Creutz. 2. den Stab des H. Petri Apost. womit der H. Trie=/ rische Bischoff Maternus von den Toden aufferwecket worden. 3. vielle grosse gebein vom H. Mater=/ no. 4. Das Haupt des H. Matthiae Apost. 5. das Haubt der Heiligen Kayserin Helenae./ 6. Ein Fussoll sambt eines grossen gebein vom H. Andreae Apost. 7. Zwey Ring von den Ket=/ ten des H. Petri Apost. 8. Das Haupt des H. Cornelii Papae et Mart. 9. Das Haubt des Heili=/ gen Lazari so von Christo dem Herrn von den Toden aufferwecket worden ist, und mehrere an / dere Reliquien./ (unten rechts) Simon Thadaeus Sondermeyr Sculps. Aug. Vind.

StB/StA, Graphiksammlung
Lit.: Thieme-Becker 31 (1937) S. 275.

Hl. Nagel **B 301**

Kupferstich auf Papier, mit hinterlegter, farbiger Metallfolie
14,5 x 9,1 cm
1810 (?)
Inschrift: ABBILDUNG DES H. NAGELS / UNSERES GEKREUZIGTEN / HEILANDS./ zweymal gemehsen giebt das Maas.
Vgl. Kat. B 42,2; B 52.

BAT

Hl. Nagel **B 302**

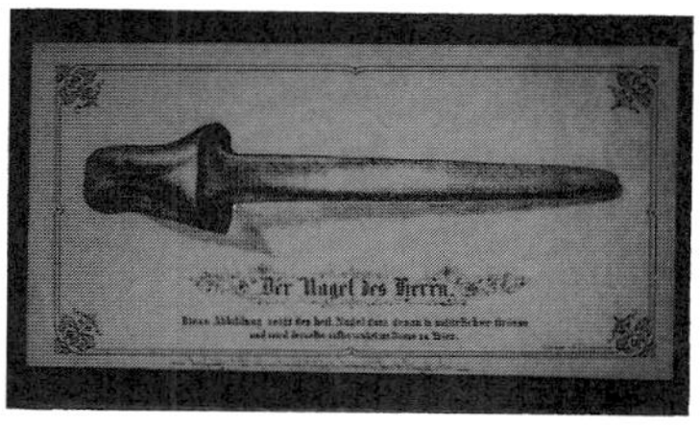

Lithographie auf Papier
11,6 x 22 cm
1863
Trier, Lithographische Anstalt F.J. Schmitt
Inschrift: Der Nagel des Herrn./ Diese Abbildung zeigt den heil. Nagel ganz genau in natürlicher Grösse / und wird derselbe aufbewahrt im Dome zu Trier./ Lith. Anst. v. F.J. Schmitt, Trier / (handschriftlich) Angefertigt i. J. 1863 nach einer Original=Zeichnung des Domkanonikus Herrn von Wilmowsky in Trier.

StB/StA, Graphiksammlung

4. Trier, St. Matthias

B 303 **Holzdruckstock mit Apostel Matthias**

Lindenholz
13,7 x 8 x 2,6 cm
Inschrift: S. MATHIAS / APOSTEL.

BM, Inv. Nr. G 331

B 304 **Holzdruckstock mit Apostel Matthias**

Lindenholz
12,9 x 8,1 x 2,7 cm
Inschrift: DER H. APOST. MATHIAS IST VON / DER H. HELENA AUF TRIER GEBR.
Der hl. Matthias erscheint als Halbfigur mit einem Beil als Attribut in einem Wolkenkranz und segnet eine vor der barocken (!) Fassade von St. Matthias kniende Pilgergruppe. Vom Auge Gottes in der linken oberen Ecke aus verlaufen Strahlen zu dem nimbierten Apostel.

BM, Inv. Nr. G 333

B 305 **Fragment (Mundstück) einer Tonpfeife**

Weißer Pfeifenton
L: 7,1 cm
Geschenk von Franz Kocks, Trier, 3.5.1922

Laut beiliegendem Zettel handelt es sich um ein „Muttergottespiefjen", wie sie besonders von Kölner Matthiaspilgern gerne gekauft worden seien. (Vgl. den Beitrag von B. Bernard, Geschichte und Andenken der Matthias-Wallfahrt in diesem Band.)

SM, Inv. Nr. X 1080
Lit.: H.-J. Kann, Trierer Wallfahrtspfeifen (St. Matthias und Dom). In: Neues Trierisches Jahrbuch 1991, S. 69-78.

Muttergottespfeife für Matthiaswallfahrt **B 306**

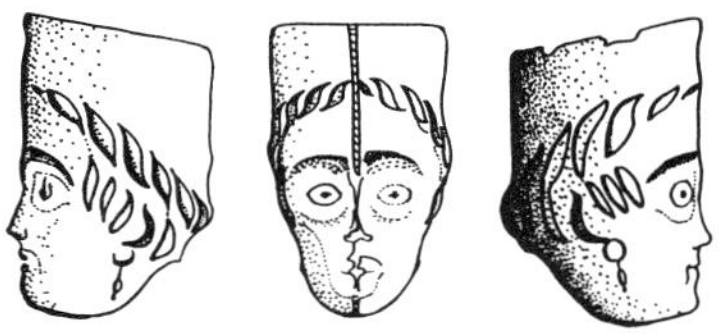

Weißer Pfeifenton
38 x 22 mm
Südeifel ?, 1927 oder kurz davor
Fundort: Schutthalde Zewen 1979 (Herkunft: RWE-Gelände, Eurener Straße)

Der Pfeifenkopf steht fast im rechten Winkel zu dem als Verlängerung des Kinns zu denkenden Pfeifenstiels. Das Gesicht, von einer Zopffrisur gerahmt und seitlich mit Ohrringen geschmückt, ist vom Rauchenden abgewandt.

Trier, H.-J. Kann
Lit.: H.-J. Kann, Trierer Wallfahrtspfeifen (St. Matthias und Dom). In: Neues Trierisches Jahrbuch 1991, S. 69-78; Nr. 2.

Wallfahrtsfähnchen (Foto) **B 307**

Holzschnitt auf Papier ?
1. Hälfte 19. Jahrh.
Inschrift: Abriß der herrlichen Kirche / St. Matthias, allwo ru-/ hen die Heil. Körper und / Christi jünger, Apostel / Matthias und Philippus,/ wie noch viele andere Heil./ Körper und Reliquien./ S./ MATHIAS / APOSTEL./ N. S.
(am unteren Rand:) ... ist im Jahre 320 von der heiligen Helena aus dem gelobten Lande nach Rom gebracht, von da durch den H. Agriti ... / ...derselbe mit vielen Wundern geleuchtet.
(Aufkleber) Maria Seher / Metternich / b, Koblenz

Ansicht der Matthiasbasilika von Westen mit angrenzenden Gebäuden; am linken Rand steht der Apostel Matthias mit Beil und Buch auf einem Sockel. Auf der anderen Fähnchenseite Domansicht mit der hl. Helena (Kat. B 275). Die abgekürzten Buchstaben „N.S.“ auf dem Sockel, auf dem Matthias steht, könnten als Künstlersignatur für N. Schütz aufgelöst werden. (Vgl. Kat. B 21; B 33,1-2; B 42,1).
K. Köster (1959) erwähnt ein papiernes Fähnchen mit gleicher Darstellung, aber verschiedener Inschrift in der Collection Emile H. van Heurck.
Vgl. auch Beitrag von B. Bernard, Geschichte

und Andenken der Matthias-Wallfahrt in diesem Band.

Lit.: E.-H. van Heurck, Les drapelets de pèlerinage en Belgique et dans les pays voisins. Anvers 1922, S. 519f. - K. Köster, Wallfahrtsmedaillen und Pilgerandenken vom Heiligen Rock zu Trier. In: Trierisches Jahrbuch 1959, S.36-56, hier S. 50. - Allgemein zu Wallfahrtsfähnchen: D. Pesch, Wallfahrtsfähnchen. Religiöse Druckgrafik. Köln 1983. Dort jedoch nur Beispiele für die Hl.-Rock-Wallfahrt 1933.

B 308 **Andenkenbild**

Chromolithographie auf Papier
10,2 x 6,8 cm
Inschrift: Sanctus Mathias./ Carl Poellath, Schrobenhausen./ (im Bildfeld) Dürer./ (auf der Rückseite Geschichte des hl. Matthias, am unteren Bildrand) Carl Pöllath, Schrobenhausen, Bayern./ Serie IV.12

In ädikulaartigem Rundbogen steht der Apostel Matthias mit Beil und Buch in felsiger Landschaft, im Hintergrund umgestürzte Säule.

Trier, H.-J. Kann

B 309 **Marianisches Gnadenbild**

Druck auf Papier
10,6 x 7,4 cm
Inschrift: Das alte Gnadenbild „Sitz der Weisheit" / in der Basilika des hl. Apostels Matthias zu Trier./ (auf der Rückseite) Zur Erinnerung / an die vom 1. bis 13. Juni 1948 / begangene 800=Jahrfeier / der Weihe / der Basilika des hl. Apostels Matthias / durch den seligen Papst Eugen III. / am 13. Januar 1148 / O Matthias mit Maria, bitt für uns, alleluja!

Trier, H.-J. Kann

Marianisches Gnadenbild **B 310**

Gips in Holzrahmen
25 x 16,5 cm

Gipsrelief des Marianischen Gnadenbildes.

Trier, H.-J. Kann

5. Trier, St. Simeon

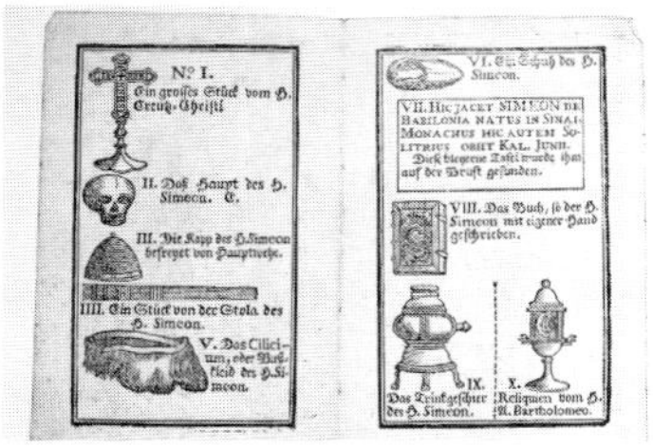

B 311 **Die Heiltümer von St. Simeon**

Holzschnitt auf Papier, gefaltet
16,0 x 20,2 cm
Inschrift: S. SIMEON O.P.N.
N.o I./ Ein grosses Stück vom H./Creutz=Christi
II. Daß Haupt des H./ Simeon. C.
III. Die Kapp des H. Simeon / befreyet von Hauptwehe.
IIII. Ein Stück von der Stola des / H. Simeon.
V. Das Cilici-/ um, oder Buß=/ kleid des H. Si-/ meon.
VI. Ein Schuh des H./ Simeon.
VII. HIC JACET SIMEON DE / BABILONIA NATUS IN SINAI,/ MONACHUS HIC AUTEM SO-/ LITRIUS OBIIT KAL. JUNII./ Diese bleyerne Tafel wurde ihm / auf der Brust gefunden.
VIII. Das Buch, so der H./ Simeon mit eigener Hand geschrieben.
IX. Das Trinkgeschier / des H. Simeon.
X. Reliquien vom H./ U. Bartholomeo.

Auf der ersten Seite der hl. Simeon mit Kappe, Buch und Palme vor der Kirche St. Simeon von Süden; auf den Innenseiten zehn Reliquien mit Text und Bild; auf der Rückseite ein Gebet.

BM, Inv. Nr. G 178

6. Trier, St. Maximin

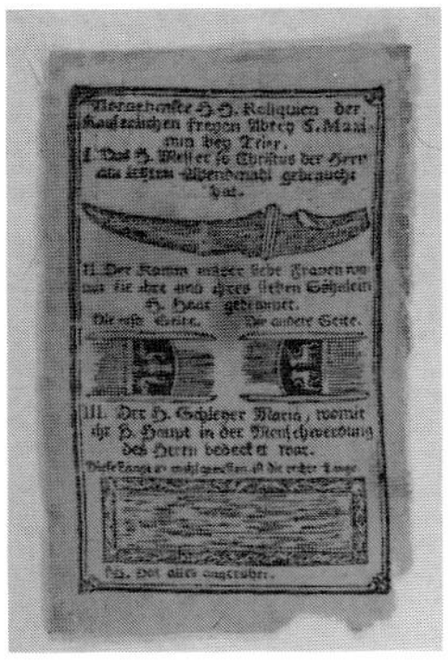

B 312 **Die Heiltümer von St. Maximin**

Kupferstich auf Seide
14,6 x 9 cm
Inschrift: Vornehmste H.H. Reliquien der / kayserlichen freyen Abtey S. Maxi-/ min bey Trier.
I. Das H. Messer so Christus der Herr / am letzten Abendmahl gebraucht / hat.
II. Der Kamm unsrer liebe Frauen wo=/ mit sie ihre und ihres lieben Söhnlein / H. Haar getrennet./ Die erste Seite. Die andere Seite.
III. Der H. Schleyer Mariä, womit / ihr H. Haupt in der Menschwerdung / des Herrn be-

decket war./ Diese Länge 27 mahl gemessen, ist die rechte Länge. NB. Hat alles angerührt.

Abgebildet sind untereinander zu den einzelnen Texten das Abendmahlmesser (heute Trier/Pfalzel, Kath. Kirchengemeinde), der Kamm (heute Piesport, Kath. Kirchengemeinde) sowie der Schleier Mariens.

StB/StA, Graphiksammlung

7. Eberhardsklausen

Klausener Gnadenbild **B 313**

Steinzeug, salzglasiert
18 cm
1. Hälfte 20. Jahrh.
Fa. Plein, Speicher
Inschrift: (bez. seitlich) Clausen / (innen) Plein

Die Tonplastik gibt das ältere Klausener Gnadenbild wieder.

SM, Inv. Nr. X 1093

Kupferstich mit jüngerem Klausener Gnadenbildes **B 314**

Mainz, Georg Joseph Coentgen (1752-1799)
Kupferstich auf Papier
15,4 x 9,3 cm
Inschrift: Gnadenreiches Vesper=Bild / zu Clausen / in der Abteylichen Kirchen / Canonicorum Regularium S. Augustini / im oberen Erzstift Trier./ 1773 / Contgen Sc. Mog.

Trier, Domschatz
Lit.: Thieme-Becker 7 (1912) S. 169.

315 **Nachbildung des jüngeren Klausener Gnadenbildes**

Terrakotta mit Ölfarbe (rechte Hand des Johannes fehlt)
45 x 36 x 17 cm

Domkapitel Trier, Inv. Nr. 28

316 **Kastenbild mit jüngerem Klausener Gnadenbild**

Holzrahmen mit angesetztem Pappgehäuse, Glas, leimgetränktes Papier, Holz, z.T. gefaßt, ausgeschnittene und kolorierte Kupferstiche, Brokat, Seide, Metallfolie, Schneckenhäuser, zerstoßene Eierschalen, Schnur, Klöppelspitze
35,1 x 28,2 x 5,7 cm
19. Jahrh. (?)

Der ausgeschnittene, kolorierte und mit verschiedenen Stoffen applizierte Kupferstich nach dem jüngeren Klausener Gnadenbild ist um die Darstellung des Golgothahügels mit den beiden Schächern zu Seiten des Kreuzes Christi erweitert. Die Landschaft wird von unterschiedlich eingefärbtem Papier gebildet und ist mit zahlreichen Schneckenhäusern sowie Eierschalensplittern übersät. Ebenso sind die Leidenswerkzeuge als abgekürzte Zeichen der Passion Christi über das ganze Bild verteilt: Kanne und Schüssel, Spottgewand, Geißelsäule, Grabhöhle (?), Gewand Christi, Dornenkrone, Lanze, Strick, Kreuznägel, Essiggefäß. Am oberen Rand sind neben dem Auge Gottes noch Sonne und Mond angebracht.

BM, Inv. Nr. P 796

8. Luxemburg, Kathedrale: „Trösterin der Betrübten"

Gnadenbild der „Trösterin der Betrübten" **B 317**

Kupferstich auf Papier
11,7 x 7,7 cm
Inschrift: CONSOLATRIX AFFLICTORUM ORA PRO NOBIS./ Luxemburg / (handschriftlich) Kevelaer / (Inschriftkartusche) Vera Effigies Matris IESU Consolatrix afflicto-/ rum in agro Suburbano Luxemburgi Miraculis / et Hominum Visitatione celebris. Anno 1640.
(am unteren Bildrand) Dit is het opvegt afbeeldzel van,t Mirakeleus Beeldeken,/ gesteld don 1. van Junius 1642 in't Kapelleken tot Kevelaer.

StB/StA, Graphiksammlung
Lit.: Zur Geschichte der Wallfahrt zur „Trösterin der Betrübten" vgl.: B. Schneider, Die Geschichte des Luxemburger Jesuitenkollegs (1594-1773). In: Für Gott und die Menschen. Die Gesellschaft Jesu und ihr Wirken im Erzbistum Trier (= Quellen u. Abhandlungen zur mittelrheinischen Kirchengeschichte 66). Mainz 1991, S. 313-332; ausserdem Kat. Nr. 95-97, S. 518-521.

Oktavaltar mit Gnadenbild der „Trösterin der Betrübten" **B 318**

Kastenbild
Holz, vergoldet und versilbert, Stuck, Glas, Wachs, z. T. gefaßt, Karton, gefaßt, Buntpapier, Papiermaché, Papierblumen und -bäumchen, bestickte Seide, Samt, Häkelspitze, Bouillon, Drahtbörtchen, Metallfolie, Pailletten, Silberapplikationen, Draht, Silberfaden, Glasperlen, geschliffene Glasflüsse, Bein
68 x 82 x 26 cm
Lt. Eingangsvermerk aus Trier

Das prächtig inszenierte Kastenbild gibt die Aufstellung des dreiteiligen schmiedeeisernen Altares mit dem Gnadenbild der „Consolatrix afflictorum" (Trösterin der Betrübten) in der ehemaligen Luxemburger Jesuitenkirche wieder, das alljährlich während der Muttergottesoktav das Ziel der Wallfahrer bildet. Auf dem erhöhten Mittelaltar steht das Gnadenbild vor blau-goldenem Gitterwerk. Die Figuren Marias und des Kindes sind bekleidet, gekrönt und mit Ketten, Edelsteinen und einem Rosen-

kranz geschmückt. Das segnende Kind hält den Reichsapfel und einen herzförmigen Anhänger; der Schlüssel an der Rechten Marias fehlt. Nur Hände und Köpfe bestehen aus Wachs, die Augen sind eingesetzt. Der bekrönende Baldachin trägt das Luxemburger Wappen, während die Spiegel in Höhe der Mensa das verschlungene Monogramm des Namens Mariens und - in durchbrochenem, goldenen Rahmen - die Worte „MARIA MATER JESU" tragen. Außer

dem Gnadenbild sind zwei Reliquiare und eine Strahlenmonstranz ausgesetzt.
An die Rundpfeiler, die in der Luxemburger Kathedrale die Seitenschiffe abtrennen, lehnen sich, etwas einwärts gekehrt, die kleineren Seitenaltäre. Die drei Antependien bestehen aus bestickter Seide und tragen Darstellungen des Sündenfalles, der Opferung Isaaks und der Verkündigung. Das Stück variiert zwar gegenüber den realen Altären in Einzelheiten, gibt aber das Wesentliche des Aufbaues verläßlich wieder, so z. B. die Stellung der Altäre zueinander. Vom Gitterwerk der Retabel sind auch Einzelheiten übernommen wie etwa der (modifizierte) Baldachin mit den flankierenden Blumenvasen, die eisernen Arme zur Aufhängung der Öllampen und das Wappen. Ebenso folgt der gestufte Aufbau der Mensen mit dem eingefügten Tabernakel des Hauptaltares der realen Situation.
Die drei in Orval hergestellten Altäre wurden 1766 von Pierre Petit geliefert und bildeten das Jubiläumsgeschenk an die „Trösterin der Betrübten", die damals seit 150 Jahren verehrt wurde und 1678 zur Landespatronin erwählt worden war. Ihr Bild fand weite Verbreitung in der Andachtsgraphik. 1653 entstand in Igel eine Kopie der ganzen Gnadenkapelle. Das bekannteste Tochterheiligtum ist die Wallfahrtskirche in Kevelaer.
Eine ganz ähnliche Arbeit im Staatsmuseum Luxemburg hat sich jüngst als ein Werk der in Nancy als Wachsbossierer tätigen Gebrüder Guillot (Nicolas 1701-80, Francois 1709-96 und Charles 1717-78) herausgestellt. Sie zeigt nur den mittleren der drei Altäre, ist dafür aber um eine Gruppe von Priestern, Ministranten und zwei adligen jungen Frauen erweitert, alle wie das Gnadenbild aus Wachs und Textilien. Vergleichbar mit dem Trierer Stück sind insbesondere die Art der Umsetzung des Schmiedewerkes in bemaltem Karton, die gedrechselten Leuchter und die Auskleidung mit in gleicher Technik bedruckter Papiertapete. Somit läßt sich dem Werk der Guillots, die u. a. ausdrücklich mit ihren aus Wachs und anderen Materialien hergestellten Andenken an die Luxemburger Madonna warben, ein weiteres Stück zuordnen.

SM, Inv. Nr. X 1096
Lit.: C. Aptel, J. Choux und B. Hochart, Les cires habilées nancéiennes. Ausstellungskatalog. Nancy, Musée Lorrain 1989. - M. Faltz, Die Hochaltäre der Domkirche einst und jetzt. In: Luxemburger Marienkalender 1959, S. 19-25. - A. Heinz, Die Verehrung der Trösterin der Betrübten in den altluxemburgischen Gebieten der Eifel und an der Obermosel. In: Hémecht 2 (1978) S. 233-258.
Burkhard Kaufmann

B 319 **Gnadenbild der „Trösterin der Betrübten“**

Applikationsbild
Papier, kolorierte und ausgeschnittene Kupferstiche, Satin, Seide, Klöppelspitze, Gold- und Silberlahn, farbige Baumwollgarne, Glasperle, Bouillon, Papier, Karton (1992 gereinigt und auf neuen Karton montiert)
Inschrift: MARIA MATER IESV CONSOLATRIX AFFLICTORVM / PATRONA CIVITATIS ET PATRIAE LVXEMBURGENSIS / IN SACELLO SOCIETATIS IESU / MIRACVLIS CLARA
17,4 x 14 cm (o. R.)
Um 1700 (?)
Die Gewänder von Maria und Jesus sind mit prachtvollen floralen Stickereien aus Baumwollgarnen, Bouillon, sowie Gold- und Silberlahn auf Satin verziert; in die Näharbeit ist eine nicht weiter benannte Reliquie eingearbeitet. Die Ränder des Umhangs und die Hals- und Armausschnitte sind mit Klöppelspitzen besetzt. Maria trägt in ihrer Rechten ein Zepter aus Drahtarbeit; der Schlüssel, den die „Trösterin“ als Patronin der Stadt Luxemburg seit 1666 bei sich führt, ist offensichtlich verlorengegangen. Köpfe, Hände und die von Engelsköpfchen flankierte Bildunterschrift stammen von einem kolorierten und ausgeschnittenen Kupferstich.

BM, Inv. Nr. G 336

Gnadenbild der „Trösterin der Betrübten" **B 320**

Applikationsbild
Holzrahmen, polimentversilbert, Glas, kolorierter Kupferstich, Papier, Seide, Brokat, Silberlahn, Klöppelspitze, Pailletten, Goldprägepapier
30 x 23,1 cm (m. R.)
19. Jahrh.

Das Bild der Luxemburger Madonna mit Kind, Krone, Zepter und Schlüssel erscheint, gerahmt von Klöppelspitze, unter einem gerafften Vorhang. Die Gewandpartien des Stiches sind mit Brokat und bestickter Seide hinterlegt, in einfacherer Weise auch der Vorhang und die Blumen. Durch zahlreiche Nadelstiche erhielt der Rand des Papiergrundes das Aussehen einer spitzenartigen Bordüre.

SM, Inv. Nr. X 1028

Gnadenbild der „Trösterin der Betrübten" **B 320**

Takenplatte
Gußeisen
82,5 x 105 cm

Qualitativ minderwertiger Abguß nach einem Model aus dem Anfang des 18. Jahrhunderts.

BM, Inv. Nr. L 378
Lit.: K. v. d. Driesch, Handbuch der Ofen-, Kamin- und Takenplatten im Rheinland (= Werken u. Wohnen 17). Köln 1990, S. 277f, Nr. 429.

9. Kevelaer: Das Marianische Gnadenbild

B 322 **Holzdruckstock mit Kevelaerer Gnadenbild**

Lindenholz
10 x 6 x 2,3 cm
Inschrift: Gnadenbild / zu KEVELAER.

BM, Inv. Nr. G 332
Lit.: Zur Kevelaer-Wallfahrt vgl.: L. Bergmann, Kevelaer-Wallfahrt. In: Wallfahrt im Rheinland (= Werken und Wohnen 14). Köln 1981, S. 67-78.

B 323 **Madonna Kevelaer**

Kolorierter Druck in Rahmen aus verzinntem Eisenblech
28,2 x 18,6 cm (m. R.)
18. Jahrh.

SM, Inv. Nr. X 1063

10. Allgemein

Andachtsbüchlein **B 324**

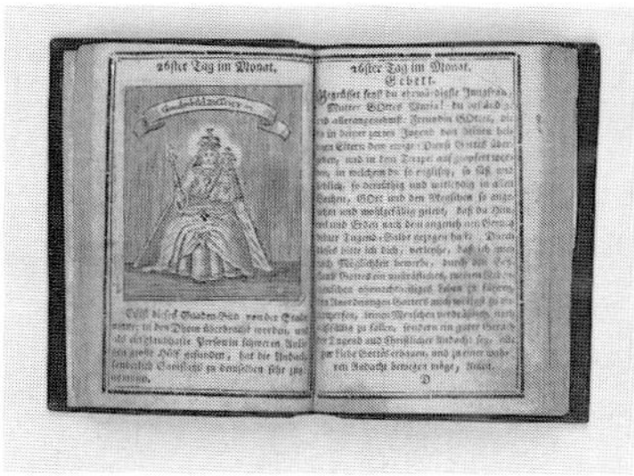

Die Hand des Herrn. Das ist: Wunderwürkende Bild-Säulen sehr berühmter Andacht- und Wallfahrten, ... Mit Kupfern und Andachten vermehrt und verbesserte fünfzehende Auflage. Auch Churf. Mainz. gnädigsten Privil. Mainz, gedruckt in der Churfürstl. privil. Wailandtischen Buchdruckerey. 1770.
Geschenk von P. Steffgen, Trier (1990)

Das Andachtsbüchlein bringt im Anschluß an einen Jahresfestkalender einunddreißig Kupferstiche von Gnadenbildern jeweils mit einer kurzen Beschreibung und einem Gebet. Sie sind als Andachtsübung für jeden Tag des Monats gedacht. Darüberhinaus enthält das Buch weitere Andachten sowie verschiedene Litaneien.
Abgebildet ist das ehemalige marianische Gnadenbild aus dem Trierer Dom (Kat. B 294).

BM, Inv. Nr. G 339

C. WALLFAHRTSMEDAILLEN

Bearbeitet von Hans-Joachim Kann unter Mitarbeit von Markus Groß-Morgen

Schon für die erste öffentliche Ausstellung des hl. Rocks im Jahre 1512 sind metallene Wallfahrtsdevotionalien belegt; besonders zahlreich sind diese für die drei letzten Ausstellungen 1891,1933 und 1959. Mattheiser Zeichen sind für das 14. und 15. Jahrhundert bezeugt, ebenfalls für die zweite Hälfte des 17. und das ganze 18. Jahrhundert, dann, nach der Säkularisierung der Abtei 1802, erst wieder ab 1927 (800-Jahrfeier der Reliquienauffindung; schon 1922 Wiedereinzug der Benediktinermönche) bis heute.

Die früheste systematische Zusammenstellung von Trierer Wallfahrtsmedaillen und -anhängern verdanken wir Kurt Köster (Wallfahrtsmedaillen und Pilgerandenken vom Heiligen Rock zu Trier. In: Trierisches Jahrbuch 1959, S.36-56.), der 66 Nummern erwähnt. Bis heute darf als grundlegendes Werk Ursula Hagen, Die Wallfahrtsmedaillen des Rheinlandes (Köln 1973) mit 175 Nummern gelten. (Weitere Literatur s. Literaurverzeichnis).

Der vorliegende Katalog bringt noch einmal zusätzlich 86 unedierte Stücke bzw. unedierte Varianten (die Metallvarianten nicht eingerechnet). Dieser Umstand deutet darauf hin, daß es noch sehr viele unbekannte weitere Stücke geben muß, vor allem solche zu Heilig-Rock-Wallfahrten (auf die erwiesene bzw. vermutete Existenz bestimmter Stücke wird im Katalog an verschiedenen Stellen hingewiesen, aber manche Stücke werden der Forschung noch ganz unbekannt sein). Unedierte Stücke sind an der fehlenden Literaturangabe zu erkennen.

Nicht in den Katalog aufgenommen wurden die Münzen mit Hl.-Rock-Darstellungen (der Sedisvakanztaler von 1715 und seine Teilstücke), ferner Wallfahrtszeichen zu anderen Domreliquien als dem Heiligen Rock (Nr.1 in Kann 1991,1, S.117, scheint ein Heilig-Nagel-Zeichen zu sein), Wallfahrtsandenken, die während der Hl.-Rock-Wallfahrt verkauft wurden, ohne den hl. Rock zu zeigen (der Verfasser besitzt einen Messinganhänger in Kreuzform, der einer Familientradition zufolge 1891 bei der damaligen Wallfahrt gekauft wurde; zu dieser Gruppe dürften auch zahlreiche Rosenkränze gehören) und Medaillen zum Trierer Dom außerhalb einer Hl.-Rock-Wallfahrt (z.B. mit Helena-Darstellung). Dafür wurden Plastikanhänger mit aufgenommen, soweit sie ein Hl.-Rock-Bild tragen und Medaillenähnlichkeit zeigen.

Es schien uns im Hinblick auf den Benutzer bzw. auf das schnelle Identifizieren einer Medaille mit Hilfe des Kataloges am sinn-vollsten, die Medaillen nach der Art der Hl.-Rock-Darstellung zu ordnen (Kap. 1). Befindet sich auf der Rückseite ein weiteres Wallfahrtsbild, so muß unter der entsprechenden Kombination gesucht werden (Kap. 2).

Soweit es möglich und sinnvoll war, wurden die Stücke innerhalb eines bestimmten Types in folgender Reihenfolge angeordnet:

- Medaillen (ohne Öse)
- Anhänger (mit Öse)
- Plaketten
- Schuberplaketten
- Rosenkranzanhänger
- Sonstiges

Sonderfälle stellen die Wallfahrtspfennige sowie die offiziellen Pilgerabzeichen dar.

Bleibt das Motiv der Vorderseite bei mehreren Stücken gleich, so wurden diese unter einer Katalognummer zusammengefaßt und durch Zählung hinter dem Komma unterschieden. Es werden dann jeweils nur noch die Abweichungen im Vergleich zum ersten Stück einer solchen Katalognummer erwähnt.

1. Der hl. Rock

2. Der hl. Rock mit anderen Wallfahrtsbildern

3. St. Matthias

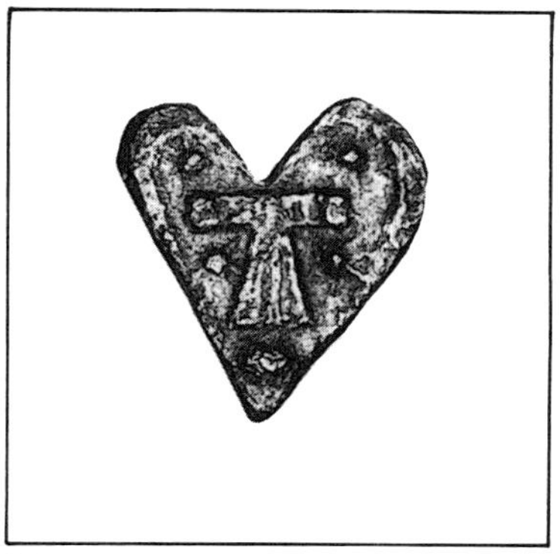

C 1

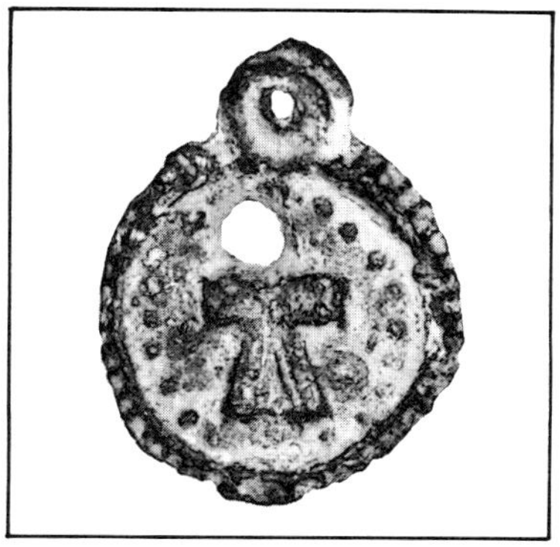

C 2

C 3

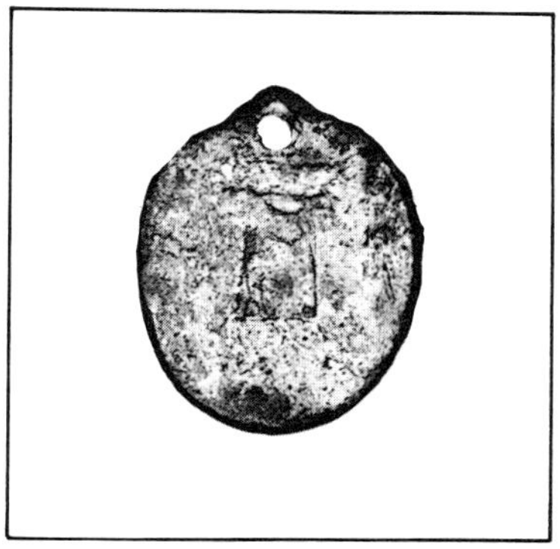

C 4

C 6

C 9

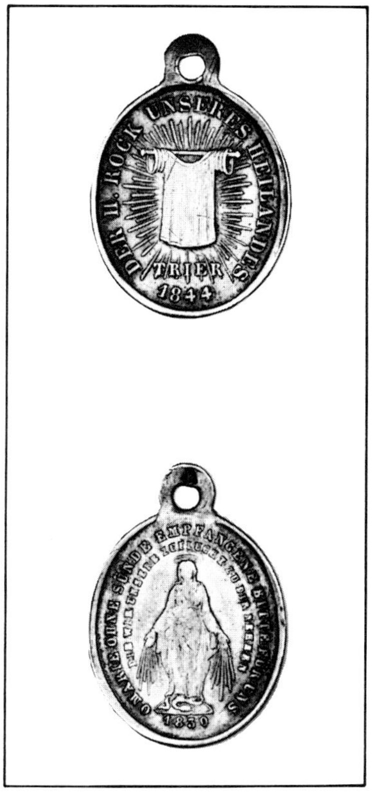

C 10

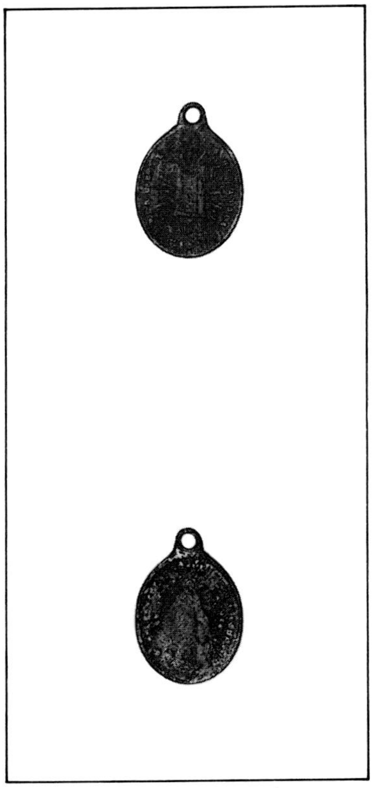

C 11

C 12

1. Der hl. Rock

1.1. NICHT DATIERBAR

C 1
Wallfahrtszeichen (Taf. 1)

Blei (?); herzförmig, 19 x 20 mm

Vs. Der hl. Rock ohne (?) Halsausschnitt, in drei/fünf Falten schräg abfallend, mit waagerecht gefältelten Ärmeln; darum fünf strahlenförmige Verdickungen; Umrandung: herzförmiger Fadenrand.
Rs. Dornenkrone, umgeben von drei Nägeln (?); Umrandung: herzförmiger Fadenrand.

Trier, N. Flesch (Bodenfund, Zuckerbergstraße, mittelalterlicher und frühneuzeitlicher Friedhof, 1983)
Lit.: Kann 1987 1.

C 2
Anhänger (Taf. 1)

(2. Hälfte 16./ Mitte 17.Jh.)
Blei; rund, 21 (Höhe mit Öse und Gußstutzenrest 28) mm; mittig gelocht

Vs. In einem Kreis von 21 Punkten der hl. Rock mit rundem Halsausschnitt und fünf schräg abfallenden Falten. Oberhalb der Rockdarstellung ein Nagelloch (auf Türrahmen, Fachwerk oder Stallholz so angenagelt, daß die für den Käufer apotropäische Rockdarstellung sichtbar war); Umrandung: Fadenkreis mit Strahlenkranz (unten Gußzapfen, oben Fadenkreis auf für die Zentrierung des nachträglich von hinten geschlagenen Loches).
Rs. In einem Kreis von ca. 22 Punkten ein Herz mit drei (?) Nägeln (?) (zwei durch Lochdurchbruch verunklart); Umrandung: Fadenkreis mit Strahlenkranz.

Trier, H.-J. Kann (Bodenfund)
Lit.: Kann 1991,1 1.

C 3
Wallfahrtszeichen (Taf. 1)

Messingblech; rockförmig, 17,5 x 17,5 mm; ohne Lochung

Vs. Glatt, vier Einkerbungen am viereckigen Ausschnitt des hl. Rockes.
Rs. Glatt; sieben Einkerbungen am Ausschnitt, nur bedingt als Falten deutbar.

Trier, H.-J. Kann (Bodenfund)
Lit.: Kann 1991,1 II.

C 4
Anhänger (Taf. 1)

Silber; oval, 16 (Höhe mit Öse 17) x 14 mm; mit Öse

Vs. [?] ROCK - [?] um den hl. Rock mit rundem Halsausschnitt, in vier Bahnen gerade herabfallend, auf waagrecht durch die gerafften Ärmel geschobener Stange (Enden schwer auszumachen); unten vier Verdickungen (nicht mehr lesbare Jahreszahl); umrandungslos.
Rs. Glatt.

Trier, H.-J. Kann (Bodenfund Essig Voss/ Leostraße, 1985)
Lit.: Kann 1987, Nr. 2 (die stark verwischte Jahreszahl damals noch als „1699(?)“ gelesen).

1.2. Ausstellung 1810

C 5
Anhänger

Gold; rockförmig, 17 (mit Öse 22) x 18,5 mm; Öse im rechten Winkel zur Platte

Vs. Der hl. Rock mit rundem Halsausschnitt auf waagerecht durch die gefältelten Ärmel geschobener Stange mit Kugelenden, in zahlreichen stilisierten gestanzten Falten schräg abfallend, unten eingepunzt die Jahreszahl 1810.

Rs. Ähnliche Oberflächengestaltung, aber ohne Jahreszahl.
Geschenk von Frau Cnyrim, geb. Tobias, Trier
Trier, Domschatz
Lit.: Kann 1991,1, Nr. 2.

1.3. Ausstellung 1844

Hl. Rock mit herabhängenden Ärmeln

C 6
Anhänger (Taf. 1)

Aes; oval, 22 (Höhe mit Öse 25,5) x 19 mm; mit Stäbchen und Öse

Vs. DER H. ROCK UNSERES HEILANDES. um den hl. Rock mit rundem Halsausschnitt, in sechs Falten schräg abfallend, mit schrägen Ärmeln; darüber 1844. (bogig); umrandungslos.
Rs. SANCTA MARIA. um Maria Immaculata; umrandungslos.

BM, EV 82,28 a
Lit.: Hagen 23.

C 7
Anhänger

Messing; oval, 17,5 (Höhe mit Öse 22,5) x 14 mm; mit Stäbchen und Öse

Vs. DER H. ROCK UNSERES HEILANDES ✶ ✶ ✶ (Buchstaben *inter lineas*) um den hl. Rock mit rundem Halsausschnitt, in sechs Falten schräg abfallend, mit schrägen Ärmeln; darüber 1844. (bogig); Umrandung: Fadenoval.
Rs. SANCTA MARIA. um Maria Immaculata; Umrandung: Fadenoval.

BM, EV 82,28 c
Lit.: Hagen 24.

C 8
Anhänger

Messing; oval, 18,5 (mit Öse 23,5) x 15,5 mm; mit Stäbchen und Öse

Vs. DER H ROCK UNSERES HEILANDES ★ um den hl. Rock mit rundem, aufgebogenem Halsausschnitt, in sechs Falten schräg abfallend, mit schrägen Ärmeln; darüber 1844 (bogig); umrandungslos.
Rs. SANCTA MARIA um Maria Immaculata; umrandungslos.

BM, EV 82,28 b
Lit.: Katalog Peus, 1683 (b).

Hl. Rock mit horizontal ausgebreiteten Ärmeln

C 9
Anhänger (Taf. 1)

Silber; oval, 23 (Höhe mit Öse 26) x 19 mm; mit Stäbchen und Öse

Vs. UNSERES HEILANDES JESUS CHRISTUS HEIL:ROCK um den hl. Rock mit rundem Halsausschnitt, in acht Falten schräg abfallend, mit faltigen, waagerechten Ärmeln, darunter AUFBEWAHRT UND (bogig) / GEZEIGT ZU (gerade) / TRIER. (bogig) / 1844. (bogig); Umrandung: Fadenoval.
Rs. DER DU FÜR UNS GESTORBEN, ERBARM DICH UNSER./ JESUS: um Kreuzigungsszene: Christus an einem hohen Kreuz über Totenschädel, -gebein und Schlange; links steht trauernd Maria, rechts kniet am Kreuzstamm Maria Magdalena, links strahlende Sonne, rechts Mondsichel, beide mit Gesicht; Umrandung: Fadenoval.

BM, EV 82,26
Lit.: Hagen 14.

Hl. Rock auf horizontalem Stab hängend

C 10
Anhänger (Taf. 1)

Silber; oval, 22,5 (Höhe mit Öse 26,5) x 18,5 mm; mit Stäbchen und Öse

Vs. DER H. ROCK UNSERES HEILANDES um den strahlenkranzumgebenen hl. Rock mit rundem Halsausschnitt, in fünf breiten Falten gerade herabfallend auf waagerecht durch die gerafften Ärmel geschobener Stange mit Kleeblattenden; darunter TRIER (gerade) / 1844 (bogig); umrandungslos.
Rs. O MARIA OHNE SÜNDE EMPFANGENE BITTE FÜR UNS (außen) DIE WIR UNSERE ZUFLUCHT ZU DIR NEHMEN (innen) um Maria Immaculata; darunter 1830 (wiederverwandter Stempel); umrandungslos.

BM, EV 82,27
Lit.: Hagen 16.

C 11
Anhänger (Taf. 2)

Aes; oval, 15 (Höhe mit Öse 17) x 11,5 mm; mit Stäbchen und Öse

Vs. DER H. ROCK UNSERES HEILANDES. um den strahlenkranzumgebenen hl. Rock mit rundem Halsausschnitt, in fünf Falten gerade abfallend, auf waagerecht durch die gerafften Ärmel geschobener Stange mit Kleeblatt(?)enden; darunter TRIER / 1844 (bogig); umrandungslos.
Rs. [O MARIE CONÇUE SANS PECHE] PRIEZ POUR NOUS (außen) QUI AVONS RECOURS A VOUS (innen) um Maria Immaculata; darunter (wohl) 1830 (teils korrodiert); umrandungslos.

Trier, H.-J. Kann (Bodenfund)
Lit.: Hagen 17 (dort aber nur in Silber).

C 12
Anhänger (Taf. 2)

Aes, versilbert; oval 19 (Höhe mit Öse 22,5) x 15 mm; mit Stäbchen und Öse

Vs. DER H. UNSERES H - ERRN JESU um den hl. Rock mit dreieckigem Halsausschnitt, in neun Falten schräg abfallend, auf waagerecht durch die engen, glatten Ärmel geschobener Stange; darüber lorbeerkranzähnliche Dornenkrone; Umrandung: Kerbrand.
Rs. O MARIA ZUFLUCHT DER SUNDER (!) BITT FÜR UNS um Maria Immaculata; Umrandung: Kerbrand.

BM, EV 82,42 a
Lit.: Hagen 30 (dort 1891 datiert, aufgrund des Motivs eher 1844).

1.4. Ausstellung 1891

Hl. Rock mit leicht herabhängenden Ärmeln

C 13
Anhänger (Taf. 3)

Aes; oval, 23 (Höhe mit Öse 27) x 19 mm; mit Stäbchen und Öse

Vs. DER ROCK ABER WAR UNGENAHET (!) VON OBEN GEWIRKET DURCH UND DURCH •✠• (ohne AN, mit Kreuz) um den hl. Rock mit rundem Halsausschnitt, in vier Glocken schräg abfallend, mit faltigen, leicht schrägen Ärmeln, am Hals und unten Ziernähte; umrandungslos.
Rs. ZUR ERINNERUNG AN DEN HL ROCK ZU TRIER /.AUGESTELLT (sic!) 1891. um den Dom von Nordwesten; umrandungslos.

BM, EV 82,29
Lit.: Hagen 25.

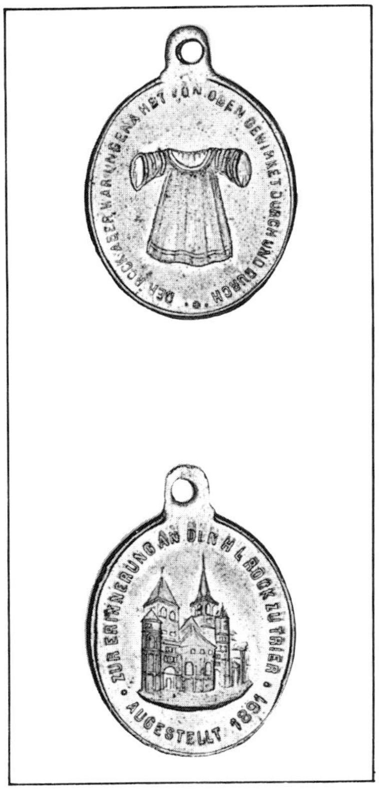

C 13

C 14, 1

C 15

C 16

C 17

C 18, 1-2

C 19

C 20

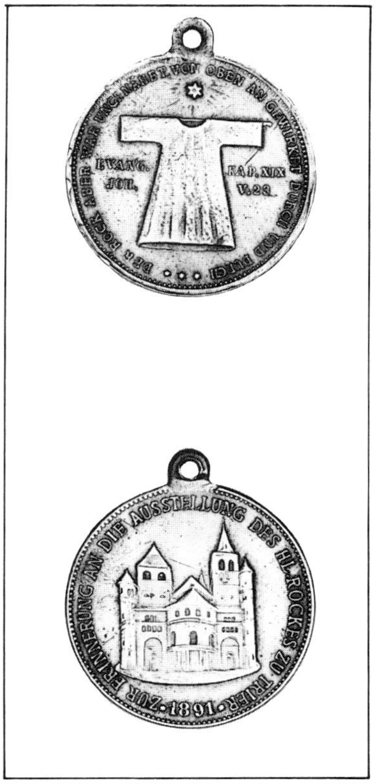

C 21, 1

C 22, 1

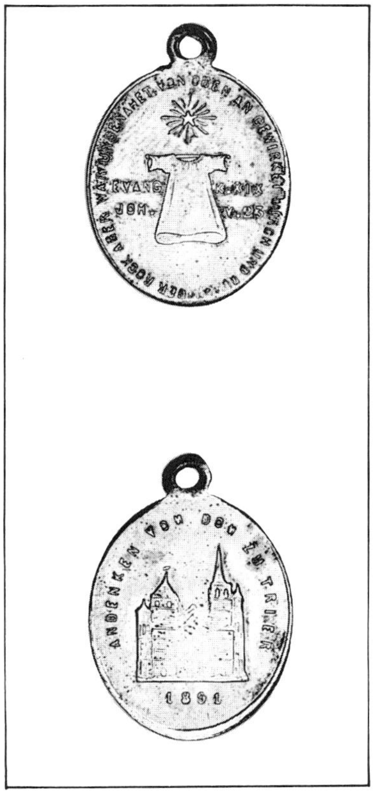

C 23, 1

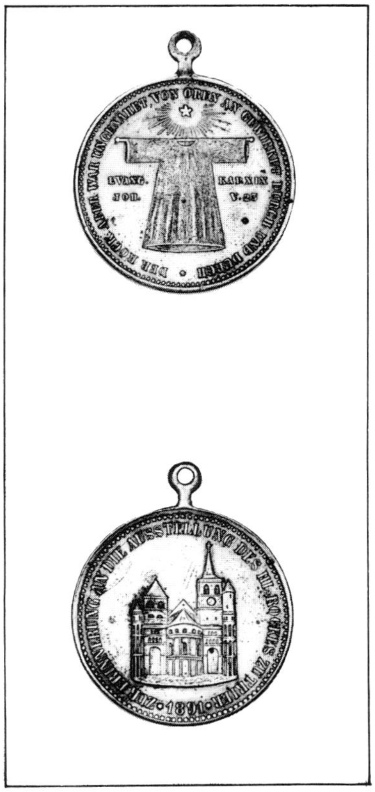

C 24, 1

C 25

C 26, 1

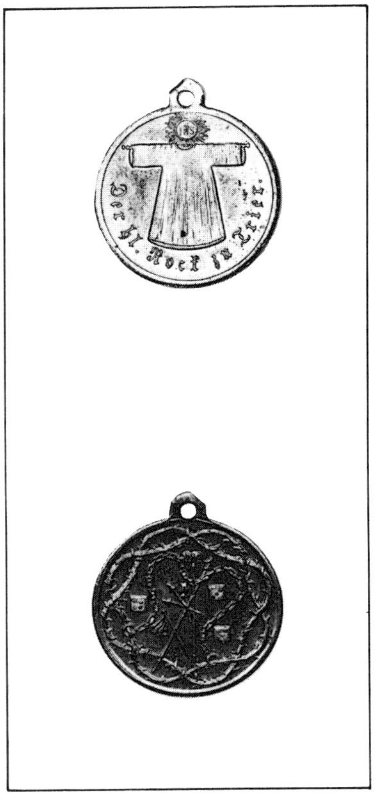
C 26, 3

C 28,1

C 29

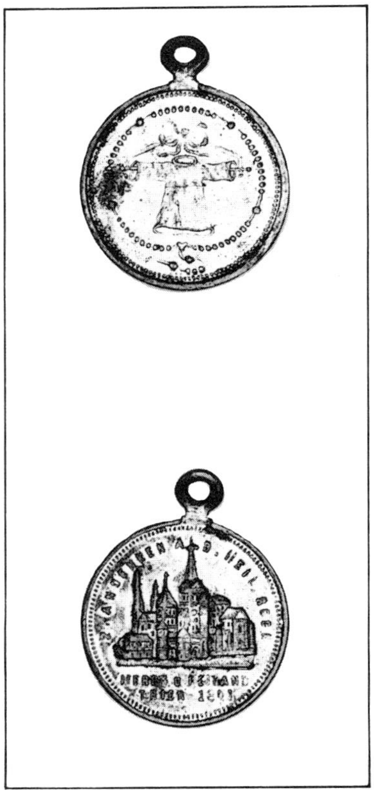
C 30

C 31

C 32

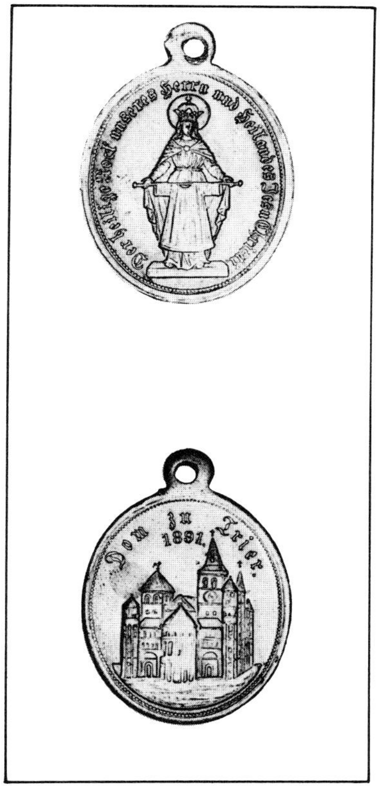

C 33, 1

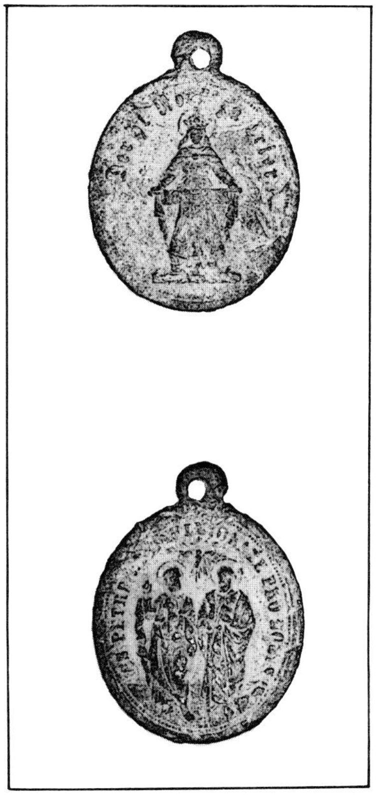

C 33. 2

C 34

C 37

C 38, 1

C 38, 3

C 39, 1

C 40

C 41

C 42

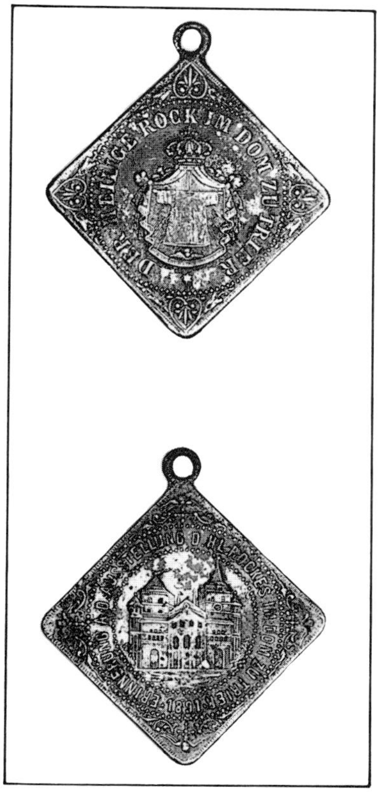

C 43

Hl. Rock auf horizontalem Stab hängend

C 14,1
Anhänger (Taf. 3)

Aes; oval, 24,5 (Höhe mit Öse 28,5) x 19,5 mm; mit Stäbchen und Öse

Vs. DER H. ROCK UNSERES HEILANDES um strahlenkranzumgebenen hl. Rock mit rundem Halsausschnitt, in sechs Falten gerade abfallend, auf waagerecht durch die gerafften Ärmel geschobener Stange; darunter TRIER / 1891; umrandungslos.
Rs. H. HELENA - BITTE FUR (!) UNS um die hl. Helena v. v.; sie neigt den Kopf leicht nach links und hält mit beiden Händen vor sich den hl. Rock mit rundem Halsausschnitt an einer waagerecht durch die gerafften Ärmel geschobener Stange mit Kleeblattenden, ferner in der Linken drei Nägel; hinter ihrer rechten Schulter ein schräg stehendes lateinisches Kreuz; unten fünfblättrige Rosette zwischen Punkten; umrandungslos.

BM, EV 90,78
Lit.: Hagen 50.

C 14,2
Anhänger

versilbert

Trier, H.-J. Kann

Hl. Rock mit Stern über Halsausschnitt
(C 20: mit Lanze und Geißel)

C 15
Anhänger (Taf. 3)

Aes; oval, 23 (Höhe mit Öse 26,5) x 19 mm; mit Stäbchen und Öse

Vs. DER ROCK ABER WAR UNGENAHET(!) VON OBEN AN GEWIRKET DURCH UND DURCH. + . um fünfstrahligen, umstrahlten Stern, darunter der hl. Rock mit rundem Halsausschnitt, in acht Falten schräg abfallend, an der waagerecht durch die fast glatten Ärmel geschobenen Stange mit Kugelenden; umrandungslos.
Rs. ZUR ERINNERUNG AN DEN H.L. ROCK ZU TRIER um den Dom mit einem Teil der Liebfrauenkirche von Nordwesten; im Abschnitt AUSGESTELLT / 1891 (9 in Spiegelschrift); umrandungslos.
Rs. ähnlich wie Hagen 59.

BM, EV 82,42 e

C 16
Medaille (Taf. 3)

Messing, vergoldet; quadratisch, über Eck gestellt, 22 x 22 mm; ohne Öse

Vs. DER HEILIGE ROCK IM DOM ZU TRIER zwischen innerem Fadenkreis und zwei außen zu einem Kreis gebogenen, unten mit einer Schleife zusammengebundenen Palmzweigen. Im runden Mittelfeld unter fünfstrahligem, nach unten strahlendem Stern der hl. Rock mit rundem Halsausschnitt, in acht Falten schräg abfallend mit grob gewebten waagerechten Ärmeln; in der oberen Ecke Monogramm des Namens Jesu (IHS) mit Kreuz; Umrandung: Zahnreihe.
Rs. Z. ANDENKEN A. D. AUSSTELLUNG D. HL. ROCKES / TRIER 1891 zwischen innerem Fadenkreis und außen in den Ecken volutenartig eingerolltem Fadenkreis. Im runden Mittelfeld der Dom von Westen; in den Ecken über den Fadenvoluten je ein fächerförmiges Fünfblatt; Umrandung: Zahnreihe.

BM, EV 82,30
Lit.: Hagen 28.

C 17
Anhänger (Taf. 3)

Neusilber; quadratisch, über Eck gestellt, 27 x 27 mm; gelocht

Vs. In runder Perlumrandung Z. ERINNERUNG A. D. AUSSTELLUNG D. HL. ROCKES I. DOM Z. TRIER 1891 ★ und unter fünfstrahligem, umstrahltem Stern der hl. Rock, grob gewebt, mit rundem Halsausschnitt, in sieben Falten schräg abfallend, auf waagerecht durch die glatten Ärmel geschobener Stange mit Kugelenden; in den Ecken je eine Ranken-Palmette in dreieckiger Fadenumrandung, dazwischen je ein kleiner Kreis; Umrandung: Schnur.
Rs. In runder Perlumrandung DOM ZU - TRIER und der Dom von Westen; in den Ecken je eine Ranken-Palmette in dreieckiger Fadenumrahmung, dazwischen je ein kleiner Kreis; Umrandung: Schnur.

BM, EV 82,35
Lit.: Hagen 47.

C 18,1
Anhänger (Taf. 3: Rs)

Messing (Rest von Versilberung?); rund, 33,5 (Höhe mit Öse 39,5) mm; mit Stäbchen und Öse

Vs. Z. ERINNERUNG A. D. AUSSTELLUNG D. HL. ROCKES IM DOM ZU TRIER 1891. zwischen Perlkreisen. Unter sechsstrahligem, umstrahltem Stern der hl. Rock mit rundem Halsausschnitt, in neun Falten schräg abfallend, auf waagerecht durch die glatten Ärmel geschobener Stange mit Kugelknaufenden.
Rs. RÖMERTHOR ZU TRIER im Perlkreis. Die Porta Nigra von Nordwesten; im Abschnitt Arabesken.

BM, EV 82,36
Lit.: Hagen 48.

C 18,2
Anhänger (Taf. 3: Vs)

Trier, H.-J. Kann (hier Teile zu einer durchbrochenen Arbeit herausgesägt).

C 19
Medaille (Taf. 4)

Aes; rund, 29 mm; mit Stäbchen

Vs. ZUR ERINNERUNG AN DIE AUSSTELLUNG DES HL. ROCKES ZU TRIER / .★. um fünfstrahligen, umstrahlten Stern über dem hl. Rock mit rundem Halsausschnitt, in sechs Falten schräg abfallend, auf waagerecht durch die leicht gefältelten Ärmel geschobener Stange mit Kugelenden; darunter 1891; Umrandung: Perlkreis.
Rs. S. HEILIGKEIT - PAPST LEO. XIII um Papstbüste nach links; umrandungslos.

BM, EV 88,14

C 20
Anhänger (Taf. 4)

Messing, Reste von Versilberung; rund, 39 (Höhe mit Öse 44,5) mm; mit Stäbchen und Öse

Vs. LASST UNS DEN NICHT ZERTEILEN, SONDERN DARUM LOOSEN, WESS ER SEIN SOLL -. um sechsstrahligen, umstrahlten Stern, darunter der hl. Rock mit rundem Halsausschnitt, in acht Falten schräg abfallend, auf waagerecht durch die glatten Ärmel geschobener Stange mit Kugelenden; dahinter gekreuzt Geißel und Lanze; Umrandung: Perlkreis.
Rs. ZUR ERINNERUNG AN DIE AUSSTELLUNG DES HEIL. ROCKES IM DOM ZU TRIER 1891. um den Dom von Westen; Umrandung: Perlkreis.

Trier, A. Hennen
Lit.: Hagen 34 (unedierte Variante: 39 statt 33,2 mm; WESS statt WES; Versilberung).

C 21,1
Anhänger (Taf. 4)

Messing; rund, 27 (Höhe mit Öse 30,5) mm; mit Stäbchen und Öse

Vs. DER ROCK ABER WAR UNGENÄHET, VON OBEN AN GEWIRKET DURCH UND DURCH ✶✶✶ um sechsstrahligen, umstrahlten Stern, darunter der hl. Rock mit rundem Halsausschnitt, in sieben Falten schräg abfallend, auf waagerecht durch die glatten Ärmel geschobener Stange mit Kugelenden; im Feld links EVANG. / JOH., rechts KAP. XIX / V. 23; Umrandung: Perlkreis.

Trier, H.-J. Kann
Lit.: Hagen 35.

C 21,2
Anhänger

Aes

Rs. Kleine Unterschiede in der Domansicht (der südöstliche Domturm ist höher).

Trier, H.-J. Kann

C 22,1
Anhänger (Taf. 4)

Aes; oval, 26 (Höhe mit Öse 28,5) x 22,5 mm; mit Stäbchen und Öse

Vs. Innerhalb von DER ROCK ABER WAR UNGENÄHET, VON OBEN AN GEWIRKET DURCH UND DURCH ✶ und unter sechsstrahligem, umstrahltem Stern der hl. Rock mit rundem Halsausschnitt, in acht Falten schräg abfallend, auf waagerecht durch die leicht gefältelten Ärmel geschobener Stange mit Kugelenden; im Feld links EVANG./ JOH., rechts KAP. XIX / V. 23; Umrandung: Fadenlinie.
Rs. ZUR ERINNERUNG A. D. AUSSTELLUNG D. HL. ROCKES Z. TRIER, im Abschnitt 1891 (groß), darüber der Dom von Westen; Umrandung: Fadenlinie.

BM, EV 82,33
Lit.: Hagen 39 (Rs), 40 (Vs), dort Verwechselung der Angaben zu den Ärmeln und Stangenenden zwischen 39 und 40.

C 22,2
Anhänger

Aes; oval, 23 (Höhe mit Öse 26) x 19,5 mm; mit Stäbchen und Öse

Vs. wie Kat. C 22,1; im Feld steht links EVANG / JOH., rechts K. XIX./ V 23.; umrandungslos.
Rs. Z. ERINNERUNG A. D. AUSSTELLUNG - D. HL. ROCKES Z. TRIER; umrandungslos.

BM, EV 82,42 d
Lit.: Hagen 40; Kann 1991,1 3 u. 4.

C 22,3
Anhänger

Silber, sonst wie Kat. C 22,2.

Trier, H.-J. Kann

C 22,4
Anhänger

Messing (mit großem Datum 1891), sonst wie Kat. C 22,2.

Trier, H.-J. Kann

C 23,1
Anhänger (Taf. 4)

Aes; oval, 18,5 (Höhe mit Öse 21,5) x 15,5 mm; mit Stäbchen und Öse

Vs. DER ROCK ABER WAR UNGENÄHET, VON OBEN AN GEWIRKET DURCH UND DURCH ★ um fünfstrahligen, umstrahlten Stern, darunter der hl. Rock, glatt, mit rundem Halsausschnitt auf waagerecht durch die leicht gefältelten Ärmel geschobener Stange mit Kugelenden; im Feld links EVANG / JOH., rechts K. XIX / V. 23; umrandungslos.
Rs. ANDENKEN VOM DOM ZU TRIER über dem Dom von Westen, darunter 1891; umrandungslos.

BM, EV 82,42 c
Lit.: Hagen 43.

C 23,2
Anhänger

Vs. ANDENKEN DES HEILIGEN ROCKES ZU TRIER / 1891; sonst wie Kat. C 23,1.

BM, EV 82,42 b
Lit.: Hagen 44.

C 24,1
Anhänger (Taf. 4)

Aes; rund, 28 (Höhe mit Öse 34) mm; mit Stäbchen und Öse

Vs. Innerhalb von DER ROCK ABER WAR UNGENÄHET, VON OBEN AN GEWIRKET DURCH UND DURCH. (Punkt als Nabelkreis) und unter fünfstrahligem, umstrahltem Stern der hl. Rock mit rundem Halsausschnitt, in acht Falten schräg abfallend, auf waagerecht durch die glatten Ärmel geschobener Stange mit Kugelenden; im Feld links EVANG. / JOH., rechts KAP. XIX / V. 23; Umrandung: Perlkreis.
Rs. wie Kat. C 21,1 , aber ★ 1891 ★, Dom ohne die östlichen Türme; Umrandung: Perlkreis.

BM, EV 82,34
Lit.: Hagen 45.

C 24,2
Anhänger

Messing, mit Resten von Versilberung.

Trier, H.-J. Kann

C 25
Medaille (Taf. 5)

Aes, versilbert; rund, 20,5 mm; mit Stäbchen
Vs. D. ROCK ABER WAR OHNE NATH VON OBEN AN DURCHAUS GEWEBT ★ um sechsstrahligen, umstrahlten Stern über dem hl. Rock mit rundem Halsausschnitt, in fünf Falten schräg abfallend, auf waagerecht durch die glatten Ärmel geschobener Stange mit Kugelenden; links JOH., rechts 19,23; Umrandung: Perlkreis.
Rs. ERG. A. D. AUSSTELLUNG D. HL. ROCKES ZU TRIER / ★★★ zwischen zwei Perlkreisen; in der Mitte der Dom von Westen (mit Domstein).

BM, EV 88,15

Hl. Rock mit Jesusmonogramm über Halsausschnitt

C 26,1
Anhänger (Taf. 5)

Aes; rund 19,5 (Höhe mit Öse 22,5) mm; mit Stäbchen und Öse

Vs. Unter sternförmig umstrahltem Monogramm des Namens Jesu der hl. Rock mit rundem Halsausschnitt, eng gefältelt, schräg abfallend, auf waagerecht durch die Ärmel geschobener Stange mit doppelten Kugelenden; darunter bogig *Der hl. Rock zu Trier.;* umrandungslos.
Rs. *Dom zu - Trier.* / 1891. um den Dom von Südwesten mit Teil der Liebfrauenkirche; umrandungslos.
Hersteller: C. Poellath, Schrobenhausen

BM, EV 82,38 a
Lit.: Hagen 53.

C 26,2
Anhänger

Aes, versilbert

Vs. Wie Kat. C 26,1, aber einfache Kugelenden, Stange nicht durchgezogen, anderer Faltenwurf.

Rs. Wie Kat. C 26,1, aber ohne Teil der Liebfrauenkirche.

BM, EV 38 b

C 26,3
Anhänger (Taf. 5)

Vs. Wie Kat. C 26,1.
Rs. Arma Christi: Dornenkrone, Kette, Geißel, drei gekreuzte Nägel, Lanze, Schwamm auf Rohr und drei Würfel.

BM, EV 82,39
Lit.: Hagen 54.

C 27
Anhänger

Aes; rund, 26 (Höhe mit Öse 30,5) mm; mit Stäbchen und Öse

Vs. Innerhalb von DER ROCK ABER WAR OHNE NATH, VON OBEN AN DURCHAUS GEWEBT ✚ und unter sternförmig umstrahltem Monogramm des Namens Jesu der hl. Rock mit rundem Halsausschnitt, in fünfzehn Falten schräg abfallend, auf waagerecht durch die gefältelten Ärmel geschobener Stange mit Kugelknaufenden; im Feld links JOH., rechts 19,23; Umrandung: Perlkreis.
Rs. DER HEILIGE ROCK, AUSGESTELLT IM DOME ZU TRIER 1891.✚ um den Dom von Südwesten (vgl. Kat. C 26,2); Umrandung: Perlkreis.

BM, EV 82,37
Lit.: Hagen 51.

Hl. Rock mit Dornenkrone, Nägeln und Würfeln

C 28,1
Anhänger (Taf. 5)

Aes; oval, 33 (Höhe mit Öse 37,5) x 29 mm; mit Stäbchen und Öse

Vs. In ovalem Vierpaß mit eingesetzten Spitzen, auf dessen Bögen +DER ROCK - WAR ABER OHNE - NAHT, VON OBEN - AN DURCHAUS - GEWEBT., der hl. Rock mit rundem Halsausschnitt, auf waagerecht durch die gefältelten Ärmel geschobener Stange mit verdickten Enden; darüber Dornenkrone, drei Nägel und zwei Würfel, darunter 1891, im Feld links EVANG. / JOH., rechts KAP. 19 / V. 23; Umrandung: Perlkreis.
Rs. In ovalem Vierpaß mit eingesetzten Spitzen, auf dessen Bögen HEILIGE - HELENA - BITTE F. U. - Stern. Lilie, Rosette, Lilie, Stern, auf Blumengrund v. v. stehende hl. Helena; sie umfaßt mit beiden Händen das rechts neben ihr stehende Kreuz; rechts unter der Standplatte KISSING; Umrandung: Perlkreis.
Hersteller: H. Kissing, Menden / Westf.

BM, EV 82,32
Lit.: Hagen 32.

C 28,2
Anhänger

Aes, versilbert; oval, 23,5 (Höhe mit Öse 27) x 20 mm; Schrift oft flüchtig.

BM, EV 82,42 g
Lit.: Hagen 33.

C 29
Anhänger (Taf. 5)

Aes, versilbert; spitzoval, 35 (Höhe mit Öse 39) x 20,5 mm; mit Stäbchen und Öse

Vs. Zwischen Fadenrahmung und Perlrahmung: Palmette DER ROCK WAR ABER OHNE NAHT, Palmette VON OBEN AN DURCHAUS GEWEBT. um den hl. Rock mit rundem Halsausschnitt, auf waagerecht durch die gefältelten Ärmel geschobener Stange mit verdickten Enden; darüber Dornenkrone, drei Nägel und zwei Würfel, darunter 1891; im Feld links EVANG. / JOH. und KAP. 19 / V. 23 rechts.
Rs. Zwischen Fadenrahmung und Perlrahmung: Palmette HEILIGE HELENA - BITTE FÜR

UNS! Die hl. Helena steht nach halbrechts auf Standplatte; sie hält mit beiden Händen das rechts neben ihr stehende Kreuz; im Abschnitt Arabesken, rechts unter der Standplatte KISSING.
Hersteller: Heinrich Kissing, Menden / Westf.
Vorbild für die späteren Nummern Hagen 78 und 80 von 1933.

BM, EV 82,49

Hl. Rock auf horizontalem Stab mit einem Band aufgehängt

C 30
Anhänger (Taf. 5)

Zink, verzinnt; rund, 21 (Höhe mit Öse 26) mm; mit Stäbchen und Öse

Vs. In einem rosenkranzähnlichen Perlenkranz der hl. Rock mit rundem Halsausschnitt und Fältelung an einer zur Schleife gebundenen Schnur, die nach Abknickungen jeweils senkrecht nach unten führt und an die waagerecht durch die gefältelten Ärmel geschobene Stange mit Kugelenden befestigt ist; Umrandung: Perlkreis.
Rs. Z. Andenken A - D. HEIL. ROCK um Domprobstei, Dom und Liebfrauen von Nordwesten; im Abschnitt HERRN U HEILAND / TRIER 1891; Umrandung: Perlkreis.

BM, EV 83,8

C 31
Anhänger, brakteatenartig (Taf. 6)

Messing; kreuzförmig, mit eingesetzten Ecken, 33 (Höhe mit Öse 37,5) x 33 mm; mit Öse

Gleicharmiges Kreuz mit schildförmigen, ausschwingenden, außen gerundeten Armen; im runden Mittelfeld mit Schnurumrahmung der eng gefältelte hl. Rock mit rundem Halsausschnitt, an einer zur Schleife gebundenen Schnur, die an den Kugelenden der waagerecht durch die Ärmel geschobenen Stange befestigt ist; auf den kreuzschraffierten Armen - jeweils in profilierter Hohlstab- und Perlumrahmung - oben umstrahltes Monogramm des Namens Jesu, unten drei gekreuzte Nägel, links HL. / ROCK / 18, rechts ZU / TRIER / 91; in den Kreuzwinkeln radial gekerbte und mit je einer Muschel verzierte Ecken.

BM, EV 82,31
Lit.: Hagen 29.

C 32
Anhänger (Taf. 6)

Aes; rockförmig, 27 (Höhe mit Öse 31) x 24,5 mm; mit Öse

Vs. Der hl. Rock mit rundem Halsausschnitt, in zehn durch Kerbschnitt angedeuteten Falten schräg abfallend, auf waagerecht durch die gefältelten Ärmel geschobener Stange mit Kugelenden, an einer über dem Halsausschnitt zum Knoten gebundenen Schnur aufgehängt.
Rs. ZUR / ERINNERUNG / AN DIE / AUSSTELLUNG / D. HEILIGEN / ROCKES / IM JAHRE / DES HEILS / 18 + 91 (+ als umstrahltes Kreuz mit Kleeblattenden).

Trier, H.-J. Kann
Lit.: Kann 1991,1 10.

Hl. Rock gehalten von der hl. Helena

C 33,1
Anhänger (Taf. 6)

Aes; oval, 26 (Höhe mit Öse 30) x 22,5 mm; mit Stäbchen und Öse

Vs. *Der heilige Rock unseres Herrn und Heilandes Jesu Christi.* um die hl. Helena v. v. auf rechteckiger Standplatte; sie hält mit beiden Händen vor sich den eng gefältelten hl. Rock mit rundem Halsausschnitt an der waagerecht durch die Ärmel geschobenen Stange mit Kugelenden; Umrandung: Perlreihe.

Rs. *Dom zu Trier./ 1891.* um den Dom von Westen; Umrandung: Perlreihe.
Hersteller: C. Poellath, Schrobenhausen.

BM, EV 82,40
Lit.: Hagen 57.

C 33,2
Anhänger (Taf. 6)

Messing

Vs. *Der hl. Rock zu Trier* um die hl. Helena wie Kat. C 33,1.
Rs. SS PETRE ET PAULE ORATE PRO NOBIS um den hl. Petrus mit erhobener Rechten und dem Schlüssel in der Linken sowie dem hl. Paulus mit dem Schwert; über beiden schwebt die strahlenkranzumgebene Taube.

Trier, H.-J. Kann (Bodenfund)
Lit.: Kann 1991,1 6.

C 34
Anhänger (Taf. 6)

Messing; oval, 23 (Höhe mit Öse 27) x 19 mm; mit Stäbchen und Öse

Vs. DER ROCK ABER WAR UNGENAHET VON OBEN AN GEWIRKET DURCH / UND DURCH um die hl. Helena v. v. auf profilierter Standplatte; sie hält mit beiden Händen vor sich den hl. Rock mit rundem Halsausschnitt, in fünf Falten schräg abfallend, an der waagerecht durch die gerafften Ärmel geschobenen Stange mit scheibenförmigen Enden; umrandungslos.
Rs. ZUR ERINNERUNG AN DEN HL ROCK ZU TRIER um den Dom mit Teil der Liebfrauenkirche von Nordwesten; im Abschnitt AUSGESTELLT / 1891 (9 in Spiegelschrift); umrandungslos.

BM, EV 82,41
Lit.: Hagen 59.

C 35
Anhänger

Neusilber; rund, 25 (Höhe mit Öse 29) mm; mit Stäbchen und Öse

Vs. DER ROCK ABER WAR UNGENÄHET VON OBEN AN GEWIRKET DURCH UND DURCH.+. zwischen Fadenkreisen. Vor mit Lilien besätem Grund steht v. v. die hl. Helena auf profilierter Standplatte; sie hält mit beiden Händen vor sich den hl. Rock mit rundem Halsausschnitt, in sieben Falten schräg abfallend, an der waagerecht durch die Ärmel geschobenen Stange mit Knaufenden.
Rs. ZUR ERINNERUNG AN DEN H.L. (sic!) ROCK ZU TRIER / +AUSGESTELLT 1891+ zwischen Fadenkreisen. Der Dom und Liebfrauenkirche von Nordwesten.

Trier, H.-J. Kann
Lit.: Kann 1991,1 7; kleine Variante zu Hagen 60 (25 statt 22,5 mm; H.L. statt H.L).

C 36
Anhänger

Messing; rund, 25 (Höhe mit Öse 29,5) mm; mit Stäbchen und Öse

Vs. DER ROCK ABER WAR UNGENAHET VON OBER AN GEWIRKET DURCH UN (!) DURCH / Stern Lilie Lilie Stern. Vor mit fünfstrahligen Sternen übersätem Grund steht die hl. Helena (Vorstellung wie Kat. C 35); innere Umrandung: Perlkreis.
Rs. ZUR ERINNERUNG AN DEN H.L. ROCK ZU TRIER / +AUSGESTELLT 1891+ um den Dom (wie Kat. C 35); umrandungslos.

Trier, H.-J. Kann
Lit.: Kann 1991,1 8; Variante zu Hagen 60 (Durchmesser, Schreibfehler, Satzzeichen, alle Trennungszeichen, Hintergrund zeigen Unterschiede).

C 37
Anhänger (Taf. 6)

Messing; rund, 25,5 (Höhe mit Öse 31) mm; mit Stäbchen und Öse

Vs. In rundem Vierpaß mit eingesetzten Spitzen, auf dessen Bögen +DER ROCK - ABER WAR UNGENAHET - VON OBEN AN GEWIRKET - DURCH UND - DURCH; vor mit fünfstrahligen Sternen besätem Grund die hl. Helena (wie Kat. C 35); umrandungslos.
Rs. ZUR ERINNERUNG AN DEN H.L. ROCK ZU TRIER / AUSGESTELLT 1891 zwischen Fadenkreisen. Vor mit Sternen besätem Grund der Dom und Teil der Liebfrauenkirche von Nordwesten; umrandungslos.

BM, EV 82,43
Lit.: Hagen 61.

C 38,1
Anhänger (Taf. 7)

Aes, versilbert; oval, 25,5 (Höhe mit Öse 30) x 22,5 mm; mit Stäbchen und Öse

Vs. DER HEILIGE ROCK UNSERES HERRN UND HEILANDES JESU CHRISTI. um die hl. Helena v. v. auf rechteckiger Standplatte; sie hält mit beiden Händen vor sich den eng gefältelten hl. Rock mit rundem Halsausschnitt an einer Schnur mit Endquasten, die an den Kugelenden der waagerecht durch die gefältelten Ärmel geschobene Stange mit Kugelenden befestigt ist; Umrandung: Perlreihe.
Rs. DER HEILIGE ROCK AUSGESTELLT IM DOME ZU TRIER 1891.+; der Dom von Südwesten (Keine Einprägung! Diese befindet sich auf Kat. C 38,2); Umrandung: Perlreihe.
Hersteller: C. Poellath, Schrobenhausen

BM, EV 82,44
Lit.: Hagen 63 (ohne Einpunzung).

C 38,2
Anhänger

Aes

Vs. DER ROCK ABER WAR OHNE NATH; VON OBEN AN DURCHAUS GEWEBT. um die hl. Helena (wie Kat. C 38,1); im Feld oben links JOH., rechts 19,23.; Umrandung: Perlreihe und Fadenoval, letzteres ist links unten durch Absplitterung des Prägestempels unterbrochen.
Rs. Wie Kat. C 38,1, aber im Feld oben eingepunzt N / 1812 (Zeitpunkt der größeren Stempelbeschädigung?).

BM, EV 82,45
Lit.: Hagen 64 (mit der fälschlicherweise für Hagen 63 vermerkten Einpunzung).

C 38,3
Anhänger (Taf. 7)

Aes

Vs. Wie Kat. C 42,2.
Rs. *Je suis l'immaculée Conception / + N. D. de Lourdes* + um Erscheinung Mariens vor Bernadette Soubirous (1858) in der Lourdesgrotte; Umrandung: Perlreihe.

BM, EV 82,46
Lit.: Hagen 65.

Hl. Rock mit davor kniender hl. Helena

C 39,1
Anhänger (Taf. 7)

Aes, vergoldet; rund, 30,5 (Höhe mit Öse 33,5) mm; mit Stäbchen und Öse

Vs. ERINNERUNG A. D. AUSSTELLUNG D. HEILIGEN ROCKES um den hl. Rock mit rundem Halsausschnitt, in ca. acht Falten schräg abfallend, auf waagerecht durch die gefältelten Ärmel geschobener Stange, mit Bandschleife

über dem Halsausschnitt; davor kniet auf gekörntem Grund nach links die hl. Helena; sie legt die Rechte vor die Brust und hält in der Linken ein großes, schräg gegen die Schulter gelehntes Kreuz; links vor ihr steht ein hydraförmiges Weihrauchgefäß; im Abschnitt 1891; Umrandung: Perlkreis.
Rs. WAPPEN DES BISTUMS TRIER; unter Bischofshut mit Schnüren und zwölf Quasten das Wappen von Bischof Michael Felix Korum (1881-1921 - es ist also nicht das Bistumswappen!); Umrandung Perlkreis.

BM, EV 82,47
Lit.: Hagen 66.

C 39,2
Anhänger

Messing, versilbert

Trier, H.-J. Kann

C 40
Anhänger (Taf. 7)

Zink (vernickelt); rund, 24 (Höhe mit Öse 27) mm; mit Stäbchen und Öse

Vs. wie Kat. C 39,1, aber ohne Umschrift, der Grund ist gequadert, der Abschnitt leer.
Rs. Auf den Strahlen eines sechszackigen, umstrahlten Sternes die siebenzeilige Schrift ERINNERUNG / AN DIE / AUSSTELLUNG / DES / HEILIGEN / ROCKES / Trennungszeichen / TRIER 1891 (bogig); Umrandung: Perlkreis.

BM, EV 82,48
Lit.: Variante zu Hagen 67 (Es handelt sich um das bei Hagen 67 zweitangeführte Stück aus der ehemaligen Sammlung Dr. B. Peus.)

Hl. Rock vor Baldachin

C 41
Anhänger (Taf. 7)

Messing; rund, 27 mm; mit Stäbchen, Öse abgebrochen

Vs. Unter einem mit Kreuzglobus bekrönten Baldachin, dessen Vorhänge seitlich gerafft und hinten mit einer Bandschleife besetzt sind, der hl. Rock mit rundem Halsausschnitt, auf waagerecht durch die gefältelten Ärmel geschobener Stange mit Kugelenden; über dem Halsausschnitt Jesusmonogramm; Umrandung: Perlkreis.
Rs. ZUR ERINNERUNG AN DIE AUS-[STELLUNG DES HL. ROCKES ZU] TRIER / ★ 1891 ★ um Ansicht des Doms von Westen; Umrandung: Perlkreis.

Trier, H.-J. Kann (Bodenfund, teilweise korrodiert)
Lit.: Hagen 56.

C 42
Medaille (Taf. 7)

Silber; rund, 18,5 mm; mit Stäbchen

Vs. DER HEILIGE ROCK IM DOM ZU TRIER um bekrönten und bänderumgebenen Baldachin; darin, vor einem Strahlenkranz, der hl. Rock mit rundem Halsausschnitt, in fünf Falten schräg abfallend, auf waagerecht durch die leicht gefältelten Ärmel geschobener Stange mit Kugelenden; unten + 1891 +; Umrandung: Perlkreis.
Rs. Zwischen zwei Perlkreisen ERG. A. D. AUSSTELLUNG. D. HL. ROCKES ZU TRIER ★ um den Dom von Westen.

BM, EV 86,5

C 43
Anhänger (Taf. 8)

Messing mit Farbresten; quadratisch, über Eck gestellt, 26 x 26 mm, mit Öse

Vs. In runder Perlumrandung DER HEILIGE ROCK IM DOM ZU TRIER ✶ und vor seitlich gerafftem Baldachin der hl. Rock; in den Ecken je eine Rankenpalmette mit seitlichen Blütenblättern; Umrandung: Zahnreihe.
Rs. In doppeltem, rundem Perlkreis ERINNERUNG A. D. AUSSTELLUNG D. HL. ROCKES IM DOM ZU TRIER .1891.; darin der Dom von Westen; in den Ecken geflügelte Engelsköpfe über Kreuz mit Kugelenden und seitlichen Ranken; Umrandung: Zahnreihe.
Vgl. Kat. C 16, 17.

SM, Inv. Nr. X 1156

1.5 Ausstellung 1933

Offizielles Pilgerabzeichen

C 44,1
Offizielles Pilgerabzeichen (Taf. 9)

Messing; kreuzförmig, 45,5 x 45,5 mm (als Brosche gearbeitet), einseitige Hohlprägung

Gleicharmiges Kreuz mit schmalen, breiter werdenden, dreikantigen Balken und kugelzonenförmigem Mittelstück, in dessen konkavem Feld der glatte hl. Rock mit rundem Halsausschnitt; auf dem schrägen Rand außen TRIER - 1933, innen KISSING - MENDEN.
Entwurf: Hans Adamy (1890 - 1976) aus Pfalzel bei Trier
Hersteller: H. Kissing, Menden/Westf.

BM, EV 83,11; Trier, H.-J. Kann (Die Plättchen, welche die Bronzenadeln auf der Innenseite halten, tragen unterschiedliche gerundete Inschriften: GES. GESCH.; GES. GESCH. - GES. GESCH.; auch ohne Inschrift)
Lit.: Hagen 75.

C 44,2
Offizielles Pilgerabzeichen

Messing, verchromt (?)

Innen ohne Herstellerangabe, keine Inschrift auf dem nadelhaltenden Plättchen.

Trier, H.-J. Kann

C 44,3
Offizielles Pilgerabzeichen

Silber (?), massiv

Rs. Glatt, Stempel 800.

Trier, H.-J. Kann

Hl. Rock auf horizontalem Stab hängend

C 45
Anhänger (Taf. 9)

Messing, versilbert; rund, 19,5 mm; Stäbchen, Öse abgebrochen

Vs. Auf glattem Schriftband - HEILIGER ROCK / IM DOM ZU TRIER 1933 (Buchstaben eingetieft und geschwärzt); im vertieften Feld der hl. Rock mit rundem Halsausschnitt, in acht Falten schräg abfallend, auf waagerecht durch die Ärmel geschobener Stange; umrandungslos.
Rs. ERINERUNG (!) AN DIE PILGERF - HL. ROCK TRIER. um den Dom von Westen; im Abschnitt 1933; umrandungslos.

Trier, H.-J. Kann

C 46,1
Anhänger (Taf. 9)

Neusilber; rockförmig, 13,8 (Höhe mit Öse 17) x 15 mm; mit Öse

C 44, 1

C 45

C 46, 1

C 47

C 48, 1

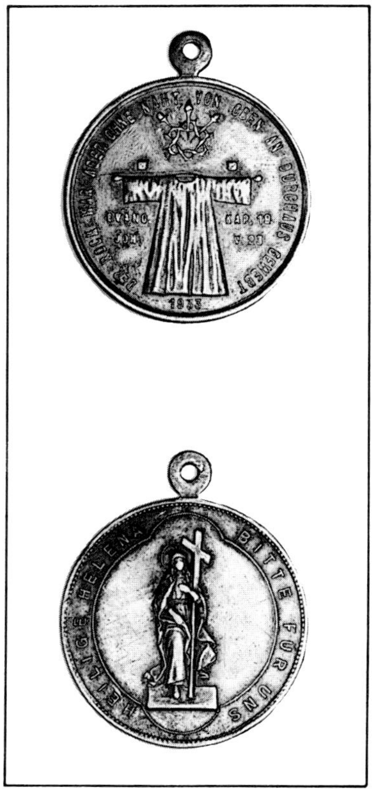

C 48, 3

C 50, 1

C 50, 5

C 52

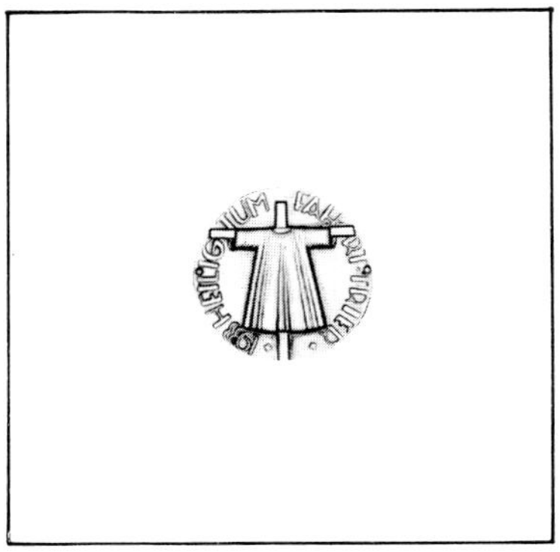
C 53, 1

C 54, 1

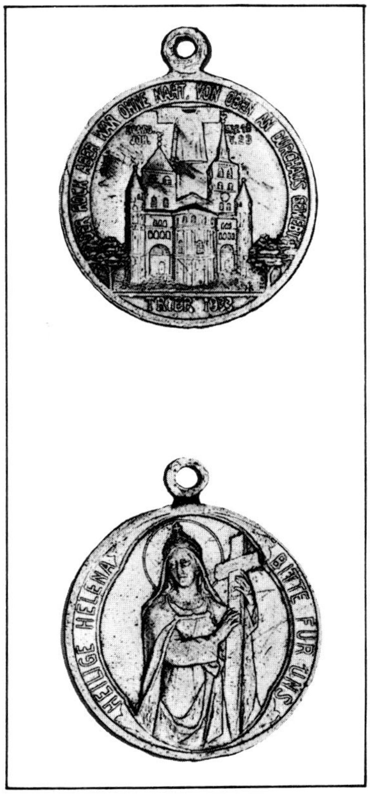

C 55, 1

C 56, 2

C 57

C 59

C 61

C 62, 1

C 63

O CRVX SPES
AVE VNICA
DER ROCK WAR ABER OHNE NAHT, VON OBEN AN DVRCHAVS GEWEBT
HEILIGE HELENA
BITTE FÜR UNS
HEILIGTUMSFAHRT
TRIER - 1933

C 64

Vs. Der hl. Rock in fünf Bahnen schräg abfallend, mit rundem Halsausschnitt auf waagerecht durch die Ärmel geschobener Stange; die Öse ist an der Stange im Halsausschnitt angeprägt.
Vs. Glatt, unten erhaben TRIER / 1933.
Hersteller: H. Kissing, Menden/Westf.

BM, EV 82,53
Lit.: Hagen 91.

C 46,2
Anhänger

Aluminium; 9,5 (Höhe mit Öse 11,5) x 10 mm

Trier, H.-J. Kann

C 47
Anhänger (Taf. 9)

Neusilber; rockförmig, 18,5 (Höhe mit Öse 22) x 23 mm; mit Öse

Vs. Der hl. Rock mit gesäumtem rundem Halsausschnitt, in zehn Falten schräg abfallend, auf waagerecht durch die gefältelten Ärmel geschobener Stange.
Rs. HL. ROCK / TRIER / 1933 auf glatter Oberfläche.

Trier, H.-J. Kann

Hl. Rock mit Dornenkrone, Nägeln und Würfeln

C 48,1
Anhänger (Taf. 9)

Aes, versilbert; rund, 22,5 (Höhe mit Öse 27,5) mm; mit Stäbchen und Öse

Vs. DER ROCK WAR ABER OHNE NAHT, VON OBEN AN DURCHAUS GEWEBT um den hl. Rock mit rundem Halsausschnitt und enger Fältelung auf waagerecht durch die Ärmel geschobener Stange mit Knaufenden; darüber Dornenkrone, drei Nägel und zwei Würfel, darunter 1933; im Feld links EVANG. / JOH., rechts KAP. 19 / V. 23; umrandungslos.
Rs. ANDENKEN AN - TRIER um den Dom von Westen; im Abschnitt 1933 (bogig); umrandungslos.

BM, EV 83,10
Lit.: Hagen 78.

C 48,2
Anhänger

Aluminium; rund, 22 (Höhe mit Öse 26,5) mm

Vs. Wie Kat. C 48,1.
Rs. HEILIGE HELENA - BITTE FÜR UNS um die hl. Helena, die nach halbrechts auf Standplatte steht, mit der Linken das rechts neben ihr stehende Kreuz haltend; Umrandung: Rankenkreis.

Trier, H.-J. Kann (Bodenfund)

C 48,3
Anhänger (Taf. 9)

Messing; rund, 31,5 (Höhe mit Öse 38) mm

Vs. wie Kat. C 48,1.
Rs. wie Kat. C 48,2, aber Umrandung: Perlkreis.

Trier, A. Hennen

C 49
Anhänger

Aes; oval, 21 (Höhe mit Öse 25) x 17,5 mm; mit Stäbchen und Öse

Vs. In ovalem Vielpaß mit eingesetzten Spitzen, auf dessen Bögen + DER ROCK - WAR ABER OHNE - NAHT, VON OBEN - AN DURCHAUS - GEWEBT, der hl. Rock mit rundem Halsausschnitt, in zahlreichen Falten

schräg abfallend, auf waagerecht durch die Ärmel geschobener Stange; darunter Dornenkrone, drei Nägel, zwei Würfel, darüber 1933; umrandungslos.
Rs. ANDENKEN AN - TRIER um den Dom von Westen; umrandungslos.
Ikonographie ähnlich wie Kat. C 48,1.

Trier, A. Hennen

C 50,1
Anhänger (Taf. 10)

Aluminium; oval, 23,5 (Höhe mit Öse 27) mm x 20,5 mm; mit Stäbchen und Öse

Vs. In ovalem Vierpaß mit eingesetzten Spitzen, auf dessen Bögen + DER ROCK - WAR ABER OHNE - NAHT, VON OBEN - AN DURCHAUS - GEWEBT, der hl. Rock mit rundem Halsausschnitt, auf waagerecht durch die gefältelten Ärmel geschobener Stange mit verdickten Enden; darüber Dornenkrone, drei Nägel und zwei Würfel, darunter 1933, im Feld links EVANG. / JOH., rechts KAP. 19 / V. 23; Umrandung: Perlkreis.
Rs. In ovalem Vierpaß mit eingesetzten Spitzen, auf dessen Bögen HEILIGE - HELENA - BITTE F. U. - .Stern., auf Sockelplatte stehende hl. Helena; sie umfaßt mit beiden Händen das rechts neben ihr stehende Kreuz; Umrandung: Perlkreis.
Vgl. Kat. C 28,1, C 28,2 und C 29 (Ausstellung 1891)
Hersteller: H. Kissing, Menden/Westf.(?)

Trier, H.-J. Kann

C 50,2
Anhänger

28 (Höhe mit Öse 33) x 24 mm

Vs. Wie Kat. C 50,1.
Rs. Wie Kat. C 28,1.
Hersteller: H. Kissing, Menden/Westf.

Trier, H.-J. Kann (Bodenfund)
Lit.: Kann 1987, Nr. 3.

C 50,3
Anhänger

Aluminium; rund, 22,5 mm

Vs. Wie Kat. C 50,1.
Rs. Wie Kat. C 50,2; Firmennamen KISSING auf die ganze Standplatte verteilt.

Trier, H.-J. Kann

C 50,4
Anhänger

Aluminium; rund, 22,5 mm

Vs. Wie Kat. C 50,1.
Rs. Wie Kat. C 50,2 bzw. C 28,1.

Trier, H.-J. Kann

C 50,5
Anhänger (Taf. 10)

Aluminium; rund, 32 mm

Vs. Wie Kat. C 50,1, aber mit Fadenkreis.
Rs. Wie Kat. C 50,2 bzw. C 28,1, aber mit Fadenkreis.

Trier, H.-J. Kann

C 51
Rosenkranz - Zwischenstück

Aluminium; rund, 10,5 (Höhe mit Öse 14) mm; mit Stäbchen und drei Ösen

Vs. TRIER - .1933. (gegen den Uhrzeigersinn) um den hl. Rock, in zahlreichen Falten schräg abfallend, mit rundem Halsausschnitt auf waagerecht durch die gefältelten Ärmel geschobenen Stange; darüber Dornenkrone mit drei

Nägeln zwischen zwei Würfeln; umrandungslos.
Rs. DER ROCK / WAR ABER OHNE / NAHT, VON OBEN / AN DURCHAUS / GEWEBT. / -.-/ EVANG. JOH. / KAP. 19 V. 23 umrandungslos.

Trier, H.-J. Kann

Hl. Rock mit Kreuzbalken

C 52
Anhänger (Taf. 10)

Messing; oval, 32 (Höhe mit Öse 37) x 22 mm; mit Stäbchen und Öse

Vs. WALLFAHRT ZUM HEILIGEN ROCK /. TRIER 1933. um den hl. Rock mit rundem Halsausschnitt auf dem Stamm eines lateinischen Rundkreuzes; umrandungslos.
Rs. Siebenzeilige Schrift BEI / DEINEM / UNGETEILTEN / HL. KLEID GIB / FRIEDEN HERR / UND EINIG- / KEIT; umrandungslos.
Vgl. Kat. C 99 (Ausstellung 1959)

Trier, H.-J. Kann
Lit.: Hagen 82.

C 53,1
Plakette, brakteatenartig (Taf. 10)

Aes, verzinnt; rund, 40 mm; rechts und links gelocht
+ 1933 HEILIG - TUM - FAH - RT. TRIER + um den hl. Rock mit rundem Halsausschnitt, in drei Faltenpartien schräg abfallend, auf lateinischem Kreuz; umrandungslos. Das Stück ist auf ein hölzernes Quadrat (69 mm), über Eck gestellt, montiert.
Hersteller: J. Vorfeld, Kevelaer
Vgl. Kat. C 102,1 (Ausstellung 1959). Es existiert auch eine Parallele in Keramik, 121 mm, gelocht.

Trier, H.-J. Kann

C 53,2
Anhänger

Neusilber; rund, 16 (Höhe mit Öse 19,5) mm; mit Öse

Vs. Wie Kat. C 53,1
Rs. Der Dom von Westen zwischen Bäumen; im Abschnitt DER.DOM - ZU.TRIER (bogig) und Petruswappen der Stadt Trier; umrandungslos.

BM, EV 82,50
Lit.: Hagen 83.

C 54,1
Plakette (Taf. 10)

Bronze; rund, 119 (mit Öse 128) mm; mit Öse

Vs. ZUM ANDENKEN AN DIE WALLFAHRT ZUM HL. ROCK NACH TRIER um den hl. Rock mit gerundetem Halsausschnitt, in acht Falten schräg abfallend, auf einem umstrahlten Kreuz; auf dem hl. Rock brennendes Herz mit waagerecht umlaufender Dornenkrone; unten 23.7. - 10.9.1933; umrandungslos.
Rs. Konkav, links *Entwurf:* / Professor / A. v. d. Velde / Trier; rechts *Ausführung:*/ Gebr. Plein / Speicher / (Eifel); umrandungslos.
Entwurf: A. v. d. Velde / Trier
Hersteller: Gebr. Plein, Speicher/ Eifel

Trier, H.-J. Kann

C 54,2
Anhänger

Silber (830/1000); rund, 15 (Höhe mit Öse 19,5) mm; mit Stäbchen und Öse

Vs. Wie Kat. C 54,1.
Rs. Glatt; Feingehaltsstempel 830.

Trier, A. Hennen

Hl. Rock über der Westfassade des Trierer Domes

C 55,1
Anhänger (Taf. 10)

Aluminium; rund, 25,5 (Höhe mit Öse 30) mm; mit Stäbchen und Öse

Vs. DER ROCK ABER WAR OHNE NAHT, VON OBEN AN DURCHAUS GEWEBT. auf glattem Schriftband. Der Dom von Westen zwischen Bäumen; darüber der hl. Rock mit rundem Halsausschnitt und fünf Falten auf waagerecht durch die Ärmel geschobener Stange; daneben links EVANG./ JOH., rechts KAP. 19 / V. 23; im Abschnitt TRIER 1933; rechts über der Abschnittleiste HK / DEP.; umrandungslos.
Rs. In ovalem Vierpaß, auf dessen Längsbogen zwischen Blattornamenten HEILIGE HELENA - BITTE FÜR UNS und Hüftbild der hl. Helena v. v.; sie umfaßt mit beiden Händen das rechts neben ihr stehende Kreuz; umrandungslos.
Vgl. Kat. C 104,1
Hersteller: H. Kissing, Menden/Westf.

Trier, H.-J. Kann
Lit.: Hagen 84.

C 55,2
Anhänger

22 (Höhe mit Öse 26) mm

Vs. Inschrift wie Kat. C 55,1, aber ohne DEP. bei Firmenstempel.

BM, EV 82,51
Lit.: Hagen 85.

C 55,3
Anhänger

19 (Höhe mit Öse 22,5) mm

Trier, A. Hennen

C 55,4
Anhänger

Neusilber; 16 (Höhr mit Öse 19) mm

Vs. Wie Kat. C 55,1, aber EVANG / JOH. und KAP./ V 23; im Abschnitt TRIER 1933; rechts über der Abschnittleiste DÉPOSÉ HK .
Rs. Wie Kat. C 55,1; unten rechts HK ohne ovalen Vierpaß.
Hersteller: H. Kissing, Menden/Westf.

Trier, H.-J. Kann
Lit.: Hagen 88.

C 56,1
Plakette, brakteatenartig

Messing, verzinnt; rund, 38,5 mm; rechts und links gelocht

Vs. Wie Kat. C 55,1; statt DEP. über der Abschnittleiste DÉPOSÉ. Das Stück ist auf einen kleinen Weihwasserspender montiert.
Hersteller: H. Kissing, Menden/Westf.

Trier, H.-J. Kann

C 56,2
Plakette, brakteatenartig (Taf. 11)

Neusilber; 70 mm

Vs. Wie Kat. C 56,1; in einem Metallrahmen mit doppeltem Kreiswulst die Medaille, mit einem Durchmesser von 60 mm.
Rs. Glatte Rückwand des Rahmens; angelöteter Befestigungsmechanismus ist abgebrochen.

Trier, H.-J. Kann

C 57
Plakette (Taf. 11)

Messing; rund, 64 mm (in Bakeliteständer 109 x 85 mm)

Der Dom von Westen innerhalb von Bäumen, darüber, umstrahlt, der hl. Rock mit rundem Halsausschnitt und gefältelten Ärmeln, in sieben Falten schräg abfallend, im Abschnitt DER.DOM - ZU.TRIER und Petrus-Wappen der Stadt. Die runde Bakelitefassung zeigt zwischen Fadenlinie und Wulst ein Zickzackmuster, dessen Dreiecke abwechselnd mit Lilien und Nabelkreisen gefüllt sind. Ein floral gestalteter Aufbau verbindet die kreisförmige Fassung mit einem flachen Sockel. Ständer auf der Rückseite abgebrochen; über dem Ständerrest die Zahl 736.
Vgl. Kat. C 105
Hersteller: J. Vorfeld, Kevelaer

Trier, H.-J. Kann

C 58
Plakette, brakteatenartig

Weißmetall, verzinkt; rund, 32 mm

DER HEILIGE ROCK TRIER 1933 um den hl. Rock mit rundem Halsausschnitt, in sieben Falten schräg abfallend, die Ärmel gefältelt und waagerecht; darunter der Dom von Westen; umrandungslos.
Die Medaille ist auf einem rechteckigen Metalletui (59 x 52 mm) angebracht (Aufbewahrung einer z. B. stofflichen Berührungsreliquie?).

Trier, H.-J. Kann

Hl. Rock über der Westfassade des Trierer Domes von Christus gehalten

C 59
Anhänger (Taf. 11)

Aluminium; rund, 32 (Höhe mit Öse 38) mm; mit Stäbchen und Öse

Vs. DER HEILIGE ROCK IM - DOM ZU TRIER 1933 um Christus mit Nimbus und Strahlennimbus am Kreuz, davor der hl. Rock mit rundem Halsausschnitt, faltenreich herabfallend und mit waagerecht ausgestreckten, gefältelten Ärmeln; darunter der Trierer Dom von Westen (mit Domstein); Umrandung: Fadenlinie.
Rs. wie Kat. C 48,3; aber Umrandung: Fadenlinie.
Hersteller: H. Kissing, Menden/Westf.?

Trier, H.-J. Kann

C 60
Schuberplakette

Aes; rund, 22 mm; brakteatenartig, auf Lederimitation geklebt

Wie Kat. C 59; DER HEILIGE ROCK - IM DOM ZU TRIER um den Dom, im Abschnitt 1933; umrandungslos.

Trier, H.-J. Kann

Hl. Rock gehalten von der hl. Helena

C 61
Anhänger (Taf. 11)

Neusilber; rechteckig mit flach ausgebogenen Seiten, 18 (Höhe mit Öse 20) x 17,5 mm

Vs. Brustbild der hl. Helena v. v.; sie hält mit beiden Händen vor sich den hl. Rock mit rundem Halsausschnitt, in fünf Falten schräg abfallend, an einer Schnur mit Endquasten, die an den Kugelenden der waagerecht durch die Ärmel geschobenen Stange befestigt ist; im Feld oben links St. / Helena, rechts Ora / pro nobis, unten links Heilg. / Rock, rechts Trier / 1933, rechts unten (das Meisterzeichen?) CD.
Rs. Der Dom von Westen, darunter DOM zu TRIER (bogig). Umrandung auf Vs. und Rs.: Perlreihe; in den flachen Bögen der Längsseite Perlreihe, in der Mitte durch eine Muschel unterbrochen.

Trier, H.-J. Kann
Lit.: Hagen 90.

Hl. Rock gehalten von stehendem Engel

C 62,1
Medaille (Taf. 11)

Silber (800/1000); rund, 30 mm

Vs. IMAGO TUNICAE INCONSULTILIS CHRISTI ★ zwischen Fadenkreisen. Auf einem Fels steht ein Engel nach halblinks, den Kopf nach rechts wendend, und hält mit beiden Händen den hl. Rock mit rundem Halsausschnitt und vier Falten an den Ärmeln ausgebreitet vor sich.
Rs. DOM KIRCHE IN TRIER/ ★ 1933 ★ zwischen Fadenkreisen, darin der Dom von Westen (noch in der Erscheinungsform von vor 1900: erhöhter südwestlicher Treppenturm, Uhr einen Stock höher); im Abschnitt 800.

BM, EV 91,40
Lit.: Ikonographie von Vs. und Rs. jeweils wie Hagen 68 für 1891.

C 62,2
Medaille

Mit angelöteter Öse, Höhe mit Öse 34 mm

Trier, H.-J. Kann

C 62,3
Anhänger

21,5 (Höhe mit Öse 26) mm; mit Stäbchen und Öse

Trier, H.-J. Kann

Hl. Rock gehalten von zwei seitlichen Engeln

C 63
Anhänger (Taf. 11)

Messing (Sandguß); oval, 38 (Höhe mit Öse 41,5) x 28,5 mm; mit Stäbchen und Öse

Vs. Unter einem Stern der von zwei Engeln getragene hl. Rock, in drei Bahnen abfallend, mit rundem Halsausschnitt und waagerechten Ärmeln, darunter 1933 (gerade) und TRIERER HEILIGTUMSFAHRT (bogig); umrandungslos.
Rs. Glättespuren.

BM, EV 92,34 a

Hl. Rock mit dem Gekreuzigten

C 64
Anhänger (Taf. 12)

Aluminium; rechteckig, oben mit Spitze, 26 (Höhe mit Öse 28,5) x 13,5 mm; mit Stäbchen und Öse

Vs. Durch Stabbalken geteiltes Feld: oben rautenförmig umstrahltes Kruzifix zwischen drei Würfeln auf flachem Hügel; daneben links und rechts A und Ω über Ölzweigen und O CRUX / AVE - SPES / VNICA; unten der hl. Rock mit rundem Halsausschnitt auf waagerecht durch die Ärmel geschobener langer Stange mit Knaufenden und die Aufschrift DER / ROCK / ABER - WAR / OHNE / NAHT, / VON OBEN AN / DVRCHAVS GEWEBT. / EVANG. JOH. KAP. 19 V. 23, unten links HK DEP.; umrandungslos.
Rs. HEILIGE HELENA - BITTE FÜR UNS um Hüftbild der hl. Helena in Flachbogennische; die Heilige umfaßt mit beiden Händen das rechts neben ihr stehende Kreuz, im Abschnitt HEILIGTUMSFAHRT / TRIER - 1933; umrandungslos.
Hersteller: H. Kissing, Menden/Westf.

BM, EV 82,52
Lit.: Hagen 89.

C 65,2

C 66, 1

C 67

C 68

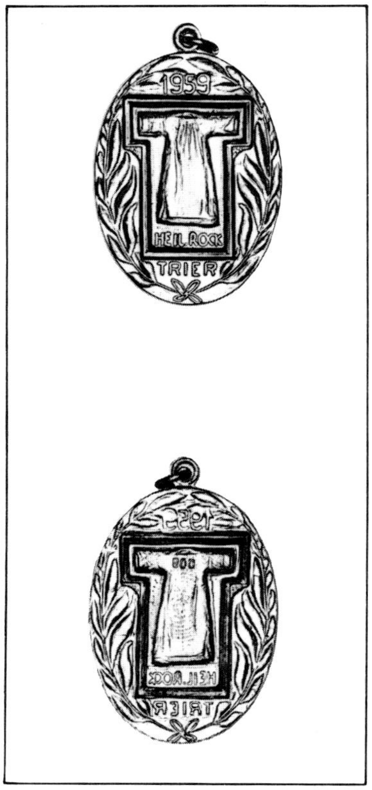

C 69

C 70, 1

C 71

C 72

C 73

C 74

C 75, 1

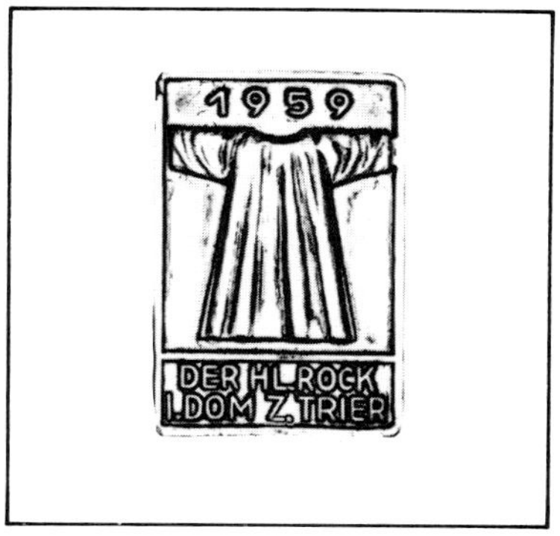

C 76

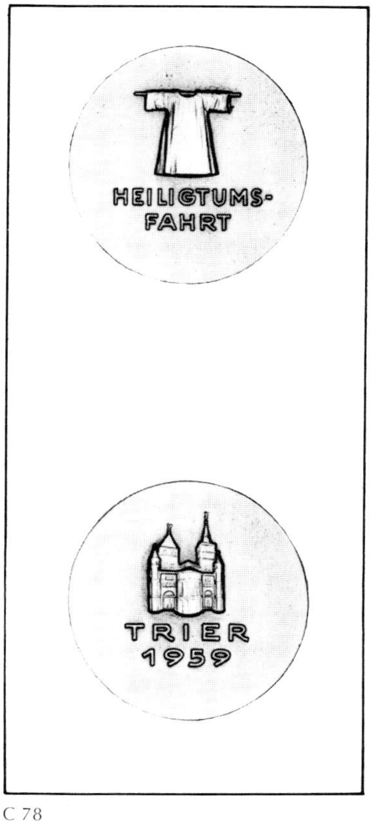

C 78

C 79, 1

C 81, 2

C 82

C 83

C 84, 1

C 86

C 88, 1

C 90

C 92

C 95, 2

C 96, 2

C 97, 1

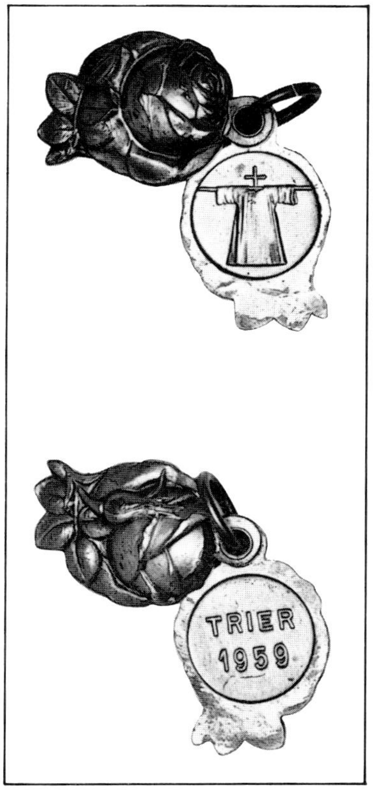

C 100

C 101

C 102, 1

C 103, 1

C 104, 1

C 105

C 106

C 107

C 108, 1

C 109

C 111

C 112

C 113, 1

1.6. Ausstellung 1959

Offizielles Pilgerabzeichen

C 65,1
Offizielles Pilgerabzeichen

Messing; figürlich, Hohlprägung, 27 x 36 mm; mit Anstecknadel

Der hl. Rock, mit rundem Halsausschnitt, in fünf Falten leicht schräg abfallend, mit glatten waagerechten Ärmeln, lehnt gegen ein schräggestelltes, glattes Kreuz (Kreuzwegmotiv, bei Hagen 93 mißverstanden) mit 1959 auf dem Längsbalken. Die Anstecknadel kann auf den Längsbalken, aber auch diagonal auf den Rock gelötet sein.
Entwurf: Michael Trierweiler/ Trier
Hersteller: H. Kissing, Menden/Westf. oder Ferdinand Hofstädter KG, Bonn-Beuel

BM, EV 83,23
Lit.: Hagen 93.

C 65,2
Offizielles Pilgerabzeichen (Taf. 13)

Silber (800/1000); figürlich, massiv, 27 x 35 mm; ohne Anstecknadel

Vs. Wie Kat. C 65,1.
Rs. Glatt, mit Feilspuren; Stempel 800.
Es muß das Stück auch mit Anstecknadel gegeben haben, daneben auch in Gold mit Anstecknadel.

BM, EV 87,35 di

Hl. Rock mit horizontal ausgebreiteten Ärmeln

C 66,1
Medaille (Taf. 13)

Gold (986/1000); rund, 25 mm, 14 g; mit Stäbchen

Vs. + SALVE + TUNICA + SALVATORIS + / MCMLIX um den hl. Rock ohne Halsausschnitt mit waagerechten Ärmeln; umrandungslos.
Rs. DOMUS B. HELENAE FACTA CATHEDRALIS TREVERENSIS + um den Dom von Westen; unten links H. KÖTT; umrandungslos.
Auf der Kante 986 Geweih F Geweih (F = Staatl. Münze Stuttgart)
Entwurf: Hans Köttenstörfer/ Wien
Hersteller: Staatliche Münze Stuttgart

BM, EV 90,69
Lit.: Hagen 94.

C 66,2
Medaille

Feinsilber (1000/1000); rund, 40 mm, 25 g; mit Stäbchen

Vs. und Rs. wie Kat. C 66,1. Auf der Kante Mondsichel (= Silber) 1000 Geweih F Geweih.

BM, EV 82,54
Lit.: Hagen 95.

C 67
Anhänger (Taf. 13)

Messing; oval, 26 (Höhe mit Öse 29) x 29 mm; mit Stäbchen und Öse

Vs. Der hl. Rock, in acht Falten leicht gerundet abfallend, mit rundem Halsausschnitt und waagerechten gefältelten Ärmeln; oben TRIER (bogig), unten HEILIGER ROCK (bogig); umrandungslos.

Rs. Der Dom von Westen zwischen Bäumen, oben HEILIGTUMSFAHRT (bogig), unten 1959 (gerade); umrandungslos.

Trier, H.-J. Kann

C 68
Anhänger (Taf. 13)

Silber (830/1000); herzförmig, 15,5 (Höhe mit Öse 18) x 14,5 mm; mit Öse

Vs. Auf glattem, herzförmigem Band oben - HEILIGER ROCK - und unten IM DOM ZU - TRIER 1959 um den hl. Rock, in fünf Falten schräg abfallend, mit rundem Halsausschnitt auf waagerecht durch die gefältelten Ärmel geschobener Stange; auf aufgerauhtem Grund; umrandungslos.
Rs. Glatt, Stempel 830.

Trier, H.-J. Kann

C 69
Anhänger, brakteatenartig (Taf. 13)

Silber (800/1000); oval, 27 (Höhe mit Öse 30) x 19,5 mm; mit Öse

Eingerahmt von zwei mit einem vierschleifigen Band zusammengehaltenen Lorbeerzweigen der Schaukasten von 1810, darin der hl. Rock, in fünf Falten schräg abfallend, mit angedeutetem Halsausschnitt und waagerecht ausgebreiteten Armen, links unten ein Schlitz im Material; unter der Reliquie HEIL. ROCK, über dem Schaukasten 1959, unter ihm TRIER. Die Stempelung 800 ist auf der hohlen Rückseite eingeprägt.

Trier, H.-J. Kann

C 70,1
Anhänger (Taf. 13)

Plastik (blau); rund, 17 mm; gelocht und mit ovaler Messingöse

Vs. In die blaue Plastikscheibe ist der hl. Rock, in acht geraden Falten schräg abfallend, mit rundem Halsausschnitt und waagerechten Ärmeln mit geraden Falten in Längsrichtung eingeschnitten und goldfarben ausgelegt; umrandungslos.
Rs. TRIER - 1959 (gegen den Uhrzeigersinn) um Stadtwappen von Trier mit dem hl. Petrus, goldfarben ausgelegt; umrandungslos.

Trier, H.-J. Kann

C 70,2
Anhänger

Plastik (grün)

Trier, H.-J. Kann

C 71
Anhänger (Taf. 14)

Silber (835/1000) mit Emaileinlage; rund, 17 (Höhe mit Öse 19,5) mm; mit Öse

Vs. In einem dünnen Fadenrahmen aus Silber zeigt die runde Emaileinlage auf rosa Hintergrund den braunen hl. Rock, in sechs Falten schräg abfallend (schwarze Binnenzeichnung), mit rundem Halsausschnitt und waagerecht ausgebreiteten Ärmeln; oben HL. ROCK TRIER (bogig) / 1959 (gerade); umrandungslos.
Rs. Glatt, Stempel 835 und Firmenzeichen (LF im Wappenrahmen); umrandungslos.

Trier, H.-J. Kann

C 72
Anhänger (Taf. 14)

Silber (800/1000) mit Emaileinlage; rund, 12 (Höhe mit Öse 14,5) mm; mit Öse

Vs. In der runden Fassung zeigt die Emaileinlage den braunroten hl. Rock, in zahlreichen Falten schräg abfallend, mit rundem Halsausschnitt und waagerechten, gefältelten

Ärmeln; oben steht 1959, unten bogig HL. ROCK - TRIER; umrandungslos.
Rs. Glatt, 800/REU; umrandungslos.

Trier, A. Hennen

C 73
Anhänger (Taf. 14)

Silber (835/1000); rockförmig, 15 (Höhe mit Öse 17,5) x 18,5 mm; mit Öse und 450 mm langem Silberkettchen (835/1000)

Vs. Der hl. Rock mit rundem, eng gefälteltem Halsausschnitt und waagerechten gefältelten Ärmeln, in fünf Falten schräg abfallend.
Rs. Falten grob eingekerbt, Stempel 835, Firmenzeichen (LF im Wappenrahmen) und HL. ROCK / TRIER (eingetieft).

Trier, H.-J. Kann

C 74
Anhänger (Taf. 14)

Aes; oval, 61 x 51 mm; gelocht

Vs. Der hl. Rock ohne sichtbaren Halsausschnitt, in drei Falten schräg abfallend, mit waagerecht ausgebreiteten glatten Ärmeln, 19 - 59, unten TRIER; Umrandung: unregelmäßiger Lochkreis.
Rs. Glatt (Preisetikett 5,40).

Trier, A. Hennen

C 75,1
Plakette (Taf. 14)

Blei, vermessingt; rechteckig, hochkant, 25,5 x 18,5 mm; zum Annageln gelocht
Vs. Zwischen TRIER (oben) und 1959 (unten) der hl. Rock, in fünf Falten schräg abfallend, mit rundem Halsausschnitt; umrandungslos.
Rs. Uneben.

Trier, H.-J. Kann

C 75,2
Palkette

19 x 15 mm, drei Falten, sonst wie Kat. C 75,1.

Trier, H.-J. Kann

C 76
Schuberplakette, brakteatenartig (Taf. 14)

Neusilber; rechteckig, 25 x 16,5 mm; auf rechteckigem, oben gerundeten Plättchen aus genarbtem Kunstleder

Der hl. Rock mit rundem Halsausschnitt, in fünf Falten schräg abfallend, mit waagerechten, gefältelten Ärmeln; darüber 1959, im Abschnitt DER HL. ROCK / I. DOM Z. TRIER; Umrandung: Hohlstab. Auf der Rückseite Schuberplättchen mit Domansicht, Hagen 110. Hersteller: J. Vorfeld, Kevelaer

Trier, H.-J. Kann

C 77
Rosenkranz - Zwischenstück

Aluminium; sechseckig, hochkant, 11 (Höhe mit Ösen 14,5) x 9,5 (Breite mit Ösen 12,5) mm; mit drei Ösen

Vs. Der umstrahlte hl. Rock, in vier Falten schräg abfallend, mit rundem Halsausschnitt und gefältelten, waagerechten Ärmeln; sechseckiger Fadenrand.
Rs. TRIER / 1959 / + im sechseckigen Fadenrand.

Trier, H.-J. Kann

Hl. Rock auf horizontalem Stab hängend

C 78
Medaille (Taf. 14)

Neusilber; rund, 29,5 mm

Vs. Der hl. Rock mit rundem Halsausschnitt, Ärmel gefältelt; darunter HEILIGTUMS - / FAHRT; umrandungslos.
Rs. Der Dom von Westen; darunter TRIER / 1959; umrandungslos.
Hersteller: H. Kissing, Menden/Westf.

BM, EV 82,55
Lit.: Hagen 97.

C 79,1
Anhänger (Taf. 14)

Neusilber; rund, 22 (Höhe mit Öse 27) mm; mit Öse

Vs. DER ROCK ABER WAR OHNE NAHT, VON OBEN AN DURCHAUS GEWEBT um den hl. Rock mit rundem Halsausschnitt, Ärmel gefältelt; im Feld rechts EVANG. / JOH. / KAP. 19 / V. 23; umrandungslos.
Rs. Links über Wolken Hüftbild der hl. Helena v. v.; sie umfaßt mit beiden Händen das rechts neben ihr stehende Kreuz; rechts unten der Dom von Westen, darüber TRIER / 1959; umrandungslos.
Hersteller: H. Kissing, Menden/Westf.

BM, EV 82,56a
Lit.: Hagen 98/99.

C 79,2
Anhänger

19 (Höhe mit Öse 23) mm

BM, EV 82,56b

C 79,3
Anhänger

Aluminium; 19 (Höhe mit Öse 23) mm

BM, EV 82,56c

C 80
Anhänger

Aluminium; rund, 15 (Höhe mit Öse 18) mm; mit Stäbchen und Öse

Vs. Auf feinnarbigem Untergrund der hl. Rock mit rundem Halsausschnitt, in neun Falten schräg abfallend, Ärmel gefältelt; umrandungslos.
Rs. Glatt, Aufschrift Hl. ROCK / TRIER / 1959 (erhaben; gleicher Rückseitenstempel wie Kat. C 88,1.

Trier, H.-J. Kann

C 81,1
Anhänger

Neusilber u. Aluminium; rund, 14,5 (Höhe mit Öse 17,5) mm; mit Öse

Vs. Der hl. Rock mit rundem Halsausschnitt, in fünf Falten schräg abfallend, Ärmel gefältelt; Umrandung: Balkenkreis.
Rs. Glatt, DER HEILIGE / ROCK IM DOM / ZU TRIER / 1959; umrandungslos.

Trier, A. Hennen

C 81,2
Anhänger (Taf. 14)

Neusilber und Plastik; rund, in achtpaßförmigem Plastikrahmen, 12,5 (Höhe mit Rahmen und Öse 22) mm; mit Öse

Vs. Wie Kat. C 81,1, in einem silbrigen Achtpaß-Plastikrahmen.
Rs. Der hl. Christopherus mit dem Jesuskind;

umrandungslos. (Die Gestaltung des Achtpasses macht deutlich, daß dies als die eigentliche Vs. gedacht war.)

Trier, H.-J. Kann

C 82
Anhänger (Taf. 15)

Silber (835/1000) mit Emaileinlage; rundsechspaßförmig, 14,5 (Höhe mit Öse 17) mm; mit Stäbchen und Öse

Vs. In einer sechspaßförmigen Silberfassung mit vegetabilem Muster zeigt ein Emailplättchen den hl. Rock (rotbraun-gelb), in fünf Falten schräg abfallend, mit rundem Halsausschnitt; Hintergrund hellviolett; umrandungslos.
Rs. Glatt, Stempel 835 (vertieft), DER HEILIGE / ROCK IM DOM / ZU TRIER / 1959 (erhaben); umrandungslos.

Trier, H.-J. Kann

C 83
Anhänger (Taf. 15)

Plastik und Plexiglas; achteckig, 24 (Höhe mit Öse 27,5) x 24 mm; mit Öse

Vs. In einer goldfarbenen achteckigen Rahmung mit Blätterschmuck sitzt mittig eine runde, konkave Plexiglasscheibe mit gedruckter Hl.-Rock-Darstellung. Der hl. Rock in sechs Falten schräg abfallend, mit rundem Halsausschnitt, Ärmel gefältelt, Binnenzeichnung schwarz, Hintergrund blau und weiß.
Rs. HEILIGER ROCK / TRIER / 1959 (erhaben).

Kelsen, E. Steffny

C 84,1
Anhänger (Taf. 15)

Silber (835/1000); rockförmig, 16 (Höhe mit Öse 19) x 17 mm; mit Öse

Vs. Der hl. Rock mit rundem Halsausschnitt, in fünf Falten schräg abfallend, Ärmel leicht gefältelt; die Öse ist an der Stange im Halsausschnitt angeprägt; Stange an den Ärmelenden nicht sichtbar.
Rs. Glatt, TRIER / 1959, Stempel 835.
Hersteller: H. Kissing, Menden/Westf.

Trier, A. Hennen
Lit.: Hagen 134.

C 84,2
Anhänger

Neusilber

BM, EV 82,64i

C 84,3
Anhänger

Aluminium

BM, EV 82,64j

C 84,4
Anhänger

Silber (835/1000); 14 (Höhe mit Öse 17) x 15,5 mm; mit Öse
Sonst wie Kat. C 84,1.

BM, EV 82,64k
Lit.: Hagen 135.

C 84,5
Anhänger

Silber (835/1000), vergoldet; 14 (Höhe mit Öse 17) x 15,5 mm

Vs. Wie Kat. C 84,1.
Rs. Stempel 835, aber ohne Text.

Trier, H.-J. Kann
Lit.: Hagen 135 (unedierte Variante).

C 84,6
Anhänger

Neusilber; 9,5 (Höhe mit Öse 11,5) x 10 mm

Vs. u. Rs. Wie Kat. C 84,2.

BM, EV 82,64m
Lit.: Hagen 136.

C 84,7
Anhänger

Aluminium, sonst wie Kat. C 84,6

BM, EV 82,64n (Es ist zu vermuten, daß es die mindestens drei Größenausführungen von Hagen 134 - 136 in den Metallen Aluminium, Neusilber, Silber und vergoldetes Silber gibt.)

C 85
Anhänger

Aluminium; rockförmig, 14 (Höhe mit Öse 17) x 15,5 mm; mit Öse

Vs. Der hl. Rock mit rundem Halsausschnitt, in fünf Falten schräg abfallend, Ärmel leicht gefältelt; die Öse ist an der Stange am Halsausschnitt angeprägt; Stange an den Ärmelenden nicht sichtbar.
Rs. Glatt, TRIER / 1959.

BM, EV 82,64l
Lit.: Hagen 133.

C 86
Anhänger (Taf. 15)

Neusilber; rockförmig, 13 (Höhe mit Öse 16) x 13 mm; mit Öse

Vs. Der hl. Rock mit rundem Halsausschnitt, in drei Faltenpartien schräg abfallend; die Öse ist an die angedeutete kurze Stange im Halsausschnitt angeprägt.
Rs. Glatt, unten ★ / HEILIGER / ROCK / TRIER 1959 / ★.
Hersteller: J. Vorfeld, Kevelaer

BM, EV 82,64d
Lit.: Hagen 139 (?).

C 87
Anhänger

Aluminium, Perlmuttimitation (Perloid) und Weißmetall; birnenförmig, oben und unten ausgebogt, 20,5 (Höhe mit Öse 22,5) x 15 mm; mit Öse

Vs. Auf Metallrückplatte und Perloidunterlage aufgenietet der hl. Rock (10 x 10 mm) mit rundem Halsausschnitt, in fünf Faltenbahnen schräg abfallend; umrandungslos.
Rs. Glatt, TRIER / 1959 (eingetieft).
Hersteller: H. Kissing, Menden/Westf.

BM, EV 82,64c
Lit.: Hagen 132.

C 88,1
Anhänger (Taf. 15)

Silber (835/1000); rockförmig, 19 (Höhe mit Öse 21,5) x 22,5 mm; mit Öse und 420 mm langer Kette aus Silber (835/1000)

Vs. Der hl. Rock mit rundem Halsausschnitt, in elf Falten schräg abfallend, Ärmel gefältelt; die Öse ist an die Stange im Halsausschnitt angeprägt; Stange an den Ärmelenden sichtbar.
Rs. Glatt, Stempel 835 (vertieft) und Aufschrift HL. ROCK / TRIER / 1959 (erhaben).

Trier, H.-J. Kann
Lit.: Hagen 138 (unedierte Größenvariante).

C 88,2
Anhänger

Aluminium; 18,5 (Höhe mit Öse 21,5) x 22,5 mm; mit Öse

Vs. Wie Kat. C 88,1, aber zehn Falten.
Rs. Scharriert.

BM, EV 82,64e
Lit.: Katalog Peus, 1744.

C 88,3
Anhänger mit Anstecknadel

Plastik und Weißmetall, vermessingt; 18 (Höhe mit Öse 21) x 22 mm; Etikett „Garant. ELOXAL Schmuck 2,10"

Vs. u. Rs. wie Kat. C 88,2.

Trier, A. Hennen

C 89
Anhänger

Aluminium; rockförmig, 18,5 (Höhe mit Öse 21) x 22 mm; mit Öse

Vs. Der hl. Rock mit rundem, drittelkreisförmigem, nachgezogenem Halsausschnitt, Ärmel gefältelt, in acht Falten schräg abfallend (in den Vertiefungen Reste rötlicher Farbe); die Öse ist an der Stange im Halsausschnitt angeprägt.
Rs. Wie Kat. C 88,1.

Trier, H.-J. Kann

C 90
Anhänger (Taf. 15)

Aluminium, Perloid; rund, 23 (Höhe mit Öse 26,5) mm; mit Öse

Vs. Auf Metallrückplatte und Perloidunterlage angenietet der hl. Rock (14 x 15 mm) mit rundem Halsausschnitt, in fünf Falten schräg abfallend, Ärmel gefältelt; Umrandung: Balkenkreis.
Rs. Glatt, oben TRIER / 1959 (erhaben).

Trier, A. Hennen

C 91
Anhänger

Neusilber auf Perlmuttimitation (Perloid) auf Aluminium; oval mit bogigem Rand, 22 (Höhe mit Öse 26) x 14,5 mm; mit Öse

Vs. Der hl. Rock in Rockform mit rundem Halsausschnitt, in neun Falten schräg abfallend, Ärmel gefältelt, aufgeklebt auf Perlmuttimitation und Aluminiumplatte (beide oval und bogig gerandet).
Rs. Glatt.

BM, EV 82,64b
Lit.: Katalog Peus, 1744.

C 92
Anhänger, brakteatenartig (Taf. 15)

Neusilber und Rheinstein; herzförmig, 15 (mit Rahmen 21, Höhe mit Öse 23) x 13 (mit Rahmen 19) mm; mit 420 mm langer Kette

In einer herzförmigen Fassung mit 12 Rheinsteinen der hl. Rock, in neun Falten schräg abfallend, mit rundem Halsausschnitt (ähnlich wie Kat. C 91).

Trier, H.-J. Kann

C 93
Anhänger

Aluminium; rockförmig, 11 (Höhe mit Öse 13,5) x 10,5 mm; mit Öse

Vs. Der hl. Rock mit rundem Halsausschnitt in acht Falten schräg abfallend.
Rs. Glatt, HL. ROCK / TRIER / 1959.

BM, EV 82,64h
Lit.: Hagen 137.

C 94
Anhänger

Aluminium „vergoldet"; rockförmig, 10 (Höhe mit Öse 12,5) x 11 mm; mit Öse

Vs. Der hl. Rock mit rundem, drittelkreisförmigem, nachgezogenem Halsausschnitt, in neun Falten schräg abfallend; die Öse ist an der Stange im Halsausschnitt angeprägt.
Rs. Glatt, Aufschrift HEILIGER ROCK / TRIER / 1959 (eingetieft).

BM, EV 82,64f
Lit.: Katalog Peus, 1744.

C 95,1
Palkette

Weißmetall verkupfert; rund, 50 mm

Der hl. Rock, in sechs Bahnen schräg abfallend, mit rundem Halsausschnitt auf waagerecht durch die Ärmel geschobener Stange mit Knaufenden, darüber (bogig) TRIER i. JAHRE d. HEILES / 1959; Umschrift ★ ZUR FROMMEN ERINNERUNG a. d. AUSSTELLUNG d. hl. ROCKES u. HERRN u. HEILANDES JESU CHRISTI; umrandungslos. Die Plakette sitzt in einem runden, mehrfach gewulsteten Metallrahmen mit drei Ausbuchtungen, deren oberste durchlöchert ist.

Trier, A. Hennen

C 95,2
Plakette (Taf. 15)

Neusilber, Rahmen schwarz

Trier, A. Hennen

Hl. Rock mit Dornenkrone, Nägeln und Würfeln

C 96,1
Anhänger

Neusilber; rund, 17 (Höhe mit Öse 19,5) mm; mit Stäbchen und Öse

Vs. .HL.ROCK.TRIER.1959. (bogig gegen den Uhrzeigersinn) um den hl. Rock mit rundem Halsausschnitt, in vier Falten schräg abfallend, mit gefältelten waagerechten Ärmeln; rechts und links je ein Würfel, über der Reliquie drei Nägel und Dornenkrone; umrandungslos.
Rs. Glatt.

Trier, H.-J. Kann

C 96,2
Anhänger (Taf. 15)

Vs. Wie Kat. C 96,1.

Rs. Glatt; darauf erhaben DER ROCK / WAR ABER OHNE / NAHT, VON OBEN / AN DURCHAUS / GEWEBT / EVANG. JOH. / KAP. 19 V. 23; umrandungslos.

Trier, A. Hennen

C 97,1
Anhänger (Taf. 16)

Silber (800/1000) mit Emaileinlage; rund, 17 (Höhe mit Öse 19) mm; mit Öse

Vs. In der runden Fassung zeigt die Emaileinlage den braunroten hl. Rock, in zahlreichen Falten schräg abfallend, mit rundem Halsausschnitt auf waagerecht durch die gefältelten Ärmel geschobener Stange, auf hellblauem Untergrund; oben drei Nägel in der Dornenkrone, rechts und links je ein Würfel, unten bogig HL. ROCK - TRIER 1959; umrandungslos.

Rs. Wie Kat. C 96,2, aber Einpunzung REU 800; umrandungslos.

Trier, A. Hennen

C 97,2
Anhänger

Neusilber mit Emaileinlage; rund mit gewelltem Rand, 17,5 (Höhe mit Öse 19) mm; mit Öse

Vs. Wie Kat. C 97,1.
Rs. Glatt.

Trier, A. Hennen

C 98
Anhänger

Aluminium; oval, 23,5 (Höhe mit Öse 27) x 20 mm; mit Stäbchen und Öse

Vs. Ovaler Vierpaß in Strahlenkranz, sonst wie Kat 28,2, aber mit Datum 1959.
Rs. Ovaler Vierpaß, sonst wie Kat. C 28,2.
Vgl. Kat. C 50,1.
Hersteller: H. Kissing, Menden/Westf.

Trier, H.-J. Kann

Hl. Rock mit Kreuzbalken

C 99
Anhänger

Aluminium; oval, 32,5 (Höhe mit Öse 37) x 22 mm; mit Stäbchen und Öse

Vs. Wie Kat. C 52, aber .TRIER 1959.; umrandungslos.
Rs. Wie Kat. C 52; umrandungslos.

Trier, H.-J. Kann
Lit.: Hagen 100.

C 100
Anhänger (Taf. 16)

Neusilber, i. d. Form einer (Rita)rose, 15,5 (Höhe mit Öse 19) x 12 mm; mit Öse

Zweiteilig zum Aufschieben; auf den runden Innenflächen TRIER / 1959 und der hl. Rock mit rundem Halsausschnitt auf waagerecht durch die Ärmel geschobener Stange, darüber kleines gleicharmiges Kreuz.
Hersteller: H. Kissing, Menden/Westf.

BM, EV 82,64a
Lit.: Hagen 144.

C 101
Anhänger (Taf. 16)

Neusilber; rund, 30,5 (Höhe mit Öse 35,5) mm; mit Öse, Kette und Ring

Vs. Der hl. Rock, in vier Falten schräg abfallend, mit rundem Halsausschnitt und leicht nach oben gewinkelten glatten Ärmeln, über dem Halsausschnitt ein kleines Kreuz; unten 1959 / ANDENKEN AN / TRIER; umrandungslos (diese Seite ist als Rückseite gedacht).

Rs. Der hl. Christopherus trägt das Jesuskind nach links; rechts die Signatur AP (ligiert); an der Öse Herstellerstempel STA (?) und FRANCE; Umrandung: Balkenkreis.

Trier, A. Hennen

C 102,1
Plakette (Taf. 16)

Einseitig; Neusilber, versilbert; rund, 57 mm; rechts und links gelocht

Vs. Wie Kat. C 53,1, aber 1959.
Hersteller: J. Vorfeld, Kevelaer

BM, EV 82,58
Lit.: Hagen 106.

C 102,2
Plakette

Messing

Trier, H.-J. Kann

C 102,3
Plakette

Rund, 41 mm, sonst wie 102,1

BM, EV 82,59
Lit.: Hagen 107.

C 102,4
Anhänger

Neusilber; rund, 22,5 (Höhe mit Öse 27,5) mm; mit Öse

Vs. Wie Kat. C 102,1; umrandungslos.
Rs. Der hl. Christopherus trägt das Jesuskind auf der Schulter durch einen Fluß; umrandungslos.

BM, EV 82,57
Lit.: Hagen 105.

C 103,1
Schuberplakette (Taf. 16)

Neusilber; rechteckig, 25 x 16,5 mm; auf rechteckigem, oben gerundeten Plättchen aus genarbtem schwarzen Kunstleder, brakteatenartig

Der umstrahlte hl. Rock mit rundem Halsausschnitt, in drei Faltenpartien schräg abfallend, auf Kreuz; im Abschnitt HEILIGTUMFAHRT / TRIER 1959; Umrandung: Hohlstab.
Auf der Rückseite Plakette mit Dom von Westen wie Kat. C 76.

Trier, H.-J. Kann
Lit.: Hagen 109, 110.

C 103,2
Schuberplakette

Beide Schuberplättchen gibt es auch nebeneinander in einem größeren und aufschlagbaren rechteckigen Umschlag aus genarbtem schwarzen Kunstleder mit der goldenen Aufschrift Der / Hl. Rock / Trier / 1959 (in anderen Typen als bei Hagen 109) und dem eingelegten Zettel „Bei Unfall bitte kath. Priester rufen."

Trier, H.-J. Kann

Hl. Rock über der Westfassade des Trierer Domes

C 104,1
Anhänger (Taf. 16)

Neusilber; rund, 26 (Höhe mit Öse 31) mm; mit Öse

Vs. Wie Kat 55,1, aber im Abschnitt TRIER; rechts über der Abschnittsleiste HK / DÉPOSÉ; umrandungslos.
Rs. Wie Kat. C 55,1, aber unten rechts HK ; umrandungslos.
Hersteller: H. Kissing, Menden/ Westf.

BM, EV 82,61a
Lit.: Hagen 113.

C 104,2
Anhänger

Rund, 22 (Höhe mit Öse 26,5) mm; mit Öse

Rs. Ohne Signatur.

BM, EV 82,61b
Lit.: Hagen 115.

C 104,3
Anhänger

Rund, 19 (Höhe mit Öse 23) mm; mit Öse
Vs. Wie Kat. C 104,1, aber rechts über der Abschnittsleiste HK / DÉP; umrandungslos.
Rs. Wie Kat. C 104,1.

BM, EV 82,61c
Lit.: Hagen 116.

C 104,4
Anhänger

Rund, 16 (Höhe mit Öse 19,5) mm; mit Öse

Vs. Wie Kat. C 104,1, aber rechts über der Abschnittsleiste DÉPOSÉ HK ; umrandungslos.
Rs. Wie Kat 104,1.

BM, EV 82,61d
Lit.: Hagen 117.

C 104,5
Anhänger

Aluminium; rund, 16 (Höhe mit Öse 19,5) mm; mit Öse

Vs. Wie Kat. C 104,1, aber ohne Signatur; im Abschnitt TRIER 1959; umrandungslos.
Rs. Wie Kat. C 104,1, aber ohne Signatur; umrandungslos.
Hersteller: H. Kissing, Menden/Westf. (?)

Trier, H.-J. Kann
Lit.: Hagen 120.

C 105
Plakette, einseitig (Taf. 17)

Messing, versilbert; rund, 66 mm; rechts und links gelocht

Der Dom von Westen zwischen Bäumen (?), zwischen den Türmen der umstrahlte hl. Rock mit rundem Halsausschnitt und waagerechten gefältelten Ärmeln, in drei Faltenpartien schräg abfallend; im Abschnitt DER.DOM-ZU.TRIER (bogig) und das Petrus-Wappen der Stadt Trier; umrandungslos.
Hersteller: J. Vorfeld, Kevelaer

Trier, H.-J. Kann
Lit.: Hagen 112.

C 106
Plakette, einseitig (Taf. 17)

Aes; rund, 70 mm, rechts und links gelocht

EVANG.JOH. - KAP. 19 V. 23 um den Dom von Westen zwischen Bäumen, zwischen den Türmen der hl. Rock, in vier Falten schräg abfallend, mit rundem Halsausschnitt, auf waagerecht durch die leicht gefältelten Ärmel geschobener Stange; im Abschnitt TRIER 1959; Umrandung: zwei bis vier Kreiswülste.

Trier, H.-J. Kann

C 107
Plakette, einseitig (Taf. 17)

Neusilber; hochoval, 63,5 x 49,5 mm

DER ROCK ABER WAR OHNE NAHT, VON OBEN AN DURCHAUS GEWEBT um den von einem Engel gehaltenen hl. Rock, in fünf Faltenbahnen schräg abfallend, mit rundem Halsausschnitt, darunter EVANG. JOH. / KAP. 19 V. 23. und der Dom von Westen zwischen Bäumen. Im Abschnitt TRIER 1959; umrandungslos.

BM, EV 82,60
Lit.: Katalog Peus 1737.

Hl. Rock neben der Westfassade des Trierer Domes

C 108,1
Anhänger (Taf. 17)

Neusilber; rund, 18 (Höhe mit Öse 21) mm; mit Öse
Vs. DER ROCK ABER WAR OHNE NAHT VON OBEN AN DURCHAUS GEWEBT. zwischen Fadenkreisen. Links der Dom von Westen, rechts über zwei Bäumen der hl. Rock mit rundem Halsausschnitt, in fünf Falten schräg abfallend, auf waagerecht durch die gerafften Ärmel geschobener Stange, rechts auf einem von zwei Halbkreisen ligiert AP; im Abschnitt TRIER / 1959.
Rs. STA HELENA - O. P. N. um Hüftbild der hl. Helena nach halbrechts; sie hat die Rechte weisend erhoben und hält mit der verhüllten Linken das rechts vor ihr stehende Kreuz; unten links ligiert AP, rechts Bouit. Letztere Signatur fehlt bei den kleinen Exemplaren; umrandungslos.

Trier, H.-J. Kann
Lit.: Hagen 121 (bei dem deutlichen Größenunterschied der Varianten darf man die Existenz eines Zwischenformats von ca. 15 mm Durchmesser annehmen).

C 108,2
Anhänger

Rund, 12,5 (Höhe mit Öse 16) mm; mit Öse

Rs. Ohne Signatur Bouit.

Trier, H.-J. Kann

C 108,3
Anhänger

Rund, 9 (Höhe mit Öse 11) mm; mit Öse

Rs. Ohne Signatur Bouit.

Trier, A. Hennen

Hl. Rock gehalten von der hl. Helena

C 109
Medaille (Taf. 17)

Gold (986/1000); rund, 20 mm; mit Stäbchen (ohne Öse)

Vs. + ERAT AUTEM TUNICA INCONSUTILIS DESUPER CONTEXTA PER TOTUM in der Mitte links beginnend. Die hl. Helena sitzt v. v., Kopf nach links gewendet, vor schräg ge-stel-

Item Kreuz; mit beiden Händen hält sie vor sich ausgebreitet den hl. Rock mit rundem Halsausschnitt, in vier Falten leicht schräg abfallend; umrandungslos.
Rs. Der Dom von Westen; daneben A. D. - 1959, unten TRIER; Umrandung: Perlkreis.
Entwurf: Paul Schwarzmann, Trier und Franz Ruidinger, München
Hersteller: J. Preissler, Pforzheim

BM, EV 82,63
Lit.: Hagen 126 (Hagen, Taf. 17,5 zeigt das Stück in Silber!).

C 110
Anhänger

Aluminium; rechteckig, 31 (Höhe mit Öse 34,5) x 19,5 mm; mit Öse

Vs. O.TER - BEATA.TREVERIS.LAETAR - E.TANTO.PIGNORE. um die hl. Helena nach links stehend, mit dem Schriftzug SANCTA HELENE um den Nimbus, ihre Rechte verweist auf den links ausgestellten hl. Rock mit rundem Halsausschnitt, in sechs Falten schräg abfallend, mit waagerechten Ärmeln; im Hintergrund links das Kreuz und der hl. Nagel, rechts die Porta Nigra von Norden; unten rechts Signatur LD, darüber 1959; umrandungslos.
Rs. Glatt, mit erhabener Inschrift OH DREIMAL / GLVCKLICHES / TRIER / FREVE DICH / OB EINES / SOLCH / KOSTBAREN / VNTERPFAN= / DES; umrandungslos.

Trier, H.-J. Kann

C 111
Anhänger, einseitig (Taf. 17)

Aluminium; rechteckig, mit gerundeten Ecken, 27,5 (Höhe mit Öse 31,5) x 26 mm; mit Öse

Auf dem abgeschrägten Rand Umschrift zwischen feinen Stegen: oben (rechtläufig, einwärts gestellt) . DER H.ROCK.JESU.CHR. links oben beginnend (rückläufig, nach außen gestellt) UND. ALLE. DIE. IHN. BERÜHRTEN. WURDEN. GESUND. MARK CAP. 6 V. 56.; im leicht vertieften Feld rechts Brustbild der hl. Helena v. v., sie hält im linken Arm ein Kreuz und mit beiden Händen vor sich ausgebreitet den hl. Rock mit rundem Halsausschnitt, in sieben Falten schräg abfallend; im Hintergrund links der Dom von Westen, darunter TRIER / 1959.

Trier, H.-J. Kann
Lit.: Hagen 122.

C 112
Anhänger (Taf. 18)

Neusilber; rund, 16 (Höhe mit Öse 19,5) mm; mit Stäbchen und Öse

Vs. ST HELENA - ORA PRO NOBIS um die hl. Helena wie Kat. C 61, aber im Feld links HEILG / ROCK, rechts TRIER / 1959; umrandungslos.
Rs. Der Dom von Westen, darunter bogig DOM ZU TRIER; umrandungslos.

Trier, H.-J. Kann

C 113,1
Anhänger (Taf. 18)

Silber (925/1000); figürlich, 18 (Höhe mit Öse 20,5) x 13,5 mm; mit Öse und Kettenöse (beidemale Stempel 925 und ligierter Zusatzstempel auf Kettenöse)

Vs. Brustbild der hl. Helena v. v.; wie Kat. C 112.
Rs. Glatt, erhabene Schrift HEILG. ROCK / TRIER / 1959.

Trier, H.-J. Kann
Lit.: Hagen 141 und 142 (unedierte Variante: Silber statt Aluminium; HEILG. statt HL.).

C 113,2
Anhänger

Figürlich, 14 (Höhe mit Öse 17) x 10,5 mm; mit Öse und Kettenöse

Trier, H.-J. Kann

Hl. Rock mit dem Gekreuzigten

C 114,1
Anhänger

Aluminium; rechteckig, oben mit Spitze, 26 (Höhe mit Öse 28,5) x 16,5 mm; mit Stäbchen und Öse

Vs. Wie Kat. C 64.
Rs. Wie Kat. C 64, aber im Abschnitt HEILIGTUMSFAHRT / TRIER - 1959; umrandungslos.
Hersteller: H. Kissing, Menden/Westf.

BM, EV 82,62c
Lit.: Hagen 123.

C 114,2
Anhänger

Neusilber

Vs. Wie Kat. C 114,1, aber Kruzifix ist nicht umstrahlt.
Rs. H. HELENA BITTE FÜR UNS! um Hüftbild der hl. Helena wie Kat. C 114,1, aber im Abschnitt HEILIGTUMSFAHRT / ★ TRIER ★ 1959 ★; umrandungslos.

BM, EV 82,62a
Lit.: Hagen 124 und 125.

C 114,3
Anhänger

Neusilber; 22 (Höhe mit Öse 24,5) x 14,5 mm

BM, EV 82,26b

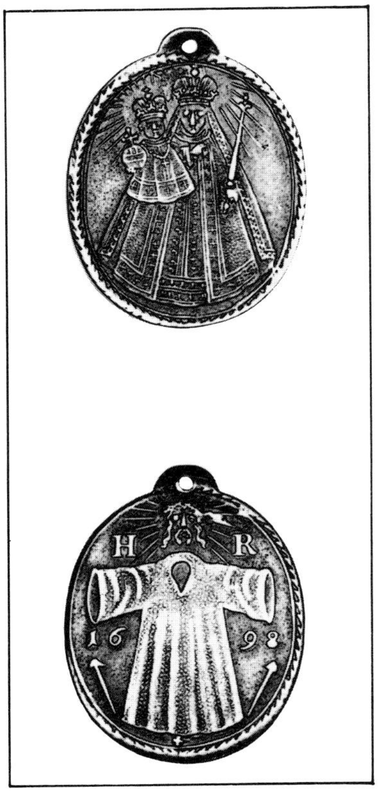

C 115

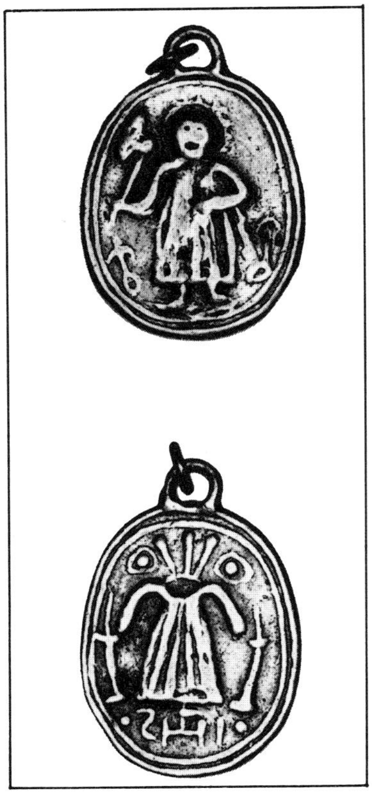
C 116

C 117

C 118, 1

C 118, 2

C 119

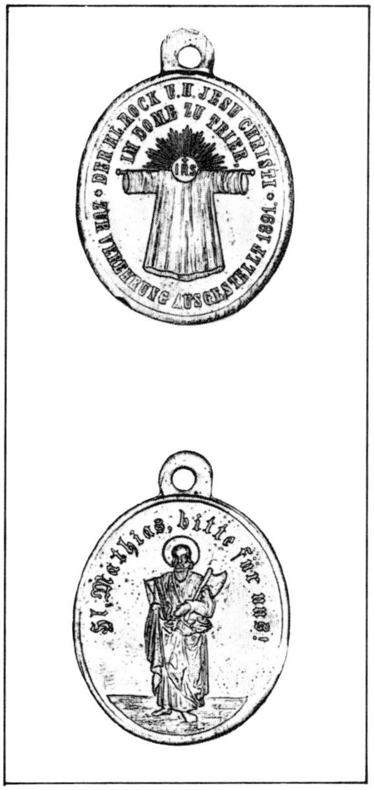

C 120

C 121

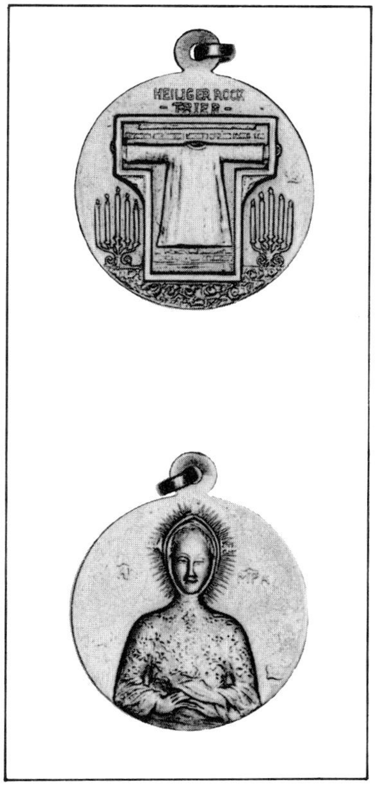

C 122

2. Der hl. Rock mit anderen Wallfahrtsbildern

2.1. DER HL. ROCK UND EIN MARIANISCHES GNADENBILD

C 115
Wallfahrtspfennig 1698 (Taf. 19)

Messing; oval, 27 (Höhe mit Öse 29) x 23 mm; mit Öse

Vs. Madonna mit Kind auf dem rechten Arm mit großem Strahlennimbus; beide sind gekrönt und mit natürlichem Gewand bekleidet; Maria hält in der Linken ein Zepter, das Jesuskind in der Rechten einen Kreuzglobus; Umrandung: Blattkranz, Fadenlinie.
Rs. Der hl. Rock mit spitzovalem Halsausschnitt, in acht Falten leicht schräg abfallend, die Schulterpartie ist abgeschrägt und läuft in die faltigen, ausgebreiteten Ärmel aus; darüber das von Strahlen umgebene, dornengekrönte Haupt Christi zwischen H - R (= Heiliger Rock); unter den Ärmeln im Feld links und rechts 16 - 98 und je ein Nagel; unter dem Rock +; Umrandung: Blattkranz, Fadenlinie.

BM, EV 82,24
Lit.: Köster 1959, S. 48, Abb. 19. - Hagen 145.

2.2. DER HL. ROCK UND DER HL. MATTHIAS

C 116
Wallfahrtspfennig (Taf. 19)

O. J. (17. Jh.?)
Blei, gegossen; oval, 26 x 20 mm; mit Öse
Vs. Der hl. Apostel Matthias steht v. v. mit Strahlennimbus, in Tunika und über beide Schultern zurückfallendem Pallium; er hält in der Rechten ein Beil mit Schneide nach außen, in der Linken vor sich ein geschlossenes Buch; im Feld rechts und links ankerförmige Gegenstände; Umrandung: Fadenlinie.
Rs. Der hl. Rock mit rundem Halsausschnitt, in fünf Falten schräg abfallend, mit schrägen, engen Ärmeln; darüber drei Nägel zwischen zwei Würfeln; im Feld rechts und links je ein Messer, unten spiegelverkehrt .IHS.; Umrandung: Fadenlinie.

Trier, Abtei St. Matthias
Lit.: Hagen 146.

C 117
Anhänger (Taf. 19)

O. J. (um 1700)
Messing; achteckig, hochkant, 26 x 20 mm; gelocht

Vs. MATHIAS - SANCTVS um den hl. Matthias mit Strahlennimbus, in gegürteter Tunika und Pallium, in der erhobenen Rechten das Beil mit der Schneide nach innen; Umrandung: dreifacher Fadenrahmen.
Rs. Der hl. Rock, darüber zwei Engel, die schwebend eine Krone über die Reliquie halten; im Feld links .H. und rechts .R. (= Heiliger Rock); Umrandung: dreifacher Fadenrahmen.

Trier, H.-J. Kann (Bodenfund Trier, 1988)
Lit.: Kann 1990, Nr. 2.

C 118,1
Anhänger (Taf. 19)

O. J. (18. Jh. bzw. 1810)
Messing; oval, 27 (Höhe mit Öse 35,5) x 25 mm; mit Stäbchen und Öse

Vs. SANCTVS - MATHIAS:A (= APOSTOLVS) um den hl. Apostel Matthias v. v. auf bewachsenem Boden, mit Nimbus, in gegürteter Tunika und Pallium; er hält in der ausgestreckten Rechten ein Beil mit kreuzverzierter Schneide nach innen, in der Linken vor sich ein geschlossenes Buch; Umrandung: Fadenlinie.

Rs. ɑ.H:ROCK - I. - ɑ.Z.TRIER ★ um den hl. Rock mit rundem Halsausschnitt, in sechs plastischen Falten schräg abfallend (im rechten Teil Spuren eines Stempelsprungs), auf waagerecht durch die gerafften Ärmel geschobener Stange, darüber Wolken; Umrandung: Fadenlinie.

BM, EV 82,68
Lit.: Hagen 147.

C 118,2
Anhänger (Taf. 19)

O. J. (18. Jh./1810?)
Kupferhaltiges Silber; oval, 25 x 22,5 mm; mit Stäbchen und Öse

Vs. SANCTVS - MATHIAS um den hl. Matthias ohne Nimbus, sonst wie Kat. C 118,1.
Rs. Wie Kat. C 118, aber der hl. Rock hat fünf Falten.

Trier, Abtei St. Matthias
Lit.: Hagen 148.

C 119
Medaille (Taf. 19)

O. J. (1844)
Zinn, gegossen; oval, 23,5 x 20 mm; mit Stäbchen und umlaufender Gußnaht, Öse abgeknipst

Vs. DER HL:ROCK - UNSERES - HEILAND um den hl. Rock mit dreieckigem Halsausschnitt, eng gefältelt, gerade herabfallend, auf waagerecht durch die gerafften Ärmel geschobener Stange, darunter zwei gekreuzte Zweige; umrandungslos.
Rs. SANCTUS - MATHIAS.APO: um den hl. Apostel Matthias, nach halblinks stehend, mit Nimbus, in gegürteter Tunika und Pallium; er hält in der gesenkten Linken ein geschlossenes Buch, in der erhobenen Rechten ein Beil mit der Schneide nach innen; Umrandung: Perlreihe.
Hersteller: B. Schweizer, Dießen/ Ammersee

BM, EV 82,69
Lit.: Hagen 151.

C 120
Anhänger 1891 (Taf. 20)

Aes, versilbert; oval, 22 (Höhe mit Öse 26) x 19 mm; mit Stäbchen und Öse

Vs. DER HL. ROCK U. H. JESU CHRISTI / IM DOME ZU TRIER, (rechtsläufig, einwärts gestellt). Der hl. Rock mit rundem Halsausschnitt, eng gefältelt, leicht schräg abfallend, auf waagerecht durch die Ärmel geschobener Stange mit Kugelenden; im Halsausschnitt nach oben sternförmig umstrahltes Monogramm des Namens Jesu (IHS mit Kreuz); unten +ZUR VEREHRUNG AUSGESTELLT 1891.+ (rückläufig, nach außen gestellt); umrandungslos.
Rs. *Hl. Mathias, bitte für uns!* um den hl. Apostel Matthias, auf segmentförmiger Standplatte nach halblinks stehend, in Tunika und Pallium; er hält in der verhüllten Rechten ein geschlossenes Buch, im linken Arm ein Beil mit der Schneide nach außen.
Hersteller: C. Poellath, Schrobenhausen

BM, EV 82,70
Lit.: Hagen 154.

C 121
Anhänger 1891 (Taf. 20)

Aes, versilbert; rund, 24,5 (Höhe mit Öse 28) mm; mit Stäbchen und Öse

Vs. DER HL. ROCK - ZU TRIER 1891. um die hl. Helena; ähnlich wie Kat. C 33,1; Umrandung: Kreis von nach innen offenen Bögen mit Kleeblättern an den Spitzen.

Rs. HL. MATHIAS - UND - BARBARA - BITTET FÜR UNS! Über Wolken steht links der hl. Matthias nach halbrechts, mit Nimbus, in Tunika und Pallium; er hält in der Rechten ein Beil mit Schneide nach außen, in der verhüllten Linken ein verschlossenes Buch; rechts steht die hl. Barbara nach halblinks, mit Nimbus und Krone, in langem, gegürtetem Gewand und Mantel; sie hält in der Rechten einen Palmzweig, in der Linken einen Kelch mit Hostie; Umrandung: Kreis von nach innen offenen Bögen mit Kleeblättern an den Spitzen.
Hersteller: C. Poellath, Schrobenhausen

BM, EV 82,71
Lit.: Hagen 155.

2.3. DER HL. ROCK UND DAS MARIANISCHE GNADENBILD VON ST. MATTHIAS

C 122
Medaille (Taf. 20)

O. J. (1959)
Silber (835/1000); rund, 20 (Höhe mit Öse 24,5) mm; mit Stäbchen, Öse und Tragring (835)

Vs. HEILIGER ROCK / - TRIER -; über Rosen und zwischen zwei fünfarmigen Leuchtern mit brennenden Kerzen in Ausstellungsvitrine von 1810 der hl. Rock mit rundem, eingefaßtem Halsausschnitt, in fünf Bahnen schräg abfallend, mit engen und langen waagerechten Ärmeln; über dem Rock angedeutete Schrift: ALLE DIE IHN ANRÜHRTEN, WURDEN GESUND. MARC. 6. 56, unter ihm die Andeutung der weiteren Inschrift; im Feld rechts Signatur LW; umrandungslos.

Rs. Das Gnadenbild in der Matthiaskirche zu Trier: Brustbild Mariens v. v. im Typus des Marienbildes von Sta. Maria Maggiore in Rom; links im Feld ΑΓ (= HAG = heilige), rechts im Feld ΜΡΑ (= MRA = Maria); rechts unten Signatur LW; umrandungslos.
Hersteller: H. Kissing, Menden/Westf.

BM, EV 82,72
Lit.: Hagen 156.

C 123
Schuberplaketten, brakteatenartig

Beide in rechteckigem Schuber ohne Aufschrift (1959);
Neusilber; rechteckig, 25 x 17 mm

1. Plättchen: Wie Kat. C 103.
2. Plättchen: Das marianische Gnadenbild von St. Matthias, unten GNADENBILD TRIER; Umrandung: Hohlstab.
Hersteller: J. Vorfeld, Kevelaer

Trier, A. Hennen
Lit.: Hagen 109, 175.

C 126

C 127

C 129

C 131, 1

C 132, 1

C 132, 3

C 133, 1

C 135, 1

C 136

C 138

3. St. Matthias

3.1. MATTHIAS UND BENEDIKT ODER ANDERE HEILIGE

C 124
Pilgerzeichenmodel

Fragmentiert (2. Hälfte 14./1. Hälfte 15. Jh.)
Schiefer; 64 x 85 x 25 mm

Das Fragment zeigt (spiegelverkehrt) links den hl. Matthias mit Heiligenschein und Beil (auf Schneide Kreuz im Kreis) mit der Schneide nach außen, dazu rechts einen Bischof (St. Maternus? St. Eucharius?), der in jeder Hand eine eintürmige Kirche hält. Zu ergänzen wären nach zwei Varianten auf der Tilman-Glocke in Lahr von 1447 und einem Kölner Stück des 14. Jahrhunderts ein Pferd nach links (im fertigen Abguß also nach rechts) sowie der Rittlingssitz des hl. Matthias und der „Damensitz" des Bischofs. Der Mattheiser Fundort beweist, daß die Pilgerzeichen dieses Typs (und wohl auch der anderen Varianten) in St. Matthias selbst hergestellt wurden; zwei Löcher an der Innenseite der Bruchkante der Schiefermodel (ein Halteloch befindet sich auf der Rückseite) zeigen, daß auch nach dem Zerbrechen der Schieferplatte das Model repariert und behelfsmäßig weiterbenutzt wurde.

Trier, Unterrainer (Bodenfund: Matthiasstraße 47, etwa 250 m von St. Matthias entfernt, um 1970)
Lit.: Köster 1980, S. 20-21. - Vier weitere Varianten dieses Typs in: Köster 1972, S. 155: Abb. 52 und S. 157: Nr. 52-54.

C 125
Fragment einer Medaille ?

O. J. (Ende 17. Jh.?)
Zinn; hochoval, ca. 23 x 18 mm

Vs. [?]MATH. um den hl. Matthias (?) in gegürteter Tunika, diagonal über dem Körper und dem linken Arm Pallium (?), in der Linken Schriftrolle (?); umrandungslos.
Rs. SANC[?] um Strukturreste (Gewandteil?) und vertikale Linie (Abtsstab des hl. Benedikt?); umrandungslos.

Trier, H.-J. Kann (Bodenfund: Aulstraße, gegenüber dem Friedhof von St. Matthias, 1990)
Lit.: Kann 1990, Nr. 1.

C 126
Anhänger, brakteatenartig (Taf. 21)

O. J. (um 1700)
Silber; oval, 19 (Höhe mit Öse heute 21,5, ursprünglich ca. 23) x 16 mm; mit Öse

Der hl. Matthias, nimbiert und in gegürteter Tunika mit Kragenabschluß, im Hüftbild nach links; er hält in der Rechten ein geschlossenes Buch, in der Linken das geschulterte Beil mit der Schneide nach außen; links Strahlen, zwischen Wolken hervorkommend; Umrandung: Fadenoval, Perloval, Fadenoval.

Trier, H.-J. Kann (Bodenfund)
Lit.: Kann 1991,2, Nr. 1.

C 127
Wallfahrtspfennig (Taf. 21)

O. J. (18.Jh.)
Messing; oval, 28 (Höhe mit Öse 36) x 25 mm; mit Stäbchen und Öse

Vs. SANCTVS - MATHIAS um den hl. Apostel Matthias v. v. auf Wiesengrund; der Apostel mit Nimbus, Tunika und Pallium; er hält in der ausgestreckten Rechten ein Beil mit kreuzverzierter Schneide nach innen, in der Linken vor sich ein geschlossenes Buch; Umrandung: Fadenoval.

Rs. SANCT.P: - BENEDICT. um Hüftbild des hl. Benedikt v. v.; der Heilige mit Nimbus und herabgelassener Kapuze; er hält in der Rechten Abtsstab mit der Krümme nach innen, auf der Linken konischer Becher, aus dem sich eine Schlange windet; vor ihm der von einem Engel schräg gehaltene Benediktusschild; Umrandung: Fadenoval.

BM, EV 82,65
Lit.: Katalog Peus 1747 (ähnlich wie Hagen 157-161).

C 128
Wallfahrtspfennig

O. J. (18. Jh.)
Aes; oval, 27 (Höhe mit Öse 35) x 22,5 mm; mit Stäbchen und Öse

Vs. SANCTVS - MATHIAS[.] um den hl. Apostel Matthias, Beil nicht kreuzverziert; Umrandung: Fadenoval.
Rs. SP (ohne Punkte?) - BEN (ein Stempelsprung verunklart die Weiterführung, vermutlich BENEDI.) um den hl. Benedikt.

BM, EV 82,66
Lit.: Hagen 157. - Katalog Peus 1748.

C 129
Wallfahrtspfennig (Taf. 21)

O. J. (18.Jh.)
Silber; oval, 18,5 x 16 mm; mit Stäbchen, Öse abgebrochen

Vs. Hüftbild des hl. Apostels Matthias, neben ihm rechts Pult mit aufgeschlagenem Buch; umrandungslos.

Rs. S.P.BE - NE - DI. um das Hüftbild des hl. Benedikt v. v. mit Strahlennimbus, in Flocke mit herabgelassener Kapuze; er hält in der Rechten Abtsstab mit der Krümme nach innen, auf der Linken konischer Becher mit Schlange, vor ihm Benediktusschild; umrandungslos.

BM, EV 82,67
Lit.: Hagen 162.

C 130
Wallfahrtspfennig

O. J. (18. Jh.)
Messing; oval, 18 (Höhe mit Öse 26) x 16,5 mm; mit Öse

Vs. S[.]MA - THIAS um den hl. Matthias mit Nimbus, wie Kat. C 129; Umrandung: Fadenoval.
Rs. S[.]P. BE - NE - DI[.] um den hl. Benedikt ohne Strahlennimbus, sonst wie Kat. C 129; Umrandung: Fadenoval.

Trier, H.-J. Kann (Bodenfund: Schutthalde Trier-Pfalzel, 1986)
Lit.: Kann 1990, Nr. 3 (kleine Variante zu Hagen 163).

3.2. MATTHIAS UND DAS MARIANISCHE GNADENBILD VON ST. MATTHIAS

C 131,1
Medaille (Taf. 21)

O. J. (1933)
Aluminium; rund, 26 (Höhe mit Öse 30,5) mm; mit Stäbchen und Öse

Vs. HEILIGER MATTHIAS - BITTE FÜR UNS! um den hl. Apostel Matthias, der nach halblinks mit Nimbus, langer Tunika und Pallium auf rechteckiger Standplatte steht; er hält in der verhüllten Rechten ein geschlossenes Buch, im linken Arm ein Beil mit Schneide nach oben; Umrandung: Zahnleiste.

Rs. GNADENBILD IN - ST. MATTHIAS TRIER um das marianische Gnadenbild von St. Matthias; Umrandung: Zahnleiste.
Hersteller: H. Kissing, Menden/Westf.

Trier, H.-J. Kann
Lit.: Hagen 170.

C 131,2
Medaille

Tombak

Trier, H.-J. Kann (Bodenfund)

C 132,1
Anhänger (Taf. 21)

O. J. (1933)
Aluminium; rund, 26 mm; mit Stäbchen und Öse

Vs. Brustbild des hl. Matthias v. v. mit Nimbus, in Tunika mit verziertem Clavus und Pallium; er hat die Rechte segnend/sprechend erhoben und hält in der Linken ein Beil mit der Schneide nach außen; im Feld links S͠CS MAT / THIAS, rechts X͠TI APO / STOL͠S (= SANCTUS MATTHIAS, CHRISTI APOSTOLUS); umrandungslos.
Rs. Wie Kat. C 131,1.
Hersteller: H. Kissing, Menden/Westf.

Trier, Abtei St. Matthias

C 132,2
Medaille

O. J. (seit 1927)
Neusilber; rund, 19 (Höhe mit Öse 23) mm; mit Öse und Tragring

Vs. Wie Kat. C 132,1.
Rs. GNADENBILD IN ST. - MATTHIAS TRIER um das marianische Gnadenbild von St. Matthias.
Hersteller: H. Kissing, Menden/Westf.

Trier, H.-J. Kann
Lit.: Hagen 168 (dort nur auf 1927 bezogen, aber bis heute geprägt).

3.3. DER HL. MATTHIAS

C 132,3
Anhänger (Taf. 21)

O. J. (1948)
Tombak; rund, 22 (Höhe mit Öse 26,5) mm; mit Öse und Tragring

Vs. Wie Kat. C 132,1.
Rs. ST. MATTHIAS - BASILIKA TRIER um die Abteikirche von Westen; umrandungslos.
Hersteller: H. Kissing, Menden/Westf. (Stempel 1947 vom hochbetagten Seniorchef geschnitten)

BM, EV 82,73a
Lit.: Hagen 172.

C 132,4
Anhänger

O. J.
Aluminium; rund, 22 (Höhe mit Öse 26) mm; mit Stäbchen, Öse und Tragring

Vs. Wie Kat. C 132,1.
Rs. ST. MATTHIAS - BASILIKA TRIER auf glattem Schriftband, sonst wie Kat. C 134,2.
Hersteller: H. Kissing, Menden/Westf.

BM, EV 82,73b
Lit.: Hagen 173.

C 132,5
Anhänger

O. J. (seit den 60er Jahren)
Silber (835/1000); rund, 18,5 (Höhe mit Öse 22) mm; mit Öse und Tragring

Vs. Wie Kat. C 132,1.
Rs. *„Gott schütze dich"* und 835 auf glatter Fläche eingepunzt; ohne Stäbchen und Umrandung.
Hersteller: H. Kissing, Menden/Westf.

Trier, H.-J. Kann
Lit.: Kann 1991,2, Nr. 5. - Hagen 167, 168 (Vorderseite).

C 132,6
Autoplakette

O. J. (wohl seit 1974)
Neusilber; rund, 25 (mit Rahmen 30) mm

Wie Kat. C 132,1 ; umrandungslos.
Hersteller: H. Kissing, Menden/Westf.

Trier, H.-J. Kann
Kann 1991,2, Nr. 12.

C 132,7
Anhänger

O. J. (seit den 60er Jahren)
Gold (333/1000); rund, 18,5 (Höhe mit Öse 21) mm; mit Stäbchen, Öse und Tragring (dort 333-Stempel)

Vs. Wie Kat. C 132,1, aber ohne die von oben herabfallenden Strahlen; links im Feld Signatur ⊕ ; umrandungslos.
Rs. Glatt.

Trier, H.-J. Kann
Kann 1991,2, Nr. 7.

3.4. DAS MARIANISCHE GNADENBILD VON ST. MATTHIAS

C 133,1
Anhänger (Taf. 22)

O. J. (seit den 60er Jahren)
Silber (835/1000); rund, 18,5 (Höhe mit Öse 22) mm; mit Öse und Tragring

Vs. Wie Rs. von Kat. C 132,1.
Rs. Wie Rs. von Kat. C 132,5.
Hersteller: H. Kissing, Menden/Westf.

Trier, H.-J. Kann
Lit.: Kann 1991,2, Nr. 6. - Hagen 167, 168 (Vorderseite).

C 133,2
Autoplakette

O. J. (wohl seit 1974)
Neusilber; rund, 25 (mit Rahmen 30) mm

Vs. Wie Kat. C 133,1.
Hersteller: H. Kissing, Menden/Westf.

Trier, H.-J. Kann
Lit.: Kann 1991,2, Nr. 11.

C 134
Anhänger

O. J. (1959)
Silber (835/1000); rund, 20 (Höhe mit Öse 23,5) mm; mit Stäbchen, Öse und Tragring (dort der 835-Stempel)

Vs. Marianisches Gnadenbild von St. Matthias mit griechischer Inschrift, aber mit geöffneten Augen (wie bei Hagen 156 von 1959); rechts im Feld Stempelschneidersignatur LW; Umrandung: Fadenkreis.
Rs. Glatt.
Hersteller: H. Kissing, Menden/Westf.

Trier, H.-J. Kann
Lit.: Kann 1991,2; Nr. 2.

C 135,1
Anhänger (Taf. 22)

O. J. (seit den 60er Jahren)
Gold (333/1000); rund, 18 (Höhe mit Öse 21)

mm; mit Stäbchen, Öse und Tragring (dort 333-Stempel)

Vs. Das marianische Gnadenbild von St. Matthias, aber ohne die griechische Inschrift ΑΓ: - ΜΡΑ (= HAGIA MARIA = HEILIGE MARIA); links im Feld Signatur ⌘; umrandungslos.
Rs. Glatt.

Trier, H.-J. Kann
Lit.: Kann 1991,2, Nr. 8.

C 135,2
Anhänger

16 (Höhe mit Öse 19) mm; mit Stäbchen, Öse und Tragring (dort 333-Stempel)

Vs. Wie Kat. C 135,1.

Trier, H.-J. Kann
Lit.: Kann 1991,2, Nr. 9.

C 136
Brosche (Taf. 22)

O. J. (um 1959)
Messing, Plastik; rund, 25 mm

In einem Messingrahmen mit Broschennadel (Nadel abgebrochen) und Halterungshaken ist ein gewölbtes Messingplättchen eingelassen, über das eine Plastikfolie mit einer emailleähnlichen farbigen Darstellung des marianischen Gnadenbildes von St. Matthias gespannt ist. Ein ebenfalls gebogenes Messingplättchen bildet die Rückseite und wird mit Messingkrallen festgehalten. Umrandung: tordierter Messingdraht.

Trier, H.-J. Kann
Lit.: Kann 1991,2, Nr. 4.

C 137
Schuberplakette, brakteatenartig

O. J. (wohl seit 1959)
Weißmetall; rechteckig, 24,5 x 17 mm

1. Plättchen: Das marianische Gnadenbild von St. Matthias; im Abschnitt GNADENBILD TRIER; Umrandung: Hohlstab.
2. Plättchen: Der hl. Christopherus mit Stütze in der Rechten und Jesuskind auf der linken Schulter in von flachen Hügeln umgebenem Fluß; Umrandung: Hohlstab.
Beide Plättchen in rotem Kunstlederumschlag mit Aufschrift GOTT SCHÜTZE DICH und eingelegtem Unfallrufkärtchen.
Hersteller: Norbert Vorfeld, Kevelaer

Trier, H.-J. Kann
Lit.: Kann 1991,2; Nr. 3. - Hagen 175 (Plättchen dort für 1912).

3.5. SONSTIGE

C 138
Anhänger (Taf. 22)

O. J. (seit den 70er Jahren)
Silber (835/1000); rund, 23,5 mm; gelocht und mit Tragring

Vs. UNS - ERLE - BEN um Chi-Rho ; Umrandung: Fadenkreis (alles vertieft).
Rs. IHR M - EINE FREUNDE (mit Ligierungen) um Abtsstab und Beil; rechts vom Beil 835; Umrandung: Fadenkreis (alles vertieft).
Diesen Anhänger gibt es nicht zu kaufen; er wird nur an Erstpilger verteilt.
Entwurf: Vater Placidus

Trier, H.-J. Kann (Bodenfund)
Lit.: Kann 1991,2, Nr. 10.

ABKÜRZUNGSVERZEICHNIS

BAT	Bistumsarchiv Trier
Bibl. PS	Bibliothek des Bischöflichen Priesterseminars Trier
BM	Bischöfliches Dom- und Diözesanmuseum Trier
SM	Städtisches Museum Simeonstift Trier
StB/StA	Stadtbibliothek/Stadtarchiv Trier
m. R.	mit Rahmen
o. R.	ohne Rahmen
o. J.	ohne Jahr
Rs	Rückseite
Vs	Vorderseite

Die Maßangaben sind, wenn nicht anders vermerkt, in der Reihenfolge Höhe x Breite x Tiefe in Zentimeter (im Katalogteil C in Millimeter) angegeben; Dm bedeutet Durchmesser.

LITERATURVERZEICHNIS ZUM KATALOG
(mit abgekürzt zitierter Literatur)

Die im Aufsatzteil durch Siglen zitierte Literatur ist nach dem im Lexikon für Theologie und Kirche 1 (1957) S. 16*-48* enthaltenen Verzeichnis aufzulösen.

Für die Bearbeitung des Kataloges wurde im wesentlichen die im folgenden aufgeführte Literatur benutzt.

Zu Technik und Terminologie:

- Angeletti, Charlotte: Geformtes Wachs. Kerzen, Votive, Wachsfiguren. München 1980.
- Aptel, Claire/Choux, Jacques/Hochart, Brigitte: Les Cires habilées nanéiennes. Ausstellungskatalog Nancy, Musée Lorrain. Nancy, 1989.
- Engels, Mathias T.: Das kleine Andachtsbild. Prägedrucke und Stanzspitzenbilder des 19. Jahrhunderts. Recklinghausen 1983.
- Gantner, Theo: Geformtes Wachs. Ausstellungskatalog Schweizerisches Museum für Volkskunde Basel. Basel 1980.
- Klosterarbeiten aus dem Bodenseeraum. Ausstellungskatalog Sankt Gallen, Warth/TG., Reichenau-Mittelzell, Bregenz 1986. Hrsg. vom Internationalen Arbeitskreis der Ausstellung „Klosterarbeiten aus dem Bodenseeraum". Bregenz 1986.
- Klosterfrauenarbeiten. Kunsthandwerk aus bayrischen Frauenklöstern. Ausstellungskatalog München, Regensburg, Eichstätt. Hrsg. von der Ignaz Günther Gesellschaft. München 1987.
- Metken, Sigrid: Geschnittenes Papier. Eine Geschichte des Ausschneidens in Europa von 1500 bis heute. München 1978.
- Pesch, Dieter: Wallfahrtsfähnchen. Religiöse Druckgrafik (= Führer u. Schriften d. Rhein. Freilichtmuseums u. Landesmuseums f. Volkskunde in Kommern 26). Köln 1983.
- Pfistermeister, Ute: Wachs. Volkskunst und Brauch. 2 Bde. Nürnberg 1983.
- Reliquien. Verehrung und Verklärung. Skizzen und Noten zu Thematik und Katalog zur Ausstellung der Kölner Sammlung Louis Peters im Schnütgen-Museum. Hrsg. v. Anton Legner. Köln 1989.
- Rothemund, B.: Barocke Klosterarbeiten. Autenried 1982.
- Rothemund, B./Puckett J.: Gnadenreiche Jesulein. Jesuskindwallfahrtsorte. Entstehung - Geschichte - Brauchtum. Autenried 1982.
- Schleich, Elisabeth und Erwin: Frommer Sinn und Lieblichkeit. Vom Zauber der „Schönen Arbeiten" in Altbayern. Passau 1982.
- Spamer, Adolf: Das kleine Andachtsbild vom XIV. bis zum XX. Jahrhundert. München 1930.
- Tobler, A.: Klosterarbeiten. Technik, Form und Aussage. In: Cistercienser Chronik 89 (1982) S. 119-166.
- Wallfahrt im Rheinland. Hrsg. vom Amt f. rhein. Landeskunde in Verb. mit d. Volkskunderat Rhein-Maas u. d. Niederrhein. Freilichtmuseum (= Werken u. Wohnen 14). Köln 1981.
  = *Wallfahrt im Rheinland*
- Zippelius, Adelhard: Volkskunst im Rheinland. Ausstellungskatalog des Freilichtmuseums Kommern. Düsseldorf 1969.

Zur Geschichte des hl. Rockes:

- Beissel, Stephan: Geschichte der Trierer Kirchen, ihrer Reliquien und Kunstschätze. II. Theil: Zur Geschichte des hl. Rockes. Trier 1889.
- Kammer, Karl: Der hl. Rock in Trier. Geschichte und religiöse Bedeutung des hl. Gewandes Christi. Trier 1933.
- Laufner, Richard: Die Hl.-Rock-Ausstellung im Jahre 1655. In: Trierisches Jahrbuch 1959, S. 56-67.
- Lichter, Eduard: Die Rückkehr des Hl. Rockes aus Augsburg im Jahre 1810. 1. Teil. In: Kurtrierisches Jahrbuch 8 (1968) S. 241-255. - 2. Teil. In: Kurtrierisches Jahrbuch 9 (1969) S. 160-176.
- Schiel, Hubert: Zur Hl. Rock-Wallfahrt im Jahre 1810. In: Vierteljahresblätter der Trierer Ges. f. nützl. Forschungen 5 (1959) S. 17-23.
- Tunica Domini. Eine Literaturdokumentation zur Geschichte der Trierer Heilig-Rock-Verehrung. Bearb. v. Helmut Krämer. Hrsg. v. Michael Embach (= Mitteilungen u. Verzeichnisse aus der Bibliothek des Bischöflichen Priesterseminars 6). Trier 1991.
  = *Tunica Domini*
- Wallfahrtsblatt zur Ausstelllung des hl. Rockes im heiligen Jahr 1933. H. 1-8. Trier 1933.
  = *Wallfahrtsblatt 1933*
- Wallfahrtsblatt. Zur Ausstelllung des Heiligen Rockes im Jahre 1959 im Hohen Dom zu Trier. Nr. 1-11. Trier 1959.
  = *Wallfahrtsblatt 1959*
- 1844. Ein Jahr in seiner Zeit. Westfälisches Landesmuseum für Kunst u. Kulturgeschichte Münster/Landschaftsverband Westfalen-Lippe. 1.Dez. 1985 - 2. Febr. 1986. Münster 1985.
  = *Kat. 1844*

Zu den Wallfahrtsmedaillen:

- Hagen, Ursula: Die Wallfahrtsmedaillen des Rheinlandes in Geschichte und Volksleben (= Werken und Wohnen 9). Köln 1973.
  = *Hagen*
- Heeringen, R.M. van/Koldeweij, A.M./Gaalman, A.A.G.: Heiligen uit de Modder: In Zeeland gevonden Pelgrimsteken (= Clavis kunsthistorische Monografien IV). Utrecht 1988, S. 115.
- Kann, Hans-Joachim: Drei unedierte Heiligrock-Devotionalien aus Trierer Funden. In: Kurtrierisches Jahrbuch 27 (1987) S. 61-70.
  = *Kann 1987*
- Kann, Hans-Joachim: Weitere unedierte Matthiaszeichen des 18. Jahrhunderts. In: Neues Trierisches Jahrbuch 30 (1990) S. 119-122.
  = *Kann 1990*
- Kann, Hans-Joachim: Unedierte Heilig-Rock-Wallfahrtsmedaillen und -anhänger aus dem 16. bis 19. Jahrhundert. In: Kurtrierisches Jahrbuch 31 (1991) S. 109-119.
  = *Kann 1991,1*
- Kann, Hans-Joachim: Weitere unedierte Wallfahrtsmedaillen von St. Matthias/Trier. In: Petermännchen 5 (1991) S. 91-97.
  = *Kann 1991,2*
- Köster, Kurt: Wallfahrtsmedaillen und Pilgerandenken vom Heiligen Rock zu Trier. In: Trierisches Jahrbuch 1959, S. 36-56.
  = *Köster 1959*
- Köster, Kurt: Mittelalterliche Pilgerzeichen und Wallfahrtsdevotionalien. In: Rhein und Maas. Kunst und Kulturgut 800-1400. I. Köln 1972, S. 146-160.
  = *Köster 1972*
- Köster, Kurt: Pilgerzeichen von Trier-St.Matthias. In: Jahrbuch der Hessischen Kirchengeschichtlichen Vereinigung 31 (1980) S. 20-21.
  = *Köster 1980*
- Sammlung Dr. Busso Peus, Frankfurt. Wallfahrtsmedaillen des deutschen Sprachgebietes. Bearb. v. Dr. B. Peus (= Dr. B. Peus Nachf., Kat. 306, Auktion 13.-15.12.1982). (Frankfurt 1982).
  = *Katalog Peus*

GLOSSAR

Aes: In der Numismatik Bezeichnung für Bronze, i. w. S. auch Kupfer und Messing.

Agnus Dei: Wachsmedaillon mit einer symbolischen Darstellung Christi als Lamm Gottes. Sie werden vom Papst im ersten Jahr seines Pontifikats und danach alle sieben Jahre geweiht.

Applikationsbild: (Stoffklebebild) Figürliche Darstellung, bei der die Gewandteile aus kleinen Textilstükken bestehen, Köpfe und Gliedmaßen aber von ausgeschnittenen Kupferstichen, Papier oder Pergament gebildet werden.

Atlas: Seidengewebe mit Bindung auf der Grundlage eines Rapports von fünf oder mehr Kettfäden und der gleichen oder mehrfachen Anzahl von Schußfäden. Auf der Gewebe-Kettseite läuft jeder Kettfaden über vier oder mehr nebeneinanderliegende Schußfäden und unter dem nächsten Schußfaden (nach: Vokabular der Textiltechniken. Hrsg. Centre International d'Etudes des Textiles Anciens C.I.E.T.A. Lyon. Lyon 1971).

Bannwallfahrt: Wallfahrt, zu der die Mitglieder einer Gemeinde verpflichtet waren.

Biskuitporzellan: Vom ital. „biscotto" = zweimal gebacken. Unglasiertes Porzellan mit matter, marmor- oder alabasterähnlicher Oberfläche.

Bouillon: Spiralig gedrehter Gold- oder Silberdraht (vergoldeter bzw. versilberter Draht).

Brakteat: Münze oder Medaillon mit einseitiger Prägung.

Brandeum: Seiden- oder Leinentuch zur Einhüllung von Heiligenleibern, die als sekundäre Reliquien angesehen und aufbewahrt werden. Ebenso werden Stoffe als Brandeum bezeichnet, die nur gelegentlich an einer Heiligenreliquie oder einem Heiligengrab angerührt wurden.

Breverl: (vom lateinischen „littera brevis" = kurzer Brief) Kleiner Schutzbrief, der zusammengefaltet in einer verzierten Stoff- oder Metallhülle aufbewahrt wird, oft gemeinsam mit Reliquien, Heiligenbildchen u. ä.

Brokat: Hier im allgemeinen Sinn verwendet für mehrfarbige Seidenstoffe mit eingewebtem Muster.

Cedula: Einer Reliquie zugeordneter Streifen aus Papier oder Pergament, der den Namen des Heiligen oder die Art der Reliquie mitteilt.

Chenille: Garn oder Drahtspirale mit eingewebten, kurzen Fadenenden, die eine samtartige Oberfläche bilden. Chenilleblüten bestehen aus feinen, zu Büscheln zusammengebundenen Textilfasern.

Damast: Gewebe, dessen Muster durch den regelmäßigen Wechsel der Bindung entsteht.

Devotionalien: Gebrauchsgegenstände der privaten Religiosität, meist aus dem Bereich der religiösen Kleinkunst, z. B. Bilder, Kreuze, Medaillen, Rosenkränze etc.

Drahtarbeit: Fassungs- und Schmucktechnik für Reliquien, kleine Heiligenbilder u. ä., bei der vor allem Draht, Bouillon, Lahn, Pailletten, Perlen usw. verarbeitet werden.

Fayence: Irdenware mit porösem Scherben, die mit einer deckenden Glasur überzogen wird.

Flinder: Kleine Metallplättchen verschiedener Form, Vorläufer der Pailletten.

Frisé: Drahtarbeit, bei der zwei unterschiedlich starke und gespannte Drähte zusammengedreht werden, wodurch eine unregelmäßig gewellte oder gekräuselte Oberfläche entsteht.

Glasfluß: Edelsteinimitationen aus geschliffenem oder im flüssigen Zustand geformtem Glas.

Goldfaden: siehe Metallfaden.

Gouache: Malerei mit deckenden Wasserfarben (im Gegensatz zu Aquarellfarben).

Hausenblasenbild: Meist weißes Reliefbildchen, das aus einem aus der Blase des Hausenfisches hergestellten Leim besteht.

Heliogravüre: 1878 von K. Klietsch erfundenes Verfahren des Kupfertiefdruckes, bei dem das Motiv auf photomechanischem Weg auf die Druckplatte übertragen wird.

Ikonographie: Zweig der Kunstgeschichte, der sich mit der Erforschung und Deutung der Bildgegenstände befaßt.

Immakulata: Bezeichnung für Maria als unbefleckt empfangene Jungfrau.

Kartusche: (auch Kartouche) Dekorative, meist runde oder ovale Rahmung für eine Inschrift oder ähnliches; das Feld kann jedoch auch leer bleiben.

Kastenbild: Meist dreidimensionales Bild, das in einen gehäuseartig vertieften Rahmen eingefügt ist. Der Kasten aus Pappe oder Holz ist nach vorne, manchmal auch seitlich, verglast.

Klosterarbeit: Allgemeine Bezeichnung für in Klöstern hergestellte Arbeiten religiösen Inhalts. In unserem Zusammenhang sind damit solche Objekte aus Drahtarbeit, Perlen, Glasflüssen, Wachs, Textilien und Papier gemeint.

Krüll: Schmuckarbeit aus gerollten und ornamental zusammengeleimten Papierstreifen, häufig mit vergoldeten Schnittkanten (papier roulé).

Lahn: Dünner, schmaler Streifen aus Metallfolie, gelegentlich auch aus einem vergoldeten oder versilberten Trägermaterial (Leder, Haut, Papier).

Lamé: Allgemeiner Ausdruck für Gewebe, deren Grund ganz oder teilweise mit Gold- oder Silberschüssen bedeckt ist (nach C.I.E.T.A., vgl. Stichwort „Atlas").

Lithographie: (Steindruck) Flachdruckverfahren mit einem Druckstock aus Kalkstein. Mehrfarbige Drucke (Chromolithographie) entstehen durch Verwendung mehrerer Druckstöcke. Unter der populären Bezeichnung „Öldruck" (Oleografie) waren sie in der 2. Hälfte des 19. und im frühen 20. Jahrhundert beliebter Ersatz für Ölgemälde.

Metallfaden: Mit Gold- oder Silberlahn umwundener Textilfaden.

Nadelmalerei: Meist bildhafte Seidenstickerei aus feinsten, nebeneinanderliegenden Stichen.

Pailletten: Meist silber- oder goldfarbene, in der Regel runde Metallplättchen, die auf eine Unterlage aufgenäht werden.

Papier roulé: siehe Krüll.

Schnittbild: (auch Spitzenbild) Kleines Bild meist religiösen Inhalts auf Papier oder Pergament, das von einem spitzenartig ausgeschnittenen Rand umgeben wird.

Silberfaden: siehe Metallfaden.

Spickelbild: (von Spickel = keilförmiger Gegenstand) In der Regel ein kleines Bild, das von dekorativ aufgeklebten, keilförmig ausgeschnittenen Stoff- oder Papierstücken umrahmt wird (vgl. Applikationsbilder).

Steinzeug: Keramik von dichter Qualität, bei der sich durch Brand oberhalb von 1100 Grad auch schwer schmelzbare Bestandteile miteinander verbunden haben.

Terrakotta: (ital. „gebrannte Erde") Keramik aus gebranntem, unglasiertem Ton.

Tinsel: (engl. Flitter, Rauschgold, Lametta) Meist aus Papier ausgestanzte und geprägte, farbig bedruckte oder metallisch glänzende Schmuckmotive. Im 19. Jahrhundert wurden sie oft zur Bereicherung auf Bilder, z.B. Lithographien, aufgeklebt.

Winde: Mit Gold- oder Silberdraht umwundenes, sichel- oder blattförmiges Zierstück einer Drahtarbeit.

ABBILDUNGSNACHWEIS

Alle Abbildungen, soweit nicht anders aufgeführt:

Bischöfliches Dom- und Diözesanmuseum Trier (Rudolf Schneider).

Basel, Schweizerisches Museum für Volkskunde: Abb. 17

Bochum, Museum Bochum: Abb. 11

Köln, Rheinisches Bildarchiv: Abb. 19

München, Bayerisches Nationalmuseum: Abb. 18

Trier, Wolfgang Kaiser: Kat. A 63

Trier, Hans-Joachim Kann: Kat. B 240; B 306

Trier, Burkhard Kaufmann: Abb. 15, 16

Trier, Amt für Kirchliche Denkmalpflege: Abb. 21

Trier, Foto Haas: Abb. 22, 32, 33, 40, 41, 42, 43, 44

Trier, Foto Thomassin: Abb. 9; Kat. B 292

Trier, Rheinisches Landesmuseum: Kat. A 159

Trier, Städtisches Museum Simeonstift (Dieter Ahrens): Abb. 1-8

Trier, Stadtbibliothek/Stadtarchiv: Kat. B 19; B 31; B 35; B 37,1; B 41; B 42; B 44,1-2; B 48; B 50; B 52; B 70; B 87; B 91; B 105; B 111-116; B 120; B 121; B 122-124; B 127-128; B 139-140; B 143; B 146-147; B 160; B 167; B 174; B 178; B 183; B 202; B 273-274; B 300; B 302; B 312; B 317